EL CURRICULO CREATIVO
PARA EDUCACION PREESCOLAR

Diane Trister Dodge

Laura J. Colker

Cate Heroman

Con la contribución de Toni S. Bickart

Traducido del inglés por Claudia Caicedo Núñez

Teaching Strategies Inc.
Washington, DC

Traducción editada por Claudia Caicedo Núñez y Judith F. Wohlberg
Diseño e ilustraciones computarizadas por Carla Uriona
Ilustrado por Jennifer Barret O'Connell

Teaching Strategies, Inc.
P.O. Box 42243
Washington, DC 20015
www.TeachingStrategies.com
ISBN: 978-1-879537-74-3

Información del Catálogo de Publicaciones de la Biblioteca del Congreso

Dodge, Diane Trister.
[Creative curriculum for preschool. Spanish]
   El currículo creativo para educación preescolar / Diane Trister Dodge, Laura J. Colker, Cate Heroman ; con la colaboración de Toni S. Bickart ; traducido del inglés por Claudia Caicedo Núñez.— 4. ed.
   p. cm.
   Includes bibliographical references and index.
   ISBN 1-879537-74-5

   1. Education, Preschool—Curricula. 2. Creative thinking. 3. Child development. I. Colker, Laura J. (Laura Jean) II. Heroman, Cate. III. Title.

LB1140.4.D63318 2004
372.19—dc22
                                                        2003070307

Impreso y encuadernado en los Estados Unidos de América

2012 2011 2010 2009 2008

10 9 8 7 6 5 4 3

Dedicatoria

a Helen Hollingshed Taylor

Esta cuarta edición de *El Currículo Creativo* está dedicada a Helen S. Taylor, apreciada amiga, colega y consejera, quien de muchas maneras me inspiró y ayudó a darle forma a mi visión y mi trabajo. Fue precisamente bajo la dirección de Helen —en los Centros de Ciudades Modelo, en Washington, D.C., a principios de los años 70— que el enfoque de *El Currículo Creativo* centrado en el entorno comenzó a cobrar vida. Helen, quien habría de convertirse en Directora Ejecutiva de la Asociación Nacional de Guarderías Infantiles, siempre estuvo abierta a cualquier idea innovadora que procurara mejorar su programa y, por ende, la vida de los niños y sus familias. Ella respaldó mi interés en demostrar el impacto ejercido por la organización del salón en el comportamiento infantil; colaboró con Laura Colker y conmigo para solicitar una donación para la innovadora propuesta de adaptar *El Currículo Creativo* a las guarderías infantiles en hogares; y nos involucró en el trabajo con las Escuelas Públicas del Distrito de Columbia para extender la práctica adecuada al nivel de desarrollo a los primeros grados.

Decidimos rendirle tributo a Helen debido a que ella nos honró a todos nosotros respaldando incondicionalmente a los niños y sus familias. Helen dedicó su vida profesional al servicio público y siempre estuvo comprometida con la educación infantil. Su dedicación a mejorar la vida de los niños y familias de bajos ingresos fue más allá de Washington, D.C. Desde 1994, hasta su muerte en el 2000, Helen se desempeñó como Comisionada Asociada del Head Start Bureau (DHHS), donde trabajó incansablemente para expandir el alcance de Head Start y servir a más niños y familias y, al mismo tiempo, mejorar la calidad y el impacto de los servicios del programa. Helen comprendía que la calidad de un programa puede la diferencia y nunca cesó en su esfuerzo para garantizar que los programas de educación infantil alcanzaran dichos estándares.

Tanto profesional como personalmente, Helen personificó lo que mis coautoras y y yo hemos procurado reflejar en nuestra escritura. Sin el liderazgo, el respaldo y la amistad de Helen Taylor, nunca habría tenido la visión y el valor para fundar Teaching Strategies ni para escribir *El Currículo Creativo*. Le estaré agradecida eternamente.

Diane Trister Dodge

Agradecimientos

Cuando comenzamos el proceso de revisar y actualizar *El Currículo Creativo*, nunca nos imaginamos la aventura y el reto que sería. En este empeño, trabajamos con muchos colegas sensibles y sabios, quienes nos aportaron sus ideas, ampliaron nuestra comprensión y nos ayudaron a darle forma a nuestro mensaje.

A nuestro esfuerzo también contribuyeron los lectores —los maestros y administradores de programas en todo el país— quienes usaron nuestros libros iniciales, compartieron sus logros y frustraciones, y nos ayudaron a comprender mejor el mundo de la enseñanza hoy en día. Por su parte, los especialistas en desarrollo profesional de Teaching Strategies —nuestra voz en el campo— nos comunicaron qué funcionaba y qué debíamos mejorar.

Extendemos nuestro agradecimiento a Judy Wohlberg, por sus atinados comentarios y correcciones. Además, agradecemos a Maria Fátima Castro, Edna Rivera y Vilma Williams por las sugerencias de libros infantiles en español. Las ilustraciones de Jennifer Barret O´Connell y el diseño gráfico de Carla Uriona, han hecho el libro más atractivo y mucho más accesibles nuestras palabras. Agradecemos también a Rachel Friedlander Tickner y a Kylee Breedlove por su ayuda en el proceso de producción.

Nota a la traducción

La traducción de textos educativos en los Estados Unidos exige tener en cuenta, además de la diversidad terminológica hispana, el contacto con la lengua inglesa, lo cual genera no sólo nuevos términos sino la constante mezcla de ambos idiomas. Con el propósito de facilitar la comprensión de los lectores, dado que un mismo término puede tener distintos matices para los distintos grupos, se ha utilizado un lenguaje sencillo e incluyente de la mayoría de los hablantes de español, a sabiendas de que, a pesar de los distintos vocablos empleados, es posible la comunicación entre la diversa comunidad hispana.

Además, se han alternado los ejemplos femeninos y masculinos, en lugar de llenar el texto de niño(as), maestros(as) y padres/madres, que dificultan la lectura y, en realidad, no resuelven el tradicional problema de exclusión del género femenino.

A lo largo de este proceso, recibimos toda clase de apoyo de numerosas personas, a quienes no podemos nombrar por ser tantas y, además, para no caer en injustificadas omisiones, pero a quienes extendemos nuestro profundo agradecimiento por contribuir a que este libro sea una herramienta realmente útil para los maestros, padres y niños hablantes de español.

Nos complace enormemente hacer llegar esta edición de *El Currículo Creativo para educación preescolar* a las manos de quienes le darán vida en las aulas de clase. Finalmente, como uno de los objetivos de El Currículo Creativo es el intercambio de información, se anima a los lectores a hacer llegar a Teaching Strategies sus comentarios y sugerencias.

Contenido

Capítulo 3: Qué aprenden los niños   129

Capítulo 4: La función del maestro   169

PARTE 1

PARTE 2

PARTE **2**

Introducción

El Currículo Creativo ha crecido y evolucionado conforme lo ha hecho el campo de estudio de la educación infantil. Hoy en día contamos con mucho más conocimiento sobre lo que necesitan saber y hacer los maestros, y lo hemos aplicado en esta edición.

No hace mucho tiempo, la idea de un currículo para niños de preescolar era problemática. Algunos sentían que un currículo estructuraría demasiado los programas y argumentaban que el currículo surgía diariamente, si los maestros organizaban bien los salones de clase y respondían a los intereses de los niños. Para otros, un currículo debía ofrecer un alcance y una secuencia de destrezas que se aprenderían mediante actividades diarias específicas. Una de las razones de dicha controversia fue la falta de una definición de currículo para niños de preescolar aceptada universalmente.

Las ediciones primera (1978) y segunda (1988) de *El Currículo Creativo* tuvieron como base ayudar a los maestros a organizar el salón de clase en áreas de interés y utilizarlos con eficacia como el primer paso para poner en práctica el currículo. Sin embargo, pronto nos dimos cuenta de que se necesitaba mucho más.

Para 1992, cuando publicamos la tercera edición, ya se había logrado el consenso en cuanto a definir el currículo y al valor del mismo para ayudar a los maestros a adoptar una práctica apropiada al nivel del desarrollo infantil. En dicha edición, presentamos inicialmente nuestro marco de referencia, en el cual definimos la filosofía, las metas y objetivos del aprendizaje infantil y los parámetros de la enseñanza y el trabajo con las familias. Además, añadimos nuevas áreas de interés e incluimos una herramienta para rastrear el progreso de los niños: la *Lista de verificación del desarrollo y el aprendizaje*.

Desde entonces mucho ha cambiado, debido en parte a la publicación de investigaciones científicas e informes como *Eager to Learn* (2001), *From Neurons to Neighborhoods* (2000), *A Good Beginning: Sending America's Children to School with the Social and Emotional Competence They Need to Succeed* (2000), *Preventing Reading Difficulties in Young Children* (1998) y *National Reading Panel Report* (2000). Dichos informes han ampliado nuestra comprensión de cómo se desarrollan y aprenden los niños. Además, en ellos se presentan en forma general, los métodos más adecuados para garantizar que los niños tengan éxito y diversas maneras de desarrollar los contenidos académicos con niños de preescolar. Al mismo tiempo, los programas son responsables de demostrar los logros alcanzados y a los maestros se les pide verificar que los niños estén aprendiendo lo que necesitan saber.

A la par con los avances en este campo del conocimiento, nuestro propio trabajo con programas en todo el país, nos ha hecho enfocarnos en ayudar a los maestros a observar a los niños con propósitos más definidos y a utilizar sus observaciones con el fin de planificar para todo el grupo y para cada niño. Nos dimos cuenta de que necesitábamos mostrar con más claridad cómo pueden utilizar los maestros distintos métodos y asumir un papel activo en el aprendizaje infantil. Y, finalmente, descubrimos que los estándares de los contenidos, nos ofrecían una oportunidad de enriquecer el currículo, si lográbamos demostrar cómo integrar el aprendizaje de dichos contenidos en las experiencias diarias.

Esta cuarta edición de *El Currículo Creativo* está diseñada para los programas de educación infantil que sirven a niños de 3 a 5 años de edad. Se apoya sobre la sólida base de la investigación y responde a los nuevos requisitos de desarrollar contenidos académicos. Aunque se ha mantenido el enfoque original en el entorno, de las ediciones anteriores, se ha definido con más claridad la función crucial del maestro en la conexión entre los contenidos, la enseñanza y el aprendizaje para los niños de preescolar. No se han modificado las dos características que distinguen *El Currículo Creativo* de otros enfoques: nuestro marco curricular y el énfasis dado a las áreas de interés. En el siguiente diagrama se ilustra la relación entre estas dos características y la base teórica y la investigación que constituyen su sólido fundamento.

Aunque muchos aspectos del Currículo serán reconocidos por los usuarios de la tercera edición, usted encontrará muchos cambios significativos:

- Se describen el desarrollo infantil y las teorías del aprendizaje, fundamento del enfoque de enseñanza de *El Currículo Creativo*.

- Se presentan las metas y objetivos del currículo como un *Continuo del desarrollo*.

- Se da más énfasis a las destrezas sociales y emocionales necesarias para que los niños triunfen en la escuela y en la vida.

- Se ofrece orientación en cuanto a la función del maestro en el desarrollo de contenidos en lecto-escritura, matemáticas, ciencias, estudios sociales, artes y tecnología.

- Se ofrece una gama de estrategias de enseñanza, que van desde el aprendizaje iniciado por los niños hasta el dirigido por el maestro.

- Se presentan distintas estrategias para atender las necesidades de todo niño, incluidos aquellos con necesidades especiales o los aprendices de inglés como segunda lengua.

- Se ha agregado una nueva área de interés: el área de descubrimientos.

Cómo está organizado el libro

Comenzamos con los Fundamentos: las teorías y la investigación detrásde *El Currículo Creativo*. Desde el comienzo, nuestro método se ha basado en las teorías y la investigación que nutren la toma de decisiones en el campo de la educación infantil: el trabajo de Piaget, Maslow, Erikson y Smilansky. En esta cuarta edición ampliamos dichos fundamentos y agregamos las teorías de Vygotsky y Gardner, así como nueva información sobre el aprendizaje, el cerebro y la capacidad de superación. Además, explicamos cómo influyen la investigación y la teoría en el Currículo, presentamos nuestra visión de los niños y les ofrecemos recomendaciones a los maestros. El libro está organizado en dos partes.

Parte 1: El marco curricular (capítulos 1 a 5) presenta los cinco componentes del marco de *El Currículo Creativo* y le ofrece toda la información que necesita para organizar su programa.

- **Cómo se desarrollan y aprenden los niños:** cómo son los niños en términos de su desarrollo socioemocional, físico, cognoscitivo y lingüístico, y las características y experiencias que hacen a cada pequeño único. Presentamos nuestras metas y objetivos para los niños y el *Continuo del desarrollo*, una herramienta diseñada para observar el desarrollo de los pequeños y registrar su progreso en relación con los objetivos del currículo.

- **El entorno del aprendizaje:** la estructura del salón de clase que hace posible que los maestros enseñen y los niños aprendan. Esto incluye cómo organizan y mantienen los maestros las áreas de interés en los salones de clase, cómo organizan los horarios y rutinas, cómo organizan las horas de escoger qué hacer y las horas con todo el grupo y en grupos pequeños, y cómo crean una comunidad de la clase en la cual los niños aprenden a llevarse bien con los demás y a resolver problemas pacíficamente.

- **Qué aprenden los niños:** el cuerpo de conocimiento incluido en los estándares nacionales y estatales, en los informes de investigación de las seis áreas de contenidos —lecto-escritura, matemáticas, ciencias, estudios sociales, artes y tecnología— y las destrezas de procesamiento que utilizan los niños para aprender dichos contenidos. Mostramos cómo aprenden los niños contenidos y destrezas mediante las experiencias diarias.

- **La función del maestro:** cómo conducen las observaciones atentas de los niños a una diversidad de estrategias de enseñanza que orientan el aprendizaje infantil. Explicamos cómo interactúan los maestros con los niños en las áreas de interés y durante los estudios más exhaustivos. Sugerimos un método sistemático de evaluación que les permita a los maestros familiarzarse con y planificar para cada niño y para el grupo.

- **La función de la familia:** los beneficios de trabajar cooperadamente con cada familia con el fin de reforzar el desarrollo y el aprendizaje infantil óptimos. Este último componente incluye conocer a los familiares, darles la bienvenida y comunicarse con ellos con regularidad, asociarse en el aprendizaje infantil y responder a las situaciones desafiantes.

Parte 2: Las áreas de interés (capítulos 6 a 16) aplica [so it parallels the style of Parte 1] los cinco componentes del marco curricular en las once áreas: los bloques, el juego imaginario, los juguetes y juegos, el juego artístico, la biblioteca, los descubrimientos, la arena y el agua, la música y el movimiento, las actividades culinarias, las computadoras y el juego al aire libre. Describimos los distintos materiales que cumplen con las necesidades del desarrollo de los niños pequeños y que realzan el aprendizaje y la enseñanza en cada una de estas áreas de interés. Conectamos los 50 objetivos del currículo con el contenido académico y compartimos las maneras como los maestros orientan y evalúan el aprendizaje infantil. Cada capítulo termina con una carta a las familias acerca de las maneras como pueden reforzar el aprendizaje de los niños tanto en la escuela como en el hogar.

A lo largo del libro, ustedes encontrarán ejemplos de cómo dos maestros, la señorita Tory el señor Alvarez, trabajan con un grupo de 18 niños en edad preescolar. Este grupo, al cual hemos llamado "nuestra clase" fue inventado por nosotros con el fin de darle vida a las estrategias educativas descritas y de personalizar nuestro método.

Cómo hacer suyo el Currículo

El Currículo Creativo para Preescolar es su derrotero para planificar y poner en práctica un programa apropiado al nivel de desarrollo infantil. Su eficacia para ayudar a que los niños adquieran destrezas sociales, así como las que necesitan para triunfar como aprendices están bien documentadas. Estos logros podrán alcanzarse mucho mejor, si el Currículo se pone en práctica tal como ha sido diseñado. Tal como los planos de un arquitecto, el Currículo sólo existira en el papel, si usted no lo interpreta y lo utiliza como fundamento de su programa. Esto no quiere decir que todos los programas que utilicen *El Currículo Creativo* sean iguales. Para lograr que el currículo sea eficaz, deberá incorporar sus propios intereses y su estilo de enseñanza, así como información sobre los niños con quienes trabaja y sus familias. Lo que se mantiene consistente en todos los programas es la filosofía y el marco de toma de decisiones-los cinco componentes— y la atención dada a las áreas de interés.

Para poner en práctica cualquier currículo se requiere comprometerse a aprenderlo y utilizarlo para orientar las decisiones que tome diariamente. Este libro le ofrecerá una visión detallada de un programa de óptima calidad y las estrategias que podrá utilizar para darle vida al programa en su salón de clase. Esperamos que utilice *El Currículo Creativo* para crear un salón de clase donde pueda enseñar con eficacia y donde los niños puedan florecer.

Fundamentos teóricos

Teoría e investigación base de *El Currículo Creativo*

Antes del siglo XX se le prestó muy poca atención científica a estudiar cómo crecen y se desarrollan los niños. Sin embargo, durante los últimos 75 años, la investigación ha proporcionado una gran cantidad de información sobre la infancia como una etapa separada y distinguible de la vida, con sus características propias. La aplicación de este cuerpo de conocimiento a la enseñanza se conoce como la práctica apropiada al nivel de desarrollo infantil. *El Currículo Creativo* le muestra cómo incorporar la práctica apropiada al nivel de desarrollo de los niños en su salón de preescolar.

Dicho de manera sencilla, la práctica apropiada al nivel de desarrollo infantil significa enseñar en formas a la par con la manera como se desarrollan y aprenden los niños. En 1987 se presentó una definición de práctica apropiada al nivel de desarrollo en un documento oficial de la Asociación Nacional de Educación Infantil (NAEYC), la cual fue actualizada y revisada en 1997. La definición se basa en una revisión extensa de la bibliografía sobre el desarrollo del aprendizaje infantil, a la cual se sumó el aporte de practicantes experimentados.

Según la NAEYC, una práctica apropiada al nivel de desarrollo les ofrece a los niños oportunidades de aprender y poner en práctica las destrezas recién adquiridas. Les ofrece desafíos inmediatamente después de su nivel de dominio actual y tiene lugar "en el contexto de una comunidad donde los niños están libres de peligro y son valorados, donde se atienden sus necesidades físicas y donde se sienten psicológicamente seguros" (Bredekamp y Cople, 1997, págs. 14-15).

En nuestra aplicación de la práctica apropiada al nivel del desarrollo, hemos intentado resaltar la importancia de buscar el equilibrio entre la aplicación del conocimiento general del desarrollo infantil y el conocimiento particular que adquiere un maestro al construir una relación con cada niño y su familia. También hemos incorporado nueva información sobre los contenidos en lecto-escritura, matemáticas, ciencia, estudios sociales, artes y tecnología que pueden y deben aprender los niños de preescolar. El Currículo describe cada área de contenido y muestra cómo enseñarla en formas que fomentan el progreso académico de los pequeños al tiempo que se respeta la manera como crecen y se desarrollan. A continuación resumimos las principales teorías base de la práctica apropiada al nivel del desarrollo infantil y *El Currículo Creativo*. Comentamos cómo influye cada una de ellas en el diseño del Currículo, nuestra visión de los niños y les ofrecemos recomendaciones a los maestros.

Maslow

Erikson

El aprendizaje y el cerebro

Piaget

Vygotsky

Gardner

Smilansky

El aprendizaje y la capacidad de superación

Maslow: las necesidades básicas y el aprendizaje

Abraham Maslow describió una jerarquía de necesidades comunes a todo ser humano. Dicha jerarquía muestra las necesidades básicas que deben ser atendidas antes de que un niño pueda concentrarse en aprender.

Las necesidades físicas son el hambre, la sed y la necesidad de bienestar. Para un niño con hambre es difícil concentrarse en aprender y muchos programas de educación a temprana edad ofrecen desayunos, meriendas y almuerzos. De manera similar, los niños con problemas médicos o discapacidades pueden requerir soportes físicos o cuidados especiales para poder desempeñarse con éxito.

Maslow:
Existe una jerarquía de necesidades comunes a todos los seres humanos.

La seguridad es permanecer libre de peligro. Cuando los niños saben que están protegidos y que no corren peligro, se sienten libres para acercarse a los demás y explorar su entorno. Los niños con discapacidades pueden requerir atención adicional para atender sus necesidades y sentirse seguros. Por ejemplo, un niño con un impedimento visual podría requerir ayuda para orientarse en el salón de clase.

La pertenencia es el sentido de estar a gusto con los demás y vinculado a ellos que resulta de ser aceptado, respetado y amado. Ese vínculo o sentido de pertenencia, a su vez, estimula el aprendizaje. Sin embargo, para algunos niños pequeños, no es fácil sentir que pertenecen. A menudo tienen dificultad para creer que merecen ser amados y, como resultado, pueden exhibir comportamientos que ponen a prueba la aceptación de los demás, o hacer pataletas, atacar a otros, o comportarse en formas que demuestran que merecen ser rechazados. A estos niños les beneficia el contacto con adultos consistentes y amorosos, en lugar de severos y enjuiciadores.

La estima es el respeto por uno mismo y los demás. La estima surge a partir de las experiencias diarias mediante las cuales los niños descubren que son seres competentes y aprendices capaces. Si las experiencias infantiles son fundamentalmente exitosas y positivas se fortalece el sentido de sí mismos. Pero si dichas experiencias son fundamentalmente fracasos, se lacera el sentido que tienen de sí mismos. Un entorno estimulante donde se les ofrezca a los niños tareas que puedan dominar y se reconozcan sus esfuerzos, ayuda a que los niños se vean a sí mismos como seres respetados e individuos capaces.

En concordancia con la teoría de Maslow, la primera prioridad de *El Currículo Creativo* es atender las necesidades básicas de los niños. Aunque reconocemos que es muy poco lo que pueden hacer los maestros para modificar las circunstancias de aquellos cuyas necesidades básicas no son atendidas fuera del salón de clase, aceptamos los retos que plantean en la escuela.

En el salón de clase, el maestro que utiliza *El Currículo Creativo* crea una atmósfera donde los niños se sienten seguros, tranquilos y con sentido de pertenencia. En el Currículo se describen actividades y estrategias educativas desafiantes pero al alcance de los niños. Se sugiere ofrecerles distintas opciones y la posibilidad de decidir cómo aprenderán. Estas prácticas —que constituyen la esencia del Currículo— les ayudan a sentirse capaces, a tomar decisiones y a dirigir su propio aprendizaje.

Erikson: las emociones y el aprendizaje

La teoría de Eric Erikson de las "Ocho etapas del hombre" identifica una secuencia de cuestiones que se deben resolver para que pueda tener lugar el desarrollo sano. Según Erikson, cada etapa se basa en el éxito de las etapas anteriores. Las etapas que atraviesan los niños antes y durante los años preescolares son: confianza vs. desconfianza (nacimiento-12 meses), autonomía vs. vergüenza y duda (1-3 años) e iniciativa vs. culpa (3-5 años). Erikson describe para cada una de ellas lo que deben proveer los adultos para que los niños puedan afrontar los retos que se les presenten.

Confianza vs. desconfianza. La confianza, según Erikson, es creer que el mundo es un lugar confiable que responde a nuestras necesidades. Los bebés que reciben un cuidado consistente y amoroso, adquieren confianza. Los bebés que lloran y no obtienen respuesta, que no son alimentados cuando tienen hambre ni son reconfortados al herirse, adquieren desconfianza. En un salón de *El Currículo Creativo*, los maestros crean una atmósfera confiable que refuerza la confianza adquirida por los niños en el hogar y ayuda a aquellos que sienten desconfianza por haber tenido experiencias difíciles.

El Currículo Creativo les muestra a los maestros cómo:

- conocer y forjar una relación positiva con cada niño

- seguir un horario consistente

- llevar a cabo los planes anunciados y las promesas hechas

Autonomía vs. vergüenza y duda. La autonomía o independencia es actuar por voluntad propia y con control. Involucra un sentido del poder propio, cuyo cimiento es la confianza descrita en la primera etapa según Erikson. Si los adultos les brindan oportunidades de hacer cosas por sí mismos, los niños adquieren autonomía. Pero si los adultos tienen demandas excesivas o críticas, los niños se avergüenzan y dudan. Los maestros que utilizan *El Currículo Creativo* procuran que los niños sean cada vez más autónomos, dándoles estructura y a la vez permitiéndoles controlar su comportamiento. Los maestros respetan los esfuerzos infantiles de ser cada vez más independientes y estimulan su sentido de capacidad.

Erikson:
Una secuencia de cuestiones debe resolverse para que pueda tener lugar el desarrollo sano.

El Currículo les muestra a los maestros cómo:

- organizar un entorno donde los niños puedan encontrar los materiales y devolverlos a su lugar por su cuenta

- ofrecer materiales de juego apropiados que nutran y estimulen las capacidades infantiles

- ayudar a los niños a expresar sus sentimientos en formas constructivas

- ofrecer responsabilidades y trabajos apropiados de la vida real

- animar a los niños a llevar a cabo tareas hasta terminarlas

Iniciativa vs. culpa. Desarrollar la iniciativa es responder a los desafíos en manera positiva, asumir responsabilidades, gozar de éxitos y tener propósitos definidos. Es dirigir la energía a realizar tareas y a no sentirse perturbado por el fracaso. Los niños con iniciativa están dispuestos a poner a prueba nuevos materiales e ideas. Cuando los adultos menosprecian el trabajo infantil, se asienta la culpa. Dado que la iniciativa es el principal logro de los años preescolares, *El Currículo Creativo* le da prioridad a crear un ambiente en el salón de clase donde se anime a los niños a experimentar, a explorar y a seguir sus propios intereses.

El Currículo Creativo anima a los niños a experimentar, explorar y a perseguir sus propios intereses.

El Currículo les muestra a los maestros cómo:

- ofrecer a los niños oportunidades de escoger qué hacer

- ofrecer bastantes oportunidades de expresarse creativamente

- darles libertad de explorar el entorno

- permitir que se ensucien durante el juego

- animarlos a trabajar en forma independiente

- valorar las ideas infantiles

- fomentar la solución de problemas y el tomar riesgos apropiados

Teniendo en cuenta las dos primeras etapas del desarrollo del esquema de Erikson, que los niños por lo regular negocian antes de entrar al preescolar, *El Currículo Creativo* refuerza el crecimiento inicial positivo. Al mismo tiempo, puede remediar las dificultades de aquellos niños en cuyos primeros años se estimuló menos el crecimiento positivo. El énfasis dado en el Currículo a la tercera etapa, la iniciativa, le abre las puertas al aprendizaje por el resto de la vida.

El aprendizaje y el cerebro

Lo descubierto por la investigación sobre el aprendizaje y el cerebro ofrece evidencia concreta de cómo y cuándo aprenden mejor los niños. Asimismo, las innovaciones recientes de la tecnología médica han dado lugar a una nueva apreciación. Los siguientes son algunos elementos de la investigación sobre el cerebro que han nutrido *El Currículo Creativo*.

Investigación sobre el cerebro	Implicaciones para los maestros
El aprendizaje no es una cuestión de genética vs. entorno. Antes se creía que la herencia (aquello con que se nace) era más importante que el entorno (a lo que uno está expuesto) para determinar cuánto aprende una persona. De hecho, ambos juegan un papel importante.	El coeficiente intelectual (IQ) no es algo fijo como se creía. Todo niño se beneficia de las experiencias enriquecedoras en la temprana infancia. Los maestros que utilizan *El Currículo Creativo* pueden tener una profunda influencia en el aprendizaje de todo niño.
El cerebro humano crece como resultado del aprendizaje y la experiencia pues el aprendizaje modifica la estructura física del cerebro. Cuando se aprende una nueva destreza o concepto tiene lugar una conexión cerebral (sinapsis).	Durante los primeros cinco años, trillones de trillones de sinapsis se forman como respuesta a las experiencias de aprendizaje. En *El Currículo Creativo*, los maestros les ofrecen muchas experiencias a los niños para que tengan lugar muchas más conexiones.
El aprendizaje debe ser reforzado una y otra vez. Pero para que una conexión se convierta en permanente debe utilizarse repetidamente. Las conexiones que no se utilizan, tarde o temprano desaparecen.	Los niños necesitan diversas oportunidades para poner en práctica sus nuevas destrezas. En lugar de saltar cada semana de un tema a otro, los maestros de *El Currículo Creativo* les permiten explorar conceptos durante un tiempo.
Las emociones juegan un papel significativo en el aprendizaje. Para poder aprender, los niños necesitan sentirse seguros y confiados. La tensión puede destruir células cerebrales y dificultar el aprendizaje.	Las relaciones seguras con personas importantes son esenciales en la vida de todo niño. La manera como los maestros de *El Currículo Creativo* tratan a los niños es tan importante para el aprendizaje como aquello que les enseñan.
La nutrición, la salud y la actividad física afectan el aprendizaje. El movimiento estimula las conexiones cerebrales y una dieta balanceada, dormir lo suficiente y el ejercicio estimulan el crecimiento de un cerebro sano.	Los niños son aprendices activos. El ejercicio diario y el tiempo que pasen al aire libre son esenciales. En muchos programas se ofrecen chequeos médicos, comidas y meriendas.
Existen períodos sensibles cuando el cerebro se encuentra en un momento óptimo para aprender. Durante los primeros años, los niños son más receptivos a adquirir control emocional, a forjar lazos con otras personas y a adquirir habilidades musicales y lingüísticas.	Los maestros que utilizan *El Currículo Creativo* centran la atención en las destrezas que los niños son más dados a adquirir durante los años preescolares. El desarrollo de la capacidad social, el lenguaje y la música constituyen importantes componentes del currículo.

En general, la investigación sobre el cerebro cuenta con evidencia física que respalda lo que Maslow, Erikson y otros importantes teóricos nos han enseñado. Ha demostrado que las conexiones del cerebro infantil son afectadas positivamente si los niños están sanos, bien alimentados, se sienten libres de amenazas y cuentan con relaciones estimulantes estables. La prioridad dada a las relaciones entre los maestros y los niños en *El Currículo Creativo* se deriva directamente de esta comprensión.

Piaget: El pensamiento lógico y el razonamiento

Jean Piaget observó como se desenvuelve el pensamiento lógico. Tal como Erikson, Piaget dividió el desarrollo en etapas y demostró que los niños pequeños piensan distinto a los más grandes y que los niños más grandes piensan distinto a los adultos. Veamos por ejemplo el concepto de cantidad. Si se les muestra a niños pequeños dos montones de arcilla idénticos y se les pregunta si cada uno tiene la misma cantidad de arcilla o distinta, ellos dirán: "la misma". Si luego se aplana una como un *pancake* y se les hace la misma pregunta, responderán: "distinta". Sólo al crecer aprenderán sobre la conservación de la materia. Es decir, que una cantidad de material dado sigue siendo la misma sin importar que cambie su forma, ni cuántas veces sea dividida.

Piaget nos enseñó que los niños refinan su lógica y construyen una comprensión precisa del mundo al manipular objetos concretos. Trabajando con objetos de distintos tamaños, formas y colores, aprenden a escoger, clasificar, comparar y secuenciar. Su conocimiento se amplía a medida que experimentan, hacen descubrimientos y modifican sus maneras de pensar iniciales e incorporan nuevas apreciaciones. Piaget llamó al proceso acomodación y asimilación. Acomodar es hacer observaciones que modifican percepciones previas, erradas según la lógica. Asimilar es establecer maneras más sofisticadas de pensar. La acomodación y la asimilación generan un ciclo de crecimiento positivo.

La teoría de Piaget identifica cuatro etapas del desarrollo cognoscitivo: sensorimotora, preoperacional, operaciones concretas y operaciones formales. La etapa sensorimotora y la etapa preoperacional son pertinentes para *El Currículo Creativo*. Las etapas de operaciones concretas y formales se aplican a los niños más grandes.

Etapa sensorimotora. En la etapa sensorimotora, que comienza en el nacimiento y se extiende hasta los dos años de edad, los bebés aprenden al reaccionar a lo que experimentan mediante sus sentidos. Se llevan un libro a la boca, patean un móvil con los pies y halan la cuerda de un juguete de ruedas para descubrir lo que hacen estos objetos. Tarde o temprano aprenden que el libro tiene una cubierta y páginas, que patear el móvil provocará que se mueva y que halar un juguete de ruedas hará que llegue hasta ellos. También aprenden que mamá de espaldas y de frente son la misma mamá y que si una pelota rueda de bajo una silla y no se ve, aún existe.

Los bebés aprenden al reaccionar a lo que experimentan a través de sus sentidos.

Etapa preoperacional. Alrededor de los dos años de edad, los niños entran en una etapa que Piaget llamó el período preoperacional. Durante esta etapa, que se extiende hasta los años preescolares, comienzan a notar las propiedades de los objetos que exploran. Sin embargo, sus observaciones se limitan a un solo atributo de un objeto a la vez. Ellos se concentran en cómo lucen las cosas más que en usar la lógica.

Retomando el ejemplo de la plastilina, el niño no usa la lógica para determinar la cantidad de arcilla en cada montón. Se basa en lo que ve y no tiene en cuenta que hacer un *pancake* no implica añadir más arcilla. En lugar de eso responde al tamaño, ahora mayor, y concluye que un objeto que abarca más espacio sobre la mesa es una cantidad mayor que el objeto más compacto. Su tarea de aprendizaje es concentrarse en dos atributos a la vez, longitud y grosor, y mantener en mente la igualdad original de los dos montones de arcilla antes de que uno fuera manipulado y cambiara su forma.

Los niños comienzan a notar las propiedades de los objetos que exploran.

Además de su concreción, los niños en la etapa preoperacional tienden a ver el mundo desde su propio punto de vista. Creen que todo el mundo piensa y siente lo mismo que ellos. Piaget denominó esta cualidad egocentrismo. "Juanita no está aquí hoy, ella debe estar en casa de su abuelita". Si se le pregunta a un niño lo que sabe, responderá: "Vi a mi abuelita". Los niños incluso le atribuyen a los objetos lo que ellos sienten: "La llanta de tu carro se desinfló porque estaba enferma". En este momento el niño no es capaz de hacer lo que Piaget llamó descentrar. Es decir, comprender perspectivas distintas a las propias.

La investigación reciente ha demostrado que las etapas de Piaget son más fluidas y están más ligadas al conocimiento específico de contenidos que lo que él mismo sugirió originalmente. Por ejemplo, el mismo niño que comete un error de lógica basándose en la apariencia modificada de un montón de arcilla podría pensar lógicamente y concluir que cinco lápices esparcidos sobre una mesa y cinco lápices agarrados con una liga son la misma cantidad. No obstante, el desarrollo secuencial de la lógica identificada por Piaget, aún se mantiene.

Aunque los niños atraviesan la secuencia a distintos ritmos, las descripciones de Piaget de cómo desarrollan la comprensión son la base de las técnicas de enseñanza, de la selección de materiales y de las actividades sugeridas en *El Currículo Creativo*.

Utilizando lo que hemos aprendido de la teoría de Piaget, *El Currículo Creativo* estructura el entorno y las actividades con base en el desarrollo infantil cognoscitivo. Al variar la complejidad y los niveles de los recordatorios, los accesorios, las opciones, los comentarios y las preguntas para cada, los maestros de *El Currículo Creativo* invitan a los niños a un mundo de aprendizaje que ellos pueden manejar por sí mismos. El Currículo le muestra cómo ayudarles:

- Haciendo gráficos mostrando las características de objetos, según el color, el tamaño o la manera como se cierra.

- Considerando los objetos y experiencias desde varias perspectivas.

- Organizando los objetos en orden según su longitud.

- Describendo objetos en términos de sus características (p. ej., los carros son grandes y pequeños, anchos y angostos; los papeles son ásperos y suaves, livianos y gruesos).

En *El Currículo Creativo*, los maestros les ofrecen oportunidades de trabajar con objetos concretos y descubrir la lógica del funcionamiento de dichos objetos. Además, procesan las experiencias de los niños y los animan a interactuar y tener en cuenta cómo piensan los demás. Para respetar que la mayoría de preescolares se encuentra en la etapa preoperacional del desarrollo, los maestros les brindan el tiempo que necesitan para poder manejar el mundo de los objetos y las situaciones concretas, y le abren la puerta al mundo más amplio del pensamiento abstracto.

Vygotsky: La interacción social y el aprendizaje

El trabajo de Lev Vygotsky se centra en el componente social del desarrollo cognoscitivo. Según Vygotsky, los niños crecen cognoscitivamente, no sólo actuando sobre los objetos sino interactuando con los adultos y con sus compañeros más experimentados. Las instrucciones verbales de los maestros, los soportes físicos y las preguntas, ayudan a que los niños fortalezcan sus destrezas y adquieran conocimiento. Los compañeros más hábiles también pueden ayudar a otros niños a progresar y aprender, sirviéndoles de modelo u ofreciéndoles orientación verbal.

Los maestros les ofrecen a los niños oportunidades de trabajar con objetos concretos y descubrir la lógica del funcionamiento de dichos objetos.

Según Vygotsky, lo que hace un niño con la ayuda de los demás le brinda una imagen más precisa de su propia capacidad que lo que puede hacer solo. Trabajar con otras personas les ofrece a los niños la oportunidad de responder a los ejemplos, sugerencias, comentarios, preguntas y acciones de alguien más.

Vygotsky utiliza el término Zona de Desarrollo Próximo (ZDP) para describir el alcance del aprendizaje de un niño en una situación dada. El límite inferior de la Zona representa lo que aprende un niño trabajando en forma independiente. El límite superior de la zona representa lo que aprende un niño observando y hablando con sus compañeros y maestros. Con la ayuda de otros, el niño organiza la nueva información y la asocia a lo que ya sabe. Como resultado, puede poner en práctica destrezas en un nivel superior del que podría trabajando solo. Este proceso de reforzar el conocimiento y la comprensión se llama soporte temporal. Dicho refuerzo temporal es una estructura cognoscitiva por la cual los niños ascienden de una zona de desarrollo próximo a la siguiente.

Para facilitar las experiencias de soporte temporal Vygotsky, tal como Piaget, creía que los maestros deben convertirse en expertos observadores de los niños, comprender su nivel de aprendizaje y considerar los próximos pasos que tomarán, dadas las necesidades de cada niño. La herramienta más poderosa del maestro en este proceso es hacerles preguntas y hablar con ellos. Este dar y recibir estimula el reconocimiento de lo que hacen y estimula su crecimiento al brindarles posibilidades nuevas y distintas de realizar una tarea.

El Currículo Creativo se basa en la teoría de Vygotsky de que la integración social es clave del aprendizaje infantil. El salón de clase de *El Currículo Creativo* es una comunidad; un lugar en el que el aprendizaje tiene lugar mediante relaciones positivas entre los niños, y entre los niños y los adultos. Allí se les enseñan las destrezas que necesitan para hacer amigos, resolver problemas sociales y compartir. En este entorno, cada miembro es al mismo tiempo un aprendiz y un maestro.

Más aún, en el salón de clase de *El Currículo Creativo*, la instrucción se basa en observar y documentar lo que hacen y dicen los niños o, en términos de Vygotsky, en determinar su Zona de Desarrollo Próximo. Con esta información a la mano, los maestros pueden brindarles experiencias de aprendizaje lo suficientemente estimulantes como para que avancen a un nivel superior de aprendizaje, pero no tan desafiantes como para frustrarlos. De esta manera, los maestros de *El Currículo Creativo* facilitan el progreso y el desarrollo de todos los niños de la clase y crean un entorno en el cual se puede determinar su propia eficacia.

Vygotsky:
El desarrollo cognoscitivo de los niños tiene un componente social.

En el salón de clase de *El Currículo Creativo,* la instrucción se basa en observar y documentar lo que hacen y dicen los niños.

Gardner: las inteligencias múltiples

Howard Gardner es pionero de la teoría de las inteligencias múltiples. Su trabajo ha demostrado que pensar en la inteligencia únicamente en términos del coeficiente intelectual (I.Q.) estándar no siempre es útil porque las pruebas tradicionales del coeficiente intelectual miden una gama limitada de habilidades. Por ejemplo, la prueba de coeficiente intelectual más utilizada con niños, la escala de inteligencia infantil de Wechsler (*Wechsler Intelligence Scale for Children*) se limita a las habilidades verbales, matemáticas y de percepción. Para aquellos niños débiles en estas áreas pero dotados artística o musicalmente o con destrezas sociales y emocionales excepcionales, dicha escala sólo arroja un puntaje bajo.

Gardner comenzó a investigar las distintas clases de inteligencias a principios de los años 70. Reconociendo que las artes habían sido descartadas de nuestro concepto tradicional de inteligencia, redefinió la inteligencia como "la capacidad de solucionar problemas o de inventar productos valiosos en uno o más ambientes culturales" (Brualdi, 2000, p. 1). Gardner sugiere que en vez de tener una inteligencia fija, una persona puede ser inteligente de muy diversas maneras e identifica ocho. A continuación se presentan las características de cada una de las ocho inteligencias propuestas por Gardner. A medida que las lea, mantenga presente que los niños que manifiestan evidencia de inteligencia en un área particular, manifiestan algunas (pero no necesariamente todas) las características asociadas.

La inteligencia lingüística y verbal. Los niños fuertes en esta área disfrutan jugando con las palabras y los sonidos del lenguaje; son buenos contando historias; les encanta mirar libros y que les lean; y experimentan con la escritura.

La inteligencia lógica y matemática. Los niños que exhiben talento en esta área disfrutan razonando y resolviendo problemas; explorando patrones y categorizando objetos; haciendo preguntas y experimentando; y contando y comprendiendo la correspondencia uno a uno.

La inteligencia musical y rítmica. Los niños con esta inteligencia pueden cantar, tararear o silbar para sí mismos; perciben patrones en la música y la naturaleza; son sensibles a los sonidos del entorno y a la voz humana; y responden a la música emocionalmente.

La inteligencia espacial y visual. Los niños fuertes en esta área piensan en imágenes; saben donde está ubicada cada cosa en el salón; les fascina el funcionmiento de las cosas; y desbaratan los juguetes para ver cómo funcionan.

La inteligencia corporal y kinestésica. Los niños con talento en esta área tienen destrezas motrices finas y coordinación; aprenden moviéndose, no permaneciendo quietos; sienten las cosas "visceralmente"; son atléticos o buenos bailarines; e imitan a los demás físicamente.

La inteligencia interpersonal. Los niños fuertes en esta área tienen varios amigos; son buenos resolviendo conflictos; son líderes y organizadores de grupos; y "leen" los sentimientos y los comportamientos de otras personas.

La inteligencia intrapersonal. Los niños con esta inteligencia son conscientes de sus emociones; expresan bien sus sentimientos; necesitan espacio y tiempo en privado; y conocen sus propias fortalezas y desafíos.

La inteligencia naturalista. Los niños fuertes en esta área observan la naturaleza; notan los cambios en el entorno; disfrutan realizando experimentos; organizan y categorizan objetos; disfrutan usando lupas, microscopios, binoculares y telescopios para estudiar la naturaleza; disfrutan cuidando de sus mascotas; y disfrutan de la jardinería.

Aunque todas las personas poseen —de una u otra forma— inteligencia en todas estas áreas, la mayoría exhibe niveles superiores en una o más de ellas. Es más, ninguna de estas inteligencias existe en aislamiento, de manera que hay interacción entre las distintas inteligencias. Gardner explica que las personas tienen la capacidad de desarrollar todas sus inteligencias, siempre y cuando se les brinde el estímulo, la nutrición y el apoyo apropiados.

El Currículo Creativo aplica la teoría de Gardner mostrando a los maestros cómo brindarle a cada niño oportunidades de desarrollar sus talentos especiales y demostrar qué fortalezas tienen. Usar las áreas de interés —con distintos materiales en cada una de ellas— les ofrece a los niños oportunidades de aprender utilizando su clase de inteligencia particular en vez de forzarlos en un molde. Siguiendo la noción de Gardner de las inteligencias interpersonal e intrapersonal, en el Currículo se le da la misma importancia al aprendizaje de las destrezas sociales que al aprendizaje de contenidos. Se incluye abundante actividad física y oportunidades de explorar la naturaleza junto con los contenidos académicos tradicionales como lecto-escritura, matemáticas, ciencia y estudios sociales.

El Currículo Creativo les muestra a los maestros cómo brindarle a cada niño oportunidades de desarrollar sus talentos especiales y demostrar en qué áreas tienen fortalezas.

Smilansky: la función del juego en el aprendizaje

Sara Smilansky centró su investigación en cómo aprenden los niños mediante el juego y en la relación del juego con el futuro éxito académico. Smilansky distingue cuatro tipos de juego: funcional, constructivo, imaginario o de hacer de cuenta y el juego con reglas.

El juego funcional. El juego funcional es una forma de juego en que los niños utilizan sus sentidos y sus músculos para experimentar con materiales y aprender cómo unir las cosas. Este juego satisface la necesidad infantil de ser activos y explorar. Típicamente, en el juego funcional, los niños repiten sus acciones una y otra vez al tiempo que hablan consigo mismos sobre lo que hacen. El juego funcional surge primero y continúa a lo largo de la infancia, siempre y cuando haya nuevos objetos para explorar.

El Currículo Creativo muestra cómo crear un entorno que permita brindar experiencias de juego funcional mediante la inclusión de nuevos materiales en cada área de interés. A medida que los niños juegan con estos materiales, aprenden acerca del mundo a su alrededor. El maestro de *El Currículo Creativo* facilita el aprendizaje haciendo descripciones o preguntas que hacen pensar a los niños sobre lo que están haciendo.

El juego constructivo. El juego constructivo también involucra los materiales pero con una importante dimensión nueva. En el juego constructivo, los niños aprenden los distintos usos de los materiales de juego. Comienzan a unir objetos basándose en un plan, convirtiéndose en creadores y organizando sus materiales, y concentrándose por más tiempo que en el juego funcional. En esta etapa, las acciones tienen una meta. Los niños construyen caminos o casas y se deleitan viendo que aquello que han hecho perdura, incluso cuando han dejado de jugar.

El Currículo Creativo muestra cómo validar el juego constructivo y cómo estimularlos para que amplíen sus ideas e interactúen con otros pequeños para que aprendan a partir de su juego.

El juego dramático o de hacer de cuenta. Puede desarrollarse a la par con el juego funcional y el juego constructivo, tal como lo demuestran los niños hasta los tres años. Cuando un niño hace de cuenta solo, nos referimos a su comportamiento como juego dramático. Cuando dos niños o más se involucran en un episodio de juego de hacer de cuenta, la actividad se llama juego sociodramático. La principal diferencia entre el juego dramático y otros tipos de juego es que está "orientado a las personas y no a los materiales o los objetos" (Smilansky y Shefatya 1990, p. 3).

Smilansky:
Existen cuatro tipos de juego.

En el juego constructivo, las acciones de los niños tienen un propósito definido y están dirigidas hacia una meta.

En el juego dramático, los niños por lo regular asumen un rol, pretenden ser alguien más y utilizan objetos reales o imaginarios para representar su papel. Con frecuencia recrean algo que han experimentado o visto, una tarea cognoscitiva que exige que recuerden lo ocurrido, seleccionen los aspectos pertinentes, y hagan uso de gestos y palabras que demuestran con claridad el rol que representan.

El juego sociodramático con frecuencia está guiado por reglas que los niños han aprendido mediante sus propias experiencias y requiere que se adapten a sus compañeros de juego. Por ejemplo, si un niño pretende planchar y sus compañeros dicen que a los pequeños no se les permite agarrar planchas, el niño tendrá que modificar su papel y convertirse en un adulto en el escenario de juego. El juego sociodramático es una tarea de alto nivel cognoscitivo y social que requiere de una gran imaginación, razonamiento y negociaciones con otros niños.

Según Smilansky y Leah Shefatya, diversos estudios han demostrado que existe una conexión entre los niveles altos de juego sociodramático en el preescolar y las mediciones de habilidad cognoscitiva verbal y social en los primeros grados de educación escolar (1990). Con base en estos hallazgos, en *El Currículo Creativo* le hemos dado prioridad a fomentar esta clase de juego. El Currículo muestra cómo crear un entorno para el juego sociodramático frecuente y variado. Además, cómo interactuar con los niños para que expandan sus ideas y aprendan de su juego sociodramático.

Los juegos con reglas. Los juegos con reglas —tal como el juego sociodramático— requieren planeación. Existen dos tipos generales de juegos con reglas: los juegos de mesa y los juegos físicos. Ambos exigen que los niños controlen su comportamiento, tanto físico como verbal, con el fin de ceñirse a una estructura de reglas preestablecidas. Aunque Smilansky reconoce cuán apropiados y valiosos son los juegos con reglas, sugiere que, a diferencia del juego sociodramático, estos juegos permiten muy poca flexibilidad. Por lo tanto, los niños pueden aprender a controlar su comportamiento al jugar juegos con reglas, pero no se involucran en el pensamiento complejo ni en la interacción.

Con base en el pensamiento de Smilansky, en *El Currículo Creativo* se sugieren juegos con reglas al aire libre como "Luz roja, luz verde", que implican la actividad física. También se recomiendan algunos juegos de cartas o de mesa. Además, los maestros que utilizan *El Currículo Creativo* animan a los niños a inventar sus propias reglas para los juegos. Así, centran la atención en jugar por el mero hecho de disfrutarlo, más que en ganar o perder. Y el juego cooperado, porque juegan entre sí y no contra ellos mismos. En todo tipo de juego el maestro que utiliza *El Currículo Creativo* busca oportunidades para ayudar a que los niños aprendan, amplíen su mundo y superen los desafíos.

En el juego dramático, los niños por lo regular asumen un rol, pretenden ser alguien más y utilizan objetos reales o imaginarios para representar su papel.

Los juegos con reglas exigen que los niños controlen su comportamiento, tanto físico como verbal, con el fin de ceñirse a una estructura de reglas preestablecidas.

El aprendizaje y la capacidad de superación

La investigación sobre la capacidad de superación:los efectos negativos de la adversidad pueden ser aliviados y los niños pueden desarrollar la fortaleza y destrezas necesarias para superar la adversidad.

La investigación sobre la capacidad de superación iniciada en los años 70 se ha centrado en niños que han triunfado a pesar de la adversidad. Quizás el resultado más importante de este trabajo ha sido modificar la impresión de que los niños que crecen bajo la amenaza, la desventaja y la adversidad están condenados a una vida de problemas. Por el contrario, la investigación sobre la capacidad de superación ha demostrado que los efectos negativos de la adversidad pueden ser aliviados y los niños pueden desarrollar la fortaleza y las destrezas necesarias para superar la adversidad. (Wolin, en prensa). Tal como lo expresó un observador, "El riesgo no es un destino". (Shore, 1997, p. 61)

Además de ofrecer una visión más optimista de los niños expuestos a la adversidad que la que se tenía en el pasado, la investigación sobre la capacidad de superación ha comenzado a arrojar luz sobre la clase de ayuda que necesitan los niños amenazados por condiciones que afectan su progreso. Por lo tanto, no es sorprendente que en la investigación se anote de manera consistente la importancia de los maestros (Wolin, en prensa). Emmy Werner (1999), quien ha estado estudiando el desarrollo de la capacidad de superación por más de 40 años, dice:

> *Algo maravilloso que vemos en la edad adulta es que... los niños realmente recuerdan a uno o dos maestros que hicieron toda una diferencia. [Cada uno]... fue una persona que vió más allá de la experiencia externa [de los niños], su comportamiento y, con frecuencia, su apariencia descuidada y vió la promesa. (p. 17)*

En su revisión de la investigación actual sobre la capacidad de superación, "Magia común y corriente", Anne Masten (2001), concluye que la capacidad de superación no es una cualidad extraordinaria. Todo niño puede ser influido por los adultos que protegen su desarrollo normal. Hasta la fecha, la bibliografía ha demostrado que los niños adquieren capacidad de superación cuando:

- pasan tiempo en un entorno seguro donde reciben apoyo y se les estimula

- tienen acceso a adultos dedicados que los apoyan y creen en ellos

- tienen oportunidades de aprender a controlarse

- pueden reconocer sus propias capacidades

- están expuestos a estrategias educativas que les ayudan a convertirse en aprendices triunfadores

Estos hallazgos son la base de la principal premisa de *El Currículo Creativo*: todo niño puede aprender y beneficiarse de la práctica apropiada al nivel de desarrollo infantil. Además, influyen en las sugerencias ofrecidas a los maestros en el Currículo. No les pedimos sumar otra tarea a un trabajo de por sí exigente, ni que incorporen tiempo en el horario diario para desarrollar la capacidad de superación, ni que diseñen actividades especiales para fortalecer la capacidad de superación. En lugar de ello, *El Currículo Creativo* fomenta la capacidad de superación mostrándole cómo organizar su salón de clase e interactuar en formas respetuosas y positivas con los niños. Las técnicas descritas en el Currículo le permitirán hacer una diferencia, incluso si usted no puede cambiar las circunstancias desafortunadas que en ocasiones deben afrontar muchos pequeños (Bickart and Wolin, 1997).

Los niños llegan al preescolar deseosos de aprender. Muchos reciben un buen cuidado en su hogar y no plantean complicados interrogantes acerca de su función. Pero, desafortunadamente, cada año, los maestros trabajan con algunos niños que les causan preocupación y los hacen sentir impotentes. Sus necesidades básicas no han sido atendidas, no han recibido el apoyo emocional necesario para poder aprender o la clase de estimulación necesaria para que se desarrolle su cerebro, ni han tenido oportunidades de interactuar socialmente. Estos niños han carecido de materiales de juego que fortalecen el pensamiento lógico, la imaginación y las distintas inteligencias. Trabajar con estos niños puede ser sumamente desafiante y nuestro deseo no es minimizar las dificultades. Usted no podrá deshacer sus heridas, ni reversar las situaciones que los han despojado o perjudicado, pero sí podrá hacer una diferencia. *El Currículo Creativo*, basado en la investigación y la teoría descrita en estas páginas, le mostrará cómo hacerlo.

El Currículo Creativo le muestra cómo organizar su salón de clase y tener interacciones respetuosas y positivas con los niños.

referencias

Bickart, T., & Wolin, S. (1997). Practicing resilience in the elementary classroom. *Principal, 77*(2): 21–24.

Bredekamp, S., & Copple, C. (Eds.). (1997). *Developmentally appropriate practice in early childhood programs* (Rev. ed.). Washington, DC: National Association for the Education of Young Children.

Brualdi, A. C. (2000). *Multiple intelligences: Gardner's theory.* Washington, DC: ERIC Clearinghouse on Assessment and Evaluation. (ERIC Document Reproduction Service No. ED410226)

Erikson, E. H. (1994). *Identity and the life cycle.* New York: W.W. Norton and Company.

Maslow, A. H. (1999). *Toward a psychology of being* (3rd ed.). New York: J. Wiley & Sons.

Masten, A. S. (2001). Ordinary magic: resilience processes in development. *American Psychologist, 56,* 227–238.

Piaget, J., Inhelder, B., & Weaver, H. (Trans.). (2000). *The psychology of the child.* New York: Basic Books.

Shore, R. (1997). *Rethinking the brain: New insights into early development.* New York: Families and Work Institute.

Smilansky, S., & Shefatya, L. (1990). *Facilitating play: A medium for promoting cognitive, socio-emotional, and academic development in young children.* Gaithersburg, MD: Psychological & Educational Publications.

Vygotsky, L. S., Robert W. Rieber (Ed.), & Marie J. Hall (Trans.) (1999). *The collected works of L.S. Vygotsky: Scientific legacy* (Cognition and language: A series in psycholinguistics, Volume 6). London: Kluwer Academic/Plenum Publishers.

Werner, E. (1999). How children become resilient: observations and cautions. In N. Henderson, B. Benard & N. Sharp-Light (Eds.), *Resiliency in action: Practical ideas for overcoming risks and building strengths in youth, families & communities.* Gorham, ME: Resiliency in Action Inc.

Wolin, S. (in press). *Overview of resilience: Research and practice.* Washington, DC: Project Resilience.

En este capítulo

Cómo se desarrollan y aprenden los niños

La investigación sobre desarrollo infantil acumulada durante los últimos 75 años ha aportado mayor conocimiento y comprensión de los niños. *El Currículo Creativo*, que se basa en esta investigación, le mostrará cómo aplicar lo que se ha aprendido sobre los niños a las prácticas diarias en el salón de clase.

En este capítulo se explica el primer componente del marco de *El Currículo Creativo*: cómo se desarrollan y aprenden los niños. Saber cómo crecen y se desarrollan los pequeños constituye la base para poder planificar su programa, seleccionar los materiales y orientar el aprendizaje infantil. Al decir saber, queremos decir apreciar los patrones generales de crecimiento de todos los niños, así como las diferencias que, con seguridad, usted encontrará en cada uno de ellos.

Este capítulo se divide en tres secciones.

Cómo son los niños en edad preescolar: el desarrollo socioemocional, físico, cognoscitivo y del lenguaje, y las cualidades típicas de los niños de 3, 4 y cinco años.

Las diferencias individuales: las variaciones de género, temperamento, intereses, estilos de aprendizaje, experiencias de vida, cultura y necesidades especiales.

El *Continuo del desarrollo*: la herramienta que permite rastrear el desarrollo de los niños y orienta a los maestros para planificar.

Cómo son los niños en edad preescolar

Los años preescolares —3 a 5 años de edad— son un tiempo muy especial en la vida de los niños pequeños. Durante este período, comienzan a confiar en otras personas fuera de la familia, adquieren independencia y autocontrol, y aprenden a tomar la iniciativa y a afirmarse a sí mismos en formas socialmente aceptables. Al mismo tiempo, se convierten en agudos observadores de su mundo y experimentan con lo que los rodea para descubrir qué ocurre al interactuar con otras personas y agarrar y manipular los objetos y materiales. Su lenguaje sobrepasa el vocabulario y la estructura de la oración de los niños hasta los tres años.

Los niños preescolares usan miles de palabras, frases y oraciones complejas para comunicarse. A medida que aprenden a comprender a los demás y a expresar sus ideas con mayor eficacia, su entorno se amplía y se enriquece. Además, los preescolares cambian físicamente: crecen y adquieren fortaleza, agilidad y coordinación.

Areas del desarrollo

En aras de la discusión y la claridad, el desarrollo infantil se debe dividir en cuatro áreas: socioemocional, física, cognoscitiva y lingüística. Aunque la división es tanto necesaria como útil, es en cierta forma artificial. En realidad, el desarrollo no se divide nítidamente en categorías. En lugar de ello, las cuatro categorías se relacionan estrechamente y, con frecuencia, se mezclan. El desarrollo en un área influye y, a la vez, es influida por el desarrollo en otras áreas. Esta realidad exige que los maestros presten atención a cada una de las áreas al orientar el aprendizaje infantil.

Veamos el caso de la lectura y la escritura. Cuando usted habla con los niños y les ayuda a darse cuenta de que lo escrito transmite un mensaje, está trabajando en desarrollo del lenguaje. Cuando usted espera que los pequeños manejen los libros de manera autónoma o que trabajen cooperadamente al usar las letras magnéticas, entra en juego el desarrollo socioemocional. Para usar las herramientas de escritura (tiza, lápices, marcadores) se requiere desarrollo físico y cognoscitivo para representar las partes de una historia en una secuencia correcta.

- socioemocional
- física
- cognoscitiva
- lingüística

A continuación, describimos las cuatro áreas del desarrollo. El propósito de la descripción es ofrecerle un marco que le ayude a concentrarse en áreas particulares y, al mismo tiempo, mantener presente al niño en su totalidad, así como la interdependencia del desarrollo.

El desarrollo socioemocional

El desarrollo socioemocional durante los años preescolares se refiere a la socialización: el proceso mediante el cual los niños aprenden los valores y comportamientos aceptados por la sociedad. También se trata de convertirse en una persona capaz y confiada.

Nuestras metas de desarrollo socioemocional

Adquirir sentido de sí mismo: conocerse a uno mismo y relacionarse con otras personas, tanto niños como adultos.

Asumir responsabilidad por sí mismo y por los demás: seguir reglas y rutinas, respetar a los demás y tomar la iniciativa.

Comportarse en formas prosociales: exhibir empatía y llevarse bien con las demás personas, por ejemplo, compartiendo y tomando turnos.

Las habilidades sociales y emocionales son esenciales para el bienestar infantil y el éxito en la escuela y en la vida. Debido a la atención dada actualmente al aprestamiento, la rendición de cuentas y los estándares de calidad, existe el riesgo de que los programas se concentren sólo en los contenidos académicos e ignoren aspectos del desarrollo que son de igual importancia para lograr resultados positivos y duraderos.

En el estudio *A Good Beginning: Sending America's Children to School with the Social and Emotional Competence They Need to Succeed* (2000, p. 7) se ofrece evidencia de que el aprestamiento socioemocional es crítico para la transición exitosa al kindergarten, el éxito escolar inicial e incluso los logros posteriores en el trabajo. Este informe describe un niño social y emocionalmente listo para la escuela. Este niño es:

- confiado, amigable, capaz de desarrollar buenas relaciones con sus compañeros

- capaz de concentrarse y persistir en las tareas desafiantes

- capaz de comunicar con eficacia sus frustraciones, molestia y alegría

- capaz de seguir instrucciones y prestar atención

El aprestamiento social y emocional se pueden enseñar y nutrir con mucha más efectividad cuando los niños son pequeños. Dado que el preescolar es un ambiente óptimo para adquirir habilidades sociales y emocionales, los maestros están atentos al desarrollo socioemocional de los pequeños.

El desarrollo físico

El desarrollo físico incluye las destrezas motrices gruesas (músculos grandes) y fina (músculos pequeños). En ocasiones el desarrollo físico se da por hecho en preescolar porque se presupone que ocurre automáticamente. Esta presuposición no sólo es falsa, sino que los maestros deben recordar que el desarrollo físico es importante para el aprendizaje.

Con un desarrollo físico más avanzado, los niños dominan tareas cada vez más sofisticadas y adquieren responsabilidad personal por sus propias necesidades físicas, como vestirse. Además, el desarrollo físico fomenta en muchas formas el desarrollo socioemocional. A medida que los niños aprenden lo que pueden hacer sus cuerpos, adquieren confianza en sí mismos. A su vez, entre más pueden hacer, más dispuestos están a poner a prueba tareas nuevas y desafiantes. Así, se crea un ciclo positivo.

La actividad física contribuye en forma significativa a la salud y el bienestar personal.

Los beneficios de fomentar el desarrollo físico están bien documentados. El informe del Inspector General de Sanidad sobre *La actividad física y la salud* (1996) afirma que la actividad física contribuye en forma significativa a la salud y el bienestar personal. La educación física en los primeros años le sirve de apoyo a los logros académicos, la salud en general, la autoestima, el manejo de la tensión y el desarrollo social. Y, gracias a la investigación sobre el cerebro, sabemos que al mover el cuerpo, literalmente despertamos el cerebro.

Nuestras metas de desarrollo físico

Adquirir control motriz grueso: mover los músculos grandes del cuerpo, especialmente los brazos y piernas, en forma consciente y deliberada. El control motriz grueso incluye el equilibrio y la estabilidad; movimientos como correr, saltar, galopar, saltar en un solo pie; y la manipulación física como lanzar, patear y atrapar.

Adquirir control motriz fino: usar y coordinar con destreza los músculos pequeños de las manos y muñecas. Al desarrollar los músculos pequeños, los niños pueden desempeñar destrezas de autonomía y manipular objetos pequeños como las tijeras y las herramientas de escritura. En general, este control ocurre después del desarrollo motriz grueso.

El desarrollo cognoscitivo

El desarrollo cognoscitivo se refiere a la mente y a cómo funciona. Implica cómo piensan los niños, cómo perciben su mundo y cómo utilizan lo que aprenden.

Nuestras metas de desarrollo cognoscitivo

Aprender y resolver problemas: tener un propósito definido con respecto a adquirir y usar la información, los recursos y los materiales. Dado que los niños observan los acontecimientos a su alrededor, formulan preguntas, hacen predicciones y ponen a prueba las posibles soluciones, el aprendizaje va mucho más allá de la mera adquisición de datos. Persistir y saber como aplicar el conocimiento expande aún más el aprendizaje de los pequeños.

Pensar lógicamente: recaudar información y darle sentido comparando, contrastando, escogiendo, clasificando, contando, midiendo y reconociendo patrones. A medida que los niños utilizan el pensamiento lógico organizan conceptualmente su mundo y adquieren una mayor comprensión de cómo funciona.

Representar y pensar simbólicamente: usar objetos de maneras únicas. Por ejemplo, un pocillo para representar un teléfono o una escoba para representar caballo; hacer de cuenta. Por ejemplo, que uno es una mamá o un bombero; representar el mundo mediante cuadros o ilustraciones. Por ejemplo, haciendo un gráfico en el que se muestren los cambios del clima por un tiempo o dibujar para demostrar lo que le ocurrió al personaje de un cuento. Las representaciones y símbolos liberan a los niños de los significados literales del mundo y les permiten hacer uso de los materiales y de su imaginación para explorar ideas abstractas.

Uno de los placeres de observar el desarrollo cognoscitivo infantil es ver cómo se expanden las mentes. Los niños en edad preescolar usan su imaginación y tienen un pensamiento creativo. Ellos pueden ser un astronauta un minuto y el siguiente hacer de cuenta que son un bebé, asumiendo así los roles y tareas asociadas con cada papel. La habilidad de asumir la perspectiva de otro conduce a amistades con las cuales pueden compartir emociones y experiencias. Asimismo, pueden plasmar sus sentimientos en una escultura de plastilina o recrear con títeres o dibujos una visita a los bomberos. El crecimiento cognoscitivo de los niños de preescolar es algo maravilloso de presenciar.

El desarrollo lingüístico

El desarrollo lingüístico incluye comprender y comunicarse por medio de palabras habladas y escritas. Los niños nacen con la capacidad de comunicarse con otros tanto verbal como no verbalmente. Cuando llegan al preescolar su habilidad de comunicar a través del lenguaje hablado lo que piensan y sienten adquiere una nueva importancia. El lenguaje se convierte en la principal herramienta para establecer y mantener relaciones con los adultos y otros niños.

Dado que las palabras representan objetos e ideas, el desarrollo del lenguaje está estrechamente relacionado al desarrollo cognoscitivo. Con experiencias lingüísticas frecuentes entre las edades de tres a cinco años, el vocabulario infantil se expande de manera dramática. Entre más rico sea el vocabulario de un niño más probable será que se convierta en un buen lector. El lenguaje y las destrezas de lecto-escritura van a la par. Escuchar, hablar, leer y escribir se desarrollan en forma interdependiente en la infancia.

El lenguaje se convierte en la principal herramienta para establecer y mantener relaciones con los adultos y otros niños.

Nuestras metas de desarrollo lingüístico

Escuchar y hablar: usar el lenguaje hablado para comunicarse con otras personas, ampliar el vocabulario, expresarse, comprender la lengua oral de otros, participar en una conversación y hacer uso del lenguaje para resolver problemas.

A medida que los niños aprenden a escuchar y hablar, adquieren control de sí mismos y de su mundo, se relacionan con eficacia con otras personas, y adquieren y almacenan cada vez más información.

Leer y escribir: darle sentido al lenguaje escrito, comprender el propósito de lo escrito y cómo funciona, conocer el alfabeto, escribir letras y palabras.

Cuando los niños comienzan a leer, pueden acceder a nuevos mundos de información y lugares lejanos, incluido el mundo de la imaginación. Escribir expande la memoria, la comunicación y la comprensión.

Edades y etapas del desarrollo

Además de ver las cuatro áreas del desarrollo, una por una, los maestros verán el desarrollo desde otra perspectiva. Aquí vemos el desarrollo de los niños de 3, 4 y 5 años. Es decir, los años preescolares. Los niños en cada una de estas edades tienen comportamientos bastante predecibles. Por ejemplo, usted podrá anticipar que los niños de tres años, con frecuencia tengan dificultad para compartir. En lugar de tratar de forzar a estos niños a turnarse para jugar con su juguete preferido, tiene más sentido mantener disponibles duplicados de los juegos más populares. A medida que los niños aprendan a confiar en usted y en su entorno escolar, podrá crear sistemas para turnarse. Si los niños saben que tendrán su turno, aún si tienen que esperar, compartir será menos problemático para ellos.

Los niños de tres años

Los niños de 3 años con frecuencia son descritos como niños en transición. Se asemejan más a los preescolares de 4 y 5 años que a los caminadores de dos años. Lo que los diferencia de los más pequeños, más que cualquier otra cosa, es su capacidad recién descubierta de expresarse mediante palabras e ideas. Esta capacidad les abre una puerta a un nuevo mundo social.

El desarrollo socioemocional: Los niños de 3 años están aprendiendo a confiar en que sus padres, maestros y otras personas importantes en su vida les brindarán cuidado. La confianza les ofrece la posibilidad de tornarse independientes y, a su vez, sentirse orgullosos de lavarse los dientes y vestirse sin ayuda, tal como lo hacen sus padres. Los niños de 3 años desean que ustedes noten sus destrezas recién adquiridas como ser capaz de poner la mesa o de pedalear un triciclo. Aunque la competencia social comienza a surgir en este período, la misma no se desarrolla totalmente. Un niño de 3 años bastante social puede tornarse rápidamente egocéntrico y centrado en sí mismo.

> Lo que más diferencia a los niños de tres años de los más pequeños es su capacidad recién descubierta de expresarse mediante palabras e ideas.

El desarrollo físico: El juego de los niños de 3 años, por lo regular es más sostenido y centrado que el juego de los niños menores. Las actividades motrices gruesas como correr, columpiarse, lanzar y atrapar una pelota, y bailar al son de la música son fuentes inagotables de placer para los niños de esta edad. Pero, asimismo, lo es el juego silencioso y tranquilo como usar títeres o hacer un dibujo. Además, algo inimaginable con los niños de 2 años puede ocurrir con los de 3: armar un rompecabezas por octava vez puede ser mucho más divertido que jugar con una pelota.

El desarrollo cognoscitivo: Los niños de 3 años rebosan de pensamientos y sentimientos. Ellos usan todos sus sentidos para darle sentido al mundo a su alrededor. No obstante, la habilidad de los niños de 3 años de clasificar y comprender su mundo se encuentra únicamente en un nivel inicial. Pueden seleccionar objetos pero, por lo regular, según una sola característica a la vez. Su naturaleza egocéntrica generalmente les impide percibir el punto de vista de otra persona, aunque esta limitación puede ser afectada por las circunstancias. Muchos son capaces de expresar empatía e incluso podremos ver a un niño de 3 años ofrecerle un juguete especial a otro niño que se encuentra triste o molesto.

El desarrollo lingüístico: En esta área los niños de 3 años se disparan. Aunque la mayoría de los niños de 2 años utilizan únicamente los sonidos básicos de la lengua, la mayoría de los niños de 3 años ya dominan todos los sonidos, quizá con la excepción de "f", "l", "r", "s", "sk" y "th". La mayoría de los niños de 3 años puede usar términos en plural, hablar en oraciones, recitar rimas sencillas y formular preguntas. Dicen sus nombres y apellidos y les encanta compartir sus ideas y participar en conversaciones.

Los niños de cuatro años

Los niños de 4 años trabajan en muchas de las mismas tareas del desarrollo de los niños de 3 años, pero en un nivel superior. Dado que su lenguaje puede ser sumamente fluido se puede suponer que comprenden más de lo que realmente logran. Por ejemplo, a menudo dicen: "por qué", dando la impresión de desear una explicación. Sin embargo, su explicación de por qué, con frecuencia no es tan importante para los niños de 4 años como el hecho de que se les brinde total atención.

El desarrollo socioemocional: Los niños de 4 años son una maravillosa mezcla de independencia y sociabilidad. Les encanta hacer cosas por su cuenta, se sienten orgullosos de imitar los comportamientos de los adultos, pero también disfrutan jugando con otros, especialmente en grupos de dos y de tres personas. Hacer amigos facilita el compartir. Ya sea que jueguen solos o en grupo, los niños de 4 años tienden a ser más expresivos, a usar acciones y expresiones faciales, así como palabras para transmitir sus mensajes.

El desarrollo físico: Los niños de 4 años son cada vez más capaces de controlar sus músculos. Los niños de 3 años deben poner ambos pies en el mismo escalón antes de poder descender, pero la mayoría de los niños de 4 años baja rápidamente alternándolos. Los músculos de las piernas les permiten mantener un paso rítmico al correr y jugar con entusiasmo en los deslizadores, columpios y equipo de juego al aire libre. Sus destrezas motrices finas también mejora dramáticamente. Pueden lavarse las manos, abotonarse las chaquetas y ajustarse los zapatos con Velcro, sin ayuda. Algunos tienen suficiente coordinación como para cortar con tijeras líneas intrincadas, cerrarse el abrigo e intentar amarrarse los zapatos.

Los niños de cuatro años se acercan al mundo con gran curiosidad y usan su imaginación para comprenderlo.

El desarrollo cognoscitivo: Los niños de 4 años actúan como científicos en germen. Les encantan los principios de causa y efecto y siempre quieren saber por qué ocurren las cosas. Se acercan al mundo con gran curiosidad y usan su imaginación para comprenderlo. Sin embargo, como para ellos es difícil separar la fantasía de la realidad, pueden tener temores irracionales. Súbitamente, el clóset puede albergar a un desagradable monstruo. También pueden hacer lo que algunos describen como "mentir". Por ejemplo, después de regar un vaso de leche pueden insistir en que no lo hicieron, convencidos de que lo ocurrido fue algo que no pudieron controlar. En términos del desarrollo, están luchando con las diferencias entre lo real y lo ficticio, y en su intento por descubrir los límites, a menudo "estiran" la realidad.

El desarrollo lingüístico: El lenguaje de los niños de 4 años progresa con gran rapidez. Por lo regular, comprenden y usan palabras como "en", "por", "con", "a", "encima" y "debajo". Les encanta hablar, que les hablen y que les lean libros. También les fascina usar palabras nuevas, incluido el lenguaje del baño, las palabras largas y disfrutan comunicandose.

Los niños de cinco años

A los 5 años, los niños han adquirido la seguridad de quiénes son y del lugar que ocupan en el mundo. Esta es una edad fascinante.

Los niños de cinco años han adquirido la seguridad de quienes son y del lugar que ocupan en el mundo.

El desarrollo socioemocional: Los niños de 5 años son individuos cada vez más independientes y autosuficientes. Son confiables y responsables, y disfrutan que se les premie por su confiabilidad. En muchas formas son ciudadanos modelo: obedientes, dispuestos a atender sus propias necesidades, proteger a otros, orgullosos de ir a la escuela, con frecuencia corteses e incluso delicados. Son sumamente sociables, buscan amigos y a menudo tienen uno o dos compañeros de juego especiales. Sin duda alguna, prefieren el juego cooperado al juego solitario o paralelo. Y como el mundo a su alrededor es tan atractivo, les encanta salir y explorar su entorno.

El desarrollo físico: Los niños de 5 años exhiben más agilidad, equilibrio y coordinación que los de 4 años, tanto en su motricidad gruesa como fina. Pueden saltar con un lazo, conducir una bicicleta con ruedas auxiliares, y sostenerse en las puntas de los pies. También pueden sostener un pincel, hacer moños y escribir letras y números con mayor precisión.

El desarrollo cognoscitivo: Los niños de 5 años aprenden conceptos nuevos mediante la experimentación y el descubrimiento. Resuelven problemas y hacen predicciones observando los objetos y personas a su alrededor y asociándolo con lo que saben. Piensan en formas complejas, relacionan la información nueva que reúnen y procesan aquello que ya saben.

Comprenden los conceptos de color, tamaño y forma. Además pueden categorizar los objetos según dos características como el color y la forma.

El desarrollo lingüístico: Los niños de 5 años muestran un crecimiento significativo en sus destrezas de comunicación. Producen oraciones que asemejan el orden de las palabras de los adultos y hablan no sólo en oraciones sino en párrafos. En la mayoría de los casos, su gramática es correcta y formulan preguntas pertinentes. En pocas palabras, comunicarse con un pequeño de 5 años es como comunicarse con cualquier persona que hable su lengua. Los niños de 5 años también comienzan a expandir sus destrezas orales a la lectura y la escritura.

Conocer los aspectos predecibles del desarrollo infantil y de los comportamientos típicos de los niños de 3, 4 y 5 años de edad le ofrecerá una base general para planificar su programa. Sin embargo, es importante recordar que cada niño se desarrolla a un ritmo individual y puede responder a su programa de distintas maneras. Por lo tanto, debe darse tiempo para conocer a cada uno de los niños y apreciar sus características especiales. Lo que funciona para uno de ellos puede no funcionar para otro.

Las diferencias individuales

Un segundo aspecto de conocer a los niños con quienes trabaja es aprender qué lo hace único a cada uno. No importa cuánto se parezcan entre sí en sus patrones de desarrollo, cada niño trae al salón de clase intereses específicos, experiencias y estilos de aprendizaje propios. Por lo tanto, usted necesitará distintas estrategias para ayudar a que todos los niños tengan éxito como aprendices.

Piense acerca de los niños en su salón de clase. Quizás usted tenga un niño a quien le encanta experimentar. Sin embargo, su curiosidad a menudo le ocasiona problemas porque parece que nunca deja de explorar, ni siquiera durante la hora de la siesta. O quizás usted tenga una niña artística, a quien también le encanta bailar. De hecho, parece que ella sólo puede aprender si está moviéndose mientras escucha.

Su comprensión de las diferencias individuales, le ayudará responderle a cada uno en formas que los hagan sentir a gusto y dispuestos a aprender. Quizás la diferencia más obvia entre los niños sea el género. Pero además tienen distintos temperamentos, intereses, estilos de aprendizaje y experiencias de vida. Asimismo, están bastante influidos por su origen cultural y algunos tienen necesidades especiales o están aprendiendo inglés como segunda lengua.

El género

Como adultos, cada uno de nosotros tiene creencias personales sobre lo que significa ser hombre o mujer. Sin embargo, los niños están aprendiendo lo que significa ser una niña o un niño. En consecuencia, los maestros deben crear un ambiente donde se sientan seguros para explorar roles relacionados con el género y tomar parte en actividades relacionadas con esos roles.

Es fácil hacer presuposiciones sobre los niños con base en el género. También es fácil respaldar estas presuposiciones con la investigación y con las propias observaciones. Por ejemplo, los niños tienden a disfrutar el juego de motricidad gruesa mientras que a las niñas les gusta jugar con figuras de personas pequeñitas y pueden hacerlo por lapsos de tiempo extensos. Los niños se involucran con gran facilidad en el juego paralelo, mientras que las niñas tienen a disfrutar el juego cooperado. Las niñas son más dadas a hacer dibujos representativos y a escribir sus nombres a edades más tempranas que los niños.

> Los maestros deben crear un ambiente donde los niños se sientan seguros para explorar roles relacionados con el género y tomar parte en actividades relacionadas con esos roles.

Pero la genética no es nuestro destino. El aprendizaje y la manera como tratamos a los niños también juegan un papel en cómo se comportan los niños y las niñas. Tal como lo anota Katherine Hanson:

> *En los ambientes de cuidado y educación infantil, con bebés y niños entre los 13 meses y los dos años de edad, la investigación ha demostrado que los encargados les responden a los niños basándose en sus creencias… y hacen uso del género del pequeño para orientar sus respuestas… Los adultos fueron más dados a responder cuando las niñas usaron gestos, contacto suave o hablaron, y cuando los niños captaron la atención mediante medios físicos o lloraron, se quejaron o gritaron… (p. 1).*

Debido a que tanto la genética como el entorno juegan un papel importante, los maestros deben garantizar que tanto los niños como las niñas reciban mensajes positivos acerca de quiénes son y lo que son capaces de hacer. Usted debe estar consciente de sus propias creencias y las presuposiciones que afectan la manera como enseña. Piense en sus propias experiencias mientras crecía. ¿Qué mensajes recibió de cómo se esperaba que se comportaran los niños y las niñas? ¿Usted espera que el juego de los niños sea "rudo" y el de las niñas "respetuoso"? ¿Qué implican estas actitudes y desea transmitírselas a los niños? Usted podrá oír que dicen: "Las niñas no pueden construir con los bloques" o "Los niños no se disfrazan". Estos niños están repitiendo mensajes que han escuchado de otros.

¿Usted espera que el juego de los niños sea "rudo" y el de las niñas "juicioso"?

Recuerde que durante la primera infancia, los niños aprovecharán la oportunidad de aprender y explorar ideas nuevas, si se les brinda un lugar seguro. El juego es uno de los vehículos que utilizan para elaborar sus apreciaciones. Los maestros deben aprovechar el juego de los pequeños para poner a prueba sus ideas acerca del género y pensar de manera más flexible sobre lo que pueden y no pueden hacer las niñas y los niños.

Los maestros pueden ayudarles a los niños a desafiar sus expectativas. Usted puede crear un entorno que les permita explorar sus presuposiciones y sentirse a gusto. Piense acerca de las imágenes que usted exhibe y los libros que les lee a los niños. ¿Presentan mujeres en roles dinámicos? ¿Se muestran hombres desempeñando roles cariñosos?

A medida que conozca a los niños en su clase, tome nota de cómo influyen las diferencias de género en el comportamiento infantil y en sus propias expectativas. Ayúdeles a ver que su salón es un lugar donde pueden explorar con libertad y sentirse a gusto en el proceso.

El temperamento

El temperamento se define mejor como un estilo de comportamiento. Por ejemplo, algunos niños se demoran para aclimatarse, encaran las nuevas situaciones con cautela, sin hacer pataletas y se adaptan lentamente. Otros tienen una respuesta positiva inmediata a las situaciones nuevas y, por lo general, son alegres y tienen patrones regulares de comportamiento. Y otros se retraen o protestan en las situaciones nuevas y su comportamiento es agitado.

La investigación sugiere que las diferencias de temperamento pueden ser identificadas incluso en los recién nacidos. Existen diferencias significativas en la manera como los bebés responden a los distintos estímulos, por ejemplo, al ruido sonoro o a ser mecidos con suavidad. La investigación realizada por Stella Chess y Alexander Thomas (1996) examinó cómo influyó el temperamento de los recién nacidos en el desarrollo de sus personalidades en varias áreas.

1. **Nivel de actividad:** ¿Cuán activo es el niño? ¿Cuánto tiempo permanece quieto?

2. **Ritmos biológicos:** ¿Cuán predecibles son los hábitos de sueño y alimenticios?

3. **Tendencia a acercarse o retraerse:** ¿El niño participa con facilidad en actividades en grupo?

4. **Adaptibilidad:** ¿Cómo reacciona el niño a una situación nueva o tensionante?

5. **Umbral de sensibilidad:** ¿En qué punto se siente el niño molesto con demasiado ruido, cambios de temperatura, distintos sabores o la textura de su ropa?

6. **Intensidad o nivel de energía de las reacciones:** ¿Cómo responde el niño a las emociones que siente?

7. **Disposición:** ¿El niño tiene una actitud positiva o negativa?

8. **Susceptibilidad a distraerse y umbral de atención:** ¿El niño se distrae con facilidad de una tarea por lo que sucede a su alrededor?

9. **Persistencia:** ¿Cómo maneja el niño la frustración o el fracaso inicial? ¿Por cuánto tiempo permanece realizando una tarea?

Los niños con distintos temperamentos necesitan ser tratados de distinta forma.

Gracias a esta investigación sabemos sobre las diferencias constitucionales de los niños. La ciencia también ha demostrado un principio relacionado: los niños con distintos temperamentos necesitan ser tratados de distinta forma. Por ejemplo, sabiendo que Carlos se distrae con facilidad, usted podrá ofrecerle un lugar silencioso para que mire libros y apagar la música cuando esté tratando de concentrarse. De manera similar, al saber que Setsuko tiende a ser tímida, invítela a participar en un episodio de juego imaginario pidiéndole que se acerque a la mesa y comparta con usted y otro niño "un té". Aunque la investigación ha demostrado que el temperamento es congénito, brindar apoyo apropiado puede hacer toda una diferencia. A un niño activo se le puede tranquilizar y a un niño que se distrae con facilidad se le puede ampliar el umbral de atención.

Es más, debido a que el entorno tiene un efecto en el temperamento, no debe sorprenderle saber que un niño puede ser distinto en el hogar y en la escuela, o que un niño a quien le gusta jugar activamente con sus compañeros se torna mucho más silencioso alrededor de los adultos.

Lo importante para los maestros que aplican *El Currículo Creativo* es tomar nota del temperamento de cada niño en una diversidad de ambientes. Hacerlo le ayudará a tomar decisiones apropiadas. Comprender cómo son dados a reaccionar los niños a las personas y acontecimientos en su vida, le ayudará a convertirse en un maestro más receptivo y eficiente.

Los intereses personales

Otra manera como las personas demuestran su individualidad es mediante sus gustos y preferencias. En ocasiones, sin ninguna razón aparente, a un niño le interesa un tema particular y capta su atención por un período de tiempo. A una niña pueden fascinarle los gatos, a otro los helicópteros y a otra los camiones. A una niña le encanta la música alegre y otro no va a ningún lado sin su gorra de béisbol.

Los intereses de los niños constituyen un motivador interno del aprendizaje. Por ejemplo, usted puede atraer a la lectura y el lenguaje a un niño a quien le interesan los gatos, si tiene disponible un libro sobre gatos o al leerlo en voz alta. Puede involucrar a un niño a quien le encanta bailar, si tiene música grabada disponible en su salón de clase. Usted podrá abastecer su área de juego imaginario con distintas gorras y motivar a quienes les guste usarlas para que pasen tiempo allí.

Si en su grupo hay un niño que tiene dificultad para participar o que no habla para comunicarse, trate de descubrir algo que realmente le interese. Use ese interés para ayudarle a interactuar con otros y a desarrollar las destrezas de comunicación. Por ejemplo, a un niño diestro en el uso de programas de computador se le puede animar a ayudar a otros niños con menos experiencia con la tecnología. Los maestros conscientes de los intereses de sus niños tienen una base para construir una relación y motivar a cada niño a aprender.

Conocer los intereses infantiles individuales también es una buena guía para planear posibles temas de estudio a largo plazo. Por ejemplo, si en la calle frente a su escuela se está levantando una construcción y usted ha observado que a Derek le fascinan los camiones y que Crystal está construyendo torres con los bloques, considere un estudio a largo plazo sobre la construcción. Conocer los intereses de los demás niños le ayudará a pensar en formas de expandir el estudio y sostenerlo por un período de tiempo.

> Ya sea que pueda o no incorporar las preferencias individuales en los estudios de la clase, adopte como práctica nutrir los intereses infantiles. Al hacerlo, les comunicará que usted valora lo que les importa a ellos. Además, les ayudará a adquirir nuevas destrezas y confianza.

Los maestros conscientes de los intereses de sus niños tienen una base para forjar una relación y motivar a cada niño a aprender.

Los estilos de aprendizaje

Toda persona tiene una manera preferida de aprender. Algunas personas son aprendices visuales, algunas aprenden mejor al escuchar y otras deben manejar algo físicamente antes de poder comprenderlo. Ningún estilo es mejor que los otros; simplemente es la manera como una persona aprende mejor.

Es probable que usted observe en su grupo de niños, por lo menos, tres estilos distintos de aprendizaje.

- escuchar
- mirar
- moverse

Los aprendices auditivos: son los niños que aprenden mejor escuchando pues están sintonizados con las palabras y los sonidos. Ellos resuelven problemas hablando sobre los mismos. Los aprendices auditivos comprenden instrucciones verbales y explicaciones. Usted podrá expandir su conocimiento básico describiendo lo que hacen: "Cuando le añadiste los granos de café a la pintura, cambió la manera como se siente al secarse". Usted también podría hacerles preguntas abiertas para animarlos a expresar oralmente sus ideas: "¿Qué le preparaste a tu muñeca para el desayuno?". Entre más oportunidades les ofrezca a los aprendices auditivos de escuchar y verbalizar conceptos, más aprenderán.

Los aprendices visuales: son los niños que aprenden mejor viendo; les atraen los colores, las formas y el movimiento. Piensan en imágenes, tomando aquello que oyen y ven y transformándolo en imágenes en su cerebro. Es como si tuvieran una cámara de cine en su mente.

Los aprendices visuales se benefician cuando se les muestra cómo hacer las cosas en lugar de decirles: "Ven aquí, Juanita. Catalina podrá mostrarte cómo unir los bloques para que puedas construir con ellos". Los aprendices visuales también recuerdan mejor las ideas y conceptos si están vinculados a una imagen: "Hagamos una gráfica de los distintos tipos de zapatos que estamos usando hoy". "David, sé que estás triste porque tu papito ha viajado. ¿Por qué no dibujas cómo te sientes?". Los niños que aprenden mirando, para aprender necesitan hacer representaciones visuales de lo que piensan y sienten.

Los aprendices kinestésicos: son los niños que aprenden mejor moviéndose. Por lo general, son coordinados y confían en sus cuerpos. Tocar y sentir las cosas, así como transformar las ideas y la información en movimiento estimula su memoria y comprensión.

¿Alguna vez ha visto a una niña de preescolar que bailotea tratando de recordar algo? Esta bailarina puede ser una aprendiz kinestésica. Algo en el proceso de moverse físicamente estimula su cerebro a aprender un concepto o una idea. Los aprendices kinestésicos se benefician al saber que está bien levantarse y moverse. Usted podrá facilitar su aprendizaje al relacionar conceptos con sus cuerpos: Por ejemplo: "Setsuko si te empujo así la cabeza, puedes sentir la presión. Eso es lo que un torno de banco hace con un pedazo de madera... lo mantiene en su lugar".

Debido a que no todos los niños aprenden de igual manera, los maestros deben tener en cuenta los distintos estilos de aprendizaje. Tradicionalmente, las escuelas se orientan principalmente a los aprendices auditivos y, un poco menos, a los aprendices visuales. Los aprendices kinestésicos, por su parte, debían adaptar su manera natural de aprender para triunfar en la escuela.

En lugar de esperar que los niños se adapten, los maestros deben presentar la información de tal manera que los niños auditivos, los visuales y los móviles puedan ser aprendices exitosos. Es más, la investigación sobre el cerebro ha demostrado que entre más formas tenga un niño de explorar un concepto, más dado será a recordar aquello que aprende. Así, además de atender las necesidades de todos, usted maximizará el aprendizaje, creando oportunidades de aprendizaje para los niños con distintos estilos de aprendizaje: los auditivos, los visuales y los móviles.

> Los maestros deben asegurarse de presentar la información de tal manera que los niños auditivos, los visuales y los móviles puedan ser aprendices exitosos.

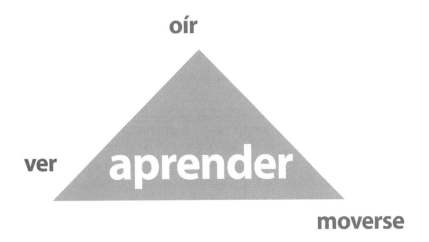

Las experiencias de vida

Además de las diferencias individuales, las distintas experiencias de vida contribuyen a que cada niño sea único. Tenga en cuenta cómo cada uno de estos factores puede afectar a los niños con quienes trabaja:

- la composición familiar, incluido el número y género de los padres o personas a cargo presentes en el hogar

- el orden de nacimiento del niño, incluyendo el número y la distancia entre los hermanos

- la presencia de un problema de salud crónico o la discapacidad de algún miembro de la familia

- la exposición a la violencia, el abuso o la negligencia

- la(s) lengua(s) del hogar

- la cultura y las prácticas religiosas de la familia

- el tipo de comunidad donde vive el niño

- las clases de trabajo que realizan los miembros de la familia

- la edad de los padres al nacer o al adoptar el primer hijo

- el nivel económico

- la situación de vivienda, incluida la historia de movilidad

- el nivel de educación de los padres o de las personas a cargo

- la historia laboral de los padres o personas a cargo, incluidos los viajes relacionados con trabajo

- las circunstancias especiales, como la separación y el divorcio; el nacimiento o la adopción de un nuevo hermano; la cantidad de distintos lugares o personas con que el niño pasa el día.

Las circunstancias de la vida afectan la habilidad de un niño de aprender.

Las circunstancias de la vida afectan la habilidad de un niño de aprender. Por ejemplo, los primogénitos con frecuencia tienden a ser responsables, a seguir instrucciones al pie de la letra y a ser los primeros en ofrecerse como voluntarios para ayudar. El quinto niño de una familia de siete puede exigir atención y llegar a extremos con tal de ser notado, incluyendo el inicio de peleas. Un niño de una madre alcohólica puede sentir que la vida es impredecible y que confiar en otros es algo arriesgado. En contraste, un niño con un hogar estable puede ser independiente y confiado.

Trate de conocer las distintas circunstancias de vida de cada niño en su programa. Hablar con los miembros de la familia y tomar notas sobre lo que aprenda es el primer paso de importancia. Durante el año escolar, podrá animar a los padres a comunicarle cualquier nuevo acontecimiento que esté teniendo lugar en la vida de los niños.

La cultura

La cultura influye en la manera como piensan e interactúan las personas. Afecta la escogencia que hace un individuo de las palabras, el tono de la voz, las expresiones faciales, el uso de gestos y del espacio temporal y el tiempo de reacción. Las culturas también tienen distintas normas para formular preguntas, responder a ellas y conversar con los adultos. Algunas prácticas culturales provienen de influencias étnicas, raciales o religiosas y otras son específicas a una ubicación geográfica o a un nivel económico.

- Un niño puede haber aprendido a valorar la reflexión como una manera de aprender. A este niño se le ha enseñado que pensar sobre lo que ha acabado de aprender es más importante que llevar a cabo un proyecto con rapidez. Si su maestro considera que la velocidad es un indicio de hacer bien las cosas, el niño parecerá un aprendiz lento en vez del niño capaz y reflexivo que es.

- En algunas culturas es rudo mirar a los ojos al maestro o responder a las preguntas con demasiada rapidez. Los niños de estos grupos culturales podrán sentirse incómodos con estas expectativas y sentirse desubicados si el maestro no les da tiempo de espera entre el momento en que hace la pregunta y se espera respuesta.

- Algunos niños no están familiarizados con la formulación de preguntas como una técnica de enseñanza y pueden sentirse confundidos porque sienten que el maestro ya sabe las respuestas a las preguntas que hace. La falta de respuesta de los niños puede ser interpretada incorrectamente como falta de conocimiento o de atención.

Los niños aprenden las normas de su cultura al mismo tiempo y de la misma forma como aprenden a hablar un idioma. Tal como con las inteligencias múltiples, no se puede decir que los valores y normas de una cultura sean mejores que los de otra. Las normas culturales son sólo la manera de hacer las cosas en la familia y la comunidad del niño.

Debido a que el papel de la cultura es tan importante, usted debe aprender, comprender y respetar su influencia en todos los niños con quienes trabaja. Este parámetro no significa que deba ser fluente en cada idioma que hablan los niños, ni experto en todas las prácticas culturales. Quiere decir que usted debe aprender tanto como pueda sobre el origen de la familia de cada niño. Hable con los padres y con otros familiares para comprender mejor el entorno y la cultura de la familia. Consúltele a otros colegas expertos para que pueda formular expectativas apropiadas.

Aprenda tanto como pueda sobre el origen de la familia de cada niño.

Usted podrá entretejer en el currículo aspectos de las culturas de los niños por medio de los materiales que seleccione, los temas que escoja estudiar y las estrategias que emplee. Al hacerlo, les transmitirá a los niños el mensaje de que cada uno de ellos es importante y merece respeto. Por ejemplo, en un salón de clase de *El Currículo Creativo* en la zona rural de Alaska se podría incluir la pesca de salmón y su influencia en la vida de las personas. En un programa migratorio de Head Start en Maine se podría resaltar la vida en un campo de emigrantes o de cosechadores de frutillas. Y en un centro de desarrollo infantil en una base militar en Sicilia podrían incluirse montones de materiales y accesorios relacionados con hacer las compras en el mercado de la base y vivir en el pie de un volcán.

> Lo que verá en un salón de clase donde se usa *El Currículo Creativo* es cualquier cosa real para los niños y sus culturas. Por esta razón, ningún salón de clase de *El Currículo Creativo* se parece a otro y ningún programa luce igual de un año al siguiente.

Las necesidades especiales

Se considera un niño tiene necesidades especiales si está fuera de lo típico de las diferencias individuales. Sin embargo, debemos ser extremadamente cuidadosos al pensar en las necesidades especiales porque los rótulos como "superdotado" o "discapacitado" pueden oscurecer información importante acerca de los niños. Las dotes y las discapacidades son aspectos, no la totalidad del niño. Un niño se puede destacar en ciertas áreas o tener alguna discapacidad particular, pero rara vez alguna de ellas influye en todos los aspectos del desarrollo. Por ejemplo, un niño puede estar más adelantado que sus compañeros en lectura pero carecer de destrezas sociales o de la habilidad de pensar lógicamente. De manera similar, un niño puede tener un impedimento físico que le impide caminar y tener destrezas lingüísticas muy desarrolladas. Los rótulos no ayudan a comprender al niño en su totalidad, al contrario, interfieren. Los maestros deben ver a cada niño como a un individuo.

Los niños superdotados

Algunos niños en su clase pueden estar más adelantados que sus compañeros en términos del desarrollo. Usted podrá notar que su conversación y lenguaje son más complejos. Ellos pueden haber aprendido a leer y escribir por su cuenta y siempre tienen un libro en sus manos. Arman rompecabezas con facilidad, hacen preguntas sobre los números grandes, y le sorprenderán por ser capaces de sumar y restar o porque tienen intereses que parecen poco comunes para su edad.

Tal como todos los niños, los dotados necesitan retos o se aburren y se sienten frustrados.

Los niños con destrezas intelectuales avanzadas son llamados "superdotados". Aunque tendemos a pensar en las dotes intelectuales únicamente cuando utilizamos el término, los niños pueden ser dotados en una gran cantidad de áreas. El trabajo de Gardner sobre las distintas clases de inteligencias muestra que las personas pueden ser dotadas, por lo menos, de ocho maneras distintas. Un niño de su clase puede estar más avanzado atléticamente, ser un músico talentoso o un increíble artista.

Aunque el desarrollo cognoscitivo, lingüístico, socioemocional y físico están interrelacionados, el ser dotado rara vez se extiende a todas las áreas del desarrollo. De hecho, los niños dotados, con frecuencia, tienen un desarrollo disparejo. Algunos niños pequeños, dotados cognoscitivamente, dominan tareas físicas únicamente si se les explican. Por lo tanto, un niño superdotado cognoscitivamente puede entender la teoría detrás de jugar cooperadamente con otros niños. Sin embargo, cuando trata de hacerlo en la vida real, tiene problemas.

A causa de las falsas expectativas, muchos adultos tienen dificultad creyendo que un niño dotado en un área no lo sea en las demás. ¿Por qué un niño lo suficientemente maduro para leer inicia peleas o hace pataletas? Los maestros deben tener cuidado para notar las áreas en que necesitan fortalecer a los niños, así como los dones de esos niños.

Tal como todos los niños, los dotados necesitan retos o se aburren y se sienten frustrados. Entre más desarrollado y estimulado se sienta un niño, tanto en el hogar como en la escuela, más confiado se sentirá para asumir riesgos y expandir sus talentos.

Lo más importante para recordar es no vanagloriarse por los dones de un pequeño en edad preescolar y no aislarlo. En lugar de ello, observe al niño, siga su liderazgo y luego cree un entorno donde se sienta apoyado y estimulado. Lo que más necesitan los niños superdotados es atención a sus necesidades individuales.

Los niños con discapacidades

Aproximadamente un ocho por ciento (8%) de los niños estadounidenses tienen una discapacidad física o mental (Departamento de Educación de los Estados Unidos, 2000). Aunque existen muchos tipos de discapacidad, la mayoría puede describirse como retrasos del desarrollo y problemas médicos, emocionales o físicos. Además, cada vez hay más niños en edad preescolar que están siendo diagnosticados con desórdenes relacionados con la atención y autismo.

Algunos llegan al preescolar con documentación formal de una discapacidad específica. Desde 1976, las leyes y reglamentos de educación especial exigen que todo niño con una discapacidad diagnosticada, elegible para recibir servicios educativos especiales, debe tener un programa de educación individualizado (IEP). Este documento responde preguntas básicas sobre la naturaleza de la discapacidad del niño y lo que debe hacerse para atender sus necesidades de educación. Contiene metas y objetivos y una descripción de cómo la discapacidad afecta el acceso al currículo en general. En un IEP se designa el tipo de servicios de educación especial que necesita un niño para acceder al currículo.

En un IEP se designan los tipos de servicios de educación especial que necesita un niño para acceder al currículo.

En ocasiones, los IEP pueden agobiar a los maestros sin formación en educación especial. Para superar dicha incomodidad, distánciese un poco y reflexione. Acérquese a este niño como lo haría a cualquier otro de su salón de clase y pregúntese: ¿Qué necesidades especiales tiene este niño? ¿Qué comportamientos exhibe que pueden interferir con el aprendizaje? ¿Qué adaptaciones se podrían hacer al entorno y al currículo, de manera que realcen la capacidad de aprender de este niño?

Consulte a los especialistas (profesionales entrenados como terapistas ocupacionales o físicos o patólogos del habla y el lenguaje) que trabajan con el niño y pídales que le sugieran estrategias útiles. Algunos se basarán en las fortalezas del niño, las necesidades, los intereses, los talentos, el origen, el estilo de aprendizaje, el temperamento y el carácter único del salón de clase. Otros buscarán remediar las debilidades.

Consulte a especialistas que trabajan con el niño y pídales que le sugieran estrategias útiles.

Una estrategia o una serie de ellas, eficaces para un niño con una condición particular pueden no ser lo más apropiado para otro niño con un diagnóstico similar. Con la ayuda de un especialista, evalúe e identifique las necesidades del niño de tecnología de asistencia. Dichas necesidades pueden incluir libros impresos en letra grande para quienes tienen impedimentos visuales, entrenadores auditivos para aquellos con deficiencias auditivas, mecanismos lingüísticos para aquellos con dificultades de la comunicación o equipo adaptable para aquellos con impedimentos ortopédicos.

Mantenga presente que una discapacidad, tal como los dones, constituyen sólo un aspecto del niño, no la totalidad del niño. Piense que los niños con discapacidades son primordialmente niños. Un niño en su clase puede estar en una silla de ruedas o utilizar una ayuda auditiva. En lugar de definir a estos niños por su discapacidad —como impedido visualmente, con síndrome Down o autista— es más útil pensar en ellos como preescolares, con todo lo que significa ser un niño entre tres y cinco años.

Piense que los niños con discapacidades son primordialmente niños.

Los niños con discapacidades tienen una amplia gama de habilidades y necesidades. Por ejemplo, algunos también pueden ser superdotados, así que no es posible ni es útil pensar en los niños con discapacidades como un grupo homogéneo. Por esta y otras razones, centre su atención en lo que pueden hacer los niños con discapacidades y en lo que se puede hacer con sus fortalezas.

Ya sea que usted trabaje con niños con discapacidades en programas autónomos o incluyentes, *El Currículo Creativo* para preescolar es apropiado para todos los niños de 3 a 5 años. El énfasis dado en el Currículo a la organización del entorno físico para fomentar el aprendizaje es de especial importancia para los niños que requieren estructura y predictibilidad en su vida. Por ejemplo, los niños con autismo demuestran distintos grados de necesidades comunicativas, relaciones sociales y contenidos de juego.

Aunque existen distintas teorías relativas a la intervención para los niños con autismo, todas tienen en común la creencia de que estos niños necesitan ser involucrados en forma activa. Por lo tanto, ellos pueden desempeñarse bien en una clase donde se aplica *El Currículo Creativo*. A medida que los niños hablan y juegan juntos en la atmósfera de un salón de clase de *El Currículo Creativo*, se convierten en modelos, soportes, amigos y tutores del niño con autismo.

A lo largo de *El Currículo Creativo* nos referimos a estrategias que pueden ser útiles para ayudar a incluir a niños con discapacidades, relacionadas siempre a comportamientos específicos, no a condiciones diagnosticadas. Por lo tanto, usted podrá planificar e individualizar para estos niños, tal como lo haría para cualquier otro de los niños con quienes trabaja.

> En últimas, la meta para los niños con discapacidades es la misma que para los niños sin discapacidades: ayudar a que accedan al currículo y maximicen su potencial. De esto precisamente se trata, ¡atender las necesidades individuales!

Los aprendices de inglés como segunda lengua

La profundidad del conocimiento que tienen los niños de su lengua materna puede variar, tal como ocurre con los niños que hablan solamente inglés en su hogar.

Es muy probable que en su salón de clase haya, o que los haya en el futuro, niños cuya lengua materna no sea el inglés: "Aprendices de la Lengua Inglesa" (ELL) o "Aprendices de Inglés como Segunda Lengua" (ESL). La cantidad de niños que hablan una lengua materna distinta al inglés ha aumentado dramáticamente y continúa creciendo en los Estados Unidos. El censo ha predicho que para el año 2025, los estadounidenses de origen hispano y asiático representarán una cuarta parte del total de la población estadounidense (U.S. Census Bureau, 2000).

Además, es posible que usted trabaje con niños que están aprendiendo dos idiomas simultáneamente. Otros podrán llegar a su salón de clase sin haber escuchado nunca antes la lengua inglesa, excepto quizás en televisión. También es posible que tenga varios hablantes de lenguas distintas al inglés que comparten una lengua común en su hogar o niños cuyas lenguas maternas varían desde el turco al rumano y el vietnamita. Asimismo, las circunstancias de vida de estos niños pueden ser muy distintas.

Tal como varios niños con la misma discapacidad pueden tener distintas fortalezas y necesidades, los que están aprendiendo inglés como segunda lengua varían enormemente. Por ejemplo, la profundidad del conocimiento que tienen los niños de su lengua materna puede variar, tal como ocurre con los niños que en el hogar hablan solamente inglés.

Algunos provienen de entornos ricos en lenguaje y llegan al aula con destrezas lingüísticas fuertes en su lengua materna. Otros, provenientes de hogares donde los adultos no son muy verbales y rara vez les leen libros a sus niños, tienen un cimiento débil sobre el cual construir sus destrezas del lenguaje.

Los maestros deben reconocer las variaciones culturales e individuales que afectan la capacidad de un niño de comprender cómo funcionar en el ambiente escolar y cómo usar el lenguaje para comunicarse con los demás. Para unos, el ambiente escolar los hace sentir a gusto. Para otros, puede ser totalmente confuso y extraño.

Las falsas creencias con respecto al aprendizaje de una segunda lengua pueden causar ansiedad innecesaria tanto en los maestros como padres de familia. En el cuadro a continuación se desmitifican algunas de estas creencias populares (Genesee, n.d.; Snow, 1997).

Mitos sobre el aprendizaje de una segunda lengua

Mito	Realidad
Los niños expuestos a más de una lengua tienen desventajas.	Los niños bilingües con frecuencia son creativos y saben solucionar problemas. En comparación con quienes hablan sólo una lengua, pueden comunicarse con más personas, leer más y beneficiarse cuando viajan.
Aprender una segunda lengua confunde al niño.	Los niños no se confunden, incluso cuando combinan los idiomas en una sola oración. La mezcla de las lenguas es normal al aprender una segunda lengua.
Aprender una segunda lengua en edad preescolar invariablemente retrasa el aprestamiento de los niños a leer.	De hecho, a menudo es cierto lo contrario. Los niños bilingües realizan la transición a decodificar bien las palabras.
Si los niños son expuestos a dos lenguas, nunca dominarán ninguna de las dos con la misma fluidez que los niños que dominan sólo una lengua.	En la medida en que sean expuestos de manera consistente a ambas lenguas, los niños pueden adquirir fluidez en ambos idiomas.
Sólo los niños más inteligentes pueden aprender dos lenguas sin tener problemas. La mayoría tiene dificultades porque el proceso es demasiado complejo.	Casi todos los niños son capaces de aprender dos lenguas durante los años preescolares.

La investigación resumida en *Preventing Reading Difficulties in Young Children* (Snow, Burns, & Griffin, 1998) resalta la importancia de fomentar el continuo aprendizaje de los niños de su lengua materna, al tiempo que se fomenta su capacidad de aprender el inglés. La investigación sobre el desarrollo cerebral ha demostrado que los años preescolares son un tiempo óptimo para aprender idiomas. Mantenga presente los siguientes dos hallazgos:

Los años preescolares son un tiempo óptimo para aprender idiomas.

- Los niños que adquieren un cimiento sólido en su lengua materna son más capaces de aprender una segunda lengua.

- Los conceptos y destrezas aprendidos en la primera lengua se transfieren a la segunda lengua.

Estar expuestos a experiencias ricas en dos idiomas es definitivamente una ganancia. Todo niño podrá beneficiarse al aprender una segunda lengua.

Etapas del aprendizaje del inglés como segunda lengua

Si en su salón de clase hay niños que están aprendiendo inglés como segunda lengua, le será de gran utilidad conocer la complejidad de la tarea y las etapas que los niños atraviesan (Collier, 1995). Tal como en todas las áreas del desarrollo, los niños varían en cuanto a las maneras como adquieren el inglés, así como al ritmo en que aprenden una nueva lengua. Los niños en edad preescolar también varían en cuanto a su disposición a demostrar lo que pueden decir en su nueva lengua.

En el siguiente cuadro se presentan las etapas que podrá esperar que atraviesen los aprendices de inglés como segunda lengua y lo que podría ver que hacen los niños en cada una de ellas

Etapas del aprendizaje del inglés como segunda lengua	
Etapa	**Qué podría ver**
Uso de la lengua del hogar	Los niños usan la lengua del hogar con los maestros y los otros niños
Período no verbal	Los niños limitan (o detienen) el uso de la lengua de su hogar al reconocer que las palabras que usan no las entienden los demás. Este período puede durar desde unos cuantos meses hasta un año. Para expresar sus necesidades pueden recurrir a los gestos o la pantomima.
Habla inicial	Los niños comienzan a usar frases en inglés de una y dos palabras y a nombrar objetos. Agrupan palabras como "Stop it","fall down" o "shut up", aunque no siempre las usen apropiadamente.
Conversación	Los niños comienzan a usar oraciones sencillas en inglés como las que oyen en su entorno. Comienzan a crear sus propias oraciones usando las palabras que han aprendido. Como todos los niños pequeños, poco a poco, comienzan a utilizar oraciones más largas.
Uso del lenguaje "académico" de la escuela	Los niños comienzan a adquirir el inglés de contenidos específicos, al tiempo que continúan adquiriendo el lenguaje social.

Es probable que vea en un niño varias etapas mezcladas a la vez, y que el tiempo que un niño permanece en una etapa dada, varía. Recuerde además que mezclan los idiomas. Por ejemplo, un niño puede hablar en español e incorporar una palabra en inglés que acaba de aprender, otro puede hablar en inglés e incorporar una palabra en español, que necesita pero desconoce en inglés. En ocasiones, dicen unas frases en un idioma y luego cambian a otro. Mezclar o cambiar de idioma es algo perfectamente normal y no indica necesariamente un problema de lenguaje.

A medida que se familiarice con el proceso de aprender una segunda lengua, podrá monitorear el progreso infantil con más eficacia y reforzar su aprendizaje y desarrollo. Si usted percibe aprender una segunda lengua como algo valioso y que puede enriquecer su salón de clase, todos los niños resultarán beneficiados, no sólo aquellos que aún no hablan inglés.

El Continuo del desarrollo

Como maestro, usted deseará saber si todos los niños se están desarrollando y aprendiendo como se espera en las cuatro áreas del desarrollo, al tiempo que está consciente de las diferencias y necesidades de cada niño. El *Continuo del desarrollo de El Currículo Creativo para niños de 3 a 5 años* es el mapa que le orientará para determinar en qué nivel del desarrollo se encuentra un niño, para rastrear el progreso de cada niño y para planear las experiencias de aprendizaje.

En las secciones anteriores, usted pudo ver que cada área el desarrollo ocurre en pasos progresivos. Los niños no dominan instantáneamente una destreza particular, sino que existe una secuencia de pasos que se deben dar. Contar con una manera de determinar en qué punto se encuentra un niño en la senda del desarrollo, le permitirá decidir qué clase de experiencias reforzarán su progreso. El *Continuo del desarrollo* describe la progresión del desarrollo en cada área.

Síntesis de las metas y objetivos de *El Currículo Creativo*			
DESARROLLO SOCIOEMOCIONAL	**DESARROLLO FÍSICO**	**DESARROLLO COGNOSCITIVO**	**DESARROLLO LINGÜÍSTICO**
El sentido de sí mismo 1. Demuestra capacidad para adaptarse a situaciones nuevas 2. Demuestra una confianza apropiada en los adultos 3. Reconoce sus propios sentimientos y los maneja en formas apropiadas 4. Defiende sus derechos **La responsabilidad por sí mismo y los demás** 5. Demuestra direccionalidad propia e independencia 6. Asume la responsabilidad de su propio bienestar 7. Respeta y cuida el entorno de la clase y los materiales 8. Sigue las rutinas de la clase 9. Sigue las reglas de la clase **El comportamiento prosocial** 10. Juega con otros niños sin problema 11. Reconoce los sentimientos de los demás y reacciona apropiadamente 12. Comparte y respeta los derechos de los demás 13. Utiliza las destrezas de pensamiento para resolver conflictos	**La motricidad gruesa** 14. Demuestra capacidades locomotoras básicas (corre, salta, brinca, galopa) 15. Mantiene el equilibrio al moverse 16. Asciende y desciende 17. Pedalea y conduce un triciclo (u otro vehículo de ruedas) 18. Demuestra tener destreza para lanzar, patear y atrapar **La motricidad fina** 19. Controla los músculos pequeños de la mano 20. Coordina los movimientos ojo-mano 21. Utiliza instrumentos para escribir y dibujar	**El aprendizaje y la solución de problemas** 22. Observa con curiosidad los objetos y acontecimientos 23. Maneja los problemas con flexibilidad 24. Es persistente en lo que emprende 25. Explora la relación causa-efecto 26. Aplica el conocimiento o la experiencia en nuevos contextos **El pensamiento lógico** 27. Clasifica objetos 28. Compara/mide 29. Organiza objetos en serie 30. Reconoce patrones y puede repetirlos 31. Reconoce conceptos temporales y secuencias 32. Reconoce las posiciones en el espacio 33. Usa la correspondencia uno a uno 34. Usa los números y cuenta **La representación y el pensamiento simbólico** 35. Representa roles y situaciones 36. Juega con objetos simbólicamente 37. Inventa e interpreta representaciones	**Escuchar y hablar** 38. Escucha y diferencia los sonidos del lenguaje 39. Se expresa utilizando palabras y oraciones largas 40. Comprende y sigue instrucciones orales 41. Responde preguntas 42. Hace preguntas 43. Participa activamente en conversaciones **Leer y escribir** 44. Disfruta y valora la lectura 45. Comprende el propósito de lo escrito 46. Conoce el alfabeto 47. Utiliza las destrezas lectoras emergentes para entender lo escrito 48. Comprende e interpreta el significado de los libros y otros textos 49. Comprende el propósito de la escritura 50. Escribe letras y palabras

Visualización del Continuo del desarrollo

En la siguiente sección, verá cómo se divide cada objetivo en pasos del desarrollo. El *Continuo del desarrollo de El Currículo Creativo* muestra los pasos del desarrollo en cada uno de los 50 objetivos. En la muestra a continuación utilizamos como ejemplo el objetivo 40, "Comprende y sigue instrucciones orales".

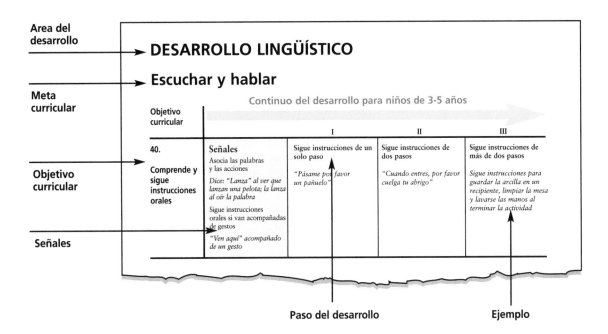

Paso del desarrollo   Ejemplo

Como puede ver, el objetivo está seguido de cuatro columnas. La primera columna (sombreada) representa las Señales. Un poco más adelante, explicamos en qué consiste.

Pasos I, II y III: las columnas no sombreadas

De izquierda a derecha, las tres columnas siguientes representan los pasos del desarrollo esperados para cada objetivo en la edad preescolar (de 3 a 5 años). Dado que los niños se desarrollan a distintos ritmos, estas columnas no representan una edad específica; en lugar de eso, muestran la secuencia en que se logra cada objetivo.

Paso I, (primera columna no sombreada) se aproxima al nivel inicial. Para el objetivo 40, "Comprende y sigue instrucciones orales", el paso I dice: "Sigue instrucciones de un solo paso". Para darle una idea de cómo se ve esto en la vida real, hemos ofrecido el ejemplo: *Pásame por favor un pañuelo.*

Paso II, (segunda columna no sombreada) identifica el siguiente nivel para alcanzar el objetivo, "Comprende y sigue instrucciones orales". El paso II dice: "Sigue instrucciones de dos pasos". El ejemplo es de un niño que lo hace, al decírsele: *Cuando entres, por favor cuelga tu abrigo.*

Los pasos I, II y III representan los pasos del desarrollo esperados para cada objetivo en la edad preescolar.

Paso III, (tercera columna no sombreada) representa el siguiente nivel superior de desarrollo del objetivo. El ejemplo que ilustra este paso es: *Sigue instrucciones para guardar la arcilla en un recipiente, limpiar la mesa y lavarse las manos al terminar la actividad.*

Los niños demuestran el dominio de sus destrezas de muy diveras maneras. Debido a que todos los ejemplos presentados en el *Continuo* son comportamientos de muestra es posible verlos o no en los niños.

Las señales: la columna sombreada

Regresando a la columna sombreada, las etapas identificadas en los pasos I, II y III son aplicables a la mayoría de niños. Sin embargo, puede haber niños que no estén en el nivel típico sino más atrás en una o más áreas del desarrollo. La columna sombreada le ofrece una herramienta para identificar las destrezas emergentes de estos niños. Las hemos llamado "señales" y la columna ha sido sombreada para distinguir las señales ofrecidas por los niños de los pasos en cada objetivo.

Para el objetivo 40, las señales de destrezas incluyen:

- Asocia las palabras y las acciones *(dice: "lanza" al ver que lanzan una pelota; la lanza al oír la palabra)*

- Sigue instrucciones orales si van acompañadas de gestos *(Dice: "Ven aquí", acompañado de un gesto)*

Estos son solamente unos cuantos ejemplos de las diversas destrezas emergentes que un niño podría exhibir para el objetivo 40. Lo más probable es que, para este objetivo, así como para los demás, usted vea señales de destrezas, no enumeradas en el *Continuo,* precedentes o posteriores a las incluidas. La flexibilidad de dividir las señales, permite incluir la amplia gama de destrezas emergentes que exhiben los niños de 3 a 5 años con retrasos. Las señales no se dan en una línea de tiempo definida; se ofrecen como ejemplos de posibles destrezas y comportamientos que usted podrá fortalecer al planificar su trabajo.

Hemos incluido las señales, partiendo de la firme creencia en que se basa *El Currículo Creativo*: todos los niños tienen fortalezas y capacidades que usted podrá fortalecer.

Algunos niños pueden no haber desarrollado una habilidad particular por falta de experiencia. Por ejemplo, uno que nunca ha tenido en su mano una crayola puede encontrarse en la etapa inicial de la escritura. Otros, pueden tener necesidades especiales o se les ha diagnosticado alguna discapacidad que afecta uno o más aspectos de su desarrollo. De hecho, durante los últimos 25 años, con el énfasis dado por las leyes federales a educar a los niños en el "entorno menos restrictivo posible", más niños con discapacidades participan en el preescolar con compañeros sin discapacidades. Hemos incluido las señales, partiendo de la firme creencia base de *El Currículo Creativo*: todos los niños tienen fortalezas y capacidades que usted podrá fortalecer.

Más allá del Continuo

De manera similar, reconocemos que en su grupo puede haber niños que rebasan con creces nuestras expectativas de los niños de 3 a 5 años y van más allá del alcance del *Continuo del desarrollo*. A estos niños por lo regular se les llama superdotados. El *Continuo* le permitirá ver estas dotes en cada área del desarrollo. Llamarlos superdotados puede dar lugar a confusiones, pues estos niños por lo general no se destacan en todas las áreas, incluso pueden estar retrasados en alguna. El *Continuo* le ayudará a ver las dotes en áreas específicas, como una cualidad general del niño en su totalidad.

Aunque no incluimos ejemplos más allá del paso III, este paso le dará una idea de cómo incrementar la complejidad de las tareas para los niños superdotados. Por ejemplo, para estimular a un niño diestro en seguir instrucciones con más de dos pasos, ofrezca materiales y experiencias que lo hagan avanzar de lo concreto a lo abstracto; p. ej., instrucciones ilustradas que muestren los procedimientos para encender y usar una computadora. Ir más allá del alcance del *Continuo*, le permitirá captar el interés de los niños superdotados y reforzar su desarrollo en formas apropiadas.

El valor de las metas y objetivos en un continuo

Poder ver las metas y objetivos en un continuo tiene varias ventajas. Específicamente, las ventajas del *Continuo del desarrollo de El Currículo Creativo para niños de 3 a 5 años* son:

- incluye a todos los niños: aquellos en un nivel típico, atrasados y adelantados

- divide cada objetivo en expectativas realistas que le ayudarán a planificar su trabajo

- ofrece un marco para notar el progreso infantil a lo largo del tiempo que le ayudará a observar y planificar para todos los niños, incluidos aquellos cuyo desarrollo no es típico

- fomenta un método positivo que describe lo que pueden hacer los niños y sugiere lo que podría ocurrir después, en lugar de documentar lo que no pueden hacer

- ofrece abundante información que podrá compartir con las familias y tranquilizarlas con respecto al progreso de sus hijos

En el resto de esta sección, presentamos cada uno de los 50 objetivos y mostramos el continuo para cada uno de ellos. A los maestros que trabajan con niños con retrasos del desarrollo motriz, les recomendamos ver una división más detallada de estas destrezas en nuestro sitio en internet: www.TeachingStrategies.com

En su grupo puede haber niños que rebasan con creces nuestras expectativas de los niños de 3 a 5 años y que van más allá del alcance del *Continuo del desarrollo*.

El desarrollo socioemocional

El sentido de sí mismo

Objetivos curriculares	Continuo del desarrollo para niños de 3-5 años			
		I	II	III
1. **Demuestra capacidad para adaptarse a situaciones nuevas**	**Señales** Interactúa con los maestros cuando algún pariente está cerca *Es capaz de apartase del pariente; verifica ocasionalmente su presencia ("referencia social")*	Trata la hora de llegada y de salida como partes rutinarias del día *Se despide de los parientes sin tensionarse innecesariamente; acepta el consuelo de la maestra*	Acepta los cambios a la rutina y al horario diarios *Participa con entusiasmo en las salidas; acepta los visitantes a la clase*	Actúa con mayor autonomía en la escuela *Se dirige con entusiasmo a otras partes del edificio para llevar a cabo las actividades programadas; voluntariamente lleva mensajes del maestro de la clase a la oficina*
2. **Demuestra una confianza apropiada en los adultos**	**Señales** Busca permanecer cerca de alguna persona adulta en quien confía *Hace contacto visual o físico con la persona adulta en quien confía en busca de seguridad*	Demuestra confianza en la capacidad de los padres y maestros de mantenerle seguro y sano *Explora los alrededores adentro y afuera sin temor; si necesita ayuda llama a algún adulto*	Considera a los padres y maestros recursos y modelos positivos *En el juego representativo imita a los padres en la casa o yendo al trabajo; le pide consejo al maestro para partir en dos un pedazo de madera*	Reconoce la diferencia entre los adultos que pueden ayudarle (parientes, amigos, encargados) y los que no (desconocidos) *Sabe quién puede administrarle medicamentos; expresa por qué los niños no deben ir a ninguna parte con personas desconocidas*
3. **Reconoce sus propios sentimientos y los maneja en formas apropiadas**	**Señales** Llora para expresar disgusto o molestia Usa las expresiones faciales para comunicar lo que siente *Asiente con la cabeza al preguntársele si se siente triste*	Identifica y nombra lo que siente *Dice: "Estoy molesta contigo"; "Hoy quiero pintar"*	Describe lo que siente y las causas *"Estoy feliz porque papá llega hoy"; "Estoy furioso porque ellos no me dejan jugar"*	Cada vez es más capaz de manejar lo que siente *Se calma solo al disgustarse y usa las palabras para explicar lo que pasó; al disgustarse elige irse a un área silenciosa para estar solo*
4. **Defiende sus derechos**	**Señales** Protesta llorando o gritando si se le desatiende u ofende Agarra o empuja si quiere un juguete en especial	Expresa sus necesidades y deseos física o verbalmente *Continúa sosteniendo la mascota de la clase que otro niño quiere sostener; le informa al maestro si otro niño se niega a turnarse con los demás para subirse en el camión*	Expresa sus necesidades y deseos verbalmente y sin agresividad *Dice: "Es mi turno" cuando acaba de caer la arena del reloj; le dice a una amiga que quiere pintar en el caballete: "No he terminado" y sigue pintando*	Actúa para evitar posibles disputas por sus derechos *Escribe frente a una costrucción de bloques el aviso: "No derrumbar"; divide el cajón de arena en dos áreas, una para él y la otra para un compañerito*

El desarrollo socioemocional

La responsabilidad por sí mismo y los demás

Continuo del desarrollo para niños de 3-5 años

Objetivos curriculares		I	II	III
5. **Demuestra direccionalidad propia e independencia**	**Señales** Indica sus necesidades y deseos con un fin específico (puede ser no verbalmente) Escoge algún juguete o actividad; juega brevemente	Entre varias opciones escoge una actividad y se involucra en ella *Durante el juego libre decide jugar con el dominó gigante en el área de los juguetes de mesa; al despertar de la siesta, toma un libro del área de la biblioteca y lo mira*	Con la ayuda de un adulto, completa varias tareas de un proyecto escogido voluntariamente *Hace un collage: reúne los materiales como papel, pegante y tijeras y trabaja hasta terminar; construye un zoológico con bloques, animales, muñecos y automóviles*	Esculpe y completa su trabajo sin ayuda de adultos *Dibuja en una sección de un mural sin pasarse a otras secciones; elabora un libro sobre un paseo familiar con 5 fotografías en secuencia*
6. **Asume la responsabilidad de su propio bienestar**	**Señales** Permite que los adultos atiendan sus necesidades personales como vestirse o lavarse las manos sin oponer resistencia Hace uso de sus capacidades de autoayuda con ayuda de algún adulto como para lavarse los dientes o ponerse un abrigo	Hace uso de sus capacidades de autoayuda con recordatorios ocasionales *Animado por la maestra prueba nuevas comidas; siguiendo los procedimientos aprendidos, se lava las manos con agua y jabón*	Hace uso de sus capacidades de autoayuda y lleva a cabo tareas sin tener que recordárselo *Busca una esponja después de regar un jugo; ayuda a botar la basura después de un picnic*	Comprende la importancia de hacer uso de sus capacidades de autoayuda y del papel que desempeñan en una vida sana *Prueba nuevas comidas y habla de lo que es saludable comer; sabe por qué es importante lavarse las manos y los dientes*
7. **Respeta y cuida el entorno de la clase y los materiales**	**Señales** Se involucra/explora los materiales por periodos de tiempo breves con la ayuda de algún adulto o autónomamente Si se le pide, participa en las rutinas de limpieza	Usa los materiales apropiadamente *Pinta en un caballete; pasa las páginas de un libro sin rasgarlas*	Coloca los materiales usados antes de iniciar otra actividad *Apaga la grabadora antes de marcharse del área para escuchar música o cuentos; devuelve el rompecabezas al anaquel*	Comienza a asumir su responsabilidad de cuidar el entorno de la clase *Agarra una escoba y un recogedor para ayudar a limpiar arena del piso; ayuda voluntariamente a acomodar los muebles para ampliar un área de grupo*
8. **Sigue las rutinas de la clase**	**Señales** Permite que los adultos le muevan de una rutina a otra Sigue las rutinas de la clase con recordatorios, indicaciones gráficas o con ayuda física	Participa en las actividades de clase (hora del círculo, limpieza, siesta, ir al baño, comer, etc.) con recordatorios *Después de limpiar y, al oír a la maestra tocar la campanilla, se dirige a la alfombra por ser la hora del círculo*	Comprende y sigue los procedimientos sin tener que recordárselo *Se lava las manos y los dientes después de almorzar*	Sigue y comprende la razón de los procedimientos de la clase *Le dice a una compañerita que no puede almorzar antes de lavarse las manos*
9. **Sigue las reglas de la clase**	**Señales** Sigue las instrucciones y los límites sencillos si algún adulto se los menciona Sigue las reglas de la clase con recordatorios, indicaciones gráficas o ayuda física	Sigue las reglas de la clase con recordatorios *Reacciona positivamente al orientársele a "usar el tono de voz que se usa adentro"*	Comprende y sigue las reglas de la clase sin recordatorios *Devuelve el rompecabezas al anaquel antes de dejar el área de las mesas*	Sigue y comprende el porqué de las reglas de la clase *Le dice a un amiguito que coloque su trabajo artístico en el anaquel para cuidarlo; le recuerda a una amiguita que no corra dentro del salón de clase para que nadie se golpee*

El desarrollo socioemocional

El comportamiento prosocial

Continuo del desarrollo para niños de 3-5 años

Objetivos curriculares		I	II	III
10. **Juega con otros niños sin problema**	**Señales** Tolera estar cerca de otros Juega en proximidad a otros niños Disfruta los juegos de turnarse como el escondite	Trabaja/juega cooperadamente con algún otro niño *Dibuja o pinta junto a otro niño y ocasionalmente hace comentarios; sostiene una conversación telefónica imaginaria con otro niño*	Participa con éxito en un grupo y juega cooperadamente *Juega con otros niños a cuidar a los bebés en el área de juego representativo; planea con los compañeros lo que deberán organizar para crear un restaurante en la clase*	Mantiene una amistad continua al menos con un niño *Después de resolver un conflicto dice: "¿Somos amigas otra vez, cierto?"; se refiere a otra pequeña como "mi mejor amiga"*
11. **Reconoce los sentimientos de los demás y reacciona apropiadamente**	**Señales** Reconoce las expresiones de lo que sienten los demás *Mira o reacciona llorando o riendo* Imita las expresiones de lo que sienten otros niños	Reconoce lo que sienten otros niños y responde de manera similar *Ríe o sonríe si los demás están alegres; dice que un niño está triste porque su mamá se fue*	Demuestra un mayor reconocimiento de que las personas pueden sentirse de distinta manera en una misma situación *Dice que otro niño le tiene miedo a las tormentas, pero "yo no"; en el juego representativo asume el rol de un padre disgustado*	Reconoce lo que necesita o desea otra persona *Trae un libro sobre camiones para mostrárselo a un niño a quien le encantan los camiones; ayuda a un amigo que tiene dificultad para abrir una caja de leche*
12. **Comparte y respeta los derechos de los demás**	**Señales** Juega en proximidad a otro niño y usa los mismos materiales u otros similares con la ayuda de un adulto Juega en proximidad a otro niño y usa los mismos materiales u otros similares sin conflicto	Al recordárselo, comparte y se turna con los otros niños *Permite que se le regule el tiempo de juego con sus juguetes preferidos con un reloj de arena; está de acuerdo con la solicitud de la maestra de dejar que otra niña monte en el triciclo*	Comparte los juguetes o se turna respondiendo a la solicitud de otro niño *Se ocupa apropiadamente, sin llorar ni exigir su turno, mientras espera que los otros dejen el columpio; juega en la mesa de arena sin agarrar lo que usan los otros niños*	Comparte y defiende el derecho de los demás a turnarse *Le recuerda a otra niña que no quiere turnarse que es el turno de alguien más; le pide a la maestra que intervenga cuando dos niños comienzan a pelear por un juguete*
13. **Utiliza las destrezas de pensamiento para resolver conflictos**	**Señales** Acepta la solución ofrecida por un adulto para resolver un conflicto Busca la ayuda de un adulto para resolver un conflicto *Llora, se le acerca a un adulto o le pide ayuda*	Acepta llegar a un acuerdo si un compañerito o el maestro se lo sugiere *Está de acuerdo con jugar con otro juguete mientras espera su turno; se dirige a la "mesa de la paz" con la maestra y el compañerito para solucionar el problema*	Sugiere una solución para resolver un problema; si lo necesita, le pide ayuda a un adulto *Sugiere intercambiar un juguete por otro; le pide a la maestra hacer una lista de espera para usar la mesa de agua*	Participa en un proceso de negociación para llegar a un acuerdo *Acuerda con otro niño el rol que desempeñará en un episodio de juego representativo; sugiere ir a la "mesa de la paz" para solucionar el problema*

El desarrollo físico

La motricidad gruesa

Continuo del desarrollo para niños de 3-5 años

Objetivos curriculares		I	II	III
14. **Demuestra capacidades locomotoras básicas (corre, salta, brinca, galopa)**	**Señales** Camina con ayuda Corre y, a veces, se cae Brinca y salta en un pie si se le sostiene de una mano	Se mueve con direccionalidad y empieza a coordinar *Corre evitando los obstáculos; brinca hacia adelante quizás empezando con un solo pie; salta en un pie en un mismo lugar una o dos veces*	Se mueve con direccionalidad y mayor coordinación *Corre moviendo los brazos y las piernas; da un salto con ambos pies corriendo; intenta dar saltitos, pero con frecuencia galopa*	Se mueve con direccionalidad y coordinación refinada *Corre rápido y cambia de dirección, arranca y se detiene; salta hacia adelante estando de pie en un punto; galopa con facilidad*
15. **Mantiene el equilibrio al moverse**	**Señales** Camina en las puntas de los pies Se detiene, arranca, cambia de dirección y evita los obstáculos con facilidad Camina con un pie a cada lado de una línea	Intenta caminar siguiendo una línea pintada, pero ocasionalmente se desvía	Camina sobre un madero ancho como el del borde del cajón de arena	Camina sobre un madero ancho con facilidad hacia adelante y con dificultad hacia atrás
16. **Asciende y desciende**	**Señales** Gatea escalas arriba sin ayuda Camina escalas arriba si se le da la mano Sube una escalera corta y ancha apoyándose en un adulto	Sube una escalera corta y ancha	Sube y baja escalas, escaleras y alrededor de obstáculos	Sube y juega con facilidad en rampas, escalas, escaleras y deslizadores
17. **Pedalea y conduce un triciclo (u otro vehículo de ruedas)**	**Señales** Se sienta en un triciclo u otro vehículo de ruedas y lo empuja hacia adelante y hacia atrás con los pies, no con los pedales Pedalea en el triciclo pero tiene dificultad para conducirlo	Pedalea hacia adelante y gira en esquinas abiertas	Pedalea y conduce alrededor de los obstáculos y gira en esquinas o curvas cerradas	Pedalea en un triciclo con rapidez y control
18. **Demuestra tener destreza para lanzar, patear y atrapar**	**Señales** Lanza un cojín lleno de granos o una pelota Se sienta en el suelo y atrapa con las manos y el cuerpo una pelota que rueda Patea una pelota una distancia corta apoyándose en un adulto para mantener el equilibrio	Lanza, atrapa y patea objetos con un poco de control *Lanza una pelota con ambas manos; atrapa una pelota grande y la mantiene contra su cuerpo; patea una pelota estando de pie*	Lanza, atrapa y patea objetos con mayor control *Lanza una pelota por encima del ombro hacia un punto determinado a una distancia corta; atrapa una pelota que rebota; avanza hacia una pelota y la patea*	Lanza, atrapa y patea objetos con mayor precisión *Lanza un objeto con un movimiento suave del brazo; atrapa objetos doblando los codos; patea una pelota con un movimiento fluido*

El desarrollo socioemocional

La motricidad fina

Objetivos curriculares	Continuo del desarrollo para niños de 3-5 años			
		I	II	III
19. **Controla los músculos pequeños de la mano**	**Señales** Usa las destrezas de autoayuda como: comer con los deditos; quitarse los zapatos y las medias; lavarse las manos con ayuda Mete objetos en recipientes Une el pulgar y el dedo índice para recoger un objeto	Manipula objetos con las manos *Coloca estaquillas grandes en un tablero; se abotona los botones grandes de su ropa; usa las tijeras para hacer cortes pequeños*	Manipula objetos más pequeños con mayor control *Come con un tenedor; coloca y quita estaquillas pequeñas de un tablero; aprieta un gancho de colgar ropa para colgar un dibujo; corta con tijeras a lo largo de una línea recta o levemente curva*	Manipula una diversidad de objetos que requieren mayor coordinación *Hace figuras reconocibles en arcilla; abotona, abre y cierra cierres y, a veces, ata cordones; corta con tijeras a lo largo de líneas, girando las esquinas; corta figuras sencillas de papel*
20. **Coordina los movimientos ojo-mano**	**Señales** Quita estaquillas pequeñas de un tablero Abre un libro de hojas de cartón grueso y pasa una página Coloca un bloque encima de otro y sostiene el bloque de la base	Realiza manipulaciones sencillas *Hace un collar con una cuerda y cuentas grandes; golpea y amasa plastilina; coloca estaquillas en un tablero*	Realiza manipulaciones sencillas con mayor control *Hace un collar con cuentas pequeñas; vierte agua en un embudo*	Manipula materiales con un propósito, planea y les presta atención a los detalles *Ensarta una diversidad de objetos pequeños (cuentas, botones, etc.); arma con los bloques de mesa estructuras que se sostienen en pie; arma rompecabezas de 8 piezas*
21. **Utiliza instrumentos para escribir y dibujar**	**Señales** Sostiene instrumentos de escritura grandes y hace marcas con ellos Sostiene un marcador empuñado y garabatea	Sostiene un marcador con el pulgar y dos dedos; hace trazos sencillos	Hace varios trazos o figuras elementales; dibuja algunos objetos reconocibles	Copia y dibuja figuras sencillas, letras y palabras, incluido el nombre

El desarrollo cognoscitivo

El aprendizaje y la solución de problemas

Continuo del desarrollo para niños de 3-5 años

Objetivos curriculares		I	II	III
22. **Observa con curiosidad los objetos y aconte-cimientos**	**Señales** Observa y toca objetos presentados por un adulto o por otro niño Explora los materiales del entorno *Toca, mira, huele, escucha, juega, se lleva algo a la boca*	Examina con atención los detalles notando los atributos de los objetos *Señala las franjas en la oruga; nota que oscurece cuando el sol se oculta detrás de una nube; indica cambios de los animales o las plantas del salón*	Nota y/o hace preguntas sobre las similitudes y las diferencias *Indica que dos autos son del mismo tamaño; pregunta por qué se caen las hojas de los árboles*	Observa atentamente y busca información pertinente *Describe las características clave de diferentes modelos de autos (como el número de puertas, los letreros o el tipo de placas); investiga cuáles objetos se hunden y cuáles flotan*
23. **Maneja los problemas con flexibilidad**	**Señales** Imita a los adultos o a los compañeros para solucionar problemas Repite y persiste en su método de prueba y error	Les da múltiples usos a los objetos de la clase *Usa los bloques de madera como instrumentos musicales; ensarta cuentas de madera en collares para disfrazarse*	Si la primera manera no funciona, experimenta con materiales en otras formas *Si la receta de la plastilina resulta pegajosa, pide más harina; llena envase plástico con agua para hacer que se hunda*	Les encuentra soluciones alternativas a los problemas *Sugiere usar un bloque si se pierde el tope de la puerta; ofrece intercambiar el triciclo por otro juguete de montar y añade un gorro de bombero*
24. **Es persistente en lo que emprende**	**Señales** Se mantiene involucrado en una tarea por períodos de tiempo cortos con ayuda Se mantiene involucrados en las actividades escogidas voluntariamente como jugar con plastilina por períodos de tiempo cortos	Completa tareas sencillas *Recoge los juguetes antes de dirigirse a otra actividad; arma rompecabezas de 5 piezas*	Continúa trabajando en una tarea aunque encare dificultades *Reconstruye una torre de bloques si se derrumba; si las piezas de un rompecabezas no encajan, sigue probando otras distintas*	Trabaja en una tarea por tiempos, dejándola y regresando a completarla *Continúa trabajando en una estructura de Lego durante tres días; con los bloques huecos construye un supermercado al que le añade detalles cada día e involucra a otros niños para que jueguen a comprar alimentos*
25. **Explora la relación causa-efecto**	**Señales** Nota un efecto *Demuestra gozo al apagar y prender la luz; quiere hacerlo de nuevo; apila los bloques y los mira caerse varias veces repetidamente* Busca algo que está fuera de vista	Nota y hace comentarios sobre un efecto *Al agitar una jarra de agua, dice: "Miren las burbujas que salen cuando hago así"; después de girar y detenerse dice: "Al girar, uno siente que el salón se mueve hacia arriba y hacia abajo"*	Se pregunta "qué pasaría si" y pone a prueba varias posibilidades *Sopla por tubos de cartón de distintos tamaños para escuchar si se producen distintos sonidos; modifica la inclinación de una tabla para que los autos se deslicen con más rapidez*	Explica sus planes para probar la causa y el efecto y pone a prueba sus ideas *Coloca centavos, uno por uno, en dos barcos que flotan ("Voy a ver cuál barco se hunde primero"); mezcla pintura para igualar otra ("Pongamos una gota de blanco hasta que sean iguales")*
26. **Aplica el conocimiento o la experiencia en nuevos contextos**	**Señales** Sigue las rutinas fami-liares autónomas en la escuela (va al baño, come) pero puede necesitar ayuda	Aprende de las experiencias diarias y aplica el conocimiento en situaciones similares *Se lava las manos después de jugar en la mesa de arena; mece una muñeca en los brazos*	Aplica información o vocabulario nuevos en una actividad o interacción *Dice al saltar con un compañerito: "Estamos brincando como Tigger"; usa las señales del tráfico después de ver a un oficial de policía demostrárselas*	Genera una regla, estrategia o idea a partir de una experiencia de aprendizaje y la aplica en un nuevo contexto *Después de aprender a utilizar un programa de computadoras presionando los íconos, usa procedimientos similares para utilizar otros; sugiere que haya una votación para solucionar un problema de la clase*

El desarrollo cognoscitivo

El pensamiento lógico

Objetivos curriculares		Continuo del desarrollo para niños de 3-5 años		
		I	II	III
27. Clasifica objetos	**Señales** Encuentra dos objetos iguales y hace comentarios o los agrupa Agrupa juguetes similares como autos, bloques o muñecos	Separa objetos según una propiedad como el tamaño, la forma, el color o el uso *Separa piedrecitas en tres baldes por color; coloca un bloque cuadrado con otros bloques cuadrados*	Separa objetos según una propiedad y después según otra *Recoge hojas y las separa según el tamaño y después por el color; se ubica en el grupo que usa zapatos de cordón y luego en el grupo con zapatos azules*	Separa objetos en grupos/subgrupos y explica la razón *Apila en cuatro grupos las calcomanías ("Aquí están las estrellas plateadas y doradas, y éstos son los círculos plateados y dorados"); apila los animales y luego los separa en dos grupos: los del zoológico y los de la granja*
28. Compara/ mide	**Señales** Nota algo nuevo o diferente *Como un compañerito nuevo o un nuevo juguete en el anaquel* Nota las similitudes de los objetos *"Tenemos los mismos zapatos"*	Nota las similitudes y diferencias *"La única flor que huele en nuestro jardín es la rosa"; "Puedo correr más rápido con mis zapatos nuevos"*	Usa comparativos relacionados con el número, el tamaño, la forma, la textura, el peso, el color, la velocidad o el volumen *"Este balde es más pesado que ese"; "Ahora la música es más rápida"*	Comprende/usa algunas palabras y algunos instrumentos estándar para medir *Usa bloques para medir la longitud de la alfombra; "Para hacer la masa necesitamos 2 tazas de harina y una taza de sal"*
29. Organiza objetos en serie	**Señales** Utiliza los juguetes auto-correctores como los tableros de figuras geométricas y aros de ensartar Selecciona objetos según una de sus propiedades *Bloques grandes y bloques pequeños*	Nota si un objeto de una serie está fuera de lugar *Remueve una cuchara de medir fuera de lugar en una línea y trata de colocarla en el lugar adecuado*	Piensa un orden lógico para un grupo de objetos *Hace un collar de cuentas de madera de pequeñas a grandes; organiza las imágenes de revistas de rostros según las expresiones, de las más amables a las menos*	Mediante el ensayo y el error, organiza los objetos en un continuo según dos o más de sus propiedades físicas *Alinea tapas de botellas por altura y ancho; organiza las galletas de plastilina según el tamaño, el color y la forma*
30. Reconoce patrones y puede repetirlos	**Señales** Completa una oración que se repite en un cuento conocido Tararea, canta o responde a un coro o estribillo que se repite en una canción conocida Completa un tablero de figuras sencillas	Nota y recrea patrones sencillos con objetos *Hace una fila de bloques alternando los tamaños (grande-pequeño-grande-pequeño); ensarta cuentas en patrones repetidos de 2 colores*	Extiende patrones o crea patrones sencillos de su propio diseño *Hace collares de cuentas en que se repiten las secuencias de 2 colores o más; continúa un patrón de bloques de 2 colores*	Crea patrones complejos de su propio diseño o copiándolos *Aplaude imitando un patrón (un aplauso largo seguido de 3 aplausos cortos); utiliza cubos de colores y diseña un patrón de 3 colores, repitiéndolo por la mesa*

El desarrollo cognoscitivo

El pensamiento lógico (continuación)

Continuo del desarrollo para niños de 3-5 años

Objetivos curriculares		I	II	III
31. **Reconoce conceptos temporales y secuencias**	**Señales** Sigue los pasos de una rutina sencilla como vestirse o hacer la siesta Demuestra comprender lo que sigue después en el horario diario *Se dirige a la mesa anticipándose a la comida*	Demuestra que comprende el presente y se refiere al pasado y al futuro *Responde apropiadamente al preguntársele: "¿Qué hiciste ésta mañana?"; menciona: "Más tarde, cuando mi mamá venga a recogerme"*	Usa apropiadamente los tiempos verbales pasado y futuro y las palabras temporales *Habla de mañana, ayer, la semana pasada; dice: "Vamos a salir después de terminar el trabajo"*	Asocia los acontecimientos y los conceptos temporales *"Mañana es sábado, así que no hay colegio"; "Mi cumpleaños fue la semana pasada"; "Yo me acuesto a dormir en la noche"*
32. **Reconoce las posiciones en el espacio**	**Señales** Pasa objetos de un recipiente a otro Sigue instrucciones sencillas con ayuda *Arroja un papel en la basurera*	Demuestra que comprende las palabras y conceptos espaciales básicos *Coloca objetos entre, encima, debajo, sobre o al lado de otro objeto, según se les pida*	Comprende y usa correctamente las palabras espaciales *"Ven a sentarte junto a mí"; "La comida de los peces se coloca encima del anaquel"*	Demuestra comprender que las relaciones espaciales varían según la propia perspectiva *Voltea su tarjeta del juego de lotto para que su compañerito pueda verla al derecho; dice: "Puedo alcanzar el aro si estoy en el escalón más alto, pero aquí estoy muy lejos"*
33. **Usa la correspondencia uno a uno**	**Señales** Coloca un objeto en cada espacio designado *Coloca el muñequito apropiado en cada espacio de un autobús de juguete*	Empareja objetos uno a uno *Busca entre el vestuario dos zapatos para ponerse*	Coloca objetos en correspondencia uno a uno con otra serie *Alinea los pinceles para verificar que haya uno para cada tarro de pintura; camina alrededor de la mesa y coloca un vaso en el lugar de cada niño*	Usa la correspondencia uno a uno para comparar dos series de objetos *Alinea los cubos frente a la línea de un compañero para determinar quién tiene más; coloca un jinete al lado de cada caballo y dice: "¿Hay caballos para todos los vaqueros?"*
34. **Usa los números y cuenta**	**Señales** Comprende el concepto "uno" *Recoge un objeto cuando se le pide* Comprende el concepto "más" *Recoge más de algo si se le dirige o se le pide, por ejemplo, "más" queso*	Imita a alguien contando y usando los números (es posible que no siempre diga un número por cada objeto ni que la secuencia sea correcta) *Dice los números del 1 al 5 al tiempo que mueve el dedo por una línea de 8 objetos (sin darse cuenta de que contar quiere decir un número por cada objeto)*	Cuenta los números hasta 5 (o casi) y usa un número por cada objeto (es posible que no recuerde lo que ha contado o no) *Cuenta 5 galletas tomando de un plato una a la vez; cuenta una colección de objetos pero puede contar uno más de una vez*	Cuenta los números hasta 10 (o casi) y conecta los números y los símbolos con los objetos contados; sabe que el último número describe el total *Cuenta 8 tapas de botella y dice: "Tengo 8"; hace girar la manecilla y luego mueve la ficha del juego de mesa 6 espacios; dibuja 5 figuras para mostrar su familia*

El desarrollo cognoscitivo

La representación y el pensamiento simbólico

Continuo del desarrollo para niños de 3-5 años

Objetivos curriculares		I	II	III
35. **Representa roles y situaciones**	**Señales** Imita acciones sencillas *Contesta el teléfono; mece al bebé* Imita rutinas con la ayuda de un adulto o compañero *Pretende alimentar una muñeca; sirve café; pretende dormir*	Representa y nombra las acciones asociadas con un rol *Al alimentar una muñeca, dice: "Soy la mamá"; contesta el teléfono y dice: "Hola, ¿está Ana?"*	Ofrece un tema para representar y un escenario *Dice: "Juguemos a la escuela"; al escuchar el corazón de la muñeca con un estetoscopio, anuncia que es hora de llevar el bebé al hospital*	Se involucra en el juego representativo elaborado y continuo *Sugiere un tema para representar y comenta quién hará qué; decide con un compañerito qué comprar en el supermercado, toma la cartera y se va al supermercado*
36. **Juega con objetos simbólica- mente**	**Señales** Imita el uso que hace de un objeto conocido un adulto u otro niño *Mece una muñeca; revuelve una olla* Interactúa apropiadamente con los objetos con ayuda de un adulto o compañero *Responde a una supuesta llamada colocándose el teléfono en la oreja y hablando*	Interactúa apropiadamente en el juego representativo con objetos reales o réplicas *Usa un teléfono dañado y pretende llamar; sirve galletas de plastilina en platos de plástico pequeños*	Usa un objeto sustituto o gesto para representar algún objeto real *Se coloca la mano en la oreja y pretende marcar el teléfono; construye un castillo de arena y le coloca una concha marina encima como "antena parabólica"*	Usa accesorios imaginarios para dramatizar en una forma planeada y continua *Pretende con un compañe- rito ser mecánicos de un taller de autos hechos con bloques; organiza el escenario para jugar a la escuela, por ejemplo, los estudiantes se sientan en cojines y la maestra tiene como escritorio una caja*
37. **Inventa e interpreta representa- ciones**	**Señales** Nombra los garabatos como personas u objetos comunes Interactúa y construye con los bloques Comienza a usar letreros descriptivos al jugar a construir *"casa", "tren"*	Dibuja o construye y luego nombra lo que hizo *Dibuja diferentes figuras y dice: "Esta es mi casa"; alinea unos bloques y dice: "Estoy haciendo un camino"*	Dibuja o construye una estructura que representa algo específico *Hace un helicóptero con bloques encajables; le dibuja 6 patas a un insecto después de ver una oruga*	Planea y luego crea representaciones cada vez más elaboradas *Usa los bloques para construir un laberinto para la mascota de la clase; dibuja un camión de bomberos e incluye muchos detalles*

El desarrollo lingüístico

Escuchar y hablar

Objetivos curriculares		Continuo del desarrollo para niños de 3-5 años		
		I	II	III
38. **Escucha y diferencia los sonidos del lenguaje**	**Señales** Nota los sonidos del entorno *Le presta atención al canto de los pájaros, sirenas, etc* Participa en las rimas y cantos	Juega con palabras, sonidos y rimas *Repite canciones, rimas y cantos: "Aserrín, aserrán, los maderos de San Juan"*	Reconoce e inventa rimas y frases repetitivas; nota las palabras que comienzan de igual manera *Inventa rimas graciosas: "Corazón de melón, melón, melón"*	Escucha y repite los sonidos separados en palabras; juega con los sonidos para crear palabras nuevas *Aplaude 3 veces diciendo: "Su-sa-na"; "Ana ba-na-na salta como ra-na"*
39. **Se expresa utilizando palabras y oraciones largas**	**Señales** Utiliza gestos no verbales o palabras sueltas para comunicarse *Señala una pelota* Usa frases de 2 palabras *"Ya acabó"; "Triciclo afuera"*	Usa oraciones sencillas (3-4 palabras) para expresar sus deseos y necesidades *"Quiero el triclo"*	Usa oraciones sencillas (5-6 palabras) para comunicarse *"Quiero manejar el triclo cuando salgamos"*	Usa oraciones más complejas para expresar sus ideas y sensaciones *"Ojalá podamos salir hoy porque quiero manejar el triciclo por todo el parque"*
40. **Comprende y sigue instrucciones orales**	**Señales** Asocia las palabras y las acciones *Dice: "Lanza" al ver que lanzan una pelota; la lanza al oír la palabra* Sigue instrucciones orales si van acompañadas de gestos *"Ven aquí" acompañado de un gesto*	Sigue instrucciones de un solo paso *"Pásame por favor un pañuelo"*	Sigue instrucciones de dos pasos *"Cuando entres, por favor cuelga tu abrigo"*	Sigue instrucciones de más de dos pasos *Sigue instrucciones para guardar la arcilla en un recipiente, limpiar la mesa y lavarse las manos al terminar la actividad*

El desarrollo lingüístico

Escuchar y hablar (continuación)

Continuo del desarrollo para niños de 3-5 años

Objetivos curriculares		I	II	III
41. **Responde preguntas**	**Señales** Responde las preguntas de sí o no con palabras, gestos o señas *Señala la pintura violeta cuando se le pregunta qué color quiere*	Responde las preguntas sencillas con una o dos palabras *Al preguntársele el nombre, responde: "Curtis"; al preguntársele los colores de la pintura dice: "violeta y azul"*	Responde las preguntas con un pensamiento completo *"Vine a la escuela en autobús"; "Quiero pintura violeta y azul"*	Responde las preguntas con detalles *Al preguntársele qué hizo el fin de semana describe un paseo familiar; "Quiero violeta y azul como mis zapatos para hacer muchas flores"*
42. **Hace preguntas**	**Señales** Usa expresiones faciales o gestos para hacer una pregunta Usa una entonación elevada para hacer una pregunta *"¿Mi mamá va a regresar?"* Al hacer preguntas usa qué, cuándo, dónde *"¿Qué es eso?"*	Hace preguntas simples *"¿Qué vamos a almorzar?"; "¿Hoy vamos a salir a jugar?"*	Hace preguntas para comprender mejor *"¿Adónde se fue la nieve cuando se derritió?"; "¿Por qué ese señor usa uniforme?"*	Hace preguntas cada vez más complejas para comprender mejor *"¿Qué le pasó al agua de la pecera? ¿El pez se le bebió?"*
43. **Participa activamente en conversaciones**	**Señales** Inicia la comunicación con una sonrisa y/o mediante el contacto visual Responde a las reglas sociales de cortesía *Saluda con la mano en respuesta a un "hola" o "adiós"*	Responde a comentarios y preguntas de otros *Cuando un niño dice: "Tengo zapatos nuevos", muestra sus zapatos y dice: "Miren mis zapatos nuevos"*	Responde a los comentarios en una serie de intercambios *Hace comentarios pertinentes en una discusión en grupo; ofrece más información si no se comprendió el mensaje*	Inicia y/o amplía conversaciones al menos de cuatro intercambios *Mientras habla con un amigo, pregunta qué pasó, lo que hizo el amigo y comparte sus ideas*

El desarrollo lingüístico

Leer y escribir

Objetivos curriculares	Continuo del desarrollo para niños de 3-5 años			
		I	**II**	**III**
44. Disfruta y valora la lectura	**Señales** Mira libros e ilustraciones con un adulto u otro niño. Escoge y mira libros independientemente. Completa frases en cuentos conocidos	Escucha los cuentos que le leen. *Le pide a la maestra que le lea su cuento preferido; repite estribillos cuando se le lee en voz alta un libro conocido*	Participa interactivamente en la hora de leer cuentos. *Responde preguntas antes, durante, y después de las sesiones de lectura en voz alta; relaciona el cuento consigo mismo; actúa historias conocidas con títeres*	Elige leer solo; busca información en revistas; se ve a sí mismo como lector. *Explica por qué le gusta un libro; busca otros libros del autor preferido; usa el libro de las aves para identificar un nuevo encontrado en una salida a caminar*
45. Comprende el propósito de lo escrito	**Señales** Señala algo escrito en una página y dice: "Lee esto". Reconoce los letreros como *"McDonald´s"*. Reconoce los libros por la carátula	Sabe que lo escrito transmite mensajes. *Señala el letrero escrito sobre el anaquel y dice: "Aquí se ponen los autos"; al ver el nombre escrito por el maestro en el dibujo de otro niño, dice: "¿De quién es esto?"*	Demuestra conocimiento general de cómo funciona lo escrito. *Recorre el texto con el dedo, de izquierda a derecha y desde el principio hasta el final, pretendiendo leer; sabe que los nombres empiezan con una letra grande*	Sabe que cada palabra dicha puede ser escrita y leída. *Toca una palabra escrita por cada una de las palabras dichas en un cuento; al mirar un menú pregunta: "¿Cuál palabra dice pancakes?"*
46. Conoce el alfabeto	**Señales** Participa en canciones y en juegos con los dedos sobre las letras. Indica lo escrito en el entorno. Un nombre en un casillero; las señales de salir	Reconoce e identifica unas cuantas letras por el nombre. *Señala una caja de cereal y dice: "Esta es una C, como la de mi nombre"*	Reconoce y nombra muchas letras. *Usa sellos del alfabeto y nombra las letras: "D, T, M"*	Comienza a conectar las letras y los sonidos. *Escribe una M grande y dice: "Esta es para Mamá"*
47. Utiliza las destrezas lectoras emergentes para entender lo escrito	**Señales** Usa los letreros y palabras conocidas para leer lo escrito. *Los nombres de los cereales; Salida o Exit* Reconoce su propio nombre escrito y lo usa como pista para encontrar sus posesiones. *Su colchón y su casillero*	Usa las ilustraciones para adivinar lo que dice el texto. *Al ver Los tres cerditos dice: "El lobo sopló y sopló, y derrumbó la casa de los cerditos"*	Saca conclusiones sobre las palabras y el texto al notar las características (distintas a las letras o las palabras). *Ese debe ser el nombre de Christopher porque es muy largo "Ud. no escribió todas las palabras que le dije. Yo dije 'Un libro sobre el perro blanco' pero escribió solo 3 palabras"*	Usa diferentes estrategias (las palabras conocidas, el conocimiento de las letras y los sonidos, los patrones del texto) para comprender lo escrito. *"Esa palabra dice libro"; se anticipa a lo que continúa basándose en un patrón de Oso pardo; descubre cuál palabra dice banana porque sabe que comienza con b*

El desarrollo lingüístico

Leer y escribir (continuación)

Continuo del desarrollo para niños de 3-5 años

Objetivos curriculares	Señales	I	II	III
48. Comprende e interpreta el significado de los libros y otros textos	Repite las palabras y acciones demostradas en los libros *Ruge como un león* Relaciona el cuento consigo mismos y comparten información *Después de escuchar un cuento sobre la nieve dice: "Hice un hombre de nieve"*	Al jugar imita la acción de leer *Sostiene un libro en la mano y pretende leerle a la muñeca; en el área de juego representativo toma las páginas amarillas para hacer una llamada*	Compara y predice los acontecimientos de los cuentos; actúa los principales hechos de un cuento conocido *Compara sus propios sentimientos con respecto a su hermano menor con los de un personaje de un cuento; representa una vez más El gallo de bodas*	Recuenta una historia incluyendo muchos detalles y conecta los hechos del cuento *"El lobo sopló y derribó la casa porque no era sólida"; usa un tablero de tela para recontar La oruguita muy hambrienta*
49. Comprende el propósito de la escritura	Observa a otros que escriben Pretende escribir (garabatea)	Al jugar imita la acción de escribir *Al jugar al hospital pretende escribir una receta médica; garabatea al lado de un dibujo*	Comprende que hay una forma de escribir para transmitir mensajes *Le dice a la maestra: "Escribe esto para que todos puedan leerlo"; le pregunta a la maestra: "¿Cómo se escribe feliz cumpleaños?"; dice: "Eso no es escritura, eso son garabatos y mamarrachos"*	Escribe para transmitir lo que quiere decir *Escribe el nombre en un dibujo para un amigo enfermo; copia el letrero del maestro: "No molestar", para colocarlo cerca de un patrón de bloques; al intentar escribir escoge algunas letras específicas*
50. Escribe letras y palabras	Garabatea con crayolas Experimenta con instrumentos de escritura como marcadores y lápices Hace dibujos sencillos para representar algo	Usa garabatos y figuras que se asemejan a las letras	Escribe letras reconocibles, especialmente aquellas del nombre propio	Al escribir palabras usa las letras que representan sonidos

conclusión

Saber cómo se desarrollan los niños constituye el punto de partida de los maestros que utilizan *El Currículo Creativo*. Si conoce también las características exclusivas de cada niño, podrá forjar con ellos relaciones que les permitan florecer. Finalmente, ver el desarrollo infantil en un continuo le dará una imagen completa del aprendizaje de cada niño y será el mapa orientador para rastrear el progreso. Por lo tanto, el *Continuo* le sirve al maestro como la principal herramienta para planear y orientar la enseñanza, un tema que trataremos en el Capítulo 4. En el capítulo siguiente nos centraremos en el entorno del aprendizaje en el salón de clase de *El Currículo Creativo*.

Referencias

A good beginning: Sending America's children to school with the social and emotional competence they need to succeed. (2000). Bethesda, MD: The Child Mental Health Foundations and Agencies Network (FAN) and The National Institute of Mental Health, Office of Communications and Public Liaison.

Chess, S., & Thomas, A. (1996). *Temperament: Theory and practice*. New York: Brunner/Mazel.

Collier, V. P. (1995). *Promoting academic success for ESL students: Understanding second language acquisition for school*. (No. 1-883514-00-2). Jersey City, NJ: New Jersey Teachers of English to Speakers of Other Languages-Bilingual Educators.

Genesee, F. (n.d.). *Bilingual acquisition*. Retrieved March 21, 2002, from http://www.earlychildhood.com/Articles/index.cfm?FuseAction=Article&A=38

Hanson, K. (1992). *Teaching mathematics effectively and equitably to females*. New York: ERIC Clearinghouse on Urban Education Institute for Urban and Minority Education.

Snow, C. E. (1997, November 1). The myths around being bilingual. *NABE News, 29*, 36.

Snow, C. E., Burns, M. S., & Griffin, P. (Eds.). (1998). *Preventing reading difficulties in young children*. Washington, DC: National Academy Press.

U.S. Census Bureau. Population Division. (January 13, 2000). (NP-D1-A) *Projections of the resident population by age, sex, race, and hispanic origin: 1999 to 2100*. Retrieved March 22, 2002, from http://www.census.gov/population/www/projections/natdet-D1A.html

U.S. Department of Education. Office of Educational Research and Improvement. National Center for Education Statistics. (2000). *The condition of education 2000*. (NCES 2000-062). Washington, DC: U.S. Government Printing Office. Also available at: http://www.nces.ed.gov

U.S. Office of the Surgeon General, President's Council on Physical Fitness and Sports. (1996). *Physical activity and health: a report of the Surgeon General*. Atlanta, GA, Washington, DC, Pittsburgh, PA: U.S. Government Printing Office.

En este capítulo

Cómo se desarrollan y aprenden los niños

El entorno del aprendizaje

La función de la familia

Qué aprenden los niños

Los bloques
El juego imaginario
Los juguetes y juegos
El arte
La biblioteca
Los descubrimientos
La arena y el agua
La música y el movimiento
Las experiencias culinarias
Las computadoras
El juego al aire libre

La función del maestro

Teoría e investigación

2

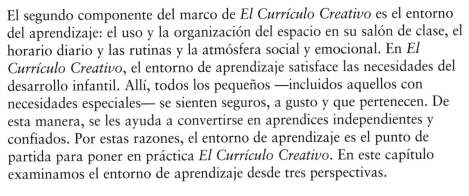

El entorno del aprendizaje

El segundo componente del marco de *El Currículo Creativo* es el entorno del aprendizaje: el uso y la organización del espacio en su salón de clase, el horario diario y las rutinas y la atmósfera social y emocional. En *El Currículo Creativo*, el entorno de aprendizaje satisface las necesidades del desarrollo infantil. Allí, todos los pequeños —incluidos aquellos con necesidades especiales— se sienten seguros, a gusto y que pertenecen. De esta manera, se les ayuda a convertirse en aprendices independientes y confiados. Por estas razones, el entorno de aprendizaje es el punto de partida para poner en práctica *El Currículo Creativo*. En este capítulo examinamos el entorno de aprendizaje desde tres perspectivas.

La organización y el cuidado del salón de clase: El espacio físico del salón en *El Currículo Creativo* está organizado en diez áreas de interés —los bloques, el juego imaginario, los juguetes y juegos, el arte, la biblioteca, los descubrimientos, la arena y el agua, la música y el movimiento, las actividades culinarias y las computadoras— y el juego al aire libre. Las áreas de interés ofrecen diversas oportunidades para que los niños exploren, descubran y progresen. En cada una de ellas, la organización de los muebles y los materiales involucra a los niños, no sólo en el aprendizaje sino en el cuidado del salón y de lo que hay allí.

La estructuración del día: Las rutinas diarias y el horario de actividades crean un sentido de orden en *El Currículo Creativo*. Los niños saben qué esperar y comprenden lo que se espera de ellos. Con la seguridad de que su entorno es predecible y familiar, pueden dedicarse a aprender y ser parte de un grupo. El orden del entorno también produce una sensación de orden en ellos mismos.

La creación de una comunidad en el salón de clase: Se refiere al entorno social y emocional del salón de clase de *El Currículo Creativo*. Los maestros se relacionan con los estudiantes en formas positivas y les ayudan a hacer lo mismo entre sí. El clima social positivo ayuda a que los niños se sientan bien en la escuela y aprendan utilizando al máximo su capacidad.

La organización y el cuidado del salón de clase

El entorno físico de su salón de clase tiene un efecto profundo en cada uno de los niños, en la totalidad del grupo y en usted. El entorno incluye el tamaño del salón, el color de las paredes, el tipo de piso, la cantidad de luz y el número de ventanas. Aunque tenga un control limitado sobre muchos de estos factores, usted tiene opciones con respecto a cómo organizar los muebles, cuáles materiales poner a disposición de los niños y qué llevar al aire libre para hacer más interesante el espacio disponible.

Un entorno físico seguro, atractivo, cómodo y bien diseñado ayuda a que los niños participen en las actividades que les ofrezca. Dicha clase de entorno le servirá de apoyo a sus metas de aprendizaje con los niños y le dará libertad para observarlos e interactuar con ellos en formas positivas.

Delimitación de las áreas de interés

Un espacio físico dividido en áreas de interés es un ambiente ideal para los preescolares que desean explorar, hacer cosas, experimentar y seguir sus propios intereses. Unas áreas de interés separadas y con distintos materiales les ofrecen a los niños una gama de opciones claras. A veces, ellos desean trabajar silenciosamente, solos o con otros niños. Las áreas destinadas a los libros, las actividades artísticas o los juguetes y juegos les brindan opciones de actividades en silencio. Las áreas destinadas al juego imaginario, la construcción con bloques, el trabajo con madera o a las actividades musculares les brindan opciones de participar más activamente.

Las áreas de interés dividen el salón en espacios que le dan cabida a varios niños a la vez y atienden la preferencia de los preescolares de estar en grupos pequeños. Con pocos niños, se sienten a gusto y juegan en formas más positivas que en los grupos más grandes. Asimismo, en un espacio pequeño y bien definido donde los niños se puedan concentrar en su trabajo, el juego infantil se torna más complejo y elaborado.

Asimismo, en un espacio pequeño y bien definido, donde pueden concentrarse en su trabajo, el juego infantil tiende a volverse más complejo y elaborado.

Como lo mencionamos antes, un salón de clase donde se aplica *El Currículo Creativo* se divide en áreas para el juego imaginario, la construcción con bloques, los juguetes y juegos, el arte, mirar libros y escribir, el juego con arena y agua, y una mesa para los descubrimientos. También debe haber un lugar para las actividades culinarias, aunque sólo sea una mesa que sirva como "barra de meriendas" donde los niños puedan ayudar a preparar y servirse sus meriendas. Idealmente, los niños deben tener acceso a instrumentos musicales y equipo donde puedan escuchar o tocar música. Las computadoras pueden tener un espacio en el área de biblioteca o ubicarse en lugares del salón donde su uso resulte natural como, por ejemplo, en el área de descubrimientos.

Las áreas de interés

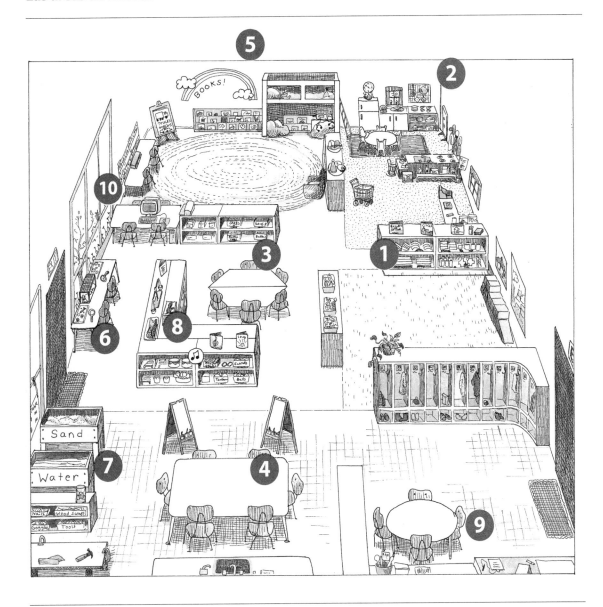

1. Bloques
2. Juego imaginario
3. Juguetes y juegos
4. Arte
5. Biblioteca
6. Descubrimientos
7. Arena y agua
8. Música y movimiento
9. Actividades culinarias
10. Computadoras

Guía para ubicar las áreas de interés

Para ubicar las áreas de interés, préstele atención a la ubicación de los tomacorrientes, las ventanas, las puertas, el fregadero y el espacio para almacenar. Vea qué muebles —estantes, mesas, caballetes móviles, muebles para el juego imaginario— sirven para delimitar el espacio. Haga un inventario de los desafíos específicos de su salón: muebles empotrados, columnas, calentadores, tubos visibles, ubicación de las puertas que no deben bloquearse, etc.

Guía para distribuir el espacio

Defina los patrones de circulación para ingresar al salón, colocar las pertenencias en los casilleros, utilizar el baño y desplazarse de un área a otra.

Defina claramente las áreas que deben protegerse, como la de construir con bloques y un rincón de biblioteca acogedor, utilizando estantes y las paredes.

Ubique las áreas de interés relativamente silenciosas, como la biblioteca, el arte, las computadoras, y los juegos y juguetes, **alejadas de las más ruidosas** como la de bloques y trabajo con madera.

Decida cuáles áreas requieren mesas: los juguetes y juegos, el juego artístico, el área de libros y escritura, y las actividades culinarias. Debido a que los niños utilizan el piso y los lugares abiertos en la mayoría de sus juegos, mantenga un número mínimo de mesas. Recuerde que sólo necesitarán suficiente espacio en la mesa para que todos, incluidos los adultos, puedan sentarse al mismo tiempo a la hora de las meriendas o comidas. Las mesas deben permanecer en las áreas de interés donde estén ubicadas; no deben juntarse como en una cafetería.

Piense en las actividades que serán afectadas por el recubrimiento de los pisos. Idealmente, las actividades desordenadas como el juego artístico, el juego con arena y agua y las actividades culinarias deben realizarse sobre un piso lavable. Determine también si necesita cubiertas, pedazos de vinilo o una cortina de baño. Los bloques requieren un piso suave y cómodo donde los niños puedan sentarse o trabajar arrodillados.

Ubique las áreas de interés cerca de los recursos necesarios. Las actividades artísticas, el juego con agua y las actividades culinarias deben estar cerca de una fuente de agua; las computadoras, las grabadoras o los toca CD necesitan tomacorrientes.

Reserve las áreas bien iluminadas para que los niños lean, escriban, dibujen y cuiden las plantas.

Organice el salón para que tenga la mayor visibilidad posible desde cualquier lugar con el fin de garantizar la seguridad de los niños. Las regulaciones sobre prevención del abuso infantil requieren la supervisión constante, lo que quiere decir, tenerlos siempre a la vista.

Cómo equipar las áreas de interés

Las áreas de interés funcionan bien cuando los materiales seleccionados son atractivos, invitan a los niños a usarlos, son pertinentes a la experiencia y la cultura de los niños, y los desafían pero no los frustran. Los materiales deben presentarles a los niños contenidos interesantes: mascotas y plantas para observar y cuidar (ciencia); colecciones para clasificar y graficar (matemáticas); libros de consulta para complementar información (lecto-escritura); engranajes y relojes para desarmar (tecnología); y mucho más.

En general, una buena regla a seguir al comienzo del año es: menos es mejor. Demasiados materiales nuevos al comienzo pueden abrumar a los niños. Comience dándoles tiempo para que aprendan a utilizar y cuidar los materiales. Es importante explicarle esta estrategia a los padres durante los primeros días pues la poca cantidad de materiales que exhibe los puede sorprender.

Para minimizar los problemas de compartir, saque duplicados de los materiales básicos, en lugar de una gran selección de distintos objetos e incluya materiales conocidos como rompecabezas, cuentas o bolitas para ensartar y crayolas. Para seleccionar los materiales de cada área de interés, consulte en los capítulos 6 al 16, las secciones: Cómo crear un entorno para el juego.

Cómo presentar y marcar los materiales

Todas las cosas en el salón deben tener un lugar determinado. Esta clase de orden beneficia a todos los niños, pero es de especial importancia para aquellos con necesidades especiales, quienes requieren que el entorno sea consistente y predecible. Si los niños saben dónde están las cosas, cómo y por qué están agrupadas, pueden trabajar de manera independiente y constructiva. Además, pueden participar activamente en la limpieza y el cuidado del salón de clase.

Aunque se puede ser flexible con respecto al lugar donde los niños utilizan los materiales cuando ellos escogen qué hacer (como tomar cubos de colores del área de juegos y juguetes para decorar sus construcciones con bloques), tener un lugar marcado claramente para cada cosa les facilita devolver los materiales a la hora de limpiar.

Al comienzo del año poco es mejor.

Si los niños saben dónde están las cosas, cómo y por qué están agrupadas, pueden trabajar de manera independiente y constructiva.

Para mostrar que todo tiene un lugar, marque los lugares para guardar las cosas.

Para mostrar que todo tiene un lugar, marque los lugares para guardar las cosas. Para hacer los letreros, puede utilizar fotografías, ilustraciones de los juguetes o del equipo tomadas de revistas o empaques, dibujos o figuras de papel hechas en papel Contact de un solo color (para los materiales como los bloques o las herramientas para trabajar con madera).

Los letreros deben tener dibujos y palabras en inglés y en la lengua materna de los niños. Incluir una muestra del objeto como parte del letrero (por ejemplo, una cuenta de ensartar o un marcador), le será especialmente útil a los niños con discapacidades visuales o a quienes están aprendiendo inglés como segunda lengua.

Si recubre los letreros con papel Contact transparente o los lamina, durarán más tiempo y, si se requiere, podrá cambiarlos de lugar en vez de hacer otros nuevos. Pegue los letreros en los recipientes donde se guardan los objetos o directamente en los anaqueles. Si marca los materiales de esta manera, la limpieza se convertirá en un juego de correspondencias y lecto-escritura que ayuda a que los niños aprendan mientras encuentran el lugar debido de cada cosa.

Almacene en el mismo lugar los materiales que vayan juntos. Por ejemplo, guarde las estaquillas con los tableros, los materiales para collage con pegante y papel, y los carros con los bloques.

Utilice recipientes como vasijas plásticas, recipientes plásticos transparentes, canastas o cajas de zapatos para guardar los materiales y los juguetes con partes pequeñas.

Utilice estaquillas, Velcro, o una percha para los objetos de colgar como abrigos, utensilios, delantales, etc.

Exhiba los materiales de manera que los niños puedan verlos con facilidad. Coloque los materiales y juguetes en estantes bajos a la altura de la vista de los niños. Coloque los libros en un estante con las cubiertas hacia afuera.

Guarde fuera del alcance de los niños los objetos cortantes, como los ralladores, cuchillos y sartenes eléctricos. Sáquelos sólo cuando se necesiten y supervise su uso.

Otros aspectos del entorno físico

Además de delimitar las áreas de interés, al organizar el salón se deben tener en cuenta otros aspectos del entorno físico. Se debe identificar un lugar para las actividades en grupo, áreas para mostrar las cosas y para guardar las pertenencias y los materiales que los niños no puedan utilizar solos. Según las necesidades de los niños, es posible que tenga que adaptar su entorno para que todos tengan acceso a las áreas de interés y los materiales. El salón debe ser tan cómodo y atractivo como sea posible para que disfruten estar allí.

Un lugar para las actividades en grupo

Designe un lugar en su salón de clase donde todo el grupo pueda reunirse a hablar y planear el día, escuchar cuentos, hacer la transición de una actividad a otra y participar en actividades de música y movimiento. Muchos salones no son lo suficientemente grandes como para permitirse el lujo de tener un área exclusiva para las actividades en grupo. Si su salón de clase tiene espacio limitado, se pueden reunir en una de las áreas de interés más grandes, por ejemplo, el área de bloques o la biblioteca.

Guía para designar el espacio de actividades en grupo

Deje suficiente espacio en el piso para que todos los niños y los adultos puedan sentarse en círculo.

Permita que se puedan sentar cómodamente en el piso. Si el área no tiene un tapete o una alfombra, puede utilizar cuadrados de alfombra para que todos los niños se sienten en un lugar suave.

Asigne espacio para carteles, como el cuadro de labores, el horario diario o las gráficas de actividades.

Incluya un caballete o un soporte para gráficas para que pueda documentar los comentarios del grupo o para mostrar un libro grande cuando lo lea en clase.

Ubíquese cerca de tomacorrientes para escuchar grabaciones o CDs y donde haya gabinetes para guardar materiales como cintas, CDs, bufandas e instrumentos musicales.

Las exposiciones en el salón de clase

La mayor parte del espacio para exponer en el salón se debe reservar para mostrar el trabajo de los niños. Algunos maestros designan un lugar especial en la pared para mostrar el trabajo de cada niño y permiten que cada cual escoja lo que quiere mostrar en su espacio. Un pliego grande de papel puede servir como marco. Incluya los nombres de los niños (y una fotografía si lo desea) para identificar su trabajo.

Anime a los niños a decirle qué hicieron, cómo lo hicieron, qué les gusta de su trabajo y qué aprendieron haciéndolo. Escriba lo que ellos dicen en una tarjeta e inclúyala en la exposición. Estos ejercicios fomentan la lecto-escritura y les comunican que su trabajo es valioso y se debe cuidar. Las exposiciones del trabajo de los niños permiten que quienes visiten su salón de clase sepan qué está enseñando y qué está aprendiendo cada niño y el grupo.

Exponga el trabajo infantil en forma destacada, a la altura de vista de los niños, para resaltar que es importante y se debe cuidar. Haga exposiciones sencillas. Cuando las paredes y todos los espacios disponibles se llenan de carteles y trabajo artístico, los niños e incluso los visitantes se sienten abrumados y no pueden concentrarse en una sola cosa. Además, cambie las exposiciones con frecuencia. Si los niños ven lo mismo todas las semanas, no podrán ver su avance, perderán el interés e ignorarán lo exhibido.

La mayor parte del espacio para exponer en el salón se debe reservar para mostrar el trabajo de los niños.

Al comienzo del año, escoja un lugar destacado para hacer una exposición llamada "La comunidad del salón de clase" con fotografías de los niños y sus familias. Si visita los hogares antes de comenzar la escuela, lleve una cámara. O tome fotografías el primer día, cuando los niños lleguen con sus familias. Incluya una fotografía suya y del maestro asistente. A medida que los niños se familiaricen con los demás miembros de la comunidad escolar —el director, los celadores, el personal de la cocina, los conductores, la enfermera— incluya sus fotografías. Durante el año, tómeles fotografías a los niños realizando actividades en las distintas áreas de interés. Exhíbalas con una nota explicando lo que están aprendiendo los niños. Tanto ellos como los administradores se interesarán en estas exposiciones pues son una excelente forma de compartir el currículo.

Verifique que los libros y carteles que compre y exhiba, incluyan imágenes de personas de distintas procedencias étnicas y de ambos sexos. Para comunicar que todos desempeñan un papel importante, busque fotografías de personas de todas las edades realizando todo tipo de trabajos.

Considere los siguientes lugares para las exposiciones:

Busque fotografías de
personas de todas las
edades realizando todo
tipo de trabajos.

- paredes y tableros de anuncios

- columnas

- la parte superior y posterior de los estantes

- cuerdas o redes

- caballetes

- divisiones de espacios

Si existen regulaciones u otros códigos que no permitan pegar cosas en las paredes, recurra a su creatividad para hacer exposiciones. Colgar un tablero de anuncios es una opción.

Los lugares para almacenar

Un salón de clase requiere espacio para guardar las cosas. Piense en tres clases de lugares: abiertos, para los materiales que quiera mantener al alcance de los niños; seguros, para los materiales que debe controlar; y personales, para los niños y los adultos.

Seis u ocho estantes resistentes que no se volteen son ideales para los materiales que desee que los niños utilicen en forma independiente. Puede implementar los estantes abiertos con canastas de plástico unidas. Si los niños hacen siesta, necesitará espacio para guardar colchonetas, cobijas y almohadas.

Utilice un lugar seguro para guardar los limpiadores líquidos, cuchillos, etc., con el fin de garantizar la seguridad de los niños. Este lugar también es útil para guardar los materiales que desee utilizar más adelante. Organice y marque lo que guarde para poder encontrarlo con facilidad cuando lo necesite.

Designe lugares de fácil acceso para las pertenencias de los niños y márquelos claramente con una foto y el nombre del niño. Asígnele a cada niño un casillero para los abrigos, gorras, guantes, botas, maletas y ropa adicional. Los recipientes marcados son de gran utilidad para guardar los tesoros que el niño traiga o el trabajo que lleve a casa. Finalmente, designe un lugar para que los adultos en el salón —maestros, visitantes y familiares— puedan guardar las pertenencias.

Un ambiente cómodo y atractivo

Dado que usted y los niños pasan gran parte del día en el salón de clase, éste debe ser cómodo y atractivo, y tener algunos detalles hogareños.

Aproveche la **luz natural** tanto como le sea posible. Los espejos reflejan la luz y permiten que los niños vean el entorno desde otra perspectiva. Las lámparas de mesa y de piso ayudan a crear un ambiente acogedor en el salón de clase.

Incorpore **suavidad** en el ambiente siempre que pueda: sillas suaves, un colchón para cuna o un sofácama con una sábana llamativa, cojines coloridos, tapetes y animales de peluche.

Añada diversas **texturas** que estimulen el sentido del tacto de los niños: suave, áspera, blanda y húmeda, espinosa, sedosa, tosca.

Proporcione **espacios tranquilos** donde los niños puedan alejarse y estar solos cuando deseen tener privacidad: literas, carpas, una bañera vieja o una caja grande llena de cojines, una silla cómoda cerca de un acuario o una grabadora con audífonos.

Incluya **detalles hogareños**: un tapete de bienvenida en la puerta, flores frescas en floreros, canastas para las plantas o papeleras, cortinas en las ventanas, lámparas, objetos del hogar, manteles e individuales, álbumes de fotos, jabón de colores en el lavamanos, imágenes magnéticas en el refrigerador(o en cualquier superficie metálica).

Traiga **seres vivos** al salón de clase: plantas y mascotas que los niños puedan observar, acariciar y cuidar. En el área de descubrimientos se pueden incluir objetos naturales como nidos de aves, piñas de pino, conchas marinas, una colmena vacía y una colonia de hormigas.

Adaptaciones para los niños con discapacidades

Si en su programa hay niños con discapacidades físicas o sensoriales, necesitará adaptar el espacio y modificar los materiales para garantizar la seguridad y el fácil acceso a ellos. Un asesor de educación especial podrá ayudarle a evaluar su salón de clase y las áreas exteriores para determinar qué cambio es necesario para estimular la participación de todos los niños. Dependiendo del tipo y gravedad de la discapacidad de los niños, es probable que deba seguir los pasos descritos en la página siguiente.

Dependiendo del tipo y de la gravedad de la discapacidad de los niños, es posible que deba seguir los pasos descritos en la página siguiente.

Adaptaciones para los niños con discapacidades

Verifique que el **espacio para transitar** entre las áreas de interés sea suficiente para que pueda pasar una silla de ruedas o un caminador. Además, para que las instalaciones sean accesibles se necesitan rampas y sanitarios adaptados.

Adapte las **mesas** para que las sillas de ruedas quepan debajo o implemente las sillas de ruedas con bandejas. Proporcione **asientos** altos para que los niños puedan sentarse cómodamente en una mesa alta.

Suministre **travesaños** u otros soportes para que los niños con impedimentos puedan realizar actividades en el piso.

Designe espacio para el **equipo de soporte** que use un niño para pararse, sentarse o caminar.

Utilice **rompecabezas con agarraderas** para los niños con impedimentos visuales o motrices.

Infórmese sobre las **adaptaciones para computadoras** para niños con impedimentos visuales, problemas de articulación y destrezas manuales limitadas.

Incluya objetos que pueda tocar un **niño con impedimentos visuales**.

Recuerde que, si los **niños con impedimentos auditivos** se sientan cerca de las áreas ruidosas, el ruido puede interferir con los audífonos.

Cuidado del salón de clase y del trabajo de los niños

Mantener en orden el salón debe ser una tarea compartida. Si los niños cuidan el entorno, aprenden a ser responsables, competentes y organizados. Los maestros deben identificar las labores que deben compartir todos y las maneras de cuidar su trabajo.

Un sistema para compartir las labores

Como el espacio es de todos, cuidarlo es una responsabilidad que se debe compartir. Por eso, hay para todos. Algunas labores se hacen diariamente, por ejemplo, limpiar durante la hora de escoger qué hacer, guardar las pertenencias, lavar los platos después de comer, etc. Otras tareas del salón de clase pueden rotarse semanalmente como alimentar a las mascotas, sacar las colchonetas, limpiar las mesas y lavar los pinceles. Es recomendable hablar informalmente con los preescolares más pequeños sobre las tareas que hay que hacer. Con los más grandecitos se puede utilizar un sistema más formal.

Una forma de inculcar el cuidado del salón como una responsabilidad compartida es elaborar un cuadro de labores, conversar con los niños sobre las distintas tareas y explicarles cómo leer el cuadro. Si los niños no reconocen sus nombres por escrito, puede hacer tarjetas con una foto o un símbolo de cada tarea junto al nombre del niño.

Hable con los niños sobre lo que hay que hacer para mantener en orden el salón de clase. Puede elaborar una lista de labores para los niños de 4 y 5 años, quienes ya entienden a qué se refiere al decir labor. Pero no suponga que ellos solos podrán elaborar una lista completa. Es posible que deba agregar algunas tareas, explicar en qué consiste cuidar el salón y hacerles preguntas orientadoras. Este es un ejemplo de lo que podría decirles:

Hoy nuestro salón de clase se ve limpio y organizado. He estado pensando en lo que debemos hacer para mantenerlo así. ¿Alguien tiene alguna idea?

¿Qué debemos hacer para mantener limpio el salón? Voy a hacer una lista con sus ideas.

Ya sabemos que las plantas necesitan agua para crecer, así que, seguramente alguien deberá encargarse de nuestras plantas.

Imaginemos que acabamos de comer y hay comida sobre las mesas. ¿Qué debemos hacer para limpiarlas?

Después de este tipo de comentarios, podría decirles que hará un cuadro con la lista de todas las labores y que cada uno tendrá una labor diaria. Cuando les presente el cuadro de labores, revise cada labor y mencione cuántos niños realizarán cada una. Para reforzar la idea de que cada niño debe desempeñar una función para mantener en orden el salón, incluya categorías como "Día libre" y "Sustituto" para que así, el nombre de todos aparezca en el cuadro. "Sustituto" tiene la ventaja adicional de asignar responsabilidad cuando se ausente quien deba hacer la labor.

Nuestras labores

Estrategias para cuidar el trabajo de los niños

El trabajo que los niños realizan en el salón de clase es una muestra clara de lo que están aprendiendo y de su capacidad como aprendices. Proteger su trabajo es una muestra de respeto por sus esfuerzos.

Ser tan flexible como sea posible con respecto al tiempo y los materiales tiene un efecto positivo en los hábitos de trabajo de los niños, permite que se sientan orgullosos por finalizar un proyecto y les transmite que usted tiene en cuenta las necesidades de todos los niños. Cuando los maestros les piden a los niños desarmar algo que les ha costado construir, por ejemplo una estructura de bloques o un diseño complejo hecho con bloques geométricos, es posible que sientan que su trabajo no está siendo valorado. Asimismo, terminar el período de trabajo cuando los niños están totalmente ocupados, les da a entender que el esfuerzo de ellos no es tan importante como el horario. Las siguientes son algunas formas de conservar el trabajo de los niños y hacerles saber que se respetan sus logros.

Delimite el espacio para cuidar el trabajo

Déles a los niños una manera concreta de saber dónde comienza y dónde termina el espacio de trabajo. Por ejemplo, en el área de bloques, defina los espacios de trabajo dándoles pedazos de cartón sobre los que puedan construir, cuadrados de alfombra o cinta de colores para delimitar cada área de construcción. Una caja grande, sin fondo ni tapa, también puede definir un espacio donde pueden construir uno o más niños, dependiendo del tamaño de la caja. Cuando no se estén utilizando, las cajas se pueden plegar para guardarlas. Asimismo, en el área de juguetes y juegos puede usar bandejas de cafetería en las cuales puedan construir sus diseños o mantener las cuentas para ensartar. Delimitar claramente los espacios de trabajo ayuda a que los niños aprendan a definir sus propios espacios de trabajo no sólo en la escuela sino en general.

Delimitar claramente los espacios de trabajo ayuda a que los niños aprendan a definir sus propios espacios de trabajo.

Cuide los proyectos sin terminar

Cuando los niños deseen seguir trabajando en un proyecto iniciado, a menudo varios días, necesitará una manera de cuidar los proyectos no terminados. Las bandejas plásticas son excelentes para mantener y guardar proyectos incompletos. Designe un estante del salón de clase para colocar estas bandejas. El proyecto puede permanecer en la bandeja mientras el niño quiera trabajar en él. Sin embargo, debe mantener presente los deseos de los otros niños. Los proyectos se deben conservar mientras el niño esté trabajando en él, especialmente si se usan materiales que los otros necesitan. Si se da cuenta de que cierto material es el preferido, trate de ofrecer duplicados. Proponga la siguiente regla: Si un niño necesita alguno de los materiales que otro está usando en un proyecto, hay que preguntarle al niño que lo está usando si todavía necesita el material. Si es así, trate de encontrar algo más que funcione.

Tome fotografías

Una cámara instantánea o digital es una valiosa herramienta para conservar el trabajo. Cuando un niño termine un proyecto, tome una fotografía antes de desarmarlo. Esta práctica es muy útil para las construcciones con bloques y los diseños hechos con juguetes de construcción. Las fotografías permiten que un niño comparta su trabajo con todo el grupo y el grupo se puede inspirar con el trabajo de un niño.

Las fotografías permiten que un niño comparta su trabajo con todo el grupo y el grupo se puede inspirar por el trabajo de un niño.

Invite a los niños a compartir su trabajo

Cuando reúna a los niños después de escoger qué hacer, déles tiempo para hablar sobre lo que hicieron y compartir su trabajo. No tienen que participar todos los niños. Sin embargo, puede ayudar a quienes no deseen hablar, describiendo lo que observó y haciendo preguntas: "Alexa, Crystal y Juwan trabajaron duro hoy organizando la tienda de alimentos. ¿Quieren contarnos qué hicieron?". "Vi que Dallas estuvo muy dedicada a nuestro nuevo rompecabezas. Es difícil de armar, ¿no es así?".

Evaluación de la eficacia del espacio

Usted sabrá si el entorno del salón de clase está bien organizado si los niños:

- **Eligen** y seleccionan actividades por sí mismos.

- **Utilizan los materiales en formas apropiadas** y creativas en las áreas de interés.

- **Se mantienen involucrados** en una actividad durante un lapso de tiempo.

- **Tienen éxito** al jugar.

- **Ayudan a cuidar** los materiales.

Dedique tiempo a evaluar el entorno físico. ¿Transmite los mensaje que usted desea? ¿Funciona? ¿Hay problemas que se puedan resolver modificando el entorno?

¿Transmite los mensajes que usted desea?

Los maestros que reconocen la influencia del entorno, organizan el espacio con la intención de que transmita mensajes que desean que reciban los niños. Utilice los mensajes a continuación y los métodos para transmitirlos, como guía para evaluar si la organización de su salón funciona bien:

"Este es un buen lugar para estar en él"

- Los muebles están limpios y bien cuidados

- La decoración de la pared consta primordialmente del trabajo artístico de los niños, está expuesto de manera atractiva, a la altura de la vista de los niños y con espacios en blanco amplios para no abrumarlos.

- En el salón hay detalles decorativos como plantas, colecciones expuestas (p. ej., conchas marinas, hojas, piedras), cojines, manteles y un acuario bien iluminado.

- Los colores fuertes se usan selectivamente en paredes de colores neutrales para destacar las áreas de interés o para indicar en los estantes las áreas de almacenamiento.

"Tú perteneces a este lugar"

- Cada niño tiene un casillero o una canasta, marcado con su nombre o fotografía, para guardar sus pertenencias.

- Los muebles son del tamaño de los niños y están en buen estado.

- Las fotografías en la pared, los libros y los materiales muestran personas de distintos orígenes y medios económicos, personas con discapacidades, familias no tradicionales, y mujeres y hombres en diferentes tipos de trabajo.

- El trabajo de cada niño se exhibe y se cuida.

- Los materiales, el equipo y los muebles se han adaptado para que los niños con discapacidades tengas acceso a todas las áreas del salón.

- Los materiales reflejan la vida y la cultura de los hogares de los niños.

- Hay fotografías exhibidas de los niños con sus familias.

"Este es un lugar donde puedes sentir confianza"

- El equipo y los materiales están organizados en forma lógica para que los niños sepan dónde encontrar las cosas que necesitan.

- Los estantes están limpios y descongestionados y los materiales están marcados para que puedan escogerlos con facilidad.

- Se destaca un horario de actividades bien definido e ilustrado para que aprendan el orden de lo que ocurre a diario y sepan qué esperar.

- Las rutinas como las transiciones, comer, dormir la siesta e ir al baño son consistentes.

"Hay lugares donde puedes estar solo cuando lo desees"

- Las áreas pequeñas y tranquilas del salón le dan cabida a uno o dos niños.

- Un cojín grande o una silla cómoda en una esquina tranquila con pocas cosas expuestas invita a los niños a disfrutar estando solos y en silencio.

- Los audífonos para grabadoras de casetes, toca CD y computadoras permiten que cada niño escuche por su cuenta.

"Aquí puedes hacer muchas cosas por tu cuenta"

- Los materiales se guardan en estantes bajos para que puedan ser alcanzados sin ayuda.

- Los materiales están organizados en forma lógica (el papel para dibujar está cerca de los marcadores y crayolas, las fichas están cerca de los tableros) y ubicados en áreas donde se van a utilizar.

- Los estantes están marcados con dibujos y palabras que les muestran a los niños dónde colocar los juguetes y los materiales.

- Los letreros y el material impreso están escritos en inglés y, si es posible, también en la lengua materna de los niños.

- Un cuadro de labores ilustrado (para los preescolares más grandes) muestra que cada uno debe realizar una labor diaria.

- Hay fotografías exhibidas de niños realizando cosas interesantes en el salón de clase.

"Este es un lugar seguro para explorar y poner a prueba tus ideas"

- Las áreas tranquilas, protegidas y definidas, incentivan las actividades en grupos pequeños. (Por ejemplo, una mesa con tres o cuatro sillas rodeada de estantes bajos con juguetes y juegos).

- Hay delantales para las actividades artísticas y el juego con agua para que los niños puedan expresarse sin temor a ensuciarse.

- En el suelo hay un espacio protegido, definido claramente y fuera del área de mayor circulación para construir con bloques.

- El área al aire libre está cercada y protegida.

- Los materiales están expuestos de manera atractiva e invitan a los niños a utilizarlos.

- Los juguetes que no han sido utilizados por mucho tiempo se rotan y a menudo se añaden cosas nuevas para mantener el interés de los niños. A quienes les incomodan los cambios, se les prepara con anticipación.

¿Cómo está funcionando?

Además de tener en cuenta los mensajes que transmite su salón, evalúe diariamente si el entorno físico está funcionando bien. Observe a los niños de manera sistemática durante las transiciones, las actividades en grupo y cuando escojan qué hacer. Sus observaciones le indicarán cuáles materiales seleccionan, cómo los utilizan, qué están aprendiendo y cómo se relacionan con sus compañeros mientras trabajan. Con esta información, podrá realizar los cambios apropiados al entorno. Las preguntas específicas le ayudarán a enfocar sus observaciones. Los siguientes son unos cuantos ejemplos.

¿Cómo escogen los niños las áreas de interés y los materiales?

- ¿Cuáles son las áreas de interés y los materiales más populares? ¿Cuáles casi no utilizan?

- ¿Algún niño necesita ayuda para elegir entre varias opciones?

- ¿Algún niño necesita un espacio de trabajo definido más claramente?

- ¿Los patrones de circulación permiten que los niños se desplacen fácilmente por el salón de clase, jueguen sin peligro y construyan estructuras sin interferencias?

- ¿Los niños pueden encontrar y regresar los materiales sin ayuda?

- Los niños y las niñas, ¿demuestran preferir ciertos materiales y juguetes?

¿Cómo utilizan los niños los materiales?

- ¿Los niños tienen las destrezas para utilizar los materiales con éxito?

- ¿Los niños utilizan los materiales de maneras apropiadas y creativas?

- ¿Qué tipo de materiales parece estimular el juego imaginario? ¿El juego en grupo?

- ¿Qué materiales captan el interés de los niños por más tiempo?

- ¿Hay suficientes materiales para que los niños participen de manera significativa?

- ¿Compartir es un problema?

- ¿Los materiales reflejan los orígenes de los niños y su vida familiar?

- ¿Los niños saben cómo cuidar los materiales?

¿Cómo interactúan los niños con los demás?

- ¿Los niños juegan sin problema cerca de otros niños y entre sí?

- ¿Algún niño se aisla y los demás lo rechazan?

- ¿Cuáles niños juegan juntos más a menudo?

- ¿Los niños conversan sobre lo que están haciendo?

- ¿Cómo le piden ayuda a los adultos? ¿A los demás niños?

- ¿Cuáles experiencias de juego parecen fomentar el juego cooperado? ¿El juego individual?

¿Qué problemas pueden estar relacionados con la organización del espacio?

Aunque organice con cuidado el salón de clase y el área exterior, las cosas no siempre resultan tal como se planean. Los niños pueden pelear por los juguetes, caminar sin rumbo, distraerse fácilmente o utilizar los materiales de maneras inapropiadas. Aunque estos comportamientos pueden tener diversas causas, la organización del salón puede ser una de ellas.

Si el comportamiento de los niños es problemático, unos cuantos cambios a la organización del salón pueden hacer toda una diferencia. Usted también puede involucrar a los niños en la búsqueda de solución a los problemas. Por ejemplo, durante una conversación en grupo, podría decirles: "Veo que las construcciones con bloques se derrumban cuando la gente pasa cerca. Me pregunto cómo podemos solucionar el problema". Si les permite participar en la búsqueda de soluciones y reorganiza el salón según lo acordado, los niños cooperarán más que si usted decide sin consultarles. Involucrarlos también les comunica que son capaces de resolver problemas, que usted espera que asuman responsabilidades y que el salón les pertenece a todos.

En el siguiente cuadro se presentan algunas posibles razones del comportamiento inquieto o perturbador relacionado con el entorno y se sugieren estrategias para reorganizar el espacio con el fin de corregir y prevenir que recurra el problema.

Comportamiento perturbador: causas y estrategias		
Comportamiento problemático	**Causas posibles**	**Cambios al entorno**
Correr en el salón de clase	Demasiado espacio abierto; el lugar no está dividido en áreas suficientemente pequeñas; las áreas de actividades no están delimitadas	Use estantes y muebles para dividir el espacio. Evite los espacios abiertos que incitan a los niños a correr.
Pelear por los juguetes	Sólo hay uno de cada juguete preferido; a los niños se les pide compartirlos con mucha frecuencia.	Ofrezca duplicados de los juguetes; muestre cuándo será cada turno (use un reloj de campana, un reloj de arena o una lista de los niños que esperan).
Caminar sin rumbo; incapaz de escoger actividades	El salón está demasiado atiborrado; las opciones no son claras; no hay suficientes cosas para hacer.	Deshágase del exceso de cosas. Simplifique la organización del salón y los materiales. Ofrezca más opciones de actividades.
Distraerse con facilidad; dificultad para persistir en una tarea y finalizarla	Las áreas son indefinidas y abiertas; los niños pueden ver todo lo que ocurre en el salón; los materiales son demasiado difíciles o aburridos para los niños.	Utilice estantes para definir las áreas y minimizar las distracciones. Separe las áreas ruidosas de las silenciosas. Evalúe las destrezas de los niños y seleccione materiales que puedan utilizar provechosamente.
Perturbar continuamente el espacio de trabajo de los demás	El espacio es limitado y los patrones de circulación deficientes impiden que los niños puedan dispersarse.	Defina las áreas de trabajo para construir con bloques (p. ej., con cinta de colores o pedazos de cartón; use bandejas o individuales para los juguetes). Limite el número de áreas abiertas al mismo tiempo para tener más espacio.
Usar los materiales de manera inapropiada y no colaborar en la limpieza	Los materiales en los estantes están desordenados; la presentación no es organizada; los niños no saben cómo utilizar los materiales apropiadamente.	Designe un lugar para cada cosa. Use letreros con dibujos para mostrar dónde van los materiales. Oriente a los niños con la limpieza.

El comportamiento de los niños es un buen indicador del está funcionamiento de la organización de su salón de clase. Una vez que lo organice como un entorno de aprendizaje eficaz, podrá centrar su atención en definir las rutinas diarias y el horario.

La estructuración del día

El segundo elemento para crear un entorno de aprendizaje eficaz es estructurar el día: el uso predecible del tiempo. Si el tiempo se presenta en bloques, de una manera ordenada y consistente, los niños tienden a sentirse seguros y adquieren independencia. Si no saben cuándo se realizarán las cosas, la vida en el salón de clase puede parecer caótica.

Al estructurar el día, piense en los distintos eventos que incluye un día. Por ejemplo, llamar a lista, reunir a los niños, ofrecerles opciones, hacer transiciones y brindar tiempo para comer y descansar. Organice estos eventos en un horario diario. Usted también deberá formular planes para cada semana. Para hacerlo, le proporcionamos una *Planilla de planificación semanal*. Como los primeros días a menudo son difíciles para los niños, le sugerimos modificar la estructura al comienzo del año, mientras se familiarizan con el programa. Al organizar el tiempo diario y semanal en un horario, usted se ocupa de la necesidad del desarrollo infantil de regularidad y confiabilidad.

Los eventos diarios

Por lo regular, las actividades y rutinas en los programas de preescolar, incluyen llamar a lista, reunirse con todos los niños en un grupo grande o con unos cuantos en una actividad en grupos pequeños, horas de escoger cuando los niños son libres de ir a las áreas de interés y utilizar los materiales que deseen, y horas de comer y descansar. Note que hemos omitido aquí las actividades como la hora de contar cuentos y el juego al aire libre. En la Parte II de este libro, nos ocuparemos de ellas en detalle al analizar las áreas de interés donde tienen lugar estas actividades.

Llamar a lista

Llamar a lista es más que una necesidad práctica. Es una oportunidad de identificar a cada niño presente ese día y ver quiénes están ausentes. Si usted llama a lista durante la primera reunión del día (que comentamos a continuación), haga una pausa después de decir el nombre de cada niño, pídale identificarse y dígale una o dos palabras.

Escriba los nombres de los niños en un cuadro para estimular la lecto-escritura.

Para involucrar más a los niños y ayudarles a reconocer su nombre y el de los demás, haga una lista en un cuadro con el nombre de todos. Deténgase un momento, señale y diga el nombre de cada niño. Si varía el orden, de manera que los niños respondan más a lo escrito que al lugar en la lista, estimulará la lecto-escritura. Muy pronto, los niños estarán diciendo los nombres con usted.

Haga un cuadro
de niños "ausentes"

Piense en elaborar un cuadro de niños "ausentes" y escriba los nombres como un recordatorio de que todos siguen siendo miembros de la comunidad, incluso si no están presentes. Todos los días, cuando llame a lista, mencione a los niños ausentes y lea sus nombres. Los maestros que utilizan esta práctica descubren que, cuando regresan, lo primero que hacen los niños es tachar su nombre en la lista de "ausentes". Es posible que desee variar la forma en que llama a lista durante el año. He aquí dos métodos que también refuerzan la lecto-escritura y el pensamiento matemático.

1. **Haga una tarjeta con el nombre y la fotografía de cada niño y péguele velcro al respaldo.** Al comienzo del año, ponga la fotografía y el nombre del niño en la tarjeta; más adelante, retire la fotografía. Coloque las tarjetas en un lugar al alcance de los niños. Pídales seleccionar su propia tarjeta y colocarla en un tablero para mostrar que llegaron. Al reunir el grupo, podrá contar las tarjetas para saber cuántos niños están en la escuela. Al final del día, ellos pueden colocar las tarjetas en una caja antes de salir.

2. **Suministre papel y lápices grandes para que los niños puedan escribir su nombre cada mañana.** Usted deberá suministrar dos tablillas con sujetapapeles: una para que los padres escriban el nombre de sus hijos y otra para los niños. Descubrirá que, quienes inicialmente sólo podían garabatear el nombre, en muy poco tiempo aprenden a escribir claramente.

La hora con todo el grupo

Las reuniones con grupos grandes son más exitosas si el tiempo de la reunión es breve —de cinco a veinte minutos, dependiendo de los niños— y si están interesados en lo que está sucediendo. Si se organizan bien, las reuniones con toda la clase sirven para varios fines.

Quizás lo más importante es que las reuniones les ofrecen a los niños una oportunidad de experimentar un sentido de pertenencia a un grupo. Los niños practican las destrezas de comunicación a medida que expresan lo que piensan y sienten, y comparten el trabajo que han estado haciendo. La actividad en grupo permite hablar y resolver los problemas que los afectan a todos. Y los temas que surgen en grupo a veces sirven para inspirar un nuevo estudio.

Es probable que usted, como la mayoría de los maestros, se reúna con todo el grupo en la mañana y al finalizar el día. Es posible también que desee reunir a todos los niños en otras ocasiones: para leer un cuento antes de descansar, para hablar sobre los planes de la siguiente actividad, para resolver algún problema ocurrido durante la hora de escoger actividades o para darle la bienvenida en su salón de clase a un visitante especial.

La primera reunión establece la tónica para el resto del día. Los niños por lo regular están dispuestos a hablar sobre diferentes temas: lo que sucedió en casa, un nuevo par de zapatos o con quién van a jugar en la escuela. Comience esta reunión de una manera similar todos los días, por ejemplo, cantando una canción de buenos días. La similitud hace que el día sea predecible y consistente.

Aproveche la oportunidad de enseñar matemáticas y pídales contar cuántos de ellos están presentes ese día. Acérquese a la ciencia hablándoles del clima y haciéndoles notar las señales de las estaciones, y a los estudios sociales hablándoles sobre las novedades en la comunidad: la apertura de una nueva tienda, un incendio o la llegada del circo. En las reuniones con todo el grupo también se puede hablar del horario del día, presentar nuevos materiales en las áreas de interés o hablar de una visita a algún lugar o de un invitado que les visitará.

Presentar o no un calendario depende de la etapa de desarrollo de los niños de su grupo. La investigación sobre el desarrollo infantil indica que aunque utilicen palabras relacionadas con los conceptos temporales, los niños no entienden verdaderamente los conceptos del tiempo antes del primero o segundo grados. Por ejemplo, es posible que los niños sean capaces de memorizar y recitar los días de la semana, sin comprender por completo lo que realmente significa un día. Los niños de preescolar se centran en el aquí y el ahora. Están aprendiendo los conceptos de antes y después, más tarde y siguiente. Por lo general, no comprenden el concepto de un día antes de los cinco años. Elaborar un horario diario consistente —con tiempo para descansar, para comer, para jugar al aire libre y para trabajar— fomenta el aprendizaje infantil de los intervalos de tiempo.

Si desea presentar un calendario, utilícelo como una herramienta para mostrarles a los niños cómo mantener un registro de los eventos importantes. Marque los días en que tendrán un visitante, la escuela estará cerrada o se planea una salida. Este método les ayuda a aprender la finalidad de los calendarios y cómo pueden serles útiles.

Una reunión en grupo antes de irse a casa, les permite reflexionar sobre los eventos del día y les permite concluir. Examine brevemente con los niños lo más destacado del día y lo planeado para el día siguiente. Finalice con un ritual de cierre, por ejemplo, una canción de despedida o un canto preferido. Puede hablar del calendario, elaborando uno con casillas grandes vacías. Llene las casillas preguntándoles a los niños: "¿Qué deseamos recordar del día de hoy?" y pídales hacer un dibujo en el espacio correspondiente. Esta actividad convierte el calendario en un registro de la vida del salón de clase. Otro beneficio es que los niños tendrán algo que decir cuando sus familiares les pregunten: "¿Qué hiciste hoy en la escuela?".

Comience la reunión de la mañana de una manera similar todos los días.

Si desea presentar un calendario, utilícelo como una herramienta para mostrarles a los niños cómo mantener un registro de los eventos importantes.

Una reunión en grupo antes de que los niños se vayan a casa, les permite reflexionar sobre los eventos del día y les permite concluir.

La hora en grupos pequeños

El propósito de la hora en grupos pequeños es presentarles actividades breves a unos cuantos niños. El tamaño del grupo depende de la edad y de las necesidades de cada niño. A los niños de tres años los benefician más los grupos de dos a cuatro niños. Un grupo pequeño para los preescolares más grandecitos puede ser de tres a seis niños.

Las horas en grupos pequeños le permitirán atender diversas necesidades:

- **Presentarles nuevos conceptos** o nuevos materiales a los niños.

- **Enseñarles destrezas específicas** a los niños que necesiten atención individual.

- **Centrar sus observaciones** en un grupo particular de niños y documentar su aprendizaje.

Durante la hora en grupos pequeños usted puede contar un cuento nuevamente, realizar una exploración científica, enseñarles a usar un nuevo programa de computadoras, escribir un cuento en grupo, jugar con un objeto coleccionable o hacer muchas otras cosas.

La hora en grupos pequeños puede tener lugar varias veces al día. En algunos casos, los grupos se reúnen espontáneamente, por ejemplo, a la hora de escoger qué hacer, cuando usted empieza a trabajar con unos cuantos niños en un área de interés y otros niños se unen al grupo. A la hora de la siesta, puede trabajar con un grupo pequeño de niños que se despierten temprano o que no necesiten dormir. Si en el salón hay uno o más adultos, puede organizar el tiempo para que todos trabajen en un grupo pequeño en una actividad planeada diariamente.

La conformación de los grupos pequeños no será la misma todos los días. Un día usted podría invitar a un grupo de niños a explorar materiales abiertos como hojas, conchas marinas o botones. Otro día, podría leerles libros de rimas o cantar con varios niños que tengan dificultades para oír y diferenciar los sonidos que integran las palabras.

Al planear y poner en práctica la hora en grupos pequeños, mantenga presente cómo aprenden mejor los niños. Cerciórese de que todos tengan materiales a su disposición. Permítales escoger cómo utilizar los materiales que les suministre y siga el liderazgo de ellos. Estimúlelos y apóyelos.

Al planear y poner en práctica los tiempos en grupos pequeños, mantenga presente cómo aprenden mejor los niños.

La hora de escoger actividades

Durante la hora de escoger actividades —llamada también tiempo en los centros o tiempo de trabajo— los niños escogen el área de interés donde desean trabajar, con quién quieren hacerlo y los materiales que usarán. La hora de escoger se extiende por una hora o más, excluyendo el tiempo de la limpieza. Durante este período, la mayoría de las áreas de interés están disponibles para los niños: los bloques, el arte, los juguetes y juegos, la arena y el agua, la biblioteca, el arte, etc. Cuando los niños terminan de trabajar en un área, tienen libertad de desplazarse a otra. Los maestros observan a los niños, les hacen preguntas abiertas y sugerencias que amplían el juego y refuerzan el aprendizaje. En el capítulo 4, "La función del maestro", y en la Parte II de este libro, encontrará más información sobre lo que hacen los maestros para fomentar el aprendizaje.

Enseñarles a los niños de preescolar a elegir entre varias opciones es una destreza tan importante que amerita cierta sistematización.

Muchos niños de preescolar, especialmente los menores, no saben cómo elegir entre varias opciones. Esta es una destreza tan importante que amerita cierta sistematización. En una reunión antes de la hora de escoger actividades, usted podría hablarles sobre las actividades disponibles. Una ayuda visual, como un cuadro ilustrado de las áreas de interés abiertas, puede ayudar a que los niños identifiquen las opciones a su disposición. Para que los niños manejen la hora de escoger, un tablero de planeación ubicado en cada área es un método concreto. Escriba el nombre de cada niño en una tarjeta para que la pongan en el tablero de planeación con el fin de indicar dónde trabajarán.

Si utiliza un tablero de planeación, explíqueles cómo funciona. Puede explicar el sistema en una reunión: el número de estaquillas o de tirillas de Velcro indica cuántos niños pueden estar en un área al mismo tiempo; dónde se colocan las tarjetas con su nombre; y, que deben tomar la tarjeta, si deciden realizar otra actividad durante la hora de escoger.

Cuando los niños se hayan acostumbren a la manera como funciona el salón de clase, no será necesario el tablero de planeación. El número de sillas, la cantidad de materiales y el espacio disponible definen el número de niños que tienen cabida en un área. Si se presenta un problema, aprovéchelo como una oportunidad para exponer a los niños al proceso de decidir cómo manejarlo:

> *Parece que tenemos un problema. Demasiados niños quieren estar en la mesa de trabajo con madera y está muy concurrida. ¿Qué debemos hacer? ¿Alguien tiene alguna idea?*

Si los niños participan en la solución del problema se sentirán más comprometidos con que la solución propuesta funcione.

Si los niños participan en la solución del problema (haciendo una lista de espera o abriendo más espacio en la mesa), se sentirán más comprometidos con que la solución propuesta funcione. Muy pronto, se dará cuenta de que los niños moverán por su cuenta las sillas, le abrirán espacio a los demás o se irán a otro sitio si un área está muy concurrida.

Se preguntará si debe preocuparle que un niño seleccione siempre la misma actividad a la hora de escoger qué hacer. Como existen distintas formas de ampliar los intereses infantiles y de enseñar conceptos en cada área, este problema se puede resolver fácilmente. Primero, pregúntese por qué el niño se limita a la misma actividad. Tal vez le encanta explorar el material artístico o construir con bloques. Sin embargo, algunas veces un niño está atascado y se siente incómodo intentando hacer algo nuevo. Trate de hacer que se sienta seguro en una nueva actividad, invitándolo a compartir con usted o con un compañero algo especial como una actividad culinaria.

Las transiciones

Las transiciones pueden ser relajadas y brindar la oportunidad de aprender y reforzar conceptos y destrezas; pero también pueden ser caóticas. Las siguientes son algunas maneras de organizar las transiciones para que ocurran sin contratiempos y, simultáneamente, estimulen el aprendizaje.

Avíseles a los niños.

Por ejemplo, cinco minutos antes de la hora de limpiar, hable con los niños en cada área de interés. "Tienen tiempo sólo para hacer otro rompecabezas" o "Tienen tiempo para terminar ese dibujo pero no para empezar otro". Recuerde que para limpiar algunas áreas, como la de bloques, se necesita más tiempo que para otras. A los niños en estas áreas, avíseles un poco antes que al resto del grupo.

Déles suficiente tiempo.

Trate el tiempo de transición como una experiencia valiosa en sí misma y dé suficiente tiempo para que los niños no se sientan apresurados.

Asígneles tareas específicas a los niños.

Los niños pueden ayudar a organizar una merienda o un almuerzo o a limpiar después del juego artístico y a recoger la basura después de comer. Dígales específicamente qué quiere que hagan. Decir: "Por favor, guarda los platos" no es tan efectivo como decir: "Por favor, bota los desperdicios de cada plato en el basurero y después pónlos en el mesón".

Sea claro y consistente.

Déles indicaciones claras durante los períodos de transición y verifique que las expectativas sean apropiadas para la edad de los niños. Mantenga la misma rutina todos los días para que aprendan qué hacer por su cuenta.

Sea flexible.

Cuando sea posible, déles tiempo adicional para completar proyectos o actividades especiales en las que estén enfrascados. Por ejemplo, déles tiempo a quienes construyen una ciudad para que completen el proyecto mientras los otros empiezan a recoger los materiales de arte o los accesorios del juego imaginario.

Atienda las necesidades individuales.

Trate de evitar que los niños vayan en grupo de una actividad a otra o pedirles que esperen sin hacer nada hasta que todos terminen. A quienes ya terminaron su actividad, póngalos a hacer algo como buscar un libro para leer o enderezar algo que esté exhibido hasta que todos estén listos para pasar a la siguiente actividad.

Utilice las transiciones para enseñar.

Por ejemplo, diga algo como lo siguiente: "Los niños con camisetas de rayas, pasen a la siguiente actividad". O, "Si tu nombre comienza con el mismo sonido que banana, bicicleta y bote, puedes escoger un área de interés".

Las transiciones pueden ser muy difíciles para algunos niños. Si alguno tiene dificultades, deje suficiente tiempo para la transición. Así, sabrán lo que se espera de ellos.

Las horas de comer

Las horas de comer se convierten en momentos de aprendizaje cuando los maestros se sientan con los niños, hacen que ellos mismos se sirvan y conversan con ellos. Las buenas experiencias a la hora de comer ayudan a los niños a desarrollar actitudes positivas hacia la comida y la nutrición. Como la comida tiene un papel clave en la vida familiar y se vincula a muchas tradiciones culturales, dedique tiempo a hablar con las familias sobre los hábitos alimenticios y preferencias de los niños. Averigüe si alguno es alérgico a algún alimento o si tiene alguna enfermedad crónica como diabetes y verifique que todas las personas en el programa tengan esta información.

Si los niños tiene dificultades, asegúrese de dejar suficiente tiempo para la transición. Así, sabrán lo que se espera de ellos.

Haga sociables las horas de comer.

Cree una atmósfera tranquila y agradable. Una actividad tranquila, como narrar un cuento antes del almuerzo ayuda a relajar el ambiente. La conversación agradable creará una atmósfera adecuada.

Prepárese.

Si usted se levanta continuamente de la mesa para traer lo que necesita, los niños harán lo mismo. Para disminuir la necesidad de levantarse de la mesa, tenga comida adicional en una bandeja a su alcance y servilletas, esponjas y vasos de papel adicionales. También es útil tener a la mano unas tijeras para abrir paquetes de salsa de tomate u otros productos.

Anime a los niños a ayudar.

Utilice jarras pequeñas, canastas y utensilios para servir —de plástico y resistentes— con el fin de que los niños se sirvan ellos mismos la leche o el jugo y la comida. Déles tiempo para practicar con las jarras al jugar con agua y sea tolerante con los regueros y accidentes. Mantenga a la mano un rollo de toallas de papel y una esponja. Los niños pueden ayudar a poner la mesa, limpiarla después de comer y botar los desperdicios en un basurero.

Dé suficiente tiempo.
Algunos niños comen despacio. La hora de comer no debe ser apresurada. Asegúrese de que haya tiempo para poner la mesa, comer y limpiar.

Nunca utilice la comida para premiar o castigar el comportamiento.
Amenazar con no dar de comer u ofrecer premios de comida especial por hacer una tarea contribuye a desarrollar actitudes poco saludables con respecto a la comida. Si un niño se comporta mal durante una comida, lo mejor es manejar el comportamiento inapropiado.

Si en su programa se sirven meriendas y comidas, organice una barra de autoservicio para que los niños se sirvan las meriendas y sigan haciendo lo que hacían de manera independiente.

La hora de descanso
En los programas del día completo, el descanso es importante para los niños y los adultos. El tiempo de descanso varía. A los niños que asisten seis horas o más, el descanso les permite recuperar energía. Los niños más pequeños necesitan más descanso que los mayores. Incluso en los programas de medio día, a los pequeños los beneficia un corto período de descanso y tranquilidad.

Ya que con frecuencia la siesta se asocia con el hogar, algunos niños tienen dificultad para dormir en la escuela. Esta reacción es normal. Siga una rutina fija para que los niños se sientan seguros y puedan relajarse. Las siguientes son algunas sugerencias para la hora del descanso.

Siga una rutina fija en el descanso para que los niños se sientan seguros y puedan relajarse.

Prepare a los niños para el descanso.
Planee una actividad tranquila —un cuento, escuchar música, etc.— antes de la hora del descanso. Los niños pueden ayudar a organizar los colchonetas cuando terminen de comer, ir al baño y lavarse los dientes, y llevar a las colchonetas sus cobijas o juguetes preferidos.

Deles tiempo a los niños para que se duerman a su propio ritmo.
Los niños tienen diferentes patrones de sueño y diferentes formas de dormirse. La música suave, masajearle la espalda a un pequeño o sentarse cerca de un niño intranquilo, a menudo ayuda.

Supervise el descanso.
Muchos maestros utilizan el descanso para planificar. No hay problema con hacerlo siempre y cuando haya un adulto supervisando a los niños.

Planifique pensando en los niños que se despiertan temprano y los que no duermen.
Permita que los niños que no duermen la siesta se levanten después de unos 15 minutos y realicen actividades en silencio. Puede crear "bolsas para la siesta" con actividades silenciosas como tableros mágicos, libros o juguetes de mesa pequeños que se puedan llevar a las colchonetas.

Permita que los niños se despierten a su propio ritmo.
Los niños que por lo regular todavía están dormidos al terminar la hora del descanso, necesitan dormir más. Si aleja sus colchonetas del centro de actividades, ellos podrán seguir durmiendo. Estos niños también pueden necesitar ayuda adicional cuando se despierten.

Si durante el descanso tiene un problema particular con algún niño, comuníquese con los familiares. Tal vez puedan darle ideas que le ayuden a atender las necesidades del niño.

Hasta ahora hemos comentado las actividades básicas y los segmentos de tiempo en un salón de preescolar: llamar a lista, horas con todo el grupo y en grupos pequeños, horas de escoger actividades, transiciones y horas para descansar y comer. Estas actividades se agrupan en una secuencia predecible para planificar y seguir un horario diario.

El horario diario

El horario diario sirve para distribuir tiempo y establece una secuencia para las actividades. Si el horario es apto para las necesidades individuales y el desarrollo infantil de su grupo, la vida en el salón de clase transcurre tranquilamente. Un buen horario para los preescolares ofrece un equilibrio entre el siguiente tipo de actividades:

- tiempo activo y tranquilo

- actividades con todo el grupo, en grupos pequeños y tiempo para jugar solos o con otros

- tiempo de juego en el salón de clase y al aire libre

- tiempo para actividades escogidas por los niños y dirigidas por los maestros

Sea flexible con el tiempo cuando los niños estén trabajando bien y con dedicación.

Un horario diario brinda la consistencia que les ayuda a los niños pequeños a predecir la secuencia de los eventos y, por lo tanto, a sentirse más seguros y en mayor control de su día. A ellos les encanta recordarle que "sigue la merienda" o decirle a un visitante: "Ahora vamos a salir". Además, un horario les ayuda a los niños a adquirir conceptos temporales al poder anticipar qué hacemos primero, segundo, después y último en el día escolar.

Sin embargo, la consistencia no excluye la flexibilidad; el reloj no debe controlar el día. Un acontecimiento especial puede ser suficiente para alterar la rutina diaria. Por ejemplo, una nevada inesperada puede hacer que todos se detengan durante la hora de escoger actividades, se pongan las chaquetas y gorras y salgan. Asimismo, un día que los niños estén enfrascados en las actividades que hayan escogido, usted puede extender un poco el horario de la hora de escoger. No olvide lo más importante: que los niños se entusiasmen y se dediquen a lo que estén haciendo.

Al organizar su horario, comience con los eventos del día que no se pueden modificar como el almuerzo o la hora en que un patio de juegos compartido esté disponible para su grupo. Mantenga presente los niveles de desarrollo de sus niños. Los tiempos de espera deben reducirse al mínimo, y el tiempo para ponerse los abrigos, las gorras, comer, merendar y limpiar debe ser adecuado. Los períodos de trabajo deben ser suficientemente prolongados para que los niños tengan oportunidad de escoger los materiales y actividades, planear lo que desean hacer y después limpiar sin sentirse apurados.

Guía para elaborar un horario diario

Trate de **programar las actividades más complejas en la mañana** cuando los niños tienen más energía.

Programe por lo menos 60 minutos al día para las horas de escoger actividades de manera que los niños realmente puedan enfrascarse en sus juegos.

Permita 45-60 minutos para cada período al aire libre.

Si es posible, **programe la siesta inmediatamente después del almuerzo.** Por lo regular, los niños sienten sueño después de comer.

Planee una actividad tranquila después de la siesta para que los niños que aún tienen sueño puedan seguir durmiendo mientras juegan quienes están despiertos.

Si su programa incluye almuerzo y siesta, **procure que los niños también tengan una actividad de juego en la tarde.** Para los niños es difícil despertar de la siesta y salir de inmediato para la casa.

La forma de organizar el día también puede cambiar a medida que los niños crezcan, o si requiere más flexibilidad o tiempo para cierta clase de actividades.

Para darle una idea de cómo organizar un programa del día entero, en las siguientes páginas le presentamos un horario de muestra. Sin embargo, sabemos que no todos los programas funcionan con el mismo número de horas por día. Usted puede adaptar el horario de muestra a las necesidades de su programa.

Los períodos de tiempo y la secuencia de actividades se pueden modificar. Usted podría desear que la hora de leer cuentos preceda la hora de la siesta para que los niños se tranquilicen. Tal vez quiera comenzar el día con una reunión o prefiera dejar que los niños comiencen sus actividades al llegar y reunir al grupo después de la hora de escoger qué hacer. La forma de organizar el día también puede cambiar a medida que los niños crezcan, o si requiere más flexibilidad o tiempo para cierta clase de actividades.

HORARIO DIARIO

30 minutos (8:00–8:30 a.m. o más temprano en las guarderías infantiles)	**Tiempo de planeación/preparación:** revise los planes del día. Revise las condiciones de salubridad y seguridad (llevar suministros al baño, remover cualquier material roto o dañado, ver si hay basura afuera). Prepare las áreas de interés (p. ej., mezcle la pintura, coloque los rompecabezas en una mesa, exhiba los libros nuevos). Coloque las tarjetas con los nombres de los niños en el área de firmar. Piense en cada uno de ellos, cualquier necesidad especial, proyectos actuales. Organice el autoservicio para el desayuno).
30 minutos (8:30–9:00 a.m. o más tiempo en las guarderías infantiles)	**Llegada:** Salude a las familias y a los niños individualmente. Ayúdeles a los niños a guardar sus pertenencias, a elegir una actividad tranquila o a desayunar.
10-15 minutos (9:00–9:15 a.m.)	**Reunión en grupo:** Dé la señal para que el grupo se reúna, canten, jueguen con los dedos y conversen. Lea un poema, hable sobre las actividades del día y mencione las opciones de la mañana. Tenga en cuenta a los niños que aún no están preparados para las actividades con todo el grupo (p. ej., organice dos grupos más pequeños, haga que un maestro se siente junto a los niños que necesitan más atención).
60-75 minutos (9:15–10:15 o 10:30 a.m. según como se sirva la merienda)	**Hora de escoger qué hacer y en grupos pequeños:** Oriente a los niños para escoger las áreas de interés. Observe e interactúe con cada niño para ampliar su juego y el aprendizaje. Lidere una actividad breve en grupos pequeños que fortalezca las destrezas y los intereses infantiles. Trabaje con los niños que realizan estudios. **Limpieza:** Ayude a que los niños guarden los materiales en cada área de interés.
15 minutos (10:15–10:30 a.m.)	**Merienda:** Siéntese con los niños y disfruten una merienda juntos o supervise la "barra de meriendas". Nota: La barra de autoservicio puede incorporarse en la hora de escoger actividades dentro del salón de clase o al aire libre (si el clima lo permite).
10 minutos (10:30–10:40 a.m.)	**Hora en grupo:** Invite a los niños a conversar sobre lo que hicieron, lidere una actividad de música y movimiento, lea en voz alta (p. ej., un cuento, un poema), anote las ideas o escriba sus experiencias del día.
60 minutos (10:40–11:40 a.m.)	**Hora de escoger qué hacer al aire libre:** Supervise los juguetes y los materiales del patio de juegos (columpios, escaladores, deslizadores). Observe a los niños e interactúe con ellos cuando salten la cuerda, jueguen con pelotas, hagan burbujas, exploren la naturaleza, etc. Amplíe el estudio al aire libre, si se requiere. Ayúdeles a guardar los juguetes y los materiales, colgar las chaquetas, ir al baño y lavarse las manos.

Horario diario

10 minutos (11:40–11:50 a.m.)	**Hora de cuentos:** Lea y comente un cuento. Utilice accesorios que les ayuden a los niños a recrear los cuentos.
55 minutos (11:50 a.m.–12:45 p.m.)	**Almuerzo:** Ayude a los niños a poner la mesa. Estimule las conversaciones sobre los eventos del día, la comida misma y los temas de interés de los niños. Oriéntelos para que limpien después del almuerzo, se laven los dientes, organicen las colchonetas y se preparen para descansar.
60-90 minutos (12:45–2:15 p.m.)	**Descanso:** Ayude a los niños relajarse para que puedan dormirse. Supervise el área de descanso, desplazándose para que todos los maestros también puedan descansar. Organice actividades tranquilas para los niños que no duermen. Adapte el tiempo de descanso según las edades y necesidades de los niños.
30 minutos (2:15–2:45 p.m.)	**Merienda/actividades tranquilas:** Organice la merienda para que los niños puedan servirse y planee algunas opciones de actividades tranquilas.
15 minutos (2:45–3:00 p.m.)	**Actividad en grupo:** Dirija la reunión/actividad en grupo. Ayude a los niños a reflexionar sobre el día y prepárelos para irse a casa. Lea en voz alta.
60 minutos (3:00–4:00 p.m.)	**Hora de escoger qué hacer al aire libre:** Supervise e interactúe con los niños. Planee algunas actividades especiales.
60 minutos (4:00–5:00 p.m.)	**Hora de escoger qué hacer y en grupos pequeños:** Dé a los niños un número limitado de opciones como la computadora, la biblioteca, y los juguetes y juegos. Conduzca una actividad en grupos pequeños.
60 minutos (5:00–6.00 p.m.)	**Cierre y salida:** Conversen sobre lo que hicieron en el día y lo que planean para el día siguiente. Involucre a los niños en actividades tranquilas, colgando su trabajo artístico y preparándose para el día siguiente. Salude a los padres y coménteles algo acerca del día de su hijo.
Si lo permite el tiempo durante el día	**Planeación y reflexión:** Comente cómo estuvo el día, el progreso de cada uno de los niños (destrezas, necesidades, intereses); trabaje en los portafolios y notas de observación relacionadas con el *Continuo del desarrollo*. Revise y haga planes para el día siguiente.

Nuestro día

- Llegada
- Todo el grupo
- Escoger y grupos pequeños
- Al aire libre
- Hora de cuentos
- Almuerzo
- Descanso
- Al aire libre
- Escoger
- Todo el grupo
- Salida

Para centrar la atención de los niños en el flujo de actividades y la consistencia del día, destine parte del tiempo para hablar sobre el horario. Utilícelo para guiarlos conforme pasen de una actividad a la siguiente y para pensar en la opción que escogerán: "Ya terminamos la actividad en grupo. Ahora vamos a trabajar en las áreas de interés. Piensen si quieren trabajar en el área de bloques, descubrimientos, juego imaginario o juguetes y juegos".

Para ayudarles a los niños a aprender el orden del día, exhiba su horario con dibujos o fotografías de las actividades programadas, a la altura de la vista de ellos. Si pega Velcro al reverso de las fotografías podrá removerlas con facilidad cuando cambie el horario o cuando incluya un evento especial como una salida. Ilustrar el horario con fotografías estimula no sólo la lecto-escritura sino la comprensión de la secuencia.

Ilustrar el horario con fotografías estimula no sólo la lecto-escritura sino la comprensión de la secuencia.

La planeación semanal

La enseñanza día a día se realiza en el contexto de la planeación semanal. Un plan semanal sirve para poner en práctica *El Currículo Creativo* en porciones de tiempo manejables, determinar lo que sucederá durante las actividades en grupo y en cada área de interés, preparar el entorno para el trabajo semanal y asignar el tiempo. Las decisiones relativas a la semana dependerán en parte del tema que estén estudiando los niños en ese momento. Por ejemplo, suponga que están estudiando los zapatos y planea visitar una tienda de zapatos al finalizar la semana. El lunes, podría hacer una actividad en que se quiten los zapatos y los clasifiquen. El martes, leer el cuento *Amanda con cien pies anda* (A. M. Machado) y, el miércoles, presentarles una cinta métrica para medirse los pies y para que la utilicen en el juego imaginario.

La observación es la base de la planeación semanal y de toda planeación. Al observar a los niños, usted podrá determinar si las actividades que ha estado planeando y los materiales que les ha suministrado están produciendo los resultados deseados. Por ejemplo, ¿los niños propusieron distintas categorías para clasificar los zapatos? ¿Saben cómo usar el medidor de pies? ¿Lo han incorporado en su juego? ¿Se deben añadir otros accesorios? Las respuestas a estas preguntas le permitirán hacer los ajustes necesarios a sus planes.

Las decisiones relativas a la semana dependerán en parte del tema que estén estudiando los niños en ese momento.

El personal debe revisar diariamente el plan semanal para que todos estén preparados. Cada miembro del equipo puede tener distintas observaciones de los niños para compartir e importantes sugerencias para ajustar el plan.

La planilla de planificación que acompaña *El Currículo Creativo* le ofrece una estructura para planear cada semana y preparar los materiales y actividades con anticipación. Dicha planilla tiene varias secciones.

Planeación de cambios al entorno

Cuando observe a los niños, podrá decidir si los materiales son apropiados y si los niños los están utilizando de manera constructiva. Durante un estudio, usted podría añadir materiales para los temas.

"Cosas por hacer"

Haga una lista de los preparativos necesarios, los materiales y la coordinación que necesita para poner en práctica sus planes.

Parcelador semanal

EL
CURRÍCULO CREATIVO
PARA EDUCACIÓN PREESCOLAR

Planeación de cambios al entorno

Semana: _____

Maestro: _____

Estudio/proyecto: _____

Asistente: _____

Bloques	Juego imaginario	Juguetes y juegos	"Cosas por hacer"
Arte	Biblioteca	Descubrimientos	
Juego con arena y agua	Música y movimiento	Actividades culinarias	
Computadoras	Juego al aire libre	Participación de la familia/comunidad	

Participación de la familia/comunidad

Haga una lista de maneras como se pueden incluir en el programa a las familias de los niños y los recursos de la comunidad.

Hora con todo el grupo

Escriba lo que planee preparar como canciones, cuentos, juegos, y los materiales necesarios para cada encuentro con todo el grupo.

Hora de cuentos

Escriba los títulos de los libros que planee leerle a todo el grupo durante la semana. Revise el cuento y piense en formas de leerlo en voz alta con la participación de los niños.

Hora en grupos pequeños

Enumere las actividades y materiales que desea utilizar en las horas en grupos pequeños y los niños que participarán.

Parcelador semanal

Planeación grupal

	Lunes	Martes	Miércoles	Jueves	Viernes
Hora en grupo (canciones, cuentos, conversaciones, etc.)					
Hora de cuentos					
Hora en grupos pequeños					
Actividades especiales (salidas, eventos especiales, etc.)					

Notas (recordatorios, cambios, niños que serán observados)

Actividades especiales

Enumere actividades que requieran planeación previa como una salida, una celebración, un paseo ecológico o un visitante. No tiene que programar una actividad especial todos los días.

Notas

Utilice este espacio para hacer una lista de los niños que observará, registre los planes que funcionaron bien y los cambios que hará.

La Planilla de planificación semanal de *El Currículo Creativo* puede consultarse en el Apéndice (p. 544). La planilla completa le dará una idea de cómo influye un tema que estén investigando los niños en la planeación semanal. En el Capítulo 4, en la sección sobre planeación de estudios a largo plazo, se describe en detalle un estudio de las lombrices.

La preparación para los primeros días

Planear cuidadosamente los primeros días en la escuela ayuda a los niños a hacer la transición y a sentirse a gusto. Trate de anticipar sus necesidades y organice su llegada. Algunos niños que han estado en ambientes de grupos desde que eran bebés pueden haber adquirido destrezas para relacionarse con otras personas. Pero para otros esta puede ser la primera experiencia fuera de casa o en un grupo. En cualquier caso, piense que los niños se preguntan qué les espera. Si pudieran expresar sus preocupaciones, preguntarían lo siguiente:

- ¿Estaré seguro?

- ¿ Mamá y papá pueden quedarse conmigo?

- ¿ Le caeré bien a los maestros?

- ¿Los maestros serán buenos conmigo?

- ¿Le caeré bien a los otros niños?

- ¿Qué haré aquí?

Además de las preocupaciones que tienen, los niños deben digerir mucha información nueva las primeras semanas. Ellos deben aprender:

- los nombres de todo un grupo de extraños

- a confiar en adultos que apenas están conociendo

- a interactuar con niños que no conocen

- qué pueden hacer y qué no

- dónde están ubicadas las cosas

- cómo usar y cuidar los materiales

- cómo seguir una serie de rutinas diarias

- qué significa elegir entre varias opciones

- dónde encontrar y colocar los materiales

Las estrategias para organizar el salón y planear cada día ayudan a que los niños se sientan a gusto. Sin embargo, es posible que usted desee hacer algo distinto durante los primeros días de escuela.

Guía para los primeros días

Mantenga pequeños los grupos. Trate de escalonar la fecha de ingreso a la escuela para que los niños se acostumbren al salón de clase y a las rutinas en grupos pequeños. Si no puede hacerlo, tenga suficientes adultos disponibles para que pueda dividir la clase en grupos más pequeños cuando les enseñe a los niños las rutinas y las prácticas.

Déles tiempo para los saludos y despedidas. Al comienzo del año, algunos niños tienen dificultades para separarse de sus padres. Déles tiempo para hacer la transición del hogar a la escuela, animando a los familiares a quedarse durante algunos minutos para facilitarles a los niños empezar alguna actividad. Los recordatorios del hogar también son útiles. Invite a los niños a traer un objeto especial como un animal de peluche o una cobija para el descanso, o pídales a los padres que graben uno de los cuentos o canciones preferidos de los niños.

Seleccione actividades que los niños puedan hacer por su cuenta. Durante los primeros días las actividades deben seguir la regla: entre más sencillo, mejor. Planee actividades que los niños puedan aprovechar jugando solos. Por ejemplo, ofrézcales rompecabezas sencillos, crayolas y papel, y —dependiendo de su grupo— incluya en el área de juego imaginario, accesorios relacionados con el hogar como un wok o una sartén.

Enséñeles a los niños su señal para captar su atención Decida qué le funciona mejor: tocar unas notas en la guitarra, mover el interruptor de la luz o levantar un brazo para que todos hagan lo mismo y dejen de hablar. Cualquiera que sea la señal que escoja, enséñela a los niños y practíquela. Mencione la importancia de detenerse y escuchar. Explíqueles que el salón de clase es un lugar concurrido y a menudo ruidoso. Por razones de seguridad es importante tener una señal para captar rápidamente la atención de todos.

Reúna el grupo. Organice una reunión del grupo activa y breve (de 5 a 10 minutos). Recuerde que algunos niños no estarán listos para participar, así que permítales observar a una distancia prudencial. Enséñeles una o dos canciones sencillas o juegos con los dedos utilizando los nombres de los niños y repítalas todos los días.

Recorra el salón de clase con los niños. Hable sobre las diferentes áreas de actividades y lo que pueden hacer en cada una. Al comienzo, es mejor limitar el número de opciones de actividades. Muéstreles que hay un lugar para cada cosa y que los letreros ayudan a ubicar el lugar debido de las cosas.

Recuerde que lo más probable es que muchos niños no recuerden la mayor parte de lo que usted diga. Por lo tanto, prepárese para repetir todo lo que diga una y otra vez durante los primeros días y semanas. Con el programa diario organizado, un plan para los primeros días y una forma de planear cada semana, usted está listo para crear una comunidad en la clase.

La creación de una comunidad en el salón de clase

La teoría del desarrollo base de *El Currículo Creativo* enseña que los niños aprenden mejor en el contexto de las relaciones. Debido a que las relaciones con los compañeros y los maestros influyen en cómo se sienten y aprenden los niños en la escuela, el clima social de su salón de clase es de suma importancia. Del mismo modo que organiza el espacio del salón de clase con un fin determinado y estructura el horario y las rutinas diarias, necesita definir cómo se tratarán unos niños a otros, cómo los tratará usted y cómo se resolverán los problemas que inevitablemente surgirán.

En *El Currículo Creativo*, el salón de clase es una comunidad. Por comunidad entendemos un lugar donde las personas se sienten seguras, se ayudan unas a otras y son parte de un grupo. Una comunidad también nutre la capacidad social al ayudar a los niños a comprender cómo tratar a las demás personas y cómo desean ser tratados; a adquirir las destrezas para cooperar, negociar, hacer amigos y mantenerlos; y a resolver problemas y conflictos. En una comunidad, los niños aprenden cuáles comportamientos son aceptables y cuáles no, y adquieren autodisciplina. Estas destrezas no son fáciles de adquirir —requieren toda la vida— y ameritan tiempo, paciencia y, a menudo, ser enseñadas directamente. Un salón de clase no se convierte en una comunidad ni automáticamente ni con rapidez.

La creación de una comunidad en el salón de clase comienza aprendiendo sobre cada niño para forjar relaciones positivas. Desde el comienzo, deberá enseñarles a los niños cómo relacionarse con los demás en formas positivas. Tendrá que definir reglas y límites claros y consistentes para que aprendan cuáles comportamientos son aceptables y cuáles no. También necesitará enseñarles cómo resolver problemas por su cuenta porque los problemas siempre surgen y no querrá gastar demasiado tiempo arbitrándolos. Aún así, es probable que de vez en cuando deba afrontar comportamientos desafiantes y lo mejor es estar preparado para manejarlos.

El fomento de las relaciones positivas

Las relaciones sociales positivas en preescolar —núcleo de una comunidad del salón de clase— constituyen el mejor ambiente para el aprendizaje infantil. Si se sienten a gusto pueden realizar el trabajo de aprender. Quien usted es y la manera como se relaciona con los niños —y sus familias— tal vez sea lo más importante que haga. La relación que forje con cada niño y la orientación que les dé para ayudarlos a hacer amistades y a trabajar cooperadamente con los demás, puede tener resultados positivos y duraderos.

Forjar una relación con cada niño

Aunque cada niño es único, todos los niños necesitan sentirse aceptados y apreciados. Su influencia se extiende más allá de los límites del salón de clase y continuará mucho después. La calidad de las relaciones de los niños con sus maestros en preescolar es un importante factor de predicción de las relaciones sociales de los niños en el futuro y de su éxito académico en la escuela (Peisner-Feinberg et al., 1999). En otras palabras, la manera como se sienten los niños en el salón de clase es tan importante como la forma en que piensan (Schonkoff & Phillips, 2000).

Su habilidad para forjar una relación positiva con cada uno de los niños y para apreciar lo peculiar y especial de él o ella, le transmite además de su respeto, su cuidado. Las relaciones sólidas aprestan la mente de los niños al aprendizaje. Tal como lo expresó Loris Malaguzzi, fundador del sistema Reggio Emilia, "La manera como nos relacionamos con los niños influye en aquello que los motiva y en lo que aprenden" (Malaguzzi, p.68).

En un salón de clase de *El Currículo Creativo*, los maestros tratan a todos los niños con respeto y aceptación, y los perciben como aprendices capaces y competentes. Ellos les dejan saber que está bien explorar y experimentar, y que existe más de una solución a un problema. Los errores se consideran oportunidades de aprendizaje. Por esta razón, los niños experimentan la sensación de pertenecer a una comunidad que les brinda la confianza en sí mismos que necesitan para encarar nuevas tareas y buscar respuestas a preguntas.

Algunos niños son fáciles de conocer y de inmediato atraen a los adultos a forjar con ellos una relación cálida. Otros son más difíciles de comprender, lo que les dificulta a los maestros apreciar sus atributos positivos y construir una relación. Aprender sobre las cualidades únicas de los niños —qué les gusta hacer, cómo aprenden mejor, qué destrezas están desarrollando, qué retos enfrentan y con quién les gusta estar— abre la puerta al respeto y aprecio por cada niño, lo que a su vez se convierte en la base de una relación. Los siguientes son algunos pasos específicos para llegar a conocer los niños y forjar una relación.

Observe, observe, observe.

La mejor forma de descubrir lo peculiar de cada niño es convertir la observación intencionada en una práctica diaria, anotar lo que vea y comentar sus observaciones con otros miembros del personal. Si observa con una mente abierta, descubrirá información sorprendente. Propóngase conocer a todos los niños de su salón de clase como para poder responder a la pregunta: "¿Qué tiene este niño de especial?".

Las relaciones sólidas aprestan la mente de los niños al aprendizaje.

- observe
- respete
- sea sensible
- valide

Hábleles a los niños con respeto.

Converse con cada niño como si estuviera hablando con un adulto. No le hable en tono condescendiente ni con lenguaje infantil. Utilice sus mejores modales para que aprendan de su ejemplo. Si no está seguro de cómo lo está haciendo, grábese un día y escuche lo que dice. Pregúntese: "¿Le hablaría de esta forma a otro adulto?". ¡Le sorprenderá lo que puede descubrir!

Sea sensible a los estados de ánimo de los niños.

Los niños, tal como los adultos, desean que sus sentimientos sean valorados y reconocidos, en lugar de que los ignoren o los repriman. Algunas veces, tratando de tranquilizarlo, no le prestamos atención al dolor ni a la molestia de un niño: "Ah, eso no es un problema grave" o "¿Dónde dejaste tu carita risueña?". En lugar de hacer este tipo de comentarios, utilice sus ojos y oídos para determinar cómo se está sintiendo el niño y reflexione sobre lo que vea y oiga.

> Si escucha y acepta los sentimientos del niño sin hacer juicios de valor, le transmitirá su respeto y comprensión.

En ocasiones, usted podrá notar un problema y decir algo específico y pertinente. "Es difícil cuando tu mejor amigo está ocupado jugando con alguien más. Eso no significa que ya no es tu amigo". En otros casos, no sabrá cuál es el problema si no pregunta: "Parece que algo te molesta. ¿Quieres hablar de eso?". Si escucha y acepta los sentimientos del niño sin hacer juicios de valor, le transmitirá su respeto y comprensión. Además, le enseñará cómo interpretar sus propios sentimientos y los de los demás.

Valide los logros y el avance de los niños.

Debido a que los niños buscan aprobación, los adultos deben tener cuidado y tacto para no hacerlos sentir demasiado dependientes de la aprobación de un adulto. Por ejemplo, Alfie Kohn nos previene de no elogiarlos demasiado. "Qué buena niña", "Me gusta cómo hiciste eso". Esto hace que los niños busquen y dependan de los adultos para que validen su comportamiento y su trabajo. Como los elogios expresan juicios sobre las acciones de los niños, un pequeño podría pensar: "Si me elogian un día, con la misma facilidad me podrían criticar mañana". La idea es fomentar la confianza de los niños en sus propias habilidades y destrezas haciendo juicios adecuados de su trabajo. Usted le ayudará siendo específico:

> Evite los elogios vacíos como:"Qué buena niña".

¡Te pusiste el abrigo sin ayuda!

Ese es un rompecabezas difícil y lo armaste. No renunciaste.

Descubriste cómo hacer que el carro corra más rápido por la rampa.

Otra alternativa al elogio vacío es hacer preguntas para ayudar a que los niños mismos identifiquen lo que han logrado:

¿Cómo lo descubriste?

¿Cuál fue la parte más difícil?

¿Qué te ayudó?

Sin importar la forma como les responda a los niños, asegúrese de que sus palabras nutran la confianza en sí mismos y el sentido de su propia capacidad.

Cómo ayudar a que los niños hagan amigos

Un salón de clase no es una comunidad, a menos que todos tengan, por lo menos, un amigo. Los niños que no tienen amigos y son rechazados constantemente por sus compañeros, se encuentran en un ciclo de rechazo que con frecuencia no pueden romper solos. Es posible que se acerquen a los otros niños de una manera que genera el rechazo: alardeando, actuando tontamente, jugando rudamente, intimidando a los demás o siendo agresivos. Entre más rechazados sean, más tratarán de utilizar los mismos comportamientos que no les funcionaron desde el principio. O, simplemente se aislarán.

Para romper este ciclo, los niños necesitan la ayuda de un adulto cariñoso. Los años de preescolar son una época óptima para eliminar las consecuencias negativas de no tener amigos. Entre más tiempo permanezca un niño aislado socialmente, mayor la probabilidad de que manifieste un comportamiento cada vez más problemático y un rendimiento académico deficiente.

Los niños demasiado tímidos también pueden tener problemas para hacer amigos. Debido a que son silenciosos y poco problemáticos, su aislamiento puede pasar inadvertido para los maestros (Asher & Coie, 1990). Algunos niños con discapacidades pueden necesitar ayuda adicional para hacer amistades, si no logran hacer amigos con facilidad. En una comunidad del salón de clase, todos los niños se relacionan entre sí positivamente y disfrutan de una verdadera amistad, por lo menos con otro niño.

> Un salón de clase no es una comunidad, a menos que todos tengan, por lo menos, un amigo.

Los niños necesitan tres tipos de destrezas para hacer y mantener amigos. Deben saber cómo establecer contacto con otro niño, mantener una relación positiva y negociar cuando surja un conflicto (Kostelnik, 1990).

Mediante el respaldo y la enseñanza específica, usted ayudará a que los niños perciban que su comportamiento les causa dificultades y, al mismo tiempo, podrá presentarles alternativas positivas.

Destrezas que necesitan los niños para hacer un amigo y conservarlo

Establecer contacto.

Para establecer contacto, un niño debe utilizar los mismos comportamientos requeridos en cualquier comunidad y que son aceptados por los demás niños. Estos comportamientos incluyen: sonreír, hacer preguntas, ofrecer ideas, hacer comentarios positivos, invitar a alguien a participar en algo, compartir algo.

Los niños que son rechazados en la etapa inicial de hacer amigos, con frecuencia no han aprendido formas aceptables de establecer contacto con sus compañeros.

Mantener una relación positiva.

Para conservar una amistad, los niños deben saber cómo cooperar, compartir, mostrar empatía, ser solidarios, ofrecer ideas, ayudar, turnarse y expresar entusiasmo. Los niños que tienen estas destrezas son miembros clave de su comunidad, se consideran confiables y es agradable estar con ellos. Los comportamientos que causan problemas y el aislamiento de la comunidad en esta etapa incluyen: la agresión, la falta de disposición a colaborar, alardear, esforzarse demasiado y actuar en formas que molestan a los demás.

Mediante el respaldo y la enseñanza específica, usted ayudará a que los niños perciban que su comportamiento les causa dificultades y, al mismo tiempo, podrá presentarles alternativas positivas para que se conviertan en miembros más integrados a la comunidad en el salón de clase.

Negociar si surge un conflicto.

Como todas las comunidades, los salones de clase son lugares donde ocurren malentendidos. Debido a que, en cualquier amistad inevitablemente surgen desacuerdos, los niños deben aprender a resolver las diferencias. Los niños que recurren a las manifestaciones físicas o verbales violentas o que se retiran del conflicto por completo, no logran conservar ni fortalecer sus amistades.

Los niños socialmente exitosos expresan sus ideas, explican cómo se sienten, escuchan el punto de vista del otro y buscan soluciones a los problemas. Cuando los niños dominan estas estrategias, toda la comunidad se beneficia.

Estrategias que fortalecen las amistades en el salón de clase.

Al crear una comunidad en su salón de clase, les brindará a los niños muchas oportunidades de ejercitar las destrezas que necesitan para hacer amigos. También puede ser necesario tomar medidas específicas para superar el rechazo que sufren algunos niños.

Conversen sobre cómo hacer amigos.

Una forma de comenzar una conversación sobre cómo hacer amigos es leyendo un libro sobre el tema. Por ejemplo, *Margaret y Margarita* (L. Reiser) o *El primer día de clases* (B. Binzen) le ayudarán a introducir el tema y comenzar la conversación.

Asesore a los niños.

Tanto los niños desatendidos como los rechazados pueden tener problemas para ingresar a los grupos. Para ayudarlos, modele cómo hacer preguntas, comentarios positivos y ofrecer ayuda. Cuando aprendan estas destrezas, muéstreles cómo compartir, hacer intercambios, turnarse y conversar. Si lo logran, estarán más dispuestos a seguir intentándolo y funcionará mejor la comunidad en el salón de clase.

Organice a los niños por parejas para hacer una tarea.

Es posible que deba tomar medidas específicas para superar el rechazo que sufren algunos niños.

Trabajar en parejas les brinda a los niños la oportunidad de relacionarse con alguien con quien generalmente no harían amistad. Por lo tanto, aproveche la oportunidad de reunir por parejas a niños que generalmente no se reúnen, para que realicen una tarea. Lo más probable es que muy pronto, trabajen juntos por iniciativa propia y el salón de clase será una comunidad más productiva.

Interprete las acciones de los niños.

Los niños que tienen problemas para hacer amigos, por lo general no saben qué están haciendo para alejar a los demás. Si describe sus acciones en palabras, les ayudará a ser más concientes y, por lo tanto, más capaces de modificar los comportamientos problemáticos: "¿Notaste que cuando te sentaste en el centro del salón obstaculizaste a quienes construían con los bloques? La próxima vez pregunta: '¿Dónde puedo jugar?'. Veamos si aquí es mejor". Es posible que deba permanecer con el niño mostrándole cómo hacerlo y ayudándole a practicar. Ayudar crea una atmósfera positiva en la comunidad del salón de clase.

Indique los beneficios.

"Mira la sonrisa de Crystal. Se ve que está feliz porque compartiste los marcadores con ella". Un niño que reconoce las consecuencias positivas de un comportamiento será más dado a compartir en el futuro, no porque busque atención de un adulto, sino porque la destreza de compartir le agrada a otro niño y sirve para integrarse mejor a la comunidad del salón de clase.

Reduzca al mínimo el rechazo.

El rechazo es algo poderoso (e hiriente) en cualquier salón de clase de preescolar. Una conocida profesora, Vivian Paley, notó que algunos niños en su clase tenían el poder y excluían a los demás. Sintiendo que esto era algo injusto, decidió ponerle fin formulando una sencilla regla: "Aquí no se permite decir: Tú no puedes jugar" (1992). Paley descubrió que tener esta regla es una forma eficaz de reducir al mínimo las posibilidades de rechazo y de fomentar el sentido de pertenencia a una comunidad. Al mismo tiempo, ayudó a los niños a ser más enérgicos.

Mediante sus observaciones, usted encontrará la razón por la cual con frecuencia se excluye a un niño. Averigüe cuál es el problema realmente e idee un plan para ayudarle a ese niño. Propóngase la meta de que cada niño tenga un amigo y que en su salón todos interactúen con respeto.

La definición de reglas para la comunidad del salón de clase

Una comunidad de la clase es un lugar seguro donde los niños saben que no se les hará daño físico ni emocional. Por lo tanto, se necesitan algunas reglas básicas para crear una comunidad segura en el salón de clase.

Involucrar a los niños en definir las reglas es una poderosa manera de compartir una responsabilidad en la vida de la comunidad del salón de clase. Los niños son más dados a comprender y cumplir las reglas que ellos mismos ayudan a definir. Es probable que deba guiarlos, conversando primero con ellos sobre la necesidad de tener reglas y animándolos a aportar ideas. Al utilizar el *Continuo*, tenga en cuenta los niveles de desarrollo de los preescolares. La mayoría de niños de 3 años y algunos de 4 años pueden estar en el paso I del objetivo 9: "Sigue las reglas de la clase". El concepto de "regla" tiene un significado limitado, así que sus comentarios deben ser lo más breves y concretos posible. Los niños de 4 y 5 años pueden estar en el paso II o III. Ellos comprenderán qué son las reglas y aportarán ideas. Sin embargo, todos los niños entenderán la importancia de mantenerse seguros. Ese es el mensaje más importante al hablar sobre las reglas.

Piense en categorías para las reglas fundamentales antes de reunirse con los niños para definir las reglas del salón de clase.

Antes de reunirse con los niños para definir las reglas del salón de clase, piense en cuáles son esenciales para usted: las que no son negociables. Puede ser útil pensar primero en categorías específicas, antes de formular las reglas que desee poner en práctica. Las categorías pueden incluir:

- mantener la seguridad física

- respetar los derechos de los demás

- no herir los sentimientos de los demás

- cuidar el salón de clase

Una conversación con los niños acerca de las reglas

Srta. Tory: *Nuestro salón de clase debe ser un lugar seguro para todos. Creo que necesitamos algunas reglas para que todos nos sintamos seguros aquí. ¿Alguien sabe qué es una regla?*

Carlos: *Es algo que hay que cumplir.*

Srta. Tory: *¿Qué quieres decir, Carlos?*

Carlos: *Significa que hay que hacerlo, lo que dice.*

Srta. Tory: *Entonces una regla es algo que nos dice qué hacer.*

Carlos: *Sí.*

Srta. Tory: *¿Qué tipo de reglas los hacen sentir seguros? Piensen un momento.*

Tasheen: *No me gusta cuando me golpean. Eso duele.*

Srta. Tory: *Entonces para que Tasheen se sienta segura, tendremos una regla que diga: "No usamos las manos para golpear a los demás". ¿Así todos se sentirán seguros?*

Zack: *Sí. Tampoco patear.*

Ben: *Y no morder.*

Srta. Tory: *Entonces todos nos sentiremos más seguros si nos portamos bien con los demás. Voy a escribir sus ideas en esta cartelera para que las recordemos. "Tratar bien a los demás".*

Susie: *Y no escupir. Eso es muy feo.*

Srta. Tory: *Está bien. Creo que no escupir está incluido. ¿Qué sucede cuando las personas corren en el salón de clase? ¿Aquí hay espacio para correr?*

En el ejemplo anterior, la maestra orientó a los niños para que pensaran en posibles problemas e identificaran algunas reglas clave para el salón de clase. Ella repitió las ideas de ellos en términos positivos para que sepan qué hacer en lugar de centrarse en lo que no hay que hacer. Desde el punto de vista cognoscitivo, los niños entienden lo positivo mucho antes de entender lo negativo. Además, al hacer énfasis en lo positivo, se crea un mejor ambiente. Limite el número de reglas a unas cuatro y no las complique:

- Ser amable con los demás

- Mantener el salón organizado

- Caminar en el salón de clase. Correr al aire libre.

- Ayudar a los demás.

Pegue una cartelera con las reglas en el área de reuniones donde pueda revisarlas con los niños. Lo más probable es que deba recordárselas a menudo. Cuando una regla no esté funcionando, pregúnteles cuál creen que sea el problema. Le sorprenderá la seriedad con que los niños intentan resolver problemas cuando hacen parte de una comunidad que respeta sus ideas.

La enseñanza de destrezas sociales para resolver problemas

Los conflictos son parte de la vida y surgen todo el tiempo en el salón de clase. Debido a que los niños se frustran con facilidad, los adultos se sienten tentados a resolver el problema con rapidez ofreciendo una solución. Sin embargo, una solución rápida de un adulto no les enseña a los niños cómo resolver problemas por su cuenta. En vez de eso, pueden volverse dependientes de los adultos para resolver sus problemas. Así que, además de tener reglas generales, usted deberá enseñar directamente las destrezas sociales para resolver problemas. Aproveche la ocasión cada vez que se presente un conflicto.

Algunos conflictos sólo involucran a dos niños. Otros pueden involucrar a toda la clase. A continuación, describimos los procedimientos para manejar cada una de estas situaciones.

Cómo manejar los problemas entre los niños

Los niños de preescolar generalmente pelean por acciones o cosas: "Ella se llevó mi libro" o "Me jaló el cabello". Siempre que sea posible, trate de resolver el conflicto antes de que empeore. Tan pronto escuche que alguien sube la voz, trate de calmar la situación acercándose a los niños involucrados. Cuando surja un conflicto, siga las siguientes indicaciones para resolverlo.

Ayude a tranquilizar a los niños.

Cuando los ánimos estén caldeados, lo primero que debe hacer es calmar la situación. Sugiera un tiempo para que los niños se tranquilicen o describa lo que crea que ellos están sintiendo para que sepan que los ha escuchado y que sus preocupaciones son válidas:

> *Veo que te es difícil esperar tu turno. Es difícil esperar y eso te enfada.*
>
> *Tomen unos minutos para que se calmen. Respiren profundamente.*

Muchas personas piensan que golpear un cojín es una buena forma de descargar la furia, pero ocurre todo lo contrario. Golpear un cojín o un saco de arena aumenta la agresión. Es mejor tranquilizarse. Entre las técnicas para calmarse se cuentan: respirar profundamente, contar lentamente y hablar con uno mismo en forma positiva: "Tranquilízate. Yo puede manejar esto". Usted puede enseñar estas técnicas durante las horas en grupo, cuando nadie esté disgustado y los niños sean más dados a ser receptivos. Después, cuando surjan las situaciones conflictivas, pídales usar las técnicas que aprendieron en la hora en grupo.

Otra buena opción es buscar un lugar tranquilo en el salón donde puedan ir y calmarse, relajarse o descansar. Un lugar como ese, les ofrece a los niños una alternativa positiva a hacer pataletas o desfallecer durante un conflicto. Un lugar para calmarse no es lo mismo que una silla de castigo en una esquina. Puede ser la biblioteca del salón de clase, un altillo o un área para escuchar música. Idealmente, el área designada debe tener muebles suaves: una mecedora, una silla rellena pequeña, alfombra, un colchón cubierto o cojines. El mero hecho de saltar en un cojín mullido, acunarse para leer un libro, mirar un pez tropical en el acuario o escuchar la canción preferida puede ser relajante.

Al comienzo es posible que tenga que decirles a los niños que deben retirarse y calmarse. La meta es que reconozcan lo que sienten y sepan cuándo necesitan tomar un descanso en un lugar tranquilo. De esta forma, ellos se responsabilizan cada vez más de su propio comportamiento y de sus sentimientos.

Golpear un cojín o un saco de arena relaciona la furia con la acción de golpar, una mala combinación. Es mejor tranquilizarse.

Identifique el problema.

Muchos de los desacuerdos surgen por confusión o por malentendidos. Esto puede resolverse cuando los niños se hayan calmado. Permita que cada niño tenga la oportunidad de hablar. La meta es que todas las partes en conflicto escuchen. Los niños no son diferentes a los adultos y pueden escuchar mejor si sienten que han sido escuchados y comprendidos:

> *Debemos escuchar lo que ambos tienen que decir. Dinos qué sucedió Leo. Cuando termines de hablar, será el turno de Setsuko.*
>
> *¿Escuchaste lo que él dijo?*
>
> *¿Necesitas escucharlo otra vez?*
>
> *¿Quieres hacerle una pregunta?*

Es importante permanecer tranquilo y neutral, incluso si tiene opiniones al respecto. Escuche con sus ojos así como con sus oídos. Repita lo que escuche para que los niños tengan la oportunidad de corregir cualquier idea equivocada:

> *Estás diciendo que...*
>
> *Y estás sintiendo que...*
>
> *Lo que oigo que estás diciendo es que...*

Haga que los niños repitan lo que hayan oído. Después, revise cada paso de lo ocurrido, quién hizo qué, cómo hizo sentir esta acción a la otra persona y cuál fue el resultado. Abrazar al niño puede ser reconfortante (aunque no para todos los niños). Las preguntas abiertas estimulan a los niños a presentar su punto de vista de la situación:

> *¿Qué crees que sucedió?*
>
> *¿Qué molestó a Kate?*

Algunos maestros designan una "mesa de las paces" para estas conversaciones. Los niños saben ir allí y resolver un problema.

Proponga soluciones.

Cuando los niños hayan hablado de su problema, estimúlelos para que presenten varias soluciones posibles. Puede comenzar este proceso haciendo preguntas:

¿Qué podemos hacer?

¿Alguno de ustedes tiene alguna idea?

Si un conflicto similar se presentó hace poco, o se comentó una situación similar en la hora en grupo o después de leer un libro, recuérdeles a los niños las soluciones que ellos propusieron:

¿Recuerdan el otro día cuando...? Piensen en lo que hicieron ese día y vean si eso les da una idea para resolver su problema.

Si los niños se atascan, sugiérales algunas ideas o pregúnteles si quieren ayuda:

¿Qué creen que sucedería si...?

¿Qué piensan sobre...?

¿Sería de ayuda si nosotros...?

La meta es encontrar tantas ideas como sea posible. Una técnica para estimular una diversidad de soluciones es dar respuestas neutrales a las sugerencias de los niños, diciendo algo como lo siguiente:

Esa es una idea. ¿Quién tiene otra?

De esta manera se evita hacer juicios prematuros.

Analice las soluciones y escoja una.

Recuérdeles a los niños las ideas sugeridas por ellos y pregúnteles cuál creen que funcionaría mejor. Enumere las ideas. Después pregunte:

¿Cuál solución creen que funcionaría mejor?

¿Esta idea les parece justa a los dos?

La meta es llegar a una solución con la cual ambos niños estén de acuerdo para que sientan que sus necesidades han sido atendidas.

Revise.

Después de aplicar una solución es buena idea revisar lo que hacen los niños para ver cómo está funcionando. Si la solución no funciona bien, es probable que ellos mismos se lo hagan saber. Insista en que se trata de encontrar la mejor solución, tal como lo hacen los científicos. Pídales conversar sobre lo sucedido en una reunión del grupo y sobre su nuevo plan.

La solución de problemas que involucran a toda la clase

Además de los problemas que se presentan entre dos niños, algunos problemas afectan a toda la clase, por ejemplo una pelea en el patio de juegos, demasiado ruido durante la hora de escoger actividades o un juego de superhéroes que se descontrola. Los maestros a veces piensan que tienen que resolver estos problemas por los niños. En la comunidad del salón clase una mejor alternativa es resolver el problema en grupo.

Los niños serán más dados a aceptar y a seguir sus propias soluciones.

Cuando el grupo participa en la solución de problemas, aprende las responsabilidades que se requieren para vivir en comunidad, incluso si todas las ideas ofrecidas no son pertinentes ni son útiles. Además, los niños son más dados a aceptar y a seguir sus propias soluciones.

Los pasos para resolver problemas en grupo son similares a los sugeridos para ayudar a que dos niños resuelvan un conflicto (Levin, 1994). Estos pasos se describen a continuación.

Comenten la situación.

Presente el problema en términos sencillos sin hacer juicios sobre lo que crea o sienta que es lo correcto. Diga por qué le preocupa esto:

He estado pensando en un problema y necesito su ayuda para resolverlo. He notado que en nuestro salón de clase se juega mucho a los superhéroes. Esto es un problema porque es muy ruidoso y siempre resulta alguien lastimado. Recuerden que éste debe ser un lugar seguro para todos. ¿Alguien tiene alguna idea sobre lo que podríamos hacer?

Invite a los niños a ofrecer sus ideas sobre el problema. Repita lo que diga cada niño para aclarar lo dicho y asegúrese de validar todas las ideas:

Así que tú piensas que...

Genere posibles soluciones.

Resuma las ideas que ofrezcan los niños y pídales pensar en soluciones posibles. Dígales que no hay una respuesta correcta pues muchas soluciones pueden funcionar:

> *Así que algunos de ustedes piensan que los superhéroes sólo pelean. Pero otros creen que los superhéroes pueden hacer cosas diferentes, como arreglar cosas dañadas o recordarnos las reglas de la clase si alguien las olvida. ¿Alguna otra idea?*

Estimule la participación de todos.

Escriba las ideas y pídales a los niños que expliquen lo que no esté claro:

> *¿Puedes decir algo más sobre eso?*

> *Cuéntanos más sobre tu idea.*

Formule un plan.

Revise la lista de soluciones y pídales a los niños pensar cuál les gustaría probar. Describa la forma como funcionaría la solución propuesta y verifique que todos entiendan lo mismo:

> *Muchos niños piensan que es una buena idea que los superhéroes nos recuerden las reglas del salón de clase. Pensemos en qué debemos hacer para que funcione.*

Acláreles a los niños que no todas las soluciones a un problema funcionan. Explique que todos van a ensayar el plan y a observar qué sucede. Programen reunirse para revisar la situación.

Evalúe los resultados.

Evalúe lo que suceda. Si el problema no se resuelve, genere algunas soluciones. Anime a todos los niños a contribuir y hagan un nuevo plan. Incluso en los casos cuando la solución esté funcionando, anímelos a reflexionar acerca de por qué funcionó.

> *¿La idea del superhéroe que nos recuerda las reglas del salón de clase funcionó? ¿Qué han notado?*

Crear un entorno del salón del clase donde los conflictos sean mínimos y los niños adquieran destrezas sociales para resolver problemas cuando surjan hace parte de la construcción de una comunidad. Un salón de clase que funciona sin contratiempos ayuda a que los niños sientan que tienen el control, que sus preocupaciones y sentimientos se respetan y que, juntos, pueden resolver problemas y crear un lugar tranquilo para todos.

Cómo responder a los comportamientos desafiantes

A pesar de todas las medidas positivas que tome para crear una comunidad del salón de clase y ayudar a que los niños adquieran destrezas sociales para solucionar problemas, de vez en cuando y en casi todos los grupos, usted tendrá que encarar comportamientos desafiantes. La manera como responda le transmite un mensaje claro a todos los miembros de la clase.

Imagine cómo se sienten los niños en un salón de clase, si todos los días oyen decir a su maestra:

¿No te he dicho mil veces que no hagas eso?

No me importa lo que haya ocurrido, estoy disgustada con ustedes dos.

¿Es que no has aprendido nada? ¡Ya deberías saber las reglas!

¡Quiero que te sientes en la silla de castigo y pienses en lo que acabas de hacer!

Saben que tenemos una regla sobre compartir. Voy a guardar este juguete y nadie va a jugar con él. ¡Espero que los dos estén satisfechos!

Nos estás dando muchos problemas a todos

Estas afirmaciones negativas reflejan una frustración del maestro por no haber podido establecer el control en el salón de clase.

Este tipo de afirmaciones hacen que todos se sientan nerviosos y ayudan poco a que los niños modifiquen su comportamiento. Lo más probable es que reflejen una frustración del maestro por no haber podido establecer el control en el salón de clase. Lo mejor es tener a mano una gama de estrategias para manejar los comportamientos desafiantes y asumir el control de la clase.

Comportamientos desafiantes comunes

Poner a prueba los límites, la agresión física, los mordiscos, las pataletas y la intimidación son algunos de los comportamientos desafiantes más comunes. Muchos maestros afrontan estos comportamientos todos los días. Deben hacerle frente a una sociedad que glorifica la violencia de muchas maneras. Basta con observar los programas de televisión que ven los niños y los juguetes que se les venden. Es triste que muchos niños experimenten la violencia de manera directa y su comportamiento muestra el profundo impacto de estas experiencias.

Las siguientes son algunas sugerencias para responder con firmeza y en forma positiva cuando este tipo de comportamientos ocurran en su salón de clase.

Poner a prueba los límites es una de las maneras como los niños de preescolar descubren cuánto poder tienen y la clase de autoridad que encaran. Algunos niños ponen a prueba los límites constantemente y necesitan de adultos que comprendan que los niños necesitan hacerlo. Es útil contar con un marco amplio para manejar el comportamiento desafiante. He aquí un marco recomendado por la Dra. Becky Bailey en su libro, *There's Gotta Be a Better Way* (1997, pags. 202-212).

Pasos para establecer límites

Reconozca los sentimientos y deseos de los niños. Un niño que se siente reconocido y comprendido es más abierto a escuchar lo que usted tenga que decir. Por lo tanto, el primer paso es averiguar lo que el niño está tratando de lograr y reflexionar sobre lo que usted crea que es la intención del niño: "Hoy quieres trepar". "Tienes dificultad para ensartar esas cuentas".

Defina claramente el límite. En términos sencillos, exprese qué comportamiento no está permitido. Sea específico y directo. "Utilizamos las mesas para nuestro trabajo y para comer. Las mesas no son para subirse en ellas". "Puedes jugar con las cuentas y ensartarlas. Pero no son juguetes para lanzar".

Diga qué comportamiento es aceptable. Déle al niño otras alternativas de comportamiento que responda a una necesidad o a un deseo. Puedes subir al altillo o pararte sobre los bloques huecos. ¿Qué quieres hacer? "Recojamos estas cuentas primero. Si quieres lanzar algo, puedes lanzar los cojines de granos. O puedo buscar unas cuentas grandes para que las utilices y no tengas dificultad para insertarlas. ¿Qué prefieres?". Cuando los niños tienen opciones que responden a sus necesidades, se sienten más dispuestos a hacer las cosas.

Brinde una última alternativa. Si un niño está decidido a poner a prueba los límites y no abandona un comportamiento peligroso ni elige una de las opciones aceptables ofrecidas, ese niño necesita de su paciencia y constancia adicional. Mantenga su mensaje consistente y sea firme. El niño debe entender que su comportamiento no debe continuar. "Si sigues subiéndote a la mesa, tendrás que salir de ésta área y jugar donde no haya mesas. Tú decides". Si el niño continúa, retírelo con suavidad diciendo: "Como decidiste ir a otra área, te ayudaré a encontrar un lugar donde puedas jugar sin peligro. Cuando salgamos, nos aseguraremos de que puedas escalar". Al niño que lanza cuentas, podría decirle: "Parece que para tí en este momento es más importante lanzar las cuentas que ensartarlas. Puedes regresar cuando estés listo para ensartarlas. Mientras tanto, busquemos algo que puedas lanzar".

El mensaje más importante que se debe comunicar es que el salón de clase es un lugar seguro. Detenga de inmediato cualquier comportamiento que pueda lastimar a algún niño. Recuerde que un mal comportamiento de cualquier tipo, es una oportunidad para identificar los límites y aclarar cuáles comportamientos son aceptables y cuáles no.

La agresión física. Los golpes, los rasguños y las patadas deben ser detenidos inmediatamente. De igual manera, el niño agredido necesita atención inmediata. Intervenga acercándose al niño agresor y dígale claramente las reglas sobre las agresiones físicas. "¡Detente Alexa,! No te puedo permitir herir a nadie". Involucre al niño agresor en consolar al lastimado (si el niño agredido lo permite). El uso de esta técnica les ayuda a los niños a entender la relación que existe entre sus acciones y el dolor de la víctima. "Trae por favor la bolsa de hielo del congelador para que Sonia se lo ponga en la pierna".

Cuando un niño usa la agresión física y se descontrola es posible que necesite sujetarlo hasta que se tranquilice. Los niños se sienten asustados cuando pierden el control pero su acción firme y oportuna ayudará a que el niño se sienta seguro, ya que usted se ha hecho cargo de la situación. Quizás necesite unos minutos para que el niño se calme. Después podrá comentar lo ocurrido: "¿Quieres hablar de lo que te disgustó tanto? Me di cuenta de que estabas molesto". Hágale saber al niño que desea escucharlo para saber cómo se siente. Permita al niño reponerse antes de conversar sobre otras formas de manejar la rabia y la frustración.

Los mordiscos, así como otras formas de agresión, requieren una respuesta inmediata. Exprese claramente la regla sobre los mordiscos. Haga que el niño que mordió consuele al que fue mordido y hablen sobre lo que causó el problema.

Evite la idea de que morder al agresor le enseñará qué se siente ser mordido. Esta estrategia, a veces muy común, sólo refuerza la agresión. En vez de esto, piense en una forma de canalizar la energía del niño positivamente. Debido a que algunos niños tienen gran dificultad para controlar su deseo de morder, puede ser útil darles algo para morder (como una toallita limpia) hasta que el niño aprenda a controlar este comportamiento.

Si un niño muerde con frecuencia, hable con los padres para averiguar si el niño lo hace en casa. Obsérvelo detenidamente para saber cuándo se presenta el comportamiento y cuál puede ser la raíz del problema. Formule un plan para detenerlo como, por ejemplo, intervenir antes de que el niño alcance el nivel de frustración. ¡Observe, adelántese y reoriente a los niños que muerden antes de que lleguen a su objetivo!

Los niños se sienten asustados cuando pierden el control pero su acción firme y oportuna ayudará a que el niño se sienta seguro, ya que usted se ha hecho cargo de la situación.

¡Observe, adelántese y reoriente a los niños que muerden antes de que lleguen a su objetivo!

Las pataletas son una manera de expresar frustración mediante gritos, patadas y llanto. Se presentan con frecuencia cuando los niños tienen emociones muy fuertes que no pueden expresar con palabras o cuando se frustran al no poder manejar una situación. Cuando un niño haga una pataleta, actúe rápidamente para proteger tanto al niño como a las demás personas y cosas del entorno. Algunos niños se tranquilizan cuando se les toman los brazos y piernas firmemente. Otros necesitan que usted esté cerca y escuchar su voz calmada. Cuando el niño se relaje, puede hablar con él sobre lo ocurrido y lo que el niño podría hacer distinto en el futuro:

> *Creo que estabas realmente disgustado. Movías los brazos así y hacías muecas (demuéstreselo). Todo tu cuerpo me indicaba que estabas molesto pues querías jugar con el camión. La próxima vez, dile a Juwan: "Déjame jugar con el carro cuando termines".*

Muchas pataletas se pueden evitar ofreciendo en el salón de clase un programa participativo y apropiado según el desarrollo del niño. Los niños cansados y frustrados son más dados a hacer pataletas que aquellos que han descansado, comido antes de estar demasiado hambrientos y realizado actividades apropiadas para su edad. Observe a los niños para determinar cuándo y por qué pierden el control. Aprenda a reconocer las señales de frustración y dirija al niño a una actividad relajante, como jugar con agua o con arena o escuchar música.

La intimidación es una manera que tienen algunos niños de ejercer control sobre otros. A menudo los niños que más intimidan son los más temerosos. Su comportamiento debe ser detenido y reorientado. Entre más tiempo intimide a los otros, más difícil será modificar su comportamiento. Esté listo para intervenir cuando vea un incidente. Ayude a los niños a expresar lo que quieren decir hasta que ellos puedan hacerlo por su cuenta.

La intimidación a veces se dirige a determinados niños. Los niños que intimidan a otros saben quiénes no se pueden defender. Los niños que son víctimas de esto constantemente, se convierten en objeto de agresión y tienen poca autoestima. Aprenden a no defenderse y a ser dependientes de los adultos que los defienden, lo que se convierte en un círculo vicioso difícil de romper (Slaby, Roedell, Arezzo, & Hendrix, 1995).

Usted puede detener la intimidación y enseñar a los agredidos a ser firmes cuando se presente un incidente, o conversando en grupo. Usted puede leer un cuento sobre el tema y hacer que los niños practiquen cómo responder a las bromas. Involúcrelos en representar qué dirían si alguien es descortés con ellos: "¡No me empujes! "Todavía estoy jugando con eso". "No me pongas apodos".

Cuando un niño haga una pataleta, usted debe actuar rápidamente para proteger tanto al niño como a las demás personas y cosas del entorno.

A menudo los niños que más intimidan son los más temerosos.

Detenga la intimidación y enseñe a los agredidos a ser firmes.

Cómo orientar a los niños para que actúen con firmeza

Derek agarró el carro con el cual Jonetta jugaba y se fué empujándolo. El señor Alvarez se dio cuenta de que Jonetta se sentó con los ojos llorosos. Como de costumbre, Jonetta no se defendió, entonces el señor Alvarez llevó a Derek al lado de Jonetta y le dijo: "Espera un minuto. Qué sucedió aquí? Jonetta, tú estabas jugando con el carro. Dile a Derek: 'Estoy usando el carro. Ahora no puedes usarlo'." Y la animó diciéndole: "Inténtalo ahora". Como ella no respondio, el señor Alvarez dijo: "Tratemos de decirlo juntos primero".

Cómo determinar las causas del comportamiento desafiante

Los comportamientos desafiantes son a menudo llamados de auxilio. Es posible que los niños que exhiben este comportamiento no sepan cómo expresares en formas constructivas. Centre su atención en lo que un niño puede necesitar, más que en lo que está haciendo. Trate de imaginar lo que estos niños dirían si tuviesen las palabras.

"No me siento bien". Los problemas de salud como las alergias, la falta de sueño, la nutrición deficiente o el hambre pueden ser una causa del mal comportamiento. Si sospecha que hay algún problema físico, hable con las familias y considere que el niño sea evaluado por un profesional de la salud.

> Centre su atención en lo que un niño puede necesitar, más que en lo que está haciendo.

"No sé lo que se supone que debo hacer". Déle al niño indicaciones breves: "Limpia". "Prepárate". "Utiliza el pincel apropiadamente". Si no lo hacen, no suponga que entienden y simplemente no quieren hacer caso. Los niños pequeños no entienden las palabras complejas como "apropiadamente" y es poco probable que pregunten lo que quiere decir la palabra desconocida. Ellos necesitan un maestro que les muestre qué hacer y cómo hacerlo.

"Quiero que me prestes atención". Los niños necesitan sentirse importantes y valorados. Cuando no reciben suficiente atención positiva, buscan atención negativa. Ellos han aprendido que si se comportan mal, los adultos les prestan atención y les dedican tiempo. Desafortunadamente, una vez que logran llamar la atención con su mal comportamiento, probablemento continúen, a menos que se rompa el círculo vicioso.

"Estoy aburrido". Incluso en los entornos más interesantes, algunos niños se aburren si no encuentran nada que hacer. El aburrimiento se puede aliviar haciendo un esfuerzo adicional y teniendo en cuenta los intereses especiales de los niños al planear las actividades y seleccionar nuevos materiales.

"Quiero más control". Algunos niños tienen muy pocas oportunidades de tomar decisiones o de ejercer control sobre su propia vida. Cuando se les ofrecen alternativas —qué materiales utilizar, con quién jugar, otras formas de expresar emociones fuertes— se sienten más capaces y comienzan a disciplinarse.

"Estoy asustado". Con frecuencia el niño que es agresivo con los demás y desafía a los adultos es un niño temeroso. Para superar sus temores, el niño actúa como si fuese poderoso. Trate de averiguar qué temores tiene y qué los ocasiona. Formule un plan para superarlos y reconfórtelo.

Cómo ayudar a los niños a controlarse

Cuando los niños pierdan el control, usted puede ayudar a serenarlos comportándose con tranquilidad. Esto no es algo fácil, porque para hacerlo debe superar primero su propia frustración. Es de humanos disgustarse cuando el comportamiento de un niño es particularmente desafiante.

Tenga presente que no podrá ayudar a los niños a controlarse si usted pierde el control. Gritarles, aislarlos cuando están fuera de control y hacerlos sentir mal e incompetentes, rara vez produce resultados positivos. Estos métodos sólo atizan el fuego. Una vez se enfrasque en una lucha por el poder con un niño, ya habrá perdido la batalla. En vez de eso, no pierda de vista su objetivo final: ayudar al niño a aprender a controlarse, no sólo a comportarse bien cuando los adultos estén presentes y tema las consecuencias de ser descubierto.

A veces, resulta provechoso ver la situación desde otra perspectiva y tratar de sentirse de manera más positiva. Suponga por ejemplo que un niño está corriendo por el salón, gritando a todo pulmón, tumbando sillas y lanzando cosas.

La interpretación que elija, afectará su forma de responder.

Usted podría decirse: *Ni más ni menos lo que podía esperar de ella. Esto es el colmo. Le enseñaré quién manda aquí.*

O podría decir: *Me está poniendo a prueba. Necesita mi ayuda. Debo ser firme.*

La segunda opción le ayudará a mantener la calma para que pueda responder de una manera constructiva. Usted podrá seguir varios pasos para responder y ayudarle a un niño a recobrar el control.

Intervenga para detener el comportamiento peligroso. Su trabajo es mantener a todos los niños seguros.

Establezca una relación con el niño. Un niño que sabe que se preocupa por él, será más dado a responder a su ayuda.

Observe para obtener más información. Las observaciones sistemáticas por un tiempo revelan una gran cantidad de información valiosa sobre lo que "enciende" al niño y cuáles de sus necesidades no están siendo atendidas.

Hable con otras personas que conozcan al niño. Los familiares, así como otros maestros y personal del programa que conozca al niño pueden ofrecerle información. Con diversos puntos de vista usted podrá tener una imagen más completa del niño.

Desarrolle un plan. Si tiene un niño especialmente difícil, reúnase con las personas responsables del niño. De esta manera, lo más probable es que usted formule un plan que será aplicado en forma consistente por todos los involucrados.

Ponga en práctica el plan y evalué su efecto. El primer plan puede tardar en realizarse y es posible que no sea el mejor. Si no funciona, idee un nuevo plan.

Si debe afrontar comportamientos desafiantes de cualquier tipo, no olvide que todo comportamiento obedece a una causa.

No olvide que todo comportamiento obedece a una causa. Es probable que estos niños no se sientan seguros ni conectados con los demás. Tal vez carezcan de la confianza básica necesaria para experimentar con las actividades constructivas por su cuenta y necesiten de adultos dedicados, que forjen una relación con ellos y restablezcan su confianza. Ellos necesitan oportunidades de expresar sus temores y su molestia apropiadamente: mediante las actividades artísticas creativas, el juego imaginario, la narración de cuentos y la conversación con adultos que se interesen por ellos. Ellos necesitan que usted mantenga la calma y los ayude. Sólo entonces, estarán listos para aprender.

conclusión

En este capítulo describimos el segundo componente del marco de *El Currículo Creativo*, el entorno del aprendizaje: la organización y cuidado del salón de clase, la estructuración del día y la creación de una comunidad de la clase donde todos los niños se sientan seguros y que pertenecen a ella. Si el entorno de aprendizaje satisface las necesidades de los niños y les sirve de apoyo, los maestros pueden enseñar y los niños pueden aprender. En el siguiente capítulo trataremos este componente del marco de *El Currículo Creativo*: Qué aprenden los niños.

Referencias

Asher, S. R., & Coie, J. D. (Eds.). (1990). *Peer rejection in childhood*. New York: Cambridge University Press.

Bailey, B. A. (1997). *There's gotta be a better way: Discipline that works!* (Rev. ed.). Oviedo, FL: Loving Guidance.

Kohn, A. (2001). Five reasons to stop saying "Good job!" *Young Children, 56*(5), 24–28.

Kostelnik, M. (1990). Social development: an essential component of kindergarten education. In J. S. McKee (Ed.), *The developing kindergarten: Programs, children, and teachers* (pp. 170–172). East Lansing, MI: Michigan Association for the Education of Young Children.

Levin, D. E. (1994). *Teaching young children in violent times: Building a peaceable classroom*. Cambridge, MA: Educators for Social Responsibility.

Malaguzzi, L. (n.d.) History, ideas and basic philosophy: an interview with Lella Gandini. In C. P. Edwards, L. Gandini, & G. E. Forman, (Eds.), (1998). *The hundred languages of children: The Reggio Emilia approach—advanced reflections* (2nd ed., pp. 49-97). Greenwich, CT: Ablex.

Paley, V. G. (1992). *You can't say you can't play*. Cambridge, MA: Harvard University Press.

Peisner-Feinberg, E. S., Burchinal, M. R., Clifford, R. M., Culkin, M. L., Howes, C., Kagan, S. L., et al. (1999). *The children of the cost, quality, and outcomes study go to school: Technical report*. Chapel Hill: University of North Carolina at Chapel Hill, Frank Porter Graham Child Development Center.

Shonkoff, J. P., & Phillips, D. A. (Eds.). National Research Council, & Institute of Medicine (2000). *From neurons to neighborhoods: The science of early childhood development*. Washington, DC: National Academy Press.

Slaby, R. G., Roedell, W. C., Arezzo, D., & Hendrix, K. (1995). *Early violence prevention: Tools for teachers of young children*. Washington, DC: National Association for the Education of Young Children.

En este capítulo

Qué aprenden los niños

El tercer componente del marco curricular de *El Currículo Creativo* es el contenido. Los expertos han formulado estándares para definir lo que deben saber y poder hacer los niños al alcanzar ciertos niveles, y los distritos escolares estatales y locales han adaptado estos estándares. Los contenidos que aprenden los niños en *El Currículo Creativo* son guiados por dichos estándares.

Los maestros de preescolar siempre han enseñado contenidos. Al elaborar tarjetas para mostrar las tazas de harina necesarias para hacer un pastel, enseñaban matemáticas. Al animarlos a descubrir qué clase de hojas comen las orugas, enseñaban ciencia. Hoy en día, a causa del desarrollo de estándares en cada área de contenido, la base del conocimiento es más sistemática. Asimismo, el énfasis dado a enseñar contenidos es mayor. Estos cambios han provocado un nuevo reto para el maestro de preescolar: saber qué enseñar y cómo presentarlo. En *El Currículo Creativo* se explica cómo enseñar contenidos respetando las etapas de desarrollo de los niños. En este capítulo se define el cuerpo de conocimiento incluido en cada área de contenido y las destrezas de procesamiento analítico que usan los niños para aprender.

Lecto-escritura: el vocabulario y el lenguaje, la conciencia fonológica, las letras, las palabras, lo escrito, la comprensión, los libros y otros textos.

Matemáticas: los números, los patrones y las relaciones, la geometría y el reconocimiento espacial, la medición, y la recolección de datos, organización y representación.

Ciencia: las propiedades físicas de los objetos, los seres vivos y la tierra y el entorno.

Estudios sociales: cómo vive, trabaja, se relaciona con los demás, modifica y es modificada la gente por su entorno

Artes: el baile, la música, el juego dramático o imaginario, el dibujo y la pintura.

Tecnología: las herramientas tecnológicas y sus operaciones y usos básicos.

Destrezas de procesamiento analítico: observar y explorar; solucionar problemas y hacer conexiones, organizar, comunicar y representar información.

Lecto-escritura

Convertirse en una persona letrada no es algo instantáneo. Un entorno rico en material escrito que les permita a los niños poner en práctica sus destrezas de lecto-escritura en experiencias reales, combinado con la enseñanza explícita de conceptos clave, constituyen el cimiento del aprendizaje de la lecto-escritura en el preescolar.

Componentes de la lecto-escritura

En años recientes, los investigadores y practicantes (Snow, Burns, & Griffin, 1998; National Institute of Child Health and Human Development, 2000) han estudiado cómo aprenden los niños a leer, a escribir y a comprender el lenguaje escrito. Han identificado los conceptos que necesitan los niños, así como las clases de experiencias que les ayudan a progresar. Con base en estas investigaciones, describimos siete componentes de la lecto-escritura para los niños preescolares:

- más vocabulario y lenguaje
- la conciencia fonológica
- el conocimiento de lo escrito
- las letras y palabras
- la comprensión
- la comprensión de los libros y otros textos
- la lecto-escritura como fuente de gozo

Más vocabulario y lenguaje

Si los niños son expuestos a un vocabulario diverso, aprenden las palabras que necesitan para leer y escribir. Además, la investigación ha demostrado que los niños que tienen grandes cantidades de vocabulario y de experiencia usando el lenguaje son más exitosos en la escuela (Hart & Risley, 1995). En los salones de clase que utilizan *El Currículo Creativo* se ofrecen muchas oportunidades. Entre ellas se incluyen:

- conversaciones informales: se habla con los compañeros y adultos durante el día
- canciones, rimas, juegos con los dedos
- experiencias directas: se escuchan nuevas palabras que describen lo que están haciendo
- lecturas en voz alta: se escucha la lectura de libros y se habla sobre las nuevas palabras en los cuentos

Los preescolares demuestran tener un mayor vocabulario y lenguaje cuando ellos:

- señalan uno de los camiones y dicen: "Esa es una grúa".

- comparten durante la hora con todo el grupo: "Mañana voy a ir a pescar con mi papá y llevaremos cañas y una gran red y atraparemos 100 peces".

- describe un sueño asustador como una "pesadilla" después de que el maestro leyó el cuento: ¡¡¡*Papááá!!!* (C. Cano) y *Chupi le tiene miedo a la tormenta* (T. Courtin).

Si usted trabaja con niños cuya lengua materna no es el inglés, debe saber que una buena base en la lengua materna fomenta el éxito escolar en la segunda lengua (Snow et al., 1998). Los niños que están aprendiendo inglés como segunda lengua son más dados a convertirse en lectores y escritores de inglés, si primero comprenden el vocabulario y los conceptos en su lengua materna. Estos niños requieren una atención especial para incrementar su vocabulario y sus habilidades lingüísticas. La meta a largo plazo es que los niños puedan comprender, hablar, leer y escribir tanto la lengua materna como en inglés. En consecuencia, usted querrá fortalecer la primera lengua de los niños para ayudarles a adquirir fluidez oral en el inglés.

La conciencia fonológica

La conciencia fonológica es escuchar y comprender los distintos sonidos de la lengua hablada. Incluye las distintas maneras en que puede segmentarse la lengua oral en partes individuales. Por ejemplo, los sonidos separados y las sílabas. Un hallazgo clave de la investigación reciente ha sido la importancia que tiene adquirir conciencia fonológica durante los años preescolares.

Las destrezas que constituyen la conciencia fonológica se ubican en un continuo de complejidad. El nivel más sencillo de la conciencia fonológica incluye destrezas como jugar con rimas, notar que las palabras comienzan con los mismos sonidos o aplaudir al ritmo de las palabras o sílabas de una canción, rima o canto. Jugar con los sonidos de la lengua oral cimienta el camino a la conciencia fonémica: el nivel más avanzado de conciencia fonológica. La conciencia fonémica es la habilidad de oír, identificar y manipular los sonidos individuales o fonemas que integran las palabras habladas (National Institute of Child Health and Human Development, 2000). La conciencia fonémica por lo regular es atendida en el kindergarden y en el primer grado.

Algo corriente es confundir la conciencia fonológica con lo que en inglés se llama *phonics*, el método de enseñar los sonidos de la lengua inglesa, pero no son lo mismo. El método *phonics* conecta un símbolo escrito con un sonido, a diferencia de la conciencia fonológica que se trata de oír y diferenciar los sonidos. Las actividades del método de enseñanza se convierten en algo apropiado para los niños de preescolar, siempre y cuando ellos comprendan que la lengua oral está constituida por una secuencia de sonidos. La función del maestro de preescolar que fomenta la conciencia fonológica es llamar la atención del niño a los sonidos separados de la lengua hablada, haciendo uso de canciones, juegos y rimas.

Los niños que están aprendiendo inglés como segunda lengua también están adquiriendo conciencia fonológica al tiempo que realizan las actividades. Sin embargo, es posible que no reproduzcan los sonidos exactamente como se producen en el inglés, porque aún están aprendiendo a oír y a diferenciar los sonidos de la lengua inglesa, y necesitan que usted reconozca (en lugar de corregirlos) que ellos están tratando de producir los sonidos, mientras continúa mostrándoles el uso correcto de la pronunciación inglesa.

Los preescolares demuestran tener conciencia fonológica cuando ellos:

- participan en rimas, poemas, canciones con rimas

- inventan palabras sin sentido o nombres graciosos (p. ej.,"Ana banana","cúcara-mácara")

- aplauden con cada palabra o cada sílaba de una canción o rima (p. ej., aplauden dos veces al escuchar el nombre Pe-dro)

- notan que varias palabras o nombres comienzan con el mismo sonido (p. ej., Jonelle, Juwan, Jonetta)

El conocimiento de lo escrito

Este componente de la lecto-escritura implica conectar lo escrito con lo que significa. Los niños adquieren conocimiento de lo escrito al verlo a su alrededor y usarlo en su juego. Al hacerle notar a los pequeños las características de lo escrito, usted les ayuda a adquirir conceptos como los siguientes:

- lo escrito transmite un mensaje

- cada palabra dicha puede ser escrita y leída

- lo escrito sigue convenciones (de izquierda a derecha, letras mayúsculas y minúsculas, puntuación)

- los libros tienen características comunes (portada, contraportada, autor, ilustrador)

Los preescolares demuestran conocer los conceptos de lo escrito cuando ellos:

- señalan un letrero escrito y dicen: "Aquí van los carros".

- hacen una lista de las compras en el área del juego dramático, escribiendo las letras de izquierda a derecha y de arriba hacia abajo

- leen un libro grande a un grupo de animales de peluche, señalando las palabras y pasando las páginas de principio a fin

Las letras y palabras

Este componente de la lecto-escritura es mucho más que poder recitar la canción del abecedario. En realidad, conocer las letras implica comprender que una letra es un símbolo que representa uno o más sonidos de la lengua; que los símbolos pueden agruparse para formar palabras; y que las palabras tienen significado.

Las letras más importantes para los niños son aquellas que integran sus nombres, especialmente la primera letra. Por ejemplo Setsuko señala la "S" en un letrero y dice: "¡Esa es mi letra!". Sin embargo, muchos niños no comienzan a experimentar con el deletreo hasta los cinco o seis años de edad. Usted sabrá que un niño comprende los sonidos iniciales y finales cuando escribe "GS" en su dibujo de unos gatos. Algunas personas denominan esta etapa "ortografía inventada", "ortografía temporal", "ortografía del desarrollo" u "ortografía fonética". La investigación ha demostrado que las formas iniciales del deletreo indican que los niños están haciendo conexiones importantes entre los sonidos y los símbolos. Otras etapas vendrán después.

Los preescolares demuestran su comprensión de las letras y las palabras cuando ellos:

- usan las letras magnéticas u otros materiales alfabéticos para formar su nombre

- intentan escribir un mensaje telefónico en el área de juego imaginario

- dicen: "Ahí dice 'w'", señalando la primera letra de cada palabra en "wishy-washy, wishy-washy"

La comprensión

La comprensión es entender el significado de la lengua hablada y escrita. Los niños con destrezas de comprensión hacen preguntas o comentarios sobre el tema de un cuento que usted está leyendo o lo dramatizan en su juego.

La manera como usted les lea a los niños es de gran importancia para el desarrollo de sus destrezas de comprensión. Pausar al final de una oración para permitir que participen, hacerles preguntas abiertas y ayudarles a hacer conexiones con sus experiencias previas son estrategias de enseñanza eficaces para desarrollar las destrezas de comprensión. En el capítulo sobre la biblioteca mencionamos estrategias específicas para leerles en voz alta a los niños en grupo o individualmente.

Los preescolares demuestran destrezas de comprensión cuando ellos:

- cuentan de nuevo el cuento de *¿Eres tú mi mamá?* usando imágenes de animales en el tablero de fieltro

- explican: "Ellos huyeron de los niños porque estaban asustados", después de que la maestra leyó *Chupi le tiene miedo a la tormenta*

- hablan de sus propias experiencias después de escuchar a la maestra leerles *El diente suelto de Carlitos*

- recrean *Los cuatro sombreros de Benny*

La comprensión de libros y otros textos

Comprender libros y otros textos implica saber cómo leer y escribir señales, menús, cartas, listas de compras, periódicos, invitaciones, mensajes, diarios y libros. Los libros asumen muchas formas: cuentos narrativos, libros predecibles (libros con rima, repetición y patrones de lenguaje predecibles), libros informativos, de números, del alfabeto, de poesía. Usted podrá ayudar a que los niños aprendan sobre las distintas formas de literatura, manteniendo diversos libros en su salón de clase y haciéndoles notar sus características específicas. Especialmente los libros de cuento ofrecen importantes oportunidades de aprendizaje. Los niños pueden aprender muchas cosas. Por ejemplo que:

- una historia tiene un principio, un desarrollo y un final

- en un cuento hay distintos personajes

- un cuento tiene un ambiente en el que tiene lugar

- en una historia hay una secuencia de acontecimientos

- una conversación puede estar teniendo lugar

Comprender los libros y otros textos también implica aprender cómo manejar los libros en formas tales como sostener el libro hacia arriba, pasar las páginas de principio a fin, y conocer palabras específicas relacionadas con los libros como autor e ilustrador.

Los preescolares demuestran comprender los conceptos sobre los libros y otros textos cuando ellos:

- cuentan otra vez el cuento *Los 3 cerditos*:"El segundo cerdito construyó su casa de madera, pero el lobo sopló y sopló hasta que la tumbó. Así que el tercer cerdito construyó su casa de ladrillos".

- colocan una señal que dice:"No mover" en un diseño hecho con bloques

- se refieren a un libro de castillos al construir uno con bloques

- piden un libro sobre mariposas para descubrir el nombre de una que encontraron

- hacen un dibujo, escriben algunas letras en él y dicen:"Esta es una carta para la abuela".

La lecto-escritura como fuente de gozo

La motivación también es un aspecto de la lecto-escritura y uno de particular importancia. Los niños leen porque están motivados a aprender algo nuevo que les interesa, para descubrir la trama de una historia o para descubrir algo que los hace reír. Entre más leen, en mejores lectores se convierten y más se motivan.

En el capítulo sobre la biblioteca usted encontrará muchas ideas y estrategias para hacer esta área atractiva y acogedora. Además encontrará muchas maneras de inculcar el amor por la lectura en su salón de clase.

Los preescolares demuestran su gozo con las experiencias de lecto-escritura cuando ellos:

- le piden a la maestra que les lea su cuento predilecto

- participan en la repetición de "Oso pardo, oso pardo, ¿qué vez?" a medida que el maestro lee el libro

- garabatean en una página después de terminar un dibujo y luego le leen la historia a la maestra

- escuchan un cuento y hacen preguntas sobre el mismo

- usan libros para obtener respuestas a sus preguntas

Cómo conectar los contenidos de lecto-escritura, la enseñanza y el aprendizaje

El siguiente cuadro muestra cómo conectar los contenidos de la lecto-escritura, la enseñanza y el aprendizaje. La primera columna describe contenidos de lecto-escritura para preescolar. La segunda, maneras como los presentan los maestros. La última, objetivos del *Continuo del desarrollo* que deberá observar mientras los niños trabajan para identificar su progreso. Con esta información podrá decidir qué contenidos presentar y qué métodos emplear.

Contenidos de lecto-escritura	Qué pueden hacer los maestros	Objetivos de *El Currículo Creativo*
Más vocabulario y lenguaje (Adquieren nuevas palabras y las usan para comunicarse)	Participar con frecuencia en conversaciones uno a uno con los niños. Brindarles a los niños muchas experiencias directas y darles las palabras que describan lo que están haciendo. Presentarles palabras nuevas a la hora de leer cuentos usando distintas estrategias: explicando; señalando las ilustraciones; usando expresiones, lenguaje corporal o el tono de la voz.	3. Reconoce sus propios sentimientos y los maneja en formas apropiadas 38. Escucha y diferencia los sonidos del lenguaje 39. Se expresa utilizando palabras y oraciones largas 40. Comprende y sigue instrucciones orales 41. Responde preguntas 42. Hace preguntas 43. Participa activamente en conversaciones
La conciencia fonológica (Escuchar y diferenciar los sonidos que integran las palabras habladas; reconocer las palabras que suenan igual y las palabras que suenan distinto)	Guiar a los niños al cantar canciones, decir rimas y hacer juegos con los dedos. Hablar sobre las palabras y los sonidos durante las actividades diarias: "¡Tasheen y Tyrone, sus nombres comienzan con la misma letra!". Leer libros que jueguen con los sonidos de las palabras como los del Dr. Seuss.	38. Escucha y diferencia los sonidos del lenguaje. 46. Conoce el alfabeto 50. Escribe letras y palabras
El conocimiento de lo escrito (Aprender cómo funciona lo escrito)	Hablar sobre las características de lo escrito (de arriba hacia abajo, de izquierda a derecha) al escribir cuadros de experiencias. Ocasionalmente pasar el dedo bajo las palabras al leer un cuento. Al escribir con los niños, hacerles notar los símbolos como los puntos y los signos de interrogación. Pegar una señal con ilustraciones y palabras de la merienda. Pegar una hoja para que escriban los nombres para las actividades.	45. Comprende el propósito de lo escrito 46. Conoce el alfabeto 47. Utiliza las destrezas lectoras emergentes para entender lo escrito 48. Comprende e interpreta el significado de los libros y otros textos 49. Comprende el propósito de la escritura 50. Escribe letras y palabras

Contenidos de lecto-escritura	Qué pueden hacer los maestros	Objetivos de *El Currículo Creativo*
Las letras y palabras (Identificar y escribir algunas letras y palabras)	Exhibir el alfabeto a la altura de la vista de los niños y tener disponible tarjetas del alfabeto para que las usen en el juego. Añadir materiales como rompecabezas del alfabeto, letras magnéticas, letras de espuma, papel y lápices en las áreas de interés. Hacerles notar las letras y palabras en el entorno a medida que surjan en las actividades diarias.	21. Utiliza instrumentos para escribir y dibujar 37. Inventa e interpreta representaciones 46. Conoce el alfabeto 47. Utiliza las destrezas lectoras emergentes para entender lo escrito 49. Comprende el propósito de la escritura 50. Escribe letras y palabras
La comprensión (Comprender lo que ocurre en un libro, historia o conversación)	Añadir accesorios al área de biblioteca para dramatizar cuentos. Omitir una palabra al final de una oración al leer un libro predecible. Hacer preguntas abiertas al leer:"¿Qué crees que va a ocurrir? ¿Cómo te sentirías si eso te sucediera a ti?". Animar a los niños a recordar los hechos importantes de una historia: "¿Recuerdas lo que pasó cuando el lobo sopló la casa hecha de paja?".	44. Disfruta y valora la lectura 45. Comprende el propósito de lo escrito 47. Utiliza las destrezas lectoras emergentes para entender lo escrito 48. Comprende e interpreta el significado de los libros y otros textos
La comprensión de libros y otros textos (Aprender a usar los libros y su propósito; entender qué es una historia; aprender sobre el uso de otros textos como las señales, menús, revistas, periódicos, etc.)	Demostrar cómo manejar los libros apropiadamente y enseñarles a los niños a cuidarlos. Ayudarles a buscar libros y revistas para aprender sobre los temas de interés. Añadir revistas, señales, folletos, directorios telefónicos, menús y periódicos al área de juego imaginario. Mencionar al autor y al ilustrador al presentar un cuento.	44. Disfruta y valora la lectura 45. Comprende el propósito de lo escrito 47. Utiliza las destrezas lectoras emergentes para entender lo escrito 48. Comprende e interpreta el significado de los libros y otros textos 50. Escribe letras y palabras
La lecto-escritura como fuente de gozo (Disfrutar que alguien les lea, leer y escribir)	Organizar el área de biblioteca en forma atractiva e incluir literatura de calidad y muebles suaves y cómodos. Leerles libros a los niños y animarlos a hablar sobre la historia. Ubicar libros de temas pertinentes en todas las áreas de interés. Añadir materiales interesantes —papel, lápices, bolígrafos, estampillas, sobres, etc.— al área de escritura para estimular los intentos de escribir.	35. Representa roles y situaciones 38. Escucha y diferencia los sonidos del lenguaje 44. Disfruta y valora la lectura 45. Comprende el propósito de lo escrito 47. Utiliza las destrezas lectoras emergentes para entender lo escrito 48. Comprende e interpreta el significado de los libros y otros textos 49. Comprende el propósito de la escritura 50. Escribe letras y palabras

Matemáticas

Tal como los maestros de preescolar cultivan la lecto-escritura en los pequeños, también usan múltiples oportunidades durante el día para ayudarles a los niños a adquirir competencia en matemáticas. Cuando los niños le ofrecen una galleta a cada persona sentada en la mesa, vierten agua de un recipiente en otro, colocan los botones grandes en una pila y los pequeños en otra, o aplauden con cierto ritmo, están aprendiendo matemáticas. Esta clase de experiencias diarias ofrecen el contexto para que los niños de preescolar progresen en matemáticas. Además, el conocimiento de los maestros de la esencia de los contenidos matemáticos, les aporta los hechos y conceptos necesarios para fomentar y ampliar el pensamiento matemático infantil.

Componentes de las matemáticas

Los estándares nacionales en matemáticas (NCTM, 2000) describen lo que deben aprender los niños en preescolar. Los componentes clave de las matemáticas incluyen:

- los conceptos numéricos

- los patrones y relaciones

- la geometría y el sentido espacial

- la medición

- la recolección de datos, organización y representación

Los conceptos numéricos

Los conceptos numéricos son el fundamento de las matemáticas. Estos conceptos se desarrollan gradualmente, con el tiempo y a medida que los niños exploran, manipulan y organizan los materiales, y a medida que ellos le comunican su pensamiento matemático a los adultos y compañeros.

Se dice que los niños tienen sentido numérico cuando tienen una buena intuición sobre los números y sus relaciones. A medida que adquieren sentido numérico, comprenden por ejemplo lo que "tres" significa realmente y que la "trecedad" puede ser representada por el número "3", la palabra "tres" o por una serie de tres objetos. Ellos comienzan a explorar las relaciones entre las cantidades como más, menos e igual.

Contar es uno de los primeros conceptos numéricos que surgen. Comienza con el desarrollo de las destrezas orales de contar o recitar los números, en ocasiones tan temprano como a la edad de dos años. Recitar los números significa simplemente memorizar una secuencia numérica. Las destrezas de recitar los números se desarrollan a medida que los niños participan en canciones, juegos con los dedos y rimas que usan números.

La correspondencia uno a uno surge después de contar a coro. La correspondencia uno a uno significa vincular un número, y sólo uno, con cada objeto en una serie de ellos. Esta técnica debe ser demostrada durante el día en las áreas de interés y durante las rutinas diarias, y con frecuencia se debe enseñar directamente. En ocasiones, los niños cuentan un objeto dos veces. Usted podrá modelar para ellos estrategias que les ayuden a ser conscientes de lo que están contando, mostrándoles como mover un objeto a un lado una vez que lo hayan contado.

Otros conceptos numéricos incluyen la cantidad, las comparaciones y los símbolos numéricos. La cantidad es el concepto de una serie completa (a sabiendas de que el último objeto contado representa la serie completa de ellos). Si usted le pide a un niño que le traiga tres galletas y él le trae las tres juntas, en lugar de traerle sólo la tercera que contó, lo más probable es que ya comprenda la cantidad. Un niño que comprende el orden numérico sabe que si cuenta una fila de tres galletas de izquierda a derecha o en otro orden, la cantidad sigue siendo tres. Hacer comparaciones implica saber el significado de términos como *más que, más grande que, menos que e igual que*.

Los niños pequeños pueden aprender los nombres de los números sin tener idea de lo que representa el símbolo. El concepto de símbolo numérico implica ver un numeral, por ejemplo el 3, y asociar ese numeral a tres objetos. Los símbolos numéricos sólo tienen sentido cuando se presentan como rótulos de cantidades. En vez de enseñarles a los niños a reconocer los símbolos numéricos en aislamiento, vincúlelos a una cantidad.

Los preescolares demuestran comprender los conceptos numéricos cuando ellos:

- notan que se necesitan cinco cucharadas de harina para llenar una taza

- predicen que se necesitarán diez bloques para hacer una cerca y luego los cuentan para ver si la predicción es correcta

- cuentan a cinco niños y luego ponen la mesa con cinco platos, servilletas y tenedores

Los patrones y relaciones

Los patrones son organizaciones o diseños de objetos o figuras y números que se repiten. Reconocer patrones les permite a los niños reconocer las relaciones entre los objetos hacer generalizaciones sobre las combinaciones de los números y contar.

Reconocer patrones y relaciones no es sólo un importante objetivo de las matemáticas sino algo que los niños utilizarán en la ciencia y la lecto-escritura. Para los preescolares la meta es reconocer y analizar los patrones sencillos, copiarlos, crearlos y hacer predicciones con respecto a ellos al ampliarlos. Los niños en edad preescolar ya pueden reconocer patrones sencillos. A medida que usted "lea" un patrón de cuentas —rojo, azul, rojo, azul— los niños podrán participar. Después de reconocer patrones sencillos, ellos podrán copiar un patrón que vean u oigan. Para ampliar un patrón, los niños deberán descubrir qué sigue y continúa en la secuencia. También podrán crear patrones por su cuenta, aunque con frecuencia las reglas que ellos crean no sean consistentes.

Los niños de preescolar demuestran comprender los patrones y las relaciones cuando ellos:

- alinean carros pequeños en un patrón: rojo, negro, rojo, negro, rojo, negro

- pintan con esponja un patrón en un marco para un dibujo

- crean un patrón rítmico como clap-clap-snap, clap-clap-snap

- hacen un patrón con cubos ensamblables (blanco, azul, verde, blanco, azul, verde)

La geometría y el sentido espacial

La geometría y el sentido espacial se refieren a reconocer las figuras y estructuras del entorno. Los niños aprenden y utilizan su conocimiento de las figuras bidimensionales y tridimensionales cuando se les brinda la oportunidad de crear diseños con los bloques geométricos; cuando dibujan, pintan y cortan figuras en su trabajo artístico; devuelven los bloques a los anaqueles seleccionándolos; y cuando descubren figuras al aire libre. Primero, los niños aprenden a reconocer las figuras geométricas sencillas como los triángulos, los círculos y los cuadrados. Más adelante aprenden las características de las figuras (p. ej., un cuadrado tiene cuatro lados). En un nivel más avanzado, comienzan a aplicar el razonamiento a medida que trabajan con las figuras (p. ej., este debe ser un triángulo porque tiene tres lados). Usted reforzará su comprensión al describir las figuras que los vea crear o encontrar.

Los niños adquieren sentido espacial a medida que se reconocen cada vez más a sí mismos en relación con el mundo a su alrededor. Mediante las experiencias que les ofrezca, aprenderán acerca de la ubicación y la posición (*sobre, de, encima, debajo, dentro, fuera, atrás*), el movimiento (*hacia atrás, hacia adelante, alrededor, a través, frente a, arriba, abajo,* etc.), y la distancia (*cerca, lejos, próximo*). A medida que les brinde la oportunidad de manipular objetos y figuras, también aprenderán a hacer predicciones (p. ej., ¿Qué pasará si volteo esta figura?)

Los preescolares demuestran su comprensión de la geometría y el sentido espacial cuando ellos:

- usan un tablero para crear figuras geométricas con bandas de caucho

- dicen: "Colocaste tu caballo dentro de la cerca, yo voy a hacer que el mío la salte".

- notan que las burbujas parecen círculos

- usan cajas vacías, tubos o recipientes para construir un patio de juego imaginario

La medición

En el preescolar, las actividades de medición se centran en comprender los principios y usos de las medidas. Los niños aprenden a medir usando los materiales y participando en las actividades.

Como primer paso, los niños hacen comparaciones sin herramientas de medir. Al usar los materiales que usted les brinda para jugar, los niños aprenden conceptos como más largo, más corto, más pesado, más liviano, más rápido, más despacio. Después, aprenden a usar medidas no convencionales como un zapato, una cuerda o una cinta, o incluso una mano para medir objetos.

La instrucción formal en medición, utilizando medidas estándares como relojes, reglas, balanzas, termómetros y tazas de medir, se da más adelante, típicamente al final del kindergarten y en los primeros grados. Sin embargo, si estas herramientas de medición se ponen a disposición de los niños, ellos las explorarán y las utilizarán en sus juegos e investigaciones.

Los niños de preescolar demuestran su comprensión de la medición cuando ellos:

- se dan cuenta de que les queda poco tiempo para limpiar cuando el maestro invierte el reloj de arena

- miden una mesa utilizando un bloque como unidad de medida

- cuentan cuántas tazas de arena se necesitan para llenar un balde

- usan un trozo de cinta para medir la longitud de una alfombra

La recolección, organización y representación de datos

La recolección, organización y representación de datos en preescolar implica seleccionar, clasificar, graficar, contar, medir y comparar. La instrucción en cada una de estas áreas estimula el interés infantil natural de coleccionar objetos.

Como parte de coleccionar, los niños comienzan a escoger y hacer series sin ningún plan en mente. Más adelante, seleccionan con un propósito más definido, por ejemplo, según las propiedades de los objetos como el color, la forma o el tamaño. A medida que los niños desarrollan y refinan sus destrezas de selección, pueden seleccionar según más de un atributo. Esta habilidad se fortalece cuando usted los anima a hablar sobre sus reglas de selección.

La graficación es una extensión directa de la selección y la clasificación. Una gráfica presenta información en una forma visual organizada que les ayuda a percibir relaciones. La graficación es una manera como los niños pueden exponer muchas clases de información en distintas formas. Una gráfica sencilla de los tipos de zapatos que usan los niños podría convertirse en una representación simbólica a partir de una concreta.

- Concreta: zapatos con cordones, Velcro o hebillas y sin sujetadores

- Simbólica: imágenes que representan los tipos de zapatos

Nuestras hojas

Maple		Elm	Dog-wood	Birch	Oak	Pine

Después de que los niños hagan una gráfica, podrán utilizarla para analizar e interpretar los datos. Este paso implica comparar, contar, sumar y restar, y usar términos como mayor que, menor que, igual que y distinto que. Esta gráfica fue elaborada después de que los niños en un salón de clase recogieron hojas en una salida a caminar.

Para ayudarles a los niños a interpretar esta gráfica, la maestra podría preguntar:

¿Qué nos dice esta gráfica?

¿De qué clase de hoja recogimos más? ¿De cuál recogimos menos? ¿Cómo lo saben?

¿De cuáles hojas recogimos la misma cantidad? ¿Cómo lo saben?

Los preescolares demuestran su habilidad de recolectar, organizar y representar datos cuando ellos:

- separan una colección de muñecas en un grupo con zapatos y otro sin zapatos

- hacen una gráfica de una colección de calcomanías y las separan según el color

- marcan "sí" y "no" en un papel, al hacer una encuesta de lo que el grupo prefiere para la merienda: jugo o leche

- hacen un dibujo de cada objeto que flota y de cada objeto que se hunde después de examinarlos en la mesa de agua

Cómo conectar los contenidos matemáticos, la enseñanza y el aprendizaje

En *El Currículo Creativo*, los contenidos matemáticos se presentan en formas que los niños de preescolar puedan aprenderlos. El cuadro a continuación muestra cómo conectar los contenidos matemáticos, la enseñanza y el aprendizaje. En la primera columna se describen los contenidos matemáticos para preescolar. En la segunda columna se muestran algunas maneras como los maestros presentan estos contenidos con eficacia. En la última columna se enumeran los objetivos del *Continuo del desarrollo* que usted deberá observar mientras los niños exploran los conceptos matemáticos. A medida que los observe involucrarse en estas actividades, podrá ver e identificar su progreso. Esta información le ayudará a determinar las clases de contenidos matemáticos que podrá presentarles y los métodos que deberá emplear.

Contenidos matemáticos	Qué pueden hacer los maestros	Objetivos de *El Currículo Creativo*
Conceptos numéricos (Comprender números, maneras de representarlos y las relaciones entre ellos)	Enseñarles a los niños canciones, rimas y cantos de contar "1, 2 y 3, caballito inglés". Contar durante las actividades diarias: los niños cuentan las tazas necesarias para cada niño y las brochas necesarias para cada recipiente. Animar a los niños a comparar las relaciones entre las cantidades: "Tenemos más gorras rojas o más gorras azules?".	22. Observa con curiosidad los objetos y acontecimientos 23. Maneja los problemas con flexibilidad 28. Compara/mide 33. Usa la correspondencia uno a uno 34. Usa los números y cuenta
Los patrones y relaciones (Reconocer, copiar y ampliar patrones; hacer predicciones sobre los patrones en el entorno)	Aplaudir y luego dar palmadas en los muslos en un patrón. Más adelante avanzar a patrones más complejos (aplaudir, aplaudir, en los muslos; aplaudir, aplaudir, en los muslos). Crear "patrones de personas" con los niños (parado, sentado, parado, sentado) y ayudarles a describir el patrón. Hacerles notar los distintos diseños en el entorno: "Tu camisa tiene un patrón: rojo, azul, rojo, azul". Describir los diseños que vea hacer a los niños: "Hiciste un patrón con los bloques: cuadrado, triángulo, cuadrado, triángulo".	22. Observa con curiosidad los objetos y acontecimientos 23. Maneja los problemas con flexibilidad 27. Clasifica objetos 28. Compara/mide 30. Reconoce patrones y puede repetirlos 37. Inventa e interpreta representaciones

Contenidos matemáticos	Qué pueden hacer los maestros	Objetivos de *El Currículo Creativo*
La geometría y el sentido espacial (Reconocer, nombrar, construir, dibujar, describir, comparar y seleccionar figuras de dos y tres dimensiones; reconocer y describir relaciones espaciales)	Hablar de las figuras geométricas mientras los niños juegan con bloques regulares o de figuras. Darles cajas vacías, tubos y recipientes para que los usen creativamente y construyan. Salir a caminar y buscar figuras en el entorno. Describir las relaciones espaciales que note durante el juego: "Colocaste el caballito dentro de la cerca".	22. Observa con curiosidad los objetos y acontecimientos 23. Maneja los problemas con flexibilidad 27. Clasifica objetos 28. Compara/mide 32. Reconoce las posiciones en el espacio 37. Inventa e interpreta representaciones 39. Se expresa utilizando palabras y oraciones largas
La medición (Usar unidades de medida no convencionales para medir y hacer comparaciones)	Mostrarles cómo usar objetos para medir: "Mira, esta mesa mide cinco bloques de largo". Usar un reloj de arena o de cocina para que los niños sepan que les quedan cinco minutos antes de la hora de limpiar. Hacerles preguntas abiertas durante las actividades de medición: "Me pregunto cuántos vasos de agua cabrán en esta jarra". Usar todo el día palabras como antes, después, próximo, ayer, hoy, mañana: "Mañana cumple años Leo".	22. Observa con curiosidad los objetos y acontecimientos 23. Maneja los problemas con flexibilidad 27. Clasifica objetos 28. Compara/mide 29. Organiza objetos en serie 31. Reconoce conceptos temporales y secuencias 34. Usa los números y cuenta
La recolección de datos, organización y representación (Hacer preguntas para investigar, organizar respuestas y representar los datos)	Hacer "la pregunta del día". Mostrarles cómo marcar "sí" o "no" en un papel: "¿Te gusta usar los zapatos a la hora de la siesta?". Graficar las colecciones de objetos que hay en la clase como calcomanías, hojas, rocas, conchas marinas, botones, etc. Hacer que los niños hagan una "gráfica de gente" como respuesta a su pregunta: "¿Aquí hay más niños con cabello castaño que rubio?". Hacer preguntas como: "¿Cómo hiciste ese grupo? ¿Dónde va esto? ¿En qué se parecen estas dos cosas?".	22. Observa con curiosidad los objetos y acontecimientos 23. Maneja los problemas con flexibilidad 27. Clasifica objetos 28. Compara/mide 29. Organiza objetos en serie 30. Reconoce patrones y puede repetirlos 33. Usa la correspondencia uno a uno 34. Usa los números y cuenta 37. Inventa e interpreta representaciones

Ciencia

Los contenidos de la ciencia son mucho más que los hechos aislados. Los hechos científicos son importantes, pero más importante aún es la manera como se asocian en ideas que tienen sentido. Por ejemplo, aprender sobre el desarrollo de una mariposa podría conducir a la idea general de que todos los seres vivos se desarrollan en una serie de etapas llamada ciclo vital. Si se les ofrece a los niños un entorno rico en diversos materiales, ellos ponen a prueba los objetos para ver cómo funcionan, experimentan, son curiosos y hacen preguntas. Y al buscar respuestas a sus preguntas, aprenden a apreciar lo que los rodea. Estas actividades son la ciencia.

Componentes de la ciencia

Para decidir qué conceptos deben aprender los niños, observe los intereses científicos que ellos tienen y lo que vean y hagan a diario. Sus observaciones harán parte de tres categorías que son los componentes de la ciencia (National Research Council, 1996):

- la ciencia física

- la ciencia de la vida

- la tierra y el entorno

La cienca física

La ciencia física se ocupa de las propiedades físicas de los materiales y objetos. Mediante la exploración de los materiales, los niños aprenden acerca del peso, la forma, el tamaño, el color y la temperatura. Ellos exploran cómo se mueven y cambian las cosas. Cuando los niños hacen una rampa con los bloques para hacer correr los carros, cuando miran a través de un caleidoscopio o recogen objetos con imanes están aprendiendo acerca de las propiedades físicas de los objetos. Piense en las siguientes preguntas para ayudarles a los niños a aprender sobre la ciencia física:

¿Cómo es esto? ¿Grande o pequeño, tiene rayas o puntos, es brillante u opaco?

¿A qué huele? ¿A perfume o a pan quemado?

¿A qué sabe? ¿Es dulce, salado, amargo o no sabe a nada?

¿Cómo se oye? ¿Fuerte o suave, veloz o lento?

¿Cómo se siente? ¿Baboso, duro, afilado, hace cosquillas?

¿Cómo podemos hacer que se mueva? ¿Se puede hacer rodar, girar, soplar, mecer o empujar?

¿Cómo se puede cambiar su estado? ¿Se puede mezclar, verter, aplastar o batir?

No es necesario hacer experimentos específicos se pueden crear oportunidades de aprender sobre la ciencia física en todas las áreas de interés.

Los niños ellos demuestran su comprensión de la ciencia física cuando:

- usan un imán para recoger objetos de metal sepultados en la mesa de arena

- inclinan las rampas para hacer que los autos vayan más rápido en el área de los bloques

- usan una polea para elevar una canasta de libros hasta el altillo

- dicen:"Mira, mi pintura azul se mezcló con la amarilla y se volvió verde".

La ciencia de la vida

La ciencia de la vida se ocupa de los seres vivos. Usted enseña ciencia de la vida cuando les pide a los niños cuidar las plantas y los animales del salón de clase. Las ideas clave surgen al explorar el entorno inmediato. Por lo tanto, en un preescolar en California se podrán explorar los leones marinos, mientras que en Alaska los niños podrían aprender sobre el salmón o el caribú y en la zona rural de Nebraska sobre el maíz. Estos son los conceptos en que deberá pensar al planear sus experiencias de aprendizaje:

¿Cómo se alimentan los seres vivos?

¿Cuáles son algunas características de las plantas y animales?

¿Qué necesitan las plantas y animales para crecer?

¿Cómo dependen las plantas y los animales unos de otros?

¿Cómo cambian los seres vivos al crecer?

¿Cuáles animales ponen huevos?

¿Qué plantas y animales viven en nuestro vecindario?

La ciencia de la vida también incluye el conocimiento sobre nuestro cuerpo y cómo mantenerlo sano. Estos temas se pueden enseñar al explorar estas ideas generales:

¿Cómo crecen y cambian nuestros cuerpos?

¿Cómo usamos nuestros sentidos para hacer descubrimientos?

¿Por qué necesitamos distintos tipos de alimentos?

¿Cómo nos mantenemos seguros y sanos?

Los preescolares demuestran su conocimiento de la ciencia de la vida cuando ellos:

- indican: "Nuestra mascota duerme todo el día. ¿Se quedará despierta en la noche?"

- riegan las plantas después de observar que se están marchitando las hojas

- notan que su corazón late más rápido después de correr en el patio de juego

La tierra y el entorno

Este componente de la ciencia se ocupa del mundo natural. En preescolar, se refiere a los ambientes naturales que los niños experimentan de manera directa. La meta es que los niños comprendan esos ambientes, aprendan ideas clave y adquieran respeto por sus alrededores naturales.
Piense en cómo podría ocuparse de estas preguntas en sus actividades diarias:

¿Cómo es el terreno en esta comunidad? ¿Hay agua, hierba, arena o rocas? ¿Hay lagos, lagunas, montañas, desiertos, ríos o campos? ¿Cómo son?

¿Qué podemos ver en el cielo? Lo que hay en el cielo, ¿cómo afecta el mundo a nuestro alrededor?

¿Cómo es el clima aquí? ¿Cómo nos afecta?

¿Cómo podemos cuidar del mundo a nuestro alrededor?

Los preescolares aprenden sobre la tierra y el entorno cuando ellos:

- juegan a perseguir sombras

- hablan sobre lo que hacen durante el día y en la noche

- le añaden agua a la tierra al hacer pasteles de lodo

- pintan con agua en la acera y notan que el dibujo desaparece rápidamente

Cómo conectar los contenidos de la ciencia, la enseñanza y el aprendizaje

El siguiente cuadro muestra cómo conectar los contenidos de la ciencia, la enseñanza y el aprendizaje. La primera columna describe contenidos generales de la ciencia para preescolar. La segunda, maneras como los presentan los maestros. La última, objetivos del *Continuo del desarrollo* que deberá observar mientras los niños trabajan para identificar su progreso. Con esta información podrá decidir qué contenidos presentar y qué métodos emplear.

Contenidos de la ciencia	Qué pueden hacer los maestros	Objetivos de *El Currículo Creativo*
La ciencia física (Explorar las propiedades físicas del mundo al observar y manipular objetos y materiales corrientes del entorno)	Incluir materiales científicos como imanes, lupas, básculas, poleas y espejos para estimular la exploración. Usar preguntas abiertas para expandir las investigaciones: "Me pregunto por qué este barco grande flota pero el centavo se hunde". Describir los cambios físicos que vea ocurrir: "¡Cuando tu tinta azul se mezcló con la amarilla se volvió verde!". Incluir pequeños aparatos viejos o juguetes dañados en una mesa para "desbaratar", para ayudarles a los niños a aprender cómo funcionan las cosas.	22. Observa con curiosidad los objetos y acontecimientos 25. Explora la relación causa-efecto 26. Aplica el conocimiento o la experiencia en nuevos contextos 27. Clasifica objetos 28. Compara/mide 29. Organiza objetos en serie 30. Reconoce patrones y puede repetirlos 32. Reconoce las posiciones en el espacio
La ciencia de la vida (Explorar los seres vivos, sus ciclos de vida y sus ambientes)	Añadir seres vivos como plantas y mascotas al entorno del salón de clase y estudiarlos. Después de plantar semillas con los niños proporcionarles marcadores y papel para que puedan observar y registrar el crecimiento por un tiempo. Durante un estudio sobre las casas, hablar con los niños sobre las distintas clases de hogares de los animales como los nidos de las aves, las colmenas de las abejas, los hormigueros, etc. Observar y comentar los ciclos de vida de los animales como las mariposas y las ranas. Ayudarles a los niños a aprender sobre la salud y sus cuerpos diariamente: "¿Puedes sentir cómo late tu corazón después de correr tanto?" "Esas zanahorias que te estás comiendo son muy buenas para ti".	7. Respeta y cuida el entorno de la clase y los materiales 12. Comparte y respeta los derechos de los demás 22. Observa con curiosidad los objetos y acontecimientos 25. Explora la relación causa-efecto 26. Aplica el conocimiento o la experiencia en nuevos contextos 31. Reconoce conceptos temporales y secuencias
La tierra y el entorno (Explorar las propiedades del mundo a nuestro alrededor, notar cambios y hacer predicciones)	Comentar lo que hacemos durante el día y lo que hacemos durante la noche. Pintar con agua en la acera y comentar por qué desaparece. Hablar sobre las estaciones, al notar los cambios en el entorno: "Podría decir que llegó el otoño y las hojas se están poniendo rojas, amarillas, naranja y marrón". Comentar el clima diariamente al prepararse para salir: "Jeremy, ¿podrías ver qué clima hace hoy? ¿Necesitamos usar suéteres?	7. Respeta y cuida el entorno de la clase y los materiales 25. Explora la relación causa-efecto 26. Aplica el conocimiento o la experiencia en nuevos contextos 27. Clasifica objetos 28. Compara/mide 31. Reconoce conceptos temporales y secuencias 32. Reconoce las posiciones en el espacio

Estudios sociales

Los estudios sociales son el estudio de las personas: cómo viven hoy en día y en el pasado, cómo trabajan, se relacionan con los demás, resuelven problemas, modifican y son modificados por sus alrededores. Los niños comienzan a aprender estudios sociales desde la infancia. Ellos exploran el espacio físico al gatear, trepar, excavar y salpicar. En preescolar, los juegos de mesa o el reto de subirse a un triciclo les enseña destrezas de mapeo. Los niños aprenden sobre el tiempo (historia) a partir de las rutinas diarias predecibles que usted establezca: un cuento antes del descanso, la hora del círculo después de las áreas de interés y el juego al aire libre después del almuerzo. Cuando usted construye una tienda imaginaria y les ayuda a aprender sobre los trabajos y comprar y vender, les ayuda a aprender sobre la economía. Este aprendizaje continúa cuando visitan el supermercado, el doctor, la ferretería y la zapatería. Los preescolares aprenden cívica a medida que usted les enseña a cooperar para resolver diferencias en el ambiente de un salón de clase. Las experiencias diarias pertinentes a la vida de los pequeños son el fundamento del aprendizaje de los estudios sociales.

Componentes de los estudios sociales

Los estándares de los estudios sociales se centran en la historia, la geografía, la economía y la cívica. Hemos organizado los componentes de los estudios sociales para los niños de preescolar en las siguientes categorías:

- los espacios y la geografía

- las personas y cómo viven

- las personas y el entorno

- las personas y el pasado

Los espacios y la geografía

La geografía para los niños de preescolar incluye las características del lugar donde viven y las relaciones entre ese lugar y otros lugares. Además, incluye las características físicas del mundo de los pequeños y el mapeo. Los materiales para enseñar esta área de contenido son los deslizadores, los columpios y la zona de hierba próxima a los árboles, y el método consiste en hablar acerca de cómo navegar por estas áreas. Usted podrá hablarles del mapeo al mencionar las direcciones: cómo llegar al baño, al patio de juego o a una fila de autos. Usted podrá animar a los niños a recrear su vecindario en el área de los bloques y a dibujar o pintar mapas de los lugares a donde vayan. Una meta importante es que los niños comiencen a comprender que los mapas representan lugares reales.

Esta clase de preguntas podrán ayudarle a pensar en maneras que les permitan comprender los espacios y la geografía:

¿Dónde vivimos? ¿Cómo es nuestra comunidad?

¿Cómo se movilizan las personas de un lugar a otro?

¿Dónde estamos con respecto a otras personas y objetos (p. ej., cerca, lejos, al lado, afuera, detrás)?

¿Qué es un mapa y para qué nos sirve?

Los preescolares demuestran su comprensión de los espacios y la geografía cuando ellos:

- mueven una ficha en la dirección correcta al jugar juegos de tableros, como *Candyland*

- moldean arena húmeda para hacer montañas, colinas y arroyos

- descubren cómo maniobrar por un sendero para bicicletas o un trayecto con obstáculos

- usan los bloques para representar caminos y edificaciones

Las personas y cómo viven

La génte y cómo vive constituye el componente de los estudios sociales que incluye las características físicas de los humanos; las similitudes y diferencias de sus hábitos, hogares y trabajo; las estructuras y roles familiares; y el intercambio de bienes y servicios. Los preescolares pueden comenzar a explorar estos conceptos al estudiarse a sí mismos y a sus familias, y al pensar cómo las reglas de la clase ayudan a la gente a vivir junta y a llevarse bien entre sí.

Estas preguntas sobre las personas y cómo viven, le servirán para diseñar experiencias mediante las cuales los niños aprendan estas ideas:

¿Quiénes son las personas que integran tu familia?
¿Qué hacen?

¿Cómo se hace y se conserva un amigo?

¿En qué trabajan las personas de nuestra comunidad?

¿Cómo usan las personas el dinero para obtener bienes y servicios?

¿Cuáles son algunas de las reglas en el hogar, la escuela y la comunidad?

Los preescolares demuestran su creciente comprensión de las personas y cómo viven cuando ellos:

- hablan sobre los parientes que viven en la misma casa

- describen los trabajos que hacen sus padres

- señalan que color de su cabello es igual que el de un amigo

- usan una registradora de juguete para "vender" zapatos

- invitan a un pequeño en silla de ruedas a jugar a atrapar una pelota

Las personas y el entorno

Las personas y el entorno se refiere a las maneras como la gente modifica su espacio y lo protege. Para los niños de preescolar, los temas de este componente de estudios sociales son, por ejemplo, la construcción de ciudades, caminos, autopistas o represas, la limpieza de un parque, el reciclaje o la preservación de algún espacio verde. En preescolar, el método para enseñar sobre las personas y el entorno consiste en aprovechar lo que aprenden los niños al explorar los alrededores de su hogar y escuela, y ampliar esa información.

He aquí unas cuantas preguntas en que usted podría pensar para ayudarles a los niños a explorar cómo afecta la gente el entorno:

¿Cómo podemos respetar y cuidar nuestro mundo?

¿Qué es algo malo que la gente le hace al entorno? ¿Cómo nos afecta a todos?

Los preescolares demuestran su comprensión de las personas y el entorno cuando ellos:

- colocan la basura en el basurero en el salón de clase y en el patio de juego

- notan, "Si cortan el árbol de nuestro patio de juego ya no tendremos sombra".

- ayudan a recoger la basura del patio de juego

Las personas y el pasado

La gente y el pasado se refiere a la historia. Los niños de preescolar se centran en el aquí y el ahora. A su edad, no tienen una verdadera comprensión del tiempo cronológico que es esencial para comprender la historia. En lugar de ello, aprenden acerca del tiempo en relación consigo mismos, incluyendo su horario diario, lo que hicieron ayer y lo que harán mañana.

A los niños de preescolar les encanta considerar lo que pueden hacer ahora y lo que no podían hacer cuando eran "bebés". Pueden apreciar los cuentos sobre otras épocas y lugares, si los temas son relevantes a sus propias experiencias. Considere estas preguntas para que le ayuden a pensar cómo enseñarles a los preescolares acerca de la gente y el pasado:

¿Cómo cambian las cosas y las personas con el tiempo?

¿Cómo medimos el paso del tiempo?

¿Cuál es la diferencia entre el tiempo pasado, presente y futuro?

Los preescolares demuestran su conocimiento de la gente y el pasado cuando ellos:

- sostienen el zapato de un bebé y dicen: "Mi pie era así de pequeño, ¡pero ahora es grande!".

- dicen: "Hace mucho, mucho tiempo fui a casa de mi tía Susi".

- usan un reloj de arena al turnarse

Cómo conectar los contenidos de los estudios sociales, la enseñanza y el aprendizaje

El siguiente cuadro muestra cómo conectar los contenidos de los estudios sociales, la enseñanza y el aprendizaje. Le primera columna describe contenidos de los estudios sociales para preescolar. La segunda, maneras como los presentan los maestros. La última, objetivos del *Continuo del desarrollo* que deberá observar mientras los niños trabajan para identificar su progreso. Con esta información podrá decidir qué contenidos presentar y qué métodos emplear.

Contenidos de los estudios sociales	Qué pueden hacer los maestros	Objetivos de *El Currículo Creativo*
Los espacios y la geografía (Aprender sobre el mundo físico a nuestro alrededor y cómo nos movemos en él)	Incluir juegos como *Escalera* para iniciar las destrezas de mapeo. Crear un curso con obstáculos para que los niños puedan maniobrar alrededor y atravesarlo. Marcar la sombra de un árbol o del asta de una bandera en distintos momentos del día y mencionar por qué cambió. Hacerles notar las propiedades físicas de la tierra cuando excaven y produzcan lodo al añadirle agua: "Hay muchas piedrecillas en la tierra que estás excavando. ¿Quieres usar un colador?".	22. Observa con curiosidad los objetos y acontecimientos 23. Maneja los problemas con flexibilidad 25. Explora la relación causa-efecto 26. Aplica el conocimiento o la experiencia en nuevos contextos 32. Reconoce las posiciones en el espacio 37. Inventa e interpreta representaciones
La gente y cómo vive (Reconocer y respetar las similitudes y diferencias entre las personas; reconocer cómo dependen unas de otras para los bienes y servicios; aprender destrezas sociales; comprender la necesidad de las reglas)	Crear reglas para cooperar y llevarse bien con los demás en el contexto de los problemas reales que surjan:"Hoy hubo un problema en la mesa de arena. ¿Podemos crear una regla para que todos tengan suficiente espacio para jugar?". Ofrecer pintura, crayolas, marcadores y papel de distintas clases y colores. Invitar a las familias a participar en el salón de clase y a compartir aspectos de su cultura. Introducir en el área del juego imaginario accesorios que se centren en trabajos: la floristería, el taller, el restaurante, la tienda de alimentos. Visitar distintas tiendas en el vecindario y comentar los trabajos que hacen las personas.	1. Demuestra capacidad para adaptarse a situaciones nuevas 3. Reconoce sus propios sentimientos y los maneja en formas apropiadas 4. Defiende sus derechos 9. Sigue las reglas de la clase 10. Juega con otros niños sin problema 11. Reconoce los sentimientos de los demás y reacciona apropiadamente 12. Comparte y respeta los derechos de los demás 13. Utiliza las destrezas de pensamiento para resolver conflictos 26. Aplica el conocimiento o la experiencia en nuevos contextos

Contenidos de los estudios sociales	Qué pueden hacer los maestros	Objetivos de *El Currículo Creativo*
La gente y el entorno (Aprender cómo afectan las personas el entorno, modificándolo y protegiéndolo)	Proporcionar cosas viejas que se puedan utilizar para hacer esculturas. Plantar árboles en el jardín y ayudar a los niños a recoger la basura. Hablar sobre los cambios que tienen lugar en el entorno inmediato (un incendio que destruye el bosque, los peces que mueren como resultado de la contaminación, los árboles que son cortados para hacer una carretera o un estacionamiento). Apartar y separar el plástico, el papel y el metal para ser reciclado. Reciclar los tubos de cartón y las cajas, y usarlas en el área de los bloques o en el área artística.	7. Respeta y cuida el entorno de la clase y los materiales 22. Observa con curiosidad los objetos y acontecimientos 23. Maneja los problemas con flexibilidad 25. Explora la relación causa-efecto 26. Aplica el conocimiento o la experiencia en nuevos contextos
La gente y el pasado (Aprender cómo cambian las cosas y las personas con el tiempo)	Invitar a los abuelos a hablar sobre su vida cuando eran niños. Pedirles que traigan una fotografía o una pieza de su ropa cuando eran bebés. Comentar cómo han cambiado con el tiempo. Hacerles preguntas que les ayuden a recordar el pasado: "¿Qué hiciste ayer cuando llegaste a casa?". Explorar los juguetes que se usaban antes. Enseñarles juegos que jugábamos cuando éramos niños.	22. Observa con curiosidad los objetos y acontecimientos 25. Explora la relación causa-efecto 31. Reconoce conceptos temporales y secuencias

Artes

El arte es diseñar, crear y explorar. Los niños mezclan pinturas; amasan y le dan forma a la arcilla; bailan; dramatizan historias; aplauden siguiendo ritmos y cantan. A los preescolares les encanta poner sus manos en los materiales y mover sus cuerpos y los maestros pueden exponer los a una gran diversidad de experiencias artísticas.

Componentes de las artes

Los Estándares Nacionales de Educación en Artes (1994) incluyen cuatro componentes:

- el baile

- la música

- el teatro o las artes teatrales (lo que llamaremos juego dramático o imaginario en preescolar)

- las artes visuales

Usted descubrirá que hacemos énfasis en estos cuatro componentes de las artes en todo *El Currículo Creativo*. El Capítulo 9, dedicado al juego artístico, le ofrecerá orientación sobre las artes visuales. En el Capítulo 13, sobre la música y el movimiento, describimos experiencias apropiadas con la música y el baile. En todo el Currículo se la da énfasis a la importante función del juego simbólico y a hacer de cuenta. Los componentes la dramatización se pueden encontrar en el área de juego imaginario, en el área de los bloques, en el área de la biblioteca y en el área de música y movimiento. Además, las actividades en grupo ofrecen oportunidades para la dramatización. A continuación, comentamos cómo se aplican al preescolar los estándares en las artes.

El baile

Bailar es utilizar nuestro cuerpo para expresarnos y responder a la música. Cuando usted anima a los niños a variar sus respuestas a las distintas frases musicales, ellos aprenden sobre la habilidad del cuerpo para moverse y usan el tiempo y el espacio de maneras muy diversas.

Los preescolares demuestran conocimiento del baile cuando ellos:

- usan pañoletas y cintas de papel para moverse al son de la música

- imitan los movimientos de los animales después de visitar una granja

- se mueven con agilidad al ritmo de una polca y con lentitud al ritmo de una canción de cuna

La música

La música es la combinación de la voz y/o instrumentos para producir melodías y sonidos agradables. Los niños aprenden música al escucharla y al interactuar con muchas clases de sonidos. Por lo tanto, usted debe proporcionarles oportunidades de jugar con los instrumentos musicales, aprender e inventar canciones, escuchar grabaciones y hablar de los sonidos. Cuando los preescolares exploran instrumentos, producen melodías, aprenden cantos en grupo e inventan canciones, aprenden a apreciar distintas clases de música y se sienten a gusto con distintas formas de expresión musical.

Los preescolares demuestran su comprensión de los conceptos musicales cuando ellos:

- producen distintos sonidos con los instrumentos musicales

- participan en juegos musicales como "Aplaude al oír la música" y "Yo tenía 10 perritos"

- inventan una canción al amasar arcilla

- dicen:"Esa música me hace pensar en un desfile".

El drama

Dramatizar es contar historias mediante la acción, el diálogo o ambos. Los niños preescolares reconocen que el movimiento comunica mensajes y representa acciones. Los maestros de preescolar enseñan drama al proporcionarles a los niños vestuario para disfrazarse y hacer de cuenta, accesorios con los que pueden transformar los bloques en una ciudad y marionetas con las que pueden representar un cuento. Al jugar con materiales como estos, los niños expresan sus sentimientos y aprenden sobre otros mundos que van más allá de sus alrededores inmediatos.

El drama también tiene un impacto directo en otra clase de aprendizaje como el desarrollo del lenguaje y la lecto-escritura. En el libro *Cómo prevenir las dificultades de lectura de los niños pequeños* (Snow et al., 1998) los autores afirman que los niños se benefician de la instrucción basada en el juego, en el cual, ellos inventan los escenarios del juego imaginario. Esta clase de juego sociodramático no sólo incrementa el uso del lenguaje oral y les permite poner en práctica las destrezas de contar historias, sino que además estimula a los niños a trabajar juntos para negociar sus ideas de juego. A su vez, cada una de estas destrezas fomenta la comprensión lectora.

Los preescolares demuestran sus destrezas dramáticas cuando ellos:

- reúnen accesorios y representan *Ricitos Dorados y los tres osos* (J. Marshall) en el área de juego imaginario

- hacen pantomimas de alguien que está contento, triste, furioso, cansado, etc.

- hacen un espectáculo de marionetas para que los demás vean

- preguntan: "¿Adivina quién soy?" y luego pretenden caminar como un elefante

Las artes visuales

Las artes visuales son pintar, dibujar, hacer collages, modelar y esculpir con arcilla u otros materiales, construir, hacer marionetas, tejer, coser y hacer impresiones con bloques o sellos de caucho. A los niños los benefician las oportunidades de trabajar con las distintas clases de pintura y papel; dibujar con crayolas, marcadores y tiza; pegar con distintas clases de pegante; recortar con tijeras; moldear plastilina y limpiar con trapeadores, esponjas y escobas. Entre más exponga usted a los niños a todas estas clases de materiales y comente las diferentes maneras como se pueden usar, más capaces serán de expresar sus ideas por medio de las artes visuales.

Las artes visuales también fomentan la comprensión de nuestro mundo. Los niños aprenden a dibujar y dibujan para aprender. Al usar crayolas, arcilla, o madera, representan lo que han aprendido sobre un tema. Y al hacerlo, manejan los materiales y aprenden sobre las distintas perspectivas, las relaciones como la parte y el todo, el tamaño y las posiciones.

Los preescolares demuestran la comprensión de las artes visuales cuando ellos:

- hacen collages con trozos de papel después de mirar libros ilustrados por Leo Lionni

- usan pintura de colores llamativos en un caballete

- intentan distintas maneras de equilibrar un móvil

- hacen una tarjeta para un compañerito para desearle que se alivie pronto

Cómo conectar los contenidos de las artes, la enseñanza y el aprendizaje

El siguiente cuadro muestra cómo conectar los contenidos de las artes, la enseñanza y el aprendizaje. La primera columna describe contenidos de las artes para preescolar. La segunda, maneras como los presentan los maestros. La última, objetivos del *Continuo del desarrollo* que deberá observar mientras los niños trabajan para identificar su progreso. Con esta información podrá decidir qué contenidos presentar y qué métodos emplear.

Contenidos de las artes	Qué pueden hacer los maestros	Objetivos de *El Currículo Creativo*
El baile (Aprender sobre la capacidad del cuerpo para moverse y usar el tiempo y el espacio de distintas maneras)	Ofrecer les a los niños bufandas y cintas para usarlas al bailar al son de la música. Jugar con distintas clases de música que inspiren a los niños a moverse con rapidez (polca) o con lentitud (una canción de cuna). Enseñarles palabras nuevas como suave, áspero, galopar y deslizarse.	14. Demuestra capacidades locomotoras básicas (corre, salta, brinca, galopa) 15. Mantiene el equilibrio al moverse 30. Reconoce patrones y puede repetirlos 35. Representa roles y situaciones 37. Inventa e interpreta representaciones 40. Comprende y sigue instrucciones orales
La música (Aprender a reconocer distintas clases de música y sentirse a gusto con las distintas formas de expresión musical)	Destinar un área donde los niños puedan explorar los instrumentos, escuchar música y producirla. Presentarles a los niños palabras musicales: ritmo, compás, sostenido, rápido, lento, fuerte, suave. Enseñarles canciones que puedan ser conocidas por sus familias como las canciones folclóricas o baladas para que puedan cantarlas juntos.	25. Explora la relación causa-efecto [R2] 30. Reconoce patrones y puede repetirlos 31. Reconoce conceptos temporales y secuencias 34. Usa los números y cuenta 35. Representa roles y situaciones 38. Escucha y diferencia los sonidos del lenguaje 40. Comprende y sigue instrucciones orales
El drama (Comunicar un mensaje o un cuento mediante la acción o el diálogo)	Participar y animar a los niños a jugar hacer de cuenta. Reunir accesorios e invitar a los niños a representar cuentos conocidos como *Los 4 sombreros de Benny* y *Vamos a cazar un oso*. Pedirles que hagan expresiones faciales de alguien feliz, triste, furioso, cansado, emocionado o asustado.	3. Reconoce sus propios sentimientos y los maneja en formas apropiadas 11. Reconoce los sentimientos de los demás y reacciona apropiadamente 32. Reconoce las posiciones en el espacio 35. Representa roles y situaciones 38. Escucha y diferencia los sonidos del lenguaje 39. Se expresa utilizando palabras y oraciones largas
Las artes visuales (Usar una diversidad de medios para comunicarse y expresarse; resolver problemas usando materiales artísticos; apreciar varias formas de arte)	Ofrecerles materiales que puedan usar para representar sus ideas: marcadores, crayolas, pintura, arcilla, collage, alambre o trozos de madera. Hablar sobre las técnicas de ilustración de libros como los trozos de papel, acuarelas y pasteles. Añadir espejos en el área artística y animar a los niños a mirar sus propios rasgos faciales cuando dibujen gente. Exhibir el trabajo infantil de manera atractiva y primordialmente en el salón.	3. Reconoce sus propios sentimientos y los maneja en formas apropiadas 7. Respeta y cuida el entorno de la clase y los materiales 19. Controla los músculos pequeños de la mano 21. Utiliza instrumentos para escribir y dibujar 22. Observa con curiosidad los objetos y acontecimientos 25. Explora la relación causa-efecto 30. Reconoce patrones y puede repetirlos 32. Reconoce las posiciones en el espacio 37. Inventa e interpreta representaciones

Tecnología

La tecnología es el estudio de herramientas, máquinas, materiales, técnicas y fuentes de energía que facilitan el trabajo y solucionan problemas. Los niños aprenden sobre le tecnología al explorar cómo funcionan las cosas. Cuando descubren qué clase de herramientas necesitan para construir una estructura utilizando trozos de madera, están resolviendo problemas tecnológicos. Cuando graban canciones en una grabadora o producen líneas coloridas en la pantalla al arrastrar un ratón, están utilizando herramientas. Si usted percibe la tecnología desde una perspectiva amplia, podrá ver cómo se puede integrar en todos los aspectos del salón de clase de preescolar.

Para los niños con discapacidades, el uso de la tecnología le abre nuevas puertas al aprendizaje. Un niño que no puede hablar, podrá usar mecanismos de comunicación para interactuar con los demás. Un niño físicamente impedido, podrá utilizar interruptores para controlar juguetes de pilas. Los mecanismos de asistencia especial, permiten que los niños con discapacidades tengan el mismo acceso al entorno de aprendizaje.

Componentes de la tecnología

Los estándares en tecnología (Sociedad Internacional para la Educación en Tecnología, 1998) describen las destrezas, los conceptos, el conocimiento y las aptitudes que deben demostrar los niños desde preescolar hasta el grado 12. Estos estándares se centran tanto en los elementos básicos del uso de las computadoras como en los usos de la tecnología para comunicarse, aprender nueva información, resolver problemas y crear. De igual importancia, los estándares también resaltan las destrezas sociales como trabajar de manera cooperada con los compañeros y utilizar la tecnología en forma responsable.

Hemos identificado cuatro componentes de los estándares de la tecnología aplicables a los niños de preescolar:

- el reconocimiento de la tecnología

- las operaciones y conceptos básicos

- las herramientas tecnológicas

- la gente y la tecnología

El reconocimiento de la tecnología

Para los niños de preescolar la tecnología quiere decir conocer cómo se usa en el hogar, en la escuela y en los lugares de trabajo de los familiares. Usted puede enseñar tecnología al pedirles a los niños que nombren las herramientas y las máquinas que usan diariamente y que piensen en cómo podrían llevarse a cabo estas tareas si no tuviéramos este equipo disponible. También podrá animarlos a descubrir cómo utiliza la gente la tecnología para realizar sus trabajos.

Los niños de preescolar demuestran un mayor reconocimiento de la tecnología cuando ellos:

- pretenden escanear lo que compran al jugar a la tienda

- notan cómo se utilizan las computadoras en una visita a la estación de bomberos

- sugieren hacer un video de su ida al supermercado

Las operaciones y conceptos básicos

Este componente de la tecnología incluye lo elemental de usar herramientas tecnológicas. Por ejemplo, si los niños utilizan grabadoras, necesitarán saber cómo insertar un casete, encender y apagar la máquina y cómo emplear los botones de adelantar o tocar. Lo elemental de usar una computadora es encenderla, iniciar un programa, navegar por el programa y salir del programa. En el capítulo sobre las computadoras se describe en detalle cómo presentarles las computadoras a los niños y cómo interactuar con ellos de manera que adquieran conocimiento y conceptos de esta tecnología.

Los preescolares demuestran su conocimiento de las operaciones y conceptos básicos cuando ellos:

- usan un ratón, un teclado o tocan la pantalla para hacer funcionar la computadora

- usan un programa de dibujo para producir una imagen

- retroceden una cinta grabada que han escuchado para que otro niño pueda oírla desde el principio

Las herramientas tecnológicas

Este componente incluye las distintas formas de tecnología que van desde las computadoras, las cámaras digitales y grabadoras de video hasta las ruedas y palas. Al usar distintas herramientas, los niños aprenden que cada una sirve para un propósito distinto.

- Para hacer un dibujo, necesito crayolas, marcadores, pintura o un programa de dibujar con la computadora.

- Para escribir un cuento, necesito un lápiz, lapiceros, marcadores o un programa de procesador de palabras.

- Para examinar un insecto demasiado pequeño, necesito una lupa.

Los preescolares usan las herramientas tecnológicas cuando ellos:

- vuelven a contar un cuento, lo graban y le piden a los demás que lo escuchen

- usan un programa de dibujo para producir una imagen

- usan un programa sencillo de procesador de palabras para escribir un nombre

- usan herramientas como una lupa, una báscula o binoculares para explorar e investigar

La gente y la tecnología

Este componente se refiere al uso de la tecnología en forma responsable y segura, a cuidar el equipo y a usarlo de manera apropiada. Debido a que la tecnología hace parte de la vida diaria y, menudo ni pensamos en ella, es importante que los niños comprendan que las personas, incluidos ellos mismos, controlan la tecnología.

Por ejemplo, los niños pueden controlar cómo navegar a través de un programa para computadoras, cambiar el volumen de una grabadora o prender o apagar una luz con un interruptor. Cuando los niños aprenden cómo usar los discos y los CD-ROMs en forma apropiada, cómo salir de un programa antes de apagar la computadora, o cómo mantener alejado del equipo lo que podría dañarlo, están controlando la tecnología.

Este componente de la gente y la tecnología también incluye ayudar a los pequeños a aprender cómo pueden trabajar las personas cooperadamente para usar la tecnología. Por ejemplo, usted puede hacer que un grupo de niños resuelva problemas en una computadora. Si ellos no pueden descubrir cómo hacer algo, podrán encontrar a un amigo o a un adulto que les ayude.

Los preescolares demuestran su comprensión de la gente y la tecnología cuando ellos:

- arrastran un ratón o hacen una línea con un programa de pintar

- dicen:"Tú no puedes comerte tu merienda cerca a la computadora porque las migas pueden dañar el teclado".

- pulsan íconos (indicaciones ilustradas) para navegar a través de un programa para computadoras

Cómo conectar los contenidos de la tecnología, la enseñanza y el aprendizaje

En *El Currículo Creativo*, los maestros pueden lograr que el aprendizaje sobre la tecnología sea una parte apropiada del salón de clase de preescolar. El cuadro a continuación muestra cómo conectar los contenidos de la tecnología, la enseñanza y el aprendizaje. En la primera columna se describen los contenidos de la tecnología para preescolar. En la segunda columna se muestran algunas maneras como los maestros presentan estos contenidos con eficacia. En la última columna se enumeran los objetivos del *Continuo del desarrollo* que usted deberá observar mientras los niños trabajan con estos contenidos.

A medida que los observe involucrarse con estas actividades, podrá ver e identificar su progreso. Esta información le ayudará a determinar las clases de contenidos que podrá presentarles y los métodos que deberá emplear.

Contenidos de la tecnología	Qué pueden hacer los maestros	Objetivos de *El Currículo Creativo*
Reconocimiento de la tecnología (Adquirir reconocimiento de la tecnología como una herramienta para encontrar información, comunicarse y ser creativo)	Ofrecerles a los niños teléfonos, cámaras y micrófonos de juguete. Indicarles cómo se usa la tecnología en los lugares que visitan: "La computadora les ayuda a los bomberos a ver un mapa que los conduce al incendio". Hacer videos de los niños durante el juego y mostrárselos.	22. Observa con curiosidad los objetos y acontecimientos 35. Representa roles y situaciones 36. Juega con objetos simbólicamente 39. Se expresa utilizando palabras y oraciones largas 42. Hace preguntas
Las operaciones y conceptos básicos (Aprender destrezas básicas para hacer funcionar la tecnología; utilizar la tecnología apropiada para comunicarse sobre la tecnología)	Mostrarles a los niños como usar un ratón, un teclado o una pantalla para operar una computadora. Enseñarles a los niños sobre las indicaciones visuales (íconos) que les ayudarán a navegar a través del programa de las computadoras. Usar la terminología de las computadoras al mostrarles a los niños como utilizar un programa, por ejemplo: "Voy a pegar aquí este dibujo". Enseñarles a los niños como salir de un programa antes de apagar la computadora.	5. Demuestra direccionalidad propia e independencia 7. Respeta y cuida el entorno de la clase y los materiales 19. Controla los músculos pequeños de la mano 22. Observa con curiosidad los objetos y acontecimientos 23. Maneja los problemas con flexibilidad 25. Explora la relación causa-efecto. 37. Inventa e interpreta representaciones 46. Conoce el alfabeto 47. Utiliza las destrezas lectoras emergentes para entender lo escrito
Las herramientas tecnológicas (Comprender que existen diferentes herramientas tecnológicas y que se pueden usar de distintas maneras)	Animar a los niños a contar otra vez un cuento y grabarlo, y luego pedirle a otros que lo escuchen. Mostrarles cómo pueden utilizar un programa sencillo de procesador de palabras para escribir sus nombres o palabras. Ofrecerles herramientas como lupas, básculas o binoculares para que exploren e investiguen.	22. Observa con curiosidad los objetos y acontecimientos 23. Maneja los problemas con flexibilidad 25. Explora la relación causa-efecto 26. Aplica el conocimiento o la experiencia en nuevos contextos
La gente y la tecnología (Comprender que la tecnología es controlada por las personas; usarla en forma segura y responsable; trabajar cooperadamente al usarla)	Mostrarles a los niños que al arrastrar el ratón se puede hacer una línea en un programa de dibujo. Animar a los niños a trabajar con algún amigo para descubrir cómo navegar por un programa de computadora. Formular reglas con los niños para utilizar las computadoras de manera segura y apropiada.	5. Demuestra direccionalidad propia e independencia 22. Observa con curiosidad los objetos y acontecimientos 23. Maneja los problemas con flexibilidad 25. Explora la relación causa-efecto 26. Aplica el conocimiento o la experiencia en nuevos contextos

Las destrezas de procesamiento

Cuando los niños aprenden contenidos en lecto-escritura, matemáticas, ciencias, estudios sociales, las artes y la tecnología están aprendiendo mucho más que datos. Están aprendiendo métodos de comunicación, pensando matemáticamente, haciendo lo que hacen los científicos, realizando investigación en ciencias sociales, creando como los artistas y utilizando la tecnología. Los métodos de aprendizaje se denominan destrezas de procesamiento.

Los niños utilizan las destrezas de procesamiento al trabajar aprendiendo conceptos en cada una de las áreas de contenido cubiertas en *El Currículo Creativo*. Los objetivos cognoscitivos y de lenguaje en el *Continuo del desarrollo* incluyen destrezas de procesamiento que han sido descritas en diversos documentos de estándares. A continuación ofrecemos un panorama general de las destrezas de procesamiento y le mostramos cómo se pueden aplicar a las áreas de contenido descritas en las páginas anteriores. También indicamos los objetivos del *Continuo del desarrollo* relacionados con cada destreza de procesamiento.

Observar y explorar. Observar y explorar implica notar lo que hay en el entorno y cómo y cuándo cambia. Estas destrezas de procesamiento también incluyen manipular objetos con el fin de comprender sus propiedades y cómo funcionan. Por ejemplo, un niño nota que un carro corre mucho más rápido por una rampa si está inclinada y luego explora inclinándola con distintos ángulos (ciencia).

Los objetivos de *El Currículo Creativo* incluyen:

22. *Observa con curiosidad los objetos y acontecimientos*
24. *Es persistente en lo que emprende*
42. *Hace preguntas*

Hacer conexiones. Hacer conexiones implica vincular el nuevo aprendizaje a la experiencia previa. Al hacer conexiones se ancla el nuevo aprendizaje y se le ubica en un contexto más amplio. Por ejemplo, un pequeño habla sobre las rutinas a la hora de acostarse después de oír el cuento *El niño que no quería dormir* (H. Cooper) (lecto-escritura).

El objetivo de *El Currículo Creativo* es:

26. *Aplica el conocimiento o la experiencia en nuevos contextos*

Resolver problemas. Esto implica identificar un problema, pensar en cómo resolverlo y poner a prueba soluciones. Se relaciona con el pensamiento creativo e implica generar nuevas ideas, utilizar materiales de distintas maneras y arriesgarse a intentar algo nuevo. En la mesa de arena, un grupo de niños desea construir una cerca alrededor de un montículo. Ellos deciden qué materiales podrían usar, adivinan cuánto necesitarán y ponen a prueba sus soluciones (matemáticas).

Los objetivos de *El Currículo Creativo* incluyen:

> *23. Maneja los problemas con flexibilidad*
> *25. Explora la relación causa-efecto*
> *26. Aplica el conocimiento o la experiencia en nuevos contextos*
> *28. Compara/mide*
> *30. Reconoce patrones y puede repetirlos*

Organizar información. Esto incluye descomponer una idea o un problema en sus partes, clasificar y comparar. Organizar hace posible recolectar, registrar y usar la información. En el trabajo en grupo, los niños crean una gráfica al colocar su nombre al lado de una imagen de unos pies o de un auto, para mostrar como llegaron a la escuela (estudios sociales).

Los objetivos de *El Currículo Creativo* incluyen:

> *27. Clasifica objetos*
> *28. Compara/mide*
> *29. Organiza objetos en serie*
> *30. Reconoce patrones y puede repetirlos*
> *34. Usa los números y cuenta*

Comunicarse y representar. Comunicarse implica hablar de lo que observamos con algún amigo o adulto. Comunicarse también incluye utilizar representaciones como dibujos, dramatizaciones o gráficas. Por ejemplo, un niño utiliza la arcilla para recrear la nueva mascota (artes y ciencia).

Los objetivos de *El Currículo Creativo* incluyen:

> *21. Utiliza instrumentos para escribir y dibujar*
> *37. Inventa e interpreta representaciones*
> *39. Se expresa utilizando palabras y oraciones largas*
> *40. Comprende y sigue instrucciones orales*
> *41. Responde preguntas*
> *42. Hace preguntas*
> *43. Participa activamente en conversaciones*
> *50. Escribe letras y palabras*

conclusión

En este capítulo describimos qué son los contenidos apropiados para los niños de preescolar y lo que usted puede hacer para ayudarles a que aprendan. También describimos las destrezas de procesamiento que utilizan los niños a medida que trabajan para dominar los contenidos académicos. Al entender los contenidos y cómo aprenden los niños, los maestros pueden ampliar las oportunidades de que los pequeños adquieran conocimiento y comprendan conceptos. Además, podrán hacer una conexión directa entre el currículo de preescolar y lo que aprenderán los niños en la escuela primaria. Cuando los contenidos del currículo se enseñan manteniendo presentes las etapas del desarrollo infantil, los niños son más dados a convertirse en aprendices exitosos, quienes se emocionan con los desafíos y con lo que están aprendiendo. En el capítulo siguiente explicamos la función del maestro en la observación, la orientación y la evaluación del aprendizaje infantil.

Referencias

Consortium of National Arts Education Associations. (1994). *Dance, music, theatre, visual arts: What every young American should know and be able to do in the arts: National standards for arts education*. Reston, VA: Music Educators National Conference.

Hart, B., & Risley, T. R. (1995). *Meaningful differences in the everyday experience of young American children*. Baltimore: P.H. Brookes.

International Society for Technology in Education. (1998). *National educational technology standards for students*. Eugene, OR: Author.

National Council of Teachers of Mathematics. (2000). *Principles and standards for school mathematics*. Reston, VA: Author.

National Institute of Child Health and Human Development. (2000). *Report of the National Reading Panel: Teaching children to read: An evidence-based assessment of the scientific research literature on reading and its implications for reading instruction*. Washington, DC: Author, National Institutes of Health.

National Research Council. (1996). *National science education standards*. Washington, DC: National Academy Press.

Snow, C. E., Burns, M. S., & Griffin, P. (Eds.). (1998). *Preventing reading difficulties in young children*. Washington, DC: National Academy Press.

En este capítulo

4 La función del maestro

En capítulos anteriores nos hemos referido a la función del maestro. En este capítulo nos enfocaremos exclusivamente en ella, el cuarto componente del marco de *El Currículo Creativo* y describiremos la manera como los maestros pueden integrar el conocimiento del desarrollo infantil con los contenidos de lo que quieren enseñar. El trabajo del maestro de *El Currículo Creativo* consiste en un ciclo continuo de observación, orientación del aprendizaje y evaluación del progreso de los pequeños. Durante este ciclo, los maestros interactúan continuamente con los niños y deciden cuándo y cómo responder con el fin de atender las necesidades individuales y colectivas. El capítulo está dividido en tres secciones, una por cada parte del ciclo.

La observación de los niños: Cómo miran y escuchan los maestros a los niños para aprender acerca de ellos y comenzar a construir una relación. Describimos cómo, qué y cuándo observar de manera objetiva, y demostramos cómo usar el *Continuo del desarrollo* en este proceso.

La orientación del aprendizaje infantil: Cómo usan los maestros una variedad de estrategias de enseñanza para interactuar con cada niño, con los niños con necesidades especiales y con el grupo en general. Ofrecemos una perspectiva general de las 11 áreas de interés del salón de clase de *El Currículo Creativo* y mostramos cómo pueden los maestros guiar e integrar el aprendizaje infantil en cada una de las áreas, involucrando a los niños en el estudio de temas que les interesan.

La evaluación del aprendizaje infantil: Cómo le dan seguimiento los maestros al progreso de los niños usando un método sistemático que refuerza el aprendizaje y es coherente con las metas y objetivos del Currículo. Además, ilustramos tres pasos del proceso de evaluación: (1) la recopilación de información, (2) el análisis y evaluación de la información recopilada, y (3) el uso de lo aprendido para escribir un plan para cada niño y para todo el grupo.

La observación de los niños

La observación es una mirada objetiva de lo que hace y dice un niño. En el salón de clase de *El Currículo Creativo*, el maestro observa con regularidad. Si usted utiliza la observación para descubrir qué es excepcional y peculiar en cada pequeño, tendrá una base para forjar relaciones con ellos y para planificar experiencias que le permitan progresar y florecer a cada niño. Tal como lo afirman Jablon, Dombro y Dichtelmiller, "Siempre hay algo nuevo que aprender sobre un niño, incluso sobre uno que usted crea conocer muy bien" (1999, pág. 12).

Cómo, cuándo y qué observar

El propósito de observar a los niños es llegar a conocerlos. Es posible que al inicio sean muy informales. Pero poco a poco, podrá hacer uso de su conocimiento del *Continuo del desarrollo* para afinar sus observaciones y tomar buenas decisiones para orientar el aprendizaje.

La mayoría de las observaciones pueden ocurrir espontáneamente en el día, y se puede tomar nota de lo que dicen y hacen. En estos casos, dedique un momento para absorber la escena que se le presente y pensar acerca de lo que esté sucediendo. Lo más probable es que vea comportamientos relacionados con los objetivos específicos de *El Currículo Creativo*. Por ejemplo, si prepara plastilina con un grupo, a medida que sigan la receta dibujada podrá notar quienes pueden contar el número de tazas y de cucharadas (objetivo 34), así como la clase de preguntas que hacen y responden (objetivos 41 y 42). Es recomendable tener a la mano tarjetas o notas adhesivas para apuntar lo que vea y escuche en el momento.

Además de las observaciones espontáneas e informales, trate de programar unos momentos regulares de observación formal. Las observaciones formales implican observar sistemáticamente a uno o más niños y anotar lo que vea y oiga. Esta manera de observar, le permitirá tomar todo con más calma y notar lo que, de otra forma, hubiese pasado inadvertido. Trate de coordinar con el maestro asistente, o con uno de los padres voluntarios, para que esté pendiente de los niños y usted pueda concentrarse en las observaciones planificadas.

Usted puede seguir de cerca a un niño por un rato y anotar los comportamientos que observe. Más tarde, podrá reflexionar sobre la manera como se relacionan éstos comportamientos con los objetivos de *El Currículo Creativo*. O, puede observar a un grupo mientras juegan y documentar los comportamientos de varios de los niños. Después, revise estas notas con el fin de ver cuáles objetivos se aplican. Habrá ocasiones en que deseará observar a un niño con un objetivo determinado en mente. Sus notas de observación le aportarán información que le será útil más adelante, al utilizar el *Continuo del desarrollo* en su análisis y evaluación.

> Sus notas de observación aportan rica información que le servirá más adelante, al utilizar el *Continuo del desarrollo* en su análisis y evaluación.

Cómo ser objetivo

Con el fin de utilizar sus observaciones para reflexionar y evaluar el aprendizaje infantil, debe escribirlas. Para que las notas de observación sean útiles, deben ser objetivas y atenerse a los hechos. Si sus notas incluyen palabras como *tímido, agresivo, molesto, hiperactivo* o *furioso*, más que lo que en realidad hizo o dijo el niño, revelarán sus impresiones, interpretaciones o suposiciones. Estos calificativos pueden o no contar una historia cierta. Las interpretaciones, impresiones o suposiciones incluyen:

> Para que las notas de observación sean útiles, deben ser objetivas y atenerse a los hechos.

- calificativos (tímido, vivaz, creativo)

- intenciones (quiere...)

- evaluaciones (buen trabajo)

- juicios de valor (bonito, descuidado)

- frases negativas (no hizo, no puede, no hará)

Las notas objetivas y precisas incluyen sólo los hechos vistos y oídos. Dichas observaciones objetivas incluyen:

- descripciones de una acción

- citas textuales

- descripciones de un gesto

- descripciones de una expresión facial

- descripciones de un invento

Una serie de observaciones objetivas, atenidas a los hechos y recopiladas durante un tiempo constituyen una evaluación útil. A medida que observe, podrá descubrir algo completamente inesperado.

Compare los dos ejemplos siguientes de notas de observación de un niño en la mesa de agua.

Ejemplo 1

Carlos está muy travieso hoy. Deliberadamente salpica agua en el suelo y sobre los demás niños. Comprueba si lo estoy mirando y, luego, se ríe de los otros niños.

El ejemplo 1 no es una nota objetiva. Usa un calificativo ("travieso") y hace juicios de valor ("deliberadamente salpica agua", "comprueba si lo estoy mirando", "se ríe de los otros niños"). En realidad, la maestra no podía saber si Carlos la había mirado para comprobar si ella lo estaba mirando, o si se estaba riendo de los demás niños.

Considere ahora otra nota del mismo acontecimiento.

Ejemplo 2

Carlos juega con el molino de agua. Un poco de agua moja los zapatos de los otros niños. Él me mira, luego mira a los demás niños y comienza a reír.

El ejemplo 2 es una anotación objetiva. Incluye sólo lo que Carlos hizo ("juega con el molino de agua"), lo que ocurrió ("un poco de agua moja los zapatos de los otros niños"), y su reacción ("Él me mira, luego mira a los demás niños y comienza a reír"). Las anotaciones precisas incluyen todo lo que hizo y dijo un niño en el orden ocurrido.

Escribir notas objetivas requiere práctica. Entre más consciente esté usted de cómo es una nota objetiva, más habilidad tendrá para escribirla.

He aquí dos ejemplos de notas de observación objetivas.

> Entre más consciente esté usted de cómo es una nota objetiva, más habilidad tendrá para escribirla.

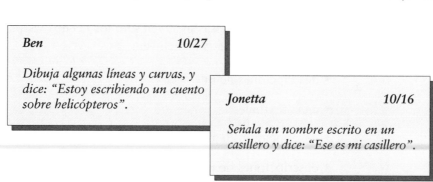

Ben   10/27

Dibuja algunas líneas y curvas, y dice: "Estoy escribiendo un cuento sobre helicópteros".

Jonetta   10/16

Señala un nombre escrito en un casillero y dice: "Ese es mi casillero".

Cómo utilizar el *Continuo del desarrollo*

El *Continuo del desarrollo* será su guía para sisteniatizar el proceso de observación y para recopilar las notas de observación relacionadas con los 50 objetivos. Sin embargo, esto no significa que usted deba hacer ¡50 observaciones por separado para cada niño de su clase! Una observación puede aportar información sobre muchos objetivos.

Entre más familiarizado esté usted con las metas y objetivos, más eficiente será al observar y anotar lo que vea. Además, podrá encontrar de utilidad exhibir el afiche de las metas y objetivos de *El Currículo Creativo* como recordatorio visual. En el Apéndice (pág. 548) encontrará un cuadro que podrá mantener en un sujetapapeles y usarlo para tomar sus notas. Si se le ocurre algún objetivo mientras hace sus notas de observación, anote el número del mismo.

El *Continuo del desarrollo* es una herramienta de planificación de la enseñanza y evaluación del aprendizaje, pues la información obtenida al observar a los niños y pensar sobre su nivel de desarrollo constituye la base para estimular de manera apropiada el aprendizaje. Al usar el *Continuo*, podrá determinar, por ejemplo, cuántas opciones ofrecer, cuánta independencia sería razonable esperar, cuántas indicaciones puede manejar un niño a la vez, si las rutinas y reglas de la clase están funcionando o no, si un un niño trabaja sin problema con los demás y el nivel de persistencia y curiosidad de un pequeño. Toda esta información le ayudará a decidir qué contenidos académicos enseñar y cómo hacerlo. Usted podrá pensar en enseñarlos de una manera que estimule a los niños, en lugar de frustrarlos.

En el siguiente cuadro verá cómo observa una maestra a los niños durante el día. Su conocimiento de los objetivos y los pasos del desarrollo en el *Continuo*, le permitirá organizar lo que vea, considerar cómo podría reaccionar, la forma como va a planificar e interactuar con cada uno de los niños y con el grupo, y pensar en qué estrategias de enseñanza usar.

> Entre más familiarizado esté usted con las metas y objetivos, más eficiente será al observar y anotar lo que vea.

Observación	Reflexión	Respuesta
Llegada Cristal dice: "¡Señorita Tory! ¿Sabe qué? Tengo un nuevo cachorro y se llama Sparky. Es blanco con manchas negras y me lame la cara".	Cristal pasa de una actividad a otra en la clase con facilidad. *(Objetivo 1, Demuestra capacidad para adaptarse a situaciones nuevas)* Puede describir su nuevo cachorro *(Objetivo 39, Se expresa utilizando palabras y oraciones largas)* ¿Cómo puedo usar su interés en su nuevo cachorro para fortalecer sus destrezas de lecto-escritura?	Involucre a Cristal en conversaciones sobre su nuevo cachorro. Muéstrele en la biblioteca libros sobre cachorros. Sugiérale representar sus ideas sobre su nuevo cachorro usando accesorios en el área de juego imaginario, dibujándolo o haciendo uno con plastilina. Escuche las conversaciones de los pequeños para ver si éste puede ser un buen tema de estudio.
Reunión del grupo Setsuko se sienta quieta y mira a los demás cantar y marchar. Mira hacia abajo, y no responde cuando otros niños le preguntan por qué no quiere jugar con ellos.	A Setsuko parece incomodarle participar en actividades de música y movimiento en grupo. *(Objetivo 8, Sigue las rutinas de la clase)* Ella no expresa lo que siente con palabras. *(Objetivo 3, Reconoce sus propios sentimientos y los maneja en formas apropiadas)* ¿Tal vez se sentiría cómoda explorando la música y el movimiento con un solo niño?	Hable con los padres de Setsuko para saber más sobre cómo reacciona ella. Invítela a participar de otra manera, por ejemplo, prendiendo la grabadora o tocando un tambor. Bríndele la oportunidad de explorar la música por sí misma o con un compañerito.
Hora de escoger Derek pretende ser un oficial de policía que escribe una multa: "Deténgase, señora. Está manejando muy rápido". Garabatea en un papel de izquierda a derecha y de arriba abajo.	Derek organiza a los demás para que jueguen con él al oficial de policía. *(Objetivo 10, Juega con otros niños sin problema; y 35, Representa roles y situaciones)* Trata de escribir para comunicar significados e imita la manera como se escribe en un papel. *(Objetivo 49, Comprende el propósito de la escritura; 45 Comprende el propósito de lo escrito; 50, Escribe letras y palabras; y 21, Utiliza instrumentos para escribir y dibujar)*	Observe el juego de Derek para determinar cómo se desarrolla. Entre en el juego sin interrumpirlo. Diga, por ejemplo: "Señor oficial, ¿cuál es el límite de velocidad? No quiero violar la ley. Debemos hacer una señal para que todos sepan a qué velocidad podemos manejar". En la hora en grupo, hablar sobre lo que hacen los oficiales de policía y por qué. Invite a la clase a un oficial de policía. Caminen por el vecindario para buscar las señales de tráfico.

Observación	Reflexión	Respuesta
Hora de la merienda Zack cuenta los niños que hay en su mesa y dice: "Necesitamos cinco servilletas". Él va por las servilletas y le da una a cada niño.	Zack hace uso de las destrezas de autonomía para conseguir lo que necesita el grupo. *(Objetivo 6, Asume la responsabilidad de su propio bienestar)* Él usa su conocimiento de los números con el propósito definido de contar el número exacto de niños en la mesa y distribuir las servilletas. *(Objetivo 33, Usa la correspondencia uno a uno; y 34, Usa los números y cuenta)*	Reconozca la amabilidad de Zack. Observe cómo cuenta series de objetos para saber si e se confunde con números mayores a cinco. Muéstrele cómo contar los objetos y tocarlos. Anime a Zack a contar cantidades más grandes, por ejemplo: "¿Podrías traer siete pinceles al caballete?".
Hora al aire libre Tasheen le dice a Kate, "Juguemos a seguir al líder. Tú me sigues". Luego camina por el borde del cajón de arena, brinca hasta la cerca y gatea por el túnel.	Tasheen dirige a los demás en el juego. *(Objetivo 10, Juega con otros niños sin problema)* Usa las destrezas motrices gruesas. *(Objetivo 14, Demuestra capacidades locomotoras básicas; y 15, Mantiene el equilibrio al moverse)* ¿Cómo puedo fortalecer sus destrezas físicas para ampliar su aprendizaje?	Estimule a Tasheen físicamente al sugerirle tareas más complejas (p. ej., una barra de equilibrio, caminar hacia atrás). Ayúdele a aprender palabras que indican posiciones describiéndole lo que está haciendo. (p. ej., "Vas por el túnel. Ahora estás caminando alrededor del árbol").
Hora de cuentos Tyrone me pide leerle *Perro grande… perro pequeño*. Cuando cenaban Fred comía espináca, Tyrone dijo, "el come 'espinacha'".	Tyrone elige uno de sus cuentos favoritos y luego participa activamente en la lectura. *(Objetivo 44, Disfruta y valora la lectura)* Juega con sonidos de *Perro grande…perro pequeño*. *(Objetivo 38, Escucha y diferencia los sonidos del lenguaje)*	Ofrézcale a Tyrone accesorios del área de juego imaginario, de manera que él mismo pueda contar el cuento otra vez. Léale otros libros que tengan juegos de palabras como *Jugando con las letras* y *El libro de Antón Pirulero*. Enseñe canciones, ritmos y cantos que desarrollen la conciencia fonológica.

Observación	Reflexión	Respuesta
Hora en grupos pequeños/Escoger Un grupo pequeño de niños trabaja clasificando una colección de carros de juguete. Leo toma todos los carros rojos y los coloca en fila desde el más pequeño hasta el más grande.	Leo participa en las actividades en grupos pequeños. *(Objetivo 8, Sigue las rutinas de la clase)* Se le ocurre una idea y termina la labor. *(Objetivo 24, Es persistente en lo que emprende)* Agrupa los carros por color. *(Objetivo 27, Clasifica objetos)* Leo usa las destrezas de solución de problemas para colocar en fila los carros según el tamaño. *(Objetivo 29, Organiza objetos en serie)*	Observe de cerca a Leo y haga preguntas o afirmaciones que lo hagan pensar (p. ej. "¿Cómo decidiste poner este carro al final?"). Estimule a Leo invitándolo a pensar en nuevas formas de organizar los carros rojos, por ejemplo, en un grupo los carros de dos puertas y en otro los de cuatro. Use otros momentos durante el día para ordenar, organizar y clasificar objetos en una serie.
Hora de descanso Sonya se mueve en su colchoneta, tararea una canción y le hace cosquillas a otro niño que se está quedando dormido.	¿Sonya entiende las reglas durante la hora de la siesta? *(Objetivo 8, Sigue las rutinas de la clase)* ¿Existe alguna razón para que trate de molestar a los demás? *(Objetivo 12, Comparte y respeta los derechos de los demás)* Quizás Sonya no necesita hacer la siesta tanto como los demás niños. ¿Cómo puedo atender las necesidades de Sonya de permanecer activa y respetar a los niños que necesitan hacer la siesta?	Ubique a Sonya y a otros niños que no suelan dormir, en una zona retirada del salón de clase. Déle la oportunidad de descansar por un período de tiempo corto. Ofrezca materiales que inviten al silencio (p. ej., libros, pizarras mágicas) para usarlos mientras está en su colchoneta.
Cierre/Salida Mientras hablamos sobre lo sucedido durante el día, Juwan dice: "Tasheen y yo cavamos un hoyo afuera y encontramos un insecto. Mañana vamos a encontrarlo otra vez".	Juwan recuerda los acontecimientos del día y los comparte con los demás. *(Objetivo 43, Participa activamente en conversaciones)* Aunque su gramática no es perfecta, utiliza oraciones completas. *(Objetivo 39, Se expresa utilizando palabras y oraciones largas)* ¿Cómo puedo reforzar el desarrollo del lenguaje de Juwan y mantener su interés en participar en conversaciones? ¿Cómo puedo aprovechar el nuevo interés de Juwan y Tasheen?	Préstele atención a Juwan mientras habla. Use el contacto visual y los gestos faciales para que sepa que se le escucha. Exprese de otra manera algunas de las palabras de Juwan usando gramática correcta (p. ej., "¿Vas a cavar mañana otra vez? ¿Crees que ese insecto estará en el mismo lugar?"). Ofrezca herramientas —una lupa, palas, o un atrapainsectos— para ayudarles en su exploración.

La orientación del aprendizaje infantil

El aprendizaje en un salón de preescolar es un proceso lleno de contradicciones. Es tranquilo y a la vez dinámico; predecible pero lleno de sorpresas; activo y práctico, pero a veces reflexivo y silencioso. Las contradicciones requieren una variedad de métodos de enseñanza, pues lo que funciona en una situación puede no funcionar en otras. Por lo tanto, la buena enseñanza exige una variedad de métodos.

El uso de distintos métodos de enseñanza

En el pasado, algunos maestros creían que tener un entorno bien diseñado y permitir que los niños jugaran era suficiente para reforzar el aprendizaje. Otros, sugerían que la mejor manera era que los maestros les enseñaran directamente y practicaran lo aprendido. Afortunadamente, ahora contamos con investigaciones que tratan claramente este debate. El informe del National Research Council, *Eager to Learn: Educating Our Preschoolers* (2001), aclara el uso de una amplia gama de estrategias, que incluyen tanto el aprendizaje iniciado por los niños como la enseñanza directa. Además, le da cabida a muchos métodos de enseñanza combinados.

Debido a que los niños tienen estilos y necesidades de aprendizaje únicos, usted debe usar toda la gama de estrategias. Además, las diversas destrezas y conceptos por aprender exigen distintos métodos de enseñanza.

El aprendizaje iniciado por los niños

Cuando desee que los niños exploren y comprendan por sí mismos, es eficaz el aprendizaje iniciado por ellos mismos. En este caso, los niños escojen la actividad y la acción. Al jugar solos, con uno o más niños, o en un grupo pequeño, ellos interactúan con los materiales libremente.

Dallas experimenta con objetos en la mesa de arena, vertiendo arena de un recipiente a otro y agregándole agua a algunos recipientes.

En el área de juego imaginario Setsuko lleva a su bebé enfermo a ver a la Dra. Kate, quien usa un estetoscopio para examinarle las pulsaciones.

En el aprendizaje iniciado por los niños, ellos escogen la actividad y la acción.

En cada caso, los niños aprenden conceptos por medio de juegos complejos en los que participan activamente. Dallas está aprendiendo sobre las medidas (matemáticas) y lo que le ocurre a la arena al agregarle agua (ciencia). Setsuko está aprendiendo sobre los trabajos (estudios sociales) y la importancia de las herramientas (tecnología). La maestra decide cómo reforzar el estas exploraciones para expandir el aprendizaje, ya sea en ese momento o después. Ella decide, por ejemplo, hablar con Dallas usando palabras comparativas —más, menos, igual que— y agregarle a la mesa de arena más herramientas para medir.

Sin embargo, el aprendizaje iniciado por los niños no es una cuestión del azar. Tiene lugar cuando los maestros piensan acerca del desarrollo infantil, y preparan intencionalmente un entorno que les ofrezca opciones a los pequeños. Para lograrlo, usted deberá aplicar todas las ideas sobre el entorno ofrecidas en el Capítulo 2. La organización de los muebles, la selección de los materiales, la planificación del horario y las rutinas diarias, y el clima social positivo son factores que le sirven de apoyo. Pero, además, se requiere la participación sustancial de los maestros. Los buenos maestros de *El Currículo Creativo* crean muchas oportunidades de que los niños hagan descubrimientos e inicien el aprendizaje por sí mismos. En los capítulos dedicados a las áreas de interés, le mostramos cómo orientan los maestros el aprendizaje iniciado por los niños.

Se requiere la participación sustancial de los maestros.

El aprendizaje dirigido por los maestros

Aunque los niños aprenden mediante el juego, no todas las experiencias de juego conducen al aprendizaje significativo. El algunos casos se requiere la enseñanza explícita y lo más indicado es la enseñanza directa. Lo que implica planificar cómo enseñar un concepto o una destreza; qué materiales se necesitan; si lo mejor es enseñarle a un niño en forma individual, en grupos pequeños o a todo el grupo; y, luego, enseñarlo.

Suponga que desea que los niños empiecen a trabajar con los materiales de carpintería. Por seguridad, no puede permitir que exploren estos materiales sin darles instrucciones específicas sobre cómo proceder sin peligro. Por eso, decide dividirlos en grupos pequeños para mostrarles cómo usar las herramientas sin peligro y comentar las reglas que se deben seguir. Por medio de la instrucción directa, los niños aprenden a usar las gafas protectoras y a utilizar el martillo y el serrucho.

En algunos casos se requiere la enseñanza explícita.

El aprendizaje del alfabeto es otro ejemplo. Los niños no pueden aprenderlo por sí mismos; alguien debe decirles el nombre de las letras. Para ello, se coloca el alfabeto a la altura de la vista de los niños, se les proporciona el alfabeto en letras magnéticas y se les enseñan los nombres de las letras relacionándolas con sus nombres.

La enseñanza directa también puede ser útil durante un momento enseñable que no ha sido planificado. Digamos, por ejemplo, que los niños acaban de regresar de caminar por el vecindario. A la hora de círculo, la maestra anota en un cuadro lo que los niños recuerdan sobre la experiencia.

Un momento enseñable

Crystal: "Vimos una máquina que gira".

Srta. Tory: "Así es, Crystal. Se llama mezcladora".

Derek: "...y una mesa".

Juwan "...¡y muchas mariposas!".

La Srta. Tory escribe en el cuadro las palabras: "mezcladora, mesa, mariposa", y le pide a los niños que las repitan en grupo con ella.

Tasheen: "Oigan, todas empiezan igual".

Srta. Tory: "Así es, mezcladora, mesa mariposa". La Srta Tory dibuja una línea debajo de cada m y dice: "Todas empiezan con la letra m. Estoy pensando en algo más que vimos y que empieza con el sonido de la m. Suena como anzanas".

Niños: "¡manzanas!"

Siempre que los maestros deseen comunicar información y datos que los niños necesiten, porque no pueden avanzar por sí mismos al siguiente nivel de comprensión tiene sentido usar un método de enseñanza directa. Ya sea específicamente planificado —como enseñarle a un grupo pequeño a usar las herramientas de carpintería o iniciar a los niños en el alfabeto en forma individual— o que se esté aprovechando un momento de aprendizaje, la enseñanza directa ayuda a que los niños amplíen su base de conocimiento.

Cómo interactuar con los niños para fomentar el aprendizaje

Tanto el aprendizaje iniciado por los niños como el dirigido por el maestro implican distintas clases de interacción entre el maestro y los pequeños. En realidad, la vida en el salón de clase siempre exige algún grado de participación del maestro. Así como un andamio sostiene la armazón de un puente en construcción y lo refuerza, al usar diversos métodos los maestros refuerzan el aprendizaje infantil.

Al interactuar con los niños durante el día, deberá determinar el grado apropiado de su participación y observar lo que hagan los niños, estimular sus esfuerzos e intervenir cuidadosamente para reforzar el aprendizaje adicional. Por ejemplo, usted podría participar llevando al área de juego imaginario una libreta de notas y permitiendo que un niño aprenda más lecto-escritura al escribir una receta médica para una muñeca. En otra oportunidad, usted podría notar lo que hace un niño al participar en una actividad y comentar: "Veo que decidiste usar los tubos que le agregamos a la mesa de agua. Tengo curiosidad por ver qué vas a hacer con ellos".

Cuando los maestros hablan con los niños sobre lo que están haciendo o les hacen preguntas que los hacen pensar, orientan su aprendizaje.

En otra ocasión, usted podría decidir modelar una destreza o comportamiento —por ejemplo, mostrándole a un niño a quien se le dificulte agarrar con las tenazas cómo usar unas pinzas para agarrar objetos pequeños. Cuando los maestros hablan con los niños sobre lo que están haciendo o les hacen preguntas que los hacen pensar, orientan su aprendizaje.

Cómo hablar con los niños sobre el trabajo que hacen

La estrategia menos impositiva es describir lo que vea hacer a un niño. Con este método logrará que los niños sean más conscientes de sus actos y los animará a reflexionar sobre lo que tratan de hacer y por qué. Además, así sabrán que usted se interesa por ellos y por sus esfuerzos. Los siguientes tipos de comentarios sirven para que los pequeños reflexionen sobre lo que hacen:

Describa lo que vea hacer al niño.

> *Ese grupo de animales que escogiste es muy interesante. Todos, menos uno, son animales que se ven en una granja.*
>
> *Veo que estás mezclando la pintura amarilla y la azul. Me pregunto qué nuevo color vas a crear.*
>
> *Cuando presionaste el ratón de la computadora, se apagaron las estrellas en el cielo de la pantalla.*

Otro método es involucrar a los niños en conversaciones. Las conversaciones les sirven para aclarar lo que están haciendo, y refuerzan lo que están aprendiendo. Si deben explicar algún acto, verificarán por sí mismos el sentido que tiene lo que hacen. Las conversaciones de este tipo también desarrollan las destrezas del lenguaje infantil. He aquí algunos ejemplos de lo que usted podría decir:

Involucre a los niños en conversaciones para animarlos a expresar con palabras lo que hacen y piensan.

> *Al agregarle agua a la arena cambió lo que podías hacer con la arena. ¿Qué querías que ocurriera cuando le agregaste el agua?*
>
> *Has pasado mucho tiempo haciendo esta construcción. Háblame de ella.*
>
> *¿Por qué decidiste alimentar a la mascota ahora y no al final del día?*

Cómo hacerles preguntas a los niños

Hacerles preguntas a los niños sirve para ampliar su aprendizaje y, además, nos brinda la oportunidad de tener una idea del progreso infantil en el proceso del aprendizaje. Hay dos clases de preguntas básicas: cerradas y abiertas. Las preguntas cerradas se pueden responder con un "sí" o un "no", o con una o dos palabras. En la mayoría de los casos, el maestro ya sabe lo que quiere que responda el niño. He aquí algunas preguntas cerradas:

Hay dos clases de preguntas básicas: cerradas y abiertas.

> *¿Qué color es éste?*   *¿Cuántos hay?*
>
> *¿Cómo se llama esto?*   *¿Esto es tuyo?*

Las preguntas abiertas invitan a los niños a responder con más de una o dos palabras y tienen varias respuestas correctas.

La mayoría de los maestros se siente a gusto haciendo preguntas cerradas pues son fáciles de formular y dan una idea de lo que saben los niños. Las preguntas abiertas invitan a los niños a responder con más de una o dos palabras y tienen varias respuestas correctas. Además, generan el pensamiento crítico. Si le pregunta a un niño: "¿Qué sucedió con la plastilina cuando la dejamos descubierta?", lo más seguro es que usted obtendrá una respuesta más analítica que si sólo pregunta: "¿Está bien dejar la masa destapada?". A continuación encontrará varios tipos de preguntas abiertas que podrá hacerles a los niños con el fin de expandir su pensamiento.

Para expresar los pensamientos en palabras: ¿Por qué crees que el niño del cuento estaba triste?

Para observar: ¿Qué ves, oyes, sientes? ¿Qué notaste?

Para predecir: ¿Qué crees que pasará si sigues agregándole bloques a tu torre?

Para pensar en las semejanzas y las diferencias: ¿En qué se parecen estos dos bloques? ¿Qué hace que estas dos cosas encajen?

Para aplicar el conocimiento en la solución de un problema: ¿Qué podrías hacer para evitar que la pintura se riegue en el piso?

Para estimular la reflexión: ¿Qué pasaría si no hubiera carros, camiones, autobuses, aviones ni barcos? ¿Cómo nos movilizaríamos?

Para considerar las consecuencias: ¿Qué pasaría si dejaras tu dibujo afuera y lloviera?

Para evaluar: ¿Por qué elegiste este libro para leer? ¿Cómo te hizo sentir?

Para evaluar lo que sienten: ¿Cómo te sentirías si te sucediera eso a tí?

Las preguntas que invitan a los niños a considerar las consecuencias, a hacer predicciones y a aplicar lo que ya saben en situaciones nuevas son especialmente eficaces para reforzar la comprensión. Los estimulan a pensar y dan lugar a un aprendizaje mucho más significativo. Al escuchar a los niños, entender lo que piensan y servirles de apoyo para dar los próximos pasos en sus descubrimientos, los maestros les están ofreciendo el refuerzo necesario para expandir el aprendizaje.

La adaptación de la enseñanza para incluir a todos los niños

A menudo, los maestros piensan que deben hacer algo radicalmente distinto en el salón de clase para darle cabida a los niños con necesidades especiales o con retos de aprendizaje. Pero, por lo general, éste no es el caso. A medida que forje relaciones con los niños y utilice diversas estrategias de enseñanza, podrá determinar cómo reaccionan los pequeños y cuáles estrategias funcionan mejor en cada situación. En las siguientes secciones le ofrecemos orientación adicional para entender las necesidades de los niños superdotados, los niños con discapacidades y los aprendices de inglés como segunda lengua.

La enseñanza con niños superdotados

El papel del maestro que trabaja con niños superdotados es brindarles experiencias estimulantes y que los desafíen. A menudo, los niños superdotados están deseosos de explorar temas más a fondo y emprenden las investigaciones que les interesan con gran entusiasmo e intensidad. A continuación, le ofrecemos unas cuantas sugerencias para trabajar con niños superdotados.

Aprovisione las áreas de interés con materiales interesantes y desafiantes. Cree un entorno en el salón que fomente la investigación, la búsqueda de respuestas y la exploración independiente.

Siga los intereses del niño. Si un pequeño demuestra un gran interés por los dinosaurios o los helicópteros, ayúdele a explorar esos temas suministrándole libros, sitios en internet, y otros recursos. No es necesario que todos los niños participen en el tema, pero es recomendable incluir a quienes tengan intereses similares.

Dirija la enseñanza a las fortalezas del niño. Si una niña está muy avanzada en matemáticas, no le haga perder el tiempo haciendo que reconozca los símbolos numéricos. Descubra lo que ya sabe y ofrézcale problemas desafiantes para que los resuelva. El aburrimiento puede ser el peor enemigo de un niño superdotado. Muchos maestros descubren que pueden condensar los elementos esenciales y permitir que los niños superdotados sobrepasen las metas y objetivos originales en algunas áreas. Esto significa que es probable es que un niño superdotado progrese más allá del Paso III de los objetivos del *Continuo del desarrollo*.

Mantenga expectativas realistas. Recuerde que ser superdotado en un área, no garantiza ser superdotado en todas las áreas del desarrollo. Una pequeña superdotada en matemáticas puede estar física o socialmente en un nivel promedio o incluso por debajo del nivel promedio de desarrollo. Por lo tanto, usted necesitará individualizar su método para ajustarlo al perfil de destrezas de cada niño.

Bríndeles experiencias estimulantes y que los desafíen.

El aburrimiento puede ser el peor enemigo de un niño superdotado.

Si el niño sabe leer, busque libros adecuados a su nivel de lectura o de un nivel inferior para que lea por placer. Para que lea con fines académicos, busque libros que superen un poco su nivel de lectura. Lo más importante al seleccionar libros para este niño es recordar que aunque el pequeño lea, aún está en edad preescolar. Los contenidos de los libros para niños mayores, pueden no resultar atractivos ni apropiados para los pequeños de 3 a 5 años, así que su labor será elegir cuidadosamente.

> Recuerde que los niños superdotados son primordialmente niños. Recuerde que los niños superdotados intelectualmente, a veces se sienten distintos y tienen necesidades sociales y emocionales especiales. Estos niños necesitan adultos que acepten sus diferencias intelectuales y les ayuden a sentirse comprendidos y apoyados.

La enseñanza con niños con discapacidades

La planificación cuidadosa puede ayudarle a atender las necesidades de los niños con discapacidades para poder incluirlos completamente en el programa. Piense en su entorno, en la manera como fluye su día y en los obstáculos que impiden que los niños participen y se sientan capaces. Este análisis le ayudará a determinar qué modificaciones deberá hacer. A continuación encontrará algunos métodos para ayudar a los niños con discapacidades o a cualquier niño que tenga dificultades con el aprendizaje.

Utilice indicaciones visuales claras (como casilleros codificados con colores) para ayudar a que los niños entiendan dónde deben poner sus abrigos, bolsas, etc., cuando lleguen a la escuela. A la hora de la salida, sea consistente con las rutinas para facilitar que sean predecibles y los niños puedan actuar con independencia.

Utilice técnicas de preparación a las transiciones del día. Los objetos y láminas que indican actividades, les serán de gran utilidad a los niños que tengan problemas del aprendizaje y del lenguaje cuando deseen hacer algo distinto a lo que estén haciendo. A los niños con dificultades con la atención o con el comportamiento les beneficiará alertarlos sobre las transiciones que se aproximan cada cinco minutos, dos minutos o un minuto. A los niños con problemas auditivos les serán útiles las indicaciones visuales como los gestos con las manos. A la mayoría de los pequeños les beneficia repasar el horario al llegar a la escuela y en distintos momentos durante el día.

Recurra a compañeros para que sean modelos de enseñanza en las áreas de interés. Esta técnica no sólo facilita la interacción, sino que forja el compañerismo entre los niños con fortalezas en ciertas áreas del desarrollo. Por lo general, los pequeños expuestos a este tipo de interacción, aprenden más de los compañeros que de los maestros.

La planificación cuidadosa puede ayudarle a atender las necesidades de los niños con discapacidades para poder incluirlos completamente en el programa.

Utilice indicaciones visuales a la hora de comer para indicar cómo se deben organizar las cosas al poner la mesa (p. ej., individuales que muestren donde va el plato, el tenedor, la cuchara, la servilleta, el vaso; salvamanteles para colocar tazones grandes, platos, etc.).

Utilice accesorios visuales y táctiles para acompañar los cuentos y canciones a la hora del círculo, de manera que los niños reciban estimulación multisensorial que les ayude a entender.

Estimule la participación activa y la descarga de energía al aire libre y en otros juegos de motricidad gruesa. Después, programe actividades tranquilizantes (como columpiarse, hacer burbujas o masajear los hombros de los pequeños) antes de reiniciar las actividades más sedentarias.

Capte la atención del niño antes de darle nuevas indicaciones o reglas. Utilice las indicaciones visuales y táctiles que necesite para animar al niño a mirar a quien habla, y use gestos o demostraciones, según lo requiera, para ayudarles a los niños a entender los mensajes verbales.

Evalúe e identifique con un especialista si los pequeños necesitan tecnología de asistencia. Tales necesidades pueden incluir libros con letra grande para niños con problemas visuales, entrenadores auditivos para niños con problemas auditivos, dispositivos del lenguaje para niños con dificultades de la comunicación, o equipo adaptado para los niños con impedimentos ortopédicos.

> Esté dispuesto a reflexionar sobre la eficacia de sus estrategias de enseñanza. Es posible que descubra que necesita reagruparse y probar otros métodos. Con su perseverancia, los niños con discapacidades podrán crecer y progresar en el salón de clase de *El Currículo Creativo*.

La enseñanza con aprendices de inglés como segunda lengua

Tal como se mencionó en el Capítulo 1, los niños que están aprendiendo inglés como segunda lengua, atraviesan etapas específicas durante su aprendizaje del inglés. Usted podrá ayudarlos durante estas etapas utilizando estrategias de enseñanza que respondan a las necesidades de los pequeños en cada una de ellas.

Aprenda algunas palabras en el idioma del hogar del niño y úselas, así como el inglés para marcar los materiales. Ver y oír el idioma de su hogar hace que los niños se sientan bienvenidos y seguros en un entorno donde la gente habla un nuevo idioma.

Utilice objetos y gestos concretos para comunicarse con los niños que estén en la etapa no verbal. Dado que deben estar sintiéndose en una situación extraña, tenga en cuenta que ellos están aprendiendo activamente y absorbiendo lo que sucede a su alrededor. Hágalos sentirse incluidos.

Utilice objetos y experiencias directas con el propósito de resaltar la conexión con el lenguaje y, así, ayudar a los niños a hacer la transición de la comunicación no verbal a comenzar a usar algunas palabras. Concéntrese en los intentos del niño y amplíe, expanda o imite lo que dice el pequeño.

Anime a los pequeños, a medida que ellos vayan adquiriendo confianza y empiecen a comunicarse en inglés. Evite corregirles la gramática, pero sirva de modelo usando una gramática correcta en sus conversaciones con ellos.

Utilice imágenes y gestos que ayuden a profundizar en las complejidades del inglés a medida que utilizan un lenguaje más formal.

Además de estas estrategias para las etapas específicas, hay estrategias generales que usted podrá usar para ayudar a los aprendices de inglés como segundo idioma —y a todos los niños— a afinar sus destrezas de comunicación. Éstas incluyen las siguientes prácticas (Tabors, 1997; De Houwer, 1999; Gosnell, 2001):

Cree una comunidad donde todos se sientan responsables de ayudar a los demás y donde los niños puedan convertirse en modelos del lenguaje. Usted puede enseñarles específicamente a ayudarse unos a otros.

Cree un entorno rico en lenguaje donde los materiales estén marcados en inglés y en los idiomas del hogar de los pequeños. Abastezca las áreas de interés con revistas y libros de referencia en los idiomas del hogar de los niños. Los pequeños necesitan experiencias continuas en los dos idiomas.

Utilice muchas repeticiones, comentarios continuos y acciones al hablar, p. ej., "Ahora estoy colocando el bloque en el estante". Describir las acciones que ellos realizan ayuda a aumentar el vocabulario de los niños.

Establezca rutinas familiares diarias en su horario, de manera que los niños sepan "qué sigue después" y relacionen lo que sucede con el lenguaje.

Ayude a los niños en el juego sociodramático. Ofrézcales información relevante, accesorios y explíqueles los roles. A veces los niños, cuyo idioma del hogar no es el inglés, necesitan diálogos preparados para poder empezar.

Tenga paciencia. Déles tiempo para que construyan sus frases y puedan expresarse; no los apure.

> Existen estrategias generales que usted podrá usar para ayudar a los aprendices de inglés como segundo idioma.

Ofrezca libros en el idioma del hogar de los niños. Si no entiende el idioma, dé un vistazo a las ilustraciones y a la cantidad de texto para examinar si parecen apropiados.

Escoja libros predecibles para la hora de cuentos. Estos libros tienden a repetir frases y están escritos en lenguaje sencillo. Lleve consigo accesorios específicos y dramatice las palabras a medida que les lea el cuento. Lea el mismo libro varias veces y anime a los niños a "leer" entre ellos.

Involucre a las familias, animándolas a que hablen el idioma del hogar cuando visiten la clase y en sus casas. Invítelas a grabar lecturas de libros o a ayudar a hacer letreros o libros para la clase en el idioma del hogar.

> Mantenga presente que su actitud es lo más importante. Si considera que el aprendizaje de un segundo idioma es una experiencia valiosa y enriquecedora para su clase, todos los niños sacarán provecho, no sólo aquellos que aún no hablan inglés.

El trabajo con grupos de niños

Varias veces durante el día, los maestros programan trabajar con grupos de niños. Algunas veces reúnen a toda la clase. En otras ocasiones deciden trabajar con un grupo pequeño. Cada elección que usted haga, deberá basarse en las necesidades de los niños y en los contenidos que deba enseñar. Ya sea que trabaje con un grupo grande o con uno pequeño, piense cuidadosamente en las estrategias de enseñanza que serán más eficaces en el ámbito grupal.

La enseñanza en grupos grandes

La enseñanza en grupos grandes involucra a toda la clase y ciertos tipos de actividades se prestan para enseñar en grupos grandes. Una de dichas actividades es la primera o la última reunión del día, cuando usted desea que los niños se sientan integrados a la comunidad. Utilice ese momento para que los niños se saluden. En otros momentos, puede reunir a toda la clase para oír un cuento, para participar en una actividad de música y movimiento, o para conocer la selección de actividades y materiales que tendrán a su disposición durante el día. Estos momentos son importantes para que los niños aprendan a ser parte de un grupo grande y para que asimilen información específica.

En el siguiente ejemplo de enseñanza en grupos grandes, el señor Alvarez quiere enseñar a usar y a cuidar los materiales. Él sabe que no puede dar por hecho que los niños sepan cómo hacerlo, y reconoce que es algo que deberá enseñarles.

Cómo presentarle los materiales al grupo

El señor Alvarez decide llevar al salón los bloques de unidad o compactos . Como desea que los niños los vean como materiales para explorar, organiza la reunión con esa idea en mente. Lleva varios bloques al área de reunión e invita a cada niño para que elija varios y los explore.

Sr. Alvarez: *¿Qué notas en estos bloques?*

Ben: *Suaves. Son suaves.*

Sr. Alvarez: *Ben notó lo suaves que son los bloques.*

Carlos: *Pesan mucho.*

Sr. Alvarez: *Son pesados, ¿verdad?*

Kate: *Los míos tienen puntas.*

Sr. Alvarez: *Kate se dio cuenta de que sus bloques tienen puntas o esquinas.*

Sonya: *Yo tengo un triángulo.*

Leo: *Dos pequeños caben en este largo.*

Sr. Alvarez: *Sí, Leo notó de que si se acaban los bloques largos, se pueden usar dos de los bloques pequeños para hacer uno largo. Ese es un buen dato.*

Luego invitó a los niños a pensar en formas de usar los bloques y habló sobre lo que construyeron. Después de que varios niños expusieron sus ideas, terminó la conversación.

Sr. Alvarez: *En nuestra clase no existe una sola manera correcta de usar muchos de los juguetes. Ustedes acaban de ver que hay muchas formas de usar los bloques. Estos bloques estarán aquí todos los días. El área de bloques es una de las áreas que ustedes pueden elegir a la hora de escoger qué hacer y pueden hacer con ellos lo que deseen. Cuando terminen, hay una manera especial de colocar los bloques en el estante. ¿Quién sabe dónde se coloca este bloque largo en el estante? ¿Puedes mostrarnos, Janelle? Si colocamos los bloques en el lugar debido, los niños que quieran usarlos sabrán dónde encontrarlos.*

Al presentar los materiales, generará interés y a menudo motivará a los niños a intentar realizar una actividad que, de otra manera, hubiesen ignorado o evitado.

Cuando presente los materiales al comienzo del año, y cada vez que agregue algo nuevo, tendrá una oportunidad para hablar sobre cómo usarlos correctamente y dónde deben guardarse en el salón de clase, así como para intercambiar ideas con los niños sobre otras formas creativas de usarlos. Al presentar los materiales, generará interés y a menudo motivará a los niños a intentar realizar una actividad que, de otra manera, hubiesen ignorado o evitado. Usted también podrá aprovechar la oportunidad para reafirmar la idea de que los materiales son responsabilidad de todos. Por lo tanto, presentar los materiales es una oportunidad importante para interactuar con todo el grupo.

La enseñanza en grupos pequeños

Durante el transcurso del día, los maestros trabajan con distintos grupos pequeños. Algunas veces, el grupo se forma solo y usted interactúa con el grupo de niños que esté en un área de interés. En otras ocasiones, usted reúne a los niños con quienes desea trabajar en una actividad o proyecto determinado.

Aunque se encuentre en un grupo pequeño, cada niño puede trabajar en una destreza diferente como contar, diseñar, clasificar o moldear. El conocimiento que tenga de dónde se encuentra cada niño en relación con los 50 objetivos del *Continuo del desarrollo*, le ayudará a determinar con cuáles niños deberá trabajar en una actividad determinada y cómo interactuar para expandir el aprendizaje.

A continuación podrá observar un ejemplo de cómo una maestra orienta el aprendizaje en una actividad realizada en un grupo pequeño.

Una actividad en un grupo pequeño

Durante la hora de escoger, la señorita Tory invita a cinco niños a reunirse con ella en la alfombra para realizar una actividad en un grupo pequeño. Trae una colección de tapas de botellas e invita a cada niño a elegir y explorar algunas tapas. La señorita Tory también tiene una serie de tapas. A medida que usa sus tapas, observa cómo usan los niños las de ellos y escucha sus comentarios. Ella dice: "Leo, has juntado las tapas rojas, las azules, las amarillas y las de color naranja. Voy a intentar hacer eso con las mías". Leo dice: "Usted tiene más tapas azules que tapas color naranja". La señorita Tory responde: "Tienes razón Leo, tengo más tapas azules".

Janelle hace que la señorita Tory se fije en sus tapas: "¡Mire, hice un diseño! Tapa roja, tapa blanca, tapa roja, tapa blanca". La señorita Tory dice: "Me pregunto, ¿qué tapa sigue? ¿Azul? ¿Amarilla?". Janelle responde: "¡Noo!. ¡Sigue una roja!". La señorita Tory nota que Janelle se ha vuelto experta en hacer diseños y lo demuestra cada vez que trabaja con objetos coleccionables. La señorita Tory dice: "Voy a intentar hacer un diseño ¡y apuesto a que puedo engañarte! Mira esto". La señorita Tory enfila sus tapas de la siguiente manera: roja, azul, amarilla, roja, azul, amarilla, roja, azul. Janelle toca cada una de las tapas nombrando el color, y luego dice: "No puedes engañarme. Sé qué color sigue... ¡amarillo!". Mientras que Janelle hace diseños con sus tapas, Ben mira y dice: "Mire, señorita Tory, ¡yo también puedo hacer un diseño!".

Kate ha organizado sus tapas en una larga fila y empieza a contarlas. Cuenta correctamente hasta diez, pero se confunde y no sabe cuáles son las tapas que ya ha contado. La señorita Tory pregunta: "¿Puedo contarlas contigo?". Carlos, quien ha estado haciendo torres con sus tapas, también quiere unirse a ellas. "Una, dos, tres..." La señorita Tory mueve cada tapa hacia un lado al contarla.

La señorita Tory le anuncia al grupo que en unos instantes empezará la hora de limpiar y organiza un juego para ese momento. "Busquen todas las tapas que tengan algo escrito y pónganlas en el balde". Carlos dice: "Quiero probar. Busquen todas las tapas negras y pónganlas en el balde". Ahora, es el turno de Janelle: "Busquen todas las tapas que abran y cierren, y pónganlas en el balde". Los niños continúan turnándose hasta que todas las tapas son recogidas.

Mientras limpian, la señorita Tory dedica unos minutos a anotar sus observaciones del trabajo de los niños con las tapas.

Esto fue lo que hizo que esa actividad en grupo pequeño fuera exitosa:

- La actividad fue corta; duró menos de diez minutos.

- La maestra usó los materiales y le sirvió de modelo a los niños.

- Todos los niños tenían material para usar.

- Los niños trabajaron según su propio nivel de desarrollo.

- La maestra observó la forma como los niños utilizaron los materiales y amplió el aprendizaje con preguntas abiertas y comentarios.

- Los niños intercambiaron ideas y estrategias de solución de problemas. Aprendieron nuevas formas de utilizar los materiales, mirándose unos a otros.

- Durante esta actividad se usaron destrezas relacionadas con diversos objetivos: correspondencia uno a uno, diseñar, contar, clasificar y resolver problemas.

Usar el *Continuo del desarrollo* le ayudará a determinar dónde se encuentra cada niño en relación con los objetivos del Currículo, de manera que puede programar actividades que impliquen un reto cada vez mayor. Al documentar lo que observe, podrá expandir el aprendizaje de los niños.

En *El Currículo Creativo*, las áreas de interés son el entorno más importante del aprendizaje. Por lo general, es ahí donde empieza el aprendizaje iniciado por los niños y donde los maestros observan a los pequeños para plantearse qué tipo de aprendizaje dirigido por el maestro es necesario y qué interacciones orientarán mejor el aprendizaje.

El fomento del aprendizaje en las áreas de interés

Las áreas de interés les ofrecen a los maestros oportunidades de enseñar contenidos mientras los pequeños exploran los materiales. Cuando los niños organizan muñecos de madera que representan trabajadores de la comunidad en una ciudad que han hecho con bloques y usted les habla sobre los trabajos que realizan las personas, aprenden sobre estudios sociales. Cuando miran libros y cuentan de nuevo una historia en el área de biblioteca, adquieren destrezas de lectura. Al mezclar pintura o masa de pan, medir los ingredientes y hablar con usted de cómo las propiedades cambian los estados, aprenden matemáticas y ciencia.

En el siguiente cuadro, ofrecemos ejemplos de cómo presentan los maestros los materiales en las áreas de interés para iniciar y orientar el aprendizaje en lecto-escritura, matemáticas, ciencia, estudios sociales, artes y tecnología.

La exploración de contenidos en las áreas de interés

	Los bloques	El juego imaginairo	Los juguetes y juegos	El juego artístico	La arena y el agua
Lecto-escritura	Tenga a mano papel, marcadores y cinta adhesiva para que los niños hagan letreros para las edificaciones. Cuelgue gráficos e ilustraciones con palabras a la altura de la vista de los niños.	Incluya libros y revistas en la casita. Incluya material escrito (listas de compras, recibos, mensajes, etc.)	Hable sobre los colores, las formas, las imágenes de un juego de lotería. Ofrezca juegos de correspondencia, para ejercitar la discriminación visual.	Invite a los niños a dictar historias que acompañen su trabajo artístico. Comparta libros sobre artistas famosos y su trabajo.	Añada accesorios de lecto-escritura a la mesa de arena, como letras de molde o señales de tráfico. Anime a los niños a describir cómo se sienten la arena y el agua.
Matemáticas	Sugiera actividades de limpieza que incluyan clasificar por forma y por tamaño. Utilice palabras comparativas como más alto, más bajo, igual de largo.	Incluya teléfonos, menús y otros objetos que tengan números. Participe en el juego, hablando sobre precios, direcciones y horas del día.	Suministre colecciones para seleccionar, clasificar y hacer gráficos. Haga que los niños amplíen los patrones con cubos de colores, cuentas, etc.	Use términos comparativos (la cuerda es más larga que tu brazo). Tenga recipientes vacíos de varias formas para crear esculturas con objetos reciclados.	Incluya tazas, cucharas y recipientes de varios tamaños para medir. Haga preguntas de cálculo ("¿Cuántas tazas se necesitan para llenar el recipiente?").
Ciencia	Hable con los niños sobre el tamaño, el peso y el equilibrio. Anime a los niños a experimentar con el impulso, utilizando rampas, pelotas y canicas.	Presente accesorios como estetoscopios o binoculares. Demuestre las destrezas de higiene, bañando "bebés" o lavando platos.	Mientras los niños usan bloques de mesa, hábleles sobre el equilibrio y el peso. Seleccione, clasifique y elabore gráficos de elementos de la naturaleza como rocas, hojas, ramas y conchas marinas.	Descríbales las propiedades de los materiales mientras interactúan (mojado, seco, pegajoso). Use agua y pinceles para pintar al aire libre, para que los niños puedan explorar la evaporación.	Haga una solución de burbujas y ofrezca diferentes clases de accesorios para soplarlas. Saque distintas clases de lupas y tamices para que los niños puedan examinar distintas clases de arena.
Estudios Sociales	Incluya muñecos de madera que representen una variedad de trabajos y culturas. Exhiba fotos de los edificios del barrio.	Incluya accesorios relacionados con diferentes tipos de trabajos. Incluya muñecos y accesorios multiculturales como utensilios de cocina, comidas y ropa.	Seleccione rompecabezas y otros materiales que incluyan diversos orígenes y trabajos. Juegue con juegos de tablero que exijan cooperar, respetar reglas y turnarse.	Incluya varios tonos de piel en pinturas, crayolas, marcadores y papel de construcción. Anime a los niños a pintar y dibujar lo que vieron en una salida.	Invite a los niños a describir las carreteras y túneles hechos en la arena. Cuelgue fotos de cuerpos de agua (ríos, mares, lagos, arroyos) cerca de la mesa de agua.
Artes	Anime a los niños a construir accesorios, como un puente para dramatizar el cuento *Los tres cabritos*. Exhiba carteles del trabajo artístico que incluyan figuras geométricas y patrones.	Exhiba el trabajo artístico de los niños o carteles de las obras de los artistas en el decorado del área de juego imaginario. Proporcione accesorios para que los niños representen diferentes papeles.	Incluya materiales que tengan distintos elementos artísticos (correspondencias de patrones o texturas, juegos de colores, etc). Agregue juegos de construcción que estimulen la creatividad, como Legos-palitos para armar, etc.	Brinde diversos medios para que los niños exploren arcilla, pintura, collage, construcción, etc. Invite a un artista local para que comparta su trabajo con ellos.	Cree esculturas de arena; exhiba fotografías de esculturas de arena hechas por artistas. Use utensilios para dibujar en arena mojada.
Tecnología	Incluya rampas, ruedas y poleas. Tome fotos (con cámaras digitales, instantáneas o normales) de las estructuras de bloques y exhíbalas en el área.	Incluya accesorios tecnológicos como cámaras viejas, computadoras, teclado, micrófonos, etc. Anime a los niños a explorar cómo funcionan los aparatos: batidoras, abrelatas, etc.	Añada juguetes (herramientas, laberintos de canicas, etc) que animen a los niños a explorar cómo funcionan las cosas. Use una mesa de luz para explorar figuras transparentes.	Incluya materiales reciclables para que los niños inventen objetos. Use herramientas tecnológicas para crear objetos como un torno de alfarero o artístico.	Incluya en la mesa de la agua accesorios con partes movibles como molinos, batidoras de huevos, infladores, etc. Use camiones, volquetas y grúas de juguete para jugar con la arena al aire libre.

La biblioteca	Los descubrimientos	La música y el movimiento	Las actividades culinarias	Las computadores	Al aire libre
Mantenga exhibida una buena colección de libros para niños. Organice un área de escritura con bolígrafos, marcadores, lápices, papel, estampillas, sobres, etc.	Mantenga a mano libros relacionados con la ciencia (p. ej., sobre insectos, plantas, semillas, etc.) Incluya papel y marcadores para anotar observaciones.	Escriba en un cartel, la letra de una canción favorita. Permita que los niños usen instrumentos para hacer los efectos de sonido de los cuentos.	Use imágenes y palabras en las tarjetas de recetas. Durante una actividad culinaria, hable sobre las palabras y las letras en los empaques de alimentos.	Ilustre y escriba los pasos para usar la computadora. Use un programa sencillo de dibujo o de Word para hacer un libro.	Lleve al aire libre tiza de colores y otros materiales para escribir. Hágales notar a los niños las señales en las calles del barrio.
Incluya sellos de números en el área de escritura. Incluya libros sobre conceptos matemáticos; tamaños, números, comparaciones, figuras, etc.	Tenga a mano herramientas para medir y graficar. Facilite cajas para clasificar materiales por tamaño, color y forma.	Hagan juegos de percusión haciendo énfasis en el patrón: más suave, más fuerte. Use lenguaje que describa relaciones espaciales: debajo, encima, alrededor, a través.	Use un reloj para las actividades culinarias. Provea tazas y cucharas para medir.	Incluya programas enfocados en los conceptos numéricos, patrones, solución de problemas, figuras, etc. Use programas de dibujos para crear patrones.	Haga que los niños busquen patrones en la naturaleza. Invite a los niños a coleccionar objetos en una salida y, luego, organizarlos, clasificarlos y graficarlos.
Incluya libros sobre mascotas, plantas, cuerpos, agua, inventos, etc. Suministre una variedad de objetos para experimentar si flotan o se hunden.	Incluya mascotas y plantas que los niños puedan cuidar. Incluya herramientas como una lupa y un microscopio que los niños puedan usar para observar las propiedades de los objetos.	Aliste botellas con distintas cantidades de agua para que los niños puedan investigar los sonidos que producen. Grabe las voces de los niños; y ponga la grabación para que los niños las identifiquen.	Anime a los niños a probar, oler, tocar, escuchar y observar durante cada paso del proceso de cocinar. Converse sobre cómo cambian las sustancias al congelarlas y calentarlas.	Haga que los niños observen la causa y efecto al pulsar una tecla o arrastrar el ratón. Permita que los niños observen mientras usted conecta las partes de la computadora.	Tome fotos de un árbol que los niños vean diariamente y comente cómo cambia durante el año. Haga que los niños sientan el latido del corazón después de correr o hacer ejercicio.
Incluya libros que reflejen la diversidad cultural y de género. Enséñeles a usar libros informativos, diccionarios con ilustraciones y enciclopedias para encontrar información.	Haga paseos ecológicos y registre los sitios donde encontraron hojas o flores. Organice un área de reciclaje donde los niños clasifiquen en recipientes el papel, el vidrio y el plástico.	Muestre videos de canciones y danzas de diversas culturas e idiomas. Incluya instrumentos de diferentes culturas.	Anime a los padres a traer recetas que reflejen sus culturas. Visiten tiendas donde vendan alimentos de diferentes países.	Anime a los niños a trabajar cooperadamente con programas de computadoras relacionados con un tema de estudio. Formule con los niños reglas para usar las computadoras y exhíbalas en el área.	Paseen con frecuencia por el barrio y hablen sobre lo que vean. Invite a los niños al aire libre para dibujar mapas con tiza.
Hable sobre las técnicas de arte utilizadas por ilustradores (p. ej., el collage de papel rasgado de Leo Lionni). Incluya libros infantiles informativos sobre obras de arte famosas.	Facilite caleidoscopios y prismas y pídales a los niños dibujar los diseños que vean. Utilice los materiales que los niños hayan recogido en los paseos ecológicos para hacer collages.	Brinde una variedad de instrumentos musicales para explorar. Incluya pañuelos, cintas y disfraces para estimular el baile.	Anime a los niños a ser creativos al preparar sus meriendas. Hagan de cuenta que cocinan distintos alimentos: freír palomitas de maíz, fundir queso.	Incluya programas de dibujar y pintar. Incluya programas que le permitan a los niños crear melodías.	Lleve materiales de arte al aire libre para que los niños hagan pinturas y esculturas. Facilite cintas y pañuelos para el baile y las actividades de movimiento al aire libre.
Organice un área para escuchar grabaciones de cuentos. Incluya libros que expliquen cómo funcionan las cosas.	Incluya herramientas científicas y vea si los niños pueden descubrir cómo funcionan. Facilite relojes de pared y de pulso y aparatos que los niños puedan desarmar y armar.	Incluya un teclado electrónico que produzca diferentes sonidos. Incluya grabadoras, reproductores de CD, audífonos, etc.	Prepare una receta en el horno microondas y en el horno tradicional y compare los tiempos de cocción. Examine cómo funcionan los distintos aparatos de la cocina.	Organice un lugar en el área de computadoras con programas abiertos para que los niños los usen. Agregue a la computadora una cámara poco costosa para que los niños puedan verse en la pantalla.	Señale ejemplos de tecnología al caminar por el barrio. Facilite herramientas para investigar al aire libre como lupas, binoculares y periscopios.

La integración del aprendizaje mediante estudios

Además de crear áreas de interés y de interactuar con los niños en torno a los materiales que les suministre, usted puede fomentar el aprendizaje infantil a través de estudios más profundos o a largo plazo. Los estudios permiten que los maestros integren diferentes áreas de contenidos y alcancen las metas del desarrollo propuestas.

En el pasado, el método habitual para conectar los contenidos del currículo era por medio de temas. Los temas provenían de las experiencias de los maestros, las ideas compartidas con colegas, o de guías y libros de actividades publicados. Una práctica común era utilizar los mismos temas año tras año, sin importar si el tema y las experiencias se adecuaban o no a los intereses y destrezas del nuevo grupo de niños. Aunque algunos temas funcionaban bien y los maestros podían ponerlos en práctica de una manera apropiada al nivel del desarrollo, otros temas no eran apropiados para todos los grupos. Cuando los maestros en Hawai trabajaban con un tema de "otoño" en octubre —aunque la temperatura local se mantuviera en 80 grados Fahrenheit y las hojas de las palmeras no cambiaran de color ni se cayeran— el material no tenía mucho sentido, ni tenía relación con las experiencias de los niños.

Por eso creemos que una manera de enseñar contenidos con sentido para los niños es basarse en los conocimientos e intereses de ellos. Este método de integrar los contenidos es lo que llamamos *los estudios*. Las educadoras Lilian Katz, Sylvia Chard y Judy Helm se refieren a lo mismo como el "método de proyectos". En gran medida como un estudio, un proyecto es:

> *un estudio detallado de un tema que vale la pena estudiarse más... La característica clave de un proyecto es que es un esfuerzo investigativo centrado intencionadamente en encontrar respuestas a preguntas sobre un tema, hechas por los niños, por los maestros, o por los maestros junto con los niños.* (Katz, 1994 citado en Helm & Katz, 2001, p.1)

La característica más destacada de un estudio es que refuerza la disposición innata de los niños de ser curiosos, explorar el mundo y entender sus experiencias en un contexto que tiene sentido para ellos.

Ya sea que usted lo llame estudio o proyecto, este método implica organizar el currículo diario de una forma que tenga relevancia y estimule a los niños. La característica más destacada de un estudio es que refuerza la disposición innata de los niños de ser curiosos, explorar el mundo y entender sus experiencias en un contexto que tiene sentido para ellos.

A lo largo del estudio, usted podrá observar y registrar los comentarios y las preguntas de los niños, su relación con los materiales, sus logros y su confusión. Mientras reflexiona sobre el aprendizaje de cada niño, podrá recolectar y revisar muestras de sus trabajos, fotografías de sus construcciones y fotocopias de sus escritos. Utilizar documentación y reflexionar sobre el progreso de los pequeños en relación con el *Continuo del desarrollo*, le ayudará a planificar para el grupo y para cada niño.

Los estudios empiezan con un buen tema. Al contrario de los temas predeterminados, los temas de estudio son únicos para cada grupo. Las ideas pueden surgir de cualquier fuente: los maestros, los niños o las familias. El tema puede centrarse en algo por lo que los niños sienten curiosidad (cómo cambian nuestros cuerpos), una cuestión social (los alimentos que consumimos), o un acontecimiento inesperado (arañas u hormigas en el salón).

No importa de dónde provenga la idea, para ser un buen tema de estudio, debe generar el entusiasmo de los niños y tener suficientes elementos que se puedan investigar y explorar. Las siguientes son algunas preguntas que usted podrá hacerse para evaluar si un tema es apropiado.

Cómo elegir un buen tema de estudio

Este tema, ¿trata los intereses actuales o **intereses** potenciales de los niños?

Este tema, ¿se relaciona con las **experiencias** de los niños y es **apropiado para sus edades**?

¿Suficientes niños han tenido **experiencias** con el tema, de manera que puedan hacer preguntas para investigarlo y explorarlo? El tema, ¿se **basa** en lo que ya saben los niños?

¿Los niños pueden **explorar** el tema directamente? ¿Se pueden manipular objetos reales?

¿Hay **recursos** disponibles como: libros, personas con quienes hablar, lugares a dónde ir, objetos o seres vivos para observar y explorar?

¿Los niños pueden investigar este tema de manera **independiente** sin depender completamente de la ayuda del maestro?

Este tema, ¿se puede explorar de distintas maneras por un **período de tiempo extenso**?

Este tema, ¿permite que los niños utilicen el aprendizaje de la **lecto-escritura** y las **matemáticas** en contextos de la vida real?

Este tema, ¿permite que los niños exploren componentes clave de la ciencia y los **estudios sociales**?

Las **artes** y la **tecnología** ¿se pueden incorporar con facilidad al tema?

Este tema, ¿se presta para ser representado con varios **medios** (juego imaginario, escritura, construcciones)?

Este tema, ¿facilitará la comunicación con las **familias**? ¿Es probable que los familiares quieran participar en el proyecto?

Este tema, ¿respeta las **diferencias culturales**?

¿Vale la pena **investigar** este tema?

Una vez decida que un proyecto funciona, puede empezar a planificar cómo tratar los contenidos. Luego puede ubicar los recursos y buscar los expertos apropiados, así como ideas para realizar visitas. Además, debe pensar cómo involucrar a las familias.

La duración de los estudios depende de varios factores que incluyen la edad de los niños, los intereses y el enfoque. Los estudios tienen su propio ritmo, no el de un calendario. En general, un estudio debe poder mantener interesados a los niños durante tres semanas o un mes.

Pasos para planificar un estudio

Aunque por naturaleza los estudios son flexibles y únicos, no carecen de estructura. De hecho, todo buen estudio comparte características estructurales comunes. Todas las estrategias de enseñanza descritas antes se utilizan para involucrar a los niños en estudios. Le sugerimos seguir estos 10 pasos a la hora de poner en práctica un estudio.

Para comenzar el estudio

Paso 1: Elija un tema apropiado.

Basándose en los criterios expuestos antes, elija un tema de estudio que crea mantendrá el interés de los niños y cuyos contenidos tengan sentido y valga la pena conocer.

Paso 2: Cree una red de ideas importantes.

Use esta red para anticipar los conceptos que podrán aprender y las investigaciones que puedan realizarse. Escriba, en pequeños trozos de papel, cada palabra que se le ocurra relacionada con este tema. Luego, organice estas palabras en grupos en un pliego de papel grande. Escriba una frase que describa a cada grupo. Estas frases son las ideas importantes que usted espera que los niños aprendan. Por ejemplo, en un estudio sobre los insectos, las ideas principales pueden incluir cómo se mueven los insectos, qué comen, dónde viven o cómo nos ayudan. (Consulte el capítulo 3 para ver ejemplos de los conceptos clave en ciencia y estudios sociales.)

Paso 3: Determine cómo se pueden aprender contenidos y destrezas de procesamiento mediante este estudio.

Intercambie ideas sobre cómo puede tratar en este estudio la lecto-escritura, las matemáticas, la ciencia, los estudios sociales, las artes y la tecnología.

Paso 4: Hable sobre el tema con los niños.

Descubra qué saben los niños. Guíe los comentarios y anímelos a expresar sus ideas y lo que recuerden en palabras e imágenes. Pregúnteles qué desean saber sobre el tema y haga una lista de sus preguntas.

Paso 5: Informe a las familias sobre el tema de estudio propuesto.
Anime a los padres a hablar sobre el tema con sus hijos y a compartir con el grupo cualquier conocimiento que tengan al respecto. Involucre activamente a las familias en el estudio.

Para investigar el tema

Paso 6: Use el Parcelador semanal para organizar los materiales y programar las actividades.
Piense en la manera como los niños pueden investigar el tema en las áreas de interés, las rutinas diarias y las horas en grupo. Incluya sólo actividades que les ayuden a adquirir una comprensión más profunda del tema. Por ejemplo, en un estudio sobre los autos, los niños aprenderán más construyendo un tablero de mandos con material de reciclaje que dibujando autos en un papel.

Paso 7: Reúna materiales y recursos relevantes.
Piense en qué necesitan los niños para realizar sus investigaciones. Reúna las herramientas necesarias (libros, materiales y tecnología) y organice salidas de estudio y visitas a expertos para apoyar el aprendizaje.

Paso 8: Facilite las investigaciones.
Divida a los niños en grupos pequeños para que exploren preguntas específicas. Use preguntas abiertas para estimular mayores descubrimientos. Observe cómo están investigando y sugiérales materiales y recursos adicionales. Decida si hay algo específico que deba enseñar directamente. Reúna los grupos para que compartan sus descubrimientos e intercambien ideas.

Paso 9: Documente los hallazgos.
Anime a los niños a documentar por medio de dibujos, escritos, diagramas, mapas, gráficos, colecciones, etc. lo que hayan aprendido y exhíbalas por todo el salón. También podría exhibir algo de esto en la entrada al salón para compartirlo con las familias y visitantes.

Para concluir el estudio

Paso 10: Programe un evento especial para finalizar el estudio.
Antes de que los niños empiecen a perder el interés, piense en una manera de finalizar la actividad con broche de oro. Algunos maestros organizan una celebración en la cual los niños comparten sus investigaciones con otros en la escuela, la comunidad y sus familias. Ayude a los niños a revisar y evaluar su trabajo y a pensar en formas creativas de presentar sus descubrimientos a otras personas. Use las ideas y sugerencias de los niños para conducir el siguiente estudio.

Muestra de un estudio sobre las lombrices

Para ilustrar la manera como un estudio cobra vida en un salón de clase de preescolar, le mostraremos cómo dar cada paso usando nuestra clase de niños de 4 a 5 años, dirigida por la Srta. Tory y el Sr. Alvarez.

Muestra de un estudio sobre las lombrices

nuestra clase...

Paso 1. Elija un tema apropiado.

Los niños están emocionados por las lombrices de tierra que descubrieron donde había sido removida una pieza del equipo de juego al aire libre. La Srta. Tory y el Sr. Alvarez les suministran un acuario con tierra e invitan a los niños a llevar las lombrices al salón de clase.

Paso 2. Cree una red de ideas importantes.

Durante varios días, la Srta. Tory y el Sr. Alvarez permiten que los niños exploren por su cuenta las lombrices en el área de descubrimientos. Luego, hacen una red de ideas para ayudarles a decidir si las lombrices pueden ser un buen tema de estudio. Con la red de ideas pueden ver que se podrían explorar muchas ideas importantes relacionadas con la ciencia de la vida.

Paso 3: Determine cómo se pueden aprender contenidos y destrezas de procesamiento mediante este estudio.

Luego, exploran si un estudio sobre las lombrices trataría los contenidos académicos que desean cubrir. Ellos hacen el siguiente cuadro.

Un posible estudio sobre las lombrices

Lecto-escritura	Mirar libros informativos sobre las lombrices. Leer libros de cuentos sobre las lombrices (p. ej., *Babosa* de Patricia Whitehouse).	Aprender nuevo vocabulario sobre las lombrices (babosas, contonearse, túneles, abono) Cantar canciones/jugar con los dedos
Matemáticas	Comparar el tamaño y la longitud de las lombrices. Adivinar el número de lombrices y luego contarlas.	Hablar sobre el patrón de la piel de la lombriz.
Ciencia	Investigar qué comen las lombrices. Usar una lupa para observar cómo se mueven las lombrices.	Comparar varias clases de lombrices. Observar la incubación de las lombrices. Hacer un cajón de lombrices.
Estudios sociales	Descubrir cómo nos ayudan las lombrices. Hacer una pila de abono orgánico para las lombrices, agregándole restos de comida.	Aprender cómo cuidar las lombrices. Visitar una granja de lombrices.
Artes	Usar arcilla para hacer representaciones de lombrices. Verter sobre un papel agua con color o lodo y dejar que una lombriz se arrastre para que deje su rastro.	Escuchar la canción, "Un gusanito, un gusanito, un gusanito por el caminito", y moverse por el salón como una lombriz.
Tecnología	Usar herramientas para explorar las lombrices (lupas, microscopios computarizados, etc.) Ver un video por internet de lombrices creciendo.	Enviar por correo electrónico preguntas sobre las lombrices a un experto.

El proceso de elaborar un cuadro como éste les permite a los maestros pensar en cómo enseñar los contenidos y destrezas de procesamiento como parte de un estudio. Una vez que estén seguros de tener un buen tema, los maestros estarán listos para hablar del tema con los niños.

Muestra de un estudio sobre las lombrices (*continuación*)

Paso 4: Hable sobre el tema con los niños.

Durante la reunión matutina al día siguiente, la Srta. Tory lleva el acuario al área de reunión e invita a los niños a observar las lombrices y agarrarlas, si lo desean. Les pide a los niños comentar lo que vean o hayan visto en observaciones anteriores de las lombrices. Estos son algunos de los comentarios que hicieron:

Jonelle: *"Se contonean al moverse".*

Dallas: *"No tienen ojos".*

Crystal: *"No tienen manos ni pies".*

Zack: *"Les gusta excavar".*

Malik: *"Les gusta arrastrarse bajo las cosas como en nuestro parque".*

Alexa: *"Pueden arrastrarse boca arriba".*

Jonetta: *"Si las agarras, te dejan algo asqueroso y negro en las manos".*

Carlos: *"A las lombrices les gusta esconderse".*

Después de conversar con los niños para decidir si las lombrices serían un buen tema de estudio, ellos hablan de lo que podrían aprender sobre las lombrices. La Srta. Tory les ayuda a hacer una lista de preguntas de lo que les gustaría investigar.

¿Qué comen las lombrices?

¿Por qué a los peces les gustan las lombrices?

¿A qué huelen? las lombrices

¿Cómo excavan si no tienen patas?

¿A qué profundidad puede llegar una lombriz?

¿Cómo pueden ver las lombrices si no tienen ojos?

¿Cuánto puede crecer una lombriz?

Esa semana, durante la hora de cuentos, la Srta. Tory y el Sr. Alvarez leen libros sobre lombrices y enseñan canciones sobre lombrices.

Paso 5: Informe a las familias sobre el tema de estudio propuesto.

Los maestros envían una nota a las familias acerca del nuevo estudio sobre las lombrices y les animan a pensar en formas de participar en el estudio. El papá de Tyrone, quien trabaja en una tienda de artículos deportivos donde venden lombrices para pescar, dice que él podría ir a la clase y hablar sobre las lombrices. La abuela de Jonetta dice que ella llevará a la clase unas lombrices de su jardín.

Muestra de un estudio sobre las lombrices (*continuación*)

Paso 6: Use el *Parcelador semanal* para organizar los materiales y programar las actividades.
La Srta. Tory y el Sr. Alvarez usan la Planilla de planificación semanal *para registrar las opciones de la investigación en las áreas de interés y durante las horas en grupo.*

Paso 7: Reúna materiales y recursos relevantes.
La Srta. Tory ubica algunos sitios en internet que los niños pueden consultar para estudiar las lombrices y verifica que tendrán a su disposición lupas, pinzas y otras herramientas para usar durante sus investigaciones. También le pide a la bibliotecaria ayudarles a los niños a buscar libros que podrían consultar.

Paso 8: Facilite las investigaciones.
Los niños están interesados en investigar distintas preguntas, así que los maestros les ayudan a formar grupos. Un grupo investiga la apariencia de las lombrices. Otro grupo investiga cómo se mueven las lombrices. Un tercer grupo explora qué comen.

Paso 9: Documente los hallazgos.
Durante el siguiente mes, los niños buscan respuestas a sus preguntas sobre las lombrices. Hacen dibujos, pinturas y esculturas de las lombrices. Les dictan historias a sus maestros sobre lo que observan y graban anécdotas. La clase visita una granja de lombrices cercana. Los niños le hacen preguntas al papá de Tyrone y comparan las lombrices del jardín de la abuela de Jonetta con las de la escuela.

Durante varias semanas, los niños aprenden sobre las lombrices. Hacen varias construcciones, libros caseros, obras y murales para representar sus descubrimientos.

Durante el estudio, la Srta. Tory y el Sr. Alvarez documentan el progreso de los niños. Toman nota de las observaciones y las guardan en un fólder de la clase. Toman fotos de las creaciones y representaciones de los niños, y guardan en sus portafolios copias de los libros, dibujos, escritos y grabaciones. Además, usan la documentación como ayuda para rastrear el progreso de los niños en el Continuo del desarrollo.

Paso 10: Programe un evento especial para terminar el estudio.
Cuando los niños han respondido muchas de las preguntas que eligieron investigar, el estudio empieza a perder impulso. Por lo tanto, los maestros deciden que ya es hora de concluirlo. Les piden pensar en todo el trabajo que han hecho y en cómo desea compartirlo con los demás.

Los niños deciden realizar un Festival de la lombriz y hacer una exposición de sus proyectos. Invitan a las familias, a niños de otras clases y al personal a celebrar el estudio sobre las lombrices. Después del estudio, el grupo decide guardar el cajón con las lombrices en el área de descubrimientos y el abono orgánico cerca de los cajones de reciclaje. Las lombrices se suman a los peces como mascotas de la clase.

El estudio sobre las lombrices funcionó para la clase de Srta. Tory y el Sr. Alvarez ese año. Atrajó el interés de los niños debido a que lo encontraron en los alrededores de su escuela. Los maestros construyeron sobre este cimiento de interés y realizaron un estudio que servía para orientar el aprendizaje.

En un entorno de aprendizaje enriquecido, los maestros el desarrollo y el aprendizaje en las áreas de interés, y usan los estudios para integrar el aprendizaje de los componentes clave de los contenidos académicos. A medida que interactúe con los niños en formas que tengan sentido para ellos, fortalecerá el progreso infantil. Las estrategias que usted use les ayudarán a los niños a convertirse en aprendices motivados y dispuestos a seguir aprendiendo. El factor crítico para garantizar que los niños aprendan y progresen es el sistema de evaluación que adopte y el uso que haga de la información obtenida para planificar para cada niño y para el grupo. Este es el tema que trataremos a continuación.

La evaluación del aprendizaje infantil

La evaluación es el proceso de recopilar información sobre los niños con el fin de tomar decisiones. La evaluación puede servir para muy diversos fines. En el Informe, *Eager to Learn: Educating Our Preschoolers*, se identifican cuatro fines (Bowman et al., 2001):

1. La evaluación para reforzar el aprendizaje

2. La evaluación para identificar necesidades especiales

3. La evaluación del programa y control de tendencias

4. La evaluación de la responsabilidad del programa/escuela

Aunque todos estos fines se aplican a *El Currículo Creativo*, el primero —reforzar el aprendizaje— es el más importante en el marco del currículo. En *El Currículo Creativo*, la enseñanza y la evaluación van de la mano. Mediante la evaluación, los maestros obtienen información útil sobre el conocimiento, las destrezas y el progreso infantil, observando, documentando, analizando y revisando el trabajo de los niños a lo largo del tiempo. En cada paso del proceso, usted usa un modo sistemático para garantizar que se atiendan las necesidades de cada niño.

> Mediante la evaluación, los maestros obtienen información útil sobre el conocimiento, las destrezas y el progreso infantil, observando, documentando, analizando y revisando el trabajo de los niños a lo largo del tiempo.

La evaluación como refuerzo del aprendizaje funciona mejor si está ligada estrechamente a las metas y objetivos de su currículo. El sistema de evaluación del *Continuo del desarrollo de El Currículo Creativo* ha sido diseñado específicamente para este fin. Si usted utiliza este sistema, le recomendamos consultar la *Guía para el maestro* que acompaña el *Estuche de herramientas de evaluación*, o la versión en línea, donde se explica cómo usar las planillas que le permitirán conectar la evaluación con la orientación del aprendizaje infantil.

Si usted utiliza un sistema de evaluación diferente, verifique que sea compatible con las metas y objetivos de *El Currículo Creativo*. Sea cual fuere el sistema que utilice, el proceso de evaluación consta de tres pasos esenciales: (1) la recolección de datos, (2) el análisis y evaluación de la información recopilada, y (3) el uso de lo aprendido.

La recolección de datos

El primer paso en la evaluación infantil para reforzar el aprendizaje es recopilar información. Una manera muy eficaz de hacerlo es mediante la observación continua. Los maestros documentan lo que observan para poder revisar esta información posteriormente. Otra manera es recopilar muestras de los trabajos de los niños y mantener un portafolio para cada niño.

La documentación de sus observaciones

Al principio de este capítulo hablamos sobre cómo, qué, y cuándo observar. Le mostramos cómo el *Continuo del desarrollo* orienta sus observaciones, le ayuda a reconocer en qué nivel del desarrollo se encuentra el niño y le da una idea de cuáles son los siguientes pasos. Documentar sus observaciones significa tener un sistema que le permita mantener registros bien escritos.

Un sistema es una manera organizada de registrar sus observaciones y de verificar que ha observado a cada niño en cada área del desarrollo para todos los objetivos de *El Currículo Creativo*. Algunos maestros utilizan un fólder grande con una sección para cada niño, dividido en las cuatro áreas del desarrollo. Cada vez que tienen una nota de observación sobre un niño, ubican la nota fechada en la sección apropiada para revisarla después.

Para usar las notas de observación en el análisis y la evaluación posteriores, los maestros necesitan varias observaciones pertinentes a todos los objetivos. Si usted tiene varias notas de observaciones, por ejemplo, que demuestran que un niño maneja los problemas con flexibilidad (objetivo 23) en dos áreas, puede tener la seguridad de que sus conclusiones sobre el nivel de desarrollo alcanzado por ese niño serán válidas. También podrá examinar sus notas para ver si el comportamiento particular de un niño en un día específico no reflejó su nivel general de desempeño.

Para usar las notas de observación en el análisis y la evaluación posteriores, los maestros necesitan varias observaciones pertinentes a todos los objetivos.

La recopilación de los trabajos de los niños en portafolios

Además de documentar sus observaciones manteniendo registros escritos, otra manera de recopilar información sobre los niños a lo largo del tiempo es manteniendo un portafolio. Un portafolio es un sistema que permite organizar las muestras del trabajo de los niños para documentar el progreso a través del tiempo. Es una recopilación con un propósito definido que consta de elementos como muestras fechadas de los trabajos artísticos y de escritura de los pequeños, y fotografías de los trabajos terminados como diseños con bloques, un gráfico o un túnel al aire libre. Los elementos en un portafolio son ejemplos concretos de los esfuerzos, logros y métodos de aprendizaje de los pequeños. Vistos en conjunto, estos materiales brindan una imagen del progreso de cada niño a lo largo del tiempo.

Un portafolio es un sistema que permite organizar las muestras del trabajo de los niños para documentar el progreso a lo largo del tiempo.

Los portafolios de trabajos se pueden usar para:

- compartir información con las familias: "Es fácil ver el progreso de Juwan si comparamos los dibujos que hizo hace seis meses con los que hizo la semana pasada".

- ayudar a los niños a reflexionar sobre su trabajo y a reconocer sus propias destrezas y progreso: "Háblame sobre el dibujo que hiciste para tu cuento".

- revisar el progreso del niño, proponer metas y planificar estrategias de enseñanza

Cada muestra de trabajo de un niño revela una gran cantidad de información sobre el desarrollo de ese niño. Aunque no es necesario tener una gran cantidad de muestras en un portafolio, sí necesitará una variedad suficiente como para dar una idea general. Al recopilar el trabajo de un niño para un portafolio, dedique un tiempo para escribir una nota de observación y péguela al respaldo de la muestra.

Para mostrar el progreso, recopile muestras similares durante un período de tiempo. Por ejemplo, comparar los intentos de un niño de escribir su nombre durante el año, es una excelente manera de documentar el desarrollo de la escritura. Pero, si compara una muestra de escritura, un dibujo, una fotografía de una estructura de bloques y un cuento dictado, le será difícil documentar el progreso. Al comienzo del año, piense en dos o tres muestras —de escritura o dibujos— que servirían para documentar el progreso en áreas particulares y propóngase la meta de recopilarlas unas tres o cinco veces durante el año.

Consulte también las etapas del desarrollo en cada área de interés en la parte II de *El Currículo Creativo*. Recopile muestras de los trabajos de los niños o fotografías que revelen el progreso infantil a medida que atraviesan dichas etapas. Por ejemplo, en el capítulo 6 se describen las cuatro etapas del desarrollo al construir con bloques. Una serie de fotografías que muestren al niño cargando los bloques, haciendo puentes y finalmente realizando construcciones elaboradas, es una excelente forma de mostrar el progreso a lo largo del tiempo.

Para ayudarle a pensar en la variedad de elementos que podría incluir en el portafolio de un niño, tenga en cuenta las siguientes sugerencias y las formas como puede usar la tecnología para documentar y conservar el trabajo de los pequeños.

Muestra de trabajos completos que se pueden comparar a través del tiempo:

- dibujos, pinturas, collages, tejidos

- escritos (garabatos, rótulos, cartas, nombres y palabras, números, señales y mensajes)

- un cuento dictado al maestro e ilustrado por el niño

- un libro hecho por el niño

- trabajos hechos en computadora

- gráficos o dibujos de una experiencia científica

> Al recopilar el trabajo de un niño para un portafolio, dedique un tiempo para escribir una nota de observación y péguela al respaldo de la muestra.

Si fotocopia o escanea una muestra de pintura o escritura para el portafolio del niño, puede ampliarla o reducirla para que quepa fácilmente en el sistema de archivo que haya elegido. Si tiene un escáner en su computadora, puede escanear el trabajo de los niños y usarlo con diversos fines además del portafolio, por ejemplo, para hacer boletines informativos, libros hechos por los niños, etc. Algunas veces resulta más fácil captar una actividad de un niño, como una construcción con bloques, con una fotografía que por medio de una descripción escrita. He aquí algunas ideas de fotografías que podría tomar.

Fotografías del trabajo y las actividades de juego de un niño:

- una construcción de bloques u otra estructura de bloques

- una construcción hecha por el niño con madera

- una escultura hecha de arcilla o materiales reciclables

- clasificaciones de conchas marinas, hojas u otros objetos de la naturaleza según el tamaño y el color

- murales interiores/exteriores u otros proyectos en grupo en que haya participado el niño

Fotografías que muestren el desarrollo físico del niño:

- subido en lo alto de un escalador
- columpiándose

- montando en triciclo
- completando un rompecabezas

Fotografías que muestren al niño participando en actividades y rutinas diarias:

- usando una cuchara de servir
- limpiando

- cepillándose los dientes
- escuchando un cuento

Cuando utilice fotografías, numere una serie de etiquetas adhesivas del 1 al 24 (o según el número de fotos que tenga el rollo). Escriba en la etiqueta una nota breve acerca de la fotografía que esté tomando y péguela al respaldo de la fotografía cuando la revele. Antes de fotografiar a los niños, obtenga el permiso escrito de los padres.

En ciertas ocasiones, lo deseable será escribir una nota sobre lo que dijo o hizo el niño para acompañar alguno de los materiales del portafolio. En otros casos, lo mejor es hacer una grabación de un acontecimiento.

Registros escritos de los intereses de los niños:

- preguntas: formuladas o resueltas en una actividad en grupos pequeños

- libros favoritos

- descripciones de dibujos y otros trabajos

- comentarios después de una salida

Grabaciones de video y audio del desarrollo del lenguaje de un niño:

- cantando, contando un cuento o jugando con otros niños

- conversando durante una comida estilo familiar

- participando en el juego imaginario

- identificando una solución a un problema

Para captar el desarrollo del lenguaje oral puede utilizar una grabadora pequeña. Además de aprender sobre el lenguaje de los niños, tendrá una idea más clara de sus procesos de pensamiento. Con una grabadora, podrá involucrarse en la acción sin tener que escribir. Ahorrará mucho tiempo si utiliza una grabadora con contador, y apunta el número para poder encontrar después lo que ha grabado. Si tiene acceso a una cámara de video, puede filmar a los niños en acción, por ejemplo, cuando estén participando en el juego imaginario o contando un cuento de nuevo. Una ventaja de las grabaciones de video es que sus notas serán muy precisas y podrá usar el tiempo que necesita para reflexionar y estudiar lo que digan y hagan los niños.

Cómo archivar los trabajos en los portafolios

Los portafolios empiezan con unos pocos materiales pero crecen rápidamente. Usted necesitará un espacio amplio para que quepan los materiales y un sistema para organizarlos. Pueden archivarse de diversas formas:

- archivadores en forma de acordeón

- revisteros

- archivadores de colgar

- archivadores con bolsillos

- cajas de pizza vacías (nuevas, donadas por negocios locales)

- fólderes de radiografías

- recipientes plásticos con tapa

- fólderes hechos de cartón, doblados y grapados en dos de los lados

Archive los materiales que haya recogido por fecha y agrúpelos por categorías que tengan sentido para su programa. Podría serle útil agruparlos según las áreas del desarrollo —socioemocional, cognoscitiva, lingüística y física. Esto le facilitará revisar sus documentos a la hora de completar el *Perfil infantil individual.*

Recuerde que el propósito principal de recopilar datos es llegar a conocer bien a los niños; sus intereses, necesidades y desafíos. El siguiente paso es reflexionar sobre esta información para tomar decisiones sobre la enseñanza.

El análisis y evaluación de los datos obtenidos

Al analizar y evaluar sistemáticamente sus notas de observación, así como las muestras de los portafolios, podrá determinar dónde se encuentra cada niño en el *Continuo del desarrollo.* Así, usted sabrá cuáles serán los pasos a seguir para el aprendizaje en relación con los 50 objetivos. Una manera de organizar sus notas de observación y la información en los portafolios de los niños es preguntarse regularmente: "¿Qué significa esto?". Usando las metas y objetivos, decida qué objetivos son aplicables y apunte el número en la nota o al respaldo de la muestra de trabajo. He aquí un ejemplo de cómo puede analizar las notas de muestra que le ofrecimos anteriormente (en la página 172).

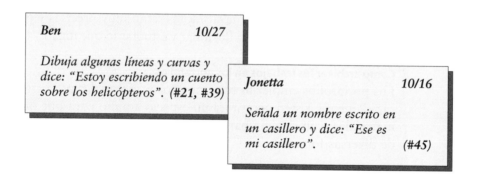

Ben   10/27

Dibuja algunas líneas y curvas y dice: "Estoy escribiendo un cuento sobre los helicópteros". (#21, #39)

Jonetta   10/16

Señala un nombre escrito en un casillero y dice: "Ese es mi casillero".   *(#45)*

La nota de observación sobre Jonetta fue muy clara en relación con el objetivo 45, "Comprende el propósito de lo escrito". Sin embargo, la nota de observación sobre Ben, se refiere a más de un objetivo. Se refiere al desarrollo físico (#21, "Utiliza herramientas para escribir y dibujar"), pero al analizarlo más a fondo, se ve que también revela evidencia del desarrollo del lenguaje de Ben (#39, "Se expresa utilizando palabras y oraciones largas"). Esta nota se puede usar para ambos objetivos.

Para evaluar el progreso de los niños, debe determinar qué paso del desarrollo ha alcanzado cada niño en un objetivo dado del *Continuo del desarrollo*. Veamos cómo funciona esto, usando la nota de información sobre Jonetta ofrecida antes. Viendo esta nota, además de sus otras notas de observación y los materiales del portafolio de Jonetta, usted determina que para el objetivo 45, "Comprende el propósito de lo escrito", Jonetta "sabe que lo escrito transmite mensajes" (paso I). Registre esta información.

Objetivos curriculares	Continuo del desarrollo para niños de 3-5 años			
		I	II	III
45. **Comprende el propósito de lo escrito**	**Señales** Señala algo escrito en una página y dice: "Lee esto" Reconoce los letreros como "*McDonald´s*" Reconoce los libros por la carátula	Sabe que lo escrito transmite mensajes *Señala el letrero escrito sobre el anaquel y dice: "Aquí se ponen los autos"; al ver el nombre escrito por el maestro en el dibujo de otro niño, dice: "¿De quién es esto?"*	Demuestra conocimiento general de cómo funciona lo escrito *Recorre el texto con el dedo, de izquierda a derecha y desde el principio hasta el final, pretendiendo leer; sabe que los nombres empiezan con una letra grande*	Sabe que cada palabra dicha puede ser escrita y leída *Toca una palabra escrita por cada una de las palabras dichas en un cuento; al mirar un menú pregunta: "¿Cuál palabra dice pancakes?"*

De la misma forma, podrá completar los otros 49 objetivos, usando sus notas de observación y el portafolio de Jonetta. Evalúe donde se encuentra cada niño en relación con los objetivos. Repita este proceso examinando sus notas y el portafolio de cada uno de los niños en su clase.

Después de ver en qué nivel se encuentran Jonetta y los demás niños de su clase en el *Continuo del desarrollo*, usted deseará tener un sistema para documentar el progreso de cada niño a lo largo del tiempo. Para ello, le recomendamos registrar el progreso tres veces al año. Los programas que utilizan el *Sistema de evaluación del continuo del desarrollo de El Currículo Creativo*, pueden usar el *Perfil individual del niño* con este propósito. Con toda esta información usted podrá planificar su enseñanza y hacer los cambios apropiados al entorno.

El uso de lo aprendido para planificar

Recopilar una gran cantidad de información sobre cada niño tiene sentido, únicamente si dicha información está ligada a decisiones sobre la enseñanza. Esto le ayudará a planificar para cada niño o para el grupo en general.

La planificación para cada niño

El *Continuo del desarrollo* es la herramienta que le ayudará a identificar en qué nivel se encuentra un niño en relación con cada objetivo del currículo y cómo podrá estimular el siguiente paso en el desarrollo. He aquí algunos ejemplos de cómo podría usar el Continuo para planificar.

Ahora Jonetta sabe que lo escrito transmite mensajes (*Objetivo 45, paso I*). Ella está percibiendo lo escrito en su entorno. Para ayudarla a avanzar al paso II, "Demuestra conocimiento general de cómo funciona lo escrito", la próxima vez que leamos, le haré notar que lo hago de izquierda a derecha y de arriba hacia abajo.

Setsuko está empezando a participar más en las conversaciones, respondiendo "a preguntas y comentarios de otros" (*Objetivo 43, paso I*). Parece que la emociona la mascota de nuestro salón. Podemos aprovechar este nuevo interés para fomentar su desarrollo del lenguaje y el aprendizaje de la lecto-escritura, leyéndole libros sobre animales y animándola a hablar sobre lo que ha observado hacer a la mascota.

Leo lleva semanas construyendo, derrumbando y volviendo a construir la misma estructura de bloques (*Objetivo 25, "Explora la relación causa-efecto"*). ¿Será que le gusta ver lo que ocurre cuando la derrumba o que está molesto, frustrado o estancado en el paso I, "Nota y hace comentarios sobre un efecto"? Tendremos que observarlo en otras áreas de interés para pensar en lo que sabe sobre la causa y el efecto, y conducirlo al siguiente paso de poner a prueba varias posibilidades intencionadamente.

Alexa parece estar en el nivel de las señales del *Objetivo 24, "Es persistente en lo que emprende"*, pues se mantiene involucrada con los materiales por períodos de tiempo breves. Creo que a ella le encantaría jugar con plastilina y con rodillos y cortadores de galletas, por lo tanto, colocaré estos materiales en el área de juego artístico. Así podré ver si ella sigue explorando y lleva a cabo una tarea (*paso I, Completa tareas sencillas*) permaneciendo en el área e interactuando con ella mientras usa la plastilina.

Como puede ver, las observaciones intencionadas de los maestros les ayudan a decidir diariamente qué puede necesitar un niño en particular. Pero mucho más valiosa aún, es la visión más detallada del desarrollo que usted obtendrá al resumir las observaciones que haga de cada niño en relación con los 50 objetivos de *El Currículo*. Debido a que el *Continuo del desarrollo* abarca todas las áreas del desarrollo infantil, le ofrecerá una imagen del desarrollo del niño en su totalidad.

Le recomendamos resumir el progreso infantil tres veces al año y usar la información al planificar para cada niño. Si utiliza el sistema de evaluación de *El Currículo Creativo*, podrá utilizar las planillas diseñadas específicamente para este fin. (Quienes utilizan otro método necesitarán un sistema para resumir la información). Además, podrá evaluar en forma global las destrezas de cada niño en cada área del desarrollo.

Por ejemplo, con Jonetta, se podría comenzar examinando su progreso en términos del **desarrollo socioemocional** (objetivos 1-13). Piense acerca de sus fortalezas y desafíos en relación con estos 13 objetivos. El resumen le dará una idea de cómo reforzar el desarrollo socioemocional de la niña.

Luego, vea lo que ha aprendido sobre Jonetta en relación con los objetivos del **desarrollo de la motricidad gruesa y fina** (objetivos 14-21). Préstele atención a lo que ella puede hacer y con qué tiene dificultad. Después, haga lo mismo con los objetivos del **desarrollo cognoscitivo** (objetivos 22-37) y del **desarrollo lingüístico** (objetivos 38-50). Para cada área del desarrollo, trate de resumir el desarrollo de Jonetta en dicha área en tres o cuatro oraciones.

En conjunto, estos resúmenes de las cuatro áreas del desarrollo le darán una idea del desarrollo general de la niña. Usted tendrá una imagen de lo que ella ha logrado y de las destrezas que apenas están surgiendo. Saber esto le ayudará a pensar acerca de las actividades y el refuerzo educativo que expanda el progreso y el desarrollo de Jonetta. En el capítulo 5 analizamos en detalle cómo podrá compartir esta información con las familias y formular con ellas un plan (consulte las páginas 237-240).

Puesto que el *Continuo del desarrollo* es aplicable a todos los niños de 3 a 5 años y a los niños que no se encuentran en un nivel de desarrollo típico, no debe esperar que todos los niños en su programa progresen hasta los niveles altos de cada objetivo. Sin embargo, durante el transcurso del año, usted deseará ver evidencia del progreso de cada niño.

La planificación para todo el grupo

Otra manera importante de usar la información obtenida en el proceso de evaluación es al planificar para todo el grupo. Después de revisar el progreso de la clase en su totalidad en el *Continuo del desarrollo*, descubrirá que trabajar en ciertas destrezas podrá ser benéfico para todos.

Resumir el progreso infantil tres veces durante el año y usar la información recopilada al planificar para cada niño.

A continuación, podrá pensar cuándo y dónde enseñar estas destrezas. Algunas será mejor enseñarlas en grupos pequeños. Por ejemplo, veamos el objetivo 38, "Oye y diferencia los sonidos del lenguaje". En un salón de clase de niños de 4 a 5 años de edad, suponga que usted encuentra que:

- Dos niños se encuentran en el nivel de las Señales. Notan los sonidos en el entorno y al cantar canciones participan en algunas partes.

- Nueve niños juegan con palabras y rimas (paso I).

- Siete niños inventan sus propias rimas graciosas (paso II).

- Dos niños pueden oír y repetir los distintos sonidos en las palabras (paso III).

Con base en lo que aprenda al revisar el progreso de los niños en el Continuo, podrá identificar a cuáles de ellos les beneficiará la instrucción más enfocada y practicar ciertas destrezas.

Al reflexionar sobre esta información, podría concluir que la mayoría de los niños están apriendo a escuchar y diferenciar los sonidos. Así decide trabajar con todo el grupo para estimular la conciencia fonológica. Para convertir el objetivo 38 en el foco del grupo, podría intentar las siguientes estrategias:

- Aprovisione al área de biblioteca con grabaciones de poemas o canciones con mucha repetición y palabras que rimen para que los niños las estudien por su cuenta.

- Con un grupo pequeño de niños que estén en el primer paso del desarrollo, cante algunas canciones sencillas y juegos con los dedos.

- Durante las rutinas jueguen a: "Si tu nombre comienza con la misma letra que las siguientes palabras —mesa, mamá, manzana, mango— escoge un libro".

- Enséñeles a los niños a aplaudir al ritmo de la música.

- Anime a los niños a inventar rimas graciosas: "cuento, tuento, fuento, luento; galleta, falleta, ralleta, palleta".

- Lean libros que tengan rimas, ritmo y repetición como *¡Cuí, cuí, cuidado!* (Marilyn Pérez Falcón) y *Cúcara Mácara* (Margarita Robleda Moguel).

Con base en lo que aprenda al revisar el progreso de los niños en el Continuo, podrá identificar a cuáles de ellos les beneficiará la instrucción más enfocada y practicar ciertas destrezas. Esta información le ayudará a planear actividades en grupos pequeños. El Continuo del desarrollo es una herramienta de enseñanza que le permitirá aprender sobre cada niño y, así, planear para todo el grupo y para cada uno de ellos.

conclusión

Como puede ver, la observación, orientación y evaluación del aprendizaje infantil constituyen un proceso continuo. Usted recopila datos, analiza y evalúa lo que estos datos dicen sobre el desarrollo de cada niño y usa lo aprendido para planificar para cada uno de ellos y para todo el grupo. Después, pone en práctica sus planes de enseñanza, continúa observando y documentando lo que hacen los niños y, de esta manera, el ciclo continúa.

Referencias

Bowman, B. T., Donovan, M. S., & Burns, M. S. (Eds.). (2001). *Eager to learn: Educating our preschoolers*. Washington, DC: National Academy Press.

De Houwer, A. (1999). *Two or more languages in early childhood: Some general points and practical recommendations* (No. EDO-FL-99-03). Washington, DC: ERIC Clearinghouse on Languages and Linguistics Center for Applied Linguistics. (ERIC Document Reproduction Service No. ED433697)

Gosnell, E. S. (2001). *Classroom culture and children whose home language is other than English: Negotiating meaning in preschool special education*. Unpublished doctoral dissertation, George Mason University, Fairfax, VA.

Jablon, J. R., Dombro, A. L., & Dichtelmiller, M. L. (1999). *The power of observation*. Washington, DC: Teaching Strategies.

Katz, L. G. (1994) The project approach. Champaign, IL: ERIC Clearinghouse on Elementary and Early Childhood Education. In J. H. Helm & L. Katz (2001), *Young investigators: The project approach in the early years* (p. 1). New York: Teachers College Press.

Tabors, P. O. (1997). *One child, two languages: A guide for preschool educators of children learning English as a second language*. Baltimore: Paul H. Brookes, Pub.

En este **capítulo**

5

La función de la familia

El hogar y la escuela son los dos mundos más importantes de los niños pequeños y ellos deben hacer puentes entre estos dos mundos diariamente. Si el hogar y la escuela están conectados en formas positivas y respetuosas, los niños se sienten seguros. Pero cuando los dos mundos se contradicen —debido a la apatía, la falta de comprensión o la incapacidad de trabajar en forma cooperada— los niños sufren. Los maestros que valoran la función de la familia en la educación infantil y reconocen cuánto pueden lograr trabajando con las familias, pueden crear una asociación fuerte entre sí.

Parta de la idea de que los padres ya participan. Ellos han estado criando a los niños desde su nacimiento y demuestran su compromiso, inscribiendo a los niños en su programa y llevándolos al salón de clase todos los días. En lugar de esperar que ellos le ofrezcan un tiempo que no tienen, propóngase una meta distinta. Concéntrese mas bien en forjar una relación con cada familia, de manera que puedan trabajar juntos para reforzar el desarrollo sano y el aprendizaje de los pequeños. Este capítulo le servirá para ocuparse de los siguientes temas:

Cómo llegar a conocer a las familias: reconociendo diferencias entre las familias y aprovechando los contactos iniciales para aprender sobre cada familia.

Cómo hacer sentir bienvenidas a las familias: creando un entorno cordial, presentándoles su programa, inspirando confianza y acercándose a los parientes de cada niño.

La comunicación con las familias: aprovechando los intercambios diarios informales y los métodos de comunicación más formales para compartir información con ellas y mantenerlas al tanto de su programa.

El asocio con las familias en el aprendizaje infantil: ofreciéndoles una diversidad de maneras de contribuir, involucrando a las familias en el programa y realizando conferencias para comentar el progreso de los pequeños y planificar juntos.

Cómo responder a las situaciones desafiantes: reconociendo que las familias pueden sentirse tensionadas, encarando los malentendidos y resolviendo las diferencias basadas en creencias filosóficas y culturales profundamente arraigadas.

Cómo llegar a conocer a las familias

De la misma forma como usted comienza a conocer a cada niño y utiliza lo aprendido para forjar una relación que les ayude a aprender, podrá forjar relaciones con las familias si llega a conocerlas y a apreciarlas. Tenga en cuenta que cada una es distinta. Si trata de relacionarse con todas de la misma forma, lo único que logrará será que un porcentaje mínimo de familias responda a tal acercamiento. En contraste, si modifica las maneras de comunicarse con las familias y las hace parte del programa, lo más probable es que pueda acercarse a cada una de ellas.

El aprecio de las diferencias

Una diferencia evidente entre las familias es la **estructura**. La familia tradicional —dos padres y sus hijos— ya no es tan corriente como solía serlo. Hoy en día, muchos niños crecen con uno de los padres solamente. Algunos lo hacen en hogares temporales, o con sus abuelos u otros parientes. Otros niños viven con dos madres, y otros con dos padres. Para apreciar las diferencias entre las familias con quienes trabaja, comience por mantener la mente abierta con respecto a lo que constituye una "familia" y recuerde que, incluso si una familia le parece muy poco tradicional, las familias de los pequeños son para ellos las personas más importantes del mundo.

La personalidad y el temperamento son algunos de los aspectos en que se diferencian las familias. Algunas son fáciles de conocer, se sienten a gusto en el entorno escolar y están dispuestas a comunicarse con los maestros de sus hijos. Otras, en cambio, no se sienten cómodas y son tímidas en una situación escolar, tienen recuerdos poco agradables de sus propias experiencias escolares y se sienten inseguras en cuanto a cómo relacionarse con los maestros de sus hijos. Sin que importen estas diferencias, usted podrá transmitirles a todas las familias que las valora y que su salón de clase es un lugar seguro para que lo visiten.

> Incluso si una familia le parece muy poco tradicional, las familias de los pequeños son para ellos las personas más importantes del mundo.

Las experiencias de vida como el nivel educativo, el nivel socioeconómico, las cuestiones de salud y el tiempo que lleven en este país son otros de los aspectos que diferencian a las familias e influyen en la manera como se relacionan con los maestros de sus hijos. Algunos padres de familia no sólo cuidan a sus niños, sino que se encargan también de sus mayores o de parientes enfermos. Algunos encaran circunstancias desafiantes como el desempleo, la dependencia de drogas, la inestabilidad o inseguridad de la vivienda, la depresión o la falta de acceso a teléfono o a transporte. Su sensibilidad a estas circunstancias de vida podrá serle muy útil para ayudarle a aceptar y apreciar a todas las familias.

Las diferencias culturales a veces son menos evidentes pero, no por ello, menos importantes que la estructura, la personalidad y las circunstancias de vida. La cultura ha sido definida como las creencias, valores y prácticas que hemos aprendido de nuestras familias, ya sea mediante el ejemplo (viendo lo que hacen los otros) o mediante la orientación explícita (se nos dice lo que se espera). Los antecedentes culturales afectan cómo se comunican las personas e interactúan con otras y sus expectativas de cómo responderán los demás. Debido a que cada cultura tiene su propia serie de reglas y expectativas, las distintas culturas interpretan lo que la gente hace y dice de distintas maneras.

Para apreciar cómo y por qué responden las familias como lo hacen, es útil reconocer sus propias experiencias y cómo han influido en su manera de pensar y actuar.

La conciencia de la propia identidad
Piense en los mensajes que usted recibió cuando crecía y en las experiencias que tuvo con su familia y su comunidad. Tener en cuenta las siguientes preguntas, le ayudará a comenzar (o a continuar) su propio proceso de adquirir conciencia de la propia identidad.

- ¿Cómo adquirió conciencia de su propia identidad: nacionalidad, cultura, etnia?

- ¿Qué mensajes recibió a temprana edad sobre otros grupos?

- ¿Cómo definía usted "familia" cuando estaba creciendo? ¿Su definición ha cambiado?

- ¿Qué mensajes recibió sobre el nivel socioeconómico de su familia?

- ¿En su familia se trató distinto a las niñas y a los niños? ¿Cuáles cree que eran las expectativas que su familia tenía de usted?

- ¿Cómo y cuando se le estimuló a expresar sus ideas y sentimientos?

- En su hogar, ¿era aceptable ser ruidoso y activo o se esperaba que los niños fueran vistos mas no oídos?

- ¿Cómo se manejaba la disciplina?

- ¿Se estimuló la autonomía y la independencia?

Si usted comparte sus experiencias con alguien de un origen similar, lo más probable es que encuentre muchas similitudes en cuanto a sus creencias y prácticas, pero también muchas diferencias. También es posible que no desee que se le califique como perteneciente al mismo grupo que esta persona. Por tal razón, no es muy útil tratar de generalizar acerca de las características de ningún grupo. Como los calificativos o rótulos sólo perpetúan los estereotipos y con frecuencia son poco acertados, lo mejor será aprender tanto como pueda sobre las familias en su programa y no depender de los estereotipos de grupo que pueden ser completamente falsos. Considere los diversos factores que influyen en las prácticas y valores de cada familia, incluidos el país de origen, la clase social allá y acá, el nivel educativo de los padres y si otros parientes de la familia extendida viven en el hogar.

Los contactos iniciales para aprender sobre las familias

Los contactos iniciales son oportunidades de llegar a saber un poco sobre cada familia. Dependiendo de los procedimientos de su programa, su primer contacto puede ser en el momento de inscribirse o durante una visita al hogar. Ya que estos contactos iniciales causan una impresión, utilícelos para aprender sobre las familias y comenzar a forjar una relación positiva.

Piense en cómo hacerlas sentir a gusto desde el principio. ¿Cómo les puede transmitir que desea conocerlas a ellas y a sus niños? Pregúntese: ¿Es apropiado servir algo de beber o de comer? ¿Debe procurar que alguien que hable la lengua de la familia esté presente? Utilice como guía la idea fundamental de que en estos contactos iniciales, su deseo debe ser que las familias se sientan a gusto en su compañía.

La inscripción

La mayoría de los programas utilizan un formulario de inscripción con preguntas específicas sobre la historia del niño y la familia. Si tiene dudas, pregunte cómo se pronuncia el nombre del niño correctamente antes de reunirse. Durante la inscripción, explique que la información en el formulario será útil para el programa. Dedique un tiempo para hablar informalmente con las familias acerca de los niños. Lo más probable es que usted adquiera valiosas percepciones al formular preguntas abiertas:

- ¿Qué desean que sepamos sobre su niño?

- ¿Cuáles son las actividades preferidas de su niño?

- ¿Su niño prefiere algún juguete?

- ¿Cuáles son las mayores fortalezas de su pequeño?

- ¿Tiene algún problema que debamos conocer?

- ¿Qué esperanzas y sueños tienen para su niño?

- ¿Qué es lo que más desean que su pequeño aprenda en nuestro programa?

Si lo considera apropiado, utilice el formulario de inscripción para informarse un poco sobre la cultura y la herencia familiar del pequeño. Las siguientes preguntas le podrán ayudar a obtener información valiosa:

- ¿Hay alguna tradición, celebración o canción importante para su familia y su niño?

- ¿Cómo desearía que reforcemos la herencia y la identidad cultural de su pequeño en la escuela?

- ¿Cómo puedo aprender un poco más acerca de su herencia y cultura?

- ¿Estarían dispuestos a compartir algo de su cultura con el programa?

Al hablar de manera informal con las familias durante el inscripción, usted descubrirá que obtiene una gran cantidad de información. Para documentar lo aprendido, podrá crear una red de ideas sobre cada niño (un proceso descrito en detalle en el capítulo 4 al discutir cómo planificar un estudio). Escriba el nombre del niño en el centro de una hoja de papel. A medida que los padres respondan las preguntas y avancen los comentarios, escriba unas cuantas palabras representativas alrededor, en un formato semejante a una red. Compártala con la familia del pequeño al final de la sesión y explíqueles cómo utilizará esta información para conocer y enseñarle a su hijo.

El momento de la inscripción también es apropiado para explicarles a los parientes cuánto valora usted su participación en el programa. Mencione las maneras en que intentará comunicarse con ellos e involucrarlos, y descubra los talentos e intereses especiales que las familias están dispuestas a compartir con su clase.

Las visitas a los hogares

Una de las mejores maneras de llegar a conocer a los familiares de los pequeños es visitando los hogares antes de comenzar el año escolar. Por lo regular, las familias se sentirán mucho más a gusto en su propio entorno que en la escuela. Las visitas a los hogares son una excelente manera de construir puentes con los niños que nunca han estado en esta clase de entorno.

He aquí una historia de la vida real de una maestra que descubrió el poder de visitar los hogares.

Para documentar lo aprendido, podrá crear una red de ideas sobre cada niño.

El poder de las visitas a los hogares: una historia de la vida real

Al llegar a la casa de Gabriel, vi una motocicleta en el jardín. Cerca, había dos para niños y en el patio había una colección de motocicletas de juguete. Antes de estacionar, ya sabía que una manera de involucrar a Gabriel era incluyendo actividades con motocicletas en el salón de clase. Mentalmente anoté: colocar motocicletas de juguete en el área de bloques y un libro de motocicletas en el área de biblioteca.

Gabriel me condujo a la casa para que viera su cuarto. Noté los muñecos de peluche sobre su cama y los juguetes con que había estado jugando. Supe que podía referirme a ellos en la clase. Antes de partir, los padres anunciaron orgullosos que, en seis meses, Gabriel tendría un nuevo hermanito o hermanita. Ahora contaba con más información para que Gabriel pudiese hablar con sus amigos y compañeritos. En una visita de diez minutos aprendí más sobre este niño y su origen que lo que había aprendido de algunos niños en todo un año como su maestra. Desde entonces, me he comprometido a visitar el hogar de cada niño antes de comenzar el año escolar.

Para los padres también son provechosas las visitas a los hogares. Reciben información relacionada con el comienzo de la escuela, la política disciplinaria escolar, mis técnicas de manejo de la clase, las salidas y las rutinas de la clase. Muchos de los padres con quienes trabajo fueron malos estudiantes en la escuela y algunos incluso la abandonaron. Sus recuerdos de la escuela y de los maestros no son los mejores y se sienten mal con respecto a enviar sus pequeños a la escuela. Asocian las conferencias de padres y maestros con las malas noticias y los problemas escolares, pero reconocen que los visito porque me interesa que sus pequeños triunfen.

Los niños son quienes más se benefician con estas visitas. Enseñados a desconfiar de los extraños, los estudiantes se reúnen conmigo en su casa, estando presentes los padres. Por eso, al llegar al salón de clase mi rostro les resulta familiar. Las fotografías que tomé de ellos y sus familiares están en el tablero de anuncios y como conocí a cada uno de los niños puedo saludarlos por su nombre.

Si usted nunca ha hecho una visita a un hogar le animo a intentarlo. Descubrirá que es una de las herramientas de enseñanza más valiosas. (Baker, 2001).

Antes de hacer una visita, envíe una tarjeta de bienvenida o llame a la familia del niño para informarles que desea visitarlos y lleguen a un acuerdo de cuándo hacerlo. Vaya con la intención de conocer a cada familia y forjar una relación, no de hacer juicios de valor. Invite a los familiares a hablar sobre sí mismos haciéndoles preguntas abiertas. Brevemente, comparta con ellos una historia personal, si cree que así las familias se sentirán más a gusto.

De la misma manera que llevaría flores o un regalo a la casa de algún amigo que le invite a comer, considere llevar algo del salón de clase como un libro o papel y crayolas para el pequeño o una guía del programa para los padres. Si le es posible, lleve algo que el niño pueda conservar hasta el primer día de clase. Le servirá como conexión concreta con el programa y le facilitará entrar a la escuela.

> Vaya con la intención de conocer a cada familia y forjar una relación, no de hacer juicios de valor.

También podría llevar una cámara para tomar una fotografía del niño y una con los parientes que estén presentes. Puede usar ambas fotos en las exposiciones de la clase. Algunos maestros usan cámaras instantáneas para que la familia pueda tomar una foto del maestro con el niño y conservarla en la casa. Estas fotos, que a menudo se exhiben en el refrigerador de la casa, son una manera natural de conectar el hogar y la escuela.

Sin embargo, no siempre es posible visitar a cada niño en su hogar. En tal caso, haga un esfuerzo y hable con las familias por teléfono, antes de que el niño llegue a su programa o trate de reunirse en un lugar público neutral como un café o un parque. Estas opciones con frecuencia dan resultado porque algunos padres se sienten intimidados por el ambiente escolar. En realidad, no importa dónde se reúna con los familiares. Ellos podrán enseñarle mucho si usted se comporta de manera genuina y está dispuesto a aprender de ellos. Las percepciones que obtenga le ayudarán a forjar una relación con cada uno de los niños y sus familias y a ser un mejor maestro.

Cómo hacer sentir bienvenidas a las familias

Todo lo que haga para llegar a conocer a las familias le servirá para darles la bienvenida. Las familias que se sienten bienvenidas en su salón de clase serán más dadas a regresar y a participar en el programa. El entorno que usted cree y la manera como les presente el programa les hará sentir que pertenecen allí y que tienen una función que desempeñar. Durante el año, podrá inspirar confianza por medio de las formas de comunicarse y acercarse a los parientes de los pequeños.

La creación de un entorno de bienvenida

El mensaje más importante que pueden recibir las familias al entrar al edificio y a su salón de clase es que éste también es un lugar para ellos. El entorno puede transmitir mensajes positivos.

Deseamos que sepa qué está aprendiendo su niño.

Nos interesan sus ideas y sugerencias.

Usted y su hijo hacen parte de nuestra comunidad escolar.

Les damos la bienvenida.

Cómo transmitir mensajes positivos

Haga **la entrada** atractiva, organizada y cordial. Incluya detalles decorativos como plantas, fotografías y exhiba el trabajo de los pequeños.

Ofrezca espacio para **buzones de correo/cajas de mensajes** para cada familia. Separe los mensajes según el idioma de las familias en su programa y use un color distinto para cada idioma. Esta práctica facilitará poner los mensajes en el lugar debido.

Incorpore **artefactos** que representen las culturas de las familias en sus exhibiciones como tejidos, artesanías, instrumentos musicales y máscaras.

Ofrezca **lugares para los parientes** donde puedan colgar sus abrigos y guardar sus pertenencias durante las visitas.

Mantenga un **tablero de anuncios** con información actualizada sobre las actividades del programa, las futuras reuniones y los acontecimientos comunitarios que puedan ser de interés para las familias.

Coloque una **caja de sugerencias** en un lugar visible y proporcione trozos de papel y lápices.

Haga una exhibición atractiva con las **fotografías** de los niños y sus familiares.

Coloque una **mecedora para adultos** en el área de biblioteca.

Tenga una **hoja de inscripción** para que las familias firmen por sus niños cada mañana. Los niños podrán firmar en otra.

Exhiba **libros e imágenes** que reflejen la diversidad de su programa.

Ofrezca **recursos** que los padres puedan leer y sacar prestados.

Coloque **señales** en el salón de clase que indiquen lo que están aprendiendo los niños en cada área de interés y cómo pueden los adultos reforzar lo que hacen los niños.

Dedique tiempo a evaluar continuamente si su entorno transmite los mensajes que se propone. Déjeles saber a las familias que sus ideas y contribuciones siempre son bienvenidas.

La presentación del programa

Cuando los niños entran al programa, lo más probable es que a los padres les interese especialmente descubrir qué aprenderá su niño y cómo será cada día.

Cuando los niños entran al programa, lo más probable es que a los padres les interese saber especialmente qué aprenderá su niño y cómo será cada día. Hágalos sentir bienvenidos respondiendo a sus intereses. Algunos programas producen un cuadernillo que presenta la filosofía y las metas para los niños, describe la clase de experiencias que tendrán y las políticas y procedimientos. En los programas que aplican *El Currículo Creativo* se les ofrece a los padres la *Guía para los padres a la educación preescolar*. Explíqueles qué contiene el **cuadernillo** para que los padres se sientan familiarizados con el contenido y lo lean después. Si han compartido con usted lo que desean que aprendan sus niños, remítalos a las secciones específicas del cuadernillo que se ocupen de estas metas.

Invite a las familias (y a los niños) a **dar un paseo por el salón de clase** y mencione cómo ha organizado las distintas áreas de interés, cómo es el día, dónde colocan los niños sus pertenencias y qué pueden esperar del primer día de escuela. Este es un buen momento para invitar a las familias a compartir algo del hogar que pueda exhibirse en el salón de clase.

Considere también tener **una sesión de bienvenida** para las familias al principio del año. Podrá describir su programa en forma breve, distribuir la guía para los padres, comentarla y recrear el día para las familias. Comience con todos en un círculo para demostrar la hora de trabajo en grupo. Salude a cada uno por su nombre. Comente un horario típico y explique el concepto de la hora de escoger. Invite a cada una de las personas a elegir un área de interés y explorar los materiales disponibles. A medida que lo hagan, vaya de un área a la otra. Comente lo que están haciendo y explique lo que aprenden los niños de las mismas actividades.

La **Carta a las familias** que encontrará al final del capítulo de cada área de interés de *El Currículo Creativo* describe qué hacen los niños, cómo refuerzan los maestros el aprendizaje y cómo pueden ayudar las familias en el hogar. Puede enviar estas cartas a las casas en forma espaciada, por ejemplo una vez por semana, para que los padres no se sientan agobiados con demasiada información. Otra alternativa es distribuir la carta apropiada durante una reunión en la que hablen de un tema específico, como las actividades culinarias con los niños.

Otra manera de compartir lo que aprenden los niños y cómo lo hacen es creando una **exposición** atractiva a la entrada de su salón de clase o de la escuela. Tome fotografías de los niños enfrascados en un trabajo. Exhiba fotos que muestren el trabajo infantil con descripciones breves de lo que están haciendo y aprendiendo.

La inspiración de confianza

Para sentirse bienvenidas, las familias necesitan confiar en usted. La confianza entre los maestros y las familias se forja y fortalece con el tiempo, y se basa en muchas experiencias respetuosas y positivas. Algunos padres pueden sentirse incómodos en un entorno escolar e inseguros sobre cómo serán tratados. Usted podrá inspirarles confianza a las familias, transmitiéndoles mensajes positivos. Las siguientes son unas cuantas sugerencias:

Cómo transmitir mensajes positivos a las familias	
Para transmitirles que...	**Usted puede...**
Son bienvenidos desde que llegan allí.	Saludar a cada miembro de la familia por su nombre y decir algo positivo sobre el niño, la familia o el programa.
Ellos pueden contribuir al programa.	Buscar una manera de descubrir y luego utilizar las destrezas especiales e intereses de cada persona en su programa. Reconozca las percepciones y la información que los padres tienen de sus niños y lo valiosas que son para usted como maestro.
Son competentes.	Verifique que toda la información escrita esté en un lenguaje sencillo y traducida, si es necesario. Evite utilizar jerga tanto en la comunicación oral como escrita. Aprenda a usar al menos unas cuantas palabras en la lengua del hogar de la familia para que pueda comunicarse directamente.
Sus puntos de vista son valorados y desempeñan una función.	Descubra los temas de interés para los padres. Cree una atmósfera relajada, comparta las preferencias de los niños, solicite los puntos de vista de los padres sobre el progreso infantil y haga de las conferencias un tiempo para planificar juntos.
Ellos comprenden lo que está ocurriendo en el salón de clase.	Dedique tiempo a explicar cómo aprenden los niños mediante el juego y tranquilice a los padres informándoles que la investigación ha demostrado que en un programa de calidad los niños avanzan en el aprendizaje de destrezas importantes en lecto-escritura y matemáticas, aunque el salón de clase sea distinto a lo que ellos esperaban ver.

Todas las familias llegan con expectativas: algunas positivas, algunas negativas, algunas neutrales. Responder de una manera respetuosa y positiva, les ayudará a confiar en usted y a participar en intercambios abiertos.

El acercamiento a las familias

Los padres de familia no son los únicos familiares que deben sentirse bienvenidos en su salón de clase. Todos los familiares del niño pueden participar en el programa y su participación puede hacer una gran diferencia. Por ejemplo, los abuelos pueden tener más tiempo libre que los padres para compartir y con frecuencia (aunque no siempre) mucha paciencia. Su participación en la clase puede ser valiosa: leyéndoles a los niños, jugando con ellos, ofreciendo ayuda en actividades especiales y mucho más. Las escuelas que se han asociado con hogares de la tercera edad o con grupos de abuelos descubren que los programas intergeneracionales benefician tanto a los envejecientes como a los niños.

Es probable que deba hacer un esfuerzo especial para hacer sentir bienvenidos y animar a los padres de familia, quienes en algunos casos se sienten incómodos en los ambientes de educación infantil donde predominan las mujeres. Una vez que los padres descubran que su presencia y sus contribuciones son apreciadas por el personal del programa y que son importantes para sus pequeños, lo más probable es que asuman un papel activo. Además existen beneficios sustanciales de lograr que los padres se involucren en la vida escolar de sus pequeños.

La investigación (Departamento de Educación de los Estados Unidos, 1999) ha demostrado que a los niños pequeños cuyos padres se involucran en su educación les va mucho mejor en la escuela. Más aún, estos niños disfrutan más de la escuela y son menos dados a ser expulsados o suspendidos que los niños cuyos padres no se involucran en su vida escolar. Al hablar de "padre" no nos referimos exclusivamente al papá biológico del niño. Una figura paterna puede ser otro hombre importante —el esposo o compañero de la madre, un tío, un hermano mayor, un abuelo, otro pariente o un amigo de la familia— que sea una influencia estable en la vida del pequeño.

Lo más importante es mantener presente que todos los niños necesitan en su vida del cuidado de adultos que asuman un interés activo en su aprendizaje. Descubra cuáles adultos son importantes en la vida de un niño y piense creativamente cómo podría hacerlos sentir bienvenidos. Aprenda acerca de sus intereses, qué trabajo realizan y cualquier pasatiempo o afición y en lo que les gustaría compartir con los niños. Describa lo que hayan contribuido otros al programa. Algunos adultos serán más dados a participar en una actividad que involucre a toda la familia, que en una diseñada específicamente para los padres. Usted también podrá tener éxito, si crea proyectos especiales o eventos para interesar a los distintos parientes. Por ejemplo, podría invitar a los abuelos o a los amigos especiales, a venir y leer o contar cuentos; y aquellos interesados en los proyectos de construcción podrían colaborar un día de hacer arreglos. También podría consultarle a algunos parientes sobre los temas que les interesen y organizar una actividad para que alguien venga a darles una charla.

Los pasos que usted da cada día para hacer sentir bienvenidas a las familias en su programa y salón de clase crean la base del trabajo cooperado. Usted podrá reforzar este cimiento, comunicándose con regularidad con las familias para que así estén más informados sobre la vida de sus pequeños en la escuela.

> Lo más importante es mantener presente que todos los niños necesitan en su vida del cuidado de adultos que asuman un interés activo en su aprendizaje.

La comunicación con las familias

La buena comunicación es esencial para construir relaciones de cooperación. Las familias desean saber qué experiencias tienen los niños en la escuela y lo que usted ha aprendido sobre ellos. Con frecuencia, también tienen información para compartir. Los intercambios diarios son tan valiosos como los métodos formales de comunicación. Cuando los pequeños observan unas relaciones respetuosas y genuinas entre sus familiares y los maestros, ven que sus dos mundos —el hogar y la escuela— están conectados.

Los intercambios diarios

En la mayoría de programas que sirven a niños de preescolar, los maestros tienen oportunidades diarias de comunicarse con los miembros de la familia. Propóngase notar algo que el niño haya hecho durante el día y anótelo para no olvidarlo al final del día. Con las siguientes sugerencias podrá aprovechar al máximo el intercambio diario con las familias:

Cómo aprovechar al máximo el intercambio diario con las familias

Haga sentir bienvenidas a las familias. Salúdelas por su nombre, dígales algo que haya hecho el niño o coménteles sus planes para el día.

Tenga algo específico para decirle a cada uno. "Buenos días, señor Lewis. Derek quiere mostrarle el reloj que ha estado desbaratando en el área de los descubrimientos".

Comparta un acontecimiento o algo que el niño haya hecho recientemente. "Permítame contarle sobre la construcción que hizo Janelle con los bloques ayer. Fue maravillosa".

Pídales consejo a los padres acerca de su niño. "Hemos estado animando a Tyrone a que pruebe nuevos alimentos a la hora de las comidas pero se niega. ¿Hay algo que realmente le gusta y no lo sabemos?".

Apoye a los padres cuando lo necesiten. "Para Leo es difícil despedirse de usted hoy. ¿Hay alguna razón para ello? Quizá necesita un abrazo adicional. Yo sé que va a estar bien una vez que esté ocupado y tenemos mucho planeado para hoy".

Sea un buen escucha. Escuchar activamente les comunica a los padres que sus preocupaciones e ideas cuentan. "Comprendo lo molesto que está por el incidente del mordisco. Puedo garantizarle que hemos tomado medidas para prevenir otro incidente similar".

Hable acerca de lo que están aprendiendo los niños. El final del día puede ser un buen momento para hablar con las familias de lo que el niño hizo ese día y para explicar su valor. "Hemos guardado el diseño que hizo Kate para mostrarles. Su habilidad para crear y repetir patrones es una destreza importante en matemáticas y en lectura".

Revise la comunicación. Si hay algo incierto acerca de lo que haya dicho alguno de los padres, clarifique su comprensión. "Veamos si le oí correctamente. Le oí decir...

Las comunicaciones formales

Además de las conferencias y los informes mencionados más adelante en este capítulo, hay muchas maneras de informar sobre lo que ocurre en su programa. Como siempre, trate de comunicarse en un lenguaje que los familiares comprendan y si algunos parientes no son lectores, demuestre su sensibilidad hablando directamente con ellos.

Maneras de comunicarse con las familias

Los boletines diarios o semanales. Una nota breve de lo ocurrido en la escuela cada (o semana) es una magnífica manera de mantenerse conectado con las familias. Escriba un mensaje corto y reprodúzcalo para cada familia. Puede ser tan sencillo como un formato que diga: "Pregúnteme sobre..." con un espacio para completar. Así las familias tendrán temas para hablar con sus niños sobre la escuela.

Las llamadas telefónicas. Organice un horario para llamar a las familias cada mes, saludarlos y decirles algo positivo acerca del progreso de sus niños. Comuníqueles su preocupación si un pequeño ha estado enfermo. Algunos maestros dan su teléfono y animan a las familias a que los llamen en cualquier momento. Otros definen cuándo están disponibles.

El correo electrónico (e-mail). Cada vez, más familias y programas tienen acceso al correo electrónico. Esta es una excelente manera de mantenerse en contacto. Usted también podrá actualizar a las familias mediante un *listserv*.

Internet. Preséntele a las familias el Currículo Creativo.net (si utiliza este sistema). Podrán participar en un boletín de mensajes entre padres, ver el portafolio del pequeño y ofrecer comentarios o incorporar fotografías.

Un sitio de la clase en la red. Usted, un colega o un padre de familia podrá crear un sitio de la clase en la red. Esta es una excelente manera de mantener a las familias informadas sobre los estudios a largo plazo y los eventos de la clase.

Las notas de agradecimiento. Envíe semanalmente una nota breve a las familias diciéndoles que aprecia algo que hayan hecho y que haya contribuido a la vida escolar.

Los diarios. Ofrézcale a cada familia un diario que viaje entre el hogar y la escuela. Los padres y los maestros podrán escribir entradas en el diario y compartir información.

Las notificaciones. Existen momentos en que usted deberá enviar notificaciones escritas para que los padres reciban rápidamente la misma información. Algunos ejemplos pueden ser un cambio de políticas, un evento especial o alguna enfermedad contagiosa.

El árbol telefónico o los mensajes electrónicos. Con un sistema de mensajes telefónicos automáticos usted podrá enviar un mensaje o un alerta a todos los teléfonos.

Sin que importe qué métodos adopte, lo importante será tener diversas maneras de comunicarse con las familias y escoger métodos manejables que les permitan mantenerse en contacto con las familas.

El asocio con las familias en el aprendizaje infantil

Los padres de familia son maestros de sus hijos desde el nacimiento. Por tal razón, son sus asociados en el aprendizaje infantil. Usted tiene mucho que ganar si reconoce el papel que desempeñan y los incluye en la educación de los pequeños. Numerosos estudios han documentado los beneficios académicos para los niños cuyos padres, escuelas y maestros se asocian. Cuando los padres se involucran, a los niños le va mucho mejor. Estos hallazgos son ciertos sin que importen el nivel educativo de los padres ni su nivel económico (Henderson y Berlag, 1994).

Cuando los padres se involucran, a los niños le va mucho mejor.

Para asociarse eficazmente con los padres, usted deberá involucrarlos y mantenerlos interesados. Pero, ¿qué significa exactamente involucrar a los padres? Tradicionalmente, significaba que asistieran a reuniones en la escuela, que se ofrecieran como voluntarios en el salón de clase y que colaborasen en los esfuerzos para obtener fondos. El éxito era medido por el número de padres que participaban.

Hoy en día, la mayoría de los padres trabaja todo el tiempo. Algunos tienen más de un trabajo y otros trabajan incluso en la noche. Por lo tanto, no siempre están en capacidad de participar en el programa escolar de sus hijos. En consecuencia, los maestros necesitan pensar en nuevas formas de participación de los padres.

La participación puede asumir muchas formas: desde contribuciones que pueden hacer los padres hasta ser voluntarios en el salón de clase y compartir información acerca del progreso de sus pequeños. A lo largo del proceso de asociarse, los maestros aprenden mucho acerca de los niños y sobre cómo enseñarles. Los padres logran apreciar cuánto han aprendido sus hijos y los mayores beneficiarios son los niños, quienes progresan y florecen a partir de las relaciones cooperadas entre sus familias y maestros.

Ofrezca distintas maneras de participar

Aunque las fortalezas y talentos de los padres y otros familiares no sean evidentes de manera inmediata, toda familia tiene algo positivo que ofrecer. Trate de descubrir los intereses y capacidades especiales de los familiares y piense en las maneras como puede involucrarlos en su programa. Pregúntese: ¿Qué le aporta esta persona a nuestra relación que fortalece nuestra capacidad de trabajar juntos? Entre más opciones les ofrezca usted a los familiares de contribuir a su programa y de involucrarse en la vida escolar de sus hijos, más probable será que tenga éxito acercándose a cada familia.

Al comienzo del año en una visita al hogar, durante la inscripción o mediante una llamada telefónica, permítales saber a las familias lo útil que sería su participación en el programa y cuánto significaría para los niños. Pregúnteles qué les gusta hacer con sus hijos y qué les interesa. Explíqueles que hay muchas maneras de contribuir y ofrecer ideas.

Maneras como pueden participar las familias

Haciendo cosas para el programa. Los familiares pueden realizar proyectos en el hogar que beneficien a todos los niños del programa. Podrán ayudar coleccionando "basura bonita" para utilizarla en el área de juego artístico (como retazos, moños, lazos, pedazos de madera, etc.), objetos para seleccionar y clasificar (botones, conchas marinas, llaves o tapas de botellas) o accesorios para el juego imaginario. Algunas familias estarán dispuestas incluso a hacer cosas para el salón de clase como juegos de lotería, coser ropa para las muñecas o cortinas, o grabar cuentos para el área de biblioteca.

Compartiendo su cultura. Las familias dispuestas a compartir aspectos de su herencia cultural pueden enriquecer mucho el programa. Pueden prestar objetos artísticos y hablar con los pequeños sobre lo que significan, cómo fueron hechos y su importancia. Usted puede invitar a un pariente para que cocine un plato tradicional con los pequeños, para que les enseñe bailes o canciones, les cuente historias o comparta fotografías de su país de origen. Las familias que no puedan venir al salón de clases durante el día, podrán grabar canciones o historias.

Compartiendo un talento o trabajo. Una vez que conozca los talentos e intereses especiales y en qué trabajan los parientes, podrá invitarlos a compartir su conocimiento y experiencia con los niños. Las posibilidades son infinitas: tocar un instrumento; preparar un jardín; enseñarles sobre los animales o los insectos; aplicar las destrezas de carpintería en un proyecto para el programa; etc.

Participando en un estudio. Las familias pueden ser una magnífica fuente de información y de ideas, si el tema de estudio es algo que ellos conocen. También podría enviarles una nota a la casa describiendo lo que estudiarán e invitándolas a hacer parte de la planificación. Podrían acompañarles en una salida, aportar materiales (como zapatos viejos para un estudio de las zapaterías) o participar en las actividades especiales que planee relacionadas con el estudio.

Contribuyendo al currículo. En algunos programas es un requisito que los padres opinen sobre el currículo. Aunque el programa ya haya adoptado un currículo (como *El Currículo Creativo*), usted podrá crear un comité de educación y provocar el interés de los padres para que participen. El comité se reúne por lo regular varias veces durante el año para discutir temas como, por ejemplo, qué están aprendiendo los niños, la capacitación que se ofrece al personal, los logros del programa que hayan sido documentados y las mejoras que se deban hacer.

La participación de los padres en la planificación de un currículo puede ser problemática. Algunos maestros temen que las familias sugieran prácticas inapropiadas al nivel del desarrollo infantil o que presenten solicitudes que no tienen en cuenta los intereses de los pequeños. En lugar de reaccionar a la defensiva, asuma que las familias que participan están demostrando su interés y disposición a aportar su experiencia y sus opiniones. Incluso si dichas ideas no son apropiadas, trate de encontrar algo aceptable en sus sugerencias. Hágales preguntas para tener una idea de lo que es importante para ellos y luego describa las maneras como usted atiende esas metas en su programa.

Aproveche el intercambio de opiniones acerca del currículo como una oportunidad, no como un campo de batalla. Por ejemplo, si un padre de familia expresa que una meta importante del currículo para los niños es conocer el alfabeto y aprender palabras, no se enfrasque en que no todos los niños podrán lograrlo. En lugar de ello, mencione lo importantes que son estas destrezas en *El Currículo Creativo* y muestre cómo ayuda el currículo a desarrollarlas.

- Muestre las metas y objetivos relacionados con estas destrezas y comparta el *Continuo del desarrollo* para explicar los pasos del desarrollo infantil.

- Comparta las estrategias de lecto-escritura descritas en el capítulo 3 y en el capítulo sobre la biblioteca.

- Hable sobre lo que hacen diariamente y valide las maneras como los familiares les ayudan a los niños a adquirir destrezas: hablando con ellos, leyendo juntos, mostrándoles señales, nombrando las letras y ayudándoles a escribir sus nombres.

- Invite a las familias a compartir otras ideas.

Si mantiene presente que los maestros y las familias tienen metas similares —primordialmente que los niños triunfen en la escuela y en la vida— por lo regular, podrá encontrar puntos medios. Además, las familias a menudo tienen ideas maravillosas para enriquecer el currículo, especialmente cuando saben sobre un tema. Si les describe cómo intenta ocuparse de sus expectativas o utilizar sus sugerencias, adquirirán un sentido de pertenencia, lo que con frecuencia da lugar al apoyo entusiasta.

Cualquier cosa que le ofrezcan las familias enriquecerá su programa. El tamaño no importa. Lo que aprenden las familias y el mensaje positivo que su participación les transmite a los niños es lo que más cuenta.

Asuma que las familias están demostrando su interés y disposición a aportar su experiencia y sus opiniones.

Por lo regular, usted podrá encontrar puntos medios.

Cómo hacer significativa la participación

Algunas familias podrán participar en su programa diariamente. Al hacerlo, podrán ver directamente cómo trabaja usted con los niños y fomenta el aprendizaje. Esto beneficia de múltiples maneras a los niños: ver a sus padres en el salón es causa de orgullo. Además, un adulto adicional significa más atención individual para cada niño.

Confírmeles a los padres que usted no espera que ellos sean los maestros. Explíqueles que su meta principal es ofrecerles una oportunidad de saber qué ocurre en el salón de clase y que su ayuda será de gran utilidad. Prepárelos para la posibilidad de que al principio su niño desee su total atención. Explíqueles que esto es algo normal.

Hable con las familias por anticipado —en una reunión o individualmente— acerca de las maneras como pueden trabajar con los niños: jugando con un grupo en un área de interés; jugando uno a uno con su pequeño o con otro niño; dirigiendo una actividad con un grupo pequeño; o sirviendo como un experto en un tema. Algunos maestros consideran útil poner señales en cada área de interés explicando lo que hacen los niños y lo que están aprendiendo. Si necesita ayuda en una actividad, comuníquese con los padres de familia por adelantado para que tenga la oportunidad de hacer las preguntas o preparaciones necesarias. Sin embargo, permita también que los familiares elijan un área de interés para ellos a la hora de escoger qué hacer.

En general, hay maneras como las familias pueden participar, aplicables a todas las áreas de interés y actividades. Piense en elaborar una página en la que resalte las siguientes sugerencias para los familiares de los niños:

- Observe qué hacen los niños y demuéstreles su interés describiendo lo que vea: "Veo que pusiste todas las estaquillas rojas en fila".

- Siga el liderazgo de los niños sin dominarlos. "Voy a tratar de mover el molino como tú lo hiciste".

- Hágales preguntas abiertas para descubrir qué está pensando el niño. "¿De cuántas maneras podemos usar esto? ¿Qué hará? ¿Cómo se siente? ¿Cómo te gusta más? ¿Qué crees que ocurrirá después? ¿Cómo decidiste hacerlo así?".

- Ofrezca ayuda cuando sea necesario.

En el siguiente cuadro se ofrecen sugerencias de lo que podría decirles a los parientes de los niños sobre la importancia de cada área de interés y lo que ellos podrían hacer cuando participen.

Area de interés	Qué podría decir sobre cada área de interés	Qué podrían hacer las familias cuando participen
Los bloques	Los bloques están diseñados en unidades matemáticas. Las construcciones de los niños atraviesan distintas etapas. Los niños hacen diseños y construyen lo que ven a su alrededor: calles, casas, un zoológico.	Hablar con los niños sobre las distintas figuras y cuántos bloques necesitan. Ayudarles a los niños a encontrar y a colocar los bloques en su lugar. Sugerir accesorios que podrían utilizar.
El juego imaginario	Jugar a hacer de cuenta es la manera como los niños le dan sentido a sus experiencias. Los niños asumen roles y recrean situaciones, usan accesorios y juegan con otros niños.	Hacer de cuenta con los niños asumiendo un rol. Ayudarles a encontrar y a devolver los accesorios que necesiten. Hacer sugerencias para ampliar el juego de hacer de cuenta.
Los juguetes y juegos	Estos materiales les enseñan matemáticas, desarrollan la coordinación ojo-mano y refuerzan las destrezas de los músculos pequeños. Algunos se corrigen a sí mismos y algunos son abiertos.	Jugar con los niños. Ayudar a un pequeño que esté teniendo dificultades para finalizar una tarea como un rompecabezas. Hacer comentarios sobre el patrón que haga un niño.
El arte	Los niños necesitan tiempo para explorar y experimentar con los diferentes materiales artísticos. El arte creativo es la manera como los niños expresan sus propias ideas y sentimientos. Los adultos no deben imponer sus ideas a los niños. Hay etapas predecibles en el trabajo artístico infantil.	Animar a los niños a experimentar con pintura, marcadores, arcilla, plastilina y materiales para hacer collages. Ayudarles con una actividad especial como hacer plastilina. Ayudarles a los pequeños a escribir su nombre en su trabajo artístico o escribir lo que le dicten los niños.
La biblioteca	Los niños adquieren valiosas destrezas de lecto-escritura y aprecio por los libros. Este es un lugar silencioso para aislarse y disfrutar de los libros. Las letras más importantes son aquellas que integran el nombre de los niños.	Leer y disfrutar mirando libros con los niños. Animar a los pequeños a escribir y a que le dicten. Contar historias y escuchar cuando los niños las cuenten de nuevo.
Los descubrimientos	Esta es un área donde los niños pueden hacer descubrimientos y experimentar con los materiales. Los adultos pueden animar a los niños y compartir con ellos el sentido de maravillarse.	Ser curiosos acerca de los descubrimientos infantiles. Ayudarles a desbaratar algún aparato viejo (un reloj, una grabadora, etc.)

Area de interés	Qué podría decir sobre cada área de interés	Qué podrían hacer las familias cuando participen
La arena y el agua	Estos son materiales que tranquilizan a los niños. Los niños pueden hacer descubrimientos científicos y matemáticos.	Verificar que la arena y el agua permanezcan en las bañeras. Ofrecerles accesorios y hablar sobre lo que están descubriendo los pequeños. Ayudarles en alguna actividad especial como hacer burbujas o descubrir qué flota y qué se hunde.
La música y el movimiento	Los niños desarrollan la coordinación y aprenden conceptos mediante canciones. Ellos adquieren la destreza de escuchar y el aprecio por distintas clases de música.	Compartir un instrumento que puedan tocar, música que puedan disfrutar o enseñarles un baile. Explorar los sonidos de distintos instrumentos. Participar en actividades en grupo.
Las actividades culinarias	Al seguir recetas los niños aprenden lecto-escritura y destrezas matemáticas. Al cocinar, los niños hacen descubrimientos científicos. Preparar alimentos y comerlos es muy satisfactorio. Para mantener la seguridad existen reglas y procedimientos.	Ayudar a reunir los materiales que necesitan. Recordarles a los niños las reglas de seguridad. Ayudar a los niños a seguir las recetas escritas en tarjetas. Elaborar con los niños una de las recetas preferidas.
Las computadoras	Las computadoras hacen parte del trabajo diario. Los programas elegidos involucran a los niños en el aprendizaje activo. Los niños pueden trabajar juntos en la computadora.	Ayudarles a seguir los procedimientos para usar las computadoras. Ayudarles a encontrar los programas que quieren y aprender a usarlos. Participar en un juego en la computadora.
Al aire libre	El tiempo al aire libre es importante para la salud y el bienestar infantil. Los niños pueden aprender sobre la naturaleza de manera directa. Ellos fortalecen las destrezas de sus músculos grandes y la coordinación.	Ayudar a supervisar a los niños mientras juegan. Jugar un juego con los niños. Interesarse en sus descubrimientos (p. ej., observar una oruga o coleccionar hojas) Compartir una destreza o un interés especial (p. ej., carpintería, jardinería, básquetbol, etc.)

Las familias que tienen una experiencia positiva cuando participan en el salón de clase son más dadas a regresar. Asumir un papel significativo en el fortalecimiento del aprendizaje de sus pequeños tendrá un efecto mucho más duradero que las labores como lavar los pinceles o preparar las meriendas. Cerciórese de hacerles saber a las familias cuánto aprecia su ayuda y lo importante que es para sus niños. Podrá agradecerles nuevamente enviando una nota o llamando por teléfono.

Las reuniones con las familias para compartir información y planificar

La mayoría de los programas realizan reuniones con las familias varias veces al año para compartir información y comentarles el progreso infantil. En el capítulo anterior describimos cómo individualizan los maestros el currículo, observando y documentando el progreso infantil, y utilizando como guía el *Continuo del desarrollo*. A las familias les interesará descubrir lo que usted ha aprendido y, a su vez, usted podrá aprender sobre los niños hablando con las familias.

Involucrar a las familias en la planificación del trabajo de sus pequeños es una poderosa manera de transmitirles que ésta es una verdadera asociación. Los siguientes son algunos de los beneficios que usted podrá esperar obtener:

- Obtendrá una evaluación mucho más rica y precisa del desarrollo infantil mediante el intercambio de las observaciones con los familiares.

- Aprenderá sobre la cultura, el origen, los intereses y el temperamento del niño, lo que le ayudará planificar experiencias apropiadas.

- Tendrá una visión compartida de las fortalezas y desafíos del niño.

- Acordará con las familias qué objetivos y estrategias educativas son importantes.

- Compartirá expectativas para el progreso y desarrollo de un pequeño.

- Animará a los padres de familia en su papel como los primeros y más importantes maestros.

- Los niños recibirán mensajes comunes, tanto en la escuela como en el hogar.

- La educación se convertirá en un esfuerzo conjunto.

Trate de programar una reunión de planificación con los padres de cada niño, por lo menos tres veces al año o cuando les entregue los informes a los padres de familia.

La preparación de una reunión

Entre más preparado esté para una reunión, más positiva será la experiencia, tanto para usted como para los familiares de los niños y más podrá lograr. En el capítulo anterior discutimos la evaluación y describimos el valor de mantener un portafolio para cada niño y de rastrear el progreso infantil en el *Continuo del desarrollo*.

Antes de reunirse con las familias, revise el portafolio del niño y sus observaciones continuas. Verifique que el portafolio y sus observaciones estén actualizados. Revise lo que haya aprendido sobre el niño completando el *Continuo del desarrollo*. ¿Qué aprendió sobre sus destrezas sociales y emocionales? ¿La motricidad fina y gruesa? ¿El desarrollo cognoscitivo? ¿Las destrezas del lenguaje? Extraiga toda la información que crea de mayor interés para la familia. Un informe escrito que resuma el progreso del niño como el *Registro del progreso infantil y planificación* será una herramienta útil para presentar esta información.

Antes de reunirse con la familia...

- revise el portafolio

- tenga en cuenta los intereses y valores de la familia

- extraiga la información de mayor interés para los familiares del niño

- piense en las áreas del desarrollo, objetivos y estrategias que comentará con los familiares del niño

Piense sobre lo que sepa del origen de cada familia y considere qué será más importante para ellos. Algunos de los objetivos de *El Currículo Creativo* que verá en el Continuo reflejan ciertos valores de las culturas occidental y estadounidense. Por ejemplo, bajo el desarrollo socioemocional encontrará varios objetivos (p. ej., objetivo 3, "Reconoce sus propios sentimientos y los maneja en formas apropiadas"; objetivo 4, "Defiende sus derechos"; objetivo 5, "Demuestra direccionalidad propia e independencia") que algunas familias no consideran metas para sus hijos. Es probable que para algunos sea más valioso obedecer a la autoridad que expresarse compartir cooperación.

¿Qué significan para usted como maestro estas diferencias a la hora de evaluar el progreso infantil e intentar asociarse con las familias? Primero, reconocer las diferencias resalta la importancia de escuchar y aprender de cada familia. Dedique tiempo a averiguar lo que más desea cada una para su niño, a qué comportamientos le dan más importancia y cómo ven la función que tienen en la educación del pequeño. Segundo, tenga en cuenta esta información al decidir en qué objetivos se centrará para cada niño. Finalmente, al prepararse, mantenga presente los valores importantes para las familias, de manera que pueda hacer énfasis primero en el progreso en estas áreas. Por ejemplo, algunas familias valoran más las destrezas sociales y emocionales que las destrezas cognoscitivas. Si lo tiene en cuenta, podrá comenzar su conferencia compartiendo el progreso en esta área.

Un paso final al preparar una reunión es pensar un poco en las áreas del desarrollo y los objetivos específicos en que quiere centrarse, y en las estrategias que comentará con la familia del niño. Pregúntese: ¿Cómo se puede ayudar a que este niño avance a un nivel de desarrollo superior para ciertos objetivos específicos? ¿Qué nuevas destrezas está listo a aprender este niño? ¿Cómo puedo reforzar los intereses y fortalezas del niño? Usted no tendrá todas las respuestas antes de reunirse con las familias pero tendrá unas cuantas ideas para ofrecerles como punto de partida.

Cómo conducir una reunión

Una buena manera de comenzar a hablar con las familias sobre el progreso de sus niños es compartiendo unas cuantas muestras del trabajo de los pequeños. Las fotos de las estructuras de bloques que haya hecho un niño, muestras de dibujo y escritura, así como historias que le haya dictado a usted son evidencia concreta de los logros del niño. Dedique tiempo a explicar un poco cada muestra del trabajo y lo que indica acerca de los intereses y fortalezas del niño. Más importante aún, comparta algo positivo que demuestre que usted realmente sabe qué es único y especial de este niño. Comenzar una reunión de esta manera tranquilizará a las familias.

Revise lo que haya escrito sobre el desarrollo del niño.

Invite a las familias a compartir sus propias observaciones y a identificar los objetivos importantes para ellos.

Comente los objetivos específicos en que quiera enfocarse.

Comparta muestras del trabajo y ofrezca comentarios positivos.

Ofrézcales a las familias una copia del plan.

Luego, revise lo que haya escrito sobre el desarrollo del niño. Resalte las fortalezas del pequeño, así como cualquier área que le preocupe y comparta ejemplos específicos de sus notas de observación o las muestras del trabajo del niño.

Invite a las familias a compartir sus propias observaciones. Hacer preguntas como las siguientes, animará a las familias a compartir sus perspectivas:

- ¿Qué le gusta o le disgusta al pequeño de venir a la escuela?

- ¿Qué cambios ha visto?

- ¿Cuáles son los intereses especiales de su niño?

- ¿Qué le gustaría que su niño experimente en la escuela este año?

Después de escuchar lo que digan los familiares, comparta con ellos algunos objetivos específicos en los que quiera centrarse para el niño e invite a las familias a identificar cualquiera que sea importante para ellos. Describa varias de las estrategias que utilizará y pregúnteles qué disfrutarán haciendo ellos en el hogar con el niño.

Ofrézcales a las familias una copia del plan, de manera que se convierta en un verdadero derrotero para fortalecer el desarrollo del aprendizaje infantil. La próxima vez que se reúnan usted y los familiares podrán evaluar si el plan realmente funcionó, revisar nuevas evidencias del progreso del pequeño y revisar juntos el plan.

Cómo responder a las situaciones desafiantes

A pesar de todos los pasos positivos que usted dé para construir una relación positiva con cada familia, se le presentarán situaciones desafiantes que impiden el trabajo cooperado. Algunas familias, que están tratando de resolver sus necesidades básicas, sufren una constante tensión, lo que les dificulta estar disponibles para sus niños. Otras, eligen no involucrarse pensando que la educación de sus pequeños es una cuestión exclusiva de los profesionales. Como siempre, lo importante es comprender la causa de la situación desafiante para poder atender las cuestiones reales.

Las familias que sufren constante tensión

Los maestros trabajan, cada día más, con familias sometidas a una gran tensión. Muchas familias están encabezadas por uno solo de los padres, quien debe buscar empleo o capacitación, sin saber quién se encargará del cuidado de sus hijos. Asimismo, la tensión continua e incesante puede provenir de muchas fuentes. He aquí unas cuantas causas:

- vivir en una comunidad inmersa en la violencia

- el desempleo

- largas distancias para ir a un trabajo exigente sin flexibilidad laboral para acomodarse a las necesidades de la familia

- estar a cargo de un miembro de la familia con una discapacidad o enfermedad crónica

- el abuso doméstico y/o de sustancias

- la adaptación a una nueva cultura e idioma

- vivir en condiciones por debajo del promedio, en lugares atestados de gente o en un refugio

- la depresión no diagnosticada ni tratada

- la falta de seguro de salud para atender las cuestiones médicas

Los padres que viven bajo constante tensión a causa de tales situaciones, no siempre tienen la energía emocional ni los recursos físicos para proporcionarle un buen cuidado a sus hijos; a veces, ni siquiera para atender las necesidades mas básicas. Es posible que no estén en capacidad de resolver los problemas ni de brindarles la atención y el respaldo que necesitan. Su disciplina puede ser inconsistente, demasiado punitiva o inexistente. Para estos niños, la vida es impredecible y peligrosa, y su confusión se manifiesta a menudo en forma de enojo, aislamiento o temor.

Qué puede hacer un maestro

En primer lugar, no sentir que debe resolver los problemas por su cuenta. Comience reconociendo si una familia se encuentra sometida a la tensión. Evite aumentar dicha tensión siendo demasiado crítico (p. ej., si un padre ha olvidado traer las botas de su pequeño a pesar de los avisos) o evite mencionar algún problema que haya tenido con el niño, si puede esperar por una ocasión más apropiada para hacerlo. Al mismo tiempo, permita que las familias sepan qué recursos tienen a su disposición y que usted pedirá la asesoría de su supervisor o sus colegas. Es posible que en su programa hayan servicios sociales que les brinden apoyo a las familias, quienes podrán evaluar las necesidades de una familia con el fin de conocer la situación y buscar los recursos necesarios. Como mínimo, en todo programa se puede reunir información como la siguiente para compartir con las familias:

- una lista actualizada de las agencias comunitarias y los teléfonos de emergencia a los que se puede acudir

- folletos y recursos que se les puedan prestar a las familias

- una lista de grupos de apoyo que trabajan con los problemas que afrontan las familias

Ser padre es uno de los trabajos más importantes del mundo pero existe muy poca capacitación para esta función vital. Los padres que fueron afortunados y tuvieron experiencias amorosas y nutritivas en su niñez tienen un cimiento sólido para convertirse a su vez en buenos padres. Aquellos que han tenido experiencias menos constructivas, no obstante, desean lo mejor para sus pequeños y hacen lo que creen necesario. Sin embargo, hay cosas que usted verá hacer —o no— a los padres y se tensionará, mantenga presente que la mayoría está haciendo lo mejor que puede. Averigüe todo lo que pueda sobre las fortalezas y necesidades de cada familia para generar expectativas realistas e individualizar su método de asocio con cada familia.

Cómo manejar los malentendidos

Si usted trabaja con familias que comparten sus valores y creencias y con experiencias de vida similares, lo más probable es que interprete lo que ellos dicen y hacen con precisión. Pero si trabaja con familias distintas a usted —y si sabe poco sobre sus creencias y prácticas— lo más probable es que empiecen a surgir desacuerdos y obstáculos de comunicación. Comprender y respetar las prácticas distintas a las suyas le ayudará a involucrar a todas las familias en el programa.

El siguiente cuadro ilustra cómo pueden surgir las dificultades de comunicación entre los padres y los maestros. Además, muestra distintos puntos de vista de la misma situación.

Reconozca las señales de una familia sometida a la tensión.

Investigue y comparta con la familia los recursos importantes.

Los malentendidos: distintos puntos de vista

Situación	Punto de vista del maestro	Punto de vista de la familia
La maestra de Sonya describe lo complacida que está porque Sonia ha comenzado a hablar más en la clase y a compartir sus ideas. Los padres no dicen nada y se marchan de la conferencia.	Hablar en clase es una meta importante para los niños. Inicialmente, Sonya hablaba muy poco en el grupo, así que el cambio es un desarrollo emocionante. Ella aprenderá más, si participa activamente y se expresa mediante palabras.	Hablar en grupo significa que Sonya no se está comportando bien y no aprobamos ese comportamiento. Deseamos que nuestra hija sea respetuosa y se mantenga en silencio para que pueda aprender.
Después de llevar a cabo un taller sobre las formas en que los padres pueden ayudar a los hijos a aprender en el hogar y ofrecerles sugerencias escritas, los maestros descubren que varios padres no lo hacen.	Los padres que no dedican tiempo a las actividades con sus hijos en el hogar, no le dan mucha importancia al éxito de sus pequeños en la escuela. Entre más se involucren las familias, mejor les irá a sus hijos en la escuela.	Enseñarle a mi hijo es trabajo del maestro, no mío. No sé cómo hacer lo que el maestro pide.
Después de observar con atención a un niño por un tiempo, a una maestra le preocupa el retraso en el lenguaje y sugiere una evaluación. Los padres no hacen la cita con el especialista.	Si existe un problema real, debe identificarse tan pronto como sea posible. Los padres desearán obtener toda la ayuda que puedan para sus hijos.	En la vida debemos aceptar lo que nos toca. ¿Por qué debemos interferir?
La madre de Carlos le baja el cierre del abrigo y lo cuelga en su casillero con las botas y los guantes. La maestra le dice: "Carlos, tú puedes abrirte el abrigo y colgarlo, ¿cierto? Muéstrale mañana a tu mamá lo que puedes hacer solito".	Las destrezas de autonomía y la adquisición de independencia son metas importantes para los niños. La madre de Carlos lo trata como un bebé.	Ayudarle a mi hijo es una manera de mostrarle cuánto lo ama esta familia. Yo deseo cuidarlo, especialmente antes de despedirme por el resto del día. Hay tiempo para que aprenda a hacerlo.
Setsuko mira reacia hacia arriba y luego aleja la mirada cuando la maestra le pide que la mire a los ojos al explicar las reglas sobre correr en el salón de clase.	No puedo saber si me está escuchando si no me mira cuando le hablo.	Le hemos enseñado a nuestra niña que es irrespetuoso mirar a un adulto a los ojos cuando la está reprendiendo. Hacerlo va en contra de lo que le hemos enseñado.

Los padres que no comprenden lo que quieren los maestros de sus hijos o sienten que no se respetan sus valores y metas para sus niños, no pueden sentirse cómodos en la vida escolar. Y si los valores y destrezas que los niños aprenden en el hogar no son respetados ni comprendidos en la escuela, los niños se confunden con respecto a lo que deben hacer. Al identificarse más con la cultura del hogar, los niños rechazan la cultura escolar por ser desconocida para ellos. Al hacerlo, también rechazarán las metas y valores del sistema educativo, se sentirán aislados y con frecuencia renunciarán a la escuela. Lo contrario también puede ocurrir. Los niños pueden identificarse más con la cultura escolar y rechazar su propia herencia, lo que los hará aislarse cada vez más de su familia y su comunidad.

Usted puede evitar que los niños sientan que deben escoger entre las prácticas que aprenden en el hogar y las que se espera que sigan en la escuela. A menudo, esto significa aceptar lo que el niño hace. Por ejemplo, saber que a una niña se le ha enseñado que mirar a los ojos a un adulto es irrespetuoso, le ayudará a apreciar por qué se siente incómoda y confundida, si usted le dice: "Mírame a los ojos cuando te hable". Usted podrá comprender el comportamiento de esta pequeña y verificar si ella le prestó atención, pidiéndole que le indique si le entendió.

En otros casos, necesitará encontrar un punto medio para demostrar respeto por los valores familiares sin aceptar las prácticas escolares. Si usted sabe, por ejemplo, que para algunas familias hacer cosas por un niño es una demostración de amor, incluso cuando puede hacerlas sin ayuda, podrá validar la práctica de la madre de bajarle el cierre, quitarle el abrigo y colgarlo en el casillero y, al mismo tiempo, podrá comentarle que cuando ella no esté allí, su hijo aprenderá a hacer cosas por sí mismo, lo que es una importante destreza para la vida.

Otro ejemplo es la situación de la familia que descarta la recomendación de que un especialista evalúe el desarrollo lingüístico del niño. En este caso, usted tendrá más exito si reconoce, en primer lugar, el punto de vista de la familia de que debemos aceptar lo que nos ocurra y hacer con ello lo mejor posible. Confirme que aunque esto sea cierto, también es cierto que muchos problemas se pueden superar si se identifican oportunamente. Así, se le dará la oportunidad al niño de superar la dificultad y de triunfar. Una vez que lleguen a un acuerdo, descubrirá qué es lo más cómodo para la familia. Quizá ofrecerle que alguien del programa (vaya) con ellos a ver al especialista o que sea evaluado en el programa mismo.

Mediante una combinación de aceptación, compromiso y sensibilidad a la cultura familiar, usted podrá evitar que los niños sientan que deben escoger entre las prácticas que aprenden en el hogar y las que usted espera que sigan en la escuela.

Cómo atender las diferencias en formas constructivas

Algunas diferencias son difíciles de reconciliar porque van en contra de la filosofía de su programa y de sus creencias más arraigadas.

Algunas diferencias son difíciles de reconciliar pero deben ser atendidas directamente. Un ejemplo corriente tiene que ver con dar nalgadas a los niños. Algunos padres desearán que usted lo haga si se comportan mal pues creen firmemente que es bueno golpear a los niños y afirmarán que si usted golpea al niño, la sociedad no lo hará. Incluso, podrán decirle: "Mis padres me golpearon y yo estoy bien". Sin embargo, golpear a un niño va en contra de lo que ha demostrado la investigación sobre los efectos negativos del castigo corporal. Esta práctica también va en contra de la ley en la mayoría de estados. En un salón de clase de *El Currículo Creativo* donde los maestros procuran crear una comunidad armoniosa en el salón de clase, no se admite que nadie golpee a nadie más. En lugar de eso, nuestro objetivo es orientar el comportamiento infantil en formas positivas para que los niños aprendan a controlarse.

Cuando los deseos y valores de una familia entren en conflicto con aquellos del programa, los siguientes pasos podrán serle útiles para resolver las diferencias en formas constructivas.

Trate de entender la posición de la familia.

Haga preguntas abiertas y escuche para saber qué les preocupa. Diga por ejemplo: "Cuéntenme qué les preocupa sobre su niño. Qué les gustaría que aprendiera aquí?". Estas preguntas le ayudarán a descubrir las verdaderas cuestiones detrás de las solicitudes de los padres. Lo más probable es que deseen que su hijo se comporte bien y que se controle.

Valide las preocupaciones y deseos de la familia.

Repita lo que escuche decir para verificar que les comprendió y hacerles saber que les escuchó. Diga por ejemplo: "Lo que acabo de oír es que ustedes desean que su hijo aprenda a controlarse y a comportarse. Esta es una meta importante para nosotros también. Por eso dedicamos tiempo a desarrollar las destrezas de los niños en esta área".

Explique cómo atiende su programa la preocupación de la familia.

Reconozca que existen distintos puntos de vista sobre cualquier tema. Sin negar la solicitud que hagan los familiares, comparta con ellos su visión de los niños. Tanto usted como ellos desean ayudar a que los niños aprendan a comportarse en formas aceptables y a relacionarse con otros en formas cariñosas y respetuosas. Puede comenzar compartiendo con ellos los objetivos específicos del *Continuo del desarrollo* relacionados con la autodisciplina (incluidos bajo el desarrollo socioemocional). Si a los padres les interesa, muéstreles los pasos que atraviesan los niños típicamente para alcanzar ciertos objetivos y comente los ejemplos incluidos en cada uno. Describa las prácticas de su programa que le sirven de apoyo a los niños para adquirir las destrezas necesarias. Y, si es posible, comparta con los padres la investigación de los temas que les preocupan.

Formule un plan para consultarse unos a otros y verificar el progreso.
Confírmeles a los padres de familia que supervisará el progreso infantil y se mantendrá en contacto con ellos. También que mantendrá presentes sus preocupaciones y las atenderá en su programa. Una vez más, si utiliza el *Continuo del desarrollo*, podrá indicarles dónde se encuentra el niño en relación con ciertos objetivos pertinentes y comentarles lo que todos ustedes pueden hacer para ayudar al niño.

En algunos casos, lo mejor es llegar a un acuerdo y poner al margen sus propias creencias para lograr algo más importante. Un ejemplo es la realización de una ceremonia de graduación al final del año antes de que el pequeño termine el programa.

Usted puede sentir que una ceremonia de graduación no es lo más apropiado para el nivel de desarrollo. Especialmente, si se trata de una ceremonia formal en la cual los niños pretenden graduarse, usar togas y recibir diplomas. Para muchos padres, especialmente aquellos que tuvieron experiencias negativas o que nunca se graduaron, una ceremonia de graduación puede tener un significado especial. La ceremonia constituye una evidencia de que las experiencias escolares de su hijo han sido distintas y la esperanza de que ésta será la primera de muchas graduaciones. Por lo tanto, usted puede celebrar una graduación modificada. Por ejemplo, una fiesta a la cual invitarán a las familias y compartirán distintas comidas. Llegar a un acuerdo les transmitirá a los padres que respeta sus deseos y les permitirá a todos disfrutar de la celebración.

Si evita emitir juicios de valor podrá transmitirles a las familias que está dispuesto a aprender de ellos y a comprender mejor lo que desean y valoran. Con esta información a mano, podrá tratar de poner en práctica un método adecuado para ellos, ganarse su confianza y respetarlos sin violar los valores, metas y principios de su programa.

Si evita emitir juicios de valor podrá transmitirles a las familias que está dispuesto a aprender de ellos y a comprender mejor lo que desean y valoran.

conclusión

El último componente del marco de nuestro currículo es forjar un asocio con las familias y garantizar que cumplan una función en la educación de sus hijos. En conjunto, los cinco componentes del marco de *El Currículo Creativo* —saber cómo se desarrollan y aprenden los niños, organizar el entorno de aprendizaje, saber qué contenidos necesitan aprender los niños y comprender la función del maestro y de las familias— le ayudará a ser más eficiente y les brindará a todos los niños en su salón de clase experiencias de aprendizaje que estimulen su desarrollo. En la parte II le mostraremos cómo aplicar los cinco elementos del marco descrito en las páginas precedentes en cada una de las diez áreas de interés en un salón de clase de *El Currículo Creativo* y al aire libre.

Referencias

Backer, B. (2001, January 28). Home Visits. Message posted to ECENET-L@LISTSERV.UIUC.EDU (First appeared in *First Teacher* magazine, September/October 1994. Retrieved February 14, 2002, from http://www.awod.com/gallery/rwav/bbacker/articles/homevisits.html)

Henderson, A. T., & Berla, N. (1994). *A new generation of evidence: The family is critical to student achievement.* Columbia, MD: National Committee for Citizens in Education.

U.S. Department of Education. Office of Educational Research and Improvement. National Center for Education Statistics. (1999). *The condition of education 1999.* (NCES 1999-022). Washington, DC: U.S. Government Printing Office. Also available at: http://www.nces.ed.gov

En este capítulo

Cómo se desarrollan y aprenden los niños

El entorno del aprendizaje

La función de la familia

Qué aprenden los niños

Los bloques
El juego imaginario
Los juguetes y juegos
El arte
La biblioteca
Los descubrimientos
La arena y el agua
La música y el movimiento
Las experiencias culinarias
Las computadoras
El juego al aire libre

La función del maestro

Teoría e investigación

Los bloques

Cómo refuerzan el desarrollo infantil

Los bloques, especialmente los compactos de madera, son un equipo típico en un salón de clase de *El Currículo Creativo*. Los bloques de madera atraen por naturaleza a los niños pequeños porque se sienten agradables al tacto, son simétricos y los invitan a las exploraciones abiertas. Cuando los niños construyen, crean y representan sus experiencias con los bloques, crecen en todas las áreas del desarrollo.

El desarrollo socioemocional. En el área de los bloques, los niños negocian para utilizar los materiales que desean, definen cuántos niños pueden trabajar en un área, cuidan los materiales y siguen las reglas para construir con ellos sin peligro. Además, intercambian ideas. Por ejemplo, debido a que la idea de un niño para construir un zoológico varía de la de otro, amplían su conocimiento y aprenden a respetar los distintos puntos de vista.

El desarrollo físico. Los músculos pequeños de los niños se desarrollan cargando y colocando con cuidado los bloques que van juntos para construir un puente o para hacer un intrincado diseño. Los músculos grandes se fortalecen utilizando los bloques huecos y la coordinación ojo-mano se afina equilibrándolos con cuidado para que no se derrumben.

El desarrollo cognoscitivo. A medida que los niños experimentan el mundo a su alrededor, forman imágenes mentales de lo que ven. El juego con los bloques les ofrece una oportunidad de recrear estas imágenes en forma concreta. La capacidad de representar estas experiencias es la base del pensamiento abstracto. Más aún, el juego con los bloques estimula la comprensión de conceptos esenciales para pensar en forma lógica. A medida que seleccionan, construyen con los bloques y los colocan en el lugar que les corresponde, los niños aprenden sobre el tamaño, la forma, los números, el orden, el área, la longitud, los patrones y el peso.

El desarrollo lingüístico. Cuando los adultos les hacen preguntas y demuestran un interés genuino, los niños están dispuestos a hablar de sus construcciones. Cuando los adultos les ofrecen palabras nuevas para describir lo que hacen, aumenta su vocabulario y al elaborar letreros para las construcciones fortalecen sus destrezas de escritura.

Conexión entre el juego con bloques y los objetivos del Currículo

Familiarizarse con las metas y objetivos de *El Currículo Creativo* le será útil para identificar qué están aprendiendo los niños al construir y crear con los bloques. Basándose en sus observaciones, usted podrá documentar el progreso infantil en el *Continuo del desarrollo*. En el cuadro a continuación, se enumeran varios objetivos y se muestra qué podrían hacer los niños, indicativo de sus crecientes capacidades.

Objetivos del Currículo seleccionados	Qué podría hacer un niño en el área de juego con bloques
Desarrollo socioemocional	
4. Defiende sus derechos.	Dice: "No me gusta que me derrumbes mis bloques".
5. Demuestra direccionalidad propia e independencia	Mira una ilustración de un puente y comienza a construir uno.
7. Respeta y cuida el entorno de la clase y los materiales	Organiza los bloques en los anaqueles marcados con siluetas de los distintos tamaños y formas y coloca los accesorios en recipientes con letreros ilustrados.
9. Sigue las reglas de la clase	Le advierte a un amigo: "No armes tu edificio muy cerca al anaquel o se le van a parar encima".
10. Juega con otros niños sin problema	Sugiere construir una estación de gasolina para unirla a un camino construido por dos niños.
12. Comparte y respeta los derechos de los demás	Divide los bloques restantes para que cada niño pueda usar unos cuantos.
13. Utiliza las destrezas de pensamiento para resolver conflictos	Durante una pelea por los bloques, ofrece: "Puedes usar este bloque; es igual al que estoy usando".
Desarrollo físico	
15. Mantiene el equilibrio al moverse	Arma una barra de equilibrio con los bloques huecos y la cruza.
19. Controla los músculos pequeños de la mano	Equilibra con cuidado los bloques pequeños en una torre sin tumbar la estructura.
20. Coordina los movimientos ojo-mano	Coloca figuras de personas en cada piso de un edificio que hizo con los bloques.
21. Utiliza instrumentos para escribir y dibujar	Hace un dibujo de la estructura que armó con los bloques.

Objetivos del Currículo seleccionados	Qué podría hacer un niño en el área de juego con bloques
Desarrollo cognoscitivo	
23. Maneja los problemas con flexibilidad	Cuando alguien más usa el tapete azul que desea usar como lago, va hasta el área de artes y busca papel azul.
25. Explora la relación causa-efecto	Dice: "Si pongo otro bloque, mi edificio se caerá".
27. Clasifica objetos	Clasifica los bloques por tipo y forma.
28. Compara/mide	Mide dos estructuras con un trozo de cuerda.
29. Organiza objetos en serie	Nota que los bloques en el anaquel están organizados de grande a pequeño.
30. Reconoce patrones y puede repetirlos	Construye una pared alternando bloques cortos y largos.
32. Reconoce las posiciones en el espacio	Dice: "Voy a poner los animales adentro del cerco. Tú haces un camino afuera del cerco.
34. Usa los números y cuenta	Le recuerda a otro niño: "No se pueden poner más de cuatro bloques vacíos uno encima de otro".
37. Inventa e interpreta representaciones	Construye una casa y nombra las habitaciones.
Desarrollo lingüístico	
39. Se expresa utilizando palabras y oraciones largas	"Estoy haciendo un puente para nuestro castillo".
41. Responde preguntas	Explica: "Estoy haciendo un zoológico. Mira los animales".
42. Hace preguntas	Pregunta: "¿Cómo se hacen las escaleras?"
43. Participa activamente en conversaciones	Comenta con otro niño cómo construir el aeropuerto.
47. Utiliza las destrezas lectoras emergentes para entender lo escrito	Coloca una señal de pare en el camino de bloques y dice: "Cuando tu camión llegue aquí, tiene que parar".
49. Comprende el propósito de la escritura	Le lleva papel y lápiz a la maestra y le pide ayuda para hacer una señal que diga: "No tumbar".

Cómo crear un entorno para el juego con bloques

La manera como organice el área de los bloques, los materiales que les proporcione a los niños y los procedimientos que establezca para utilizarlos y cuidarlos, definirán la tónica del aprendizaje infantil. Para maximizar el potencial de los bloques como materiales de aprendizaje eficaces, proporcione suficiente espacio para que los niños construyan, un espacio bien definido para jugar con los bloques, un piso apropiado y una diversidad de accesorios y materiales de usos ilimitados. La siguiente ilustración muestra un área de bloques diseñada para el juego imaginativo y constructivo.

Los bloques y accesorios están bien organizados para que los niños encuentren lo que necesitan con facilidad y lo puedan colocar en su lugar.

La cinta en el suelo cerca a los anaqueles delimita "una zona donde no se construye" para prevenir que los niños armen sus construcciones donde podrían ser derrumbadas por otros constructores que estén agarrando bloques de los anaqueles o devolviéndolos a su lugar.

Cómo organizar el área de los bloques	Materiales sugeridos
Ubicación: Alejados de la zona de tráfico, preferiblemente en una esquina del salón limitada con anaqueles Suficiente espacio para que los niños puedan construir sin interrumpirse unos a otros Cerca a otras áreas ruidosas como el área de juego imaginario **Coloque:** Si es posible, una alfombra lisa y suave Tres anaqueles: dos para los bloques y uno para los accesorios	Bloques compactos de madera (unas 390 piezas en total) Para comenzar saque tres o cuatro formas básicas Una serie de bloques huecos (48 piezas) Figuras de personas (serie de familias multiétnicas y serie de figuras comunitarias multiétnicas) Figuras de animales (de la granja, el zoológico y mascotas) Señales del tránsito Autos, camiones, trenes, autobuses, botes pequeños Juego de tren de madera con trenes y vagones Libros relacionados con la construcción

Selección de los materiales

Un buen suministro de bloques y accesorios que destaquen las construcciones de los niños le añadirán interés al área de los bloques. Aunque para poner en práctica *El Currículo Creativo* se recomienda utilizar varios tipos de bloques, consideramos esenciales los bloques compactos y los bloques huecos.

 Los bloques compactos

Los bloques compactos de madera son durables, no tienen bordes afilados y para los niños son fáciles de manejar. Las unidades compactas vienen en 25 formas y figuras distintas. El bloque básico mide 5½ pulgadas x 2¾ pulgadas x 1⅜ pulgadas. Todos los bloques en la serie son proporcionales en largo o anchura a esta unidad básica. Por ejemplo, el bloque doble mide 11 pulgadas de largo y el medio 2¾ pulgadas. Dos triángulos son iguales a un cuadrado y cuatro cuartos de círculo son iguales a un círculo. Este diseño les ayuda a los niños a aprender conceptos matemáticos a medida que seleccionan, construyen y devuelven los bloques a su lugar. Por ejemplo, si un niño necesita un bloque largo y no está disponible, puede sustituirlo por dos bloques más pequeños.

Nuestra recomendación es adquirir la serie completa de bloques compactos (unas 390 piezas) para un grupo de 15 a 20 niños. En esta cantidad se debe incluir la mayor gama posible de tamaños y formas como rampas, curvas y cilindros. Con una gran variedad de bloques, usted descubrirá que las construcciones de los niños pueden tornarse realmente creativas.

Para los niños pequeños o los constructores inexpertos con los bloques, al comienzo del año es preferible presentarles unas cuantas figuras y tamaños básicos, como los bloques básicos, los medios y los dobles. Tan pronto como se sientan a gusto y capaces construyendo y devolviendo los bloques a su lugar, podrá agregar bloques con otras formas hasta poner a su disposición toda la colección.

Bloques compactos

Cuadrado o media unidad

Unidad básica

Doble

Cuádruple

Pilar

Medio pilar

Triángulo pequeño

Triángulo grande

Columna o cilindro pequeño

Columna o cilindro grande

Switch pequeño

Estribo grande

Unidad de arco y medio círculo

Medio arco romano

Estribo pequeño

Switch grande

Puerta gótica

Elipse

Curva

Cuarto de círculo

Rampa

Intersección

Vía lateral

Bordes para techos

Un espacio adecuado para almacenar los bloques y usar letreros garantiza que se conserven bien y que no sean arrojados unos contra otros durante el proceso de limpieza. Sin embargo, si se desea que duren por varios años, los bloques compactos son una inversión que requiere cierto cuidado.

Ráspelos periódicamente con papel de lija para eliminar los bordes afilados o astillados. Después de lijarlos, aplíqueles lustramadera o aceite de linaza para darles una capa protectora. Lave los sucios con un cepillo fuerte y con agua y jabón de aceite. Antes de barnizarlos, los bloques deben secarse completamente. Considere involucrar a los niños y a las familias en alguna de estas tareas.

Los bloques huecos

Los bloques huecos son de madera y mucho más grandes que los compactos. El cuadrado básico mide 5 ½ pulgadas x 11 pulgadas x 11 pulgadas. Una serie de bloques para el salón de clase tiene 48 piezas y siete figuras distintas que incluyen: un cuadrado medio, un cuadrado doble, dos láminas planas y una rampa. Los bloques huecos son abiertos a los lados para poder cargarlos con facilidad. Como a los niños les encanta llevarlos de un lugar a otro, los bloques huecos son excelentes para fortalecer sus músculos grandes. Además, los niños pequeños gozan sintiéndose poderosos al mover algo grande.

Con los bloques huecos los niños podrán construir estructuras grandes —un bote, un aeroplano, un cohete— meterse en ellos y pretender ser el capitán, el piloto o un astronauta.

Otros tipos de bloques y materiales de construcción

Usted podrá agregarle al área de los bloques otros tipos de bloques y materiales.

Los bloques de cartón que semejan ladrillos son los más apropiados para los preescolares más pequeños pues les permiten armar estructuras grandes sin peligro. Vienen protegidos con una capa similar al plástico y se pueden limpiar con esponja o con un trapo húmedo. Aunque no son tan resistentes como los bloques de madera huecos, una serie de 44 piezas no cuesta mucho y es una excelente adición al inventario de su salón de clase.

Los bloques de espuma son materiales de construcción, silenciosos y seguros hechos de espuma de caucho.

Los bloques grandes de plástico vienen en todos los tamaños y formas. Son de colores y resistentes.

Los tubos de PVC son los tubos blancos largos de plástico que se pueden adquirir en las ferreterías. Si compra las piezas conectoras, los niños podrán construir estructuras grandes. Son magníficos para el juego al aire libre o en un área amplia y abierta.

Los accesorios

Incluir accesorios en el área de los bloques estimula a los niños a ampliar su juego con los bloques y a convertirlo en juego dramático. Agrupe los accesorios por categorías (p. ej., personas, animales, autos, señales del tránsito) y manténgalos en recipientes rotulados.

Además de los accesorios básicos, usted podrá agregar nuevos materiales durante todo el año para inspirar la creatividad infantil. He aquí unas cuantas sugerencias:

Incluir accesorios en el área de los bloques estimula a los niños a ampliar su juego con los bloques y a convertirlo en juego dramático.

- una casa de muñecas con muebles en pequeños recipientes
- figuras multiétnicas de madera
- señales del tráfico y bombas de gasolina
- cables de teléfono
- rollos vacíos de papel toalla
- piezas delgadas de tubería de caucho
- papel, marcadores y tijeras
- palitos de colombinas
- gorros (de construcción, de policías, de bomberos)
- baldosas, cuadros de linóleo, alfombras
- poleas y cuerda
- herramientas del juego de carpintería

- canales de plástico
- libros, revistas o postales con imágenes de edificaciones, caminos y puentes
- un mapa de la ciudad
- bloques para armar castillos
- conchas marinas y piedrecitas
- cajas de cartón y de embetunar zapatos
- dinero de juguete
- retazos de tela
- logotipos de negocios locales
- trozos de madera o troncos pequeños
- empaques de cartón o icopor
- carteles y otro material escrito

Cómo exhibir los bloques y accesorios

Para que los niños puedan encontrar con facilidad lo que buscan y devolverlo a su lugar cuando hayan terminado de jugar, los bloques se deben almacenar en anaqueles bajos y agruparse según el tamaño y la forma. Así, la limpieza se convierte en un juego de clasificación y emparejamiento, y deja de ser solamente una tarea que los niños deben cumplir antes de poder avanzar a la siguiente actividad.

El papel adhesivo Contact de color es ideal para indicar el lugar correspondiente para cada figura. Trace la silueta del bloque al reverso del papel, recórtela y péguela directamente en el anaquel. Los letreros para los bloques grandes deben ubicarse a lo largo en los anaqueles y comenzando en la esquina izquierda (para reforzar la noción de que leemos de izquierda a derecha). Para los bloques que permanecen en pie, como los arcos, coloque el letrero detrás de los bloques en la parte trasera del estante.

Los accesorios también se deben organizar y rotular. Los accesorios grandes, como los camiones pueden colocarse en los estantes, pero los que tienen varias piezas se deben almacenar en recipientes marcados con letreros que tengan palabras e imágenes. Asegúrese de incluir papel y marcadores en el área o en un lugar cercano, para que los niños puedan hacer señales o dibujos de lo que construyan.

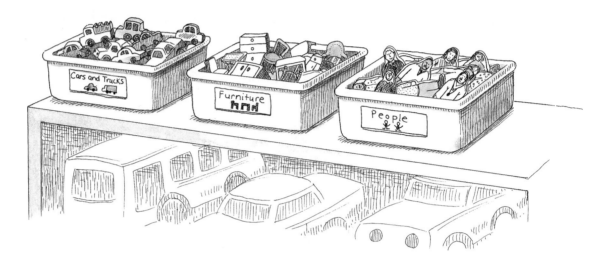

Encontrar espacio para los bloques huecos puede ser todo un desafío, especialmente si el espacio es limitado. Algunos maestros cierran por uno o dos días alguna de las otras áreas y permiten el juego con los bloques huecos o los mantienen arrumados en un pasillo donde los niños puedan usarlos siempre que puedan ser supervisados. (Verifique cualquier regulación contra incendios aplicable). Otra alternativa es mantener los bloques huecos almacenados en un lugar protegido al aire libre, como en un carrito de ruedas para poder llevarlos con facilidad al área de construcción.

La limpieza: un desafío especial

La limpieza tiene lugar durante la hora de escoger qué hacer, así como al finalizar toda actividad. Al marcharse de un área y dirigirse a otra actividad, los niños deben recoger los bloques que hayan usado, a menos que sean parte de una construcción que vaya a dejarse en pie. Si los niños no siguen estas reglas, la limpieza parecerá una tarea agobiante. Debido a que la recogida de los bloques plantea un reto especial, los maestros deben ser flexibles y participar en ella.

Sugerencias para limpiar el área de los bloques

Avise con cinco minutos de anticipación que se acerca la hora de la limpieza. De ser necesario, dígale a cada niño cuánto tiempo le queda: "Tienes suficiente tiempo para terminar ese camino que estás haciendo".

Déles tiempo adicional para la limpieza, de manera que los niños no sientan que se les apresura. Si les ayuda a comenzar la tarea, por lo regular será más manejable.

Permítales continuar trabajando si están enfrascados en el juego con bloques. Los niños aprecian que se respete su trabajo y así aprenden que, cuando es necesario, todos tienen el privilegio de continuar haciendo lo que desean.

Ayúdeles a comenzar. Recuérdeles que las siluetas en los anaqueles indican el lugar para cada bloque y asígnele a cada niño una figura o un accesorio para que lo guarde. Después de hacer esto por varios días, los niños podrán organizar el área por su cuenta.

La limpieza será muy divertida si la convierte en un juego. He aquí unos cuantos ejemplos:

- Déle a cada niño un "boleto" con la silueta de un bloque. Los niños deben guardar todos los bloques que tengan la misma forma.

- Dígales: "Tráiganme todos los bloques iguales a éste". A medida que traigan los bloques de la misma figura geométrica, muéstreles donde deben colocarlos en el anaquel comparando las figuras y los letreros.

- Declare un número para el día: "Hoy vamos a recoger tres bloques a la vez". Cada niño recogerá tres bloques al mismo tiempo y los guardará.

Si usted les transmite a los niños su respeto por las estructuras que construyan y les ayuda a recoger los bloques, los animará a utilizarlos creativamente y el juego será más provechoso. La manera como organice los bloques y accesorios, el espacio destinado para jugar con ellos y las rutinas de limpieza son factores críticos que influyen en el provecho que saquen los niños del juego con bloques. Si maximiza el acceso de los niños a estos materiales, el área de los bloques se convertirá en parte vital de su planificación del aprendizaje infantil.

Qué aprenden los niños en el área de los bloques

El área de los bloques ofrece oportunidades de aprender jugando. Las áreas de contenido mencionadas en el capítulo 3 se pueden explorar jugando con bloques, si los maestros piensan con detenimiento en los componentes de la lecto-escritura, las matemáticas, la ciencia, los estudios sociales, las artes y la tecnología. Los siguientes ejemplos le serán útiles.

Lecto-escritura

Amplíe **el vocabulario y el lenguaje** infantil, hablando sobre las construcciones. A medida que utilicen los bloques y los accesorios use palabras nuevas (cilindro, arco, camión, tractor, remolque, etc.). Invite a los niños a hablar sobre lo que hagan (p. ej., ¿"A donde van los carros cuando necesitan gasolina?").

Fomente **la comprensión de los libros y otros textos**, exhibiendo en el área de bloques libros relacionados con los intereses y las construcciones de los niños. Ayude a los pequeños a encontrar libros que respondan a sus preguntas (p. ej., libros de puentes, granjas o sobre cómo construir una casa).

Enséñeles a los niños sobre **lo escrito, las letras y las palabras**, colocando herramientas de escritura y papel en el área de los bloques y animando a los niños a hacer letreros para sus edificaciones. Exhiba los dibujos y letreros con palabras e incluya accesorios como señales del tránsito.

Matemáticas

Enseñe **conceptos numéricos** al sugerirles a los niños que guarden los bloques en series: "Para guardar los bloques, agarren tres a la vez". Haga preguntas sobre los números: "Cuántos bloques cuadrados se necesitan para obtener uno igual de largo que este bloque doble?".

Anime a los niños a explorar los patrones y relaciones, haciéndoles notar los diseños que han hecho con sus construcciones: "Mira el patrón qur tiene tu cerco: alto-bajito, alto-bajito, alto-bajito y así sigue". Sugiera que los niños hagan un dibujo de su diseño de bloques.

Haga énfasis en los **conceptos geométricos y espaciales**, organizando los bloques en los anaqueles según el tamaño y la forma y rotulando cada figura distinta. Enséñeles a los niños cómo se llaman las formas de los bloques (triángulo, cuadrado, cilindro) y hable sobre las posiciones en el espacio (encima, debajo, al lado, próximo, adentro).

Nutra el interés infantil en **la medición**, ofreciéndoles materiales como cuerdas y reglas para que puedan medir las construcciones.

Ciencia

Anime a los niños a explorar **la ciencia física** con básculas, poleas y tubos. Interésese por las exploraciones de los bloques (mencione si son suaves, si son pesados, cuáles se sostienen en pie más que otros, etc.).

Amplíe el conocimiento infantil de **la ciencia de la vida**, añadiendo animales de plástico o de madera para que los niños construyan viviendas como granjas, zoológicos, cuevas o jaulas. Ofrézcales plantas y flores artificiales para animar a los niños a crear distintos ambientes.

Fomente la comprensión de **la tierra y el medio ambiente**, proporcionando cables telefónicos y tubos como accesorios para construir y mencionar cómo llegan la electricidad y el agua hasta los edificios. Incluya materiales naturales como rocas, semillas, conchas marinas, piñas de árboles y ramas para utilizarlas en las edificaciones.

Estudios sociales

Estimule el aprendizaje sobre **los espacios y la geografía**, hablando de los disitintos caminos que están haciendo los niños y hacia dónde van. Exhiba mapas y ayúdeles a los pequeños a reproducir con los bloques su vecindario.

Explore conceptos relacionados con **las personas y cómo viven**, aprendiendo sobre los distintos negocios y trabajos del barrio. Proporcione accesorios que muestren personas realizando distintos trabajos. Exhiba libros e ilustraciones sobre cómo vive y trabaja la gente y hable con los niños de eso.

Artes

Fomente **la dramatización**, animando a los niños a usar las estructuras de bloques como escenario. Proporcióneles accesorios como gorras y recipientes vacíos para utilizarlos con los bloques huecos.

Nutra **las artes visuales**, destinando tiempo para que los niños creen diseños y estructuras originales con los bloques. Sugiérales dibujar estructuras como una manera de conservarlas.

Tecnología

Ayúdeles a los pequeños a explorar **las operaciones y conceptos básicos**, incluyendo rampas, ruedas y poleas. Conversen sobre lo que permite que una construcción sea estable.

Proporcione **herramientas tecnológicas** para que los niños las utilicen para tomar fotos de las estructuras de los bloques y exhibirlas. Ayúdeles a hacer planos en la computadora para recrearlas en el área de bloques.

A medida que aprenda sobre cada componente de los contenidos descritos en el capítulo 3, descubrirá muchas otras maneras de ampliar el aprendizaje infantil mientras los niños juegan con los bloques.

La función del maestro

Los bloques tienen el potencial de estimular una amplia gama de juego creativo, imaginativo y constructivo, desde organizar diseños sencillos hasta construir representaciones reales de estructuras complejas como puentes, rascacielos y vecindarios completos. Al igual que en todas las áreas de interés, su participación en el juego de los pequeños hará que adquiera sentido. Caroline Pratt, la educadora que diseñó los bloques compactos a principios del siglo XX, advirtió que los bloques "seguirían siendo simples piezas de madera, a menos que se les diese vida con la información acumulada con la experiencia" (Winsord, 1996, p. 4). El juego con los bloques es más provechoso para los niños si los maestros les ayudan a organizar y a expresar sus ideas.

El primer paso es observar lo que hacen los niños para poder determinar cómo responder a cada uno de ellos. Cada vez que usted interactúa con los niños para reforzar su aprendizaje, utiliza distintas estrategias educativas.

Cómo observar y responder en forma individualizada

Lo más probable es que vea a los niños jugando con los bloques de distintas maneras, algunas de ellas más avanzadas y productivas que otras. Esto se debe a que el uso que hacen los niños de los bloques, atraviesa una serie de etapas predecibles y su progreso a través de estas etapas ocurre a distintos ritmos. Lo más probable es que un niño que utiliza los bloques por primera vez los cargue y los manipule pero no los use para construir nada. En contraste, un constructor experimentado armará una intrincada torre o hará un elaborado diseño. Cada niño exhibe comportamientos apropiados a su nivel actual de desarrollo.

Etapas del juego con bloques

Comprender las etapas del juego con los bloque le permitirá tener expectativas realistas de lo que pueden hacer los niños a medida que cargan, apilan, manipulan y construyen con los bloques. Obsérvelos cuando jueguen y construyan, y muy pronto, usted podrá identificar las cuatro etapas del uso infantil de los bloques. Con este conocimiento podrá orientarse y decidir cómo ayudarles a avanzar a una etapa de desarrollo superior en la construcción con bloques para que su juego sea lo más provechoso posible.

Etapa I: Cargar bloques

Lo más probable es que los niños pequeños que no hayan jugado antes, los carguen o los apilen en un camión y los transporten. En este punto, los niños están interesados en aprender sobre los bloques: qué tan pesados son, cómo se sienten y cuántos se pueden cargar a la vez. Al experimentar con los bloques, comienzan a aprender sobre sus propiedades y a entender lo que pueden y no pueden hacer con ellos.

Etapa II: Apilar bloques y construir caminos

Los niños en la etapa II siguen explorando las propiedades de los bloques y cómo los pueden utilizar. Construyen torres apilándolos, uno encima de otro, y descubren cómo se ven las distintos armazones al colocar los bloques en el suelo.

En esta etapa, también comienzan a utilizar la imaginación y a poner en práctica importantes destrezas cognoscitivas. Para los jóvenes constructores, las filas planas de bloques en el suelo por lo regular sugieren un camino. Si tienen accesorios a su disposición como carros, los utilizarán para hacer construcciones más elaboradas. Durante la etapa II, la construcción de caminos marca la transición de simplemente apilar bloques a utilizarlos para hacer construcciones reales. Los niños que contruyen caminos descubren que pueden utilizar esos caminos para unir sus torres. Este descubrimiento le da paso a una etapa activa de experimentación y de solución de problemas.

Etapa III: Conectar bloques para hacer estructuras

En la etapa III, los niños utilizan su experiencia con los bloques para incrementar sus técnicas de construcción.

Las siguientes son las técnicas típicas que utilizan los niños en la etapa III:

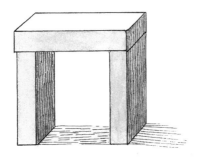

Los puentes. Para hacer un puente los niños colocan en pie dos bloques, dejan un espacio entre ellos y los conectan en la parte superior con un tercer bloque. Tal como los encierros, los puentes comienzan como un experimento de construcción y más adelante se utilizan en el juego dramático. Al construir puentes, los niños practican el equilibrio, exploran las relaciones espaciales y afinan la coordinación ojo-mano.

Los encierros. Los niños colocan bloques juntos para cerrar un espacio. Al principio, simplemente hacen el encierro como una experiencia gratificante. Más adelante, el encierro se puede utilizar en el juego dramático como un zoológico o como una granja para los animales (construir encierros también les ayuda a los pequeños a pensar en conceptos matemáticos, especialmente en área y geometría).

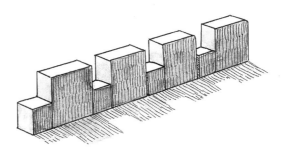

Los diseños. A los niños los fascina la simetría, el equilibrio y los patrones, y utilizan los bloques para formar patrones decorativos y diseños simétricos. Una vez que combinan unos cuantos bloques en un diseño, continúan haciendo el mismo patrón hasta que se les agotan los bloques o intentan otras variaciones. Los bloques se convierten entonces en un medio artístico mediante el cual los niños expresan sus creativas ideas.

Etapa cuatro IV: Armar construcciones elaboradas

Los constructores experimentados son capaces de unir los bloques con gran destreza. Rápidamente, aprenden a adaptarse a los cambios en su área de construcción y curvan sus estructuras y construyen alrededor de los obstáculos. En la etapa IV, los niños a menudo elaboran estructuras y artísticas.

Durante esta etapa del juego con bloques, los niños necesitan una amplia gama de bloques de distintos tamaños y formas. Otro aspecto distintivo de la etapa IV es que los niños utilizan los bloques como escenario del juego dramático y, con frecuencia, les colocan desde letreros hasta señales para que todos sepan qué han construido.

Cómo responderle a cada niño

Para observar el crecimiento de cada niño, las etapas descritas le ofrecerán una manera de evaluar las experiencias infantiles con los bloques. Usted podrá utilizar la información obtenida para decidir si un niño necesita más tiempo para practicar una etapa particular o si necesita ayuda para avanzar a la siguiente etapa. Al observar a un niño, note:

- qué etapa de la construcción ha alcanzado el niño

- si el niño reconoce las distintas formas y tamaños de los bloques y puede devolverlos al lugar apropiado

- si el niño habla sobre las estructuras y responde a las preguntas

- qué accesorios y materiales utiliza el niño al construir

Sus observaciones le ayudarán a planificar experiencias que faciliten aún más el aprendizaje. Usted descubrirá por ejemplo que uno de ellos necesita más estímulo para jugar con los bloques o una idea para comenzar.

La mejor manera de utilizar sus observaciones es mantener presente el *Continuo del desarrollo* de *El Currículo Creativo* y reflexionar sobre lo que haya aprendido. Si los maestros dedican tiempo a considerar qué les indican las observaciones de un niño, lo más probable es que estas respuestas sean eficaces para estimular el aprendizaje. En el cuadro en la página siguiente le ofrecemos ejemplos de cómo funciona este proceso en el área de los bloques.

Observación	Reflexión	Respuesta
Alexa construye una estructura alta con un camino alrededor y mueve los carros de juguete, estacionándolos cerca a la edificación. (Etapa IV)	Ella utiliza los bloques para construir una edificación que representa algo específico. *(Objetivo 37, Inventa e interpreta representaciones)* Ella sabe cómo utilizar los objetos en el juego imaginario. *(Objetivo 36, Juega con objetos simbólicamente)* ¿Cómo puedo animarla a participar en el juego imaginario, elaborado y sostenido? *(Objetivo 24, Es persistente en lo que emprende)*	Diga: "Veo que has estacionado algunos carros cerca a tu edificio. ¿Ese es el estacionamiento? ¿Cómo sabe la gente dónde se puede estacionar?". Ofrézcale materiales nuevos como figuras de personas y señales de tránsito. Anímela a participar con otros niños: "Me pregunto si Juwan podría construir una estación de gasolina, por si se le agota a tus autos".
Leo coloca los bloques dobles en pie, uno encima de otro, y se derrumban". Lo intenta cuatro veces con el mismo resultado. (Etapa II)	Él persiste en una tarea incluso cuando se le presentan dificultades. *(Objetivo 24, Es persistente en lo que emprende)* Nota el problema pero no parece comprender qué lo causa. *(Objetivo 25, Explora la relación causa-efecto)* ¿Cómo puedo ayudarle a descubrir cómo resolver el problema?	Pregúntele: "¿Por qué crees que se caen los bloques?". Haga una sugerencia: "¿Me pregunto cómo podrías hacer más resistente la base de tu edificio?". Proporcione superficies duras para construir (p. ej., cartón o linóleo). "Veamos qué ocurre si lo construyes aquí y no sobre la alfombra".
Carlos coloca los bloques alrededor de un camión de bomberos y le explica a otro niño: "Esta es una estación de bomberos. ¿Ves el camión estacionado adentro?" (Etapa III)	Juega cooperadamente con otro niño. *(Objetivo 10, Juega con otros niños sin problema)* Usa oraciones largas para comunicarse. *(Objetivo 39, Se expresa utilizando palabras y oraciones largas)* ¿Cómo puedo ayudarle a elaborar más su construcción y a involucrar a otros niños?	Ofrézcale accesorios adicionales como camiones, figuras de personas, gorras de bomberos para niños, una ambulancia de juguete y libros sobre bomberos. Sugiera: "Háblanos de tu estación de bomberos. ¿Quiénes trabajan allí y cómo saben si hay un incendio?".
Janelle guarda los bloques clasificando algunos correctamente, pero no todos.	Ella asume responsabilidad por la limpieza. *(Objetivo 7, Respeta y cuida el entorno de la clase y los materiales)* Participa en actividades como la limpieza. *(Objetivo 8, Sigue las rutinas de la clase)* Tiene las destrezas iniciales de seleccionar y clasificar. *(Objetivo 27, Clasifica objetos)* ¿He organizado la distribución de los bloques, rotulado los anaqueles y les he explicado la organización a los niños?	Rotule claramente todos los bloques y hable con los niños sobre cómo están organizados y por qué. Incorpore un poco de aprendizaje de las matemáticas, sugiriendo: "Guardemos primero todos los bloques con forma de triángulo. ¿Podrían encontrar todos los bloques iguales a este?".

La interacción con los niños en el área de los bloques

No existe una sola manera correcta o incorrecta de construir con los bloques: los niños deben poder crear lo que ellos deseen. En ocasiones, comienzan con una idea de lo que quieren hacer. En otros casos, los diseños tridimensionales crecen a medida que unen los bloques al azar o siguiendo diseños. Cuando las estructuras de bloques comienzan a semejar lo que han visto, los niños comienzan a nombrar lo que construyen —un camino, una granja, un cohete— y a usarlo en el juego dramático.

Sus observaciones le ayudarán a determinar cuándo intervenir y qué decir para fortalecer el aprendizaje infantil.

Hable con los niños de sus estructuras

Una de las maneras más eficaces de reforzar el juego con bloques es hablando con los niños de sus estructuras. Esta sugerencia puede sonar más fácil de lo que realmente es, especialmente si los niños apenas están comenzando a explorar los bloques y sus construcciones son mínimas. Por ejemplo, hablar con un niño sobre la construcción que se muestra a continuación podría ser todo un reto para muchos maestros.

La respuesta más fácil para este constructor sería decirle: "Qué lindo edificio" o "Qué buen trabajo". Estas afirmaciones no le dicen nada al niño acerca de lo que hizo, ni le ofrecen la oportunidad de decirle a usted algo sobre la manera como organizó los bloques. Este tipo de frases también implica que la meta es hacer algo que usted considere "lindo" o "bueno".

La clave para hablar con los niños sobre el juego con bloques es usando afirmaciones que describan lo que un niño haya hecho o hacerle preguntas abiertas que los animen a hablar de su trabajo. Esta técnica también es útil para aquellos que tienen dificultad para expresarse y para describir lo que han construido, por lo menos al principio.

Por supuesto, lo que usted diga dependerá de lo que el niño construya. Los siguientes son unos cuantos tipos de comentarios positivos y constructivos que podría hacer del trabajo de un niño.

La selección de bloques: Descubriste que dos de estos bloques son iguales a uno largo.

La distribución: Utilizaste cuatro bloques para hacer un cuadrado grande.

El número usado: Usaste más de diez bloques para hacer un camino.

*La **semejanza:*** *Todos los bloques de tu camino son del mismo tamaño.*

Lo notorio de los diseños. *Tu edificio es igual de alto al anaquel. Estos bloques grandes sostienen los más pequeños. Fuiste muy cuidadoso para que no se te derrumbaran los bloques.*

Esta clase de descripciones valida la importancia del trabajo infantil, fortalece los conceptos matemáticos y amplía su vocabulario. A continuación, se presentan dos muestras de construcciones y algunos posibles comentarios que podrían hacer los maestros para reforzar el trabajo infantil:

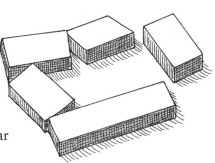

Veo que usaste un bloque más largo que los otros.

Mira, en medio de tus bloques hay un espacio.

Todos tus bloques se tocan, excepto uno.

Usaste cinco bloques. Construiste todo el edificio con cinco bloques solamente.

Todos tus bloques son rectángulos pero no todos son del mismo tamaño.

De manera similar, para la estructura de bloques a la izquierda, usted podría hacer los siguientes comentarios:

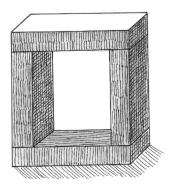

Equilibraste el bloque de encima. Apuesto que no fue fácil.

Algunos de tus bloques están acostados y otros están parados.

Si me arrodillo puedo mirar a través de tu construcción.

Tuviste mucho cuidado al hacer esta construcción.

Esta clase de comentarios sirve varios fines. En primer lugar, en lugar de hacer énfasis en un producto final como la meta principal de construir, este tipo de comentarios se centra en el proceso de construcción. Le demuestran al niño que usted valora lo que ha hecho y lo animan no sólo a experimentar con nuevas ideas y materiales, sino a aprender de sus errores. Además, al presentar palabras específicas para describir lo que hizo el niño, fortalece las destrezas verbales. Al escuchar varias veces las palabras *debajo, encima, al lado, a través, menos que* y *más que,* los niños aprenden lo que significan. Así, comienzan a usar estas palabras por su cuenta y aumenta su vocabulario, lo que les ayuda a progresar como lectores.

Cómo ayudar a los niños a avanzar a la siguiente etapa

Los niños con frecuencia necesitan la ayuda de un maestro para poder avanzar a la siguiente etapa de construcción y expandir sus ideas. Sin embargo, determinar cómo intervenir no siempre es fácil y usted se preguntará cómo hacerlo. Por ejemplo, si un niño simplemente apila los bloques día tras día, ¿debe intervenir y ayudarle al niño a avanzar?

Mantenga presente que apilar los bloques no sólo es estar ocupado; es una etapa importante y natural de la construcción con bloques. Mediante las interacciones repetidas con los materiales, los niños adquieren una mayor comprensión y maestría, y si se les da suficiente tiempo para practicar sus nuevas destrezas, adquieren confianza en sí mismos.

La mayoría avanza cuando están listos para hacerlo. Esto ocurre a menudo observando a otros niños construir con los bloques. Sin embargo, si un niño realmente parece necesitar estimulación para avanzar, intente poner en práctica las siguientes sugerencias:

Sugerencias para darle apoyo a los niños

Siéntese en el suelo con un niño que se sienta frustrado por algún problema y ofrézcale ayuda para resolverlo. Podría decirle por ejemplo: "Busquemos otra manera para que estos bloques se sostengan en pie".

Ayúdele al niño a resolver un problema. Por ejemplo, pregúntele: "¿Crées que aquí funcionaría un bloque que tenga otra forma?".

Exhiba y haga comentarios sobre las imágenes de las construcciones para incentivar al niño que haya armado la misma construcción todos los días de una semana.

Agregue nuevos accesorios para expandir las ideas de la construcción.

Formule preguntas sobre el tipo de estructura y qué se le podría agregar. Por ejemplo, usted podría preguntar: "¿Quién vive en ese tipo de edificio?" o "¿Cómo puede llegar la gente hasta ahí?".

En ciertos casos, una simple palabra de ánimo o una pequeña sugerencia, inspira a un niño. En otros casos, se necesita algo más. El siguiente ejemplo ilustra cómo un maestro anima a un niño a recordar sus experiencias y a expandir su trabajo con los bloques. Esto se conoce como el soporte temporal dado al aprendizaje infantil.

Una niña de cuatro años comenzó trayendo una canasta de animales del zoológico y algunos bloques básicos y dobles. Ella construyó varios encierros sencillos y puso adentro los animales.

En este punto, la señorita Alvarez participó en el juego y tuvo lugar el siguiente diálogo:

Señorita Alvarez:	*Hábleme de estos animales*
Tasheen:	*Están en el zoológico.*
Señorita Alvarez:	*¿Has estado en el zoológico?*
Tasheen:	*Sí.*
Señorita Alvarez:	*¿Qué viste en el zoológico? ¿Qué clases de edificaciones hay?*
Tasheen:	*Jaulas para los animales donde entran y salen.*
Señorita Alvarez:	*Me parece que hiciste un patio para la jirafa y el elefante ¿Y también tienen una casa adentro?*
Tasheen:	*Sí. (Ella comienza a construir una).*

Cuando la señorita Alvarez regresó cinco minutos después, la niña había construido una vivienda redonda con un techo y un encierro exterior; que en realidad se parece al hogar del elefante y de la jirafa en el zoológico.

Tasheen pudo evocar cómo eran las jaulas porque ella había estado en el zoológico. Si no hubiese tenido ideas derivadas de su propia experiencia, la señorita Alvarez podría haberle ofrecido un libro para mirar. Ella notó que la niña podría agrandar su construccion aún más y le hizo otras preguntas.

Señorita Alvarez:	*¿Viste gente en el zoológico?*
Tasheen:	*Por supuesto. Mamitas y papitos y niños. (La niña se dirige a los accesorios para los bloques, toma cuatro figuras de madera y las coloca en fila frente al edificio).*
Señorita Alvarez:	*¿Cómo sabe la gente qué es ese edificio?*
Tasheen:	*Si dice "casa del elefante".*
Señorita Alvarez:	*Aquí tengo papel y crayolas. ¿Quiéres hacer un letrero?*
Tasheen:	*Sí. Que diga: "Casa del elefante".*
Señorita Alvarez:	*¿Quieres hacer el letrero?*
Tasheen:	*No. Escribe tú "casa del elefante". (La señorita Alvarez hizo el letrero y la niña lo pegó en la construcción).*
Señorita Alvarez:	*¿Cómo llega la gente de su casa al zoológico?*
Tasheen:	*Van en autos.*

Señorita Alvarez:	¿Y dónde estacionan los autos mientras caminan alrededor para ver los animales?
Tasheen:	Hay un estacionamiento y cuesta un dólar estacionar allí.
Señorita Alvarez:	Quizá tú podrías construir un estacionamiento para tus visitantes.

La señorita Alvarez dejó a la niña jugando sola por un rato. Al regresar, ella había añadido senderos alrededor de la construcción y un área de estacionamento con autos.

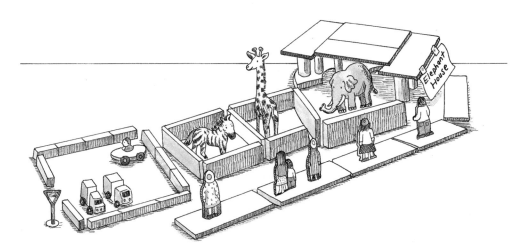

Al hablar con la niña sobre los visitantes y nombrar los edificios, la señorita Alvarez la animó a pensar en el zoológico desde distintas perspectivas: ¿Quién visita el zoológico, cómo llegan, por donde caminan y a donde más van? En este ejemplo una maestra reforzó el aprendizaje iniciado por un niño y expandió el juego con bloques de las siguientes maneras:

- observando lo que hizo

- formulando preguntas para hacerle recordar sus propias experiencias

- escuchando lo que dijo

- haciendo sugerencias basadas en sus experiencias

- suministrando accesorios y haciendo letreros

Para estimular este tipo de construcción más extensiva con los bloques, le sugerimos dejar las construcciones en pie por un día o dos para que los niños puedan continuar jugando con ellas. Usted podría decirles: "Yo sé que quieren continuar trabajando en su edificio de apartamentos, pero es hora de recoger y limpiar. ¿Por qué no recogen los bloques que no hayan utilizado y dejamos el edificio en pie? Podrán continuar trabajando en él mañana (o esta tarde). Mantenga a mano una señal que diga: "No derrumbar" para que los niños la usen. Al participar activamente en el área de juego con bloques, los maestros pueden fomentar con eficacia el uso de los bloques y los accesorios como provechosos materiales de aprendizaje.

Preguntas frecuentes acerca de los bloques

Algunos niños nunca usan los bloques. ¿Qué debo hacer?

Primero pregúntese por qué puede estar un niño evitando el área de los bloques. Este niño por lo regular se siente atemorizado de probar nuevas actividades o se siente incómodo con las actividades ruidosas. Una manera de tranquilizar a un niño reacio a participar en el área de bloques es invitándolo a jugar con usted con unos cuantos bloques. Elija un momento cuando haya unos pocos niños en el área, siéntense en el suelo y comiencen a construir.

En algunos salones de clase, los niños delimitan el area de los bloques como un territorio exclusivo para los varoncitos. Ellos les dicen a las niñas con palabras y actos que no son bienvenidas. Es más, la sociedad les da a entender a las niñas que el trabajo de construcción es principalmente para los hombres y muchas sienten que no pertenecen al área de juego con bloques. En consecuencia, quienes no cuentan con esta experiencia de construir con bloques se encuentran en una etapa más temprana del desarrollo de la construcción que los niños de su misma edad.

Si usted descubre que las niñas tienden a evitar el área de los bloques, es posible que deba hacer un mayor esfuerzo. Desde el comienzo del año transmita el siguiente mensaje: En nuestra clase todo el mundo puede construir con los bloques. Trate de poner a la vista imágenes de mujeres trabajando en obras de construcción o lean un libro que hable de mujeres constructoras: ¡*Caray, que lista es mi madre!* (Ricardo Alcántara), *Quiero ser constructor* (Dan Liebman). Agregarle al área muebles de casas de muñecas y animales de plástico con frecuencia anima a muchas niñas a comenzar a construir.

¿Debo permitir que los niños lleven materiales de otras áreas (teléfonos, gorras, conchas marinas) al área de los bloques?

Los niños tienden a hacerlo cuando desean decorar sus edificaciones o los usan como escenario de su juego dramático. Como usted deseará animar a los niños a crear construcciones elaboradas y a participar en el juego sociodramático, le recomendamos permitirles llevar este tipo de materiales. Esta es una de las razones por las cuales el área de bloques se debe ubicar cerca al área de juego dramático. Llevar materiales de otras áreas no debe ser un problema, siempre y cuando, los niños comprendan que cuando no los necesiten deben regresarlos al lugar debido.

Tener un lugar para cada cosa en el salón de clase facilita el cumplimiento de esta regla. Sin embargo, usted deseará poner ciertos límites con respecto a qué materiales se pueden llevar al área de los bloques. Por ejemplo, no es una buena idea, llevar las fichas de los rompecabezas de un lugar al otro en el salón de clase pues se pierden con gran facilidad y ya no será un juguete gratificante.

Los niños no desean pasar tiempo construyendo porque saben que deben recoger su construcción a la hora de la limpieza. ¿Qué debo hacer?

En algunos casos cuando los niños hayan hecho una construcción especial para ellos, será dificil desmantelarla a la hora de recoger y limpiar. Si le es posible, trate de dejar en pie las construcciones, al menos por un par de días o incluso por una semana. Esto les permitirá a los niños trabajar en una construcción por un buen tiempo, lo que conduce a construcciones más elaboradas y con frecuencia al juego imaginario.

Si esto no es posible en su salón de clase, ofrézcales tomar una foto de la edificación para preservar el trabajo en fotos. Estas imágenes se podrán exhibir en el área de los bloques, lo que con frecuencia anima a los niños a crear, a reproducir y a construir estructuras mucho más complejas. Tomar fotos del trabajo de un niño por un tiempo, crea un registro visual del progreso infantil que podrá incluir en el portafolio. Otra alternativa es invitar a los niños a hacer un dibujo de su edificación y exhibirlo en la pared.

¿A qué altura se debe permitir que los niños construyan?

Algo intrigante y fascinante es construir edificaciones altas pero, por supuesto, lo importante es la seguridad. Por lo tanto, nuestra recomendación es definir unas reglas de la clase con respecto a las edificaciones altas. Para los bloques huecos una buena regla es no construir por encima de cuatro bloques. Para los bloques compactos deberá utilizar su criterio. Algunos maestros definen la regla de que las estructuras no pueden ser mas altas que el constructor. Hable con los niños sobre cómo hacer construcciones sólidas para que se derrumben menos, alejadas de otras construcciones y de la vía del tránsito y sin hacer caer ningún bloque.

¿Debo intervenir si los niños utilizan los bloques como armas?

Dado el creciente nivel de violencia en la vida de infantil, nuestra sugerencia es convertir el salón de clase en una zona libre de armas. Los niños inventan armas cuando no pueden pensar en algo más creativo para hacer con los bloques. Con decirles: "No se permite construir armas", usted no resolverá el problema. Ir al área de los bloques y ayudarles a los niños a idear otras construcciones tendrá un efecto mucho más duradero. Exponer en las paredes imágenes de construcciones en la comunidad también puede ser útil. Para inspirar a los constructores, tome fotos del trabajo infantil y exhíbalas alrededor del área.

CARTA A LAS FAMILIAS ACERCA DEL JUEGO CON LOS BLOQUES

Apreciadas familias:

Los bloques de madera en los salones de clase son una de las herramientas de aprendizaje más valiosas a nuestro alcance. Los bloques vienen en formas y tamaños exactos. Por esta razón, cuando los niños construyen con ellos, aprenden conceptos matemáticos como el número de bloques que llenan cierto espacio. Comparan la altura de sus construcciones y aprenden sobre las figuras geométricas (triángulos, cuadrados y rectángulos). Además, al recoger, arrastrar, apilar y mover los bloques, los pequeños exploran el peso y el tamaño. Cada vez que usan los bloques, toman decisiones sobre cómo construir una estructura o resolver un problema de construcción.

Los niños con frecuencia usan los bloques para recrear el mundo a su alrededor y construyen, por ejemplo, una carrretera, una casa o el zoológico. Trabajan en compañía y aprenden a cooperar entre sí y a hacer amigos. Nosotros los animamos a hablar acerca de lo que están haciendo con el fin de fomentar el desarrollo del lenguaje. También hablamos con ellos y les hacemos preguntas para expandir su juego con los bloques. Por ejemplo, les decimos:

> *Veo que construiste una casa muy grande. ¿Cuánta gente le cabe?*
>
> *¿Dónde pueden estacionar sus autos las personas que vienen a comprar al centro comercial?*
>
> *¿Te gustaría hacer una señal para tu edificio?*

Estas preguntas y comentarios hacen que los niños estén más al tanto de lo que están haciendo y los estimula a poner a prueba nuevas ideas.

Qué se puede hacer en el hogar

Ustedes pueden animar a sus pequeños a aprender mediante el juego con los bloques, interesándose por lo que ellos hacen en nuestro programa. Vengan y pasen un tiempo en nuestra área de bloques y vean a sus pequeños construyendo con ellos y cuidándolos.

Cuando salgan a caminar por su vecindario, señalen las calles y edificios interesantes. Ustedes podrían adquirir bloques de mesa, bloques de madera de colores o de cartón grueso para tener en casa. También, podrían construir bloques con cajas de leche, las cuales vienen en distintos tamaños. Almacénenlos en cajas de zapatos o en recipientes de plástico y colóquenle al recipiente un letrero escrito e ilustrado para que los pequeños sepan qué materiales hay en ellos.

Identifiquen un lugar donde sus pequeños puedan construir y jugar con los bloques sin peligro. Los accesorios como los ganchos de ropa, los animales de plástico pequeños y los carros y camiones ampliarán el juego de sus niños y les inspirarán nuevas ideas. Los ambientes creados por sus pequeños también se podrán utilizar para el juego imaginario.

En este capítulo

Cómo se desarrollan y aprenden los niños

El entorno del aprendizaje

La función de la familia

Qué aprenden los niños

Los bloques
El juego imaginario
Los juguetes y juegos
El arte
La biblioteca
Los descubrimientos
La arena y el agua
La música y el movimiento
Las experiencias culinarias
Las computadoras
El juego al aire libre

La función del maestro

Teoría e investigación

El juego imaginario

Cómo refuerza el desarrollo infantil

El juego imaginario es fundamental para el sano desarrollo y aprendizaje durante los años escolares. Por esta razón, *El Currículo Creativo* incluye un área diseñada para inspirar el juego creativo e imaginativo. En el área de juego imaginario, los niños rompen las restricciones de la realidad. Pretenden ser alguien o algo distinto a sí mismos e inventan situaciones y acciones que complementan el rol que eligen. Cuando participan en el juego imaginario, profundizan su comprensión del mundo y desarrollan destrezas que les servirán por el resto de su vida.

El desarrollo socioemocional. Para participar en el juego imaginario con otros, los niños deben negociar los roles, acordar un tema y cooperar para representar distintas situaciones. Ellos recrean sus experiencias de vida y tratan de encarar sus temores, asumiendo roles y situaciones que les preocupan. Por ejemplo, un niño que se anticipa a ir al hospital para una operación, hace de doctor. Al asumir este rol, puede convertir su sensación de temor en una de control y a cargo de la situación. La investigación ha demostrado que los niños que participan en el juego imaginario tienden a ser más solidarios con otros, porque han logrado "ponerse en los zapatos" de alguien. Cooperan con sus compañeros, controlan sus impulsos y son menos agresivos que los niños que no participan en este tipo de juego (Smilansky, 1990).

El desarrollo físico. Los niños desarrollan la motricidad fina al abotonarse y abrochar su ropa y la de las muñecas. Ellos afinan la coordinación ojo-mano y las destrezas de discriminación visual guardando los accesorios y materiales.

El desarrollo cognoscitivo. Los niños recrean en su mente experiencias pasadas y situaciones imaginarias. Estas imágenes son una forma del pensamiento abstracto. Cuando ponen la mesa para comer dos personas o utilizan dinero de juguete para comprar alimentos en la tienda, exploran los conceptos matemáticos. Además, aprenden unos de otros al compartir ideas y resolver problemas juntos.

El desarrollo lingüístico
Al participar con otros en el juego imaginario, los niños utilizan el lenguaje para explicar lo que están haciendo y para hacer preguntas y responderlas. Eligen el lenguaje más adecuado para el rol que han elegido y cuando se incluyen accesorios en el área de juego imaginario, utilizan las destrezas de lectura y escritura.

Conexión entre el juego imaginario y los objetivos del Currículo

Familiarizarse con las metas y objetivos de *El Currículo Creativo* le ayudará a identificar qué están aprendiendo los niños a medida que juegan. Al utilizar el *Continuo del desarrollo* sabrá qué puede hacer un niño y cómo podrá ayudarle a avanzar a la siguiente etapa. En el cuadro a continuacion le ofrecemos algunos ejemplos de lo que podrían decir o hacer los niños, indicativo de su progreso con respecto a varios objetivos.

Objetivos del Currículo seleccionados	Qué podría hacer un niño en el área de juego imaginario
Desarrollo socioemocional	
1. Demuestra capacidad para adaptarse a situaciones nuevas	Para controlar su temor a la separación, recrea escenas de una madre que tiene que dejar a su bebé para ir a trabajar.
4. Defiende sus derechos	Dice:"Esto no es justo, tú siempre tienes que ser la mamita. Yo también quiero".
7. Respeta y cuida el entorno de la clase y los materiales	Antes de salir del área, cuelga la ropa para disfrazarse emparejando cada pieza con su letrero.
10. Juega con otros niños sin problema	Invita a otro niño a jugar con él y dice:"¿No quieres ser el papito?".
11. Reconoce los sentimientos de los demás y reacciona apropiadamente	Tranquiliza a otro niño diciéndole:"Sí claro, tú tambien puedes tener tu turno".
12. Comparte y respeta los derechos de los demás	Separa el dinero de juego para que todos tengan y jueguen a la tienda.
13. Utiliza las destrezas de pensamiento para resolver conflictos	Dice:"Bueno, seremos dos bomberos. Yo manejo el camión y tu cargas la manguera".
Desarrollo físico	
19. Controla los músculos pequeños de la mano	Se abotona y abrocha el vestuario y le ayuda a otro niño.
20. Coordina los movimientos ojo-mano	Vierte agua de una jarra en varios vasos sin regarla.
21. Utiliza instrumentos para escribir y dibujar	Escribe una lista de las compras antes de ir al supermercado a comprar alimentos.

Objetivos del Currículo seleccionados	Qué podría hacer un niño en el área de juego imaginario
Desarrollo cognoscitivo	
23. Maneja los problemas con flexibilidad	Trae papel gris y verde, marcadores y tijeras, para hacer billetes y monedas para jugar a la tienda.
26. Aplica el conocimiento o la experienca en contextos nuevos	Dice: "Si vas a poner una inyección tienes que traer algodón y limpiar el brazo".
31. Reconoce conceptos temporales y secuencias	Mira el calendario y dice: "¿Qué día quiere venir a ver al doctor?".
33. Usa la correspondencia uno a uno	Pone la mesa para cuatro personas y coloca una cuchara y un plato frente a cada silla.
34. Usa los números y cuenta	Dice: "Necesitamos cuatro vasos. Hay 1,2,3 y 4 sillas".
35. Representa roles y situaciones	Se pone un gorro de bombero y dice: "Soy el jefe de bomberos. Si hay un incendio en su casa, llaménme".
36. Juega con objetos simbólicamente	Recoge un bloque y dice: "Esta es tu hamburguesa. ¿Quieres salsa de tomate?".
37. Inventa e interpreta representaciones	Toma una caja de cartón, pinta una ventana a cada lado y dice: "Esta es la nueva casa del perro".
Desarrollo lingüístico	
39. Se expresa utilizando palabras y oraciones largas	Reparte menús y dice: "Hoy vamos a comer albóndigas y espagueti, sólo a cuatro dólares. ¿Quién quiere?".
41. Responde preguntas	Cuando se le pregunta qué quiere ser, dice: "Soy el conductor del autobús, yo voy a manejar".
42. Hace preguntas	Dice: "¿Puedo usar la maleta ahora? Me voy de viaje".
43. Participa activamente en conversaciones	Le pregunta a otro niño: "¿Qué quieres comer? Voy a la tienda a comprar alimentos".
46. Conoce el alfabeto	Señala la "k" en una caja de cereal y dice: "Mi nombre comienza con esta letra".
49. Comprende el propósito de la escritura	Saca una libreta y escribe una receta médica para el paciente y dice: "Tome, lleve esto a la farmacia y compre unas pastillas".
50. Escribe letras y palabras	Copia palabras de cupones para hacer la lista de alimentos que comprará en la tienda.

Cómo crear un entorno para el juego imaginario

Piense en el área de juego imaginario como un escenario. Los niños inmediatamente asumen un papel y "hacen de cuenta". Inicialmente, se organiza como un hogar con accesorios y muebles que representen una cocina y hasta un dormitorio y una sala. La razón es que los niños están familiarizados con los temas que se relacionan con la vida familiar. Todos comparten experiencias comunes como el cuidado del bebé, cocinar, servir alimentos y hablar por teléfono. En poco tiempo, los niños expanden estos temas, recreando situaciones como ir a la tienda y comprar alimentos, ir al doctor, al correo y otras más. Para mantener el interés infantil y ayudar a que expandan sus ideas, los maestros cambian con regularidad los accesorios, aprovechan el ambiente e incoporan las nuevas experiencias e intereses particulares.

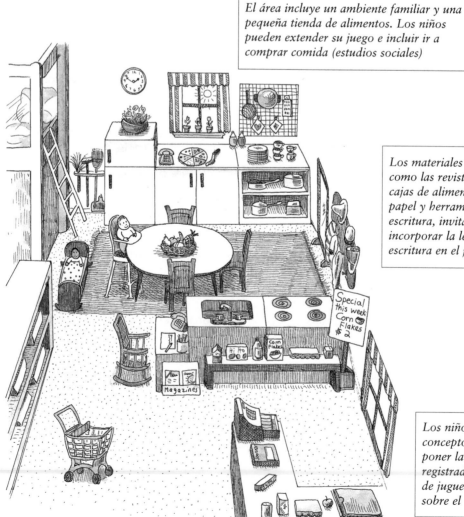

El área incluye un ambiente familiar y una pequeña tienda de alimentos. Los niños pueden extender su juego e incluir ir a comprar comida (estudios sociales)

Los materiales de lecto-escritura, como las revistas, señales, cajas de alimentos, un teléfono, papel y herramientas de escritura, invitan a los niños a incorporar la lectura y la escritura en el juego.

Los niños exploran los conceptos matemáticos al poner la mesa, utilizar la registradora con dinero de juguete y al hablar sobre el tiempo.

Cómo organizar el área de juego imaginario	Materiales sugeridos

Ubicación:

Cerca al área de los bloques para poder compartir los materiales y estimular el juego sociodramático

Delimitada por paredes, anaqueles y muebles, para crear un área aislada y separar los espacios: la cocina, la sala y el dormitorio

Coloque:

Muebles conocidos: un fogón, un refrigerador, un fregadero, un cajonero, una mesa y sillas, un pequeno sofá, un espejo, una mesa de planchar y una plancha (todo de tamaño infantil); un cochecito y una cama de muñecas y una silla para bebés

Muebles flexibles que puedan ser utilizados para crear nuevos ambientes (cartones, un teatro de marionetas que se pueda convertir en una tienda)

Ropa de hombres y mujeres para disfrazarse, ganchos para colgar la ropa y accesorios como gorros, zapatos y adornos

Ollas, sartenes, platos y otro equipo de cocina pertinente a las distintas culturas, almacenados en estantes o colgados en ganchos

Muñecos que representen distintos grupos étnicos con ropa y cobijas

Una escoba y un trapeador de tamaño infantil

Teléfonos

Bolsos y maletines

Alimentos de plástico, cajas de alimentos de diferentes culturas

Calendarios, libretas de direcciones, guías telefónicas, lápices, recetas de cocina y un tablero para mensajes

Detalles hogareños como cortinas, un mantel, fotografías, una alfombra pequeña, una planta

Selección y exhibición de los materiales

Al seleccionar los materiales y accesorios para el área de juego imaginario, tenga en cuenta las capacidades de los niños según los niveles del desarrollo y aquello que conozcan. Puesto que demasiados accesorios pueden resultar agobiantes, busque materiales apropiados e interesantes que estimulen el juego imaginario constructivo.

Los niños que se encuentran en la etapa inicial del juego imaginario, dependen de los objetos concretos y realistas; por lo tanto, entre más pequeños los niños, más importante es comenzar con accesorios y materiales reales como ollas y sartenes o un teléfono. A los más grandecitos que puedan depender más de la imaginación al utilizar los accesorios, ofrézcales materiales más abiertos como cajas vacías, objetos de icopor y retazos. Como siempre, lo mejor es comenzar con una selección limitada. A medida que los niños aprendan a utilizar los accesorios y a cuidarlos, podrá agregar unos cuantas más.

Busque accesorios y materiales que reflejen los orígenes culturales y étnicos de los niños del grupo.

Para equipar el área de juego imaginario, busque accesorios y materiales que reflejen los orígenes culturales y étnicos de los niños del grupo. Usted deseará comunicarles: "Este lugar es como mi casa". Además, cerciórese de incluir elementos utilizados tradicionalmente por hombres y mujeres.

Si los niños pueden encontrar con facilidad los accesorios que necesitan, pasarán menos tiempo buscándolos y más tiempo dedicados al juego imaginario.

Finalmente, todos los accesorios deben estar limpios y ser seguros. Los niños pierden rápidamente el interés en los muñecos desbaratados o en el vestuario que no pueden abrocharse o ponerse bien. Si los accesorios se parten o se dañan, repárelos o reemplácelos.

Es importante organizar los accesorios debido a que existen muchas clases para incluir en el área. Colocarlos en una forma lógica estimula la creatividad infantil, permite que los niños trabajen por su cuenta y les ayuda a escoger entre distintas opciones. Un área ordenada les transmite que este es un lugar especial y que los elementos que hay allí se deben cuidar. Si los niños pueden encontrar con facilidad los accesorios que necesitan, parán menos tiempo buscándolos y más tiempo jugando.

Sugerencias para exhibir los accesorios y materiales

Pegue ganchos en un tablero en la pared o en la parte posterior de los anaqueles para colgar gorros, bolsos y vestuario.

Use un cajonero pequeño o un armario con cajones, para guardar la ropa de muñecas y la ropa para disfrazarse.

Coloque una armazón para los zapatos o cuelgue una bolsa para guardar los zapatos y los objetos pequeños.

Pegue un tablero con ganchos para colgar las ollas, sartenes y utensilios de cocina.

Coloque un perchero para colgar ropa y bolsos.

Cuelgue canastas triples para almacenar los alimentos de plástico.

Elija recipientes de plástico para almacenar las joyas o elementos pequeños.

Cómo crear nuevos ambientes para el juego imaginario

Aunque la mayoría de accesorios hogareños y muebles deben permanecer en el área de juego imaginario todo el año, usted podrá expandir el juego infantil incorporando nuevos ambientes o escenarios. El juego imaginario es una de las maneras más importantes como los niños en edad preescolar recrean las experiencias vividas. Esta área de interés es un lugar ideal para que exploren las ideas y conceptos que están aprendiendo. Entre más extensas y variadas sean sus experiencias, y más hablen los adultos con los niños de ellas, más se enriquece su juego imaginario.

Para que los niños jueguen juntos armoniosamente, necesitan una serie de experiencias comunes. Un estudio, que es una valiosa manera de exponer a los niños a la información sobre el mundo a su alrededor, les brinda dichas experiencias. Si les proporciona accesorios relacionados con el tema del estudio, los niños sabrán cómo incorporarlos en el juego.

Como se mencionó en el capítulo 4, los temas de estudio surgen a menudo de los intereses infantiles. Por ejemplo, suponga que, a la hora del cuento usted nota que varios niños hablan de su experiencia de ir al doctor. Usted les lee un libro sobre ese tema y conversan. Luego, planean una visita a una clínica. Para centrar la atención infantil en lo que van a ver, coloque en el área de biblioteca libros ilustrados sobre el tema.

El día antes de la visita, converse con los niños sobre lo que crean que van a ver y las preguntas que tengan sobre la clínica. Ayúdeles a recordar lo que hayan aprendido. Lleve una cámara y tomen fotos. Si le es posible, adquiera una cámara desechable para que los niños puedan tomar sus propias fotos. Si decide hacerlo, dedique tiempo antes para enseñarles a utilizar la cámara y a tomar las fotos.

Después de la visita, exhiba las fotos en un lugar destacado. En una reunión del grupo, los niños podrán hablar sobre lo que vieron; ellos responderán positivamente cuando les sugiera organizar una clínica en el área de juego imaginario. Cuando les pregunte qué se debe incluir, los niños le darán montones de ideas como las siguientes:

- sillas, una mesa y revistas para el área de espera

- un cuadro para examinar la visión

- libretas para escribir recetas (y lápices)

- fólderes y sujetapapeles para escribir y guardar las historias clínicas de los pacientes

- un libro de citas y un calendario

- un estetoscopio, un medidor de la presión sanguínea, jeringas (sin agujas), bendaje y frascos de pastillas vacíos

- una colchoneta y una cobija

- camisas blancas y gorras de enfermeras, máscaras y delantales de laboratorio

- una linterna

- rayos X

- teléfonos

- muñecos (para que sean los pacientes)

Si les proporciona accesorios relacionados con el tema del estudio, los niños sabrán cómo incorporarlos en el juego y usarlos apropiadamente.

Si usted acepta las sugerencias de los niños para añadir accesorios al área de juego imaginario, ellos serán más dados a utilizarlos. También comenzarán a sentir que están dirigiendo su aprendizaje, lo que fortalece su confianza como aprendices.

Una vez que hayan comenzado a reunir accesorios para los distintos temas de estudio, necesitarán una manera de almacenarlos para su uso futuro con otros grupos de niños o para poder utilizarlos en otros momentos. Aunque podrá variar lo que estudie con cada grupo de niños, algunos temas se repiten con frecuencia y ameritan tener almacenada una caja de accesorios, para no tener que comenzar de cero cada año. He aquí unos cuantos ejemplos.

El supermercado. Los niños con frecuencia acompañan a sus padres a comprar alimentos. Por lo tanto, el tema del supermercado evoluciona en una forma bastante natural. Los siguientes accesorios y materiales se pueden utilizar para organizar un supermercado:

- una mesa o canastas de plástico para crear secciones en el supermercado
- canastillas para las compras o carritos de tamaño infantil
- señales para las diferentes secciones: lácteos, vegetales
- recipientes de alimentos vacíos: cajas y tarros con letreros
- alimentos de plástico

- bolsas de papel para los alimentos
- crayolas, marcadores, tijeras y papel para hacer los letreros
- rótulos, adhesivos con los precios o sellos de números
- una caja registradora y cinta
- dinero de papel o de plástico
- cupones y anuncios de los supermercados

El correo. Una visita al correo puede dar lugar a un estudio sobre cómo llega la correspondencia de un lugar a otro y los distintos trabajos que desempeñan las personas del servicio de correos. Los accesorios relacionados con este tema pueden incluir lo siguiente:

- directorios telefónicos y de zonas postales, un cuadro de su oficina local del correo
- correpondencia de propaganda, cartas, tarjetas
- sobres, papel, lápices y bolígrafos
- sellos de caucho y estampillas (primera clase, correo prioritario, correo urgente)

- sellos (adhesivos) y rótulos de destinatarios
- básculas para pesar las cartas y paquetes
- un reloj
- letreros (p. ej., *abierto, cerrado, estampillas*)

La tienda de zapatos. Todos los niños han experimentado el comprar zapatos y pueden interesarse en las distintas clases: chanclas, tenis para correr, botas, zapatos elegantes. Este interés puede dar lugar a una visita a una tienda de zapatos y luego agregar accesorios como:

- distintos zapatos y cajas (rotuladas y con precios)
- señales de una tienda de zapatos
- una registradora y dinero de juguete
- una caja de lustrabotas con betún y trapos
- una regla para medir el tamaño de los pies o un medidor de una tienda de zapatos

La oficina. El trabajo en una oficina es otra extensión natural de jugar a la casita, especialmente para los niños cuyos familiares trabajan en oficinas. Para organizar una oficina incluya los siguientes accesorios:

- libretas, lápices y bolígrafos
- calendarios y agendas viejas
- cosedoras, perforadoras, ganchos y reglas
- una máquina de escribir y una computadora
- maletines
- una sumadora o una calculadora
- directorios telefónicos
- tarjetas profesionales
- sellos de caucho y estampillas

Al crear nuevos ambientes para el juego imaginario se crea la tónica del aprendizaje y al participar en el juego imaginario, los niños aprenden contenidos académicos.

Qué aprenden los niños en el área de juego imaginario

Todos los contenidos descritos en el capítulo 3 se pueden atender en el área de juego imaginario. Los siguientes ejemplos muestran cómo los maestros planean actividades con un propósito definido y proporcionan materiales que involucran a los niños en el aprendizaje significativo de contenidos por medio del juego imaginario.

Lecto–escritura

Fortalezca **el vocabulario y el lenguaje,** proporcionando accesorios y enseñando los nombres (*estetoscopio, maletín, gorra, casco, menú*). Haga preguntas como: "Estás muy elegante. ¿Para dónde vas?", y lea cuentos sobre temas que puedan usar en el juego imaginario, como comprar zapatos o ir al doctor.

Anime a los niños a explorar **lo escrito, las letras y palabras,** colocando herramientas de escritura y papel en el área de juego imaginario (libretas, afiches, papel, sobres). Participe en el juego infantil para demostrar los usos de la escritura. Anímelos a utilizar las herramientas de escritura y el papel como parte de su juego y ofrézcales accesorios como directorios telefónicos y cajas vacías con letreros.

Fortalezca **la comprensión de libros y otros textos,** incluyendo libros de cuentos, directorios telefónicos, calendarios, libros de recetas, periódicos, revistas y otro material escrito en el área de juego imaginario. Anime a los niños a usar estos accesorios en el juego, léales cuentos que inspiren el juego imaginario como *Donde viven los monstruos* (Maurice Sendak) y *Con mi hermano* (Eileen Roe).

Matemáticas

Oriente **la solución de problemas,** ayudándoles a los niños a encontrar soluciones a los problemas que se les presenten (qué pueden usar como comida, armar una báscula, qué hacer si dos niños desean ser el doctor)

Fortalezca la comprensión de **los conceptos numéricos,** haciéndoles preguntas relacionadas con los números (¿Cuántos platos hay que llevar a la mesa?). Ofrézcales accesorios como dinero de juguete, básculas, cintas de medición, registradoras y calculadoras.

Estimule el interés infantil en **la medición,** ofreciéndoles accesorios como un medidor de pies para una tienda de zapatos, relojes de arena, escalas para medir y una báscula.

Ciencia

Anime a los niños a explorar **la ciencia física,** proporcionándoles básculas, imanes, abrelatas, relojes y batidores manuales.

Expanda el conocimiento de los niños de **la ciencia de la vida,** incluyendo plantas en el área de juego imaginario. Hable sobre los alimentos nutritivos y mencione los nombres de frutas y vegetales.

Estimule la comprensión de **la tierra y el entorno,** incluyendo telescopios y termómetros, mencione los reportes del clima y hable sobre el reciclaje.

Estudios sociales

Estimule el aprendizaje sobre **los espacios y la geografía,** incluyendo mapas. Visite las tiendas del vecindario y ayúdeles a los niños a crear una tienda en el área de juego imaginario.

Explore los conceptos relacionados con **las personas y cómo viven,** proveyendo accesorios que animen a los niños a asumir roles desempeñados por sus familiares y distintas clases de trabajos. Exhiba fotografías de las familias y de las personas que trabajan en la comunidad.

Artes

Anime a los niños a explorar **la dramatización,** enseñándoles las destrezas que necesitan para "hacer de cuenta". Léales cuentos conocidos que puedan representar, ofrézcales marionetas y anime a los pequeños a hacer con ellas una representación.

Estimule **las artes visuales,** proporcionándoles materiales que puedan necesitar para hacer sus propios accesorios para el juego imaginario, como cajas de cartón, materiales para collage, papel, tijeras, pegante y marcadores.

Tecnología

Estimule **el reconocimiento de la tecnología,** incluyendo cámaras viejas, calculadoras, distintos tipos de teléfonos, máquinas de escribir y computadoras en el área de juego imaginario. Hable con los niños sobre cómo se utilizan estos objetos.

Estimule **la comprensión de la gente y la tecnología** al asumir un rol y demostrar cómo usar distintas herramientas en los episodios de juego. Visite o invite personas a su salón para que mencionen cómo usan la tecnología en el trabajo y anime a los niños a usar lo que aprendan en sus temas de juego imaginario.

Los maestros pueden ayudar de muchas formas a que los niños adquieran conocimientos y destrezas en las distintas áreas de contenido mediante el juego imaginario. A continuación ampliamos la función del maestro.

La función del maestro

Aunque jugar a hacer de cuenta se considera algo natural —algo que todos los niños pequeños hacen por su cuenta— hoy en día es menos corriente de lo que solía ser. Los maestros en toda clase de ambientes están descubriendo que los niños no se involucran en el juego imaginario avanzado. Debido a que la capacidad de involucrarse en el juego imaginario y sostenido es vital para el desarrollo infantil, especialmente para el desarrollo cognoscitivo y socioemocional, les recomendamos a los maestros asumir un papel activo para que los niños aprendan a hacer de cuenta. Su función en todas la areas de interés es observar lo que hagan e individualizar su respuesta. Con base en lo que aprenda, podrá interactuar con ellos y reforzar su juego.

Cómo observar y responder en forma individualizada

Para que los niños aprovechen el juego al máximo, deben contar con habilidades específicas derivadas de una gama de experiencias que les aportan las ideas para poder hacer de cuenta. Por lo tanto, es útil que se familiarice con las seis destrezas que utilizan los niños al jugar a hacer de cuenta a nivel avanzado. Cuando hacen uso de estas seis destrezas, los niños se involucran en lo que Sara Smilansky llama el juego sociodramático. He aquí las seis destrezas identificadas por esta autora (Smilansky & Shefatya, 1990).

El juego de roles. Para poder asumir roles, los niños deben hacer de cuenta que son alguien o algo más e imitar los comportamientos típicos y las expresiones verbales. En el nivel inicial del juego de roles, simplemente imitan una o dos acciones de personas o animales conocidos: una mamá alimenta su bebé o un perro come de su plato. A nivel avanzado, los niños piensan en una diversidad de acciones pertinentes al rol escogido y expanden los roles asumidos.

El uso de accesorios. Los niños elaboran su juego de roles incorporando objetos. A nivel inicial, dependen de los objetos reales o realistas y los utilizan para representar otro (un plato de papel se convierte en un timón de un barco). A nivel avanzado, la capacidad de hacer de cuenta les permite sustituir con palabras y acciones los objetos reales. Por ejemplo, para representar un timón utilizan las manos con movimientos circulares.

El jugar a hacer de cuenta. Al principio, los niños imitan las acciones que han visto ejecutar a otros. Por ejemplo, levantar un teléfono y hablar. A un nivel más avanzado, ellos utilizan las palabras para describir y recrear acontecimientos de la vida real. Por ejemplo, un niño señala una mesa y dice: "Yo soy el doctor. Hagamos de cuenta que este es mi consultorio. Tú eres la mamá que trae a su bebé para que lo examinen". Los niños también se involucran en la fantasía y recrean situaciones que no provienen de la vida real como enfrentarse a monstruos.

El lapso de tiempo. Al principio, los niños se involucran en el juego imaginario por unos cuantos minutos. Ellos aún no pueden realizar un juego sostenido. Pero a medida que se hacen cada vez más adeptos al juego de roles, permanecen en sus episodios de juego por lapsos de tiempos cada vez más largos.

La interacción. Preste atención a cuándo y por qué interactúan los niños entre sí en el área de juego imaginario. En la etapa inicial, varios niños pueden hacer de cuenta al mismo tiempo pero sin interactuar, excepto si necesitan un accesorio que otro niño esté utilizando. En un nivel más avanzado, los niños se ponen de acuerdo con respecto a los roles que jugarán y se relacionan entre sí desde el punto de vista del rol que han escogido.

La comunicación verbal. Escuche lo que digan los niños cuando estén involucrados en el juego imaginario. Si hablan desde el punto de vista del rol que están jugando y se comunican con los demás en una situación en la que están haciendo de cuenta, están jugando a un nivel avanzado.

Conocer estas habilidades le ofrecerá el marco mediante el cual podrá observar el juego de los niños y decidir cuándo y cómo intervenir. El cuadro a continuación le muestra la progresión de cada una de las seis destrezas esenciales desde el nivel inicial de juego dramático sencillo hasta el nivel más avanzado del juego sociodramático o imaginario.

> Conocer estas habilidades le ofrecerá el marco mediante el cual podrá observar el juego de los niños y decidir cuándo y cómo intervenir.

Niveles de juego imaginario		
Destrezas del juego imaginario	**Nivel inicial**	**Nivel avanzado**
Juego de roles Rol escogido	El rol se relaciona con los intentos del niño de comprender el mundo familiar (p. ej., mamá, papá, bebé, animales)	El niño elige roles relacionados con el mundo exterior (p. ej., bombero, policía, doctor)
Cómo juega el niño	El niño imita uno o dos aspectos del rol (p. ej., anuncia: "Yo soy la mamá". Mece al bebé y le da el biberón).	El niño expande los conceptos de un rol (p. ej., dice: "Yo soy la mamá", alimenta al bebé, prepara la cena, va al trabajo, habla por teléfono, etc.)
El uso de accesorios Tipo de accesorio necesario	El niño usa objetos reales o una réplica del objeto (p. ej., un teléfono real o de juguete)	El niño usa cualquier objeto como accesorio (p. ej., un bloque como teléfono) o levanta la mano para escuchar y hacer de cuenta que habla por teléfono
Cómo utiliza el niño el accesorio	El niño disfruta jugando con los objetos físicamente (p. ej., golpea el auricular del teléfono al marcar)	El accesorio es utilizado como parte de un episodio de juego (p. ej., un niño llama a un doctor por teléfono porque su bebé está enfermo)
El hacer de cuenta	El niño imita acciones sencillas de los adultos (p. ej., mueve una plancha hacia adelante y hacia atrás sobre la mesa y sostiene el auricular del teléfono en la oreja)	Las acciones del niño hacen parte de un episodio de juego de hacer de cuenta (p. ej., "Estoy planchando este vestido para usarlo en la fiesta de esta noche")
El lapso de tiempo	La participación en el juego es mínima (p. ej., el niño entra al área, juega con una muñeca, le coloca un sombrero y se marcha)	El niño participa en el juego imaginario por más de diez minutos (p. ej., el niño se viste como doctor, examina a un paciente, le escribe una receta médica y pregunta: "Quién sigue?")
La interacción	El juego solitario (p. ej., el niño pretende ser una mamá que mece a su bebé y no le presta atención a lo que dicen los demás) La cooperación es funcional (p. ej., el niño se pone de acuerdo para tomar turnos utilizando el timón)	El esfuerzo es cooperado (p. ej., el niño se pone de acuerdo con ser un pasajero del autobús, le entrega su boleto al conductor y pide el cambio)
La comunicación verbal	La verbalización se centra en el uso de los juguetes (p. ej. "Tráeme ese teléfono" o "Yo tenía el coche primero")	Dialoga acerca del tema de juego: hay conversación constante sobre los roles que desempeñan los niños. (p. ej., en una escena de un supermercado: "¿Qué quiere comprar?" "¿Tiene uvas?" "Sí, tenemos uvas, manzanas y mangos")

Cómo responderle a cada niño

Las seis destrezas que utilizan los niños para participar en el juego imaginario sirven para observar el juego infantil y determinar el tipo de intervención que será más eficaz con cada uno de ellos. Con estas destrezas en mente, note si un niño:

- selecciona el mismo rol día tras día o experimenta distintos roles y piensa en distintos aspectos de ese rol

- utiliza accesorios para hacer de cuenta o usa los movimientos o las palabras para sustituir objetos reales (p. ej., hace de cuenta que marca los números de un teléfono imaginario)

- inventa una situación y dramatiza una secuencia de acontecimientos

- pasa diez minutos o más en un episodio de juego imaginario

- colabora con otros niños en el juego imaginario

- utiliza el lenguaje para comunicar sus ideas

Observar esos aspectos del juego imaginario, le permitirá recaudar un perfil de habilidades de cada niño. Con base en lo que aprenda, podrá decidir cuándo es apropiado intervenir y cómo hacerlo.

Para aprovechar al máximo sus observaciones mantenga presente a demás las metas y objetivos de *El Currículo Creativo*. Observe lo que hace un niño y considere qué objetivos son más pertinentes, para lo que sepa sobre ese niño. Hágase una serie de preguntas antes de decidir cómo responder mejor. Sus observaciones y reflexiones le ayudarán a identificar donde está ubicado el niño en el *Continuo del desarrollo*, de manera que pueda identificar los próximos pasos con ese niño. Así, podrá planear nuevas experiencias, modificar el entorno de alguna manera o proporcionar una instrucción más enfocada que fortalezca el aprendizaje infantil. El cuadro a continuación ofrece ejemplos de cómo podría usar sus observaciones de un niño para responderle de manera apropiada.

Observación	Reflexión	Respuesta
Juwan coloca un vestido en la mesa de planchar, pasa la plancha y dice: "Me estoy preparando para una fiesta".	Juwan usa objetos reales y hace de cuenta como parte de un tema de juego *(Objetivos 35, Asume roles y situaciones y 36, Hace de cuenta con objetos)* ¿Cómo puedo estimularla para expandir su juego de hacer de cuenta y juegue con otros niños?	Haga preguntas para que el juego sea sostenido: "Vas a hacer una fiesta. ¿Vas a cocinar?". Haga notar a los demás niños: "Apuesto a que a Sonia le gustaría venir a la fiesta. Ella se está poniendo un vestido".
Tyrone se mece hacia adelante y hacia atrás en una mecedora, sostiene una muñeca y mira a los demás niños pero no interactúa.	Es posible que Tyrone no sepa cómo acercarse a otros niños. *(Objetivo 10, Juega con otros niños sin problema)* Está en la etapa de imitar lo que ha visto. *(Objetivo 35, Representa roles y situaciones)* Cómo puedo intervenir para que expanda sus destrezas de juego imaginario y se sienta más a gusto interactuando con los demás niños.	Mencione lo que otros niños estén haciendo: "Miren, Juwan está alimentando a su bebé. Veamos qué le esta dando". Involúcrese preguntando: "¿Tu bebé tiene hambre? ¿Quiéres que yo lo cargue mientras le calientas el biberón?".
Utilizando las tijeras, Dallas corta los cupones del periódico y copia las letras de los cupones en una libreta.	Dallas puede cortar con las tijeras en línea recta. *(Objetivo 19, Controla los músculos pequeños de la mano)* Copia las letras para hacer una lista. *(Objetivos 49, Comprende el propósito de la escritura y 50, Escribe letras y palabras)* ¿Qué nuevos accesorios puedo agregar para que expanda su interés en la lectura y en la escritura y juegue con otros niños?	Coloque en el área recipientes de comida vacíos, letreros de alimentos y dinero de juguete. Involucre a otros niños diciendo: "¿Planeas ir de compras?". "Me pregunto quién estará allí para ayudarte". Planee una visita a un supermercado cercano.
Cuando otro niño dice que no hay comida en la casa, Sussy va hasta la caja de collage, trae varios pedazos de icopor y dice: "Hay frijoles para comer".	Sussy encuentra distintos usos para los objetos del salón para resolver un problema. *(Objetivo 23, Maneja los problemas con flexibilidad)* Usa un objeto para sustituir o representar algo que necesita. *(Objetivo 36, Juega con objetos simbólicamente)* ¿Cómo puedo estimular su disposición a ayudar a otros niños y expandir su tema de juego?	Valide lo que ella dijo: "Descubriste una manera para que pudiéramos comer. ¿También tienes frijoles para mí?" Involucre a otros niños para que el juego sea sostenido: "Clara, ¿quieres comer con nosotros? ¿Puedes traer algo?".

La interaccion con los niños durante el juego imaginario

Para maximizar que los niños adquieran destrezas socioemocionales, físicas, cognoscitivas y linguisticas, y con el fin de fortalecer el juego imaginario, los maestros deben asumir un rol activo. Sus observaciones continuas le permitirán saber cuándo debe dejar que jueguen solos y cuándo se debe intervenir. Si sus observaciones le dicen que los niños parecen estar estancados eligiendo sus roles, es probable que necesiten nuevas ideas. Si en el área de juego imaginario se incorporan materiales relacionadas con un estudio, serán más dados a recrear y clarificar los conceptos que están comenzando a explorar en forma directa. He aquí varios métodos útiles.

Al hablar acerca de lo que hacen los niños, se les hace más consciente de lo que están representando.

Haga sugerencias para estimular el juego imaginario

Una estrategia eficaz para estimular el juego imaginario es observar lo que ocurra y comentar o hacer preguntas sobre lo que vea. Al hablar acerca de lo que hacen los niños, se les hace más consciente de lo que están representando. Las sugerencias también expanden el juego.

La señorita Tory observa que Alexa coloca una muñeca en el cochecito y lo empuja por el salón. Ella dice: "Veo que llevas a pasear a tu bebé. ¿A dónde van?". Alexa empuja el carrito sin responder. La señorita Tory le pregunta: "¿Llevas a tu bebé al parque o a la tienda?". Alexa responde: "A la tienda". La señorita Tory dice: "¡Ajá! Creo que olvidaste tu bolso y necesitarás dinero en la tienda. Veo un bolso en el anaquel, pero necesitaremos un poco de dinero".

Crystel juega a la tienda de zapatos. Ella le mide el pie a Derek y dice: "Aquí tienes tus nuevos zapatos". Cuando Derek no responde, el señor Alvarez dice: "¿Cuánto cuestan estos zapatos? Derek, ¿necesitas una caja para tus zapatos?".

En cada una de estas situaciones, los maestros observaron lo que estaba ocurriendo e hicieron sugerencias para ayudarles a los niños a concentrarse en la situación dramatizada, cómo usar los accesorios y expandir sus ideas en una dirección positiva.

Un rol más activo es más apropiado si los niños se encuetran en el nivel inicial del juego imaginario.

Participe en el juego infantil

Usted descubrirá que hay ocasiones en que es necesario asumir un rol más activo en el juego infantil. Este paso es más apropiado si los niños se encuentran en el nivel inicial del juego imaginario. Por ejemplo, usted podría observar que los niños hacen de cuenta pero no interáctuan unos con otros. En este caso, podrá estimular la interacción, participando en los comentarios del juego y ayudándoles a los niños a conectarse entre sí.

Kate está de pie cerca de la estufa y revuleve algo dentro de una olla. Leo está sentado en la mecedora sosteniendo una muñeca. La señorita Tory se sienta junto a Leo y le dice a Kate: "Has estado muy ocupada cocinando. ¿Qué estas preparando?". Como Kate no responde, la señorita Tory dice: "Hmm, huele a sopa de pollo. ¿Es eso?".

Cuando Kate asiente con la cabeza, la señorita Tory dice: "¡Qué rico! Me encanta la sopa de pollo y tengo hambre. Leo, ¿tú también tienes hambre? Me pregunto si Kate podría preparar nuestra comida. ¿Kate, tienes suficiente sopa para nosotros?".

Usted podrá ayudar a los niños que parezcan quedarse sin ideas en un episodio de juego, expandiendo la situación del juego de roles, haciendo el tema un poco más complejo o incluyendo más acciones para el rol que estén dramatizando. He aquí dos ejemplos:

Tres niños juegan al restaurante. Dallas y Crystel están sentadas en una mesa comiendo y Alexa sirve la comida. La señorita Tory nota que el episodio de juego va a terminar porque a los niños se les agotaron las ideas, y dice: "¿Alguien más desea pedir postre? Señora mesera, ¿Qué clase de postres tiene?".

Setsuko tiene un estetoscopio en el cuello y examina al bebé de Kate, pero no parece saber qué más hacer. La señorita Alvarez sugiere algunas ideas: "¿Qué tiene el bebé, doctor? ¿Por qué no deja de llorar? ¿Cree que necesite remedios? ¿Podría escribirnos una receta médica? Llamemos a la farmacia para ver si tienen lo que necesitamos".

Tal como lo muestran estos ejemplos, los maestros pueden asumir un rol activo para fortalecer el juego de hacer de cuenta de los niños, comentando lo que ellos hagan y expandiendo sus ideas.

Presente nuevos accesorios para profundizar en un estudio

Como se mencionó antes en este capítulo, los accesorios inspiran a los niños a expandir su juego. Cuando los accesorios se les presentan como parte de un tema de estudio, recrean y exploran las experiencias que han tenido. He aquí un ejemplo de como una maestra presentó varios accesorios después de una visita al servicio de correos.

La señorita Tory lleva al área de reunión una caja de accesorios rotulada "Servicio de correos". Ella les dice: "Ahora que hemos ido al servicio de correos, creo que podemos usar lo que hay en esta caja. Antes de mostrarles las cosas, piensen en las personas que vimos y en lo que hacían. ¿Quién tiene una idea?".

Los niños comparten ideas como: una persona comprando estampillas, un cartero que atendía y pesaba las cartas, el conductor del camión de correos. La señorita Tory responde: "Voy a sacar unas cuantas cosas de esta caja. Veamos si recuerdan quién las usa y qué hacen".

Al sacar cada objeto, invita a los niños a compartir lo que saben sobre ese objeto y luego les dice: "Dejaré esta caja aquí, en caso de que alguien quiera jugar al servicio de correos".

En ocasiones, el juego de los niños le dará la oportunidad de enseñarles a usar los accesorios para hacer de cuenta y conducirlos a un estudio más profundo.

Durante la hora de escoger, Mallik se pone un gorro y coloca cinco sillas en fila. Se sienta en la primera silla y anuncia: "Soy el conductor del autobús, ¿quién quiere viajar?". El señor Alvarez dice: "Parece que necesitas un timón. Veré qué puedo encontrar". Busca en el salón de clase y encuentra un plato de papel. El juego continuó durante los próximos días y otros niños participaron en él.

El señor Alvarez logró que un "verdadero" conductor llevara un autobús al estacionamiento y llevó grupos pequeños de niños a investigarlo. Los niños tomaron fotos del autobús y dibujaron sus distintas partes. Luego, regresaron al salón con sus dibujos y fotos y decidieron convertir en autobús una caja grande de cartón.

Una vez terminado el autobús, el proyecto tomó varias semanas, muchas investigaciones y montones de juego imaginario.

Como se afirmó antes, la presentación de nuevos accesorios será mucho más efectiva si se seleccionan con base en los temas que ya les interesen y estén estudiando los niños. Así, serán más dados a trabajar juntos, compartiendo experiencias comunes y creando escenas de juego diseñadas por ellos mismos.

Preguntas frecuentes acerca del juego imaginario

En ciertos casos me incomoda lo que juegan los niños. ¿Cómo debo responder?

El juego imaginario con frecuencia refleja lo que los niños ven a su alrededor. Para muchos, la violencia, el sexo y las drogas son experiencias cotidianas, ya sea de la vida real o porque lo ven en la televisión o el cine. Al asumir un rol, usted puede atender los intereses infantiles sobre un tema y reorientar los comportamientos que no sean constructivos. He aquí unos cuantos ejemplos:

> Dos niños se sientan en un sofá y preteden usar drogas. Usted podría asumir un rol y decir: "Ustedes saben que algunas drogas son buenas para nosotros y otras son muy malas. Como yo no quiero que ustedes corran peligro, si se enferman, el doctor les podrá dar medicinas para hacerlos sentir mejor. ¿Hay alguien enfermo aquí? ¿Debemos llamar al doctor?".

> Tres niños están jugando a la casita y cenando. Un niño golpea una muñeca y dice: "¡Cállate! Deja de llorar. No hay más comida para tí". En lugar de criticar el comportamiento de "mamá", usted podría preguntar: "¿Cómo crees que el bebé dejará de llorar?". Si el niño no ofrece ninguna idea, usted podría decir: "Algunos bebés dejan de llorar cuando los sostenemos en el regazo y los mecemos con suavidad".

> Usted nota que dos niños se encuentran uno encima del otro, como si estuviesen teniendo relaciones sexuales. Si reconoce que están recreando roles que realmente no pueden comprender, podrá reorientar su juego diciendo: "Acabo de llegar a casa del trabajo. ¿Ya está lista la cena? ¿Qué vamos a comer?".

¿Qué debo hacer acerca de un juego de superhéroes que se ha tornado agresivo?

Cada vez es más frecuente que los maestros afirmen que el juego imaginario de los niños está cada vez más influido por la televisión. El juego basado en los programas de la televisión por lo regular conllevan mucha acción: saltar, brincar y pelear. Por tal razón, algunos maestros limitan esta clase de juego al aire libre. Otros prohíben todo tipo de juego de superhéroes por ser agresivo por naturaleza. Debido a que prohibir este tipo de juego con frecuencia lo incrementa, le recomendamos poner en práctica un método para resolver problemas y ayudar a los niños a desarrollar formas de juego más constructivas (Consulte en el capítulo 2, las páginas 118-119 donde se muestra cómo orientó una maestra a varios niños para resolver esta clase de problema).

Si ve con mucha frecuencia esta clase de juego en su salón de clase, considere que los niños pueden estar tratando de manejar temores verdaderos relacionados con la violencia que han experimentado o visto en las noticias. Por ejemplo, después de que el Pentágono y las torres gemelas del Centro Mundial del Comercio fueran destruidos por aviones secuestrados, muchos preescolares fueron vistos construyendo torres en el área de bloques y derrumbándolos con un avión de juguete. Los maestros estaban al tanto de que los niños sentían temor y utilizaron la oportunidad para hablar con ellos. Les hicieron preguntas como: "¿Hay alguien en esos edificios? Lo mejor es que llamemos a los bomberos y las ambulancias para que vengan y ayuden a salvar a las personas".

¿Qué debo decirles a los padres que no desean que sus hijos varones se disfracen o jueguen con muñecas, ni que sus hijas jueguen con herramientas?

Primero, tranquilice a los padres, diciéndoles que esta clase de juegos es completamente normal durante la edad preescolar. Esta es la época en que los niños usan el juego imaginario para comprender mejor su mundo y los distintos roles que juegan las personas, tanto hombres como mujeres. A ellos les encanta disfrazarse con ropa que normalmente no se pondrían y disfrutan asumiendo los roles de las personas importantes para ellos, especialmente el padre y la madre. El salón de clase es un lugar seguro para explorar y aprender. Al mismo tiempo, cerciórese de incluir en su área de juego imaginario, ropa para disfrazarse y accesorios utilizados por hombres y mujeres en una diversidad de roles.

Carta a las familias acerca del juego imaginario

Apreciadas familias:

En el área de juego imaginario, los niños asumen distintos roles y recrean sus experiencias de vida. Ellos usan accesorios y juegan a hacer de cuenta para profundizar su comprensión del mundo en que viven. La habilidad de hacer de cuenta es de gran importancia para el desarrollo infantil. Los niños que saben cómo hacer de cuenta adquieren un vocabulario extenso, importante para la lectura. Ellos aprenden a cooperar con otros, a resolver problemas y adquieren la capacidad de pensar de manera abstracta. Destrezas de gran importancia para tener éxito en la escuela. Cuando los niños hacen de cuenta, tienen que recordar sus experiencias y recrearlas. Para hacerlo, deben concebir dichas experiencias en su mente. Por ejemplo, para asumir el rol de un doctor, deben recordar qué instrumentos utiliza un doctor, la manera en que un doctor examina a un paciente y lo que un doctor dice.

Cuando los niños juegan a hacer de cuenta, les preguntamos:

¿Está enfermo tu bebé? ¿Qué vas hacer?

¿Es usted quien trabaja en esta tienda? Yo necesito comprar unas cosas.

¿Qué estás cocinando para comer hoy? ¡Huele delicioso!

Nosotros hablamos con los niños y participamos en su juego para expandir su pensamiento.

Qué se puede hacer en el hogar

Ustedes pueden estimular en su hogar el mismo tipo de juego de hacer de cuenta que realizamos en la escuela, simplemente jugando con sus niños y proporcionándoles algunos accesorios sencillos como una sábana sobre una mesa que les servirá de casa o de escondite. Una caja de cartón grande vacía puede convertirse prácticamente en cualquier cosa: un barco pirata, una casita de perro, un castillo o un tren. Lo mejor del juego imaginario es que lo único que se requiere es imaginación. A continuación, les presentamos unas maneras sencillas de animar a sus pequeños:

- A la hora del baño incluyan barcos, tazas y muñecos de plástico y jueguen.
- Guarden algunas cajas de alimentos, hagan dinero de juguete y jueguen a la tienda.
- Lean historias juntos e involucren a sus pequeños en la dramatización de distintas partes de la historia.
- Reúnan alguna ropa vieja que sus pequeños puedan usar para vestirse y jugar a hacer de cuenta.
- Díganles a sus pequeños: "Hagamos de cuenta que vamos a viajar en tren. ¿Qué necesitamos? ¿Boletos? ¿Maletas? ¿Necesitamos recoger los boletos?".

Si se involucran en el juego representativo de sus niños, les enseñarán importantes destrezas de aprendizaje y pasarán juntos un tiempo sumamente valioso.

En este capítulo

Los juguetes
y juegos

Cómo refuerzan el desarrollo infantil

El área de los juguetes y juegos incluye rompecabezas, objetos manipulables, coleccionables, juegos de emparejar y juegos con reglas, con los cuales los niños pueden jugar en una mesa, en el suelo o sobre la parte superior de un estante. Estos materiales les ofrecen a los niños una actividad tranquila que pueden realizar solos, con algún amigo, con un maestro, con un padre voluntario o con un grupo pequeño. A medida que juegan con los juguetes y juegos, los niños fortalecen todas las áreas del desarrollo.

El desarrollo socioemocional. Los niños aprenden a cooperar entre sí, compartiendo y turnándose, a medida que llevan a cabo un juego o que construyen un diseño intrincado. Y adquieren confianza, completando con éxito una tarea, utilizando juegos autocorrectivos como rompecabezas, juegos de clasificación y anillos apilables.

El desarrollo físico. Los niños practican la coordinación ojo-mano al coser tarjetas o al colocar estaquillas o clavijas en un tablero. Cuando ensartan cuentas o construyen con los cubos ensamblables, refinan sus destrezas motrices finas.

El desarrollo cognoscitivo. A medida que construyen con los bloques de mesa o hacen diseños con los bloques de patrones, los niños experimentan con la construcción y la invención y resuelven problemas creativamente. Además, expanden las destrezas matemáticas que recién emergen como contar, dividir en series, emparejar, hacer patrones y clasificar. De hecho, el área de juguetes y juegos con frecuencia sirve como un ambiente matemático en su salón de clase.

El desarrollo lingüístico. Los niños utilizan las palabras para describir cómo están armando un rompecabezas o clasificando una colección de objetos. Al jugar, comparan el tamaño, la forma y el color. Al usar cuentas, tableros, rompecabezas, dominós y objetos coleccionables, adquieren destrezas de lectura como la progresión izquierda-derecha, la discriminación visual y la asociación de objetos similares. Al utilizar las letras magnéticas y los bloques alfabéticos, exploran las letras y luego las organizan y reorganizan para formar palabras.

Conexión entre los juguetes y juegos y los objetivos del Currículo

Las metas y objetivos de *El Currículo Creativo*, le permitirán enfocarse para pensar sobre el desarrollo infantil, mientras juegan en el área de los juguetes y juegos. Por ejemplo, para un niño que constantemente hace diseños repetitivos con las estaquillas o con los bloques de patrones, usted podrá concentrarse en los objetivos relacionados con aprender a realizar patrones. O, si algunos niños parecen temerosos de utilizar los materiales, podrá enfocarse en los objetivos relacionados con la direccionalidad propia y la independencia o con el uso de los materiales del salón. El siguiente cuadro ilustra cómo en el área de los juegos y juguetes, los niños demuestran sus crecientes habilidades en relación con varios objetivos de *El Currículo Creativo*.

Objetivos del Currículo seleccionados	Qué podría hacer un niño en el área de los juguetes y juegos
Desarrollo socioemocional	
3. Reconoce sus propios sentimientos y los maneja en formas apropiadas	Dice: "Tomaste el Lego que yo quería. ¿Me puedes ayudar a buscar uno igual?"
4. Defiende sus derechos	Dice: "Yo estoy usando este rompecabezas, te lo daré cuando termine".
5. Demuestra direccionalidad propia e independencia	Ensarta cuentas y al terminar las devuelve al lugar debido en el anaquel.
7. Respeta y cuida el entorno de la clase y los materiales	Le pide al maestro cinta para reparar la caja del juego.
8. Sigue las rutinas de la clase	Comienza a guardar el rompecabezas al oír la canción de la hora de limpiar.
9. Sigue las reglas de la clase	Le dice a un amigo: "No debes hacer pistolas con ese juguete".
10. Juega con otros niños sin problema	Se turna al jugar un juego de mesa.
11. Reconoce los sentimientos de los demás y reacciona apropiadamente	Ve que un niño es rechazado por los demás y dice: "Está bien, puedes jugar con nosotros".
12. Comparte y respeta los derechos de los demás	Dice: "Es tu turno de ser el primero".
13. Utiliza las destrezas de pensamiento para resolver conflictos	Encuentra otro auto, cuando un amigo quiere el mismo.
Desarrollo físico	
19. Controla los músculos pequeños de la mano	Utiliza pinzas para recoger objetos.
20. Coordina los movimientos ojo-mano	Ensarta cuentas, coloca estaquillas en agujeros y ata tarjetas de coser.
21. Utiliza instrumentos para escribir y dibujar	Usa juguetes como tableros mágicos para escribir y dibujar.

Objetivos del Currículo seleccionados	Qué podría hacer un niño en el área de los juguetes y juegos
Desarrollo cognoscitivo	
23. Maneja los problemas con flexibilidad	Arma un rompecabezas mirando la forma de las piezas y las imágenes.
24. Es persistente en lo que emprende	Trata de colocar objetos de distintas formas en el agujero de un juego de clasificar antes de encontrar el adecuado.
25. Explora la relación causa-efecto	Dice: "Si armas algo muy alto con esos bloques, se van a caer".
26. Aplica el conocimiento o la experiencia en nuevos contextos	Arma un cerco para los animales de juguete después de visitar una granja.
27. Clasifica objetos	Agrupa los ositos por color.
28. Compara/mide	Sostiene una serie de eslabones entrelazados y dice: "Es igual de alta a mí".
30. Reconoce patrones y puede repetirlos	Ensarta cuentas o bolitas en un patrón: círculo rojo, cuadrado azul, círculo rojo, cuadrado azul, etc.
31. Reconoce conceptos temporales y secuencias	Coloca las tarjetas de secuencia del crecimiento de una planta en orden: semilla, brote, planta.
33. Usa la correspondencia uno a uno	Encaja sistemáticamente una estaquilla en cada agujero del tablero.
34. Usa los números y cuenta	Cuenta una colección de botones.
36. Juega con objetos simbólicamente	Pretende conducir una banda de música con una varita.
37. Inventa e interpreta representaciones	Construye un helicóptero con bloques ensamblables.
Desarrollo lingüístico	
39. Se expresa utilizando palabras y oraciones largas	Dice: "Estas rocas van juntas porque son ásperas y estas van juntas porque son brillantes".
41. Responde preguntas	Responde: "Rojo", cuando se le pregunta qué color pondrá a continuación, al hacer un patrón con bolitas.
42. Hace preguntas	¿De dónde vienen todas estas llaves?
43. Participa activamente en conversaciones	Habla con un amigo sobre la estructura que acaban de construir con Legos.
45. Comprende el propósito de lo escrito	Coloca los bloques del alfabeto en fila de izquierda a derecha.
46. Conoce el alfabeto	Nombra las letras al moverlas sobre un tablero magnético.

Cómo crear un entorno para los juguetes y juegos

Cuando el área se organiza con cuidado y detenidamente, los niños disfrutan los juguetes y juegos y los aprovechan al máximo. Tanto la ubicacion de los juguetes y juegos como la manera de exhibirlos afectan la manera como los niños los utilizan, aprenden de ellos y los cuidan.

Los materiales tienen letreros con ilustraciones y palabras. Los letreros están laminados y pegados con cinta adhesiva.

Los anaqueles están bien organizados para que los niños puedan ver las opciones disponibles.

Las mesas pueden separarse para que los niños puedan utilizar los juegos y juguetes en el suelo si lo desean.

Cómo organizar el área de los juguetes y juegos	Materiales sugeridos
Ubicación: Cerca de otras áreas silenciosas como la biblioteca y el área de juego artístico. **Coloque:** Estantes bajos para colocar los materiales en recipientes con letreros Una o dos mesas con sillas	Rompecabezas: con y sin agarraderas, de fichas grandes, soportes para sostenerlos Cubos para apilar, encajables, de atributos, bloques compactos, tableros geométricos, juguetes para apilar, ensamblables, bolitas para ensartar, Legos, dominós Marcos de autoayuda para abotonar y abrochar Tableros magnéticos y de texturas con figuras Accesorios pequeños: animales, camiones, carros, botes, vagones, etc., para seleccionar y clasificar. Juegos de lotería y otros juegos de mesa Colecciones de objetos (tapas de botellas plásticas, llaves, conchas marinas, etc.)

Selección de los materiales

En todo catálogo de materiales de educación infantil, usted verá una amplia gama de juguetes y juegos. Para seleccionar las mejores opciones para sus niños, piense en términos de diversidad y complejidad, así como en la seguridad, la durabilidad y el precio. Seleccione materiales que no transmitan estereotipos. Al final de esta sección, mencionamos qué tipos de juguetes se deben evitar.

Tipos de juguetes y juegos

Los juguetes y juegos se pueden agrupar en cuatro categorías: autocorrectivos y estructurados; juegos de usos ilimitados; coleccionables; y juegos de cooperación.

Los juguetes autocorrectivos y estructurados son aquellos que encajan en una forma específica, por ejemplo, un rompecabezas. Un niño que utilice este tipo de juguete sabe inmediatamente si lo armó correctamente. Entre los juguetes autocorrectivos se incluyen:

- rompecabezas: de madera, con caucho intercalado, de cartón resistente y grandes para jugar en el suelo.
- marcos de destrezas de autonomía (para abotonar, abrochar y amarrar).

- círculos de distintos tamaños que encajan en un cilindro.
- cajas y tazas encajables
- cajas para separar figuras geométricas

Los juguetes con usos ilimitados no tienen una forma correcta o incorrecta de ser usados. Se pueden armar de distintas maneras que dependen totalmente de la creatividad y del desarrollo del niño. Estos juguetes fomentan la solución de problemas y la iniciativa, y muchos fortalecen las destrezas motrices y la coordinación ojo-mano. También son herramientas naturales para desarrollar las destrezas y conceptos de las matemáticas. Entre los juguetes con usos ilimitados se incluyen:

Al seleccionar los juguetes y juegos, elija unos cuantos de cada categoría para ofrecerle diversas opciones a los niños.

- tableros de texturas
- bloques Lego, personas y accesorios
- cubos de colores, de madera o plásticos, ensamblables
- estaquillas y tableros
- varitas Cuisenaire
- letras y números magnéticos
- tableros geométricos
- figuras geométricas de madera

Juguetes coleccionables, al igual que los juguetes con usos ilimitados, se pueden usar de muchas maneras distintas. La diferencia es que los juguetes coleccionables contienen series de objetos similares. Las colecciones atractivas animan a los niños a seleccionar, emparejar y comparar en formas creativas. Entre los objetos coleccionables se incluyen:

- tapas de botellas
- botones
- llaves
- cucharitas de plástico
- cajas pequeñas
- juguetes pequeños
- borradores
- tuercas y tornillos
- tapas

Los juegos de cooperación animan a los niños a trabajar juntos para asociar y emparejar imágenes, números, símbolos y objetos. En lugar de ganar o perder, estos juegos le brindan a los niños la oportunidad de desarrollar las destrezas sociales, al tiempo que afinan la discriminación visual. Entre los juegos en esta categoría se incluyen:

- loterías
- dominós
- juegos de concentración
- juegos de emparejar
- juegos de cartas
- juegos de mesa

Debido que algunos juguetes y juegos se pueden usar de distintas maneras, pertenecen a más de una categoría. Por ejemplo, cuando los bloques de diseños se utilizan con las tarjetas de patrones son un juguete estructurado, si el niño escoge duplicar el diseño que aparece en la tarjeta. Sin embargo, cuando los niños elaboran sus propios patrones, son juguetes con usos ilimitados.

Criterios para seleccionar los juguetes y juegos

Al planear la selección y adquisición de materiales para el área de juguetes y juegos de su salón de clase, mantenga presente los siguientes criterios.

La seguridad. El requisito fundamental es que todos los juguetes sean seguros y cumplan con los estándares definidos por la Comisión de la Seguridad de Productos al Consumidor, una agencia federal que establece los estándares de seguridad. Estos estándares, así como otra información relativa a la seguridad de los juguetes, se puede obtener en www.cpsc.gov o llamando al 1-800-638 2772. Evite los juguetes con bordes o puntas afiladas, con piezas demasiados pequeñas que puedan tragarse y con piezas que se puedan usar como proyectiles.

La durabilidad. Debido a su constante uso, los materiales en un programa para niños pequeños deben ser mucho más durables que los utilizados para jugar en casa. Por ejemplo, los rompecabezas de madera o de caucho duran mucho más que los de cartón.

La construcción. Los juguetes deben ser de buena calidad y funcionar según su finalidad. Todas las piezas de un rompecabezas o de los juguetes ensamblables deben encajar y las fichas de un juego de lotería o de dominó deben estar completas. Los juguetes de distintas clases de materiales (plástico, madera, metal, tela o caucho) les brindan a los niños una gran diversidad de experiencias sensoriales.

La flexibilidad. Los juguetes ensamblables y manipulables funcionan de distintas maneras. Entre más flexible sea un juguete, más variado será su uso y más tiempo captará la atención del niño en tanto adquiere nuevos intereses y destrezas.

Cuando seleccione los juguetes y juegos mantenga presentes la durabilidad, la flexibilidad y los valores que transmiten.

El precio. El costo de un juguete de mesa debe sopesarse con su flexibilidad. Algunos juguetes costosos pueden ser buenas inversiones pues se pueden utilizar de distintas maneras y son duraderos. Antes de adquirirlos, tenga en cuenta las siguientes preguntas: El juguete, ¿se puede utilizar de distintas formas? A medida que los niños adquieren más destrezas, ¿lo pueden usar en formas más complejas? Los niños de distintas edades, ¿pueden usarlo de distintas maneras?

Los valores. Los juguetes deben ser multiculturales, sin violencia ni estereotipos sexuales ya que les transmiten valores a los niños. Las imágenes y fotografías en los juguetes y juegos deben ser, por lo tanto, libres de estereotipos y reflejar una diversidad de roles y experiencias. Por ejemplo, un rompecabezas de personas que trabajan podría mostrar mujeres bomberos o doctores. Además, le recomendamos seleccionar juguetes que no fomenten la violencia.

Niveles de complejidad

Los juguetes tienen distintos niveles de complejidad. Al principio del año, ponga a disposición los juguetes más sencillos y a medida que los niños en su programa se tornen más hábiles, podrá incluir gradualmente materiales más complejos. Los juguetes y juegos en el área deben ofrecerles retos pero no frustrarlos. En el siguiente cuadro podrá ver ejemplos de cómo varían los materiales en términos de la complejidad.

Juguete o juego	Sencillo	→	Complejo
Rompecabezas	De 4-10 fichas con agarraderas	De 10-20 fichas, sin agarraderas	De 20-30 fichas o más
Legos o juguetes de construcción similares	Piezas grandes (de 2-4 pulgadas)	Piezas pequeñas, pero un número limitado	Una gama completa de piezas y accesorios
Cuentas y estaquillas	Cuentas grandes con cuerdas rígidas; estaquillas largas	Cuentas o estaquillas de tamaño intermedio	Cuentas pequeñas con distintos tipos de cuerdas; estaquillas pequeñas
Juegos de cartas y loterías	Juegos sencillos de emparejar colores o imágenes	Juegos de memoria o concentración	Juegos de bingo o loterías que estimulen el aprendizaje de los números y las letras
Juegos de mesa	Juegos de mesa sencillos con pocas reglas	Juegos que sigan un plan de acción sencillo o con puntuación sencilla	Juegos con más reglas y que requieran alguna estrategia

Juguetes y juegos que se deben evitar

Los juguetes y juegos influyen en la manera como juegan los niños. Si se seleccionan con cuidado, los juguetes facilitan el juego creativo e imaginativo. Por el contrario, algunos juguetes pueden tener efectos nocivos en el desarrollo infantil. En la publicación TRUCE, una guía a los juguetes, la autora Diane Levin sugiere evitar los siguientes:

Los juguetes que enfocan el juego en la tecnología electrónica. Estos juguetes tienden a controlar y limitar el juego infantil e incluyen los juguetes que hablan y caminan.

Los juguetes que inducen a las niñas a centrar su atención en las apariencias. Estos juguetes tienden a centrarse en la apariencia física y promueven comportamientos sexuales y estereotípicos e incluyen las muñecas que representan a adolescentes con maquillaje y tatuajes.

Los juguetes que hacen énfasis en el comportamiento violento o sexual. Estos juguetes obstaculizarán sus esfuerzos de crear un entorno afectuoso en el salón de clase e incluyen luchadores o las figuras agresivas de ciencia ficción.

Los juguetes relacionados con productos comerciales y propagandas. Estos juguetes se convierten instantáneamente en propagandas de alimentos, de comidas rápidas y de tiendas de cadena.

Los juguetes relacionados con programas de televisión, películas y juegos de video para adolescentes o adultos. Estos juguetes son inapropiados para los preescolares e incluyen cualquier producto catalogado para las poblaciones de 13 años o clasificados *R*.

Los juguetes que vinculan el juego a los dulces o los alimentos poco nutritivos. Estos juguetes fomentan la mala alimentación e incluyen los juguetes relacionados con los restaurantes de comidas rápidas.

Cómo exhibir y cuidar los juguetes y juegos

Los niños se sentirán atraídos al área de los juguetes y juegos si está organizada y es atractiva. Cuando los niños ven los juguetes apilados, lo más probable es que no los utilicen por no poder encontrar con facilidad lo que desean. Por lo tanto, es importante tener un método para exhibir y almacenar estos materiales.

Algunos juguetes pueden tener efectos nocivos en el desarrollo infantil y se deben evitar.

Recomendaciones para exhibir los juguetes y juegos

Rotule los juguetes y juegos para que los niños puedan encontrar lo que necesitan y lo devuelvan al lugar debido cuando terminen de jugar. Usted podrá elaborar distintas clases de letreros. Por ejemplo, tome una fotografía de cada juguete, dibújelo o corte la ilustración del juguete de un catálogo o de la caja. Luego, lamínela y péguela en el anaquel donde se almacenarán los juguetes.

Escriba el nombre del juguete o juego debajo de la ilustración en cada letrero. Utilice mayúsculas y minúsculas, igual que las vería en un libro. Si trabaja con niños bilingües incluya también palabras escritas en su lengua materna.

Coloque los juguetes y juegos a la altura de la vista de los niños, para que puedan ver con facilidad qué materiales tienen a su disposición.

Agrupe los materiales según el tipo: los rompecabezas en un área, los tableros y estaquillas en otra y así sucesivamente.

Remueva los juguetes partidos o aquellos a que les falten piezas hasta que pueda repararlos o reemplazarlos.

Almacene juguetes adicionales (para reabastecer el área) en un gabinete o en estantes altos fuera del área de los juguetes y juegos.

Utilice recipientes de plástico para maximizar el espacio de almacenamiento de los juguetes coleccionables, los bloques de mesa y otros juguetes con muchas piezas y use soportes para los rompecabezas para que los niños puedan ver qué hay.

Evite almacenar las cajas de juegos a demasiada altura. Si apila tres o más juegos, lo más probable es que se caigan al suelo cuando un niño trate de agarrar el que está en la base de la pila.

Los juguetes y juegos inevitablemente se deterioran con el uso. Usted podrá preservar las fichas de cartón, laminándolas o cubriéndolas con papel Contact transparente. Trate de reemplazar las fichas de los rompecabezas colocando una pieza de plástico en el espacio vacío y llenándola de masilla para madera. Cuando la ficha casera se seque, podrá pintarla en forma semejante a la faltante. Una rutina ocasional de limpiar con agua y jabón los juguetes de plástico y madera, incrementará su atractivo, y en algunos casos, ayudará a que duren más tiempo. Finalmente, mantenga una canasta donde los niños puedan colocar los objetos perdidos y encontrados. Con el tiempo, podrá reciclar estas piezas y utilizarlas como coleccionables para seleccionar, clasificar y graficar o para decorar las estructuras de bloques.

Qué aprenden los niños en el área de los juguetes y juegos

Los juguetes y juegos nutren las destrezas infantiles que recién emergen en matemáticas, ciencia, estudios sociales y lecto-escritura. Además fortalecen la capacidad de solucionar problemas y la creatividad. Para los más pequeños, las destrezas comienzan a fortalecerse manipulando los materiales una y otra vez. A medida que crecen, sus destrezas se refinan y pueden comenzar a hacer patrones, a seleccionar y clasificar. Los siguientes son ejemplos de lo que aprenden los niños con la ayuda de los maestros.

Lecto-escritura

Enriquezca **el vocabulario y el lenguaje** de los niños, hablando con ellos mientras juegan. Por ejemplo, haga comentarios sobre las ilustraciones de los rompecabezas o el camión que estén construyendo con Legos. Use palabras descriptivas nuevas como *brillante, opaco, afilado, curvo, áspero* y *suave*, mientras juegan con los objetos coleccionables.

Ayude a los pequeños a aprender sobre **las letras y las palabras**, hablándoles mietras manipulan las letras magnéticas y los bloques de letras. Cuando los niños organicen las letras, describa lo que vea. (Diga por ejemplo: "Escribiste una palabra. Uniste las letras *g-a-t-o* y escribiste *gato*).

Fortalezca el **conocimiento de lo escrito**, animando a los niños a dibujar y a escribir de las construcciones que hagan (utilizando garabatos o la ortografia de transición).

Matemáticas

Ayude a los niños a adquirir **destrezas de solución de problemas**, a medida que construyan, diseñen y ensamblen materiales. Anímelos a armar rompecabezas, hacer diseños con los bloques de patrones, seleccionar y clasificar colecciones o construcciones con los bloques Lego.

Ayude a los niños a desarrollar **los conceptos numéricos**, a medida que cuentan bloques, cuentas y muñecos. Utilice términos matemáticos al comparar cantidades como *más que, menos que, igual que*.

Anime a los niños a explorar **los patrones y relaciones**, proporcionándoles materiales coleccionables como botones o autos pequeños, para que puedan expandirlos o crear sus propios patrones. Ofrézcales materiales con usos ilimitados como bloques ensamblables, uniones, cubos de colores y figuras magnéticas que desarrollen las destrezas de hacer patrones.

Enséñeles a los niños acerca de **la geometría**, trabajando con figuras bidimensionales y tridimensionales. Hágales notar que no todos los triángulos son iguales mostrándoselos en los bloques de patrones, rompecabezas de figuras y tableros geométricos.

Desarrolle **el sentido espacial** de los niños cuando trabajen con tarjetas para coser describiendo cómo entra y sale una aguja. Incluya juegos de mesa para ayudarles a aprender sobre la direccionalidad y use términos como *adelante, atrás, comienzo y final*.

Utilice las colecciones para estimular la comprensión de **la recolección, organización y representación de datos**. Muestre cómo hacer gráficas organizando colecciones de rocas, hojas o autos. Anime a los niños a comparar las colecciones con las gráficas.

Ciencia

Enseñe conceptos de **la ciencia física** como *equilibrio, fuerza* y *gravedad*, animándolos a construir con Legos y con otros juguetes para armar construcciones pequeñas. Anime la exploración de sus creaciones.

Utilice rompecabezas y juegos que muestren plantas y animales y aproveche la oportunidad para hablar sobre **la ciencia de la vida**. Por ejemplo, cuando los niños seleccionen animales de plástico comente donde viven: la granja, el zoológico o el océano.

Estudios sociales

Hable con los niños sobre **las personas y cómo viven**, animándolos a trabajar en forma cooperada y a resolver problemas juntos. Incentive a los niños a seguir las reglas del juego, a compartir y a turnarse.

Anime a los niños a jugar juegos de mesa, como "Candyland" o "Chutes and Ladders" para que aprendan sobre **los espacios y la geografía**.

Artes

Promueva el desarrollo de **las artes visuales**, incluyendo juegos de construcción con usos ilimitados para que los niños representen lo que sienten y piensan en forma concreta.

Tecnología

Fomente **el reconocimiento de la tecnología**, incluyendo juguetes con partes que se muevan como ruedas, engranajes o bisagras. Ayude a los niños a asociar los juguetes y juegos con lo que vean a su alrededor.

Hasta ahora, hemos descrito sólo unas cuantas maneras como podrá integrar los juguetes y juegos en su programa. Al observar e interactuar con los niños en el área de los juguetes y juegos a usted le surgirán muchas más ideas.

La función del maestro

Los niños experimentan, exploran, descubren y crean cuando se les ofrecen juguetes de calidad. Ellos necesitan juguetes y juegos que les permitan jugar solos y en forma cooperada y adultos que valoren su trabajo.

Cómo observar y responder en forma individualizada

Los niños juegan en formas relativamente predecibles. Dependiendo de sus experiencias previas con estos materiales y sus destrezas físicas, por lo general, avanzan del juego sencillo al más complejo e integral.

Cómo tratan los niños los juguetes y juegos

El juego funcional. Los niños tratan los juguetes nuevos descubriendo sus características. La exploración les ayuda a responder preguntas como estas:

- ¿Cómo es este objeto o juguete?

- ¿Cómo se siente? ¿Qué textura tiene?

- ¿Es grande o pequeño? ¿Es pesado o liviano?

- ¿Qué forma tiene?

- ¿De qué color es?

El propósito del juego funcional es investigar las propiedades físicas del juguete.

El propósito del juego funcional es investigar las propiedades físicas del juguete. Antes de que pueda tener lugar cualquier uso de los juguetes, estructurado o con un propósito definido, se requiere este tipo de exploración libre.

El juego constructivo. En el juego constructivo, los niños utilizan los juguetes creativamente para hacer algo. Construyen una torre con los cubos de colores o un cerco con los juguetes de construcción como los Legos o hacen un diseño con los bloques de patrones. Los niños usan los objetos coleccionables, como las tapas de botellas y botones, para crear patrones o diseños complejos antes de usarlos para seleccionar y comparar. En el juego constructivo, los niños se hacen preguntas como las siguientes:

Los niños utilizan los juguetes creativamente para hacer algo.

- ¿Puedo hacer algo nuevo con estas figuras?

- ¿Con estos bloques puedo construir algo grande?

- ¿Hasta qué altura puedo construir antes de que se derrumbe?

- ¿Qué clase de diseño puedo hacer con estos materiales?

El juego dramático o de hacer de cuenta. Después de que los niños exploran los materiales utilizando los sentidos (juego funcional) o crean algo (juego constructivo), con frecuencia comienzan a usarlos en su juego de hacer de cuenta. Llenan un tablero con estaquillas para hacer un pastel y cantando feliz cumpleaños se lo llevan a usted. Ensartan cuentas y las usan como collar y le dicen a usted o algún amigo que van para una fiesta. También trabajan juntos elaborando construcciones con Legos y, más adelante, juegan con sus creaciones asumiendo distintos roles como trabajador o jefe.

Los juegos con reglas. Los juegos de mesa y de cartas ofrecen la oportunidad de ser más hábiles, comprender y aceptar los límites que imponen las reglas. Recuerde que para la mayoría de preescolares es difícil aprender sobre las reglas. A menudo, ellos inventan sus propios juegos y reglas. Definen el rol de cada persona, diseñan un sistema para turnarse y deciden quién es primero, segundo o tercero. Este desarrollo ocurre antes o al tiempo que aprenden a jugar con reglas convencionales.

A medida que experimentan con los juguetes y juegos, inventan más y más maneras de utilizar los materiales y adquieren nuevas destrezas. Cuando los maestros deciden con cuidado cuándo y cómo presentar los materiales cada vez más complejos estimulan el desarrollo infantil en esta área de interés. Después de observar cómo usan los niños los juguetes y juegos, usted podrá decidir como responderles.

Cómo responderle a cada niño

La función del maestro es ofrecer estímulo, ayudar a los niños a involucrarse con los materiales, estimularlos a avanzar al próximo paso de su aprendizaje y destrezas, y hablar con ellos sobre sus esfuerzos y logros. Usted sabrá cómo responder después de observar qué dicen y hacen los niños, a medida que trabajan. Su trabajo es ser una especie de detective que trata de descubrir qué les interesa a los niños y cómo tratan los materiales. Con base en lo que aprenda, podrá expandir los intereses infantiles y atender sus necesidades individuales. Observe si un niño:

- selecciona y cuida los materiales por su cuenta

- explora las propiedades física de los materiales (juego funcional)

- construye y crea (juego constructivo)

- asume roles (juego socio-dramático) o sigue las reglas de un juego

- desarolla mayor coordinación ojo-mano y la motricidad fina

- utiliza las destrezas de pensamiento lógico para trabajar con los materiales (clasificando, haciendo patrones, midiendo, comparando, contando)

- comunica lo que está haciendo al jugar con los juguetes y juegos

La información obtenida mediante la observación enfocada, le permitirá responder en forma apropiada. Además le servirá para orientar las preguntas y comentarios que puede hacer y los materiales que puede ofrecer.

La observación cuidadosa le permitirá saber qué juguetes y materiales seleccionan los niños y cómo los utilizan. Además, le permitirá descubrir las diferentes maneras como los niños usan los materiales y cómo aplican la lectoescritura, las matemáticas, la ciencia y lo aprendido en otras áreas de contenido. Con base en lo que vea, podrá planear distintas maneras de estimular el desarrollo de cada niño en esta área de interés.

Observación	Reflexión	Respuesta
Leo mueve el marcador por el tablero como un carro de carreras e ignora la solicitud de un amigo de turnarse.	Leo está enfrascado en el juego funcional. Juega en la proximidad de otros niños, pero no se turna con ellos para jugar *(Objetivo 12, Comparte y respeta los derechos de los demás)* Leo juega a hacer de cuenta con el carro de carreras *(Objetivo 36, Juega con objetos simbólicamente)* ¿Tiene las destrezas necesarias para jugar juegos con reglas?	Aproveche su interés en los carros de carrera y ofréacale bloques para usarlos como rampas y caminos. Juegue con él un juego que haya inventado y hablen sobre lo que estén haciendo a medida que se turnen: "Ya fue mi turno, ahora es el tuyo".
Malik se levanta la camiseta y saca una pistola hecha con bloques Lego y dice: "Es como la de mi papá".	Malik usa los Legos para representar un objeto real *(Objetivo 36, Juega con objetos simbólicamente; y 37, Inventa e interpreta representaciones)* ¿Cómo puedo reorientar su atención y alejarlo del juego con armas? ¿Cómo puedo ayudar a Malik a usar su creatividad en una forma más constructiva?	Juegue cerca a Malik y sugiera otra clase de construcciones. Ofrezca accesorios e ilustraciones que inspiren un uso distinto de los Legos.
Jonetta coloca las estaquillas azules y amarillas en un patrón alternado, siguiendo el borde de un tablero de estaquillas.	Jonetta está creando un patrón sencillo *(Objetivo 30, Reconoce patrones y puede repetirlos)* Al colocar las estaquillas en los agujeros está exhibiendo coordinación y control. *(Objetivo 19, Controla los músculos pequeños de la mano)* ¿Cómo puedo estimular a Jonetta para que trabaje con patrones más complejos?	Diga: "Hiciste un patrón: azul, amarillo, azul, amarillo". Haga notar los patrones en el entorno durante el día. Cree un patrón de tres colores con las estaquillas e invítela a continuarlo.
Dallas conecta tres cubos ensamblables y los cuenta diciendo: "Uno, dos, tres, cuatro, cinco".	Dallas puede contar cinco objetos con precisión. *(Objetivo 34, Usa los números y cuenta)* Conecta los cubos con facilidad. *(Objetivo 20, Coordina los movimientos ojo-mano)* Dallas, ¿asocia los nombres de los números con las cantidades en distintas situaciones? (p. ej., si se le piden dos galletas, ¿las trae?)	Invite a Dallas a emprender tareas sencillas que refuercen la correspondencia uno a uno (p. ej., pasar los vasos, poner una semilla en cada recipiente o colocar una nota en cada casillero). Muéstrele cómo contar, tocando cada objeto. Anime a Dallas a utilizar los números y a contar durante el día.

La interacción con los niños en el área de los juguetes y juegos

Al observar a los niños en su programa, lo más probable es que descubra distintas maneras de interactuar con ellos en el área de los juguetes y juegos. La presencia del maestro y recibir atención personal por unos cuantos minutos son un poderoso incentivo para que permanezcan en el área y se enfrasquen en el juego con los materiales. He aquí un ejemplo, de cómo podría ocurrir esto.

Sonya, Carlos y Tasheen juegan y cada uno ha hecho una pila de botones. El señor Álvarez les pregunta si puede jugar con ellos y comienza a organizar sus botones mientras observa a los niños que juegan.

Sonya:	*Mi mamá hizo un vestido que tenía un botón como éste.*
Carlos:	*¡Ey!... ¡Yo tengo uno igual! Y aquí hay otro.... y otro... y otro.*
Sr. Álvarez:	*"Encontraron cuatro botones iguales... uno, dos, tres y cuatro [Carlos cuenta y toca los botones].*
Tasheen:	*Yo encontré más. Yo tengo 42... [Tasheen coloca en fila diez botones]*
Carlos:	*No es cierto. Cuéntalos.*

Tasheen cuenta los botones y los toca, aunque los cuenta mucho más rápido de lo que los toca.

Sr. Álvarez:	*¿Puedo contar contigo? [Tasheen y el señor Álvarez empiezan a contar los botones]*

Sonya continúa explorando los botones, examinando los colores, las líneas, los tamaños y los diseños. Ella comienza a apilarlos.

Sr. Álvarez:	*Sonya, ¿tienes más botones grandes o más botones pequeños?*
Sonya:	*Yo tengo "muchitos" botones como éste.*
Sr. Álvarez:	*Así es. Tienes muchos más botones grandes, incluso tienes unos cuantos botones con una ranura, como éste".*

Al hablar con los niños sobre lo que hacen con los juguetes y juegos, se les demuestra que se valora lo que hacen y se reconocen sus crecientes capacidades y destrezas. Su participación también refuerza el aprendizaje:

- Usted les presenta nuevo vocabulario, modela la gramática correcta y estimula la conversación.

- Al hablar con los niños, son más conscientes de lo que están haciendo, descubriendo, pensando y sintiendo.

- Usted les ayuda a identificar conceptos y a nombrarlos: "Esos son los bloques más pequeños", o "Tú tienes las estaquillas rojas".

En ciertas ocasiones, necesitará ser más específico con algunos niños. Es decir, enseñarles lo necesario para poder trabajar con ciertos juguetes y juegos. Un niño que haya tenido poca experiencia con los rompecabezas necesitará ver, paso por paso, que para armar un rompecabezas debemos:

- regar las piezas

- voltearlas para ver el lado de color

- comenzar colocando primero las fichas de los bordes

- encontrar las fichas de las esquinas

- colocar las fichas, unas junto a las otras, hasta completar toda la imagen

- armar el rompecabezas una vez más o devolverlo al lugar debido en el anaquel

Cuando hable con los niños sobre su juego, pídales primero que describan lo que estén haciendo. Para los que tengan dificultad expresándose, asuma el liderazgo haciendo comentarios sobre su trabajo y evitando juicios de valor:

Háblame del rompecabezas que estás armando.

Parece que hoy te gustan más las estaquillas rojas y amarillas.

Emparejaste los dos elefantes. Aquí hay una jirafa, ¿podrías encontrar otra?

Veo que pusiste todos los círculos en una pila y todos los cuadrados en otra.

Utilizaste los bloques geométricos para hacer tu propio diseño.

Si a los niños se les brindan oportunidades de experimentar, incluso los más reacios comienzan a expresarse y a describir sus esfuerzos. Al enfocarse en el proceso —lo qué estan haciendo y cómo lo están haciendo— y no en el resultado, se fortalecen las destrezas infantiles de pensar, planificar y organizar.

Preguntas frecuentes acerca de los juguetes y juegos

Cada vez que les presento a los niños material nuevo en el área de juegos y juguetes, lo único que quieren hacer es desorden. ¿Cómo puedo verificar que están adquiriendo destrezas?

Hacer desorden es el primer paso. Los niños necesitan tiempo para explorar los materiales y aprender sobre sus propiedades. Obsérvelos con cuidado a medida que jueguen con los materiales y descubrirá cómo ayudarles a adquirir nuevas destrezas y conceptos. Utilice el Continuo del desarrollo para orientarse y emprender los próximos pasos apropiados. Por ejemplo, si un niño conecta una larga fila de cubos ensamblables, podría decirle: "!Hmm! Estos bloques son tan largos como tú". Este comentario podría animar al niño a hacer otras comparaciones, una destreza que hace parte del objetivo 28, Compara/mide.

¿Con qué frecuencia debo rotar los materiales en el área de los juegos y juguetes?

Observe y evalúe cómo usan los niños el área. ¿Hay un juguete que sea más popular que los otros? Déjelo en el área mientras los niños se mantengan interesados. Si hay otros juguetes y juegos en que los niños no se interesan, retírelos por cierto tiempo. A medida que progresen sus habilidades, deberán hacerlo los materiales. Al principio del año, incluya rompecabezas con pocas piezas, bolitas y estaquillas grandes. A medida que se fortalezca la motricidad fina podrá agregar materiales más complejos. Sin embargo, no olvide tener siempre a su disposición algunos de los juguetes conocidos y preferidos, incluso si los niños se tornan más hábiles.

En mi clase hay una niña que se apodera de los juguetes. Ella vacía un recipiente de Legos en el suelo y los protege pero ella no juega con los Legos. Lo que hace es cerciorarse de que nadie más juegue con ellos. ¿Qué debo hacer?

Tal como lo mencionamos en el capítulo 1, muchos niños antes de los 3½-4 años de edad no han alcanzado el nivel del desarrollo para poder compartir. Además de proteger los materiales, algunos niños se niegan a turnarse, abandonan el área si se les pide que compartan o agarran los juguetes que otros niños están utilizando. Aprender a compartir requiere tiempo, práctica y orientación.

Verifique que en el salón de clase hayan suficientes materiales y duplicados de los juguetes más populares. Si un niño tiende a tomar siempre el recipiente de Legos, trate de dividir la colección en recipientes más pequeños. Busque oportunidades de jugar con este niño y haga énfasis en la importancia de turnarse. Al jugar un juego sencillo en el área de los juguetes y juegos utilice expresiones como: "Ahora es tu turno" y "Ahora es mi turno".

CARTA A LAS FAMILIAS ACERCA DE LOS JUGUETES Y JUEGOS

Apreciadas familias:

Los juguetes y los juegos incluyen los rompecabezas, los distintos bloques de mesa, los materiales de construcción pequeños como los legos, los juegos de mesa y las colecciones de objetos (incluidas las conchas marinas, las tapas de botellas y los botones). Cuando los niños utilizan los juguetes y los juegos, ellos exploran la manera en que funcionan las cosas; aprenden a ser creativos y a usar su imaginación; fortalecen y controlan los músculos pequeños de sus manos; trabajan cooperadamente y resuelven problemas; y aprenden nociones y conceptos matemáticos.

Cuando los niños utilizan los juegos y los juguetes en el salón de clase, nosotros los animamos a hablar sobre lo que que están haciendo. Por ejemplo, podríamos decirles:

> *Háblame del diseño que hiciste.*
>
> *¿Cómo hiciste para que cupieran todos esos aros?*
>
> *Seleccionaste todos los bloques iguales. ¿Podrías decirme por qué son iguales?*

Estas preguntas y comentarios están diseñados para ayudar a que los niños fortalezcan sus destrezas de pensamiento.

Qué se puede hacer en el hogar

Ustedes desempeñan un papel de gran importancia al seleccionar juegos y juguetes seguros, interesantes y apropiados, según las habilidades de sus pequeños. La investigación ha demostrado que los niños más creativos son aquelllos que han contado con la participación de los adultos en su juego. A continuación, les presentamos unas cuantas maneras como pueden involucrarse con sus pequeños y jugar con ellos.

> **Observen.** Miren a sus pequeños al jugar y noten sus capacidades y sus intereses.
>
> **Jueguen.** Sigan el liderazgo de sus pequeños y participen en su juego.
>
> **Imaginen.** Mantengan presente que existe más de una manera de jugar con un juguete. Por eso, sean creativos.
>
> **Disfruten.** Este no es un momento para poner a prueba a sus pequeños sobre lo que saben. Solamente disfruten el tiempo que pasen juntos, hablen y jueguen.

Los buenos juguetes no tienen que ser costosos. Sugiéranles, por ejemplo, seleccionar los botones que sean del mismo color o las bolitas del mismo tamaño. Animen a los pequeños a hablar sobre el diseño que estén haciendo o a explicar qué objetos pertenecen a un mismo grupo.

Nosotros les damos la bienvenida para que nos ayuden en nuestro salón de clase y jueguen con los pequeños en nuestra área de juguetes y juegos. Asi, podrán ver directamente cuánto están aprendiendo ellos.

En este capítulo

Cómo se desarrollan y aprenden los niños

El entorno del aprendizaje

La función de la familia

Qué aprenden los niños

Los bloques
El juego imaginario
Los juguetes y juegos
El arte
La biblioteca
Los descubrimientos
La arena y el agua
La música y el movimiento
Las experiencias culinarias
Las computadoras
El juego al aire libre

La función del maestro

Teoría e investigación

El arte

Cómo refuerza el desarrollo infantil

El área del arte es un lugar lleno de materiales que los niños pueden disfrutar a nivel puramente sensorial. Allí, pueden crear y representar sus ideas en forma visuales. Sobre una mesa o en el piso, en un caballete o en una banca, dibujan, pintan, amasan, cortan, pegan y unen los materiales que ellos mismos escogen. En ocasiones simplemente los exploran y disfrutan el proceso. En otros casos, crean diseños o hacen algo que representa un objeto real, un lugar o un ser vivo. El arte creativo es otro de los lenguajes que usan los niños para expresar lo que saben y sienten. El área del arte es un escenario para el desarrollo infantil y el aprendizaje.

El desarrollo socioemocional. El arte es un medio natural con el cual los niños expresan lo que sienten. Ellos expresan sus ideas y emociones por medio del color, la textura y el medio. Por ejemplo, cuando un niño se siente contento y emocionado elige colores llamativos. Si está triste o enojado escoge colores más oscuros. La originalidad e individualidad también se expresan mediante el arte. ¿Quién dijo que las calabazas tienen que pintarse de color naranja? Un niño puede preferir pintar una de color violeta o rojo simplemente porque se destaca en un jardín.

El desarrollo físico. Al razgar papel para hacer collages o utilizar tijeras, los niños refinan los movimientos de sus músculos pequeños. Hacer líneas y figuras con marcadores y crayolas o golpear un clavo con un martillo son actividades que les ayudan a los niños a afinar el control motriz fino necesario para escribir. El arte trata de las destrezas motrices finas.

El desarrollo cognoscitivo. Los niños dibujan, pintan y esculpen lo que conocen. Al traducir sus ideas y sentimientos en expresiones artísticas, usan las destrezas de pensamiento para planear, organizar, seleccionar un medio y representar sus impresiones. Al dibujar, pintar y hacer collages, experimentan con los colores, las líneas, las formas y los tamaños. Al usar pintura, telas y herramientas para trabajar con madera, eligen, ponen a prueba sus ideas, planean y experimentan. Al mezclar colores aprenden sobre la causa y el efecto y mediante el ensayo y el error aprenden cómo equilibrar un móvil y a enhebrar una cuerda.

El desarrollo lingüístico. Al enfrascarse en el juego artístico, los niños a menudo hablan de lo que están haciendo y responden preguntas sobre sus creaciones. Para documentar su experiencia, los maestros escriben lo que dicen los niños acerca de su trabajo artístico. El arte también estimula el desarrollo del vocabulario ya que los niños aprenden a usar las palabras técnicas relacionadas: p. ej., *escultura, paleta, caballete.*

Conexión entre el arte y los objetivos del Currículo

Un vistazo a las metas y objetivos de *El Currículo Creativo* resalta las distintas maneras como los niños demuestran lo que saben y pueden hacer al enfrascarse en experiencias artísticas. En el cuadro a continuación, ofrecemos ejemplos de lo que hace o dice un niño, indicativo de su progreso con relación a distintos objetivos.

Objetivos del Currículo seleccionados	Qué podría hacer un niño en el área del arte
Desarrollo sociemocional	
1. Demuestra capacidad para adaptarse a situaciones nuevas	Dibuja los familiares después de despedirse de su mamá.
3. Reconoce sus propios sentimientos y los maneja en formas apropiadas	Se enoja con un compañero y utiliza un martillo en una banca para trabajar con madera, y golpea clavos en lugar de golpear a otro niño.
5. Demuestra direccionalidad propia e independencia	Se dirige al estante, toma una bolsa de papel, tijeras, pegante y tela; los lleva a la mesa y hace un títere.
6. Asume la responsabilidad de su propio bienestar; y 9. sigue las reglas de la clase	Se dirige al área de trabajo con madera, se coloca los anteojos protectores y busca a la maestra para poder usar el serrucho.
8. Sigue las rutinas de la clase	Lleva el trabajo artístico terminado al casillero y lo guarda para llevarlo a casa al final del día.
10. Juega con otros niños sin problema	Al pintar al aire libre un mural sobre la vida del océano, permanece en el espacio asignado y habla con los otros pintores sobre los colores que usarán primero.
Desarrollo físico	
19. Controla los músculos pequeños de la mano	Amasa y enrolla la arcilla para formar culebras.
20. Coordina los movimientos ojo-mano	Despúes de asegurar un pedazo de madera en un torno, coloca ambas manos en la agarradera del serrucho y lo desliza hacia adelante y hacia atrás decidido.
21. Utiliza instrumentos para escribir y dibujar	Prueba una diversidad de herramientas de pintura: pinceles, copitos, cuerda y esponjas.

Objetivos del Currículo seleccionados	Qué podría hacer un niño en el área del arte
Desarrollo cognoscitivo	
22. Observa con curiosidad los objetos y acontecimientos	Agarra objetos exhibidos en una mesa artística y obtenidos en un paseo ecológico (hojas, semillas, piedrecitas) y los coloca en distintas posiciones, antes de usar el pegante, para hacer un ensamblaje.
24. Es persistente en lo que emprende	Le pregunta al maestro si puede continuar trabajando en su cuadro de costura, durante la hora de escoger qué hacer.
25. Explora la relación causa-efecto	Experimenta en el caballete para ver cuántos colores distintos puede producir combinando pintura azul, roja, amarilla, blanca y negra.
30. Reconoce patrones y puede repetirlos	Pinta varios arco iris con rayas rojas, naranja y verde.
32. Reconoce las posiciones en el espacio	Mira un paisaje exhibido en la pared y dice: "Las vacas se ven pequeñitas porque están muy lejos".
Desarrollo lingüístico	
39. Se expresa utilizando palabras y oraciones largas	Describe su dibujo: "Dejó de llover. Salió el sol y todo el mundo está feliz porque puede jugar afuera".
42. Hace preguntas	Le pregunta a otro niño que pinta a su lado en la cerca al aire libre: "¿Por qué mi papel se vuela y el tuyo no?".
43. Participa activamente en conversaciones.	Le pregunta a un padre voluntario que ayuda en la mesa de carpintería cómo apretar en el torno un pedazo de madera.
49. Comprende el propósito de la escritura.	Agarra un lápiz y garabatea su nombre en la parte inferior de su dibujo, imitando a la maestra.
50. Escribe letras y palabras.	Firma su nombre en la parte inferior derecha de su dibujo.

Cómo crear un entorno para el arte

La organización del área de arte o juego artístico se relaciona directamente con su eficacia para inspirar la creatividad y la expresión infantil. Si el área de juego artístico invita a los niños, ellos se sentirán atraídos a los materiales artísticos. Pero si el área esta desordenada, atiborrada o prácticamente vacía, no se sentirán atraídos a ella. La creatividad infantil florece en un entorno atractivo y bien organizado.

Los caballetes se pueden utilizar como divisores.

Si el espacio en los anaqueles es limitado, un carrito de ruedas para los materiales artísticos puede funcionar bien.

Los materiales se exhiben en forma atractiva en anaqueles bajos y tienen letreros claros, para que los niños puedan encontrar lo que necesitan.

Cómo organizar el área del arte

Cerca a un fregadero, si es posible, o proporcione baldes y agua.

Protegida del tráfico.

Coloque:

Un material lavable en el suelo o protéjalo con una cortina de baño o un mantel de plástico.

Una mesa y 4-6 sillas.

Un caballete doble (1 ó 2)

Un banco de carpintería resistente y un torno.

Materiales sugeridos

Papel blanco y de otras clases para dibujar y pintar

Lápices de colores, marcadores y crayolas

Tijeras para niños

Distintos pinceles y pinturas

Plastilina y arcilla

Materiales para hacer collages

Rodillos, moldes para galletas, martillos para arcilla

Almohadillas de tinta lavables y varios sellos pegante, barras de goma y cinta adhesiva

Herramientas de carpintería verdaderas (martillos, serruchos, taladros) de un tamaño adecuado para las pequeñas manos de los niños

Anteojos protectores

Madera suave y distintos objetos para trabajar con madera: clavos, manijas, ruedas de madera, trozos de cuero

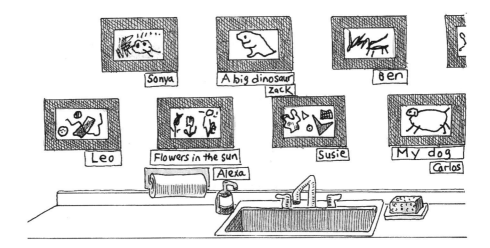

Selección de los materiales

Los materiales artísticos pueden ser tan diversos como se lo permitan su creatividad y sus recursos económicos. Antes de reunir materiales exóticos o demasiado desafiantes, los maestros deben aprovisionar el área del juego artístico con algunos materiales básicos con los cuales los niños puedan:

- **pintar sobre ellos** (un caballete con papel, superficies lavables como paredes exteriores o una superficie asfaltada)

- **pintar con ellos** (pinceles, témpera, pintura para pintar con los dedos, agua)

- **dibujar sobre ellos** (una diversidad de papeles, tableros, aceras)

- **dibujar con ellos** (crayolas, marcadores, lápices, tizas)

- **pegar o sujetar** (pegante, goma, alambre, clavos, ligas de caucho, ganchos, cinta adhesiva)

- **cortar** (tijeras, un serrucho, un cuchillo para labrar calabazas)

- **moldear** (arcilla, plastilina, otras masas, barras de jabón, estuco de París, masilla)

- **construir** (madera, papel maché, papel crepé, papel de aluminio, alambre)

- **limpiar** (jabón, detergente, trapeadores, esponjas, escobas, toallas de papel)

Con el propósito de hablar sobre estos materiales artísticos básicos, los hemos agrupado en cinco categorías: (1) para pintar, (2) para dibujar, (3) para cortar y pegar, (4) para moldear y (5) para el arte tridimensional y el trabajo con madera.

Materiales para pintar

Para pintar se necesitan caballetes y otras superficies planas, así como distintas clases de pinceles, pinturas y papel. Cuando los niños encuentran a su alcance lo que necesitan, pueden pintar y limpiar en forma independiente y con poca ayuda de sus maestros.

Los caballetes, por lo regular de dos o tres lados, son movibles y ajustables a la altura de los niños.

Si no tiene caballetes movibles a su disposición, podrá construir unos caseros de cartón para apoyarlos sobre una mesa. Los lomos de los libros grandes de muestras de papel de pared, sirven para construir caballetes de dos lados que se apoyan sobre una mesa. Los ganchos de ropa pueden sustituir los ganchos de los caballetes. Aunque pintar sea una actividad primordialmente individual, a los niños les gusta ver lo que hacen los demás niños, y en ocasiones disfrutan hablando mientras pintan. Por lo tanto, trate de tener en el área de juego artístico, por lo menos dos caballetes para fomentar la socialización y reducir la cantidad de tiempo que los niños deben esperar su turno para participar en esta popular actividad.

Otra alternativa son los caballetes de pared. Son comerciales y se pueden pegar en forma permanente a la pared o colgarse en un estante de libros o una cerca. O puede construir su propio caballete de pared. Pegue un pedazo grande de plástico o de tela en la pared a una altura apropiada para los niños. Luego, pegue en este fondo protector, papel para dibujar. Coloque periódico o plástico en el suelo, para los regueros. Aunque los caballetes permiten que los niños utilicen todo su cuerpo al pintar, algunos se sienten frustrados cuando la inclinación del caballete hace chorrear la pintura. Para ellos puede organizar las cosas en una mesa o en el piso cubierto con periódicos.

Para los pintores que deseen pintar sentados en el piso, en una banca o en el jardín, es apropiado un tablero para apoyar en el regazo. Los trozos de fórmica o linóleo, las bandejas comunes y para hornear galletas, pueden servir como tableros improvisados para apoyar en el regazo si usted no desea adquirirlos.

No olvide que pintar al aire libre aporta una perspectiva distinta y refrescante. La luz natural del sol y la sombra son, de por sí, elementos artísticos. Usted podrá llevar los caballetes móviles al aire libre. Los que tienen ganchos se pueden colgar en las cercas donde los niños pueden ver más allá de su espacio de juego. Los niños también pueden pintar de pie o sentados en las mesas exteriores usando los tableros para apoyar en el regazo.

Los mejores pinceles para preescolares tienen bandas metálicas y sin uniones.

Hay pinceles conocidos como "planos" o "redondos". Para los preescolares más pequeños se recomiendan los planos de una pulgada de grosor. Los niños más grandecitos pueden usar los planos y los redondos para experimentar la variedad. Si algún niño tiene dificultad para agarrar un pincel, inserte la agarradera en arcilla para que tenga más superficie de agarre. Los pinceles de mango largo son mejores para pintar en los caballetes y los de mango corto facilitan trabajar en una mesa o en el suelo.

Trate de tener en el área de juego artístico por lo menos dos caballetes para fomentar la socialización.

Puede organizar en una mesa la actividad de pintar o cubrir el piso con periódicos y permitirles pintar allí.

Pintar al aire libre aporta una perspectiva distinta y refrescante.

Para los preescolares más pequeños se recomiendan los pinceles planos de una pulgada de grosor. Los niños más grandecitos pueden usar los planos y los redondos para experimentar la variedad.

Los niños tambien disfrutan probando otras clases de pinceles que incluyen: de pastelería, de cosméticos y para aplicar polvos, de baño, para pintarse las uñas, para lavar vegetales, que producen espuma, para aplicar crema de afeitar, cepillos de dientes y toda otra clase de pinceles utilizados en el hogar para pintar, barnizar, etc.

Además de los pinceles, los niños pueden experimentar con rodillos, botellas de apretar, esponjas, copitos, globos, goteros, polveras, aplicadores de betún o de maquillaje, canicas o distintos tipos de cuerdas. Estos implementos ofrecen distintas experiencias con la pintura. Una última alternativa al pincel tradicional es el cuerpo humano. Con las manos y los pies cubiertos de pintura se pueden producir impresiones bastante atractivas.

Tipos de pinturas

La témpera líquida dura largo tiempo y produce colores vibrantes. Sin embargo, es costosa. Si le añade detergente, mejorará la consistencia de la témpera (así se evita que se cuartee) y facilita removerla de la ropa. La bentonita (disponible en las tiendas de implementos artísticos) espesa la témpera y evita que se riegue al pintar en un caballete. El almidón líquido la hace cremosa, la miel de maíz le da brillo, la crema de afeitar le da volumen y el pegante escolar la torna estirable.

Las pinturas a base de agua incluyen la pintura para carteles y las acuerelas. Son aptas para pintar en una mesa y funcionan mejor con pinceles pequeños.

Las pinturas para pintar con los dedos ofrecen otra clase de experiencia con la pintura completamente distinta. Los niños la pueden controlar usando toda la mano, las palmas, los puños, las puntas de los dedos, las uñas o los nudillos para producir distintos efectos. Como superficies para pintar se pueden utilizar bandejas, mesas y papel satinado.

Los colorantes a base de agua se utilizan con los textiles. Los niños pueden tinturar telas con cuerdas o ligas de caucho y hacer collages o teñir camisetas. El agua mezclada con colorante vegetal también se puede utilizar para pintar. Los colorantes vegetales que se obtienen hirviendo remolachas, frutillas, frijoles o cáscaras de cebolla morada son buenas para hacer impresiones, sellos o para pintar huevos.

El agua directamente de la llave se puede usar como una clase de pintura. A los niños les encanta pintar con agua los costados de un edificio, la acera o una superficie negra y ver cómo desaparece.

El papel manila y el periódico son los papeles más utilizados por los preescolares para pintar.

El papel manila es de gran calidad y tiene peso, pero es costoso. El papel periódico es menos costoso y es ideal para pintar sobre los caballetes. Como los pequeños necesitan un espacio amplio para poder pintar, ofrézcales papel de 24" x 36". Los preescolares más grandes pueden utilizar papel de dimensiones más pequeñas como de 18" x 24" y podrán apreciar el uso del papel manila de mayor calidad o del papel blanco. Trate también de comprar el de mayor tamaño y córtelo para atender las distintas necesidades y usos de los niños.

Para pintar con los dedos, el papel satinado es especialmente útil, pero puede resultar costoso. Una alternativa es dejar que los niños pinten sobre una mesa. La superficie de una mesa también ofrece suficiente espacio para moverse y ampliar las posibilidades de experimentar con la pintura en lugar de hacer un dibujo sencillo. Usted también puede usar bandejas de cafetería o un plástico grande y resistente como una cortina de baño, colocarla sobre una mesa y pegarla para que se mantenga en su lugar. Si los niños desean una copia de lo que pinten con los dedos, cualquier tipo de papel se puede colocar encima y presionarlo para obtener una impresión inversa.

Además de estos papeles estándar, he aquí unas cuantas variaciones:

- papel para envolver carne o bolsas de mercado
- cartón (plano, corrugado, cajas o tubos)
- filtros de café o servilletas
- papel para computadoras
- papel de construcción o papel artístico (de color por un solo lado)
- papel o cartón moldeado (como las cajas de huevos)
- oaktag o cartón para carteles
- papel para calcar o escribir
- platos de papel
- papel para cubrir estantes
- trozos o cajas de huevos de icopor
- papel de seda
- papel de regalo y tarjetas recicladas

Se pueden comprar delantales, pero resulta más económico utilizar camisas viejas de los adultos.

Córtele las mangas a las camisas y explíqueles a los niños que las usen con los botones atrás para que se protejan más. Otra alternativa es utilizar sábanas o toallas viejas, cortarlas y abrirles un hueco en el centro para que el niño meta la cabeza. Una camiseta grande de adulto también sirve como delantal sin tener que hacerle ninguna alteración.

Materiales para dibujar

Para dibujar los niños necesitan papel y herramientas. Las siguientes son los materiales básicos para dibujar en el área de juego artístico:

- **marcadores:** a base de agua y de diversos colores
- **crayolas:** jumbo para los niños más pequeños
- **tiza:** blanca y de colores, jumbo y pequeñas
- **tableros para tiza:** fijos del tipo de caballetes o para apoyar en el regazo
- **papel:** de todos los colores tamaños y texturas

Materiales para cortar y pegar

Los materiales necesarios son evidentes: tijeras, pegante y goma. Cerciórese de tener tijeras, tanto para niños diestros como para zurdos. Ofrezca tijeras seguras y "apretables" para los preescolares que estén aprendiendo a cortar. Usted necesitará pegante escolar y goma blanca a base de agua. Las barras de goma les ofrecen a los niños un mayor control del proceso de pegar.

Además de las herramientas para cortar y pegar, piense en materiales que los niños puedan ensamblar para hacer sus collages. He aquí unas cuantas sugerencias:

• semillas	• encajes
• cuentas o bolitas para ensartar	• joyas de fantasía viejas
• tapas de botellas	• distintos tipos de ganchos
• trapos o gaza	• ligas de caucho
• partes de relojes	• escobillas para limpiar pipas
• granos de café	• moños
• chatarra relacionada con las computadoras	• conchas marinas
• confetti	• cordones
• motas de algodón	• cuerda
• retazos	• palillos
• plumas	• muestras de papel de pared
• flores	• cierres, ganchos y broches

Mediante la experimentación, los niños aprenden que los objetos se adhieren al papel con pegante y que para mantener unidos dos trozos de madera o para pegar tela a un pedazo de cartón se necesita goma. La goma se puede hacer rendir con agua (mitad goma, mitad agua) para hacer una especie de almidón. Esta mezcla es buena para los collages hechos con tela o con lana. Los niños pueden sumergir tela y lana en la mezcla y colocarla sobre una superficie de cartón hasta que se seque.

Los collages se pueden crear sobre una diversidad de papeles, incuido el cartón, el papel grueso corrugado, el papel para construir o para hacer afiches. El periódico no se recomienda por ser demasiado delgado. El papel de computadoras puede utilizarse si los niños estén pegando sólo papel. Una vez que aprenden a utilizar las tijeras, podrán cortar pedazos de papel o materiales delgados como muestras de papel de pared o moños en el tamaño y la forma deseados.

Los collages se pueden crear sobre una diversidad de papeles.

Materiales para moldear

Los niños disfrutan manipulando y creando con arcilla, plastilina y otros materiales similares. Cada uno ofrece una experiencia artística distinta y lo mejor es que se pueden elaborar en el salón de clase. Producir estos materiales caseros utilizando tarjetas con recetas les brinda a los niños valiosas experiencias de lecto-escritura.

La arcilla es considerada por muchos educadores un medio ideal para preescolares. Sobre este tema se ha escrito bastante. Varios investigadores consideran que la arcilla es una experiencia vital en un salón de clase de preescolar. Tal como lo afirma Smilansky (1988):

> *Este es uno de los medios de expresión más antiguos del ser humano. Es una de las maneras como se puede ayudar a los niños a aprender. La arcilla obtenida en la tierra y moldeada por las manos infantiles también sirve para definir y moldear la mente, permitiéndole así al niño una manera adicional de descubrir y darle sentido al mundo. (p. 20).*

Existen dos tipos de arcilla apropiadas para los preescolares: la arcilla para moldear y la arcilla para hornear.

Los preescolares más grandecitos también disfrutan jugando con plasticina.

Existen dos tipos de arcilla apropiadas para los preescolares: la arcilla para moldear (arcilla suave) y la arcilla para hornear, horneable en el horno de alfarero o que se deja al aire para que se endurezca. Los preescolares más grandecitos con músculos mas fuertes en las manos también disfrutan jugando con plasticina: una clase arcilla a base de aceite.

La arcilla para modelar se puede manipular fácilmente y permite hacer bolas, culebras o diferentes figuras. Con esta arcilla suave también se pueden utilizar rodillos, cuchillos de plástico o bajalenguas. La arcilla seca y endurecida se puede pintar y los productos finales se pueden conservar. La plasticina no se pega a las superficies, ni se endurece. Tampoco se puede hornear, ni pintar. Además, requiere de esfuerzo para amasarla hasta lograr el punto en que pueda ser moldeada con facilidad. A algunos niños no les gusta tanto su textura como la de la verdadera arcilla.

Si usted es suficientemente afortunado podrá obtener arcilla de su fuente natural: la tierra. Sin embargo, para ello, necesitará remover la arena, presente por lo regular en la tierra de jardín. La arena la hace áspera y quebrarse cuando se seca. Para extraer la arena, coloque la tierra de jardín en un recipiente grande lleno de agua. Después de unos 15 minutos, la arcilla flotará y la arena se hundirá. Para removerla, utilice un cucharón con agujeros. Luego, séquela para obtener la consistencia apropiada y almacénela en un recipiente sellado.

Existen muchas recetas disponibles para elaborar arcillas caseras que no son perjudiciales ni tóxicas en caso de que sea tragada por accidente. A continuación enumeramos dos de ellas.

Arcilla fácil de modelar

Ingredientes: 1 taza de sal, 2 cucharaditas de aceite, 1 taza de agua fría, 3 tazas de harina, 2 cucharadas de almidón, 1 cucharada de colorante para alimentos

Equipo: Base para amasar la arcilla (un trozo de fórmica, mármol, o una baldosa), un recipiente para almacenarla

Método: **1.** Vierta la sal, el aceite, el agua y el colorante para alimentos sobre la base para amasar. Mezcle hasta hacer una bola. **2.** Gradualmente, agregue la harina y el almidón mientras amasa. **3.** Continúe amasando hasta que la mezcla se sienta como masa para pan. **4.** Almacénela en un recipiente sellado.

Arcilla de panadero

Ingredientes: 4 tazas de harina, 1 taza de sal, 1 1/2 tazas de agua tibia

Equipo: Un tazón, una cuchara, un recipiente para almacenar

Método: **1.** Vierta el agua tibia y la sal y mézclelas. **2.** Añada la harina y revuelva. **3.** Forme una bola y amásela por 5-10 minutos. **4.** Almacene la masa en un recipiente sellado. (Los productos de arcilla se pueden colocar en bandejas para hornear galletas, hornearse a 300 grados Farenheit por una hora y luego pintarse y barnizarse).

La plastilina es otro material para moldear.

Aunque la plastilina se puede comprar hecha, la plastilina casera ahorra dinero y permite que los niños varíen su textura, color y brillantez. He aquí dos recetas.

Plastilina fácil, sin cocción

Ingredientes: 3 tazas de harina, 1 1/2 tazas de sal, 1/4 de taza de aceite, 1 taza de agua y 1 cucharada de colorante para alimentos

Equipo: Un tazón, una cuchara de madera, un recipiente

Método: **1.** Mezcle todos los ingredientes en el tazón. **2.** Forme una bola y amásela. **3.** Agregue harina si la masa está demasiado pegajosa. **4.** Almacénela en un recipiente sellado.

Plastilina cocida

Ingredientes: 2 tazas de harina, 1 taza de sal, 2 cucharadas de tártaro en polvo, 2 cucharadas de aceite, 1 taza de agua, 1 cucharada de colorante para alimentos

Equipo: Una olla, una cuchara de madera, un recipiente

Método: **1.** Mezcle todos los ingredientes en la olla. **2.** Cocine a fuego medio revolviendo constantemente hasta que la masa se despegue de los lados de la olla. **3.** Amásela hasta formar una bola. **4.** Almacénela en un recipiente sellado.

Las manos infantiles son la principal herramienta para jugar con la arcilla y la plastilina. Usted también puede agregar accesorios durante el año para ampliar las experiencias infantiles con el arte. Estos accesorios incluyen:

- moldes para hacer galletas y del alfabeto
- rodillos
- martillos
- cortadores de frutas
- bolsas de repostería y varias boquillas
- cuchillos y tenedores de plástico
- un cortador de pizza
- prensapapas

También hay otra clase de masas.

Hay masillas de distintas texturas como: goop, oobleck, gak, glarch, glerch, slime o flubber (usaremos los nombres en inglés para no confundir al lector). Estas masas tiene propiedades particulares que otros tipos de materiales no tienen. La mayoría son viscosas, muchas son inestables; sólidas un minuto y fláccidas al siguiente. Las diferencias entre cómo se ven y se sienten estos materiales son lecciones tanto en ciencia como en arte. A continuación, se presentan recetas para tres de estos intrigantes materiales artísticos. Debido a que se rompen con facilidad y se ensucian, lo mejor es elaborarlos cada vez que se vayan a utilizar.

Gak

Ingredientes:	1 taza de goma blanca, 1 taza de almidón líquido, 3 gotas de colorante para alimentos
Equipo:	Un tazón para mezclar, una cuchara de madera, un recipiente
Método:	**1.** Vierta la goma y el colorante para alimentos en el tazón. **2.** Revuelva para mezclar el color. **3.** Agregue gradualmente el almidón, mezclando vigorosamente. **4.** Mezcle hasta obtener una mezcla consistente de masilla.

Oobleck (también conocido como almidón y agua)

Ingredientes:	4 partes de almidón, 1 parte de agua tibia
Equipo:	Un tazón
Método:	Mezcle los ingredientes con las manos hasta obtener una consistencia suave como el satín.

Glorax (también conocido como flubber)

Ingredientes:	3 cucharadas de agua, 1 cucharada de goma blanca y 2 cucharadas colmadas de Borax
Equipo:	Una bolsa de plástico con cierre
Método:	**1.** Vierta todos los ingredientes en la bolsa de plástico. **2.** Apriete los ingredientes hasta formar una bola. **3.** Remueva y estire.

Materiales para el arte tridimensional y el trabajo con madera

El arte tridimensional es muy atractivo para los pequeños y les ofrece una perspectiva emocionante a los niños que desean recrear lo que han visto y experimentado. En esta categoría mencionamos los ensamblajes, los móviles y el trabajo con madera.

Los ensamblajes son collages tridimensionales.

Todos los materiales para hacer collage se pueden utilizar para hacer ensamblajes. Mientras que los materiales para collages se pegan sobre una superficie plana, los ensamblajes se pueden armar en varias formas creativas. Una visita a una tienda de suplementos de oficina, le ofrecerá muchas ideas para elaborar ensamblajes y pegarlos. He aquí unos cuantos ejemplos:

Los ensamblajes se pueden armar en varias formas creativas.

- puntillas
- ganchos para papel
- ganchos imperdibles
- limpiapipas
- cinta para moños
- ligas de caucho
- cuerda, lana o hilo
- cinta adhesiva
- alambre recubierto de caucho y sin recubrir

Hay dos tipos de ensamblajes. Los movibles: esculturas colgantes que se mueven. Y los estables: que se sostienen en pie solos.

Los móviles se construyen suspendiendo las partes movibles en una base estacionaria.

Los percheros, por su forma y por tener una parte superior que cuelga, son soportes naturales para los móviles. Otros materiales que pueden utilizarse como base por encima de la cabeza incluyen:

Los móviles son esculturas colgantes

- ramas de árboles
- espigas
- reglas
- varas de una yarda

Estas plataformas se deben pegar al techo o al marco de una puerta con cuerda, lana, alambre, ganchos o grapas. Para los niños más pequeños los móviles deben ser de un solo nivel. Más de un nivel exige dominar el equilibrio, lo que supera la capacidad típica de los preescolares.

Los móviles estables se sostienen en pie solos.

Se pueden elaborar usando cualquiera de los materiales sugeridos para hacer ensamblajes. Para los niños, los móviles estables son más difíciles de elaborar que los movibles porque se caen con facilidad. La clave para construir un móvil estable es utilizar una base lo suficientemente grande para que soporte los elementos suspendidos.

Los móviles estables son más difíciles de armar.

El trabajo con madera es una experiencia artística emocionante para los preescolares. Adentro o al aire libre, lo primero que necesitará es un banco resistente para trabajar con madera. Se puede comprar o elaborar uno casero cortando una mesa de cocina de madera, utilizando una puerta y caballetes de aserrar o un bloque de carnicero y carretes de madera para cable de teléfono. Debe ser de tamaño infantil (24" de alto) de madera resistente y asegurarse bien. Estos bancos no se deben mover y deben soportar los golpes constantes de los niños, quienes utilizan todo su cuerpo al martillar y aserrar.

Presente pocos materiales a la vez; primero los básicos. Las herramientas reales ofrecen una experiencia más auténtica y son incluso más seguros que los de juguete, que se rompen y hacen vulnerables a los niños a herirse. Antes de permitir que usen las herramientas de carpintería, verifique que los niños conozcan los procedimientos de manejo seguro. Entre las herramientas y materiales básicos se incluyen:

> Las herramientas reales ofrecen una experiencia más auténtica y son incluso más seguros que los de juguete.

- un serrucho de 10 a 14 dientes por pulgada
- un martillo de peso liviano (de 8 a 12 onzas)
- clavos para techo
- un torno o una llave C
- madera suave
- goma amarilla para madera
- papel de lija (de distintos grosores)

A los niños más pequeños les encanta clavar soportes para pelotas de golf o tornillos en láminas de icopor recubiertas de brea, tejas acústicas o cartón en capas. Con el tiempo, disfrutan usando destornilladores con distintos tornillos, tuercas y pernos. Los preescolares más grandecitos pueden utilizar un taladro manual con puntas de dos o tres tamaños distintos. Los

pedazos de alfombra, tazas de botellas plásticas, bajalenguas y tapas metálicas, añaden variedad a las construcciones. La madera se puede pintar o teñir. Las pinzas y reglas enriquecen aún más la experiencia.

Los tipos de experiencias y materiales artísticos que usted puede ofrecer no tienen límite. Una vez que se sientan a gusto con los elementos básicos, preséntales otras técnicas artísticas que estimulen su creatividad y les aporten gozo; p. ej., el grabado, la impresión y la costura.

Cómo exhibir y almacenar los materiales artísticos

Al igual que en todas las áreas de actividades, los niños participan mucho más en el juego si los anaqueles son atrayentes y están ordenados. He aquí unas cuantas sugerencias prácticas:

Cajas de huevos con los bordes unidos con cinta para almacenar las tijeras.

Recipientes de helado para guardar papel. También para almacenar los materiales para hacer collages. Varios recipientes pegados, sirven para almacer una diversidad de elementos artísticos pequeños.

Canastillas de cartón para cargar bebidas que se pueden convertir en portapinturas. Coloque en cada espacio una lata limpia de jugo recubierta con papel Contact o use botellas apretables transparentes para que se vea el color de la pintura adentro. Los niños pueden cargar el portapinturas y un pincel, toda una ventaja si los caballetes no tienen gabinete para la pintura o si se utiliza uno de pared.

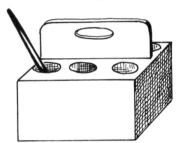

Un recipiente de estuco de París sirve para guardar los marcadores con sus tapas hacia abajo. Coloque las tapas en el estuco húmedo. Cuando seque y se endurezca, las tapas permanecerán en su lugar y los marcadores podrán ser removidos y devueltos a su lugar.

Recipientes sellados —de plástico con tapa a presión o de metal— recubiertos de plástico para almacenar arcilla, plastilina y otro tipo de masas.

Envases vacíos de yogurt con tapa de plástico son recipientes óptimos para guardar goma o pegante, así como las botellas apretables que se usan para salsa de tomate o mostaza. Una buena idea es mantener en el área de arte un envase con pegante o goma para cada niño.

Los dispensadores de lana, cinta o cuerda se pueden elaborar con una caja de cartón y divisores de cartón corrugado. Las áreas divididas constituyen espacios convenientes para almacenar los rollos individuales y previenen que se enreden. Haga un agujero en cada espacio en la parte superior de la caja y saque por los orificios la punta de las cuerdas.

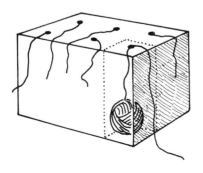

Un tablero de clavijas con ganchos sirve para colgar los delantales o las herramientas de carpintería. Para mostrarles a los niños donde se deben colocar los objetos recorte los contornos de los objetos y cúbralos con papel Contact.

Cómo exhibir el trabajo artístico

Exhibir en forma destacada los dibujos y pinturas de los niños realza el encanto y la calidez de cualquier salón de clase. Además, ofrece una manera concreta de ver qué han aprendido.

La selección de muestras del trabajo artístico para exhibirlas es todo un desafío. La mayoría de maestros desea que todos los niños en su clase tengan la oportunidad de ver su trabajo exhibido en las paredes o sobre los estantes. Y con gran frecuencia, los maestros asumen la responsabilidad de tomar esa decisión. Una alternativa mejor es pedirles a los niños que ellos mismos escojan. Permítales decidir cuál trabajo artístico exhibir y cuál llevarse a casa. Esta práctica les comunica que se respeta la opinión de ellos.

Al exhibir el trabajo artístico, trátelo como si fueran obras de arte en un museo. El papel de construcción sirve de marco y le da al trabajo artístico infantil una apariencia profesional. En ciertos casos, las marqueterías donan materiales para este fin. Algunos maestros trabajan con los niños para construir sus marcos y usan cartón, icopor, madera del área de carpintería o papel enrollado para semejar un pergamino.

Qué aprenden los niños en el área del arte

El trabajo en el área del arte les ofrece a los niños, muchas oportunidades de aprender contenidos académicos. Tal como se estudió en el capítulo 3. Considere estos vínculos naturales con la lecto-escritura, las matemáticas, la ciencia, los estudios sociales, las artes y la tecnología.

Lecto-escritura

Para ayudarles a ampliar **el vocabulario y el lenguaje** por medio del arte, use palabras que describan elementos artísticos como el color (*cálido, frío, brillante, opaco*), las líneas (*recta, en zig-zag, ondulante, curva*), la forma (*círculo, cuadrado, ovoide, rombo*), el espacio (*cerca, lejos, adentro, encima*) y la textura (*suave, áspero, abultado, hace cosquillas*). Haga preguntas que animen a los niños a expresar por medio del arte lo que piensan y sienten.

Refuerce **el conocimiento de lo escrito**, pidiéndoles firmar nombre en los dibujos o colocarlo cerca a las esculturas móviles y otros ensamblajes. Con el permiso de ellos, escriba directamente en sus obras o en una cinta acompañante con una frase, las descripciones que hagan de su trabajo.

Exponga a los niños a algunos de los muchos y maravillosos **libros y otros textos** infantiles sobre el arte, que tratan de artistas y sus estilos de pintar, como *Carlota descubre a los impresionistas* (James Mayhew); *Mi primer libro de arte* (Lucy Micklethwait).

Matemáticas

Presente **conceptos numéricos**, indicando que muchos artistas firman y numeran sus obras. Ayude a que comprendan la correspondencia uno a uno cuando coloquen un pincel en cada recipiente de pintura o coloquen la tapa en cada marcador.

Anime a los niños a observar **patrones** artísticos como las líneas o franjas o las figuras que se alternan. Estimúlelos a hacer diseños a medida que usan esténciles o esponjas para pintar un marco.

Invítelos a explorar **el sentido geométrico y espacial**, a medida que utilicen las figuras tridimensionales al esculpir y construir. Hablen sobre las figuras que usen en sus dibujos. Al hablar con los niños de sus creaciones use términos espaciales: *encima, debajo, adentro* y *al lado,* etc.

Ofrezca la posibilidad de practicar **la medición** permitiendo que razguen papel, por ejemplo, "tan largo como este anaquel". Involucre a los niños en la elaboración de materiales artísticos siguiendo recetas que requieran la medición de los ingredientes.

Ciencia

Introduzca a los niños a **la ciencia física** conduciendo experimentos con distintos medios artísticos. Anímelos a los niños a observar los cambios producidos al agregarles agua a la arcilla o al mezclar pintura. Enséñeles sobre el equilibrio al construir una escultura o elaborar un móvil. Haga preguntas que les ayuden a explorar las propiedades físicas de los materiales como: "¿Qué podemos usar para mantener unidas estas piezas de madera?".

Enséñeles sobre **la ciencia de la vida**, al pedirles que incorporen en sus obras artísticas, hojas y flores recogidas en un paseo ecológico. Lleve al área de juego artístico seres vivos como plantas y animales para que los niños los observen y los dibujen.

Aumente el reconocimiento de **la tierra y el entorno** haciendo observar el uso de la sombra en el arte y trazar con tiza el contorno de la sombra de sus amigos al jugar al aire libre. Produzcan obras de arte utilizando varios elementos de la tierra como arcilla, arena, tierra o agua.

Estudios sociales

Anime a los niños a aprender sobre **las personas y cómo viven**; dibujando, pintando y esculpiendo personas y cosas de su mundo. Invite a un padre de familia o a un artista local a demostrar el manejo de la cerámica, la cestería u otros trabajos artísticos de su cultura.

Fomente el conocimiento infantil de **las personas y el entorno**, creando obras de arte que embellezcan el entorno escolar. Anime a los niños a conservar los materiales, reutilizando la arcilla, dibujando al reverso del papel usado y manteniendo las tapas en los marcadores.

Artes

Vincule **la música** y las actividades artísticas, colocando música de fondo para crear una tónica y un ritmo para la creatividad. Pídales a los niños dibujar, pintar, esculpir en la forma como los haga sentir la música.

Vincule el arte con **la dramatización**, proporcionándoles a los niños suministros artísticos que puedan utilizar para hacer telones o disfraces para un programa de títeres o para el juego imaginario.

Tecnología

Ayude a los niños a adquirir **conciencia de la tecnología**, enseñándoles cómo utilizar las herramientas para trabajar con madera como martillos, herramientas y tornos. Señale cómo los carpinteros utilizan estas mismas herramientas para construir desde casas hasta marcos de las fotografías.

Expanda las experiencias infantiles con **las herramientas tecnológicas**, proporcionándoles programas artísticos como *Magic Crayon* o *Kid Pix Deluxe 3*. Exhiba sus obras artísticas generadas en la computadora con otras de sus creaciones.

La función del maestro

Al igual que los bloques, los materiales artísticos tienen el potencial de estimular una amplia gama de actividades creativas. Los maestros que comprenden el valor y el potencial de los materiales artísticos se interesan por el gozo de los niños al aplicar pintura en papel, unir trozos de madera con pegante o amasar un bloque de arcilla. Estos maestros aprecian que para los preescolares tiene menos importancia lo que hacen que el proceso creativo mismo y saben que el arte es un vehículo para que los niños expresen lo que saben y sienten.

Además de animar a los niños a crear con los materiales artísticos, los maestros pueden ayudarles a aprender a apreciar el arte. A medida que observen sus propias creaciones, el trabajo artístico de sus compañeros y el arte de pintores y escultores reconocidos en su comunidad y en museos, adquieren sentido estético. Las bellas artes, además de inspirar, son una fuente de gozo.

La función del maestro de *El Currículo Creativo* se basa en esta visión integral del arte. Nuestra filosofía ha sido influida por el método artístico de la escuela italiana Reggio Emilia. Los maestros de Reggio —al igual que los maestros de *El Currículo Creativo*— valoran a los niños como seres creadores y como "productores de sentido". Por lo tanto, su función es vital para lograr que el arte se convierta en una experiencia de aprendizaje gratificante.

Cómo observar y responder en forma individualizada

El primer paso al usar el área de juego artístico con el fin de fomentar el aprendizaje infantil es observar qué hacen los niños para determinar cómo responderle a cada uno de la mejor manera. Nuestra sugerencia es que comience esta tarea observando dónde se encuentra cada uno de ellos en términos del desarrollo. Los niños atraviesan distintas etapas que le darán indicios de cómo se están desarrollando y qué destrezas dominan.

Etapas de la pintura y el dibujo

El desarrollo de la habilidad de dibujar y pintar es similar al de la escritura. Antes de aprender a escribir las letras o a dibujar con realismo, los niños necesitan garabatear.

Etapa I: Garabatear y hacer marcas

En esta primera etapa, manipulan distintos medios y disfrutan el efecto producido. Hacen marcas usando crayolas, lápices o pinceles. Debido a que su control motriz fino y la coordinación ojo-mano aún se están desarrollando, los niños atraviesan un largo período de experimentación. Las marcas y garabatos que hacen al azar son una forma de exploración sensorial.

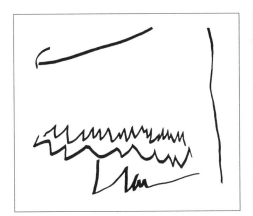 

Etapa II: Hacer figuras, contornos, diseños y símbolos con un significado personal

En la segunda etapa, los niños garabatean con un proposito más definido. Mediante el dibujo y la pintura continuada, comienzan a hacer patrones, a repetirlos y a crear diseños con sus garabatos. Un círculo con líneas puede ser el rostro de mamá solamente o representar la totalidad de mamá.

Aunque para los adultos estos patrones no siempre representen algo específico, indican un intento de los niños organizar su mundo. En esta etapa, ser capaz de crear es más importante que hacer algo que los adultos puedan reconocer.

Etapa III: El arte pictórico cada vez más reconocible para los demás

Cuando los niños logran dominar las crayolas, marcadores y pinceles, desean crear algo. Aunque no siempre planean por anticipado sus dibujos, lo que resulta en el papel una vez que comienzan a dibujar o a pintar, les hace pensar en algo más.

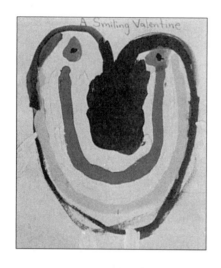 

Con la experiencia, los preescolares más grandecitos comienzan a planear por anticipado lo que dibujarán o pintarán. El autoretrato es uno de los temas favoritos. Los niños experimentan con el tamaño, la proporción y la ubicación en el papel. Muchos enfocan sus dibujos en una cabeza circular grande y unos brazos y piernas pequeños y delgados.

Otra característica de esta etapa del desarrollo es el arte de "rayos X": que muestra al mismo tiempo espacios interiores y exteriores. Usted podría ver un dibujo de un camión de bomberos que muestra la parte exterior del vehículo y al mismo tiempo lo que hay adentro como los pasajeros y la manguera.

Etapa IV: El arte realista

A los 4 y 5 años de edad, a la mayoría de niños le interesa producir arte que parezca real. No importa cuánto deseemos evitar los estereotipos, a muchos niños les encanta dibujar superhéroes, vehículos de transporte y escenas de guerra. A las niñas, con frecuencia les interesa dibujar personas, arco iris y escenas florales. Pero tanto los niños como las niñas disfrutan dibujando a las personas importantes en su vida.

Etapas al usar otros materiales artísticos

Aunque las etapas que atraviesan los niños con otros medios no están tan definidas como las etapas del dibujo y la pintura, el uso que hacen de estos medios atraviesa varias etapas también. Ellos avanzan de la exploración (juego funcional) a la experimentación (juego constructivo).

Inicialmente, los niños se familiarizan con el medio: cómo se siente la arcilla, cómo se clavan los clavos, qué hace que los elementos de un collage permanezcan pegados, cómo funciona un telar. Los niños utilizan todos sus sentidos para aprender acerca del medio particular, antes de comenzar a utilizarlo con un propósito definido. Gradualmente, a medida que se familiarizan con este nuevo medio, experimentan con él. Amasan arcilla y hacen gusanos, clavan clavos en un tronco de árbol, y pegan dibujos sobre cartón para ver cómo se ven al pegarlos en una superficie.

Con la experiencia, los experimentos se tornan cada vez más definidos y complejos. Tarde o temprano convierten la arcilla en un animal, hacen una escultura de un pedazo de madera y un diseño balanceado en un collage. Las destrezas cada día mayores, les permiten a los niños convertirse en personitas más creativas, que utilizan el arte con propósitos cada vez más definidos.

Las crecientes destrezas capacitan a los niños para ser cada vez más creativos y usar el arte con propósitos definidos.

Cómo responderle a cada niño

Al observar con cuidado a un niño, reflexione sobre lo que haya visto y oído, para que así, su respuesta le ayude a desarrollar y a refinar sus destrezas. Piense si el niño:

- es capaz de sostener y utilizar unas tijeras, un pincel, crayolas, tiza y otros materiales artísticos.

- tiene ideas propias o recurre a los demás para inspirarse.

- representa lo que piensa y siente mediante distintas formas artísticas.

- es capaz de describir lo que le gusta sobre su propio arte y el de los demás.

- se arriesga a crear piezas artísticas distintas.

- disfruta utilizando el arte para ilustrar cuentos y hacer libros.

Observe con cuidado para saber cómo utiliza un niño los materiales artísticos.

Con base en sus observaciones, usted podrá determinar las fortalezas y retos del desarrollo para cada niño. Utilice el *Continuo del desarrollo* para en orientar sus reflexiones y respuestas. El cuadro la pagina siguiente le ofrece ejemplos de cómo funciona esto.

Observación	Reflexión	Respuesta
Benn está pegando piezas de madera y trata de pegar una manija redonda a una superficie plana, sin lograrlo. Al agarrar la manija por tercera vez dice:"Es difícil construir con cosas redondas".	A pesar de encarar dificultades, Benn continúa tratando de pegar la manija a la tabla. *(Objetivo 24, Es persistente en lo que emprende)* ¿Cómo puedo ayudarlo a mantener su interés en completar esta tarea y a tener éxito?	Anime a Benn a observar por qué los objetos redondos son difíciles de pegar: ¿Por qué crees que es tan difícil constuir con estas piezas redondas? Hable con Benn sobre el método que podría usar para que tenga éxito: ¿Crées que ayudaría ponerle cinta adhesiva hasta que se seque la goma?
Crystal amasa arcilla, hace cuatro bolas y le pega a cada una un limpiapipas. Levanta una y dice:"Les hice cuatro pasteles".	Crystal es capaz de usar la arcilla y los limpiapipas para construir y nombrar objetos reales. *(Objetivo 37, Inventa e interpreta representaciones)* ¿Cómo puedo estimular que use los pasteles en el juego imaginario? *(Objetivo 36, Juega con objetos simbólicamente)* Ella coloca un limpiapipas para cada montón de arcilla. *(Objetivo 33, Usa la correspondencia uno a uno)* ¿Cómo puedo fortalecer sus destrezas para que haga comparaciones matemáticas?	Use las palabras de la niña como una introducción al juego de hacer de cuenta y pregunte:"¿Qué clase de pasteles hay hoy? ¡Mmmm, me muero por comerme uno!". Dígale a Crystal:"Contemos para ver si tenemos suficientes pasteles para que todos los niños sentados en la mesa puedan comerse uno".
Jonetta comienza a pintar en el caballete. Al regarse la pintura por el papel, se queja en voz alta:"No puedo hacer que se detenga".	Jonetta reconoce que la pintura se riega pero no parece saber cuál es el problema. *(Objetivo 25, Explora la relación causa-efecto)* ¿Cómo puedo ayudarla a reconocerlo e intentar algunas soluciones *(Objetivo 25, Explora la relación causa-efecto)* y pensar en esto como un problema que se puede resolver? *(Objetivo 23, Maneja los problemas con flexibilidad)*	Diga por ejemplo:"Me pregunto por qué se riega la pintura. ¿Qué crees?" Si está claramente frustrada, ofrézcale algunas soluciones posibles. Por ejemplo, escurrir el pincel y pintar en una superficie plana.
Juwan hace una escultura de arcilla, ramas, lanas y bolitas de icopor. Después de completarla anuncia: "Hice un saltamontes".	Juwan manipula objetos con más control cada vez. *(Objetivo 19, Controla los músculos pequeños de la mano)* Sabe sobre los saltamontes y puede construir un modelo que representa algo específico. *(Objetivo 37, Inventa e interpreta representaciones)* ¿Cómo puedo ampliar su interés por los saltamontes?	Comente lo que haya hecho:"Háblame de este saltamontes. ¿Cómo lo hiciste?" Sugiera ver un libro para aprender más sobre los saltamontes. Déle una idea:"Tu saltamontes necesita un hogar. ¿Qué materiales necesitamos para construirle uno"?

La interacción con los niños en el área del arte

El área de juego artístico es un lugar para que los niños exploren y creen. El interés que usted les demuestre por lo que hagan y produzcan es un factor importante para que gocen del arte y desarrollen su sentido de capacidad. Además, como los niños expresan lo que piensan y sienten por medio del arte, los maestros deben sintonizarse con lo que tratan de comunicar y pensar con detenimiento en sus interacciones con cada niño.

Cómo presentar experiencias artísticas nuevas

En la mayoría de los casos, lo único que necesitan hacer los maestros es proporcionarles a los niños materiales artísticos básicos que ellos explorarán y experimentarán en las formas descritas anteriormente. Coloque un recipiente de gak en la mesa de juego artístico y los niños comenzarán a golpearlo, a dejarlo caer y a anidarlo en sus manos para observar como ésta sustancia inestable reacciona a distintas condiciones.

Asimismo, usted puede colocar a disposición de los niños una bandeja de esponjas, copitos, y cepillos de dientes, y estimularlos a pintar con estos pinceles poco convencionales. Como el arte es una experiencia creativa, usted deseará que los niños experimenten con los materiales sin la restricción de nociones preconcebidas de lo que deben hacer. Permita que los niños se arriesguen artísticamente y los resultados deleitarán por igual a niños y grandes.

Un área donde los maestros necesitan imponer reglas y estructuras es al trabajar con madera. Debido a que el trabajo con madera requiere herramientas que tienen el potencial de ser peligrosas, no se debe permitir nunca que los niños las utilicen por su cuenta. Por lo tanto, familiarícese primero con las herramientas de carpintería. Si no siente seguridad con respecto a cómo usar los serruchos y tornos sin peligro, no podrá trabajar con los niños cómodamente. Algunos maestros que se sienten ansiosos con respecto a incorporar el trabajo con madera en su programa, prefieren realizarlo al aire libre antes de hacerlo en el área del arte. Usted podría sacar el banco para trabajar con madera o utilizar un tronco de árbol.

Los maestros pueden permitir que los niños exploren y experimenten con la mayoría de los materiales artísticos.

Para trabajar con madera formule una serie de procedimentos de seguridad que incluya reglas sencillas que los niños puedan seguir. Escríbalas y revíselas con frecuencia con los niños. Así, ellos apreciarán las razones detrás de las reglas y la importancia de seguirlas. A continuación le sugerimos algunas:

- Utilice herramientas de carpintería únicamente cuando un adulto esté presente.

- En el banco para trabajar con madera no debe haber más de tres niños a la vez.

- Utilicen siempre anteojos protectores.

- Utilicen una sola herramienta a la vez.

- Agarre los materiales con las manos, nunca con la boca.

- Limpie todo residuo de madera en el piso, para que nadie se resbale.

Una vez que los niños aprendan las reglas y a usar las herramientas de carpintería, usted se sentirá más tranquilo con respecto a incluir esta valiosa actividad en su área de juego artístico.

Hable con los niños acerca de su trabajo artístico

Si habla con los niños cuando estén enfrascados en actividades artísticas, les hará reconocer lo que están haciendo y les ayudará a reflexionar sobre su trabajo. Usted podrá aprovechar estos momentos para ampliar el vocabulario (p. ej., aprendiendo palabras como *textura, pastel, collage*); desarrollar conceptos (p. ej., formas, colores, grueso vs. delgado); y solucionar problemas (aprender qué ocurre si..., qué debe ir primero, qué necesitamos). La conversación también ayuda a que los niños aprendan a apreciar el arte.

Cuando usted hace comentarios o les pregunta a los niños sobre su trabajo con los materiales artísticos, les transmite los siguientes mensajes:

- Estoy al tanto de lo que ustedes están haciendo.

- Me interesan sus esfuerzos y, por lo tanto, ustedes.

- Les ayudaré a mirar con detenimiento su propio trabajo.

- Aprecio su creciente confianza.

Como la mayoría del trabajo artístico infantil es experimentar —ver cómo se ven los colores al mezclarlos o cómo el agua cambia la arcilla— no siempre es fácil saber qué decir. Por ejemplo, si se les presenta a los adultos una pintura de líneas y garabatos, algunos pueden decir automáticamente: "¡Qué lindo!". O preguntan, "Este dibujo, ¿de qué es?". Sin embargo un método mejor es hacer preguntas como: "¿Podrías hablarme sobre tu dibujo?" o "¿Qué te gustó de hacer este dibujo?". Estas preguntas les ayudan a los niños a hablar de sus creaciones sin sentirse enjuiciados. Mantenga presente que muchos pequeños no tienen idea de lo que han pintado o dibujado y, quienes tienen idea, pueden sentirse heridos si su pescado o árbol no es obvio para usted.

No olvide que muchos niños pequeños no tienen idea de qué han pintado o dibujado.

Cuando hable con los niños mientras participan en las actividades artísticas, usted puede hacer lo siguiente para apoyar sus esfuerzos.

Describa lo que vea: *"Veo que hoy usaste todos los colores. Fuiste muy cuidadoso eligiendo los materiales para tu collage y decidiendo dónde colocarlos".*

Le sugerimos enfocar sus comentarios en los elementos básicos del diseño que incluyen: forma, color, espacio, líneas, textura, masa o volumen, equilibrio, patrones y composición.

Hable sobre las acciones de los niños: *"Tú sí estás amasando esa plastilina"; "Mira qué rápido se mueve tu mano al pintar".*

Pregúnteles acerca del proceso: *"¿Cómo obtuviste ese nuevo color? ¿Qué te gustó más? ¿Cómo hiciste estos círculos tan pequeñitos?"*

Haga preguntas abiertas que animen a los niños a pensar y a responder: *"¿De qué otras formas podemos usar estos pedazos de madera? ¿Qué ocurrirá si mezclamos estos dos colores? ¿En qué se diferencia este collage del primero que hiciste? ¿Qué crees que harías distinto la próxima vez que hagas algo con arcilla?".*

Use palabras estimulantes que refuercen los esfuerzos infantiles: *"Hoy hiciste muchas pinturas. ¿Cuál quieres colgar en la pared? Pensaste en muchas formas de usar el telar. ¿Podrías compartir algunas con los demás niños?*

Tal como se mencionó en la parte 1, los elogios hacen propensos a los niños a desear complacer a los adultos, más que a sí mismos. Para poder apreciar el arte, los niños deben aprender a valorar la manera como el arte los hace sentir a ellos, no a los demás.

En ciertas ocasiones, los niños se estancan o parecen no sentirse inspirados en el área del arte. Si usted observa y analiza el problema, podrá responder de manera apropiada. He aquí unas cuantas ideas:

Cuando un niño…	Trate de decirle…
Destruye un dibujo que acaba de hacer.	"Veo que no estás contento con el dibujo que hiciste. Veamos el dibujo y qué te molesta para que la próxima vez puedas hacer uno que te guste más".
Evita los materiales que ensucian.	"Puedes ponerte un delantal si te preocupa ensuciarte y limpiaremos todo cuando termines".
Abandona una actividad abruptamente sin terminarla.	"¿Deseas agregarle algo más a tu collage?".
Parece inseguro con respecto a qué hacer.	"¿Qué crees que ocurrirá si primero sumergimos la tiza de color en almidón?".
Desea que usted le haga un dibujo.	"Veamos en qué estás pensando. ¿Cuál es la parte más grande de un gato? Dibújala tú primero".
No sabe qué hacer y le pide a usted una idea.	"Miremos algunos libros para inspirarnos. Esto nos puede ayudar".

En cada uno de estos ejemplos el maestro trata de reforzar la confianza del pequeño y de fomentar una visión positiva de las actividades artísticas. A muchos de nosotros se nos limitó nuestra creatividad, a causa de las experiencias artísticas negativas con las cuales nuestros esfuerzos fueron dirigidos en forma equivocada, ignorados, desanimados o descartados. Sin embargo, usted puede ofrecerles a los niños con quienes trabaja, dos regalos que perdurarán por el resto de su vida: la confianza de intentar distintas actividades artísticas y la posibilidad de disfrutar del proceso sin que importe el resultado.

Cómo nutrir el aprecio infantil por el arte

El aprecio por el arte es un placer que perdura toda la vida.

Su programa de arte también puede incluir la apreciación artística. Como lo afirma un educador: "Muy pocas personas continúan produciendo arte después de su infancia. Pero ser alguien que aprecia el arte es una habilidad y un placer que perdura toda la vida" (Epstein, 2001, p. 43).

Los preescolares desarrollan con facilidad lo que los educadores en los museos llaman destrezas de "crítica del arte". La crítica del arte implica aprender a disfrutar distintos tipos de arte. Utilice los comentarios orientados para enfocar la atención infantil en el proceso artístico y lo que significa para ellos como individuos. Este concepto puede parecer demasiado sofisticado, pero incluso los niños de preescolar más pequeños pueden comenzar a adquirir un sentido estético. He aquí unas cuantas sugerencias.

Rodee a los niños de arte —tanto propio como las obras de artistas reconocidos— así aprenderán a reconocer la presencia del arte en su vida cotidiana. Integre el arte en todas las áreas del salón de clase, no sólo en el área de juego artístico. El retrato de Renoir, de una niña pequeña con una regadera se puede exhibir en el área de los descubrimientos cerca de donde crecen las plantas. Las portadas enmarcadas de libros infantiles pueden agraciar la pared en el área de biblioteca. Una litografía de los cosechadores de Van Gogh o los bodegones de frutas de Cezanne, pueden inspirar a los pequeños cocineros en el área de actividades culinarias. Las bellas artes proporcionan una atmósfera de belleza sutil. Colgar las obras infantiles entre estas obras maestras les muestra a los niños que su trabajo es apreciado y valorado.

Asuma el liderazgo para presentar un tema. Haga preguntas que hagan reflexionar a los niños sobre cómo los hace sentir el arte y qué les hace pensar.

¿Cómo los hace sentir esta escultura?

Cierren los ojos y cuéntenme qué recuerdan de la pintura que vieron.

¿Los colores en esta pintura son agradables?

¿Qué creen que pensaba el artista cuando pintó este cuadro?

Anime a los niños a evaluar su propio trabajo artístico. Si les ofrece una razón para reflexionar sobre lo que han producido, ellos aprenden a ser críticos de su propio trabajo. Por ejemplo, puede pedirles seleccionar los dibujos que desean incluir en su portafolio o colgar en la pared. Pídales que le digan por qué escogieron estos trabajos y escriba lo que le digan.

Ayude a los niños a evaluar el trabajo de otros artistas. Anímelos a adivinar la intención del artista al crear una obra de arte específica. ¿Por qué un artista pinta líneas y lo que parecen mamarrachos y otro hace pinturas que parecen fotografías?

Cómo incluir a todos los niños en el arte

El área de juego artístico plantea retos especiales para algunos niños, en parte porque involucra actividades relativamente carentes de estructura y que exigen el pensamiento abstracto. Dependiendo del problema, usted podrá hacer modificaciones para ayudar a que todos los niños participen y se beneficien de las experiencias artísticas.

Si un niño…	Intente estas estrategias…
Tiene dificultad para encontrar y utilizar los materiales artísticos.	Separe los materiales en recipientes, según los atributos o la función. Por ejemplo, los marcadores se pueden organizar por color o tamaño. Ofrezca indicaciones visuales (por ejemplo, una cinta adhesiva en el suelo frente a un caballete) para indicar dónde pararse. Defina el espacio de trabajo infantil para dibujar, esculpir o para colocar el material para hacer collages, marcando un área amplia en la mesa con cinta adhesiva o proporcionando bandejas para hacer galletas, para colocar allí el trabajo artístico. Proporcione pliegos de papel grande para dibujar o pintar para que los niños puedan hacer uso de sus movimientos amplios, típicos del desarrollo menos maduro. Coloque cintas de colores llamativos alrededor de los pinceles y las herramientas de carpintería para mostrarle al niño dónde colocar la mano.
Tiene dificultad para manejar o ver los materiales.	Utilice objetos modificados, según se requieran, como tijeras para ambas manos o de apretar; crayolas y marcadores grandes y gruesos; botellas apretables con agarraderas para las pinturas, etc. (como una botella de miel vacía). Los niños que no puedan utilizar las manos, pueden pintar con pinceles asegurados a su cabeza mediante bandas de Velcro. Pegue la parte superior de un pliego grande de papel en la pared, para practicar el uso de las tijeras y cortar. (Al cortar verticalmente de abajo hacia arriba, el niño debe hacer uso de la orientación correcta para cortar con facilidad). Proporcione materiales coloridos, de distintas texturas y fragancias, para realzar el trabajo artístico. Ofrezca pinturas y marcadores que contrasten bastante (colores brillantes u oscuros) y papeles de color pastel, que reducen el reflejo. Asegure el papel para dibujar en la mesa de arte y en el caballete. Ofrézcales a los niños oportunidades de elaborar trabajos artísticos en la computadora; para los niños con impedimentos manuales hay programas disponibles que se activan con la voz.
Se frustra con facilidad.	Ayude al niño a planear su proyecto antes de comenzar, obtener y organizar todos los materiales e incluso a decidir dónde exhibirá su trabajo artístico al finalizar la sesión. Ofrezca otras alternativas distintas a pegar, como usar el papel Contact como base para un collage u ofrecerles a los niños pedazos de cinta adhesiva ya cortados. Limite las opciones disponibles. Por ejemplo, ofrezca solamente 2-3 colores para pintar, 3 ó 4 materiales para hacer collages y 1 ó 2 accesorios para la plastilina.

Consúltele a algún especialista en educación especial para que le oriente con respecto a la asistencia específica, para poder atender las necesidades individuales de todos los niños en su clase. El arte es una parte tan importante del currículo de educación preescolar que usted deseará encontrar maneras de que los niños participen y de incluirlos a todos en las experiencias artísticas diariamente.

Preguntas frecuentes acerca del arte

¿Qué tienen de malo los libros para colorear y los patrones previamente cortados? A los niños les encantan.

Puesto que el arte es otro lenguaje mediante el cual se pueden expresar los niños, los libros para colorear, los patrones previamente dibujados y los modelos hechos por los adultos, no hacen parte de un salón de clase de *El Currículo Creativo*. Estos materiales estimulan muy poco la imaginación, la experimentación, el trabajo individual o los descubrimientos. Es decir, los verdaderos beneficios del trabajo artístico. Más aún, muchos de estos materiales son frustrantes para los niños de tres, cuatro y cinco años de edad, quienes no cuentan con las destrezas manuales ni con la coordinación ojo-mano para colorear dentro de las líneas o cortar por los contornos.

Cuando a los niños se les dan libros para colorear en lugar de papel donde dibujar, ellos reciben un mensaje sutil pero poderoso: "No creemos que puedas pintar muy bien por tu cuenta". Lo mismo se aplica a los modelos hechos por los maestros. Modelar un osito hecho con tres círculos, es un ejemplo que los niños repiten pero no constituye una experiencia artística. No se debe esperar nunca que el modelo que haga un niño sea realizado con la misma habilidad del adulto. Además, ¿dónde está la creatividad al producir una pared de ositos casi idénticos? Como lo han afirmado algunos observadores, estos son ejemplos de proyectos artesanales que enmascaran las experiencias artísticas.

Algunas personas defienden el uso de los libros para colorear o de patrones preestablecidos con base en que dichas actividades son buenas para desarrollar la motricidad fina. Sin embargo, existen muchas otras maneras de que los niños adquieran mediante el arte estas mismas destrezas, adecuadas al nivel de desarrollo. Por ejemplo, cortando sus propios diseños o aprendiendo a utilizar un martillo, pegante, cinta adhesiva, una cosedora o una perforadora. Otros le dirán: "A los niños les encantan los libros para colorear". Pero a los niños también les encantan los dulces, los superhéroes violentos y mantenerse despiertos toda la noche. No todo lo que les encanta a los niños es siempre lo más conveniente para ellos. Depende de nosotros proporcionarles experiencias provechosas para ellos. Un libro para colorear, realmente no lo es.

¿Hay materiales artísticos peligrosos para los niños pequeños?

Algunos maestros utilizan témperas en polvo, en lugar de las líquidas mezcladas previamente, por ser mucho menos costosas y, al parecer, una sabia escogencia. Sin embargo, no lo son. Cuando se mezclan con agua, las témperas en polvo producen un polvillo que los niños pueden inhalar. Estas témperas también contienen pigmentos y preservantes que pueden ser tóxicos para los niños pequeños. Nosotros no recomendamos la témpera en polvo para ser utilizada con niños menores de 12 años porque los cuerpos en crecimiento de los niños absorben las sustancias tóxicas con mayor rapidez que los de los niños mayores y los adultos. Además, para afectar a un niño pequeño se requiere pocas cantidades de una sustancia potencialmente peligrosa.

Además de la tempera en polvo, los siguientes materiales pueden ser tóxicos para los niños pequeños y deben evitarse:

- cualquier elemento a base de plomo o que contenga asbestos
- el cemento a base de caucho o de "epoxy" (pegamento rápido)
- el pegante instántaneo
- el papel maché instantáneo
- el barniz para cerámica
- los marcadores permanentes y los marcadores que se borran sin agua
- la arcilla en polvo
- el disolvente de pegante
- la pintura en aerosol
- la pasta para pegar papel de pared

¿Existe alguna razón por la cual no debo utilizar alimentos como material artístico?

En constraste con los suplementos artísticos disponibles, los productos alimenticios constituyen materiales artísticos pocos costosos, ya sea por sí solos (macarrones colgados como cuentas para hacer un collar o granos pegados en un collage) o como ingredientes de una receta relacionada con el arte (como arcilla o plastilina). Sin embargo, algunos maestros y familias consideran inapropiado el uso de alimentos o productos alimenticios para cualquier otra cosa distinta a la nutrición. Otros piensan que en tanto los alimentos se utilicen con propósitos educativos, no se están desperdiciando. Sin embargo, otros consideran aceptable utilizar los alimentos como ingrediente de los suplementos artísticos, pero no por sí mismos. Nuestra sugerencia es que comente este asunto con sus colegas y con las familias de los niños. En todo caso, si alguien no está de acuerdo respete el punto de vista de esa persona.

¿Qué podemos hacer con el trabajo artístico para los días de fiesta?

Los días de fiesta constituyen un desafío especial para los maestros. Algunos orientan el currículo alrededor de los días festivos y avanzan en el calendario de un día de fiesta al otro. En el extremo opuesto se encuentran los programas que prohíben completamente la celebración de los días de fiesta, para no ofender a nadie que pueda ser excluido por un día festivo particular. Nuestra sugerencia es que, al comenzar su programa escolar comente este tema con las familias y decidan cómo tratarán la celebración de los días de fiesta. Para algunas familias estas celebraciones constituyen valores familiares. Otras, en cambio, no celebran ningún día de fiesta.

Los días festivos pueden celebrarse en formas respetuosas y adecuadas al nivel de desarrollo infantil, exponiendo a los niños a distintas costumbres culturales. Por ejemplo, usted puede mostrar el valor de un día festivo, como el elemento de la gratitud del día de Acción de Gracias y la celebración del amor y la amistad el día de San Valentín. Mantenga presente que, sin importar qué haga el día de fiesta, debe permitir que los niños se expresen en formas individuales y en formas escogidas por ellos mismos.

Lo que no es deseable es que los niños coloreen recortes de calabazas el día de Halloween o que todos en la clase metan las manos en la pintura para hacer una impresión en la cola del pavo para el día de Acción de Gracias. El trabajo artístico debe reflejar lo que piensan y sienten los niños, no usted ni quienes producen los libros de actividades.

CARTA A LAS FAMILIAS ACERCA DEL ARTE

Apreciadas familias:

El arte es una parte importante de nuestro currículo. Diariamente, los niños tienen a su disposición materiales artísticos en nuestros anaqueles. Dibujar, pintar, moldear y construir o pegar son no sólo agradables sino que también ofrecen oportunidades de aprendizaje importantes. Con estas actividades los niños expresan sus ideas originales y sentimientos, mejoran la coordinación, aprenden a reconocer los colores y texturas, desarrollan la creatividad, y se sienten orgullosos por sus logros al explorar y usar los materiales artísticos.

Cuando se involucran en actividades artísticas, nosotros hablamos con ellos sobre lo que están haciendo y les hacemos preguntas que los animan a pensar acerca de sus ideas y a expresar lo que sienten.

A nosotros nos interesa tanto el proceso creativo como aquello que hacen los niños. Por eso, les hacemos comentarios que los estimulan a ser creativos y a tener confianza en sí mismos, como:

> *Háblame de tu dibujo, en vez de, ¿eso que hiciste es una casa?*

> *Parece que la plastilina se te está pegando en los dedos. ¿Qué podríamos usar para hacerla menos pegajosa?*

Qué se puede hacer en el hogar

El arte es una manera muy sencilla de llevar al hogar la vida escolar de sus pequeños. A ellos les encanta llevar a casa sus productos artísticos y compartirlos con las personas más importantes en su vida. Por eso, dense un tiempo para hablar con sus pequeños. Estos son algunos de los comentarios que podrían hacerles:

> *Háblame de tu dibujo.*

> *¿Cómo decidiste qué colores usar?*

> *¿Qué es lo que más te gusta de esto?*

> *Debemos colgarlo en un lugar especial para que todos puedan apreciarlo.*

Ustedes podrán ayudarles a sus pequeños a apreciar el arte en su propia casa. Por ejemplo, al mirar libros juntos, hablen con sus pequeños sobre las ilustraciones o hagan comentarios sobre los elementos artísticos que haya en las paredes de su casa.

El arte es algo que sus pequeños podrán realizar en el hogar, prácticamente en cualquier lugar. Ustedes pueden designar un cajón en la cocina o en la sala y convertirlo en el cajón artístico o usar un anaquel o una caja de cartón resistente. Coloquen en este espacio crayolas, marcadores, papel, unas tijeras sin filo de tamaño infantil, pegante y una caja separada para los materiales de hacer collages. La mente infantil es mucho más creativa y artística que lo que permite cualquier libro para colorear.

En este capítulo

10

La biblioteca

Cómo refuerza el desarrollo infantil

Un espacio atractivo con muebles cómodos, libros bien ilustrados y materiales de escritura puede ser un oasis en el salón: un lugar para apartarse de actividades más activas y relajarse. En esta área los niños adquieren la motivación y las destrezas para leer y escribir. Al escuchar cuentos diariamente, mirar libros por su cuenta, escuchar historias grabadas, recontar historias conocidas e inventar las propias, tienen diversas oportunidades de crecer en todas las áreas del desarrollo.

El desarrollo socioemocional. Con los libros, los niños aprenden acerca de las personas que son como ellos o diferentes, se sienten a gusto aprendiendo que otros han tenido experiencias o temores similares a los suyos y han podido manejarlos. Aprenden a sentir empatía y a ser solidarios con quienes afrontan otros desafíos y para quienes la vida es un poco más difícil. Adquieren destrezas sociales al compartir los libros, recrear historias y escribir, por ejemplo, una tarjeta para un compañero enfermo.

El desarrollo físico. Los niños fortalecen los músculos pequeños de sus manos, al utilizar las herramientas para escribir e ilustrar. Y al seguir las palabras en los libros y observar las ilustraciones usan los músculos de los ojos.

El desarrollo cognoscitivo. Los libros ayudan a adquirir una mejor comprensión del mundo alrededor. Con ellos, adquieren una comprensión de los símbolos (relacionando la imagen de un chico con la palabra *niño*). Hacen predicciones y piensan en causas y efectos: "Si el cerdito construye su casa de hierba, el lobo la soplará y la derrumbará". Al escuchar un cuento, conectan lo que oyen con lo que ya saben y al contarlo nuevamente aprenden a secuenciar, relatando los acontecimientos de la historia en orden. Por medio de los libros también aprenden destrezas básicas como contar, reconocer los números, los colores y las formas.

El desarrollo lingüístico. Todos los aspectos de la lecto-escritura —leer, escribir, escuchar y hablar— se fortalecen en el área de la biblioteca. Cuando los niños escuchan cuentos, aprenden palabras nuevas y lo que significan. Adquieren conciencia fonológica al escuchar y explorar los sonidos y ritmos del lenguaje. Aprenden a seguir el flujo de lo escrito en una página, de izquierda a derecha y de arriba hacia abajo. En esta área utilizan la escritura en formas importantes. Por ejemplo, le escriben una carta a mamá.

El amor por los libros es un poderoso incentivo para que los niños se conviertan en lectores. En el salón de clase de *El Currículo Creativo* se incluye un área de biblioteca atractiva, llena de hermosos libros y materiales de escritura.

Conexión entre el juego en el área de la biblioteca y los objetivos del Currículo

Los maestros familiarizados con las metas y objetivos de *El Currículo Creativo* y con los pasos formulados en el *Continuo del desarrollo*, pueden ver cómo se integra la lecto-escritura en todas las áreas del desarrollo y utilizar el área de biblioteca para alcanzar una amplia gama de objetivos de aprendizaje como se muestra en los ejemplos en el siguiente cuadro.

Objetivos del Currículo seleccionados	Qué podría hacer un niño en el área de biblioteca
Desarrollo socioemocional	
3. Reconoce sus propios sentimientos y los maneja en formas apropiadas	Después de escuchar el cuento de *Pulgarcito*, dice: "Yo no tengo miedo de los gigantes".
5. Demuestra direccionalidad propia e independencia	Elige un libro y pasa las páginas de izquierda a derecha.
7. Respeta y cuida el entorno de la clase y los materiales	Nota que una página está rasgada en un libro y le pide al maestro cinta adhesiva para repararla.
10. Juega con otros niños sin problema	Invita a otros niños a tomar parte en la dramatización de un cuento.
11. Reconoce los sentimientos de los demás y reacciona apropiadamente	Después de escuchar una historia de un niño que no quiso dormir en otra casa, dice: "Tenía miedo de estar lejos de sus padres".
12. Comparte y respeta los derechos de los demás	Dice: "Cuando termine de utilizar el títere, te lo daré".
Desarrollo físico	
19. Controla los músculos pequeños de la mano	Utiliza la perforadora y la cosedora para elaborar un libro.
20. Coordina los movimientos ojo-mano	Coloca un disco compacto en la grabadora y presiona el botón para escucharlo.
21. Utiliza instrumentos para escribir y dibujar	Escribe mensajes, tarjetas y letreros mientras juega.

Objetivos del Currículo seleccionados	Qué podría hacer un niño en el área de la biblioteca
Desarrollo cognoscitivo	
25. Explora la relación causa-efecto	Al leer *Donde viven los monstruos* (Maurice Semdak) dice: "Si Max no se va a casa, no podrá comer".
26. Aplica el conocimiento o la experienca en nuevos contextos	Despúes de escuchar la historia, *Amigos* (Alma Flor Ada), habla sobre ser un buen amigo.
27. Clasifica objetos	Reúne accesorios para mamá osa, papá oso y bebé osito.
30. Reconoce patrones y puede repetirlos	Participa diciendo: "La oruguita tenía más hambre", después de escuchar *La oruga muy hambrienta* (Eric Carle).
31. Reconoce conceptos temporales y secuencias	Al contar otra vez un cuento, ordena acontecimentos en el orden adecuado, p. ej., *Un día de nieve* (Ezra Jack Keats).
Desarrollo lingüístico	
38. Escucha y diferencia los sonidos del lenguaje	Dice: "Pomponte niña, pomponte", al escuchar pimpón es un muñeco.
39. Se expresa utilizando palabras y oraciones largas	Le dicta un cuento al maestro para que lo escriba debajo de un dibujo.
41. Responde preguntas	Responde cuando se le pregunta: "¿De qué crees que se trata esta historia?"
42. Hace preguntas	Pregunta: "¿por que ella come arroz de desayuno?" al escuchar el cuento *Los 4 sombreros de Benny* (R. Jaynes).
43. Participa activamente en conversaciones	Depués de leer el cuento *Tortillitas para Mamá* (Griego), conversa con un amigo sobre el pan que sirven en la escuela.
44. Disfruta y valora la lectura	A la hora de leer cuentos pide que le lean su cuento preferido.
45. Comprende el propósito de lo escrito	Le "escribe" un mensaje a un amigo, de arriba hacia abajo y de izquierda a derecha.
46. Conoce el alfabeto	Al leer *Jugando con las letras* (Margarita Robleda Moguel), señala y dice las letras.
47. Utiliza las destrezas lectoras emergentes para entender lo escrito	Usa las ilustraciones como indicaciones al "leer" *Cu-cú, ¿quién es?* (Amanda Leslie).
48. Comprende e interpreta el significado de los libros y otros textos	Dramatiza el cuento, *Silvestre y la piedrecita mágica* (William Steig).
49. Comprende el propósito de la escritura	Escribe el nombre en una tarjeta para "pedir prestado" un libro de la biblioteca.
50. Escribe letras y palabras	Escribe en una tarjeta *T m o* en una tarjeta para mamá y firma su nombre.

Cómo crear un entorno para el área de biblioteca

Un área de biblioteca eficaz atrae a los niños a pasar tiempo allí. Dicha clase de área les comunica que en una atmósfera tranquila y silenciosa ocurren cosas emocionantes. Aunque los niños aprenden sobre leer y escribir, escuchar y hablar en todas las áreas de interés, la biblioteca es el sitio ideal para el aprendizaje de la lecto-escritura. Esta área debe incluir espacios para mirar libros, escuchar grabaciones, escribir, recontar historias conocidas y, si es posible, una computadora.

Los libros se exhiben en estantes abiertos mostrando las carátulas para captar el interés infantil. Una variedad de libros disponibles reflejan los intereses y orígenes de los niños.

Un área acogedora ofrece un lugar para estar tranquilo física y emocionalmente. Añada comodidad con cojines grandes, sillones suaves, animales de peluche y muñecos.

En una mesa al alcance de los niños hay papel, lápiz y marcadores. El alfabeto y los nombres de los pequeños están exhibidos.

Cómo organizar el área de biblioteca	Materiales sugeridos
Ubicación: En un área silenciosa del salón, alejada del tráfico En un piso alfombrado y con buena iluminación Cerca a los tomacorrientes eléctricos (para las lámparas, computadoras y grabadoras) **Disponga:** Lugares cómodos para sentarse y mirar libros o escuchar grabaciones Una mesa y sillas para sentarse a escribir Un soporte para computadora y sillas Libreros para mostrar los libros exhibiendo las carátulas Un atril grande para los libros Un anaquel para los materiales de escritura	Exhiba una variedad de libros infantiles mostrando las carátulas (p. ej., libros de cuentos, de rimas, de información, predecibles, del alfabeto y de números) que reflejen las distintas culturas y orígenes Una selección de libros grandes Exhiba en las paredes carátulas de libros, carteles, un cuadro de labores, un horario, el alfabeto Grabadoras y cintas grabadas o discos compactos y audífonos (o *walkmans*) Programas de procesamiento de palabras Títeres, tableros de texturas, tableros magnéticos y otros accesorios para recrear historias Papel de distintas clases, con líneas y sin líneas Distintos tipos de bolígrafos, papel y marcadores Cintas del alfabeto, tarjetas con los nombres y sellos de letras y números

Selección de los materiales

El área de biblioteca puede ser uno de los lugares más populares en el salón de clase, si los maestros la aprovisionan con cuidado. Considere los libros, grabaciones, materiales de escritura y accesorios para contar historias más apropiados y atractivos para los niños en su salón.

La selección de libros

Con tantos libros apropiados y maravillosos para los niños pequeños, ¿cómo se escogen los mejores para los niños con quienes trabaja? Al igual que con todos los materiales, al seleccionar los libros mantenga presentes las edades e intereses de los niños. En general, a los preescolares más pequeños les fascinan los libros con una trama sencilla sobre experiencas familiares; ilustraciones coloridas y llamativas, claras y llenas de detalles; montones de repetición en la trama y ricos en lenguaje (rimas, palabras sin sentido y mucha repetición). Los preescolares más grandecitos tienen mayor margen de atención y disfrutan los libros cuya trama puedan seguir, aprecian el humor y la fantasía y comienzan a disfrutar las historias de lugares lejanos.

No es necesario que reúna ni que exhiba a la vez todo su inventario de libros. No es siquiera una buena idea porque apilar los libros impide alcanzar la meta de exhibir las carátulas. Saque una cantidad manejable de libros y rótelos con regularidad. Así, los niños tendrán la sensación de estar viendo libros nuevos o se emocionarán al ver sus libros preferidos después de no verlos por un tiempo. A medida que surjan nuevos intereses podrá agregar libros pertinentes. Al seleccionar libros para su salón mantenga presente la variedad. He aquí unos cuantos aspectos clave para considerar.

Seleccione libros relacionados con los intereses y las experiencias de los niños.
Un buen punto de partida es el "aquí y ahora" porque permite que los niños lo asocien con algo significativo en su vida. La atención de los pequeños se centra en ellos mismos, en su familia, su hogar y sus amigos. Les encantan las historias con personajes fáciles de identificar. Si en la casa de un niño hay un recién nacido, elija un libro para su área de biblioteca como *Julius, el rey de la casa* (Kevin Henkes). Si el niño tiene especial interés por los camiones, los libros como *Mike Mulligan y su máquina maravillosa* (Virginia Burton), inspirarán su interés por aprender a leer.

Incluya libros que lleven a los niños más allá del "aquí y el ahora" y expandan su conocimieto del mundo. A un niño que le interesa como mascota un gato, le fascinan los libros cuyos personajes principales son animales y los libros con ilustraciones de gatos. Si a una niña le gustan los aviones, podrá disfrutar observando libros de cohetes y transbordadores espaciales.

Otra manera de ampliar las experiencias infantiles son los libros multiculturales. Lo más importante de todo, incluya libros que describan las culturas de los niños en su salón de clase. Escuchar historias, cuentos tradicionales y las experiencias de los niños de otras culturas, contribuye a desarrollar la sensibilidad y el aprecio por otros grupos humanos. El área de la biblioteca es un lugar para que todo niño adquiera información, haga preguntas y exprese cómo se siente.

Seleccione libros predecibles con los que los niños puedan participar activamente.
Los libros que estimulan a los niños a participar repitiendo una frase o refrán son llamados libros predecibles. Estos libros tienen las siguientes características: mucha repetición, rimas y refranes; una oración se añade en la siguiente página y el texto se acumula y se repite; ilustraciones que van a la par con el texto; o texto en cada página que se relaciona con una sola idea (Schickedanz, 1999). Después de leer unas cuantas veces este tipo de libros, los niños aprenden a contar el cuento textualmente. Es decir, lo repiten palabra por palabra al mirarlo solos o al leerle a una muñeca. Estas actividades les ayudan a verse a sí mismos como lectores y les brindan la oportunidad de practicar la lectura.

Saque una cantidad manejable de libros y rótelos con regularidad.

Incluya libros que describan las culturas de los niños en su salón de clase.

Después de leer unas cuantas veces este tipo de libros, los niños aprenden a contar el cuento textualmente.

Seleccione libros que enriquezcan el lenguaje infantil.

Exponer a los niños al lenguaje y vocabulario complejo aumenta su comprensión. El lenguaje en los libros infantiles impredecibles, por lo regular un poco distinto del lenguaje hablado, estimula la comprensión infantil. Por ejemplo:

Lejos del mundo del hombre, bajo la brisa y las olas, hay un país sumergido entre arena y caracolas, con castillos de coral y algas que se mecen ondulantes donde discurren, silenciosas, las corrientes dominantes...

Los libros ricos en lenguaje como *El signo del caballito de mar* (Graeme Base) nutren el vocabulario infantil.

Los libros ricos en lenguaje nutren el vocabulario infantil.

Seleccione libros que ayuden a los niños a aprender el alfabeto y a adquirir conciencia fonológica.

La investigación ha demostrado que los niños que conocen el alfabeto y comprenden que las palabras se construyen con sonidos individuales tienden a triunfar aprendiendo a leer. A medida que miran libros del alfabeto como *El abecedario de Don Hilario* (G. Fuertes), comienzan a señalar las letras que ven y a hablar sobre ellas. Para animar a los niños a jugar con el lenguaje, léales en voz alta los libros de como *A cazar palabras* (P. Cáccamo) y *Cuí cuí cuidado* (Marilyn Pérez Falcón).

Los niños que conocen el alfabeto tienden a triunfar aprendiendo a leer.

Seleccione libros que reflejen la diversidad y fomenten la inclusión.

Los libros deben cuestionar los prejuicios y los estereotipos, y transmitir mensajes positivos sobre todo tipo de diferencias. Por lo tanto, seleccione libros con las siguientes características:

- Hombres y mujeres desempeñando distintos roles, tomando decisiones, resolviendo problemas, atendiendo a los miembros de su familia y trabajando fuera del hogar.

- Diversas estructuras familiares (p. ej., un padre y un hijo, dos niños y una abuela, etc.)

- Ilustraciones que muestran personas reales (madres que se visten para ir a trabajar y no solamente usando delantales y personas de distintos orígenes étnicos mostrados de manera realista, no estereotípica).

- Personas de distintos orígenes étnicos tomando decisiones, resolviendo problemas, asumiendo una diversidad de roles y expresando distintas emociones y estados de ánimo.

- Adultos y niños con discapacidades participando en todos los aspectos de la vida, incluyendo el programa escolar regular, la vida familiar activa, los deportes y otras actividades recreativas.

Los libros deben transmitir mensajes positivos sobre todo tipo de diferencias.

A los niños en su programa cuya lengua materna no sea el inglés, ofrézcales libros escritos en la lengua del hogar. Esta práctica les comunica a los niños y a sus familiares que la lengua de su hogar es respetada.

Usted encontrará una lista de libros en inglés recomendados en www.teachingstrategies.com. Utilícela para enriquecer y complementar la selección de libros para su salón.

Materiales para recrear cuentos

Contar los cuentos escuchados antes es importante para desarrollar las destrezas de comprensión, la estructura del lenguaje y el sentido de las historias. Después de escuchar varias veces un cuento y de verlo recreado usando accesorios, los niños podrán contarlo otra vez en forma independiente. Al recrear cuentos seleccione libros con tramas fáciles de seguir como *¿Eres tú mi mamá?* (P.D. Eastman) o *Lila y su bolso de plástico morado* (Kevin Henkes). Busque también libros que:

- tengan frases repetitivas, p. ej., *Lila y su bolso de plástico morado* (Kevin Henkes)

- tengan secuencias conocidas, p. ej., *La oruga muy hambrienta*

- incluyan conversación, p. ej., *Abuelo y los tres osos* (Jerry Tello)

- sean populares y conocidos por los niños, p. ej., *Los 4 sombreros de Benny* (Ruth Jaynes)

Incluya materiales que animen a los niños a contar sus propias historias y a dramatizar las que hayan escuchado. Los accesorios como los tableros de texturas y los títeres, los estimulan a contar cuentos y los involucra en el aprendizaje activo. He aquí unos cuantos materiales sugeridos:

• una cuerda para colgar las historias (se pueden usar ganchos para colgar ilustraciones de un cuento en la secuencia correcta)	• un tablero magnético
	• títeres (hechos con tela, bajalenguas, bolsas de papel o cucharas de palo)
• un tablero de paño	
• un tablero de velcro	• accesorios del área de juego imaginario

Recrear los cuentos es importante para desarrollar las destrezas de comprensión, la estructura del lenguaje y el sentido de las historias.

Materiales para escuchar

Cuando se incluyen grabaciones de historias conocidas, los niños pueden seguir en un libro la historia a la par, pasar las páginas en el momento adecuado y asociar lo narrado con las ilustraciones. De ser posible, incluya en el área de biblioteca dos o tres grabadoras pequeñas y una variedad de grabaciones (o CDs y un toca CD para oírlos) para que los niños puedan escoger. Los audífonos les permitirán escuchar las grabaciones sin perturbar a los demás.

Para seleccionar grabaciones de cuentos aplique las mismas pautas generales que para seleccionar libros. Las mejores grabaciones son:

- cortas, ya que la atención de los niños es limitada

- alegres en su presentación porque nada es más aburrido que una voz monótona

- de calidad, sin estática ni ruidos

- cuyo contenido sea libre de prejuicios

- narradas por hombres y mujeres

Comience con grabaciones de cuentos conocidos por los niños o que acompañen los libros que tenga en el salón. Para hacer las grabaciones, grabe los cuentos que más les gusten a los niños y que conozcan bien. Incluya efectos sonoros o déles indicios que les permitan saber cuándo pasar la página para que lean al tiempo que escuchan la grabación. Al grabar un cuento deténgase por unos cuantos minutos para animar a los niños a responder e interactuar. Invite a los familiares o voluntarios de la comunidad para que le ayuden a hacer grabaciones para los niños.

> Comience con grabaciones de cuentos conocidos por los niños o que acompañen los libros que tenga en el salón.

Materiales para escribir

Cuando se incluyen materiales de escritura en el área de biblioteca, los niños pueden explorar el mundo de lo escrito. Un lugar para escribir les ofrece la oportunidad de utilizar la escritura con un propósito definido. Por ejemplo, para hacer una tarjeta para un amigo o escribir un mensaje. Incluya una mesa, sillas y un estante para almacenar los materiales de escritura. A continuación le presentamos una lista de materiales que puede incluir.

Materiales para escribir

Herramientas de escritura

- Una variedad de lápices: gruesos y regulares
- marcadores mágicos: gruesos y delgados a base de agua y de distintos colores
- tiza y tableros

- tableros mágicos
- crayolas
- tableros para apoyar en el regazo
- tablillas sujetapapeles

Materiales para imprimir

- esténsiles de letras y diseños

- sellos de letras y almohadillas de tinta

Papel

- papel para computadoras
- revistas
- tarjetas
- sobres

- papel con líneas y sin lineas
- papel de colores
- papel carbón
- libros pequeños en blanco

Otras herramientas y materiales

- perforadora
- cosedora
- pegante o goma en barra
- muestras de papel de pared para utilizarlas como carátulas de libros
- tijeras

- ganchos
- tajalápices
- máquina de escribir o computadora con procesador de palabras
- cintas alfabéticas pequeñas

Cómo exhibir y cuidar los materiales

La manera como se exhiban los materiales en un área de biblioteca afectará la frecuencia y la manera como la utilicen los niños. Los libros deben estar en buenas condiciones y presentados atractivamente en los anaqueles para que los inviten a utilizarlos. Se deben colocar con las carátulas a la vista para que los niños puedan escogerlos por su cuenta con facilidad.

Las grabaciones y materiales de escritura se pueden almacenar en anaqueles o agruparse en tarros, fólderes y cajas. Dibuje los objetos contenidos en un fólder o una caja para que los niños sepan exactamente dónde se almacenan los objetos particulares.

Incluya en los letreros, palabras e ilustraciones del objeto. Al añadirles palabras a las ilustraciones se les ayuda a los niños a utilizar el lenguaje escrito al tiempo que buscan y recogen los materiales de la biblioteca.

Si los libros están rasgados y rayados, los lápices sin punta y los marcadores secos, muy pronto concluirán que el área de la biblioteca no es un lugar importante como para pasar tiempo allí. Revise periódicamente que todos los libros, grabaciones y equipo se encuentren en buenas condiciones. Los materiales rasgados, las grabadoras que no funcionan y los suministros gastados se deben reemplazar tan pronto como sea posible.

Pídales ayuda a los niños para cuidar de los materiales de la biblioteca. Los libros deben ser revisados rutinariamente y arreglados con la ayuda de los pequeños. Los preescolares pueden aprender a reparar las hojas rasgadas y a borrar las marcas de lápices en los libros. Para facilitar el esfuerzo se puede mantener en el área un estuche para reparar libros. Una caja de zapatos o un recipiente plástico funciona bien para almacenar las herramientas de reparación que pueden incluir:

- cinta transparente para arreglar las hojas razgadas

- cinta de tela para reparar los lomos de los libros

- borradores de goma para borrar las marcas de lápiz

- cinta correctora para cubrir las marcas de crayola y tinta

- tijeras

Mantener en la biblioteca un estuche para reparar los libros y utilizarlo, así como animar a los niños a que lo usen les comunica que los libros deben ser respetados y cuidados por todos.

Qué aprenden los niños en el área de biblioteca

En el capítulo 3 se identifican los componentes clave de los estándares para cada área de contenido: lectroescritura, matemáticas, ciencia, estudios sociales, artes y tecnología. Como la lectura y la escritura sirven como vehículos para aprender en todas las áreas de contenido, el área de la biblioteca ofrece gran cantidad de oportunidades para conectar los contenidos, la enseñanza y el aprendizaje. He aquí algunas de las distintas maneras como tratamos los contenidos en el área de la biblioteca.

Lecto-escritura

Amplíe **el vocabulario y el lenguaje**, presentándoles a los niños las palabras nuevas en los libros. Relacione las palabras que están aprendiendo con sus propias experiencias. Ayúdeles a ampliar su conocimento general, ofreciéndoles libros de distintos temas.

Estimule **la conciencia fonológica** de los niños, leyéndoles cuentos que jueguen con el lenguaje, como los libros de Dr. Seuss. Cuando comiencen a escribir, ayúdeles a pensar en los sonidos de las palabras. Diga por ejemplo, "leche, comienza igual que tu nombre: Luis".

Fortalezca **la comprensión de los libros y otros textos**, haciéndoles notar las distintas formas de escritura en el entorno. Incluya diversos materiales para leer como revistas, libros de información, libros de cuentos y libros del alfabeto y de los números.

Refuerce **el conocimiento de lo escrito**, indicándoles las palabras al leer o mostrándoles en un cuadro que leemos de arriba hacia abajo y de izquierda a derecha. Déles oportunidades a los niños de usar lo escrito, creando un tablero de mensajes o un buzón. Enséñeles sobre las letras y las palabras hablando con ellos a medida que lean y escriban.

Desarrolle las destrezas de **comprensión** de los niños, haciéndoles preguntas abiertas cuando lean cuentos. Anímelos a contar otra vez los cuentos que ya conocen usando accesorios para que adquieran un sentido de la historia.

Anime a los niños a ver **la lecto-escritura como una fuente de gozo**, leyendo y releyendo sus cuentos preferidos. Utilice expresión en su voz y demuestre su pasión por los buenos libros.

Matemáticas

Oriente la comprensión de **los conceptos numéricos**, incluyendo en el área de la biblioteca libros para contar. Reúna una colección de libros centrados en los números como el cuento tradicional *Los tres cerditos, ¿Cuántos osos hay?* (Cooper Edens), *Diez, nueve, ocho* (Molly Bang), *Cuando los borregos no pueden dormir* (Satoshi Kitamura) y *Uno, dos, tres* (Pat Mora), para ayudarles a conceptualizar. Al leer cuentos comparen cantidades. Por ejemplo, en *Sonó el timbre* de Pat Hutchins, mamá hornea doce galletas que se pueden dividir en distinto orden para ser compartidas cada vez que otro niño toca el timbre. Hablen sobre los números más grandes cuando lean libros como *Cuánto es un millón* de David Schwartz y Stephen Kellogg.

Dirija la atención de los niños a los distintos **patrones y relaciones** en los libros. Señale los patrones visuales y ayúdeles a descubrir patrones del lenguaje en los libros predecibles.

Enséñeles sobre **la geometría y el sentido espacial** en su mundo, hablando de las fotos de lo que nos rodea, en los libros *Mis formas* (R. Emberley) y *Jugando con la geometría* (Margarita Robleda Moguel).

Estimule la comprensión de **la medición**, señalando las palabras comparativas en los libros como "un nabo enorme" o "una mujer pequeñísima". Haga énfasis en los conceptos temporales pronunciando con énfasis palabras como "hace mucho, mucho tiempo...", "mañana", "en un rato", "muchos días después". En *La liebre y la tortuga* (G. Mantegazza) se usan palabras sobre la rapidez, la lentitud y el paso del tiempo.

Ciencia

Anime a los niños a usar los libros informativos en el área de biblioteca para que aprendan sobre las plantas y los animales, temas centrales de **la ciencia de la vida**. Después de leer *Sopa de piedras* (Marcia Brown) usted podrá incorporar todas las áreas de la ciencia en una actividad culinaria. Los niños aprenderán al mismo tiempo sobre alimentos nutritivos (ciencia de la vida), cómo hervir agua y cómo utilizar los utensilios de cocina (ciencia física) y sobre las piedras (la tierra y el entorno).

Ayude los niños a aprender sobre **la ciencia física**, compartiendo libros informativos sobre cómo funcionan las cosas como *La leche de la vaca al envase* (Aliki) o libros de ficción que muestren invenciones.

Anime a los niños a utilizar lo aprendido sobre **la tierra y el entorno**, pidiéndoles que le dicten una carta para solicitar que el colegio no corte los árboles cercanos al patio de juego.

Estudios sociales

Fomente la comprensión de **las personas y cómo viven,** leyendo historias de otros lugares y distintas ocupaciones. Compartan libros que ayuden a manejar los sentimientos y emociones y que muestren distintos ejemplos de amistades. Los libros ayudan a reconocer las semejanzas y diferencias entre las personas. Ofrézcales oportunidades de escribir: una tarjeta para desearle a un compañero que se mejore o una carta de agradecimiento a los padres.

Utilice los libros infantiles como herramientas para reforzar la comprensión de **los espacios y la geografía.** Los niños aprenden sobre la direccionalidad al escuchar palabras como *encima, debajo, alrededor, adelante y atrás.* Ayúdeles a aprender los conceptos iniciales de hacer mapas explorando libros como *Miranda da la vuelta al mundo* (James Mayhew).

Muestre cómo se puede usar la escritura para proteger **el medio ambiente.** Los niños pueden escribir carteles que incentiven el reciclaje.

Refuerce la comprensión infantil de **las personas y el pasado,** compartiendo libros de tiempo atrás. Invite a un abuelo a compartir con el grupo un cuento de su niñez o un libro de rimas.

Artes

Fomente el aprecio por **las artes visuales,** hablando sobre las ilustraciones de los libros. Cada vez que lean un libro, mencione el nombre del ilustrador escrito en la carátula. Compare las técnicas utilizadas por los artistas. Por ejemplo, las ilustraciones de papel rasgado de Leo Lionni o las acuarelas de Alexandra Day de el perro Carl.

Nutra el interés infantil por **la música,** leyendo libros ilustrados basados en canciones y estimule a los niños a explorar **la dramatización** y **el baile** recreando historias conocidas.

Tecnología

Ayúdeles a los niños a **reconocer la tecnología,** señalando la computadora, los teléfonos, el fax y otras herramientas tecnológicas en los cuentos. Déles oportunidad de usar las grabadoras y escuchar los cuentos grabados.

Anime a los niños a experimentar con **las operaciones y conceptos básicos** de la tecnología usando los procesadores de palabras sencillos o la computadora para leer cuentos interactivos como los de la serie los *Libros Vivos.*

Estas son unas maneras como usted podrá tratar los contenidos académicos en el área de biblioteca. En la próxima sección le mostramos cómo planean los maestros las experiencias con los libros y los materiales de escritura con un propósito definido.

La función del maestro

Al observar qué hacen los niños en el área de biblioteca y reflexionar sobre lo que vea, usted sabrá qué sabe y puede hacer cada niño. Al pasar tiempo en el área y hablar con los niños sobre lo que hacen y comentar lo que les interesa a ellos, usted fomenta su aprendizaje.

Cómo observar y responder en forma individualizada

Algunos niños han tenido experiencias con los libros en el hogar y llegan a la escuela con destrezas iniciales de lectura y escritura. Otros en cambio, están descubriendo por primera vez la lecto-escritura. En la biblioteca, todos los niños, sin importar el comienzo, siguen una senda similar en su camino a la lectura y la escritura. Los maestros familiarizados con las destrezas particulares que adquieren los niños utilizando los libros y con las etapas del desarrollo de la escritura pueden orientar el aprendizaje infantil.

 Destrezas para leer libros

Cuando usted fomenta el aprecio por los libros, les ayuda a los niños a explorar mundos nuevos. Si les gustan los cuentos, estarán dispuestos a leerlos solos, a practicar la lectura y, en últimas, a leer por placer. Una vez que se conviertan en lectores, su mundo habrá sido enriquecido para siempre.

Aprender a leer es un proceso complejo que involucra al mismo tiempo muchas destrezas, las cuales se desarrollan simultáneamente y no en una secuencia establecida. Observe y refuerce las destrezas infantiles a medida que los niños avanzan por la senda de la lectura.

> Aprender a leer es un proceso complejo que involucra al mismo tiempo muchas destrezas, las cuales se desarrollan simultáneamente y no en una secuencia establecida.

Escuchar para comprender.
Escuchar y leer están relacionados estrechamente. Cuando los niños escuchan cuentos, aprenden el significado de palabras nuevas y tratan de darle sentido a las palabras conectándolas con sus propias experiencias. Luego, cuando comienzan a leer, se les facilita reconocer una palabra si saben qué significa. Escuchar cuentos mejora la capacidad de manejar la gramática y la estructura del lenguaje. Esta destreza les ayuda a cimentar el camino a saber qué suena bien y qué tiene sentido en una oración.

Explorar libros.
Los pequeños disfrutan imitando a los lectores más grandes. Incluso un niño que aún no lee exhibe muchos comportamientos de lector: agarra el libro en la forma correcta y pasa las páginas apropiadamente. A los pequeños también les fascina que les lean libros y con frecuencia piden el mismo libro una y otra vez. La repetición les encanta pues les fascina anticiparse a lo que va a ocurrir y se sienten competentes sabiendo la respuesta.

Comprender cómo funcionan las historias.

Los niños reconocen gradualmente que las historias tienen un principio, un desarrollo y un final. Ellos utilizan las ilustraciones como indicios para recordar los detalles de sus cuentos preferidos. Es probable que los oiga usar el lenguaje de los libros como: "Érase una vez…" o "…y colorín, colorado, este cuento se ha acabado". Después de leer varias veces un libro ilustrado, los niños hacen uso de su comprensión y sus destrezas verbales para contar el cuento nuevamente.

Comprender la función y el valor de lo escrito.

Los lectores comprenden por qué y cómo se utiliza lo escrito. Por todo el salón de clase, los niños aprenden —de un menú, de un horario diario o del nombre en un casillero— que lo escrito transmite información, y utilizan los libros como fuente de información como para ubicar el dibujo de un insecto encontrado en el jardín o de un camión que vieron pasando por la calle.

Reconocer que las palabras escritas son símbolos.

Cuando se les presentan los libros por primera vez, los niños a menudo creen que se leen las ilustraciones. Gradualmente, comienzan a relacionar las historias contenidas en los libros, no sólo con las ilustraciones sino con las palabras escritas en las páginas. Reconocen que las palabras impresas funcionan distinto a las ilustraciones y que las palabras son símbolos que representan ideas.

Conectar los símbolos escritos con los sonidos.

A medida que los niños exploran los sonidos y ritmos del lenguaje, comienzan a comprender que las palabras que decimos están conformadas por sonidos individuales representados por las letras del alfabeto. Al escuchar la historia de Ping, un niño podría decir: "Empieza igual que mi nombre".

Asociar las palabras con el texto escrito.

Usted podrá ver a los niños recorriendo el texto con los dedos o señalando palabras de un libro mientras lo leen. Ellos comienzan a emparejar las palabras habladas con las escritas al señalarlas. Sin embargo, lo único que indica este comportamiento es que están empezando a comprender el concepto de palabra, aunque no las lean correctamente.

Reconocer las palabras escritas.

Los niños que ya han adquirido esta destreza, se interesan activamente por el texto y demuestran curiosidad por el significado de las palabras. Hacen preguntas como: "¿Qué dice esto?" o "¿Dónde dice eso?". Adquieren un vocabulario visual, notan las palabras en sus libros preferidos y las señalan emocionados en otros libros menos conocidos o en escenarios de la vida real.

Notan las palabras en sus libros preferidos y las señalan emocionados en otros libros menos conocidos o en escenarios de la vida real.

Etapas del desarrollo de la escritura

Mucho antes de llegar a la escuela, los niños ya han visto la escritura exhibida y utilizada en su entorno. Cuando se les da oportunidad de escribir en el contexto de las actividades diarias, adquieren importantes destrezas de lecto-escritura como la función de lo escrito y la conciencia fonológica.

El objetivo 50 del *Continuo del desarrollo,* "Escribe letras y palabras", brinda una especie de mapa de las etapas de la escritura. A continuación, le ofrecemos más información sobre cada uno de los pasos que le orientarán para analizar la escritura infantil.

Señales: El garabateo. A los pequeños les fascina utilizar lápices, bolígrafos, crayolas y otros implementos de escritura para imitar la escritura de los adultos. Estos intentos iniciales de escribir marcan la primera etapa del desarrollo. Aunque en esta etapa la escritura parezca más garabatos que otra cosa, muy pronto adquiere una forma definitiva. En la mente infantil, los intentos iniciales de escribir son muy distintos a los intentos iniciales de dibujar. La ilustración a la derecha muestra cómo un niño organizó los garabatos horizontalmente en la página.

Paso I: Hace garabatos y figuras parecidas a las letras. En la segunda etapa del desarrollo, los garabatos se transforman gradualmente en pequeñas marcas. En muchos casos, surge una letra reconocible entre una fila de marcas pequeñas e indistinguibles. Por lo regular, surge primero la primera letra del nombre del niño. Con la práctica, las letras reconocibles comienzan a superar en cantidad a las marcas indistinguibles.

Paso II: Escribe letras reconocibles. En esta etapa, usted verá letras claramente reconocibles. Un niño llena una página con una letra que ha aprendido a escribir o escribe todas las letras que conoce sin ningún orden particular. Por lo regular, las letras que surgen primero son las más importantes: las letras que conforman su propio nombre. En la ilustración de la derecha, un niño escribió una lista de compras de cinco elementos y se la leyó a la maestra: huevos, helados, cerezas, papitas y goma de mascar. Como puede ver, escribió muchas letras pero no ha comenzado a asociar cada letra con un sonido particular.

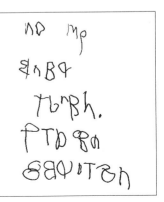

Paso III: Usa letras que representan sonidos en las palabras. Para finales del preescolar y principios del kindergarten, la escritura muestra cada vez más organización. Los niños aprenden que las letras no se colocan al azar en una página. Con frecuencia, se sientan y escriben filas y filas de letras, a veces en orden alfabético. Después, intentan escribir palabras escribiendo los sonidos que escuchan más. Por ejemplo, en la ilustración a la derecha un niño dibujó un brontosaurio y escribió "B r t s r". Cuando escriben de esta manera, están comprendiendo que una palabra está conformada por una serie de sonidos; una destreza importante para aprender a leer.

Cómo responderle a cada niño

Los niños que utilizan los materiales de la biblioteca, tienden a ser silenciosos. Así que, los ocupados maestros tienden a centrar su atención principalmente en otras áreas más activas y ruidosas donde los niños requieren de su asistencia inmediata. Sin embargo, el área de la biblioteca ofrece tantas oportunidades de aprender, que es importante dedicarle tiempo dariamente a visitar el área y hablar con los niños.

Si enfoca sus observaciones, podrá aprender muchísimo sobre el desarrollo del lenguaje de un niño y sus destrezas de lecto-escritura que recién emergen. Un punto de partida adecuado para sus observaciones es buscar los comportamientos lectores y las etapas de desarrollo de la escritura descritos anteriormente. Al observar cómo utiliza un niño el área de la biblioteca, note si:

- expresa preferencia por ciertos temas o libros y con frecuencia los asocia con experiencias familiares

- habla del cuento, pretende leerlo y señala palabras en el texto

- maneja un libro de manera adecuada y sigue lo escrito de izquierda a derecha y de arriba hacia abajo

- recuenta los cuentos en sus propias palabras o con accesorios

- escribe o garabatea mensajes para comunicar significado

Estas observaciones le brindarán una imagen de los intereses y destrezas de cada niño relacionados con la biblioteca. Su evaluación puede ser utilizada para planificar actividades que amplíen el aprendizaje y el progreso de cada uno. Al observarlos en el área de la biblioteca, mantenga presente el *Continuo del desarrollo* de *El Currículo Creativo*. Este marco le ayudará a determinar dónde está ubicado un niño con relación al continuo del aprendizaje y qué puede hacer usted para reforzar su progreso.

Un punto de partida adecuado para sus observaciones es buscar los comportamientos lectores y las etapas de desarrollo de la escritura descritos anteriormente.

Observación	Reflexión	Respuesta
Zack empuña un lápiz e intenta escribir.	Zack intenta escribir y parece estar en la etapa de garabateo. *(Objetivo 21, Utiliza instrumentos para escribir y dibujar; y 50, Escribe letras y palabras)* ¿Los músculos pequeños de sus manos se han desarrollado lo suficiente para agarrar y controlar el lápiz correctamente? *(Objetivo 19, Controla los músculos pequeños de la mano)* Zack, ¿ha tenido bastantes oportunidades de escribir?	Ofrézcale herramientas de escritura de distintos tamaños —gruesos y delgados— y permítale escoger con cuál se siente más cómodo. Muéstrele cómo agarrarlo. Anímelo a fortalecer los músculos pequeños de las manos utilizando objetos manipulables pequeños y plastilina.
Kate señala las ilustraciones de un libro y "le lee" a una muñeca.	Entre las actividades Kate escoge leer un libro. *(Objetivo 44, Disfruta y valora la lectura)* Imita los comportamientos lectores iniciales. *(Objetivo 48, Comprende e interpreta el significado de los libros y otros textos)* ¿Kate reconoce que leemos las palabras en el texto y no las ilustraciones? *(Objetivo 47, Utiliza las destrezas lectoras emergentes para entender lo escrito)*	Invite a Kate a escoger un libro a la hora del cuento. Cuando lean un cuento, pase ocasionalmente la mano debajo de las palabras. Proporciónele accesorios y anímela a dramatizar la historia.
Derek pregunta cómo se escribe "Papito", al hacer una tarjeta para desearle a su papá que mejore su salud.	Derek escribe para transmitir significado. *(Objetivo 49, Comprende el propósito de lo escrito)* Puede escribir letras reconocibles y copiar las letras que escribo *(Objetivo 50, Escribe letras y palabras)* ¿Distingue la conexión entre las letras y los sonidos? ¿Tengo materiales apropiados para reforzar su interés en la escritura?	Cuando escriba la palabra "papito", hable de las letras y de otras palabras que comiencen con el mismo sonido. Incluya papel, marcadores y sellos para estimular la escritura de tarjetas. Compartan libros como *Un pasito...y otro pasito* (Tomie de Paola) para ayudarle a expresar cómo se siente.
Tasheen hace de cuenta que camina en medio de hierba alta y canta "Swishy, swashy, swishy, swashy", al participar con otros niños en la dramatización del cuento *We´re Going on a Bear Hunt*.	Sofía participa en forma interactiva y dramatiza varios de los eventos principales. *(Objetivo 44, Disfruta y valora la lectura; y 48, Comprende e interperta el significado de los libros y otros textos)* Juega a menudo con palabras de los cuentos y las rimas. *(Objetivo 38, Escucha y diferencia los sonidos del lenguaje)* Sofía, ¿puede contar este cuento en la secuencia correcta?	Invite a Tasheen a ser líder y cante palabras de este cuento durante la hora con todo el grupo. Muéstrele libros y cuentos que jueguen con palabras. Ofrézcale accesorios que le ayuden a contar el cuento Ayúdele a aprender el significado de las palabras del cuento como "cueva" o "arroyo".

La interacción con los niños en el área de biblioteca

Los maestros son modelos para los niños pequeños. Si les muestra cuánto disfruta los libros y ven que usted escribe con frecuencia y con un propósito definido, los niños le imitarán. El área de la biblioteca es un lugar donde los maestros leen cuentos con los niños activamente, les cuentan historias, disfrutan escuchando grabaciones y fortalecen la escritura.

Lea libros con los niños

Para leer libros con los niños se deben mantener presentes dos cosas: Primero, leer en voz alta es la mejor manera de inspirar el aprecio por la lectura y de fomentar las destrezas del lenguaje y la lecto-escritura. Segundo, la manera como lea un cuento hará toda una diferencia. La investigación ha demostrado que el desarrollo del lenguaje infantil es influido positivamente cuando los adultos animan a los niños a involucrarse en el cuento haciéndoles preguntas abiertas, dándoles más información y estimulándolos a asociarlo con sus experiencias previas (Whitehurst, 1992).

El cuadro a continuación le muestra la clase de preguntas y comentarios que podría hacer.

La lectura interactiva de cuentos

Clase de pregunta o comentario	Ejemplo
Para completar: Omita una palabra al final de una oración y permita que los niños la completen.	"Corre, corre tan rápido como puedas pero no podrás alcanzarme. Yo soy el hombre de _____."
Abiertos: Haga preguntas que hagan pensar a los niños en distintas respuestas.	¿Qué crees que está haciendo ahora el hombre de jengibre? Me pregunto por qué el hombre de jengibre quería correr. ¿Qué crees tú? ¿Cómo te sentirías tú si fueras el hombre de jengibre?
Quién, qué, cuándo, dónde, por qué y cómo: Haga este tipo de preguntas sobre la historia y las ilustraciones.	¿Qué usó el panadero para hacer el hombre de jengibre? ¿Qué dijo el anciano cuando el hombre de jengibre salió corriendo? ¿A dónde quería el zorro que se marchara el hombre de jengibre? ¿Por qué crees que el zorro deseaba que el hombre de jengibre cruzara el río sobre su cabeza? ¿Cómo engañó el zorro al hombre de jengibre?
Para hacer conexiones: Ayúdeles a los niños a ver cómo se relaciona el cuento con algo conocido.	¿Alguna vez has comido pan de jengibre? ¿Alguna vez alguien ha tratado de engañarte?

Usted debe leer en voz alta con un grupo de niños por lo menos una vez al día, preferiblemente varias veces. Leer con un grupo de preescolares es al mismo tiempo una experiencia social y un evento de aprendizaje. Estas estrategias hacen que la lectura con un grupo de preescolar sea exitosa.

Estrategias para leer cuentos con los niños

Seleccione cuidadosamente los libros para leer en voz alta. Elija libros que disfrute y crea que los niños disfrutarán. Repita los libros conocidos y preferidos. Verifique que tengan una extensión adecuada y que capten el interés infantil.

Prepárese antes de leer en voz alta. Practique leyendo el cuento en voz alta antes de leerlo con el grupo. Si planea utilizar accesorios, reúnalos por anticipado. Piense en las preguntas que hará o cómo incentivará a los niños a participar en los cuentos.

La transición a la hora de leer cuentos. Cuando quiera que los niños pasen de otra actividad a un grupo de lectura, cante una canción de transición para indicarles que ya van a comenzar. Puede utilizar una tonada conocida o inventarla. Por ejemplo: "¿Saben qué hora es? Es la hora del cuento. Es la hora del cuento.... en nuestro pre–es–co–lar".

Cree el ambiente para leer cuentos. Verifique que los niños esten cómodos y que puedan ver el libro que les va a leer. Haga algo para captar su interés al presentarles el cuento, como usar un sombrero igual o parecido al de uno de los personajes.

Al leer, póngale efecto. Cuando lea, modifique su voz para representar los distintos personajes; cuando un personaje esté disgustado utilice el lenguaje corporal, empuñe las manos o frunza el ceño.

Dedique suficiente tiempo a la lectura. Lea despacio para que los niños puedan formarse una imagen mental de lo que ocurre en el cuento.

Muestre las ilustraciones. Dirija la atención de los niños a las ilustraciones para ayudarles a comprender el cuento y predecir qué ocurrirá a continuación.

Pase ocasionalmente los dedos debajo del texto. Ayúdeles a aprender que leemos las palabras y no las ilustraciones. Esta técnica les muestra que usted lee de izquierda a derecha y de arriba hacia abajo en una página.

Involucre a los niños en la historia. Deténgase y espere para que los niños participen con una frase predecible o completen una oración. Deténgase y hágales preguntas como: "¿Adónde fue?" o "¿Qué creen que va a ocurrir?".

Después de leer el libro exhíbalo. Después de leer, coloque el libro en la parte superior de un estante en el área de la biblioteca, así los niños desearán leerlo a la hora de escoger qué hacer. Proporcione accesorios para que puedan recrear la historia.

Además de leer en voz alta con un grupo, habrá momentos en que usted u otros adultos lean con un solo niño. En estos momentos, podrá enfocarse en las destrezas de ese niño en particular. He aquí algunas estrategias.

Antes de leer:

Haga que el niño se siente cómodamente cerca a usted o en su regazo.

Note las preferencias del niño: *Este debe ser tu libro preferido; esta semana lo has escogido todas las mañanas. Cuéntame, ¿qué es lo que más te gusta?*

Miren y comenten la carátula del libro: *¿De qué se tratará este cuento?*

"Pasee por las ilustraciones" del cuento con el niño, hablen de las ilustraciones y pídale al niño predecir qué ocurrirá: *¿Me pregunto por qué en este dibujo los insectos se esconden en la hierba?*

Al leer:

Refuerce el manejo de los libros: *Puedo ver por el cuidado con que pasas las páginas que realmente sabes cómo se deben tratar los libros.*

Anime al niño a pensar en forma crítica: *¿Qué harías tú si fueras Andrés? ¿Por qué crees que la mamá de Pedro dijo que no?*

Ayude al niño a generar ideas y soluciones: *Esa goma en sus zapatos provocó que se moviera muy despacio, ¿no? ¿Qué habrías hecho tú?*

Anticipe la trama de la historia a medida que lean: *¿Qué crees que va a ocurrir?*

Explore los sentimientos: *¿Alguna vez te has sentido como Francis? Apuesto a que sabes exactamente cómo se sintió David al dormir en la casa de su amigo, ¿alguna vez has dormido en casa de algún amigo?*

Relacione lo que ocurra en el cuento con la vida del niño: *El niño de este cuento tiene un nuevo hermanito. Igual que tú, Tasheen.*

Anime al niño a señalar las palabras: *¿Puedes encontrar dónde dice* perro? *Empieza con* p, *igual que tu nombre, Pedro.*

Después de leer:

Comente el cuento con el niño: *¿Qué te gustó de este cuento? ¿Cuál es tu personaje preferido?*

Anime al niño a contar el cuento o a dramatizarlo: *¿Quieres usar una gorra para contar el cuento?*

Recree los cuentos con los niños

Al igual que leer libros, contar cuentos enciende la chispa del interés infantil por la lectura. Cuando se hace animadamente y con accesorios, a los niños puede fascinarles contar cuentos tanto como sus libros preferidos. Además, podrán contar los que ya conozcan o inventarlos. Así comprenden más la relación entre la palabra escrita y la palabra hablada.

Contar cuentos, bien sea como fueron contados originalmente o de una manera nueva y distinta, incrementa el gozo de los niños con los cuentos. Contarlos nuevamente les ayuda a comprender la estructura (principio-desarrollo-final) y a comprender su significado. Los mejores cuentos para contar de nuevo son los libros predecibles con una trama sencilla, pocos personajes y un patrón recurrente. Para animar a los niños a recrear los cuentos, tenga en cuenta las siguientes sugerencias:

- Relea los cuentos preferidos durante las actvidades en grupo.

- Reúna unos accesorios sencillos para utilizarlos.

- Modele cómo contar el cuento en sus palabras utilizando los accesorios.

- Exhiba los accesorios y el libro en el área de la biblioteca para que los niños puedan recrear el cuento a la hora de escoger qué hacer.

Usted podrá asumir uno o varios roles a la hora de contarlos nuevamente.

- **Narrador:** es posible que los niños deseen que usted les narre el cuento mientras ellos lo dramatizan.

- **Un personaje:** Le invitan a asumir un rol en el cuento.

- **La persona a quién acudir:** Le piden ayuda para encontrar los accesorios.

- **Observador:** Los niños recrean los cuentos utilizando con independencia accesorios mientras usted observa.

Al recrear cuentos, siga con cuidado el liderazgo de los niños y determine si necesitan ayuda adicional.

Contarlos nuevamente les ayuda a comprender la estructura y a comprender su significado.

Dedique tiempo para reunirse con uno o dos niños y escuchar una grabación.

Escuche grabaciones con los niños

Para fomentar el aprendizaje infantil dedique tiempo para reunirse con uno o dos niños y escuchar una grabación. Para algunos de ellos, usted deberá pasar las páginas del libro para poder mantener el ritmo de la voz grabada. Otros podrán hacerlo por su cuenta.

Algunos niños pueden sentirse reacios a elegir solos un cuento grabado o no estar seguros de cómo hacer funcionar la grabadora. En algunos casos, lo único que necesitan es la ayuda de otro niño. Cuando aprenden a operar el equipo, pueden escuchar las grabaciones independientemente.

Estimule la escritura infantil

Mantenga herramientas de escritura y papel a disposición de los niños y muestre interés por lo que hacen. Ponga en práctica estos métodos.

Comente el trabajo del niño: *Veo que has estado ocupado escribiendo, ¿Quieres leerme lo que me escribiste?*

Describa lo que vea: *Hiciste una fila de la letra y una fila de la* m.

Ayude al niño a usar el equipo: *Déjame ayudarte a encontrar una manera de que quepan las tapas de los marcadores.*

Haga preguntas y comentarios que le ayuden a un niño a resolver un problema: *¿Quieres saber cómo se escribe el nombre Alexa? Busquemos su nombre en algo en el salón.*

Una manera de fomentar la escritura es crear diarios en blanco para cada uno de los niños. Simplemente, pegue papel en blanco con una cosedora y use papel de color como carátula. Anime a los niños a usar los diarios para documentar lo que piensan. Aunque algunos sólo podrán garabatear o dibujar, lo importante es utilizar el diario con un propósito definido. El interés genuino de un maestro y su participación en el área de la biblioteca fortalecen el interés infantil por la lectura y la escritura.

Incluya a todos los niños en el área de la biblioteca

Es probable que los niños que tienen dificultades de motricidad fina y quienes tienen dificultad atendiendo al lenguaje no se sientan interesados en las actividades de la biblioteca. Las siguientes sugerencias sirven para que los niños con desafíos especiales participen activamente en esta área y aprovechen el currículo en la medida de sus capacidades.

Si un niño…	Ponga en práctica estas estrategias…
Muestra una atención variable durante las actividades de escuchar y leer	Anime al niño a participar en los cuentos directamente. Por ejemplo, para adaptar los libros animados, corte las lengüetas, lamínelas para que resistan el uso constante y péguelas de nuevo en el libro con Velcro. El niño podrá interacturar con el libro quitándolas y poniéndolas durante la lectura del cuento. Utilice accesorios para que el niño agarre y manipule algo (p. ej., un barco de juguete para *El barquito*). Use libros que repitan frases una y otra vez para que el niño las aprenda y participe repitiéndolas. Permita que un niño asuma el rol de narrador de un cuento para animarlo y estimular su atención y participación.
Tiene dificultad para escuchar, comprender o ver los libros que se leen en voz alta.	Haga que un niño que tiene problemas auditivos, de lenguaje o de la visión se siente cerca a usted. Repita las palabras para darle tiempo adicional para que comprenda. Use expresiones faciales exageradas, cambie el tono de la voz y use gestos. Estimule a un niño que tenga problemas de la visión a usar lupas, binoculares o monóculos. Utilice el método de leer con compañeros para brindarle apoyo individualizado al niño cuando mire libros.
Tiene problemas para agarrar y manipular los materiales de lectura.	Utilice equipo de adaptación como soportes para los libros o agarraderas. Recurra a los compañeros para que pasen las páginas. Pegue agarraderas de Velcro en los bordes de las páginas, para que los niños con dificultades motrices finas puedan pasarlas.
Evita escribir	Incluya en distintas áreas de interés herramientas de escritura grandes. Anime a los niños interesados en jugar con letras y números magnéticos a que dibujen el contorno de las letras y construyan palabras con ellas.
Tiene dificultad para agarrar y manipular los materiales de escritura.	Use equipo de adaptación para estimular la escritura como agarraderas para los lápices, crayolas grandes, manillas de velcro para las manos o muñecas que faciliten agarrar las herramientas de escritura, etc. Consulte a un profesional en tecnología de asistencia para informarse sobre las últimas herramientas disponibles que ayudan a los niños que tienen problemas visuales y de motricidad fina.

Preguntas frecuentes acerca del área de biblioteca

Los niños rara vez optan por ir al área de biblioteca a la hora de escoger qué hacer. ¿Debo preocuparme?

El área de biblioteca es un sitio ideal para aprender a leer, escribir, escuchar y hablar. Sin embargo, no es el único lugar donde los niños pueden adquirir estas destrezas. En todas las áreas de interés del salón se debe involucrar a los niños en la lectura y la escritura mientras juegan. En el área de los bloques pueden mirar un libro sobre rascacielos para construir una torre. En el área de juego dramático pueden utilizar papel y lápiz para escribir mensajes telefónicos o leerle un libro a una muñeca.

El aprendizaje de la lecto-escritura ocurre todo el día. Durante la hora en grupo, usted puede leer un cuento, invitar a los niños a dramatizarlo, escribir la historia de una experiencia en un cuadro o hacer comentarios. Para las rutinas diarias exhiba tarjetas de recetas para hacer meriendas, proporcione libros para que los niños lean mientras descansan en un colchón o pegue instrucciones para lavarse las manos, ilustradas y con palabras.

Debido a que la lecto-escritura hace parte de todas las áreas de interés, las rutinas diarias, las horas en grupo y los estudios, usted no tendrá que preocuparse si un niño no visita con mucha frecuencia el área de la biblioteca. Sin embargo, verifique que el área sea atractiva y acogedora. Mantenga una colección de libros del interés de los niños en su clase y pase tiempo en el área diariamente. Después de leer un libro con el grupo, exhíbalo en el área de una manera que se destaque. Utilice accesorios cuando cuenten cuentos y déjelos en el área de la biblioteca para que los niños puedan usarlos a la hora de escoger qué hacer.

¿Debo enseñarles a los niños a leer?

Así como no todos los niños aprenden a hablar o a caminar el mismo día, tampoco aprenden a leer el mismo día. Si incorpora en sus actividades diarias los componentes clave de la lecto-escritura (consulte el capítulo 3), usted les estará enseñando a leer. Al involucrarlos en conversaciones, jugar con el lenguaje, recrear cuentos, hacerles notar lo escrito en el entorno e incoporar la lectura y la escritura en el juego, usted estará cimentando el camino que seguirán los niños para convertirse en lectores y escritores capaces e independientes.

La investigación ha demostrado que los niños que se encuentran en mayor riesgo de tener dificultades con la lectura son aquellos que tienen un vocabulario limitado, menos desarrollada la conciencia fonológica, conocen menos las letras y palabras, no saben cómo funciona lo escrito y desconocen el propósito de la lectura y la escritura. Si en los años iniciales se les brinda el apoyo adecuado para superar estos obstáculos para el primero o el segundo grados la mayoría de los niños son buenos lectores.

En los capítulos de cada área de interés le hemos ofrecido ideas para conectar la lecto-escritura y el juego infantil. Su propósito deber ser, servirles de soporte a los niños en tanto adquieren las destrezas iniciales de lecto-escritura. Para hacerlo, debe crear un entorno rico en lecto-escritura como el descrito e interactuar con los niños pensando con cuidado y con propósitos definidos, manteniendo presentes las metas de lecto-escritura.

No consideramos recomendable que los maestros de preescolar repliquen la instrucción de la lectura formal como en la escuela elemental. Lo que es bueno para los niños de seis a siete años de edad, no es necesariamente bueno para un niño de preescolar. Su trabajo es ayudar a que los niños adquieran un conocimiento básico del lenguaje y la lecto-escritura y la motivación que necesitan para aprender.

En mi clase hay un niño que ya lee y sólo tiene cuatro años. ¿Qué debo hacer para que no se aburra?

Un porcentaje muy reducido de niños rompe el esquema de lo que esperamos y aprende a leer con muy poca o sin ninguna instrucción formal. Esos niños merecen recibir una instrucción que atienda sus necesidades. Incluya en su área de biblioteca algunos libros de lectura inicial, interesantes, coloridos y con un vocabulario controlado y adecuado para su capacidad lectora. Permita que el niño les lea a usted o a los amigos. Mientras trabaja con este niño en estrategias adicionales de decodificación y comprensión, recuerde que sólo tiene cuatro años y escoja los libros con eso en mente.

¿Se debe enseñar escritura formalmente en preescolar?

Nosotros no recomendamos enseñar formalmente escritura a los niños de preescolar. Por instrucción formal de la escritura queremos decir la práctica estructurada y lecciones para escribir y hacer las letras. Incluso los niños que comprenden cómo se forman las letras pueden sentirse frustrados por carecer de las destrezas motrices finas necesarias para escribir. Estos niños notan que sus intentos de escritura no se parecen al modelo y si se les apresura con la instrucción formal de la escritura o se les imponen expectativas poco razonables pueden sentirse frustrados y su interés por escribir se verá afectado.

Aproveche los momentos "enseñables" para demostrar la escritura genuina y ayude a cada niño según su necesidad. La instrucción genuina de la escritura puede tener lugar todos los días. Usted puede ayudarles a aprender sobre las formas de las letras, ofreciéndoles diversos materiales alfabéticos: letras magnéticas, rompecabezas de letras y libros del alfabeto. Hablen sobre las letras que integran palabras conocidas como sus nombres. Demuestre la escritura, por ejemplo, cuando la clase le dicte una nota de agradecmiento o relaten una historia después de haber hecho una salida. Mencione cómo se forman las letras. Esta instrucción genuina les ayuda a los niños no sólo a aprender cómo formar las letras, sino sobre el propósito de la escritura.

¿Los letreros se deben escribir en letras mayúsculas o con mayúscula sólo la primera letra y el resto en minúsculas?

La mayoría de los niños comienza a escribir en letras mayúsculas porque son más faciles de escribir. Sin embargo, nuestra recomendación es hacer los letreros del salón en minúsculas y usar la mayúscula sólo en la primera letra. De esta manera, comenzarán a establecer la conexión entre lo escrito en el entorno y lo escrito en los libros.

Y en cuanto al alfabeto..., ¿se debe enseñar o no? ¿Hay letras específicas en las que debemos concentrarnos? ¿Es mejor enseñar unas letras antes que otras?

Sí. Usted debe ayudarles a los niños a aprender el alfabeto. Sin embargo, lo importante, es cómo enseñarles. Primero, ellos aprenden las letras que están en su corazón y en su cabeza. Por lo regular, aprenden primero las letras del nombre propio, seguidas de las letras que conforman las palabras más importantes para ellos como mamá, papá o el perro Fido. Parta de ahí. Los niños deben tener oportunidades de usar todos los sentidos para aprender sobre el alfabeto: por medio de libros, canciones, lo escrito en el entorno, rompecabezas, letras magnéticas, letras en papel de lija, moldes de letras para galletas y escritura en general. Cuando lean en voz alta, hágales notar el alfabeto y los sonidos de las letras y las palabras. Exhiba el alfabeto a la altura de la vista de los niños para que puedan ver un modelo. Incluya en el área de escritura muestras del alfabeto escrito en tarjetas o cintas de papel para que los niños puedan sostenerlas en sus manos y referirse a ellas cuando lo necesiten.

CARTA A LAS FAMILIAS ACERCA DEL ÁREA DE BIBLIOTECA

Apreciadas familias:

El área de la biblioteca es una parte muy importante de nuestro salón de clase y de la vida de sus hijos. En ella, los niños adquieren las bases para leer y escribir y pueden estar tranquilos y disfrutar del maravilloso mundo de los libros infantiles.

Nosotros animamos a los pequeños a mirar libros, a escuchar cuentos grabados, a contar de nuevo historias y a garabatear y "escribir" durante todo el día. En ocasiones, incluso, los niños nos dictan historias a nosotros y nosotros las registramos en "libros". Además les leemos cuentos a los pequeños todos los días. La lectura les presenta ideas nuevas, les ayuda a manejar los problemas que surgen en la vida y, sobre todo, los estimula a adquirir el aprecio por los libros. A medida que los niños nos escuchan al leerles, comienzan a desarrollarse sus propias destrezas de lectura. Las siguientes son unas cuantas actividades que realizamos al leer.

- Miramos las ilustraciones y les preguntamos: "¿Qué ven aquí?".

- Animamos a los niños a predecir lo que ocurrirá: "¿Qué creen que va a ocurrir ahora?".

- Animamos a los niños a repetir las palabras, rimas y frases que han memorizado.

Qué se puede hacer en el hogar

La investigación nos ha demostrado el importante papel que juegan las familias para que los niños aprendan a leer y escribir. Lo más importante que ustedes pueden hacer es leerles a sus pequeños todos los días. Al sentarse juntos mientras ustedes les leen, ellos asocian la lectura con las buenas sensaciones. Las siguientes son unas cuantas actividades que podrían realizar con sus hijos.

- Animen a los niños a hablar sobre los cuentos que lean juntos.

- Háganles preguntas como: "¿Me pregunto qué pasará después?" o "¿Me pregunto por qué...?"

- Traten de relacionar el cuento con algo en la vida de sus pequeños como: "Ese perro se parece al del abuelo".

- Visiten la biblioteca y pidan prestados libros que les interesen a sus niños.

- Ofrézcanles a los pequeños papel y lápices, lapiceros o marcadores y permítanles experimentar con la escritura. ¡Y no se preocupen si la escritura no es perfecta!

Si necesitan ayuda para escoger libros –u orientación para leerles a sus hijos– por favor, visítenos. Para mantener bien aprovisionada la biblioteca infantil en su hogar, podrán hacer uso de los recursos disponibles en su biblioteca local. Si dedican tiempo a leer con sus hijos diariamente, estarán haciendo lo mejor para ayudarles a sus pequeños a convertirse en lectores exitosos.

En este **capítulo**

Los descubrimientos

Cómo refuerzan el desarrollo infantil

A los niños pequeños les fascina el mundo a su alrededor. Ellos se preguntan:

- ¿Qué pasará si aprieto este botón?

- ¿Cómo se siente este conejo?

- ¿Por qué se murió mi planta?

- ¿Puedo hacer una burbuja más grande?

El área de los descubrimientos es un lugar para encontrar respuestas que no son correctas ni incorrectas. Este es un lugar para estimular la curiosidad y el asombro con materiales nuevos. En el área de los descubrimientos los niños utilizan sus sentidos para tocar, sentir, probar, oler y ver. Ellos pueden *actuar* sobre los objetos y después *observar* qué ocurre. Usted podrá ayudar a nutrir la curiosidad infantil participando y haciendo preguntas. Los niños responderán utilizando sus destrezas analíticas investigando y explorando. En esta área se pueden reforzar todas las áreas del desarrollo.

El desarrollo socioemocional. Los niños aprenden a trabajar juntos explorando, haciendo descubrimientos y solucionando problemas. Al cuidar los objetos vivos como las mascotas y las plantas, aprenden las reglas del salón para utilizar los materiales sin peligro y con responsabilidad.

El desarrollo físico. Los niños adquieren motricidad fina usando goteros para exprimir agua o recogiendo con pinzas un insecto muerto. Al desbaratar un juguete roto y recoger objetos metálicos con imanes fortalecen las destrezas motrices y la coordinación ojo-mano. Cuando miden ingredientes para fabricar masilla (*silly putty*) y la aprietan, estiran y amasan, ponen en práctica distintas destrezas de motricidad fina. Las destrezas motrices gruesas se fortalecen tirando de una polea, produciendo sombras en una pared usando el cuerpo o al correr para sentir el ritmo cardíaco.

El desarrollo cognoscitivo. Los niños utilizan todas las destrezas analíticas al observar y hacer preguntas acerca del mundo a su alrededor. Observan las plantas y los animales con gran curiosidad y predicen cómo cambiarán, se moverán y reaccionarán en distintas condiciones. Los niños organizan el pensamiento clasificando, comparando, midiendo, contando y graficando objetos. Y al dibujar, escribir y crear modelos representan lo que han descubierto.

El desarrollo lingüístico. Cuando los niños hacen descubrimentos se sienten dispuestos a compartir su emoción con otros. Hablan de sus investigaciones, hacen preguntas y comparten sus experiencias. Utilizan las palabras para describir cómo son, huelen, se sienten, suenan y cómo saben las cosas. Usan los libros y otros textos y descubren temas nuevos que van mucho más allá de las paredes del salón de clase.

Conexión entre el área de descubrimientos y los objetivos del Currículo

Comprender las metas y objetivos de *El Currículo Creativo*, le ayudará a orientar el aprendizaje de los niños en el área de los descubrimientos. En el cuadro a continuación, se presentan ejemplos de cómo demuestran los niños su progreso en cada área del desarrollo al tiempo que hacen descubrimientos.

Objetivos del Currículo seleccionados	Qué podría hacer un niño en el área de los descubrimientos
Desarrollo socioemocional	
5. Demuestra direccionalidad propia e independencia	Encuentra un insecto en el patio de juego y lo ubica en una "casa para insectos" para que los demás lo vean.
7. Respeta y cuida el entorno de la clase y los materiales	Remoja las plantas del salón y cuando se le pide ayuda a alimentar el pez
9. Sigue las reglas de la clase	Dice: "No puedes abrir la puerta de la jaula porque el pájaro se puede volar".
10. Juega con otros niños sin problema	Dice: "Agarra el espejo mientras yo alumbro con la linterna".
11. Reconoce los sentimientos de los demás y reacciona apropiadamente	Pregunta: "¿Te asusta tocar el conejo? No te preocupes, no te hará daño".
13. Utiliza las destrezas de pensamiento para resolver conflictos	Le ofrece otra lupa a un niño que trata de agarrar la suya.
Desarrollo físico	
14. Demuestra capacidades locomotoras básicas (corre, salta, brinca y galopa)	Corre en su lugar y luego escucha su corazón con un estetoscopio
19. Controla los músculos pequeños de la mano	Utiliza un destornillador pequeño para desbaratar un reloj descompuesto
20. Coordina los movimientos ojo-mano	Utiliza pinzas para recoger semillas y clasificarlas en una caja de huevos

Objetivos del Currículo seleccionados	Qué podría hacer un niño en el área de los juguetes y juegos
Desarrollo cognoscitivo	
22. Observa con curiosidad los objetos y acontecimientos	Pregunta: "¿Cómo duermen los peces si no cierran los ojos?"
23. Maneja los problemas con flexibilidad	Utiliza distintos imanes para levantar una cuchara
24. Es persistente en lo que emprende	Continúa colocando objetos en la báscula hasta equilibrarla.
25. Explora la relacíon causa- efecto	Dice: "Si le ponen mucha agua a la planta, se puede morir".
26. Aplica el conocimiento o la experiencia en nuevos contextos	Mira una manzana que ha empezado a pudrirse y dice: "Nuestra calabaza se pudrió y fue horrible".
27. Clasifica objetos	Clasifica una colección de hojas, rocas y conchas marinas.
28. Compara /mide	Utiliza una báscula y dice: "Estos bloques pesan más que las conchas marinas".
31. Reconoce conceptos temporales y secuencias	Dice: "Hace mucho tiempo, nuestra mariposa era una oruga".
37. Inventa e interpreta representaciones	Hace una gráfica de distintas clases de rocas y dice: "Tenemos más rocas brillantes que de las otras".
Desarrollo lingüístico	
39. Se expresa utilizado palabras y oraciones largas	Utiliza palabras como *cosquilloso, suave, peludo, áspero* y *pegajoso*, para describir cómo se sienten las cosas al tocarlas.
41. Responde preguntas	Dice: "No le echaron bastante agua", cuando le preguntaron por qué murió la planta.
42. Hace preguntas	Pregunta: "¿Por qué mi imán no recoge el lápiz?"
48. Comprende e interpreta el propósito de la escritura	Utiliza libros, cuadros y discos compactos para encontrar el nombre de la mariposa.
50. Escribe letras y palabras	Escribe CNJO en un letrero y lo coloca en la jaula del conejo.

Cómo crear un entorno para los descubrimientos

Un área para los descubrimientos aprovisionada con materiales interesantes, invita a los niños a explorar y a investigar. En la misma se deben incluir algunas herramientas básicas, objetos y materiales del mundo natural. Los mejores materiales son los de usos ilimitados como las pelotas, los objetos de la naturaleza y los espejos.

Las edades y experiencias de los niños afectan las manera como utilizan los materiales. Un niño pequeño de preescolar puede sentirse fascinado escuchando el océano con una concha marina, mientras uno más grandecito explora más profundamente buscando una ilustración de una concha en un libro o clasificando una colección de conchas según el tipo o el peso de las mismas.

El área de descubrimientos se debe ubicar cerca a una ventana donde los niños puedan observar la naturaleza y con luz natural para las plantas que crecen y explorar así las sombras y los reflejos.

Herramientas: lupas, básculas e imanes que expandan los descubrimientos infantiles.

Hay una computadora cerca para que los niños puedan obtener información o escribir sus descubrimientos.

Las colecciones de objetos interesantes para explorar se almacenan en recipientes o bandejas.

Cómo organizar el área de los descubrimientos	Materiales sugeridos
Ubicación: Cerca a la luz natural. **Coloque:** Una mesa para las exposiciones y colecciones. Un anaquel para almacenar los materiales para los descubrimientos Bandejas para sostener otros materiales relacionados	Mascota(s) y alimento Vivienda de los animales (jaulas, un acuario, una colonia de hormigas, etc.) Básculas Herramientas para los descubrimientos (lupas, goteros, pinzas, tenazas) Recipientes para seleccionar, clasificar, mezclar y medir Semillas y plantas para crecer Imanes y distintos objetos Colecciones (conchas marinas, semillas, rocas, hojas) Papel y herramientas de escritura Libros, revistas y carteles relacionados con lo exhibido

Piense en la mejor ubicación para su área de los descubrimientos. De ser posible, ubíquela cerca de una ventana para que pueda aprovechar la luz del sol cuando plante semillas o para explorar la luz y las sombras. Ubicarla cerca a una computadora es útil para obtener información y registrar lo descubierto. Si el área de arena y agua se encuentra cerca, los niños podrán traer materiales como coladores, embudos y tubos de plástico. Debido a que la exploración en ciertos casos puede ocasionar desorden y regueros, es útil cubrir el suelo con un material que sea fácil de limpiar. Algunos materiales se pueden guardar hasta que se necesiten, pero otros materiales básicos deben mantenerse al alcance.

Selección de los materiales

Para generar el interés y animar a los niños a descubrir y explorar, incluya una variedad de materiales en el área de los descubrimientos y cámbielos periódicamente. Mantenga el área aprovisionada con herramientas básicas para la exploración científica: lupas, básculas, imanes, recipientes para seleccionar y clasificar objetos. Tome nota de los intereses infantiles mientras decide qué va a sacar y cuándo. Un niño puede tener gran interés por los animales mientras que a otro puede fascinarle descubrir cómo funcionan las cosas. Los niños tarde o temprano le ayudarán a aprovisionar al área, trayendo los tesoros que descubran ellos mismos como una radiografía de un brazo partido, una concha marina encontrada en la playa, un nido de avispas abandonado o una colección de flores silvestres o de rocas.

Materiales básicos para la exploración científica

Dado que la lista de posibles materiales es infinita, el área de los descubrimientos puede ser muy distinta en cada salón de clase. Para ayudarle a comenzar, le ofrecemos varias ideas. Escoja lo más útil, teniendo en cuenta lo que inspirará a sus niños y los materiales que ya tenga a su disposición. No les presente todos los materiales a la vez, ya que podrá agobiarlos. Seleccione algunos y rótelos periódicamente para mantener a los niños interesados e involucrados.

La siguiente lista de materiales ha sido agrupada conforme al contenido general de las áreas de la ciencia: la ciencia de la vida, la ciencia física, y la tierra y el entorno.

Para explorar la ciencia

Ciencia de la vida

- viviendas de animales: jaulas, acuarios, etc.
- plantas (no tóxicas)
- semillas y bulbos
- mascotas
- un estetoscopio
- radiografías viejas de los huesos o los dientes, donadas por un doctor, dentista o veterinario
- colecciones de objetos como hojas, ramas, conchas marinas, huesos, plumas, semillas

Ciencia física

- imanes de todas formas y tamaños
- una colección de objetos metálicos y no metálicos
- prismas o "atrapadores de sol"
- "botellas de descubrimientos" (llenas de distintos líquidos y objetos flotantes)
- juguetes dañados u objetos pequeños para desbaratar
- pelotas (de todos los tamaños, densidades, pesos y materiales)
- espejos de distintas formas y tamaños
- lentes
- caleidoscopios
- linternas
- tubos (de plástico, de cartón y de varios tamaños y grosores)
- termómetros
- poleas, engranajes, ruedas
- cajas (de distintos formas y tamaños)

La tierra y el entorno

- tierra
- rocas
- embudos, coladores, jarras, tamices
- agua
- tubos de plástico transparente
- pajillas
- conchas marinas

La adquisición de materiales

Ya que la esencia de los descubrimientos científicos en preescolar es el mundo a nuestro alrededor, es fácil obtener los materiales. Los niños pueden traer un objeto interesante para exhibirlo, como un gran caracol encontrado en un paseo a la playa o un nido de pájaros abandonado. Los padres con frecuencia están dispuestos a donar objetos para un área de descubrimientos. Los negocios también son buenas fuentes para recibir donaciones. Una manera sencilla de obtener una donación es enviando una bolsa de papel a los hogares, solicitando un objeto a la vez. Por ejemplo:

> Estimados padres de familia:
>
> Esta semana estamos reuniendo los siguientes objetos para nuestra área de descubrimientos:
>
> <u>Algo brillante</u>
>
> Si hay algo en su hogar o en su vecindario que puedan donarle a nuestra clase, por favor, colóquenlo en esta bolsa y envíenlo a la escuela.
>
> Atentamente,
> Srta. Tory y Sr. Alvarez

Cómo exhibir los materiales

Además de los materiales básicos del área de los descubrimientos, usted puede elaborar y rotar materiales como bandejas de descubrimientos, mesas sensoriales u objetos desbaratables para las actividades especiales.

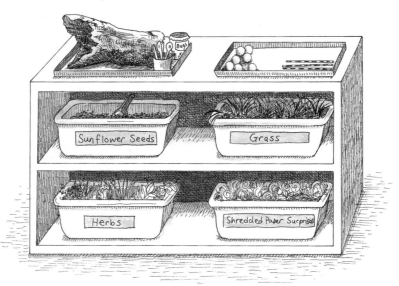

Las bandejas de descubrimientos

Una manera de enfocar las observaciones de los niños en un concepto específico de la ciencia es organizando una colección de materiales en una bandeja. Las bandejas de descubrimientos ofrecen áreas de exploración estructuradas.

He aquí unas cuantas ideas para las bandejas de descubrimientos.

> Las bandejas de descubrimientos enfocan las exploraciones infantiles en distintos conceptos científicos.

- una colección de juguetes de cuerda

- imanes con objetos metálicos y no metálicos

- una taza de tierra con coladores y tamices

- una selección de semillas, pinzas y una caja de huevos para separarlas

- dos tarros llenos de objetos (arroz, centavos, bolitas, etc,) para agitar y emparejar

- tarjetas de texturas para emparejar o un tablero "táctil"

- una colección de objetos brillantes (espejos, discos compactos) y linternas

- una colección de autos metálicos de juguete y una diversidad de imanes

- pajillas y pelotas de Ping-Pong

- juguetes dañados para desbaratar

- una colección de objetos para hacer girar

- "partes sueltas" para armar e inventar

- cajas pequeñas (de todos los tamaños y formas) para construir y encajar

- un tronco de árbol podrido y bajalenguas o cucharas para excavar, lupas y tarros para almacenar insectos

- recipientes separados con bicarbonato, harina, sal, vinagre, aceite, agua roja, agua azul, agua amarilla y recipientes vacíos para mezclar

- canicas magnéticas, una bandeja para hornear galletas y varas magnéticas

- una colección de objetos a través de los cuales mirar (anteojos, binoculares, botellas llenas de agua de color, un caleidoscopio, lentes)

Por ejemplo, si le interesa que los niños aprendan más acerca de mezclar colores, organice una bandeja con una hoja de papel encerado, tres recipientes de agua con colorante rojo, azul y amarillo, y un gotero. Los niños pueden experimentar, agregando gotas de color al papel encerado y viéndolas producir nuevos colores. Lo mejor es poner a disposición de los niños una nueva bandeja de descubrimientos cada semana. Observe el interés infantil para decidir por cuánto tiempo debe dejar a su disposición una bandeja particular de descubrimientos.

Las mesas o recipientes sensoriales

Una mesa sensorial puede ser algo emocionante en el área de descubrimientos. Las mesas sensoriales se pueden adquirir en tiendas o se puede llenar una bañera o recipiente de plástico con materiales que los niños puedan explorar.

Utilice su imaginación y piense en objetos que los niños puedan manejar y explorar utilizando todos sus sentidos. Entre los objetos que se pueden ubicar en una mesa sensorial periódicamente se incluyen:

Usted puede llenar una bañera o recipiente de plástico para crear vasijas sensoriales.

- material espumoso de empacar (biodegradable)
- papel rasgado con objetos escondidos adentro
- canicas para acuarios
- tierra
- mazorcas secas y con cáscara para sacar las hojas (y luego alimentar a los animales)
- papel rasgado, confetti
- granos de café mezclados con tierra
- semillas
- "oobleck" (mezcla de almidón y agua)
- briznas de césped fresco con las raíces
- hierbas frescas
- ingredientes para hacer plastilina

- semillas para pájaros con embudos y tazas
- arena con objetos metálicos escondidos y un imán
- diferentes clases de hielo (en cubos, partido, en bloque, raspado) con goteros y agua tibia de colores
- crema de afeitar y colorante para alimentos
- materiales para hacer pasteles de lodo: tierra, agua, hojas, ramas y moldes
- nieve
- pétalos de flores
- un bloque de hielo con sal utilizada como "pegante" para esculpir (los guantes son útiles)
- el contenido de una calabaza

Los objetos desbaratables

Una mesa con objetos para desbaratar apela al sentido infantil de preguntarse cómo funcionan las cosas y qué tienen adentro. Utilice una mesa con objetos para desbaratar como una actividad especial.

Desbaratar objetos mecánicos dañados o aparatos pequeños les brinda a los niños la oportunidad de investigar cómo funcionan los engranajes, resortes, imanes, palancas y partes móviles. Los objetos desbaratables pueden ser donados por los padres y amigos o conseguirse en las ventas de garages. Utilice una llave WD-40 para aflojar un poco los tornillos antes de que comiencen los niños; esto les facilitará desbaratar los objetos.

He aquí los materiales que necesita:

Mantenga presente la seguridad cuando organice una actividad de desbaratar objetos.

- teléfonos, tostadores, grabadoras, equipos de sonido, máquinas contestadoras, cámaras, relojes, radios, máquinas de coser y objetos que puedan desbaratarse
- anteojos protectores
- pinzas

- destornilladores (cortos y gruesos fáciles de agarrar para los niños)
- recipientes para colocar las partes
- papel y marcadores para dibujar lo que hay adentro

Mantenga presente estas recomendaciones relativas a la seguridad:

- No desbarate computadores ni televisores.

- Corte siempre los cables eléctricos y remueva las baterías.

- Quite todos los tubos y materiales de vidrio.

- Siempre debe haber un adulto cerca.

Qué aprenden los niños en el área de descubrimientos

En el capítulo 3 hablamos de cómo se pueden tratar los contenidos académicos en cada área de interés de *El Currículo Creativo*. El área de descubrimientos ofrece muchas oportunidades para estimular el aprendizaje infantil. He aquí unos cuantos ejemplos.

Lecto-escritura

Amplíe **el vocabulario y el lenguaje infantil**, hablando con los niños de sus descubrimientos. Utilice todas las oportunidades que pueda para presentarles vocabulario nuevo cuando toquen, sientan, prueben, escuchen y observen los objetos y seres vivientes (p. ej., "La oruga hiló un capullo". "La sabia de la madera es muy pegajosa"). Anímelos a describir lo que hagan, diciendo por ejemplo, "Si soplo con fuerza se moverá más rápido la pelota de Ping-Pong".

Ayude a los niños a adquirir **conocimiento de lo escrito**, documentando sus experiencias y sus descubrimientos en cuadros. Hágales notar **las letras** y palabras utilizadas en el área de descubrimientos (p. ej., "La palabra *áspero*, comienza con la letra *a*, como tu nombre").

Fortalezca su comprensión de **los libros y otros textos**, buscando información (p. ej., "Veamos si podemos encontrar el nombre de este insecto en nuestro libro de insectos").

Ayude a los niños a que aprendan a utilizar **la lecto-escritura como una fuente de gozo**, leyendo y escuchando cuentos relacionados con los temas de los descubrimientos, como *Caminando* (R. Emberley), *Carlos y la planta de calabaza* (J. Stevens), o *El gusto del mercado Mexicano* (N. Tabor).

Matemáticas

Refuerce **los conceptos numéricos**, orientándolos cuando cuenten objetos como hojas, mascotas, piedrecillas y conchas marinas. Ayúdeles a adquirir destrezas de correspondencia uno a uno, plantando una semilla en cada recipiente o dándole una zanahoria a cada conejo. Comparen cantidades (p. ej., "Tienes más piedrecitas pequeñas que grandes"). Hagan cálculos para que los niños adquieran un sentido de los números ("¿Crees que cuatro frijoles más harán nivelar la báscula?").

Ayúdeles a descubrir **patrones y relaciones**, observando el ciclo de vida de una mariposa. Anímelos a que descubran patrones en objetos de la naturaleza como los bordes de las hojas o las líneas de una concha de mar. Los niños pueden crear patrones con los objetos (p. ej., pluma-hoja-pluma-hoja) o colocar piedrecillas en fila de grande a pequeña.

Desarrolle las destrezas de **la medición**, proporcionando herramientas como tazas para medir, relojes de cocina, cucharas, cintas para medir y básculas para que los niños las utilicen en sus exploraciones.

Refuerce las destrezas de **la geometría**, ofreciendo figuras tridimensionales para que los niños las exploren. Cuando exploren, hágales preguntas. Por ejemplo, si una pelota rueda por una rampa más rapido y con más facilidad que un huevo. Describa cómo la mascota corre *dentro de* la jaula, se esconde *en* el nido o retoza *afuera* de la jaula para ampliar su sentido espacial.

Oriente a los niños a utilizar **la recolección, organización y representación de datos** para darle sentido al mundo a su alrededor. Anímelos a separar y clasificar objetos de la naturaleza, objetos magnéticos y no magnéticos y seres vivientes y no vivientes. Invítelos a documentar sus descubrimientos dibujando, construyendo, moldeando y graficando.

Ciencia

Oriente a los niños a utilizar **las destrezas de procesamiento analítico**, haciendo descubrimientos. Ayúdeles a aprender cómo observar, reunir información, hacer predicciones y experimentar.

Enséñeles sobre **la ciencia de la vida**, incluyendo plantas y animales en el área de descubrimientos. Comente cómo viven las plantas y los animales, y cómo crecen y se mueven. Ayúdeles a comprender la diferencia entre los seres vivos y los no vivos. Para que descubran más sus propio cuerpo, pueden mirar un dedo con una lupa o escuchar el ritmo cardíaco con un estetoscopio.

Presente conceptos relacionados con **la ciencia física**, incluyendo pelotas, rampas, poleas e imanes. Haga preguntas para estimularlos a pensar en cómo se mueven las cosas. Anímelos a experimentar, mezclando y produciendo distintas combinaciones de agua, harina, sal, azúcar y bicarbonato para que aprendan sobre las propiedades físicas de los objetos.

Preséntéles conceptos relacionados con **la tierra y el entorno**, incluyendo piedritas, conchas marinas y otros objetos de la superficie terrestre. Pídales traer una taza de tierra del jardín de la casa y colocarla en el área de descubrimientos para que la exploren. Pregúnteles en qué se parecen y en qué se diferencian. Utilicen elementos reciclados para experimentar.

Estudios sociales

Estimule el aprendizaje sobre **los espacios y la geografía**, utilizando palabras relativas al espacio cuando los niños estén haciendo descubrimientos (p. ej., "Hiciste rodar el carro por la rampa. Trata de pararte *detrás* del telón para producir una sombra. Tu canica está rodando por el tubo de cartón").

Enséñeles sobre **las personas y cómo viven**, ayudándoles a trabajar para resolver problemas cooperadamente e involúcrelos en la formulación de reglas para utilizar los materiales sin peligro. Relacione sus experiencias en el área de descubrimientos con el mundo laboral (p. ej., "Una grúa usa una polea como la que tienes tú, pero más grande. Un dentista utiliza un espejo pequeño, así como éste, para mirarte los dientes").

Artes

Anime a los niños a explorar los elementos de **las artes visuales**, mezclando colores y sintiendo distintas texturas. Hablen sobre la belleza de la naturaleza como los patrones en las hojas o el diseño de las alas de una mariposa. Proporcione herramientas para dibujar y arcilla o alambre para que los niños usen las artes para representar sus descubrimientos.

Enséñeles cómo se produce la música, proporcionándoles materiales con los que puedan producir sonidos. Por ejemplo, si estira varios tamaños de ligas de caucho sobre una caja de zapatos, producirá distintos sonidos al pulsarlos. Soplar en una botella de gaseosa con un poco de agua, arrojará luz con respecto a la mecánica de los instrumentos musicales.

Tecnología

Resalte **el reconocimiento de la tecnología**, relacionando sus experiencias en el área de descubrimientos con el mundo a su alrededor.

Presente **las operaciones y conceptos básicos** de la tecnología, proporcionando juguetes dañados o aparatos pequeños para que los niños puedan desbararatarlos y ver cómo funcionan. Seleccione un programa de computadoras para que los niños aprendan sobre los seres vivos como las hormigas o las aves.

Utilice **las herramientas tecnológicas** para hacer descubrimientos. Tome fotos en varios momentos durante el ciclo de vida de una mariposa o del retoño de una semilla que se convierte en planta.

En un salón de clase de *El Currículo Creativo,* los niños hacen descubrimientos en todas las áreas de interés: mezclan pintura para producir un color nuevo, notan los distintos sonidos al tocar un xilófono y baten crema hasta convertirla en mantequilla. No obstante, le recomendamos separar un área para los descubrimientos donde los niños puedan involucrarse en investigaciones más largas y profundas. El área de descubrimientos es un lugar donde pueden explorar con libertad los materiales. Sirve para almacenar herramientas específicas de la ciencia. En la próxima sección comentamos su función para ampliar el sentido natural de los niños de maravillarse y cómo ayudarles a explorar conceptos científicos importantes.

La función del maestro

El área de los descubrimientos es un lugar donde se aprenden nuevos conceptos y ponen en práctica las destrezas analíticas empleadar en las situaciones cotidianas. Su función en esta área es enfocarse en *cómo* aprenden los niños (destrezas de procesamiento analítico) y en *qué* aprenden (conocimiento de los contenidos académicos). Como se mencionó en el capítulo 3, los científicos utilizan *destrezas de procesamiento* al estudiar e investigar. Las destrezas de procesamiento —observar, hacer preguntas, hacer predicciones, experimentar y formular conclusiones— se usan para obtener información y desarrollar conceptos. El *contenido académico* es lo que aprenden los niños. En el área de los descubrimientos, son introducidos a la ciencia de la vida, la ciencia física y la tierra y el entorno. Algunos de los temas de estas ramas de la ciencia son:

Ciencia de la vida	Ciencia física	La tierra y el entorno
las plantas	cómo cambian las cosas	las rocas
las semillas (para hacerlas crecer)	los imanes	el agua
los animales	cómo funcionan las cosas	el aire
los sentidos	cómo se mueven las cosas	el reciclaje
el cuerpo humano	lo frío y lo caliente	la tierra
la salud	la luz y las sombras	el día y la noche
		el clima

Cómo observar y responder en forma individualizada

Los niños atraviesan distintas etapas de aprendizaje al explorar los materiales en el área de los descubrimientos (Bredekamp and Rosegrant, 1992):

Conciencia inicial. Notan qué hay en el área de los descubrimientos.

Exploración. Exploran las propiedades físicas de los materiales en el área de los descubrimientos (p. ej., tocan plumas, acarician animales, hacen rebotar y rodar pelotas, palpan la crema de afeitar, giran trompos).

Indagación. Buscan respuestas a preguntas (p. ej., "¿Cómo puedo hacer que el auto corra más rápido por la rampa?" o "¿Por qué la mascota duerme todo el día?").

Uso. Utilizan la información obtenida con fines específicos (p. ej., recogen los ganchos regados con un imán; usan lupas para contar el número de patas de un escarabajo).

En el área de los descubrimientos, más que en cualquier otra área de interés, su actitud respecto del descubrimiento científico hace que el aprendizaje cobre vida. Piense en el área de los descubrimientos como un lugar para aprender y descubrir juntos. Adopte la actitud, "vamos a descubrir" y sirva como modelo de cualidades importantes para la investigación científica: ser curiosos, arriesgarse, perseverar y tener imaginación. Si un niño trae un insecto en un frasco y quiere saber su nombre, utilice distintos recursos disponibles para ayudarle a encontrar la respuesta. Incorpore en su vocabulario diario la expresión "me pregunto..." y muy pronto los niños incorporarán estas actitudes científicas en su vida diaria.

Cómo responderle a cada niño

Si observa a los niños en el área de los descubrimientos, tendrá una idea acerca del nivel de comprensión y de sus intereses. Observar es la base para decidir cómo y cuándo ofecerles orientación.

A medida que observe a los niños utilizando los materiales o haciendo observaciones, tenga en cuenta qué puede hacer usted para estimular su pensamiento. Pregúntese:

¿Qué materiales puedo ofrecer?

¿Qué preguntas puedo hacer?

¿Qué problemas puedo plantear?

Cuando observe a los niños en el área de descubrimientos, piense en usted mismo como un detective que trata de descubrir lo que piensan los niños. A medida que los observe, note si cada niño:

- explora las propiedades físicas de los materiales para descubir cómo funcionan

- es curioso acerca de cómo funcionan las cosas y busca distintas maneras de responder sus propias preguntas

- comunica sus descubrimientos

- trabaja con otros niños en la exploración

- relaciona los descubrimientos con las experiencias

Obsérvelos con cuidado cuando utilicen los materiales e interactúen con otros niños. Documente lo que vea ocurrir, escribiendo o tomando fotografías. Piense en cómo se están desarrollando el pensamiento y las destrezas de un niño utilizando el *Continuo del desarrollo*. Pregúntese qué puede hacer para ayudar a que un niño progrese.

Observación	Reflexión	Respuesta
Tyrone hace deslizar un camión una y otra vez por una rampa. La inclina y dice: "Wow, miren esto. Va más rapido". Luego trata de inclinar la rampa en distintos ángulos.	Tyrone se pregunta "¿Qué ocurrirá si...?" e intenta una posibilidad. *(Objetivo 25, Explora la relación causa- efecto)* Él se ha involucrado en esta tarea y continúa trabajando en ella a pesar de encontrar dificultades. *(Objetivo 24, Es persistente en lo que emprende)* ¿Qué otros materiales puedo ofrecerle para ayudarle a explorar el movimiento? ¿Qué clase de preguntas puedo hacerle para ayudarle a comprender estos conceptos?	Ofrézcale otros materiales que pueda hacer rodar por la rampa como pelotas de varios tamaños, carretes, etc. Pregunte: "¿Qué crees que ocurrirá si usamos una rampa más larga?" Muéstrele cómo podría crear distintas rampas en el área de los bloques y permita que mantenga armado su experimento por varios días. En una salida muéstrele a Tyrone las rampas y mencione cómo facilitan el trabajo.
Alexa utiliza una pluma para hacerle cosquillas a otros niños en el área de descubrimientos, a pesar de que les disgusta.	Alexa sabe que las plumas se pueden utilizar para hacer cosquillas. *(Objetivo 22, Observa con curiosidad los objetos y acontecimientos con curiosidad; y 25, Explora la relación causa-efecto)* Ella se enfoca en hacer cosquillas, no en lo que sienten los demás. *(Objetivo 11, Reconoce los sentimientos de los demás y reacciona apropiadamente)* ¿Cómo puedo ayudarle a respetar lo que sienten los demás? ¿Hay otras experiencias sensoriales que puedo ofrecerle?	Dígale: "A Tasheen no le gusta que le hagas cosquillas". Proporciónele más experiencias sensoriales como con crema de afeitar, con pintura para los dedos, etc. Sugiérale distintas maneras de explorar las plumas (p. ej., dejándolas caer y flotar hasta tocar el suelo o soplándolas en el aire)
Setsuko observa el conejo desde la distancia e imita sus movimientos diciendo: "Estoy saltando como el conejo". Pero no se acerca a la mascota ni lo alimenta.	Setsuko ¿habrá tenido alguna mala experiencia con los animales? *(Objetivo 3, Reconoce sus propios sentimientos y los maneja en formas apropiadas)* Setsuko nota detalles del conejo e imita sus movimientos. *(Objetivo 22, Observa con curiosidad los objetos y acontecimientos; y 14, Demuestra capacidades locomotoras básicas)* ¿Cómo puedo hacer que se sienta tranquila con las mascotas?	Lea con Setsuko libros de niños y sus mascotas. Anímela a expresar su temor. Déle tiempo para que observe a otros niños que tocan y cuidan a las mascotas. Sostenga el conejo e invítela a tocarlo (pero no la obligue a hacerlo).
Ben trabaja con Juanita por largos períodos desbaratando un VCR dañado. Ben dice: "Si mueves esto, se moverá eso. Ahora inténtalo tú".	Ben y Janelle juegan bien juntos. *(Objetivo 10, Juega con otros niños sin problema)* Ben nota y comenta lo que ocurre si mueve una rueda. *(Objetivo 25, Explora la relación causa-efecto)* ¿Cómo puedo ofrecerle más oportunidades de experimentar?	Incluya otros aparatos pequeños en el área para que los desbaraten. Haga preguntas abiertas como: "Me pregunto qué ocurrirá si mueves esto". Describa lo que vea hacer a Ben: "Cuando moviste este engranaje pequeño, el grande también se movió".

La interacción con los niños en el área de descubrimientos

La buena enseñanza implica saber cómo y cuándo hacer preguntas, hacer sugerencias o no decir nada. Si nota que un niño está estancado, una pregunta bien pensada puede hacer que avance. Sin embargo, si un niño está tratando de descubrir algo y está a punto de llegar a una conclusión, una pregunta o un comentario puede interrumpir el proceso y ocasionar que desvíe su atención o se aleje de la actividad. Pregúntese siempre si su pregunta servirá para estimular o limitar la exploración de un niño. Las preguntas y comentarios son útiles si se relacionan con aquello que el niño está experimentando.

Las preguntas abiertas conducen a la solución de problemas. Estas preguntas les sirven para tener en cuenta otros puntos de vista. Usted puede hacer preguntas abiertas como las siguientes en el área de los descubrimientos para enfocar las observaciones y el pensamiento de los niños.

¿Qué crees que ocurrirá si...?

¿Me pregunto por qué...?

¿Cómo crees que ocurrió eso...?

¿Qué sabes acerca de...?

¿Cómo crees que podemos descubrir...?

¿Quieres hablarme de...?

¿De cuántas maneras puedes...?

¿En qué crees que _____ y _____ se parecen?

¿Tienes alguna idea sobre...?

¿Puedes pensar en una manera de...?

¿Cómo te sientes acerca de...?

Las preguntas abiertas enfocan las observaciones y el pensamiento de los niños.

Una pregunta como "¿Notaste lo que ocurrió hoy en la jaula de la mascota?", hará que los niños dirijan su atención a algo que pueden haber ignorado. Los niños compararán y contrastarán los objetos si se les pregunta algo como "¿Qué pelota rueda más rapido por la rampa?".

Hacer preguntas abiertas que orientan la comprensión requiere tiempo y práctica. Pero bien vale la pena, ya que las preguntas y comentarios que haga, les servirán a los niños para desarrollar un pensamiento científico más complejo.

En ciertos casos, usted deseará intentar una interacción no verbal. Por ejemplo, si un niño trata de impulsar una pelota de Ping-Pong soplándola y parece frustrado, usted podría colocar a la vista de manera casual una pajilla, sin decir una sola palabra. El niño podrá utilizarlo para canalizar el aire y dirigirlo a la pelota en lugar de soplar en su dirección general.

El siguiente escenario muestra cómo un maestro puede orientar con éxito el aprendizaje infantil en el área de los descubrimientos.

El señor Alvarez le da a cada niño una bolsa de papel y les pide traer de la casa algo brillante para explorar en el área de los descubrimientos. Cuando los niños llegan al día siguiente, los invita a sacar los objetos de las bolsas y a colocarlos en una bandeja. Para los niños que no pudieron traer ninguno, tiene disponibles bolsas adicionales con objetos brillantes. Durante la hora del grupo, el señor Alvarez habla con los niños acerca de los nuevos objetos que serán colocados en el área.

Sr. Alvarez:	*Hoy verán en el área de los descubrimientos una colección de objetos brillantes que muchos de ustedes trajeron de sus casas.*
Juwan:	*Yo traje un centavo brillante.*
Zack:	*Yo traje un disco viejo. Si lo giras, se ve un arco iris.*
Tasheen:	*Mi tío arregla bicicletas y me dio un espejo. Si te miras, podrás ver que tu cara se ve gorda.*
Sr. Alvarez:	*Me pregunto qué podrían hacer ustedes con todos estos objetos brillantes.*
Dallas:	*Podríamos hacer caras graciosas en los espejos.*
Sr. Alvarez:	*Sí, podrían mirar su reflejo en el espejo.*
Alexa:	*Si tuviéramos una linterna podríamos alumbrar los objetos brillantes.*
Zack:	*Podríamos hacer girar el disco sobre la mesa.*

El señor Alvarez le pide a Kate colocar la bandeja de objetos brillantes encima del estante en el área de los descubrimientos.

Sr. Alvarez: *Nuestra colección de objetos brillantes será una de sus opciones en el área de los descubrimientos. Cuando terminen de explorar los objetos brillantes, déjenlos por favor en la bandeja y luego coloquénla encima del estante para que otros puedan utilizarla.*

Durante la hora de trabajo Carlos observa su reflejo en uno de los espejos colocados sobre la mesa. Él se da cuenta de que puede ver el móvil que cuelga del techo y con emoción les anuncia a los otros niños lo que ha descubierto.

Sr. Alvarez: *Me pregunto cómo pudiste ver el espejo y lo que estaba en el techo.*

Carlos y Zack agarran espejos pero los sostienen verticalmente.

Carlos: *No puedo ver las luces, pero puedo ver a Jonetta en la esquina de los bloques.*

Zack: *Voltea el espejo así y podrás ver las luces.*

Carlos: *Mira esto Zack, voy a caminar sobre las luces que están en el techo. (Carlos agarra el espejo y lo sostiene paralelo al suelo y camina alrededor del salón pretendiendo pararse sobre las luces en el techo).*

El señor Alvarez reforzó el interés de Carlos y Zack por los espejos durante los próximos días. Les proporcionó una linterna y les preguntó cómo podrían usarla con los espejos. Los niños descubrieron muy pronto que al alumbrar el espejo, la luz "dobla en la esquina". Él les mostró cómo sostener el espejo en distintos ángulos sobre una ilustración en un libro para cambiar las imágenes. Carlos hizo un dibujo de sí mismo, lo puso al lado del espejo y dijo: "Miren, ¡tengo un mellizo!".

Cuando los maestros se involucran en el juego infantil, las oportunidades de aprender son ricas y muy abundantes.

En este ejemplo, el señor Alvarez tuvo éxito involucrando a los niños y las familias para reunir los objetos que necesitaba colocar en el área de los descubrimientos. Anticipándose a que algunos niños no podrían traer algo de su casa, reunió materiales adicionales. Le presentó al grupo los nuevos materiales e invitó a los niños a hablar sobre ellos y a pensar en varias maneras de utilizarlos. Durante la hora de escoger qué hacer, mostró su interés en los descubrimentos infantiles, les hizo preguntas para expandir aún más las exploraciones y les ofreció nuevos materiales para ampliar su aprendizaje. Cuando los maestros se involucran en el juego infantil, las oportunidades de aprender se enriquecen y son abundantes.

Preguntas frecuentes acerca del área de descubrimientos

Tengo un bloqueo mental respecto de la ciencia. ¿Cómo puedo enseñar un tema del que sé tan poco?

Recuerde que lo esencial es el descubrimiento. Usted sabe cómo crecen las plantas, cómo jugar con sombras, acerca de la mascota de su salón de clase. Si un niño le hace una pregunta que no pueda responder, utilícela como una oportunidad para aprender. Arriésguese y experimente con el niño. Observe con ellos libros sobre la ciencia. Su actitud tendrá un impacto duradero en los niños.

¿Debo llevar a cabo experimentos científicos en clase?

Los niños se sentirán fascinados con sus "trucos científicos". Pero recuerde que están comenzando a explicarse por qué ocurren las cosas al explorar activamente y al usar todos sus sentidos. Por lo tanto, en lugar de conducir un experimento científico usted mismo, permita que los niños manipulen y toquen los materiales y hagan sus propios descubrimientos. Consulte las preguntas en la sección "La función del maestro" en este capítulo.

El director de mi escuela y algunos padres de familia desean que les enseñe a los niños temas como el sistema solar o los animales de la selva. ¿Debo hacerlo?

Parte de su trabajo es explicarles a los padres, administradores y colegas comó aprenden los niños temas de la ciencia: de manera directa, poniendo toda su atención en la exploración que realizan con sus sentidos. Algunos temas son demasiado remotos como para que puedan explorarlos directamente. Cuando reciba visitantes en su salón de clase, explíqueles qué están aprendiendo los niños mientras juegan con los materiales en el área de los descubrimientos. Tome fotografías de los niños involucrados en experimentos científicos y escriba lo que están aprendiendo. Exhiba las fotos e incluya información acerca del aprendizaje científico en sus cartas a los padres. Muéstrele a su administrador los cuadros del capítulo 3, donde se conectan los componentes de los estándares nacionales de la ciencia con *El Currículo Creativo*.

En algunas casos, toda la escuela puede explorar un tema y cada grado aprender distintos conceptos. Usted también puede tomar parte en esto. Sólo recuerde que debe comenzar con lo que los niños ya saben. Por ejemplo, si una escuela se enfoca en el espacio sideral, usted podría explorar lo que sea más pertinente y real para los preescolares: las sombras o el día y la noche.

Puede ofrecer una "noche científica para las familias". Organice materiales para explorar, invite a los padres para que vengan *con sus hijos* y trabajen con los materiales.

CARTA A LAS FAMILIAS ACERCA DEL ÁREA DE DESCUBRIMIENTOS

Apreciadas familias:

Los niños pequeños tienen muchos interrogantes acerca del mundo a su alrededor. Ellos se preguntan: "¿Adónde se fue el perrito?", "¿Qué comen los gusanos?", "¿Cómo puedo hacer que mi camión corra más rápido?", "¿Los peces duermen?". En nuestro salón de clase, el área de descubrimientos es un lugar donde los niños pueden explorar e investigar para darle respuesta a sus preguntas. Ellos observan, experimentan, miden, resuelven problemas, desarman objetos y exploran los materiales y seres vivos que ponemos a su disposición. Y ellos adivinan lo que ocurrirá como resultado.

En el área de descubrimientos, los niños hacen lo mismo que hacen los científicos: hacen preguntas, planean y llevan a cabo investigaciones, obtienen información, idean una explicación y comunican sus hallazgos. También aprenden conceptos importantes de la ciencia a medida que estudian las plantas, los animales, los imanes, las propiedades de los materiales, la luz, las sombras, el arcoiris, nuestro cuerpo, nuestros sentidos, cómo funcionan las cosas, cómo se mueven y cambian, y mucho más. Además de aprender contenidos de la ciencia, aprenden a resolver problemas juntos y a comunicarse con los demás.

Qué se puede hacer en el hogar

Los niños pequeños son curiosos por naturaleza y les encanta investigar. Para ayudarles a sus hijos a aprender sobre ciencia no es necesario ser expertos. La ciencia se encuentra en todo nuestro alrededor desde las burbujas que hacemos en la bañera hasta al hervir agua en la estufa. Su entusiasmo y actitud con respecto a la ciencia serán contagiosos. Por eso, adquieran el hábito de maravillarse en voz alta y digan por ejemplo: "Me pregunto cómo puede cargar esa hormiga un pedazo de comida tan grande". "Me pregunto por qué tu sombra a veces es pequeña y a veces grande".

Las preguntas y afirmaciones que ustedes hagan cuando sus hijos estén explorando, les ayudarán a desarrollar la habilidad de pensar científicamente. Los siguientes son unos cuantos ejemplos:

> *¿Qué creen que pasaría si...?*
>
> *¿Me pregunto si...?*
>
> *¿Cómo creen que podríamos descubrirlo...?*

Busquen oportunidades de estimular las destrezas de pensamiento científico de sus pequeños durante las actividades diarias: al jugar con juguetes, al bañarse, al ayudar a hornear galletas, al jugar en el jardín o al salir a pasear. Y recuerden que, ¡no es necesario saber todas las respuestas! La curiosidad de sus hijos es una buena señal, así como su deseo de descubrirlo todo, hacer montones de preguntas y desear más respuestas. Les damos la bienvenida en nuestra área de descubrimientos y esperamos que vengan a visitarnos con sus pequeños.

En este capítulo

12

El juego con arena y agua

Cómo refuerza el desarrollo infantil

El juego con arena y agua conlleva experiencias sensoriales que atraen a los niños pequeños. Ellos necesitan una mínima introducción para jugar con estos materiales. La arena y el agua deleitan los sentidos y al mismo tiempo estimulan las mentes infantiles y refuerzan todas las áreas del desarrollo.

El desarrollo socioemocional. La arena y el agua inspiran a los niños a trabajar juntos para construir un pueblo en la arena, para bañar una muñeca en el agua o para perseguir una burbuja gigante. El hecho de que estos materiales tranquilicen a un niño que se encuentra agitado o molesto ha sido bien documentado. Cuando los niños juegan con la arena y el agua a menudo expresan lo que piensan y sienten.

El desarrollo físico. Los niños fortalecen sus músculos pequeños al moldear arena mojada y cucharear agua. Refinan la motricidad fina y la coordinación ojo-mano trabajando con los accesorios, vertiendo agua por un embudo, colando arena a través de un tamiz y apretando botellas de plástico. Además, afinan la motricidad gruesa cargando en el exterior baldes llenos de arena o agua.

El desarrollo cognoscitivo. La arena y el agua son complementos naturales de las exploraciones científicas e involucran a los niños en observaciones cuidadosas y en actividades de clasificación, comparación, medición y solución de problemas. Ellos descubren que en estado líquido, el agua se puede salpicar, verter y congelar; la arena en estado sólido y seco, se puede colar, rastrillar y palear. Cuando se combinan estos dos elementos, cambian las propiedades de ambos: la arena seca se torna firme y el agua se oscurece. La textura de la arena también cambia, ya que la arena mojada se puede moldear. Además, se siente más fría al tacto que la arena seca. Los niños aprenden sobre el volumen y la capacidad llenando recipientes vacíos, exploran la causa y el efecto observando cuáles objetos se hunden y cuáles flotan, y descubren que la cantidad de arena y agua sigue siendo la misma aunque el recipiente sea delgado y alto o bajo y ancho.

El desarrollo lingüístico. Al jugar con arena y agua, los niños incrementan su vocabulario ya que aprenden palabras como *granulado, cosquilloso, hondo* y *colador*. Al escribir letras en la arena o utilizar moldes del alfabeto fortalecen sus destrezas de lecto-escritura emergente. De igual importancia es que, al realizar experimentos en el área de arena y agua, los niños rutinariamente hacen preguntas y las responden.

Conexión entre el juego con arena y agua y los objetivos del Currículo

El nivel de familiaridad que tenga con las metas y objetivos de *El Currículo Creativo* le dará una perspectiva de cuánto están aprendiendo los niños al jugar con arena y agua. Esta información le permitirá documentar el progreso infantil en el *Continuo del desarrollo* y le servirá para determinar cuándo intervenir para reforzar el aprendizaje de un niño. En el cuadro a continuación se ofrecen ejemplos de lo que podrían hacer los niños para demostrar su progreso en relación con los objetivos seleccionados.

Objetivos del Currículo seleccionados	Qué podría hacer un niño en el área de arena y agua
Desarrollo socioemocional	
4. Defiende sus derechos	Le dice a otro niño que está a su lado en la mesa de agua: "Me estás mojando".
5. Demuestra direccionalidad propia e independencia	Le pregunta a la maestra si puede sacar pinceles y un balde de agua para pintar la cerca.
9. Sigue las reglas de la clase	Al terminar de jugar en la mesa de arena busca la escoba y el recogedor y recoge la arena regada en el piso.
12. Comparte y respeta los derechos de los demás	Deja que un amigo utilice el embudo y toma otro accesorio para jugar con agua.
13. Utiliza las destrezas de pensamiento para resolver conflictos	Cuando un amigo toma el colador que está usando le dice: "Puedes jugar con el otro que está colgado en el tablero".
Desarrollo físico	
15. Mantiene el equilibrio al moverse	Carga hasta la mesa un balde de agua sin regarla.
19. Controla los músculos pequeños de la mano	Utiliza tenazas para encontrar los animales de plástico que la maestra enterró en la bandeja de arena.
20. Coordina los movimientos ojo-mano	Vierte agua en el molino para ponerlo en movimiento.
21. Utiliza instrumentos para escribir y dibujar	Utiliza una rama para escribir su nombre en la arena mojada.

Objetivos del Currículo seleccionados	Qué podría hacer un niño en el área de arena y agua
Desarrollo cognoscitivo	
24. Es persistente en lo que emprende	Cuando tiene dificultad para doblar con las manos el alambre y hacer una armazón para soplar burbujas, busca alicates para facilitarse la tarea.
25. Explora la relación causa-efecto	Descubre a qué altura debe colocar el tubo de plástico para que el agua caiga dentro de la bañera.
27. Clasifica objetos	Separa los objetos y hace dos pilas: cosas que flotan y cosas que se hunden.
33. Usa la correspondencia uno a uno	Le da un delantal a cada niño para que lo utilice al jugar en la mesa de juego con agua.
36. Juega con objetos simbólicamente	Amontona arena mojada y dice:"Hice un pastel para tu cumpleaños".
Desarrollo lingüístico	
39. Se expresa utilizando palabras y oraciones largas	Reconoce en voz alta:"El agua moja todo y hace que se deslice".
41. Responde preguntas	Cuando se le pregunta qué está haciendo, responde: "Enterrando los camiones en la arena para que sea difícil encontrarlos".
42. Hace preguntas	Le pregunta a la maestra:"¿Cómo puedo hacer burbujas tan grandes como las de ella?".
43. Participa activamente en conversaciones	Le comenta a un amigo cómo construir túneles en la arena mojada.
46. Conoce el alfabeto	Exclama: ¡Miren, hice una D en la arena!

Cómo crear un entorno para el juego con arena y agua

Incluso los programas que tienen un área exterior para el juego con arena y agua deben tener un área de interés para el juego con arena y agua en el interior del salón. Así, los niños tendrán más tiempo para usar estos tranquilizantes materiales. Además, algunos de ellos pueden sentirse más a gusto explorando la arena y el agua en el entorno controlado del interior que en el área exterior menos estructurada.

Aun cuando el juego con arena y el juego con agua son dos actividades distintas, le recomendamos ubicarlas en proximidad como una mimsa área de interés. Este tipo de organización permite que los niños jueguen con la arena y el agua por separado y que jueguen con arena húmeda con un mínimo de confusión y desorden.

El número de delantales disponibles y un tablero donde los niños puedan colocar los nombres sirven para indicar cuántos niños pueden usar el área al mismo tiempo.

Recuerde: no es necesario llenar totalmente las mesas de arena o agua.

Los accesorios para el juego se almacenan debajo de la mesa en un recipiente de plástico y rotulado con palabras y una ilustración.

Cómo organizar el área de arena y agua	Materiales sugeridos
Ubicación: Cerca a una fuente de agua Sobre pisos lavables o que puedan protegerse **Coloque:** Mesas diseñadas específicamente para el uso con arena y agua, tinas o bañeras de plástico grandes Accesorios y espacio para almacenar	Arena blanca esterilizada Agua Delantales de plástico Baldes, tazas y cucharas para medir, moldes, cucharones Embudos, botellas apretables, batidores Objetos coleccionables como conchas marinas, hojas, insectos de plástico, plumas Goteros, bajalenguas, pinzas Suministros para la limpieza: esponjas, trapeador, escoba y recogedor

Selección del equipo y los materiales

Para equipar el área de arena y agua, se necesitan mesas o tinas resistentes que pueden comprarse o construirse. Si compra mesas comerciales busque las que tengan cubiertas resistentes, ruedas que se puedan asegurar y un anaquel para almacenar los accesorios. Una cubierta fuerte es útil para poder usar la mesa con otros fines cuando no esté en uso. Las ruedas le permitirán moverla con facilidad desde el salón hasta el exterior.

Otra alternativa para almacenar la arena y el agua es utilizar distintos recipientes. Por ejemplo, usted puede comprar dos recipientes planos como los que sirven para almacenar y colocar debajo de la cama, bañeras de plástico para bebés o tinas de plástico. Estos recipientes se encuentran disponibles en las ferreterías o en las tiendas de departamentos.

Respecto al recipiente, una capacidad de 20 a 25 galones es un tamaño cómodo para los niños. Le sugerimos una profundidad mínima de 9 pulgadas, que se pueda llenar con suficiente agua o arena para involucrarlos en el juego. Llénelo de agua tibia a una altura de 3 pulgadas y váciolo al final del día; en el agua estancada durante la noche, crece bacteria.

Llene el recipiente con arena seca, blanca y fina. Las bolsas de arena blanca para jugar se pueden adquirir en las ferreterías (la tierra o la arena de grano grueso no son tan buenas para construir como la arena de grano fino que se compacta con mayor facilidad). Llene el recipiente hasta la mitad para que los niños tengan suficiente espacio para utilizar los accesorios y la arena se pueda secar durante la noche.

Las mesas individuales de arena y agua

Como una variante, usted puede proporcionar sus propios recipientes de arena y agua, individualizados y de tamaño miniatura. Una pileta de fregar platos constituye un recipiente ideal para la arena y agua, especialmente para los preescolares más pequeños que se encuentran en las etapas iniciales del juego con arena y agua y que desearán explorar las propiedades de estos materiales con tranquilidad y por su cuenta.

Las tinas o bañeras también pueden ser recipientes ideales para las actividades artísticas y científicas que los preescolares más grandecitos disfrutarán como recrear una escena en la playa u observar un escarabajo que deja rastros al caminar sobre la arena. Proporcione dos de estos recipientes individuales y colóquelos al lado de una mesa pequeña o en el piso, donde los niños puedan jugar juntos si así lo desean.

Ya sea que tenga tinas individuales o para el grupo, para jugar con arena y agua es necesario proteger el piso y a los niños. Si en el área de arena y agua hay alfombra, protéjala colocando debajo de las mesas un mantel de plástico, una cortina de baño, trapos o toallas. (Pegar las puntas con cinta previene que se tropiecen).

Los niños pueden utilizar delantales de plástico o vinilo. Usted podrá adquirirlos o hacerlos con retazos y con ajustadores de velcro. Aunque los delantales mantienen secos y limpios a los niños, es recomendable mantener una muda de ropa adicional en el casillero de cada niño.

Materiales para el juego con arena y agua

Inicialmente los niños disfrutan la exploración de la arena con unos pocos juguetes, herramientas o equipo. Tome nota de cuáles materiales parecen utilizar más y comience con unos pocos accesorios sencillos como botellas de plástico o muñecos para lavar.

Para jugar con el agua añada gradualmente otros accesorios como tazas para medir, embudos y juguetes flotantes. De esta manera, introducirá una gama de nuevas posiblidades. Las herramientas para excavar, colar o cernir sirven para el mismo propósito en la mesa de arena. Al seleccionar accesorios, busque los que sean versátiles pero no limite su selección a los que se puedan utilizar en ámbas áreas. A continuación le presentamos unas cuantas ideas para aprovisionar su área de juego con arena y agua:

- agitadores con huecos grandes
- animales y personas de caucho
- armazones para soplar burbujas
- baldes
- banderas
- básculas
- batidores
- botellas de plástico apretables
- botellas de spray
- botes, autos o camiones de juguete
- brochas de cocina
- canales
- canicas
- cedazos
- cepillos de dientes
- cepillos para lavar frascos
- coladores
- colorante vegetal para alimentos
- conchas marinas
- corchos
- cucharones
- embudos
- esponjas
- flores de plástico
- flotadores de cañas de pescar
- goteros
- goteros grandes
- herramientas de jardinería
- hormigas y otros insectos de plástico
- jabón líquido, sólido y en polvo
- juguetes de ruedas y para lanzar (también conocidos como aparatos de gravedad)
- letreros de cartón sujetados a pitillos
- letras de espuma o caucho
- lupas
- moldes
- moldes para galletas
- molinos de agua
- muñecos de caucho o de plástico
- peces de plástico
- peines
- pelotas de Ping-Pong
- piedrecillas y rocas
- pinceles
- pinzas o tenazas
- pitillos
- platos de juguete de plástico o irrompibles
- plumas
- poleas
- prensapapas
- ramas, trozos de madera
- rastrillos y palas (pequeños)
- redes de pescar
- rodillos
- tazas y cucharas para medir
- tubos de acrílico
- tubería de plástico
- tubos de 1/2 pulgada y conectores T de pvc
- varas magnéticas

Elija de esta lista elementos que estimulen la curiosidad infantil y expandan su exploración. Comience lentamente con cuatro o cinco clases de accesorios, añada unos cuantos más y rote la selección para mantener interesados a los niños. Recuerde que es importante mantener sólo unos cuantos disponibles a la vez, ya que demasiados accesorios en la mesa de arena o agua interfieren con el juego.

Escenarios alternativos para el juego con arena y agua

Usted también podrá organizar mesas de arena o de agua especializadas.

El océano: Llene la mesa de piedras de acuario, arena blanca y agua. Añada algas, varios peces de plástico y otra vida marina y déles a los niños redes de pescar.

El lavaplatos: Llene el recipiente de agua y jabón para lavar platos. Proporcione platos de plástico, esponjas, guantes, una armazón para secar los platos y toallas.

El jardín de rocas: Llene la bañera con 1 1/2 pulgadas de agua; añada rocas de distintas clases; proporcione cepillos, toallas, cucharones, rastrillos y lupas.

La fábrica de burbujas: Llene la mesa con 2 galones de agua, 2 tazas de jabón líquido y un 1/4 de taza de glicerina (disponible en las farmacias). Adapte las proporciones para obtener la fórmula que prefiera. Si hacen burbujas al aire libre durante los días claros y secos podrá usar un 50% adicional de agua. Además de los aros estándar para soplar burbujas, proporcione marcos de anteojos, aros plásticos de los paquetes de seis refrescos, distintas figuras hechas de alambre o tapas de plástico con figuras cortadas.

La mesa invernal: Llénela de nieve o de bolas de hielo y ofrezca palas y baldes.

Cómo exhibir los materiales

Los materiales deben mantenerse al alcance para que los niños puedan seleccionar los que deseen. La clave para exhibirlos es mantener el área atractiva y ordenada.

Coloque los accesorios a la altura de la vista de los niños para que puedan seleccionar con facilidad entre las opciones a su disposición.

Utilice un tablero con ganchos para los utensilios culinarios que se pueden utilizar como los cucharones y tazas para medir.

Utilice cajones o cajas para almacenar los accesorios coleccionables como las conchas marinas, canicas o plumas.

Almacene los accesorios en recipientes de plástico para maximizar el espacio. En ellos se pueden guardar los accesorios que queden húmedos. Otra alternativa es colgar los accesorios húmedos en bolsas de nylon o de hilo.

Agrupe los accesorios en cajas o tinas según su función como los de llenar, los flotantes o los de medir. Una caja de accesorios para hacer burbujas podría contener solución jabonosa, canastillas de plástico, pitillos y otros marcos caseros. También puede incluir libros como *¿Adonde va el agua?* (Jeanne Ashbe)

Un área de arena y agua funcional y atractiva crea la tónica para que los niños se diviertan, sigan las reglas establecidas para utilizar los materiales sin peligro y aprendan.

Qué aprenden los niños
en el área de arena y agua

Como el juego con arena y agua es tan divertido, en ocasiones perdemos de vista el gran laboratorio de aprendizaje que puede llegar a ser. Considere la variedad de maneras como puede ayudar a que los niños aprendan contenidos académicos en el área de arena y agua.

Lecto-escritura

Enriquezca **el vocabulario y el lenguaje** infantil, utilizando términos como presión del *agua, granulado, embudo* o *sifón*. Haga preguntas abiertas que animen a los niños a experimentar y les den la oportunidad de expresar cómo se sienten al jugar con la arena y el agua.

Lea **libros y otros textos** relacionadas con el juego con arena y agua. Algunos títulos recomendados son *El Agua* (C. Verdrill), *Max se baña* (Rosemary Wells), y *¿Adonde va el agua?* (Jeanne Ashbe).

Incluya logotipos y señales de la comunidad como accesorios para ayudarles a los niños a adquirir **conocimiento de lo escrito**.

Añada moldes alfabéticos de galletas para hacer **letras y palabras**.

Matemáticas

Enseñe **conceptos numéricos**, pidiéndoles a los niños contar cuántas tazas de arena se necesitan para llenar un balde. Refuerce la correpondencia uno a uno, ayudándoles a formular una regla para utilizar la mesa de agua: "En la mesa sólo puede haber igual número de niños que de delantales colgados en el perchero". Utilice las palabras como *más, menos* e *igual que* para describir cantidades.

Anime a los niños a hacer **patrones** en la arena húmeda, usando objetos como conchas marinas o moldes para galletas. Ayúdeles a explorar **la geometría**, ofreciéndoles armazones de diversas formas para hacer burbujas. Anímelos a notar que a pesar de la forma del marco, las burbujas son redondas. Ofrézcales cilindros, conos y cajas para construir castillos de arena.

Enseñe **la medición**, pidiéndoles a los niños observar cuántas cucharadas de arena o de agua se necesitan para llenar tazas de distintos tamaños.

Ciencia

Introduzca a los niños a la exploración directa de **la ciencia física**, ofreciéndoles accesorios como rampas, canales, embudos y coladores para que puedan explorar la arena o el agua.

Ofrezca distintas oportunidades de aprender sobre **la tierra y el entorno** mediante sus observaciones diarias de la arena y el agua en el exterior.

Estudios sociales

Fomente la comprensión infantil de **las personas y el entorno**, pidiéndoles a los niños que reproduzcan lo que hayan visto hacer a su alrededor. Por ejemplo, pueden replicar la manera como los agricultores riegan los sembrados, como los ingenieros construyen represas y como la gente limpia las playas.

Ayude a los niños a adquirir una mayor comprensión de **las personas y cómo viven**, animándolos a asumir distintos roles al jugar en la mesa de arena con camiones de vaciar, aplanadoras y rastrillos.

Artes

Estimule a los niños a utilizar el agua para hacer **música**, mostrándoles cómo soplar aire en una botella llena de agua parcialmente. Oigan cerca a la mesa de agua música tranquilizante como los sonidos del océano.

Incorpore **las artes visuales** en el juego con arena, tomando fotos de las creaciones de los niños con la arena y exhibiendo las fotos. Exhiba fotos de las esculturas de arena de los artistas.

Tecnología

Exponga a los niños a **las herramientas tecnológicas** básicas que pueden utilizar con la arena o el agua como los molinos de agua, los aparatos de gravedad y otros objetos similares.

Oriente a los niños a pensar acerca de **las personas y la tecnología**, mencionándoles cómo sa transporta la arena y el agua y ofreciéndoles accesorios similares para el juego (bulldozers, molinos, barcos de vapor o de canalete).

Si mantiene presentes los componentes de cada área de contenido mientras los niños juegan con la arena y el agua encontrará muchas oportunidades para que aprendan contenidos académicos.

La función del maestro

En hay ocasiones hay tanta actividad en el área de arena y agua que le resultará todo un reto concentrarse en lo que cada niño está haciendo y experimentando. Sin embargo, esta área de interés no es distinta a ninguna de las otras y usted desempeñará el mismo papel vital de facilitar el aprendizaje infantil. Usted comienza observándolos para ver en qué punto del desarrollo se encuentran y qué les interesa. Sus observaciones serán el cimiento para planear su interaccion con cada niño.

Cómo observar y responder en forma individualizada

Por lo regular, los niños se acercan a los materiales de manera similar. Comienzan utilizando todos sus sentidos para explorar los materiales y luego empiezan a manipular la arena y el agua con propósitos definidos. Agregar accesorios estimula a los niños a involucrarse en un juego más avanzado.

Etapas del desarrollo del juego con arena y agua

El juego funcional es la primera etapa del desarrollo. Los niños utilizan los sentidos del tacto, la vista, el olfato, el oído y, de vez en cuando, el gusto para familiarizarse con las propiedades de la arena y el agua. ¿Cómo se siente la arena cuando pasa entre los dedos? ¿Qué le ocurre al agua cuando se le añade jabón? ¿Los granos de arena desaparecen después de pasar por un colador? A medida que cuelan, vierten, golpean, salpican y combinan la arena y el agua, los niños acumulan información sobre estos materiales y cómo se pueden utilizar.

> A medida que cuelan, vierten, golpean, salpican y combinan la arena y el agua, los niños acumulan información sobre estos materiales y cómo se pueden utilizar.

El juego constructivo sigue a la etapa de exploración. Durante esta etapa, los niños aplican lo que han aprendido sobre las propiedades de la arena y el agua. Por ejemplo, en lugar de simplemente cucharear arena húmeda dentro y fuera de baldes, ahora utilizan estas destrezas para construir una estructura de arena. Comienzan con morros indiferenciados y luego crean edificaciones a las cuales les dan nombres. La actividad durante esta etapa es más intencionada y con frecuencia incluye diversos experimentos.

El juego dramático es una extensión de la etapa anterior. Los niños experimentan haciendo fosos alrededor de castillos o excavando túneles. El juego con agua puede involucrar elementos sociodramáticos que dependen de la imaginación del niño cuando bañan a un bebé o bucean en busca de tesoros enterrados en el fondo de la bañera.

Las actividades de juego en esta última etapa también exigen un grado de cooperación mucho mayor. En las etapas anteriores, los niños con frecuencia se sienten satisfechos explorando solos la arena y agua. Pero a medida que comienzan a aplicar lo que saben, su juego refleja los esfuerzos de un equipo para construir y experimentar mediante proyectos compartidos.

Cómo responderle a cada niño

Para orientar el aprendizaje infantil, comience por observar a los niños mientras juegan. Déle sentido a sus observaciones centrando su atención. Esto, a su vez, le brindará abundante información sobre la cual podrá reflexionar y decidir cómo responder mejor. Piense si un niño:

- usa los accesorios de juego con arena y agua en el juego dramático o para conducir experimentos

- juega por su cuenta o participa con otro niño en una actividad

- juega con la arena y el agua en el salón y al aire libre

- selecciona los accesorios con que desea jugar o usa los que ya están disponibles

Si observa a los niños manteniendo presentes las metas y objetivos de *El Currículo Creativo* podrá determinar qué destrezas tienen y qué ayuda podrían necesitar. Sus observaciones le conducirán a formular preguntas con las cuales podrá determinar cómo responderle mejor a cada niño. El cuadro a continuación ilustra cómo podría funcionar este proceso en el área de juego con arena y agua.

Observación	Reflexión	Respuesta
Malik pasa la mayor parte de la hora de escoger qué hacer en la mesa de agua jugando por su cuenta con los dinosaurios de caucho.	Malik está contento jugando solo y puede necesitar ayuda para involucrarse con otros niños en el juego. *(Objetivo 10, Juega con otros niños sin problema)* ¿Cómo puedo animarlo a jugar cooperadamente con otro niño? ¿Cómo puedo fortalecer su interés en los dinosaurios?	Invite a Malik y a otro niño a lavar los dinosaurios y todos los animales de caucho en la mesa de agua. Muéstrele libros sobre los dinosaurios para ver si se interesa en aprender más.
Tasheen va hasta el anaquel y trae a la mesa de agua las tazas para medir y las jarras. Al verter el agua de una taza en la jarra anuncia: "Se necesitan muchas tazas para llenar esta jarra".	Tasheen decide involucrarse en una actividad entre varias opciones. *(Objetivo 5, Demuestra direccionalidad propia e independencia)* Parece estar explorando el tamaño entre los distintos objetos. *(Objetivo 28, compara/mide)* ¿Cómo puedo fortalecer su interés en medir objetos para que aprenda unas palabras relacionadas con la medición?	Hable con ella sobre los distintos objetos que podría comparar. Pregúntele: "¿Cúantas tazas necesitas para llenar esta jarra?". Sugiérale: "¿Qué más podrías usar para medir? Veamos los accesorios y sabremos qué más podemos usar para medir".
Sonya trata de hacer una bola en la mesa de arena. Cuando la arena se le escapa entre los dedos dice: "Quiero hacer una albóndiga pero no puedo".	Sonya parece haber olvidado cómo solucionó ese problema cuando jugó con la arena al aire libre. (Objetivo 26, Aplica el conocimiento o la experiencia en nuevos contextos) ¿Cómo puedo expandir su interés en jugar hacer de cuenta? *(Objetivo 36, Juega con objetos simbólicamente)*	Ayúdele a Sonya a recordar como moldeó antes la arena. "¿Recuerdas lo que hiciste la última vez que compactaste arena?". Anime a Sonya a buscar la botella apretable y mojar la tierra. Luego, pregúntele: "¿Puedes hacer suficientes albóndigas para todos?".
Derek usa una liga de caucho para amarrar una roca a un bote de juguete en la mesa de agua. Cuando el bote se hunde hasta el fondo, dice con alegría: "¿Vieron cómo se hundió?".	Derek tiene una idea y experimenta con ella hasta ver qué ocurre. *(Objetivo 23, Maneja los problemas con flexibilidad)* Nota y comenta el efecto cuando el bote se hunde por el peso de la roca. *(Objetivo 25, Explora la relación causa-efecto)* ¿Cómo puedo ayudarle a aplicar en otros experimentos lo que aprenda al hundir el bote?	Note lo que haya hecho el niño: "Descubriste una manera de hacer hundir el bote. ¿Cómo lo descubriste?". Plantéele un nuevo reto: "¿Qué podrías hacer para que la roca flote?". Ofrézcale nuevos materiales para los experimentos: "Tenemos otros objetos que flotan en el agua. Me pregunto si podrías hundirlos como el bote".

La interacción con los niños en el área de arena y agua

Usted podrá reforzar el interés natural de los niños en el juego con arena y agua respondiéndoles en formas que los estimulen a seguir aprendiendo. Hablar con ellos sobre lo que hacen les ayuda a ser más concientes de sus actos y les comunica que sus actividades son importantes y valoradas.

Pídales que describan lo que están haciendo. Usted podría necesitar hacerles unas cuantas preguntas específicas como las siguientes:

> *¿Qué sonido hace el agua cuando la viertes?*
>
> *¿En esas dos jarras cabe la misma cantidad de agua?*
>
> *¿Cómo se siente la arena?*
>
> *¿Qué descubriste cuando usaste el tamiz?*

Las preguntas abiertas los estimulan a reflexionar.

Cuando los niños le hayan descrito sus acciones, centre su atención en lo que hayan hecho. Las preguntas abiertas los estimulan a reflexionar sobre sus actos:

> *¿Qué notas del diseño que hiciste con el peine en la arena?*
>
> *¿Pór que crees que se derrumbó el túnel?*
>
> *Hiciste girar muy rápido ese molino. ¿Qué puedes hacer para que gire despacio?*
>
> *Veo que tienes dificultad para hacer pasar la arena por ese pequeño orificio. ¿Qué podrías usar para llenar la botella de arena sin que se te riegue tanta?*
>
> *¿Cómo podrías usar este molde para galletas en la tina de arena?*

Estimule a los niños a generar sus propias ideas al experimentar con estos materiales. De esta manera, se convierten en científicos y en personas que solucionan problemas y, al mismo tiempo, se sienten deseosos de aprender.

Cómo facilitar las investigaciones infantiles

Una manera de reforzar el aprendizaje en el área de juego con arena y agua es estimulando a los niños a investigar las distintas propiedades de ambos materiales. Utilizando los accesorios, los niños podrán explorar conceptos como: la gravedad, a medida que ven cómo desciende el agua cuesta abajo; la fricción, a medida que la arena desciende por un canal; y la presión del agua, al succionarla con un gotero grande. Estas experiencias utilizando los materiales en el área de arena y agua los conducirá a iniciar su comprensión del conocimiento científico. Cuando crezcan aprenderán conceptos de la ciencia como la flotabilidad y la densidad. El propósito de involucrar a los niños en la exploración desde temprana edad es ayudarles a que aprendan a formular preguntas y a que participen en el proceso de la investigación científica.

Los niños pueden explorar **el hundimiento y la flotación**, si usted reúne una serie de objetos que flotan (p. ej., un pedazo de madera, corchos, una botella de plástico con tapa hermética, hojas, bellotas) y una serie de objetos que no flotan (canicas, clavos, rocas, una bola de arcilla). Anímelos a hacer predicciones, a comprobarlas y a hablar de sus descubrimientos, maravillándose en voz alta y haciendo preguntas.

> *Me pregunto por qué este bote tan grande flota y esta moneda tan pequeña se hunde.*
>
> *¿Hay alguna forma de hacer que este pedazo de madera se hunda?*
>
> *Me pregunto que ocurriá si sostengo esta botella vacía bajo el agua. ¿Crees que ocurrirá algo distinto si le quitas la tapa?*
>
> *¿Qué notas de los objetos que flotan y los objetos que se hunden?*

Los niños pueden explorar **la presión del agua en acción** con una fuente casera. Haga tres orificios en el fondo de una botella de plástico y llene la botella de agua. Anime a los niños a experimentar con la botella y, muy pronto, descubrirán que si aflojan la tapa, el agua se riega y, si la aprietan, la presión atrapará el agua en la botella.

Una vez que hayan observado la fuente en acción, proporcione tubos de plástico, un embudo y pitillos para estimular a los niños a seguir experimentando. Podrán colocar los pulgares en la parte superior de los tubos hundidos y observar cómo asciende el agua. También pódran hacer burbujas soplando los pitillos.

Anime los niños a hacer predicciones, comprobarlas y hablar de sus descubrimientos.

Para estimular sus investigaciones, hágales preguntas como las siguientes:

¿Cómo puedes hacer que el agua viaje por el tubo?

¿Cómo puedes impedir que el agua se salga por los orificios de la botella?

¿Qué ocurre cuando soplas el pitillo?

Al **comparar la arena de grano fino con la tierra** que excavan al aire libre, los niños aprenden sobre las dintintas propiedades de los materiales. La arena blanca es mejor para moldear, pues aunque los granos de tierra son pequeños, el agua no pasa entre ellos con facilidad. Sin embargo, los componentes de la tierra —como ramas y piedras— fortalecen las construcciones. Haga que los niños experimenten con cada tipo de material, primero seco y luego húmedo. Estimúlelos a hablar sobre lo que observen, haciéndoles preguntas como las siguientes:

¿Qué notaste?

Me pregunto qué ocurrirá si le agregas agua a cada material.

¿Cuál quieres usar para construir un castillo?

¿Cuál funcionaría mejor en nuestra mesa de arena?

Estimúlelos a hablar de sus observaciones haciéndoles preguntas.

La arena y la tierra se pueden comparar utilizando lupas o un microscopio (si tiene uno disponible). Una canica transparente también puede servir como lupa. Otra alternativa es construir un lente acuático utilizando una botella de plástico transparente llena de agua.

Preguntas frecuentes acerca del juego con arena y agua

Varios niños en la clase detestan ensuciarse. ¿Cómo puedo lograr que jueguen en el área de arena y agua?

He aquí unas cuantas sugerencias para animar a estos niños a disfrutar del juego con arena y agua:

- Permita que estos niños sepan que ensuciarse no es problema. Por eso se usan dantales y se protege el suelo. De ser necesario, confírmeles que tienen ropa limpia en sus casilleros.

- Comience presentándoles unos cuantos accesorios básicos y gradualmente agrege otros según lo considere apropiado (p. ej., cuando estén experimentando cómo llenar una botella, preséntales un embudo).

- Proporcione los materiales en secuencias (p. ej., primero arena seca, luego arena mojada; primero agua sola, luego agua con colorante o agua jabonosa).

Con este tipo de estrategias, usted podrá crear un entorno donde los niños pasan un tiempo familiarizándose con el área.

¿Existen cuestiones relativas a la salud y la seguridad que deba tener en cuenta?

Sí. Existen algunas pautas específicas que deberá seguir. Si cuenta con un área de arena permanente al aire libre, cuando no esté en uso protéjala con una cubierta segura. Sin embargo, para permitir la limpieza natural de la arena, la cubierta debe permitir el paso de la luz y el aire a través de la arena. Una cubierta liviana de madera prensada y sujetada con ganchos funciona bastante bien.

Los cajones de arena exteriores deben voltearse anualmente hasta unas 18 pulgadas de profundidad y reemplazarse completamente cada dos años. Las mesas de arena —adentro y en el exterior— se deben desinfectar con regularidad y remover los objetos extraños. Para informarse sobre los procedimientos para preparar y usar desinfectantes, consulte *Stepping Stones to Using Caring for Our Children: National Health and Safety Performance Standards Guidelines for Out-of-Home Child Care Programs* (Pasos para cuidar de nuestros niños: pautas y estándares nacionales salud y seguridad en programas de cuidado infantil fuera del hogar (USA Maternal and Child Health Bureau, 2000).

Las mesas de agua se deben drenar y el agua se debe cambiar diariamente por razones de salud. Los pisos deben cubrirse para prevenir que los niños se resbalen. Además, deben usar delantales protectores. Los accesorios utilizados en el juego con arena y agua deben ser de materiales resistentes y durables, y cada semana desinfectarse con una solución a base de blanqueador. No se deben permitir los objetos de vidrio, con exepción de las canicas. Las esponjas, escobas, trapeadores y recogedores deben mantenerse al alcance para poder limpiar los regueros con facilidad. Los niños deben habituarse a limpiar después de jugar.

¿Qué debo hacer para que el juego con arena y agua no sea brusco ni se descontrole?

Este es un problema frecuente si en la mesa hay muchos niños, ya que no se pueden concentrar en una sola actividad. Por lo tanto, gravitan en torno a un esfuerzo del grupo que a menudo se torna competitivo. Consulte las sugerencias para limitar el número de niños que pueden jugar a la vez. Verifique además que no haya demasiados accesorios en la mesa. Si estas estrategias no le funcionan, comente el problema con los niños en una reunión y pídales aportar sus ideas para encontrar soluciones. Por ejemplo, el agua (al igual que la arena) debe permanecer en la mesa. Pregúnteles qué se puede hacer para que esto funcione. Usted podría tratar de reorientar los comportamientos inapropiados. Invite a un niño que por lo regular se sienta agitado a que le acompañe a la mesa de agua y conduzcan experimentos científicos que le atraigan.

¿Qué puedo hacer si me presentan quejas por el desorden que ocasiona la mesa de arena y se me pide que esta clase de juego tenga lugar al aire libre?

El suyo es un problema corriente. Lo primero que debe hacer es reconocer que la preocupación amerita que se atienda el problema. Explique por qué el juego con arena es tan imporante para el desarrollo infantil. Usted podría compartir este capítulo para ilustrar los beneficios de este tipo de juego entusiasta aunque desordenado. Ofrezca también unas cuantas sugerencias para atender el problema y lograr que la situación sea más manejable. Una solución podría ser utilizar trapos de cocina, incluso si su piso es de baldosa o está cubierto de linóleo o madera. Así retendrá la arena que luego se puede barrer y botar a la basura. Otra solución sería adquirir escobas pequeñas y recogedores para que los niños ayuden a limpiar los regueros. Las bandejas miniatura antes mencionadas para mantener la arena son otra manera de impedir que se riegue. Como último recurso ofrezca colocar la mesa de arena en el exterior. El juego con arena es demasiado vital en el currículo como para abandonarlo por ser considerado inconveniente.

CARTA A LAS FAMILIAS ACERCA DEL JUEGO CON ARENA Y AGUA

Apreciadas familias:

Es posible que ustedes estén acostumbrados a ver a sus niños salpicando agua en la bañera y excavando en el cajón de arena, les sorprenderá saber que el área de arena y agua es una parte importante de nuestro programa escolar. Tanto la arena como el agua son materiales naturales para el aprendizaje. Cuando los niños vierten agua en tazas para medir, exploran conceptos matemáticos. Al arrojar corchos, piedras, plumas y canicas en una bañera con agua, son científicos que exploran cuáles objetos flotan y cuáles se hunden. Y al crear patrones en la arena, aprenden sobre matemáticas y arte.

Nosotros animamos a los niños a experimentar con estos materiales y a medida que lo hacen, les hacemos preguntas para centrar su pensamiento en sus descubrimientos:

> *Ahora que hemos teñido el agua de azul, ¿qué debemos hacer con ella?*
>
> *¿Cómo cambió el agua cuando le añadimos jabón en polvo?*
>
> *¿Qué se puede hacer con arena mojada y no con la seca? ¿Qué se puede hacer con arena seca y no con la mojada?*
>
> *¿Cuántas de estas tazas de agua crees que necesitamos para llenar esta jarra?*

Qué se puede hacer en el hogar

Si sus pequeños disfrutan el juego con arena y agua, ustedes podrían destinar algunas áreas de juego en su hogar para estas actividades. El juego con agua puede tener lugar en el lavamanos o en el fregadero de la cocina. Coloquen una toalla grande en el suelo y si el lavadero es demasiado alto para sus pequeños, proporcionen un asiento o un escalón auxiliar. Al aire libre, podrían usar una piscina inflable, una bañera o un platón. Ofrézcanles a sus pequeños un batidor manual, tazas y cucharas de medir, un embudo y animales de plástico, de caucho o barcos. Para que tengan una nueva experiencia, añádanle al agua, jabón en polvo o colorante para alimentos y no olviden hacer burbujas con sus pequeños. Traten de usar distintas armazones para hacer burbujas como los aros plásticos que sujetan los tarros de bebidas gaseosas, canastillas plásticas o marcos de anteojos sin lentes; todos ellos producen maravillosas burbujas.

Si al aire libre no hay un cajón de arena disponible, podrían utilizar un platón como cajón de arena en miniatura. Necesitarán unas cuantas pulgadas de fina arena blanca. Reunan objetos pequeños como conchas marinas, animales de caucho, un rastrillo pequeño, cucharas de café, tazas y cucharas de medir, coladores y embudos, y ofrézcanlos a sus hijos, unos cuantos a la vez. Estos accesorios les brindarán a sus pequeños muchas horas de diversión.

Jugar con arena y agua de manera regular, les ayuda a los niños a desarrollar la mente y el cuerpo en formas relajantes y realmente agradables.

En este capítulo

13

La música y el movimiento

Cómo refuerzan el desarrollo infantil

A los niños por naturaleza les fascina e interesa la música. Un programa de educación infantil que incluya tiempo para la música y el movimiento, le proporciona un canal a la energía creativa infantil. Las experiencias con música y movimiento ayudan a desarrollar ambos hemisferios cerebrales —uno de los hallazgos importantes de la investigación reciente sobre el cerebro— y contribuyen al desarrollo socioemocional, físico, cognoscitivo y lingüístico.

El desarrollo socioemocional. Las actividades de música y movimiento pueden ser experiencias compartidas que hacen que los niños se sientan parte de un grupo. Las distintas clases de música evocan distintas emociones y acciones en los niños. La música alegre los anima y los hace desear levantarse y mover el cuerpo. La música tranquila y relajante los tranquiliza. Pueden usar sus cuerpos para expresar distintas clases de emociones: alegría, enojo, tristeza. Compartir una canción o un baile aprendido en el hogar les ayuda a sentirse bien con respecto a sí mismos y su cultura. Adquieren destrezas sociales jugando juegos musicales que requieren la cooperación sencilla como "La casa del conejo" o avanzan a los que requieren una cooperación más compleja como "A la víbora de la mar".

El desarrollo físico. Los niños afinan sus destrezas motrices gruesas (moviéndose al son de la música y participando en otras actividades de movimiento) y exploran las distintas maneras como pueden mover el cuerpo (encontrando distintas formas de llegar al otro lado de una línea sin pisarla). Mediante las actividades de movimiento (jugando a "Seguir al líder") afinan las destrezas motrices, el equilibrio y la coordinación. Al jugar con los dedos y tocar instrumentos musicales fortalecen las destrezas motrices finas.

El desarrollo cognoscitivo. Los niños resuelven problemas al involucrarse en actividades de música y movimiento. Utilizan la lógica y el razonamiento para descubrir cómo hacer que vuele una pañoleta en el viento o cuál instrumento utilizar para producir un sonido semejante a un trueno. Producen patrones con las palabras que cantan, con los movimientos que producen sus cuerpos y con los intrumentos musicales. Aprenden conceptos numéricos al aplaudir y golpear con sus pies o al cantar canciones numéricas; y piensan simbólicamente haciendo de cuenta que caminan como un elefante o brincando como un conejo.

El desarrollo lingüístico. Los niños adquieren y refinan las destrezas de escuchar, al notar cambios en el compás y el tono, y adaptar su baile o aplaudir según el ritmo de la música. Aprenden nuevas palabras (y conceptos) mediante las canciones y el movimiento (cantando "Mi barba tiene tres pelos", "Pimpón es un muñeco", "El burrito enfermo" y "Los pollitos"). Al responder a los cantos practican el seguimiento de instrucciones ("Equilibren un cojín sobre la cabeza y caminen alrededor del círculo"). Al jugar con los sonidos y los ritmos del lenguaje adquieren conciencia fonológica ("La granja" o Albertina anda arriba, el abecedario). Y aprenden los conceptos de lo escrito al ver las palabras de su canción preferida en un cuadro o en un libro.

Conexión entre la música y el movimiento y los objetivos del Currículo

La música y el movimiento hacen parte de la vida diaria en un salón de *El Currículo Creativo*. Su conocimiento de los objetivos del Currículo le ayudará a ver que los niños pueden disfrutar y aprender con las experiencias de música y movimiento.

Objetivos del Currículo seleccionados	Qué podría hacer un niño con la música y el movimiento
Desarrollo socioemocional	
3. Reconoce sus propios sentimientos y los maneja en formas apropiadas	Dice:"Esta música me hace sentir alegre".
4. Defiende sus derechos	Les dice a otros:"Hagan silencio, no puedo oír la música".
5. Demuestra direccionalidad propia e independencia	Usa la grabadora y los audífonos sin ayuda.
6. Asume la responsabilidad de su propio bienestar	Se aparta durante una actividad de movimiento para evitar ser empujado.
7. Respeta y cuida el entorno de la clase y los materiales	Usa los instrumentos rítmicos con cuidado y los devuelve a su lugar en el anaquel.
9. Sigue las reglas de la clase	Deja de tocar los instrumentos cuando se da una señal.
10. Juega con otros niños sin problema	Pregunta:"¿Quieres bailar conmigo"?, mientras baila al son de la música.
12. Comparte y respeta los derechos de los demás	Dice:"Puedes usar la pañoleta roja porque es tu color preferido".
13. Utiliza las destrezas de pensamiento para resolver conflictos	Se prepara a tocar un tambor y busca otro para un amigo para tocar juntos.

Objetivos del Currículo seleccionados	Qué podría hacer un niño con la música y el movimiento
Desarrollo físico	
14. Demuestra capacidades locomotoras básicas (corre, salta, brinca, galopa)	Imita el movimiento de los animales (p. ej., brinca como un conejo, salta como una rana, galopa como un caballo).
15. Mantiene el equilibrio al moverse	Camina por una barra de equilibrio.
18. Demuestra tener destreza para lanzar, patear y atrapar	Lanza y atrapa un cojín lleno de granos.
19. Controla los músculos pequeños de la mano	Responde con movimientos apropiados a las canciones como "En la feria del maestro Andrés".
20. Coordina los movimientos ojo-mano	"Buenos días, buenos días, ¿Como están?" (con dos dedos a la vez)
Desarrollo cognoscitivo	
23. Maneja los problemas con flexibilidad	Experimenta con distintos instrumentos hasta encontrar uno que suena como un caballo que galopa.
25. Explora la relación causa-efecto	Sostiene una pañoleta y corre para hacerla ondear.
28. Compara/mide	Utiliza palabras comparativas como *alto/bajo, fuerte/suave, largo/corto, rápido/lento*.
30. Reconoce patrones y puede repetirlos	Repite patrones musicales aplaudiendo o utilizando los instrumentos rítmicos.
31. Reconoce conceptos temporales y secuencias	Canta canciones de secuencia como "Loa elefantes" y "El señor Don Gato".
32. Reconoce las posiciones en el espacio	Comprende las instrucciones para moverse *alrededor, adentro, al lado, a través, por encima, por debajo*, etc..
34. Usa los números y cuenta	Canta canciones y rimas numéricas.
35. Representa roles y situaciones	Pretende ser una hoja que flota en el viento o un enorme oso que busca alimento.
Desarrollo lingüístico	
38. Escucha y diferencia los sonidos del lenguaje	Cambia las vocales en "La mar estaba serena" y dice: "Li mir istibi sirini".
39. Se expresa utilizando palabras y oraciones largas	Dice: "Cantemos la canción de la boa constrictor".
40. Comprende y sigue instrucciones orales	Toca instrumentos cuando comienza la música y deja de hacerlo cuando se detiene.
45. Comprende el propósito de lo escrito	Indica las palabras en un cuadro y las canta.
46. Conoce el alfabeto	Usa letras magnéticas para deletrear *BINGO* al cantar la canción.

Cómo crear un entorno para la música y el movimiento

La música y el movimiento involucran a los niños en actividades de escuchar, participar en actividades en grupo y experimentar con los materiales por su cuenta. Por eso, el entorno debe incluir una ubicación específica donde se puedan almacenar los instrumentos musicales, una grabadora y una diversidad de accesorios. En este lugar, los niños deben sentirse libres para producir o escuchar música y bailar al ritmo de la misma, si así lo desean. Las actividades de música y movimiento en grupo pueden ocurrir donde el espacio lo permita. Si el clima es agradable, lleven los materiales de música y movimiento al aire libre para tener una experiencia distinta.

Exhiba los instrumentos que los niños puedan explorar a la hora de escoger qué hacer. Tenga instrumentos disponibles como xilófonos o campanas melódicas, para que puedan producir sus propias melodías.

Proporcione una diversidad de accesorios para que los niños los utilicen al moverse al son de la música.

Designe espacio en el piso para las actividades de movimiento.

Cómo organizar el espacio para la música y el movimiento	Materiales sugeridos
Ubicación: Un área abierta y, si es posible, alfombrada **Disponga:** Espacio para almacenar los instrumentos musicales: un anaquel, una caja o un tablero con ganchos Espacio para almacenar grabaciones y discos compactos Colchonetas	Una grabadora para casetes, un toca CD o un tocadiscos fáciles de manejar Audífonos Grabaciones en discos compactos/casetes de canciones infantiles, incluyendo música rápida, lenta o tranquilizante; de distintos estilos y tradiciones (p. ej., folclórica, clásica, country, jazz, reggae, salsa); representativa de los orígenes culturales de los niños. Cintas/pañoletas Instrumentos rítmicos

Selección y exhibición de los materiales

Aunque es deseable tener una amplia selección de instrumentos musicales disponibles, no es recomendable ponerlos todos a disposición de los niños al mismo tiempo. La siguiente es una lista de instrumentos que los preescolares podrán utilizar y disfrutar.

- tambores y panderetas
- pitos
- palitos rítmicos
- campanas

- triángulos
- xilófonos
- campanas melódicas
- maracas y sonajeros

De los instrumentos enumerados, usted deseará adquirir unos cuantos triángulos, campanas y un xilófono. Podrá construir tambores con cajas de avena, panderetas con platos metálicos y sonajeros con recipientes llenos de granos. Algunos de estos instrumentos, como los tambores, tienen distintas versiones. Los familiares de los niños podrán ayudarle a ubicar algunas muestras, traerlas al salón y compartirlas con ellos. Para estimular el movimiento creativo incluya algunos accesorios como cintas de papel, pañoletas coloridas, retazos largos de tela, sombreros, disfraces de distintas culturas y plumas. He aquí unas cuantas sugerencias para exhibir los instrumentos y accesorios.

Cuelgue los instrumentos musicales en un tablero con ganchos. Haga letreros recortando las siluetas de los instrumentos en papel adhesivo Contact y péguelas al tablero.

Coloque los instrumentos como los xilófonos y las campanas melódicas donde los niños puedan alcanzarlos con facilidad.

Haga letreros para identificar las grabaciones y los discos compactos (p. ej., fotos de niños bailando, marchando, descansando, etc., para indicar la clase de música; o use colores o símbolos para identificar los tipos de música como clásica, jazz, salsa, etc.)

Separe los accesorios en cajas y rotule cada una con una ilustración y palabras.

Qué aprenden los niños con la música y el movimiento

Tanto la música como el movimiento tienen conexiones naturales con las áreas de contenidos.

Lecto-escritura

Amplíe **el vocabulario y el lenguaje** infantil presentando palabras nuevas como *mandolina, arroyo, velocidad, telaraña*. Hablen sobre lo que significan las palabras y dramatícenlas.

Fortalezca su **conciencia fonológica**, cantando canciones llenas de rimas y repetición.

Ayude a los niños a adquirir **la comprensión de los libros y otros textos**, leyendo canciones que cuentan historias.

Facilite **el conocimiento de lo escrito** y la comprensión de **las letras y las palabras**, escribiendo canciones en un cuadro para que puedan seguirlas al cantar o escuchar.

Estimule las destrezas de **comprensión** de los niños, dramatizando un cuento y usando movimientos corporales.

Matemáticas

Ayude a los niños a aprender **conceptos numéricos**, cantando canciones y usando rimas de números.

Fortalezca la capacidad infantil de reconocer **patrones y relaciones**, aplaudiendo y repitiendo patrones rítmicos al son de la música.

Explore **la geometría**, marchando alrededor de un círculo. Desarrolle **el sentido espacial** de los niños pidiéndoles moverse alrededor, adentro, afuera o sostenga una cinta en distintas posiciones: encima, debajo, arriba.

Enseñe conceptos de **la medición**, especialmente el tiempo, a medida que usted y los niños en su grupo se muevan rápido o despacio; o sostenga una nota por un lapso de tiempo largo. Haga comparaciones en las actividades de movimiento, por ejemplo, dando pasos largos, pasos cortos, o pretendiendo ser tan pequeño como un insecto o tan grande como un gigante.

Ciencia

Explore **la ciencia física**, experimentando con los instrumentos rítmicos o con objetos que produzcan sonidos. Anime a los niños a descubrir maneras de producir sonidos altos y bajos, fuertes y suaves.

Investigue **la tierra y el entorno**, creando instrumentos musicales a partir de objetos encontrados en la naturaleza. Usen cintas durante las actividades de movimiento para ver cómo se mueven las cosas con el viento.

Estudios sociales

Aprendan sobre **los espacios y la geografía** a medida que participen en las actividades de movimiento (p. ej., hacia adelante, hacia atrás, hacia el lado).

Enseñe acerca de **las personas y cómo viven**, invitando a su clase a un músico bailarín o profesional. Dirija la atención de los niños a la función que desempeñan la música y el baile en la vida de las personas. Exploren la música y el baile de otras culturas.

Refuerce la comprensión de **las personas y el entorno**, creando instrumentos musicales con materiales reciclables.

Ayude a los niños a adquirir aprecio por **las personas y el pasado**, presentándoles música y movimiento de distintas épocas: blues, vals, rock and roll, bolero y son. Muéstreles a los niños los bailes populares cuando usted estaba creciendo.

Artes

Introduzca **el baile**, haciendo que los niños se muevan de distintas maneras al son de la música. Toquen distintos tipos de música y exploren los movimientos para acompañarla.

Exploren **la música**, proporcionando oportunidades de escuchar y de apreciar una diversidad de estilos musicales. Proporcione instrumentos musicales para la expresión creativa individual. Presente la música cada día para que los niños puedan participar en el canto en grupo.

Introduzca **la dramatización**, proporcionando accesorios para recrear historias familiares. Lean cuentos que se presten a dramatizaciones creativas.

Tecnología

Ayúdeles a los niños a **reconocer la tecnología**, aprendiendo cómo producen los sonidos los distintos instrumentos. Aprendan de un músico cómo pueden cambiarse o distorsionarse los sonidos utilizando tecnología como un mezclador o un teclado electrónico; o cómo se diferencian los sonidos de una guitarra eléctrica y una guitarra acústica.

Enseñe acerca de **las operaciones y conceptos básicos** de la tecnología, pidiéndoles que hagan funcionar una grabadora o un toca CD y los botones de encender y apagar, adelantar, reversar y pausa. Naveguen por los programas de juegos que incluyan componentes musicales.

Aprendan sobre **las personas y la tecnología**, observando las maneras como un músico o un técnico producen sonido.

La función del maestro

Piense por un momento en una de las canciones que prefería en su niñez. ¿Dónde estaba cuando cantaban esa canción? ¿Qué estaba haciendo? ¿Quién se la enseñó? ¿Qué la hace memorable hasta el día de hoy? ¿Hay alguna historia asociada con la canción? Las experiencias con la música —que a menudo involucran el movimiento— son memorables porque no se limitan al intelecto sino que tocan las emociones e involucran los sentidos. Ambas son maneras de comunicar ideas, sentimientos e historias. De igual importancia es que la música y el movimiento ayudan a que las personas construyan relaciones y lazos entre sí.

Como maestro, usted selecciona la música para que los niños la disfruten y para presentarles canciones, juegos y otras actividades con música y movimiento. Pero su principal función, al igual que en las otras áreas de *El Currículo Creativo*, es facilitar el desarrollo infantil observándolos cuando respondan a la música, hablando con ellos sobre lo que hagan, reaccionando y reforzando sus exploraciones, y haciéndoles preguntas abiertas.

Cómo observar y responder en forma individualizada

La mayoría de los preescolares se sienten a gusto con el movimiento. Aprenden del mundo interactuando con los objetos y las personas, y piensan con sus cuerpos mucho antes de poder pensar con palabras. Aprenden que el movimiento puede comunicar mensajes y representar acciones, por ejemplo, un pulgar hacia arriba significa que algo está bien. Por tales razones, el movimiento corporal es divertido para los pequeños y les brinda una buena oportunidad de solucionar problemas.

Cuando usted les hace preguntas que requieren respuestas verbales ("¿De qué otra manera podría llegar el osito Pooh hasta el árbol de miel?" o "¿Qué hicimos ayer para preparar la salsa de manzana?"), algunos niños pueden tener dificultad para responder en palabras. Pero si las preguntas requieren movimiento ("¿De cuántas maneras distintas creen que podemos llegar de este extremo de la alfombra al otro?") los niños no están limitados por su capacidad verbal. Los problemas que se pueden solucionar con el movimiento les ofrecen distintas clases de desafíos a todos los niños y, a los menos verbales, una manera de demostrar sus habilidades.

Cómo se involucran los niños con la música y el movimiento

Los niños se involucran en las actividades con la música y el movimiento de distintas formas. El estilo depende, en gran parte, de sus intereses, temperamento y experiencias.

Escuchando. Desde la temprana infancia, le prestan atención a la música y pueden reconocer fragmentos de melodías conocidas. Con el tiempo mejoran en cuanto a notar las variaciones en las selecciones musicales, como los cambios de compás (rápido-despacio), tono (alto-bajo) y volumen (fuerte-suave). Los más grandecitos comienzan a escuchar su propio canto o a jugar con los sonidos para ir a la par con los tonos de la música que han oído.

Cantando. Al principio, los niños pueden cantar a la par con otros pero no siempre al mismo ritmo o afinadamente. Más adelante pueden producir tonos a la par con el canto de otros. Luego, surge la capacidad de cantar solos y, finalmente, la de cantar afinadamente.

Moviéndose al son de la música. Al principio, se mueven a su propio ritmo, más que al ritmo de la música. Para los pequeños es muy difícil seguir un compás lento. Sin embargo, para la edad de 3 ó 4 años, por lo regular pueden mantener un ritmo regular. Comienzan a adaptar los movimientos de su cuerpo a los cambios en la música, adaptándose a contrastes como despacio —rápido o liviano— pesado.

Tocando instrumentos. En la primera etapa, manipulan y experimentan con los instrumentos. Se hacen conscientes de las diferencias relacionadas con las familias de los instrumentos (vientos, percusión, metales) y aprenden a reconocer el sonido de cada uno. En la segunda etapa, usan los instrumentos para acompañar sus movimientos. Aunque no logren ir a la par del ritmo con sus pasos, golpean palos al marchar. Más adelante, tocan un instrumento sencillo de percusión o rítmico, manteniendo el compás de otro instrumento o de una grabación que se toca simultáneamente.

Imitando/representando el movimiento. Los bebés pueden imitar los movimientos sencillos que ven en el momento. Sonríen cuando usted les sonríe y si abre la boca, hacen lo mismo. Para el segundo año, la mayoría de los niños puede reproducir las acciones humanas que han visto antes. Representar los movimientos de los objetos es mas difícil. Por ejemplo, para los niños es más difícil representar el movimiento de un balancín, de un limpia parabrisas o de una pluma que cae, que reproducir el movimiento de alguien que patea una pelota o se lava las manos. Dicha capacidad se desarrolla gradualmente, a la par con la capacidad de comunicar palabras o conceptos, mediante el movimiento ("Muéstrenme caras furiosas" o "¿Cómo podemos levantar algo muy pesado?").

Los niños pueden moverse al son de la música, tocar instrumentos e imitar movimientos.

Cómo responderle a cada niño

La observación le ayudará a ver cómo está progresando cada niño en relación con las metas y objetivos de *El Currículo Creativo*. A medida que observe podrá tomar decisiones. ¿Participa en la acción y se involucra en el juego o simplemente observa y reflexiona? Obviamente, si los niños están enfrascados en actividades espontáneas de música y movimiento, ofrecerles sugerencias podría interrumpir su actividad. Pero si un niño se encuentra frustrado tratando de recordar las palabras de una de sus canciones preferidas, sería útil participar. Conocer los patrones básicos del desarrollo infantil en la música y el movimiento (descritos anteriormente) le servirá para intervenir de manera efectiva.

Durante las actividades con música y el movimiento, note si un niño:

- disfruta escuchando música y puede seguir el ritmo

- experimenta con distintos instrumentos e identifica los distintos sonidos de cada uno

- disfruta cantando e inventando palabras para las canciones

- crea movimientos para acompañar sus instrucciones (p. ej., volar como una mariposa, caminar como un elefante, recoger manzanas de un árbol)

- interactúa con otros en las actividades con música y movimiento

Observar con un propósito definido le ayudará a responder de manera adecuada.

El propósito de estas observaciones enfocadas es ofrecerle información factual. Use el *Continuo del desarrollo de el Currículo Creativo* como una lente para centrar sus observaciones. Dichas observaciones le ofrecerán una imagen de los intereses y destrezas de cada niño en relación con la música y el movimiento. Con esta información podrá responder a los intereses, capacidades y necesidades de cada uno de ellos.

En la página siguiente le ofrecemos algunas observaciones cortas y ejemplos de lo que usted podría pensar y cómo podría responder.

Observación	Reflexión	Respuesta
Carlos tamborilea distintos ritmos en las mesas cuando está contento.	Carlos expresa lo que siente por medio del ritmo. *(Objetivo 3, Reconoce sus propios sentimientos y los maneja en formas apropiadas)* Los ritmos que crea tienen un patrón sencillo y requieren cada vez mayor control de la mano. *(Objetivo 30, Reconoce patrones y puede repetirlos; y 19, Controla los músculos pequeños de la mano)* ¿El niño tiene un talento que yo deba nutrir? ¿Le estoy ofreciendo suficientes oportunidades de actvidades rítmicas? ¿Es capaz de describir sentimientos y sus causas?	Nombre lo que siente Carlos: "Veo que estás contento. Estás sonriente y tocando música". Incluya grabaciones con un toque de tambor fuerte y proporcione instrumentos rítmicos. Hágale notar los sonidos y los ritmos en el entorno (una llave del agua que gotea, un reloj que marca el paso) y anímelo a copiarlos usando instrumentos musicales.
Tyrone brinca y luego galopa alrededor del círculo.	Tyrone intenta brincar pero decide galopar. *(Objetivo 14, Demuestra capacidades locomotoras básicas: corre, salta, brinca, galopa)* ¿Cómo puedo descomponer esta destreza para facilitarle adquirirla? ¿Está progresando como se espera en otras áreas del desarrollo motriz grueso?	Fortalezca el brincar, practicando el salto en un pie y luego en el otro. Déle la mano y participe brincando alrededor del círculo
Susie inventa palabras graciosas al son de una melodía conocida. Ella canta "Pimpón se lava la carita con agua y con carbón".	Susie reconoce e inventa rimas. *(Objetivo 38, Escucha y diferencia los sonidos del lenguaje)* ¿Cómo puedo estimular su canto creativo sin interferir? ¿Puede sustituir el primer sonido en las palabras (por ejemplo: "Bimbón" en lugar de "Pimpón")?	Proporciónele una grabadora para que grabe sus canciones y las comparta con otros niños. Pídale que le enseñe la canción que ella inventó. Enséñele canciones que jueguen con palabras como: "Aserrín, aserrán" o "Que llueva, que llueva".
Setsuko se mueve espontáneamente al son de la música pero prefiere que no la noten.	Setsuko deja de moverse si se le presta atención. *(Objetivo 3, Reconoce sus propios sentimientos y los maneja en formas apropiadas)* Cuando se mueve al son de la música lo hace con ritmo y equilibrio. *(Objetivo 15, Mantiene el equilibrio al moverse)* ¿Qué tipo de música le gusta? ¿Se siente tranquila y segura expresándose de otras maneras?	Observe cómo se mueve Setsuko al son de la música sin llamar su atención. Pídale sugerencias a los familiares sobre la música que le gusta y agréguela a su colección. En las actividades con todo el grupo, ofrézcale otras formas de participar como pasando los instrumentos o encendiendo la música.

La interacción con los niños durante las actividades con música y movimiento

Una de las mejores maneras de reforzar las exploraciones infantiles, la solución de problemas y la creatividad con la música y el movimiento es partir de la participación espontánea. Al responder a lo que hacen los niños, usted no sólo valida sus acciones sino que los hace más conscientes de lo que hacen. Como resultado comienzan a verse a sí mismos como personas que pueden producir y disfrutar la música y moverse con ella.

Describa lo que hagan los niños

Al interactuar durante las actividades de música y movimiento, comience donde estén los niños. En algunos casos basta con describir lo que vea. Suponga por ejemplo que oye a una niña inventar una canción mientras amasa arcilla. Usted podría decirle: "Esa arcilla te hizo pensar en una canción" y cantar con ella. Esta clase de repuesta la hará más consciente de sus actos y de cuánto valora usted lo que ella hace.

Sus descripciones de lo que vea u oiga decir a los niños también expandirán su vocabulario de la música y el movimiento. Al escuchar música o explorar el movimiento con ellos, usted podrá usar palabras como: *suave, áspero, se desliza* o *rebota*. También podrá ayudarlos a asociar la música y el movimiento: "La forma como te estás moviendo se llama 'deslizarse'. ¿Crees que la música suena como deslizarse"? El movimiento con frecuencia ayuda a que los niños noten las cualidades de la música con mucha mayor eficacia que las palabras. Por ejemplo, al oír las notas altas y bajas los niños pueden pararse en puntillas y agacharse en cuclillas.

> Sus descripciones de lo que vea u oiga decir a los niños también expandirán su vocabulario de la música y el movimiento.

Formule preguntas abiertas

Hacer preguntas abiertas de lo que un niño está haciendo o percibiendo le ayudará a descubrir qué le interesa al niño en el momento. Un pequeño que explora un xilófono podría estar concentrado en cómo suena cada color, mientras que otro puede estar experimentando con el volumen o pretendiendo tocar el piano como su padre. Cuando usted entiende exactamente qué le interesa a un niño, sus preguntas y comentarios serán mas dados a obtener una respuesta positiva y fomentar el aprendizaje. Las siguientes son unas cuantas preguntas abiertas que podría formular:

¿Cómo suena esto?

¿Habías oído eso antes?

¿Suena igual cuando golpeas cada tambor (o cada nota del xilófono)?

¿Qué ocurriría si...?

¿Qué mas podrías hacer...?

¿Estás haciendo música fuerte o suave?

¿Cómo podrías hacer que el tambor suene muy suave?

Aunque las preguntas abiertas estimulan a los niños a pensar sobre lo que están haciendo, sea sensible con respecto a lo que un niño esté experimentando. En ciertos casos, si el niño está felizmente enfrascado en lo que hace lo mejor es observar y escuchar.

Participe en las actividades con música y movimiento

Otra manera de enriquecer las experiencias infantiles es simplemente participando cuando el niño esté bailando —a los niños les encanta que los adultos sigan su liderazgo— y añadiendo una variación. Por ejemplo, Carlos mecía su cuerpo al son de una alegre canción. La maestra se meció con él por un momento y luego comenzó a mover la cabeza de un lado a otro. Muy pronto, Carlos estaba moviendo la cabeza de un lado a otro y rotando su cuerpo al mecerlo. Sin haber dicho una palabra, la maestra encendió la chispa del interés infantil de explorar nuevas posibilidades.

A los niños les encanta que los adultos sigan su liderazgo.

Al interactuar con los niños cerciórese de no interrumpir su espontaneidad. Cuando los vea bailando, lo mejor será permanecer al margen y no hacerles un montón de preguntas. Las preguntas y comentarios se pueden hacer después de que el niño termine de bailar o entre una grabación y otra: "Bailaste de una manera muy especial con esa música. Me pregunto si la próxima grabación te hará bailar de la misma forma o distinta".

Disfruten juntos de la música

Las experiencias musicales no siempre tienen que incluir movimiento. En ocasiones, usted deseará escuchar música y disfrutar un tiempo tranquilo con los niños. Podría pedirles que escuchen ciertos sonidos como el sonido de un tambor o las campanas o decirles: "Cierren los ojos y díganme en qué piensan al oír este sonido".

En ocasiones, usted deseará escuchar música y disfrutar un tiempo tranquilo con los niños.

Agregue nuevas grabaciones e instrumentos periódicamente. También puede invitar a los padres a compartir con el grupo sus talentos musicales: a cantar o tocar instrumentos de la familia o la cultura (acordeones, guitarras, violines, etc.).

Una maestra creó "una mesa sonora" con unas cuantas cajas y una serie de objetos como botones y ganchos, y les sugirió a los niños agregar algo más a la colección. Los niños trajeron objetos que encontraron en el salón (cuentas, bloques pequeños), en el exterior (rocas y guijarros). De vez en cuando, la maestra agregó nuevos materiales incluyendo arroz, canicas, campanillas y cajas de distintos tamaños. Los animó a probar distintas combinaciones de cajas y objetos, los niños se hicieron más conscientes del sonido y se interesaron más en explorar las distintas posibilidades de producir sonidos. Utilizaron algunas de las cajas sonoras (con las tapas pegadas o selladas) para acompañar sus canciones y para producir efectos sonoros en las historias y el juego imaginario.

Trate de utilizar la música selectivamente, reservándola para ciertos momentos del día. Si pone música de fondo todo el tiempo, los niños la considerarán ruido y la aislarán. En lugar de eso, las experiencias musicales deben enseñarles a disfrutar, apreciar y notar la música.

Las actividades de canto y movimiento en grupo

Cantar y moverse juntos es una actividad que niños y adultos pueden disfrutar por igual y ayuda a que todos se sientan parte del grupo. Incluso los niños tímidos tienden a sentirse más a gusto cantando con otros. Cantar en grupo y los juegos activos también ayudan a que los niños aprendan a cooperar con los demás, lo que incluye cantar cuando el grupo canta y guardar silencio cuando los demás lo hacen.

He aquí los tipos de canciones y actividades musicales, populares entre los niños pequeños.

Canciones sencillas llenas de repetición (una línea o refrán repetido). A los niños les encantan las canciones como "La granja", "Cucú", "Los elefantes", "Caballito blanco", o "La araña pequeñita" con frases sencillas y repetitivas. Incluso si los niños no pueden recordar los versos pueden participar con la frase que se repite, la cual aprenden con facilidad.

Canciones para jugar con los dedos. "Las llantas en el bus", "Los elefantes", "Buenos días" y "Tortillitas" son canciones para jugar con los dedos. A los niños les encanta la combinación de acciones, palabras y música. Algunos pueden participar moviendo sus manos y dedos antes de poder cantar.

Juegos con cantos y acción. Los juegos como "La piñata", "Las hormiguitas", "Al corro de la patata", "Al pasar por el puente", "La fiesta del tren" y "¿Dónde están las llaves?" combinan música, movimiento y la cooperación del grupo. Usted puede animar a los niños a inventar versos para estas conocidas canciones ("esta es la manera como movemos los brazos") e inventar juegos. Por jemplo, coloque una serie de aros (hula hoops) en el suelo y anime cada niño a moverse en ellos de distinta manera. Un simple canto ("Jenny está girando, girando, girando") lo hace más divertido.

Canciones con sonidos o letras graciosas. Las rimas infantiles tienen montones de sonidos divertidos como "Cucú", "Aserrín, aserrán", "El burrito enfermo" y "El gato ron ron". Muchas canciones tradicionales también tienen letras graciosas. A los niños les encantan las canciones que juegan con las palabras, especialmente con sus nombres ("Ana banana salta como rana"). Estas canciones contribuyen al desarrollo de la conciencia fonológica.

Canciones y bailes de distintas culturas. Es probable que usted conozca algunas canciones y bailes que podría enseñarles a los niños. Mejor aún, invite a los padres a que compartan las canciones y los instrumentos de sus culturas.

Juegos de movimiento sin música. Los niños más grandecitos pueden jugar juegos como "¿Qué animal soy?" o "¿Qué estoy haciendo?". Por lo regular, ellos son mas hábiles adivinando que representando, pero ambos roles estimulan a los niños a prestarle atención a movimientos específicos.

Estrategias para presentar una canción nueva

- Elija una canción relativamente corta con palabras sencillas y una melodía fácil de recordar.
- Verifique que haya practicado la canción y la sepa de memoria.
- Cuente la historia de la canción.
- Cánteles la canción a los niños. Anímese y cante, ¡con una gran sonrisa!
- Cante la canción una y otra vez e invite a los niños a participar o aplaudir al son de la música.
- Use accesorios como títeres, figuras de tela o ilustraciones para ayudar a los niños a recordar las palabras de la canción.
- Añada movimiento a la canción.

Canciones sencillas para preescolores

Aunque existen centenares de canciones para preescolares, las canciones tradicionales (los cantos tradicionales y la música popular de otras épocas) son un buen punto de partida para enseñarles las letras y melodías. La ventaja de estas canciones es que las familias y los maestros las conocen. Cuando los niños las cantan en el hogar, los familiares las reconocen y cantan con ellos. Usted puede haberlas aprendido en la niñez, cantado con su propia familia o quizá las aprendió cuando se convirtió en maestro.

Las canciones tradicionales son un buen punto de partida para enseñarles las letras y melodías.

"La granja"	"Fray Santiago"
"Buenos días"	"Las estaciones"
"El sol es de oro"	"Cucú"
"Una mariposita"	"De colores"
"Toma leche"	"El chorrito"
"En la feria del maestro Andrés"	"Grillito cri, cri, cri"
"Cumpleaños feliz"	"Pimpón"
"El abecedario"	"Los pollitos dicen"
"La arañita"	"El gato ron ron"
"Estrellita brillarás"	"Los elefantes"
"Tú eres mi sol"	"Nanita, nana"
"¿Dónde están las llaves?"	"Mi cuerpo hace música"

Además de aprender estas canciones conocidas, dedique tiempo a aprender y enseñar algunas canciones y bailes de las culturas representadas en su salón de clase. Su mejor fuente de información son las familias mismas; invítelas a enseñarle una canción a la clase, si se sienten cómodas haciéndolo. Lo más importante es continuar la tradición de pasar la cultura de una generación a la otra con los familiares compartiendo las historias detrás de las canciones o bailes particulares.

Para motivar a los niños a participar en las actividades con movimiento en grupo

A la mayoría de los niños les fascina explorar las distintas formas como pueden mover el cuerpo. El movimiento puede realizarse con o sin música. Los incentivos abiertos para que los niños se muevan creativamente pueden comenzar como:

¿Podrías...?	*¿Qué puedes...?*	*¿Cómo es...?*
¿Cómo puedes...?	*Muéstrame...*	*Pretendamos...*

Use el movimiento para explorar cómo se mueve el cuerpo
Puedes...

¿tocarte la oreja con el hombro? ¿tocarte la nariz con la rodilla?

¿rebotar como una pelota?

¿mantener un globo en el aire usando distintas partes del cuerpo?

¿mover las dos piernas a la vez? ¿mecerte como un árbol en el viento?

¿caminar sobre las manos y los pies como un mono? ¿como un cangrejo?

Use el movimiento para explorar el espacio
Puedes...

¿moverte por el salón sin tocar a nadie?

¿moverte por el salón lentamente?

¿moverte por el salón como si tuvieras prisa?

¿pretender ser una pluma y flotar por el salón?

¿pretender que conduces un auto por el salón?

Use el movimiento para explorar cómo se mueve el cuerpo
Puedes...

¿moverte como si estuvieras cargando una caja muy pesada?

¿caminar como un gigante muy grande? ¿correr como un venado? ¿brincar como un conejo?

¿pretender ser un cono de helado que se derrite con el sol?

¿moverte como un robot? ¿como una muñeca de trapo?

¿hacer una figura interesante con tu cuerpo?

La música y el movimiento deben ser parte de cada día, desde la hora en que llegan los niños hasta la hora en que se marchan a casa. La música y el movimiento facilitan las transiciones y las rutinas: sentarse a merendar, tranquilizarse para descansar o hacer la siesta, limpiar el salón, vestirse antes de salir o la transición a la próxima actividad (p. ej., floten como una nube hasta el círculo para la hora del cuento). La música y el movimiento también son actividades naturales para reunirse con todo el grupo. Además, los niños pueden disfrutar de las actividades con música o movimiento en grupos pequeños, solos o con un maestro.

Preguntas frecuentes acerca de la música y el movimiento

No sé cantar, ni tocar ningún instrumento, ¿qué puedo hacer?

¡No se desespere! Lo importante es exponer a los niños a la música y el movimiento y crear un entorno donde puedan explorar. Cuando canten en grupo, podrá sentir mayor tranquilidad si utiliza CDs o casetes. Los niños podrán explorar la música espontáneamente sin que usted les cante. En todo caso, los prescolares no le prestan atención a la calidad de la voz, ¡lo único que desean es cantar!

¿Cómo puedo estimular a todos los niños a participar en las actividades con música o movimiento?

Algunos niños tienen una inclinación natural hacia la música y el movimiento. Ellos cantan o tararean durante el día mientras trabajan y juegan. Notan el ritmo de un reloj que marca el paso o del agua que gotea. Experimentan con el cuerpo, aplaudiendo o produciendo sonidos con la boca. Se mueven y se balancean cuando arman rompecabezas o dibujan. Encienden la música y se mueven al ritmo de la misma.

Otros niños pueden sentirse reacios a participar o no sentirse a gusto exhibiéndose o simplemente no les gusta la música que suena. Cualquiera que sea la razón, no fuerce a un niño a cantar o bailar. Recuerde que, incluso si no participan, están escuchando la música y sintiendo el ritmo. Los niños reacios pueden usar los materiales por su cuenta, pasar los instrumentos musicales a sus compañeros o ayudar con los accesorios.

¿Tengo que tener un área separada para la música y el movimiento en mi salón? No es suficientemente grande.

Un área de interés separada para la música y el movimiento puede ser pequeña y utilizarse para actividades individuales. Las actividades de música y movimiento con los grupos más grandes pueden tener lugar en el área del círculo o donde el espacio sea mayor.

CARTA A LAS FAMILIAS ACERCA DE LA MÚSICA Y EL MOVIMIENTO

Apreciadas familias:

En nuestro programa, nosotros cantamos y nos movemos creativamente. Cantar y moverse al son de la música les brinda a los niños la oportunidad de escuchar y apreciar distintas clases de música, de expresarse mediante el movimiento y de poner en práctica nuevas destrezas. Las siguientes son algunas de las formas en que estimulamos el gusto por la música y el movimiento.

- Escuchamos toda clase de música.

- Tocamos instrumentos para producir nuestra propia música.

- Les damos a los niños pañoletas coloridas y banderolas de papel para moverse al son de la música.

- Cantamos para facilitar nuestras rutinas diarias como la hora de la limpieza.

- En ocasiones llevamos afuera una grabadora y tocamos jazz o música popular y los niños bailan y dramatizan las canciones.

Qué se puede hacer en el hogar

Para disfrutar de la música con sus pequeños no es necesario saber tocar algún instrumento. Dedicar unos cuantos minutos y sentarse juntos a escuchar música puede ser un merecido descanso para todos. Además, la música que compartan con sus hijos no tiene que ser solamente "música infantil". Puede ser reggae, country, jazz, clásica, rap o cualquier otra clase de música que les guste. Las siguientes son unas cuantas ideas para disfrutar de la música y el movimiento con sus pequeños.

- A los niños les encantan las canciones o los cantos sobre lo que están haciendo, especialmente si incluyen sus propios nombres. Al empujar a su pequeño en un columpio, podrían cantarle: "Hacia arriba y hacia abajo, así se mece [diga el nombre de su hijo(a)]".

- Las canciones y juegos con los dedos les ayudan a los niños a mantenerse ocupados en los momentos desafiantes como los viajes largos en automóvil, al esperar en una fila o al hacer las compras.

- Las canciones les facilitan a los pequeños las tareas como recoger los juguetes, prepararse para salir, desvestirse para bañarse, etc. Ustedes podrían tratar de inventar canciones como: "Yo te quiero mucho, vamos a limpiar" o "Pongámonos abrigos para ir a pasear".

- Los instrumentos musicales pueden ser hechos o improvisados en el hogar con gran facilidad. Ustedes (o sus hijos) pueden haber descubierto que las ollas y tapas pueden convertirse en maravillosos instrumentos.

Compartir música con sus hijos es una estupenda manera de fortalecer una relación cálida y amorosa y es un regalo que durará por el resto de la vida.

En este **capítulo**

Cómo se desarrollan y aprenden los niños

El entorno del aprendizaje

La función de la familia

Qué aprenden los niños

Los bloques
El juego imaginario
Los juguetes y juegos
El arte
La biblioteca
Los descubrimientos
La arena y el agua
La música y el movimiento
Las experiencias culinarias
Las computadoras
El juego al aire libre

La función del maestro

Teoría e investigación

14 Las experiencias culinarias

Cómo refuerzan el desarrollo infantil

Cocinar es algo divertido que además constituye un laboratorio natural para que los niños se desarrollen y aprendan. Cuando ponen en práctica actividades culinarias, aprenden cómo se preparan los alimentos y cómo contribuyen a su salud y bienestar. Además adquieren hábitos alimenticios que duran por el resto de la vida.

El desarrollo socioemocional. Los niños se sienten orgullosos de poder preparar una merienda que tanto ellos como otros podrán disfrutar. Además, adquieren independencia siguiendo por su cuenta una receta o trabajando cooperadamente en una tarea común.

El desarrollo físico. Cortar apio, apretar un limón y esparcir mantequilla de manzana son acciones que fortalecen el control de los músculos y la coordinación ojo-mano. De hecho, los niños no pueden cocinar sin fortalecer al mismo tiempo su desarrollo físico.

El desarrollo cognoscitivo. Las actividades culinarias inspiran la curiosidad y el pensamiento infantil. Aprenden palabras comparativas al medir los componentes para una receta y llenar una jarra de un galón de agua con cuatro cuartos. Además adquieren destrezas para resolver problemas mediante la experimentación y observan la causa y el efecto al ver cómo crece la masa del pan cuando se le agrega levadura. Cocinar también abre una ventana a la creatividad infantil. La masa que usamos para el pan se puede usar para hacer letras, números, culebras u otras curiosas figuras.

Para los niños con discapacidades del aprendizaje, las actividades culinarias son valiosas porque les ofrecen experiencias directas con conceptos que pueden ser difíciles de dominar. Al cocinar, los niños organizan los ingredientes, siguen la secuencia de una receta y llevan a cabo varias instrucciones.

El desarrollo lingüístico. La gastronomía tiene su propia terminología. Los nombres de los alimentos y las palabras básicas relacionadas con la culinaria, como *ingredientes, receta, aparato, rallar, amasar, moler, cernir, engrasar y picar* son todas nuevas adiciones al vocabulario infantil. Más aún, a medida que los niños emparejan las ilustraciones con las palabras escritas, aprenden a leer y a seguir las recetas por su cuenta.

Conexión entre las actividades culinarias y los objetivos del Currículo

En el área de actividades culinarias, los niños tienen la rara oportunidad de realizar lo mismo que hacen los adultos. A medida que se familiarizan con los procedimientos de cocina, adquieren destrezas y conocimiento. Familiarizarse con el *Continuo del desarrollo* le permitirá establecer el nivel de desarrollo de cada niño. En el cuadro a continuación, le ofrecemos ejemplos de cómo las experiencias culinarias ayudan a que los niños alcancen muchos de los objetivos de aprendizaje de *El Currículo Creativo*.

Objetivos seleccionados del Currículo	Que podría hacer un niño en el área de actividades culinarias
Desarrollo socioemocional	
5. Demuestra direccionalidad propia e independencia	Mira recetas para preparar una ensalada Waldorf y reúne los ingredientes necesarios.
6. Asume la responsabilidad de su propio bienestar	Se sirve galletas con mantequilla de maní y luego escribe su nombre en una lista para indicar que ha comido su merienda de la mañana.
7. Respeta y cuida el entorno de la clase y los materiales	Limpia antes de sentarse a comer la merienda que preparó.
8. Sigue las rutinas de la clase	Se lava las manos antes y después de trabajar con alimentos.
9. Sigue las reglas de la clase	Coloca en la basura la cáscara de un pepino.
12. Comparte y respeta los derechos de los demás	Le cede el turno a un niño que ha estado esperando por el pelapapas, aunque aún le quedan otras zanahorias por pelar.
13. Utiliza las destrezas de pensamiento para resolver conflictos	Decide usar un batidor de mano para batir los huevos de manera que otro niño pueda usar el otro batidor.
Desarrollo físico	
19. Controla los músculos pequeños de la mano	Golpea y amasa masa de pan para que crezca.
20. Coordina los movimientos ojo-mano	Vierte el aceite sin usar en una botella usando un embudo.
21. Utiliza instrumentos para escribir y dibujar	Ayuda a elaborar tarjetas de recetas para el área de actividades culinarias.

Objetivos seleccionados del Currículo	Que podría hacer un niño en el área de actividades culinarias
Desarrollo cognoscitivo	
22. Observa con curiosidad los objetos y acontecimientos	Dice: "Un kiwi tiene cáscara áspera y un limón tiene cáscara suave, pero los dos son redondos y verdes por dentro".
23. Maneja los problemas con flexibilidad	Sugiere untar queso crema en los panecillos después que el dentista les advierte lo que provoca comer dulces.
24. Es persistente en lo que emprende	Cuando tiene dificultad para mezclar los ingredientes húmedos con la harina, pasa el tazón de la mesa a un sillón y continúa batiendo la mezcla con la cuchara de madera.
25. Explora la relación causa-efecto	Observa que al colocar las palomitas de maíz en el horno microondas, se infla la bolsa.
26. Aplica el conocimiento o la experiencia en nuevos contextos	Sugiere añadirle más harina a la mezcla de galletas, para que no sea tan pegajosa, tal como lo hizo el grupo cuando prepararon plastilina.
27. Clasifica objetos	Separa las recetas en: alimentos para merendar, para almorzar y para ocasiones especiales.
28. Compara/mide	Llena tazas para medir con harina, azúcar y agua para un proyecto de hornear.
33. Usa la correspondencia uno a uno	Prepara la mesa para merendar colocando un plato, una servilleta y un vaso por cada silla en la mesa.
34. Usa los números y cuenta	Al cocinar, cuenta tres cucharaditas de jugo de limón, tal como lo indica la receta para preparar limonada.
Desarrollo lingüístico	
40. Comprende y sigue instrucciones orales	Agarra la cuchara de madera y comienza a mezclar todo en el tazón cuando la maestra dice: "Mezclen todos los ingredientes".
41. Responde preguntas	Responde: "Se derrite", cuando le preguntan qué le ocurre al queso cuando se calienta.
42. Hace preguntas	Le pregunta a la maestra: "¿Por qué una mazorca no explota en el microondas?".
47. Utiliza las destrezas lectoras emergentes para entender lo escrito	Sigue las tarjetas de recetas para preparar una ensalada.
50. Escribe letras y palabras	Intenta escribir un menú para anunciar "La merienda de hoy".

Cómo crear un entorno para las actividades culinarias

La mayoría de maestros de preescolar cocinan con los niños. Por lo regular, cocinar es una actividad especial, por ejemplo, hornear pan en compañía e invitar a los padres a compartir una atesorada receta familiar.

Aunque las actividades especiales de este tipo son un elemento bienvenido en el programa, no abarcan todo el potencial del aprendizaje que tiene lugar mediante las actividades culinarias. En *El Currículo Creativo* percibimos el área de actividades culinarias como un lugar donde los niños pueden explorar, experimentar y crear diariamente, solos, en grupos pequeños o uno a uno con un maestro, con un padre voluntario o con otro niño. El área de actividades culinarias es tan activa y bien desarrollada como las demás áreas de interés de su salón de clase.

Los niños usan delantales para proteger la ropa.

Los utensilios de cocina seguros están al alcance de los niños.

Las actividades culinarias son guiadas por medio de tarjetas de recetas. El área está organizada para que los niños pueden preparar meriendas sin ayuda y comer cuando lo deseen.

Hay una fuente de agua a mano para poder usarla en las actividades culinarias y en la limpieza.

Cómo organizar el área de actividades culinarias	Materiales sugeridos
Ubicación: Preferiblemente cerca de una fuente de agua y tomacorrientes eléctricos, pero alejada de las computadoras Una opción: acceso al refrigerador, la estufa o el microondas **Coloque:** Mesas y asientos de tamaño infantil Materiales almacenados en cajas en anaqueles bajos o colgados en tableros con ganchos	Tazones de plástico o metal de distintos tamaños Tazas y cucharas para medir de plástico o metal Tazas para medir de Pyrex Cucharas de madera, embudos, batidor, prensapapas, cuchillos, espátulas, bases para cortar, pelapapas, exprimidores, moldes para galletas, tenazas, cucharas grandes, jarras pequeñas Cogeollas, delantales, toallas de cocina Abrelatas, tijeras de cocina, rallador Moldes para tortas, cacerolas Salvamanteles, platos, cubiertos Tarjetas de recetas con ilustraciones y palabras, laminadas o cubiertas con papel Contact transparente

Selección de los materiales

No es necesario gastar mucho dinero en equipo y utensilios de cocina. Los materiales pueden ser donados o comprados a bajo costo en tiendas de segunda mano. En lugar de una estufa convencional o del horno microondas, se puede usar un horno eléctrico pequeño, una sartén eléctrica, una fritadora eléctrica o una olla para hornear. Coloque las sartenes sobre parrillas eléctricas y utilice las sanducheras para hacer más que sánduches. Usted podrá utilizar hasta una plancha para preparar emparedados de queso envueltos en papel de aluminio. Algunos maestros usan recursos alternativos como bombillas para hornear. Los hornos de fácil horneado (Easy Bake) se pueden comprar de segunda por 1 ó 2 dólares y usarse para porciones individuales. Un refrigerador, aunque es bueno tenerlo, no es necesario. Usted podrá almacenar los alimentos degradables en una nevera portátil, en bolsas selladas, en termos o en el refrigerador de la escuela (si hay uno disponible).

El siguiente inventario se ofrece como orientación. Usted podrá agregar u omitir elementos de esta lista para reflejar sus preferencias y recursos, así como los gustos de sus niños. Comience con unos cuantos elementos esenciales y luego agregue otros materiales durante el año, a medida que los niños experimenten más con los alimentos. Tenga en cuenta que le recomendamos usar cuchillos reales, no de plástico, porque el peso los hace más estables. Le recomendamos un cuchillo para chef porque los niños pueden rodear la agarradera con la mano y mantenerse a una distancia segura de la parte cortante.

Comience con unos cuantos elementos esenciales y luego agregue otros materiales durante el año.

Sugerencias para un inventario de equipo culinario

Para medir

- cucharas para medir de plástico y metal
- jarras
- tazas para medir de metal y plástico (para los ingredientes secos)
- tazas de Pyrex para medir (para los líquidos)

Para hornear o cocinar

- armazón para enfriar lo horneado
- brocha de cocina
- envoltura de plástico
- moldes para galletas
- moldes para hornear (redondos, cuadrados, de metal y de Pyrex)
- moldes para pasteles de carne (de metal y de Pyrex)
- ollas con tapas, incluyendo para baño maría
- papel de aluminio
- platos para pasteles
- rodillo
- tazones de plástico de varios tamaños
- tazones para mezclar

Aparatos

- abrelatas
- batidor de mano
- cucharón para helado o para hacer bolitas de melón
- desvainadores
- exprimidores para jugo
- fritadora eléctrica
- licuadora
- mortero
- pelapapas con empuñadora suave
- ralladores
- reloj
- termómetro para dulces

Utensilios

- batidor
- batidores de mano de empuñadora suave
- cepillo para lavar vegetales
- colador
- colador o tamiz
- cuchara ranurada grande
- cucharón
- cucharas de madera
- cuchillos de mesa y para mantequilla
- cuchillo para labrar calabazas de tamaño infantil
- cuchillo para untar mantequilla
- cuchillos para chef con empuñadora suave
- embudo
- espátulas de caucho grandes y pequeñas
- prensa papas
- raspador de caucho
- tenazas
- tijeras de seguridad

Accesorios

- bases de madera para cortar
- bolsas de repostería y boquillas
- cogeollas y guantes para horno
- delantales
- soportes

Le animamos a que los niños usen utensilios de cocina reales, puesto que podrán sentirse frustrados tratando de hacer funcionar los utensilios de juguete. Seleccione materiales de plástico irrompibles o de caucho para prevenir que los niños se hieran con tazones de vidrio o utensilios quebrados. Las empuñaduras suaves son fáciles de agarrar firmemente para las pequeñas manos. En algunos casos específicos, los utensilios de Pyrex se recomiendan porque los niños pueden ver lo que tienen adentro y comprender la medición o el proceso de hornear. Algunas actividades culinarias requieren usar objetos afilados como cuchillos, ralladores o despepitadores. Su uso se debe realizar bajo la constante supervisión de un adulto.

Permita que los niños usen utensilios de cocina reales.

Cómo exhibir el equipo y los utensilios de cocina

La clave para que el área de actividades culinarias sea funcional y atractiva es almacenar y exhibir el equipo y los utensilios en forma organizada para que los niños puedan llegar a ellos sin dificultad. Use estantes abiertos a la altura de la vista de los niños. Agrupe los objetos según su función: para mezclar, para hornear, para amasar y así sucesivamente. Tal como se rotulan los bloques y accesorios, puede trazar los contornos de los utensilios en papel Contact de color, recortarlos y pegarlos en los lugares correspondientes en los anaqueles. Los letreros les ayudan a los niños aprender y a asociar el utensilio con su nombre.

Los objetos pequeños como las bolsas de repostería y las boquillas se pueden colocar en cajas de cartón o de plástico o en tarros grandes de jugo y almacenarse en los estantes.

Los utensilios como las cucharas de madera y las espátulas se pueden almacenar en un tarro grande cubierto con papel Contact o papel y colocarse sobre el mesón de la cocina. Otra alternativa es almacenarlos en vasos de plástico grandes. Los utensilios que se usan con frecuencia como las tazas para medir, las cucharas y los cogeollas se pueden colgar en ganchos cerca al área donde los niños realizan las actividades culinarias o en canastas colgantes a la altura de los niños.

Si el espacio es un problema en su salón, piense en cómo podría reducir el espacio que necesita para cocinar. Por ejemplo, hornear requiere más equipo que preparar una sopa o un batido de frutas. Considere usar un sistema de cajas portables, similar al sistema de cajas de accesorios utilizado en el área de juego imaginario. Rotule varias cajas portables: una para hornear; una para preparar sopa, pudín y otras actividades que requieran ollas; y otra para las actividades culinarias que no requieran hornear ni calentar. Luego, cuando los niños necesiten el equipo, podrán tomar la caja apropiada y llevarla a una mesa.

Considere usar un sistema de cajas portables.

Los protectores o delantales se pueden hacer con camisas viejas, camisetas grandes o trapos que pueden colgarse de un perchero o en ganchos cerca a la entrada del área.

Los utensilios de limpieza como un recipiente de plástico y un escurridor, toallas de papel y trapeadores se pueden almacenar cerca o debajo del fregadero y accesibles para los niños.

Los objetos afilados como los cuchillos, molinos y ralladores se deben almacenar fuera del alcance de los niños. El blanqueador y otros productos disolventes se deben colocar en un lugar con llave.

Las paredes en el área de actividades culinarias se pueden decorar de muchas maneras creativas. Invite a los niños a hacer dibujos o pintar los alimentos que hayan preparado. Puede pegar reproducciones de obras de arte como bodegones de frutas o vegetales, pinturas impresionistas o escenas al aire libre donde se ven personas comiendo. También puede utilizar afiches relacionados con la salud y la seguridad: por ejemplo, una pirámide alimenticia para hacer énfasis en la necesidad de consumir alimentos nutritivos. Si alguno de los niños o familias son vegetarianos, exhiba la pirámide de alimentos vegetarianos. Pegue cerca del fregadero una señal para recordar lavarse las manos antes y después de manejar alimentos.

Consideraciones especiales relacionadas con la salud y la seguridad

Para crear un área de actividades culinarias sana y segura se deben observar los reglamentos pertinentes. Si usted y los niños siguen los lineamientos básicos podrán proceder con tranquilidad.

En primer lugar, revise que el área sea segura. Verifique que los tomacorrientes no estén sobrecargados y los que no estén en uso estén protegidos. Los cuchillos afilados y el equipo potencialmente peligroso como los ralladores y licuadoras se deben almacenar fuera del alcance de los niños y sacarse sólo cuando usted pueda supervisar el uso de este equipo. Los limpiadores se deben almacenar en lugares o armarios con llave.

Antes de que los niños utilicen el área de actividades culinarias, hable con ellos sobre las reglas de seguridad. Así como debe enseñarles maneras apropiadas de usar las computadoras y las herramientas de carpintería, deben informarse sobre la seguridad al cocinar. Aunque aquí hemos mencionado las principales precauciones que se deben tener en cuenta, le recomendamos obtener una copia de *Stepping stones to using Caring for Our Children: National Health and Safety Performance Standards Guidelines for Out-of-Home Child Care Programs* (Pasos para cuidar de nuestros niños: pautas y estándares de desempeño nacionales de salud y seguridad en programas de cuidado infantil fuera del hogar (USA Maternal and Child Health Bureau, 2000). Este documento ofrece información detallada sobre la salud y la seguridad de los alimentos (así como orientación en todas las áreas del cuidado infantil).

Antes que los niños utilicen el área de actividades culinarias, hable con ellos sobre las reglas de seguridad.

Buenas prácticas relacionadas con las quemaduras y cortadas

Para prevenir o tratar las quemaduras o el fuego

- Use cogeollas secos para manejar las sartenes, ollas y alimentos.

- Séquese las manos antes de conectar algún electrodoméstico.

- Use cucharas de madera en los sartenes y ollas (los utensilios de metal se calientan demasiado).

- Mantenga los cogeollas, delantales y toallas alejados de las fuentes de calor.

- Al usar una estufa, dirija las agarraderas de las sartenes hacia el centro de la estufa.

- Al levantar las tapas de ollas o sartenes calientes, oriéntelas hacia la parte posterior de la estufa.

- Mantenga sobre el mesón una caja abierta de bicarbonato.

- Si se inicia un fuego, enséñeles a los niños cómo ahogarlo con el bicarbonato, nunca con agua. Si se incendia un horno microondas o un horno eléctrico cierre la puerta del horno.

- Para tratar las quemaduras aplique agua fría en la parte quemada. No se debe usar mantequilla por ser perjudicial para las quemaduras.

Para prevenir las cortadas

- Primero presénteles a los niños los cuchillos para untar mantequilla (y limite las actividades culinarias a las que no requieran un cuchillo afiliado). Luego, avance a los cuchillos de mesa con sierra. Los preescolares mas grandecitos pueden aprender a usar un cuchillo para chef sin peligro.

- Agarre los cuchillos, ralladores y pelapapas únicamente por las empuñaduras.

- Mantenga los cuchillos afilados; los cuchillos sin filo son peligrosos.

- Coloque cuchillos que no esté usando sobre una base para cortar, no sobre el mesón.

- Nunca permita que un niño use los cuchillos u otros utensilios afilados sin ser supervisado.

- Nunca permita que los niños corten alimentos en las manos.

- Demuestre cómo se deben agarrar los alimentos al rallarlos o pelarlos, para que los dedos no estén expuestos a los bordes afilados.

- Enséñeles a los niños a usar sus dedos como una "garra" al sostener los alimentos que vayan a cortar para mantener las puntas de los dedos libres de peligro.

Buenas prácticas para preparar alimentos

Cómo prevenir las enfermedades transmitidas por los alimentos:

- Pegue ilustraciones de los procedimientos adecuados de lavado de manos y recuérdeles a todos lavarse las manos antes y después de manejar alimentos. Para lavarse bien las manos se recomienda usar jabón por unos veinte segundos. Usted podría usar un reloj o pedirles a los niños cantar una canción que hayan establecido previamente para que sepan cuánto tiempo deben permanecer lavándose las manos.

- Enséñeles a los niños a estornudar o a toser, tapándose la boca con la parte interna del brazo o hacia al suelo. Después de sonarse la nariz, deben lavarse las manos.

- Use distintas bases de madera para cortar los alimentos crudos y cocidos.

- Lave todos los utensilios —incluidas las bases de madera para cortar— después de utilizar alimentos crudos.

- Cocine los alimentos por suficiente tiempo.

- No deje expuestos por más de dos horas los alimentos que necesiten refrigeración.

Antes de comenzar a cocinar con los niños, averigüe si alguno tiene alergias a algún alimento. Algunos preescolares son alérgicos a las nueces o el maní, presente en la mantequilla de maní y en forma menos evidente en alimentos que contienen aceite de maní como los dulces M & M. Algunos niños son tan alérgicos, que incluso la presencia mínima de maní puede constituir una amenaza para su vida. Otros niños no toleran la lactosa y tienen dificultad para digerir los productos lácteos. Asegúrese de consultar la documentación sobre cada niño y hable con las familias antes de emprender cualquier actividad culinaria. Planee por anticipado para proteger a los niños de que consuman algo que pueda ser peligroso para ellos, pero encuentre una manera de que todos participen en las actividades culinarias.

Para ayudarle a actualizarse con respecto a las mejores prácticas actuales, hay varios sitios en Internet que ofrecen información relativa a la seguridad de los alimentos. Dos de las mejores son: www.foodsafety.gov y www.fightbac.org. Además, exhiba sus planes de emergencia de salud y seguridad y los números telefónicos en un lugar específico. Si surge una emergencia, no tendrá que depender de su memoria para saber cómo extinguir un fuego en la cocina. Aun cuando esta información es necesaria e importante, trate de no perder la perspectiva. Cocinar es algo divertido y es una actividad inspiradora. Mantener presente la salud y la seguridad es como cargar una sombrilla en un día nublado. Aunque no tenga que hacer uso de su conocimiento, podrá sentirse tranquilo pues estará preparado.

Proteja a los niños de consumir algo que pueda ser peligroso para ellos.

Qué aprenden los niños en el área de actividades culinarias

La cocina es un laboratorio natural para enseñar contenidos académicos. Cuando los niños se enfrascan en la preparación de alimentos, se pueden explorar todos los componentes clave de las áreas de contenido mencionadas en el capítulo 3: lecto-escritura, matemáticas, ciencia, estudios sociales, artes y la tecnología. He aquí unos cuantos ejemplos de cómo se pueden conectar los contenidos, la enseñanza y el aprendizaje.

Lecto-escritura

Al leer las tarjetas de recetas, los niños amplían su **vocabulario y lenguaje**. A medida que aprenden a amasar pan, a moler nueces y darle vuelta a los pancakes, aprenden nuevas palabras y nuevas destrezas.

Aprovisione el área de cocina con libros infantiles que muestren actividades culinarias y alimenticias para reforzar **la comprensión de los libros y otros textos**. Muchos como *Sopa de piedras* (Marcia Brown), *Tortillas y cancioncitas* (Lynn Reiser) y *La tortillería* (Gary Paulsen) realzan el gozo infantil con la literatura y la culinaria. Incluya libros de cocina, tarjetas de recetas, cupones de supermercados y recetas de revistas para mostrar distintas clases de material escrito.

Expanda **el conocimiento de lo escrito y las letras y las palabras**, elaborando y usando con los niños cuadros de recetas y tarjetas, y libros de cocina ilustrados. Señale las palabras al leer el cuadro de izquierda a derecha y de arriba hacia abajo. Dirija la atención de los niños a las palabras en los recipientes y cajas de alimentos. Ofrézcales cortadores de galletas, con las letras del alfabeto o muéstreles como armar letras con la masa.

Matemáticas

Involucre a los niños en la solución de problemas relacionados con **conceptos númericos**, presentándoles retos para que los resuelvan. Por ejemplo, pregúnteles a los niños cómo pueden dividir la taza de salsa que han preparado para que cada uno tenga un poco. Permita que los niños practiquen la correspondencia uno a uno, pidiéndoles preparar la mesa para el mismo número de niños que de sillas en la mesa.

Ayúdeles a los niños a adquirir **sentido geométrico y espacial**, proporcionándoles cortadores de distintas figuras para hacer emparedados y permita que elijan el mejor lugar para ubicar la armazón para hornear.

Fortalezca las destrezas de **hacer patrones**, mostrando cómo hacer una ensalada o una lasagna en capas.

Proporcióneles a los niños recetas para que las sigan y experimenten **la medición**. Pídales que observen cuántas cucharaditas caben en una cucharada y cuántas tazas en un cuarto de galón.

Anime a los niños a usar las destrezas de **recoleccion, organización y representación** de datos en el área de actividades culinarias, registrando cuántas personas quieren cocinar distintas recetas como pancakes, crepes o waffles.

Ciencia

Plantee preguntas que animen a los niños a emprender investigaciones de **la ciencia física**. Por ejemplo, pídales probar la frescura de un huevo viendo si se hunde o flota en un vaso de agua (los huevos dañados o podridos flotan y los frescos se hunden). Anime a los niños a usar sus sentidos para observar la apariencia de la gelatina mientras se solidifica, cómo se siente la masa cuando se le añade harina o cómo sabe la limonada sin azúcar. Ayúdeles a aprender por qué los alimentos cambian de forma; ¿por qué se congela el helado, se derrite el chocolate o se espesa el pudín?

Siembre con los niños semillas de rábanos, arvejas y pepinos que podrán cosechar para las actividades culinarias y ver **la ciencia de la vida** en acción. Los niños podrán suspender papa dulce o pepas de aguacate en frascos de agua hasta que germinen y retoñen. Convierta cada actividad culinaria en una lección de nutrición y buenos hábitos alimenticios. Saque zanahorias, apio y alfalfa para que los niños los preparen y coman. Anímelos a preparar recetas con frutas en lugar de dulces.

Estudios sociales

Pídales a los padres compartir sus recetas familiares para exponer a los niños a **las personas y cómo viven**. Complemente estos tesoros familiares con otras recetas que haya reunido y reflejen distintas culturas, costumbres, regiones y climas.

Enfoque la atención de los niños en **las personas y el pasado**, pidiéndoles mantener un diario semanal dibujado de lo que comen en la escuela. Use estos diarios para comentar la nutrición. Los padres también pueden aprender sobre las dietas de sus niños.

Comience un programa de reciclaje en el salón de clase para aprender sobre **las personas y el entorno**. Comience reuniendo todo tipo de recipientes de alimentos que se reciclen en su comunidad: tarros, frascos, botellas, recipientes de plástico. Puede incluso organizar una producción de abono. Para hacerlo, reúna desperdicios de vegetales y frutas que podrá agregarle a la tierra para nutrirla. Cuando los niños limpien en el área de actividades culinarias, podrán separar el papel, el metal, el vidrio, el plástico y los desperdicios de alimentos. (Lo más probable es que la mayoría de los periódicos reciclados y el papel de oficina provengan de otras áreas de actividades).

Artes

Decoren las paredes y los respaldos de los divisores con los dibujos y pinturas de alimentos que hayan hecho los niños para exponerlos a **las artes visuales**. Elaboren un libro de cocina de la clase para que los niños lo ilustren.

Fomente **la dramatización**, recreando los movimientos de varias actividades culinarias como mover las piernas como una batidora, ser maíz que explota o un pedazo de pan en una tostadora.

Tecnología

Hable con los niños sobre los electrodomésticos que se usan en el área de cocinar para que **reconozcan la tecnología**.

Estimule a los niños a explorar los utensilios y otras **herramientas tecnológicas**. Pregúnteles por ejemplo, ¿cómo se puede abrir un tarro sin usar un abrelatas? ¿En qué se diferencian y se parecen un batidor de mano, uno de alambre y uno eléctrico?

En las salidas a una finca o una avícola, anime a los niños explorar cómo **usan las personas la tecnología**. Pídale a la persona guía que les muestre a los niños las máquinas que usan para ordeñar las vacas, plantar las semillas, cosechar los vegetales, alimentar los peces y similares.

Los ejemplos que hemos ofrecido de experiencias culinarias que involucran a los niños en el aprendizaje de importantes contenidos pueden tener lugar en cualquier área de cocina cuando los maestros se formulan propósitos definidos y planean con cuidado. En la siguiente sección exploramos la función del maestro en más detalle.

La función del maestro

En el área de actividades culinarias, tal como en todas las otras áreas, usted es un líder, un facilitador y un sistema de apoyo para los niños que trabajan allí. Aun cuando existen asuntos relativos a la salud y la seguridad que exijen la supervisión de los adultos, los niños pueden utilizar ésta área por sí mismos o con uno o dos amigos más. Su principal trabajo es responder a los impulsos infantiles para que todos los niños asocien la cocina y el aprendizaje.

Cómo observar y responder en forma individualizada

Cuando los niños interactúan por primera vez con los alimentos en el área de actividades culinarias, comienzan explorando. En esta etapa inicial, usan todos sus sentidos para descubrir cómo son los alimentos. Al sentir la textura de la cáscara de una piña, oler el pan que se hornea, ver cómo se espesa el pudín, oír cómo explotan las palomitas de maíz y probar la acidez de una limonada, aprenden las propiedades de los distintos alimentos. Al probar y ver cómo reaccionan los alimentos al ser cocinados, cortados y macerados, aprenden acerca de las diferencias entre los estados crudo y cocido.

Una vez que los niños tienen una noción de cómo son los alimentos, experimentan con ellos. En esta etapa desean ver qué le ocurre a la masa del pan que ha sido amasada y golpeada. Quieren ver cómo crece la masa después de que se deja quieta en un lugar cálido. Durante esta fase de experimentación, las acciones de los niños tienen un proposito definido. Su curiosidad les hace preguntarse cómo reaccionan los alimentos a su manipulación y se deleitan preparando lo que luego podrán comer. Cocinar también ofrece una oportunidad de que los niños aprendan cómo seguir reglas. Para cocinar siguiendo recetas es necesario que los niños comprendan las instrucciones y lleven a cabo actividades en una secuencia preestablecida. Estas son destrezas que les servirán por el resto de su vida.

Cómo enseñar técnicas básicas

Al planear actividades culinarias para preescolares, es necesario que todos conozcan unas cuantas técnicas básicas. Una vez que cuenten con estas destrezas, cocinar será mas fácil y mucho más sofisticado. Varias técnicas se pueden presentar mediante la instrucción directa. Una vez aprendidas, la mayoría de éstas destrezas podrán ser utilizadas en forma independiente. Aquellas destrezas que puedan ofrecer algún peligro (p. ej., cortar, rallar, o despepitar) se deben realizar únicamente bajo la supervisión de un adulto.

Técnicas que pueden aprender los niños de 3 a 5 años

• agitar	• derretir	• mezclar
• amasar	• engrasar	• partir
• amasar con las manos	• esparcir	• pelar con los dedos
• amasar con rodillo	• espolvorear	• rallar
• apretar	• hacer figuras	• revolver
• cernir	• lavar	• sazonar
• cortar	• medir los ingredientes secos	• sumergir
• cortar rodajas		• verter
	• medir los líquidos	

Técnicas para presentarles a los preescolares más grandecitos

• batir	• despepitar	• macerar
• cortar en cuadritos	• escurrir	• pelar con pelapapas
• descorazonar	• exprimir	• picar

Cómo responderle a cada niño

A medida que observe a los niños participando en las actividades culinarias, usted podrá planear un método que refuerce sus experiencias. Vea qué destrezas ha adquirido el niño y cómo responde a las actividades culinarias. Note si el niño:

- se sirve la merienda sin ayuda o espera hasta que se le recuerde

- escoge una labor particular o espera a que se le asigne una tarea

- sigue las instrucciones de una receta o un cuadro

- puede manejar las herramientas y controlarlas con seguridad

- empieza y termina una actividad culinaria

- puede cocinar cooperadamente con otros niños

Vea qué destrezas ha adquirido el niño y cómo responde a las actividades culinarias.

Sus observaciones enfocadas le brindarán una imagen del desarrollo del niño y le permitirán tomar decisiones sobre qué hacer después. Utilizando como guía el *Continuo del desarrollo*, reflexione sobre lo que aprenda y considere cómo responder mejor. En el cuadro a continuación le ofrecemos ejemplos de cómo funciona este proceso en el área de las actividades culinarias.

Observación	Reflexión	Respuesta
Después de ver que Ben arroja un desvainador al piso, Juan la recoge, lo lava y se lo entrega a Ben.	Juan comprende y sigue instrucciones sin tener que recordárselas. *(Objetivo 9, Sigue las reglas de la clase)* Reconoce que Ben puede necesitar ayuda y trata de ayudarle. *(Objetivo 11, Reconoce los sentimientos de los demás y reacciona apropiadamente)* ¿Cómo puedo estimular su tendencia a ayudar a los demás?	Reconozca el comportamiento de Juan, elogiándolo en forma apropiada. "Te agradezco que recordaras cómo cuidar los utensilios de cocina". Hágale una sugerencia: "¿Podrías ayudarle a Ben a usar el desvainador?".
Después de ver que Ben arroja un desvainador al piso, Juan la recoge, lo lava y se lo entrega a Ben.	Ben parece frustrado y es incapaz de expresar cómo se siente con palabras. *(Objetivo 3, Reconoce sus propios sentimientos y los maneja en formas apropiadas)* Me pregunto si tiene control de los músculos pequeños. *(Objetivo 19, Controla los músculos pequeños de la mano)*	Ayúdele a Ben a aprender a manejar lo que siente, animándolo a usar las palabras. "Veo que te enojaste tratando de usar el desvainador, pero si lo arrojas al suelo, lo puedes romper. Dime cuál es el problema para que tratemos de resolverlo". Sugiérale usar las manos para remover los tallos de las fresas y ofrézcale otras actividades que fortalezcan sus destrezas motrices finas como recoger objetos con tenazas y jugar con arcilla.
Jonetta aplana masa para galletas y usa los moldes para galletas sin ayuda. Cuando Derek le pide el rodillo, ella le dice: "Por qué no usas esta lata para aplanar tu masa. Luego la puedes usar para cortar círculos en la masa".	Jonetta es capaz en distintos usos para los objetos del salón de clase. *(Objetivo 23, Maneja los problemas con flexibilidad)* ¿Cómo puedo expandir su capacidad para que aplique lo que ha aprendido en nuevos contextos? *(Objetivo 26, Aplica el conocimiento o la experiencia en nuevos contextos)*	Reconozca cómo solucionó un problema: "Se te ocurrió una nueva manera para que Derek aplanara su masa". Estimúlela: "Me pregunto qué otros objetos podríamos usar para aplanar la masa. Veamos si Derek tiene una nueva idea".
Mientras hace pretzels con la mamá de Zack, Crystal señala su pretzel y dice: "Mire, hice un pretzel como una C".	Crystal reconoce y puede hacer la primera letra de su nombre. *(Objetivo 46, Conoce el alfabeto)* ¿Qué puedo hacer para reforzar su creciente interés en las letras?	Dígale: "Así es. Hiciste una C, la primera letra de tu nombre. ¿Qué otras letras puedes hacer con la masa para pretzels?". Preséntele la bolsa de repostería y las boquillas, y permítale experimentar apretando masa, queso suave o pudín, a través de las distintas boquillas para hacer letras.

La interacción con los niños en el área de las actividades culinarias

Una de las mejores maneras de fomentar el aprendizaje mientras los niños cocinan es involucrándolos en conversaciones. Al hacerlo, usted también les ayuda a adquirir destrezas de pensamiento crítico y ampliar su vocabulario.

Para comenzar, **describa** lo que vea hacer a los niños:

Pusiste todas las cáscaras de banano en un tazón, así será muy fácil limpiar.

Hay que trabajar duro para mezclar la mantequilla de maní y la miel de maíz. Las bolas de mantequilla de maní van a resultar suaves y sabrosas.

Te he visto acercarte dos veces hoy a la mesa de probar alimentos. Ví que te gusta pelar y comer naranjas.

Cuando usted describe lo que los niños han hecho, ellos revisan sus acciones mentalmente. Esta revisión les ayuda a adquirir conciencia propia. Luego, puede estimularlos a que **piensen y articulen sus actos**, destrezas fundamentales para el desarrollo del lenguaje.

Has estado agitando ese tarro de crema por largo rato. ¿Ha ocurrido algo?

Veo que tomaste el prensapapas del anaquel, ¿que vas hacer con él?

¿Qué descubriste en la mesa de probar alimentos?

Una vez que haya ayudado a los niños a reflexionar sobre sus actos, usted podrá facilitarles el aprendizaje aún más, animándolos a pensar acerca de sus actividades en más profundidad. En este paso, usted les **plantea preguntas para que las analicen y resuelvan**. He aquí unos cuantos ejemplos de preguntas que amplían el aprendizaje infantil.

Converse con los niños y hágales preguntas para ayudarles a adquirir destrezas de pensamiento crítico y ampliar su vocabulario.

¿Qué le ocurrió a las uvas pasas cuando las remojaste? ¿Por qué crees que el banano se oscureció?

¿Crees que podrías hacer algo con las mitades de las naranjas después de exprimirles el jugo?

¿Cómo separa el colador las semillas del limón y el jugo?

¿Cómo podríamos hacer un triángulo con este queso? ¿Qué parte de la receta te gustó más?

Las actividades culinarias en grupos pequeños

Las actividades en grupo son más eficaces si los grupos se limitan a 3 ó 4 niños a la vez. Algunos niños de 3 años tienen dificultad para llevar a cabo tareas avanzadas, por lo tanto, es importante que las actividades sean adecuadas para las destrezas infantiles. En un grupo de niños de distintas edades, los más grandecitos pueden ayudar a los más pequeños. He aquí unas cuantas sugerencias para introducir recetas que pueden usar varios niños a la vez.

Cómo presentarles recetas a los niños

Prepare cuadros de recetas sencillas e ilustre cada paso.

Tenga todo el equipo e ingredientes necesarios a su alcance.

Lea la receta completa en voz alta y comenten cada paso.

Involucre a todo el grupo en cada paso de la actividad culinaria para que nadie esté de pie sólo mirando.

Ayúdeles a los niños a pensar en la actividad a medida que trabajen. Comience haciendo afirmaciones del tipo "aquí y ahora" para describir lo que hacer: "Partiste el huevo en el borde del tazón". Luego, formule preguntas para ayudarles a reflexionar sobre el proceso: "¿Por qué usamos un pelapapas para pelar las manzanas y no las manos como hacemos con los huevos cocidos? ¿Qué le agregaron a la salsa de manzana para que se oscureciera?".

Pídales a los niños servir y comer lo preparado como el último paso del proceso culinario.

Incluya a todos los niños en el proceso de limpieza. Los niños pueden turnarse para lavar y secar los utensilios, limpiar los mesones, limpiar el área para comer y guardar los utensilios.

En las siguientes páginas ofrecen algunas recetas para inspirarlo.

Té solar

Ingredientes:
2 bolsitas de té
1 cucharada de miel
4 tazas de agua
1 limón
cubos de hielo

Equipo:
Jarra grande con tapa (por lo menos de 1 galón)
Taza de Pyrex para medir con capacidad para 4 tazas
Base para cortar
Cuchillo

Método:

1. Mida 4 tazas de agua fría.

2. Viértalas en la jarra.

3. Agregue las bolsitas de té y la miel.

4. Coloque la jarra al sol de 3 a 6 horas. El té estará listo cuando adquiera un color tierra.

5. Deje refrescar la jarra a temperatura ambiente por 1 hora y luego, refrigere.

6. Utilice la base para cortar y el cuchillo para cortar trozos de limón.

7. Llene los vasos de hielo y trozos de limón. Sirva el té.

Measure 4 cups Water

Pour water

Add tea and honey

Put jar in sun. (3 to 6 hours)
Asolee la jarra (3 a 6 horas)

Let sit for 1 hour Refrigerate
Deje refrescar la jarra por 1 hora. Refrigere.

Cut lemon
Corte el limón.

Fill glasses
Llene los vasos.

Retoños de alfalfa

Ingredientes:
1 cucharada de semillas de alfalfa
Agua

Equipo:
Frasco de 32 onzas
Trapo de cocina
Liga de caucho

Método:
1. Coloque las semillas en el frasco.
2. Cúbralas con agua tibia.
3. Déjelas remojar por 24 horas en un lugar oscuro y cálido.
4. Cubra el frasco con el trapo y asegúrelo con la liga de caucho.
5. Enjuague las semillas y escurra el agua dos veces.
6. Repítalo por cinco días.
7. El último día, coloque los retoños en la ventana para que reverdezcan.
8. Guárdelos en el refrigerador

Mantequilla de maní

Ingredientes:
1 libra de maní
2 cucharadas de aceite de maní

Equipo:
Molino manual *(en el cual se debe colocar un collar protector para hacerlo más seguro)*
Tazón
Cucharas para medir
Cuchara de madera

Método:
1. Asegure el molino a la mesa o al mesón. Coloque el tazón cerca a la boca del molino. Descascare el maní.
2. Coloque una porción de maní en el molino.
3. Agregue gradualmente el aceite para que el molino gire con facilidad.
4. Muela todo el maní.
5. Revuelva el maní molido con la cuchara de madera.

1 Descascare el maní

2 Coloque el maní en el molino

3 Agregue el aceite

4 Muela el maní

5 Revuelva

Cómo usar el área de actividades culinarias independientemente

Si pone a disposición de los niños alimentos que sólo requieren una mínima preparación, los niños podrán aprender a usar el área de actividades culinarias independientemente. Comience haciendo un cuadro de recetas y tarjetas de recetas. Por ejemplo, si planea que los niños preparen una merienda de apio relleno, el cuadro de la receta podría ilustrar cuatro actividades usando imágenes y palabras sencillas: (1) lavar el apio en el fregadero; (2) secar el apio con toallas de papel; (3) usar un utensilio para untar el queso cottage en el apio; (4) comer el apio relleno.

Merienda de apio

1. Lave el apio

2. Seque el apio

3. Unte el queso

4. Coma

Al preparar tarjetas individuales de recetas, los niños aprenden a secuenciar colocándolas en orden. Para elaborarlas, use tarjetas de 5" x 8" o pedazos de cartulina o cartón. Reúna o elabore el mismo número de tarjetas como pasos tenga la receta. Escriba en cada una, un paso de la receta. Lamínelas para protegerlas de las manos sucias y los regueros. Así, los niños podrán manipularlas al cocinar.

Para las experiencias culinarias independientes, busque recetas que puedan prepararse sin equipo eléctrico ni utensilios afilados, así los niños no necesitarán la supervisión constante de un adulto. Preséntelas las tarjetas para que sepan qué hacer y cómo usarlas. Verifique que todo el equipo necesario y los ingredientes estén al alcance de los niños y déjeles saber que usted está a su disposición si necesitan ayuda.

Los siguientes son unos cuantos alimentos que los niños pueden preparar independientemente.

- hormigas en un tronco*
- emparedados de manzana, banano, queso, mantequilla de maní, queso crema y mermelada o mortadela
- salsa de frijoles y tortillas
- rollos de mortadela y queso
- trozos de apio y zanahoria con salsa
- cereal y leche
- figuritas de queso (cortadas con moldes para galletas)
- queso cottage con uvas pasas o semillas de girasol
- "rollitos" de lechuga rellenos de mortadela o queso cottage

- jugo de naranja recién exprimido
- ensalada verde
- saltinas o galletas de arroz untadas de mantequilla de maní
- trocitos de piña y queso
- bolsitas de pan árabe rellenas de fruta, queso o mortadela
- trozos de fruta y nueces con yogurt
- trail mix o granola
- merienda marina (pescaditos de goma en gelatina)
- sandía para sorber (sandía aplastada en una bolsita de plástico sellada)

La receta con un asterisco (*) se ofrece a continuación.

Hormigas en un tronco

Ingredientes:	ramas de apio, queso cottage o mantequilla de maní, uvas pasas
Equipo:	cuchillo, base para cortar, cuchara
Método:	1. Tome una rama de apio (tronco). 2. Lave la rama de apio. 3. Corte los extremos. 4. Sirva queso cottage o mantequilla de maní sobre la rama de apio. 5. Decore con uvas pasas (hormigas).

Las mesas para probar alimentos

Los maestros pueden organizar mesas para probar alimentos para que los niños tengan la oportunidad de explorar alimentos desconocidos e interesantes. Dependiendo de los orígenes de los niños, la definición de desconocido varía de un grupo al otro. El hinojo, el gengibre cristalizado o el nabo pueden ser toda una sorpresa para la mayoría. Los alimentos conocidos también pueden servirse con otros desconocidos para que los niños los comparen y contrasten: coles de bruselas con repollo, arvejas con frijoles. Si usa alimentos degradables, almacénelos en un refrigerador o en un enfriador portátil cuando no los esté utilizando.

Tenga cuidado con las alergias de los niños. Si sabe que un niño es alérgico a ciertos alimentos, no los use u ofrezca alternativas. Para expandir el aprendizaje infantil trate de formular preguntas como las siguientes:

> *¿En qué se parecen los bananos y los plátanos?*
> *¿En qué se diferencian?*
>
> *Ya probaste el repollo cocido, ¿cómo crees que saben las coles de bruselas?*
>
> *¿A qué te supo el gengibre cristalizado?*
>
> *¿El hinojo huele parecido a algo que hayas comido antes?*
>
> *¿Qué comida te gustó más hoy? ¿Por qué?*

Si sabe que un niño es alérgico a ciertos alimentos, no los use u ofrezca alternativas.

Cómo usar el área de actividades culinarias con la supervisión de un adulto

Siempre que los niños utilicen calor, cuchillos o electrodomésticos, usted debe estar cerca para vigilar su seguridad, aconsejarlos y modelar las prácticas culinarias cuidadosas. Trate de servirle de apoyo a los niños en lugar de ser un inspector que detecta y corrige los errores.

He aquí unas cuantas recetas que los niños podrán preparar sin ayuda pero con un adulto presente que los supervise.

Una experiencia sencilla y divertida: bebida de yogurt

Ingredientes:	leche, yogurt sin sabor, banano, fresas o arándanos
Equipo:	licuadora, vasos
Método:	**1.** Pele un banano. **2.** Lave las fresas o arándanos. **3.** Si usa fresas, quíteles los tallos. **4.** Coloque la fruta en la licuadora. **5.** Añada 1/2 taza de leche. **6.** Agregue 1/2 taza de yogurt. **7.** Mezcle los ingredientes con la ayuda de un adulto. **8.** Sirva en un vaso.

Para una experiencia más desafiante: baba ghanouj (salsa de berenjena)

Ingredientes:	1 berenjena, perejíl, medio limón, polvo de ajo, sal, pimienta y pan árabe
Equipo:	tostador, tenedor, cuchara, base para cortar, cuchillo de chef, tazón, despepitador, prensa papas y cucharas para medir
Método:	**1.** Perfore la berenjena con un tenedor. **2.** Colóquela en una bandeja en el horno precalentado a 300° Farenheit. Hornee la berenjena hasta que decrezca (30-35 minutos). **3.** Utilice los cogeollas para pasar la berenjena al mezón. Déjela refrescar. **4.** Córtela por la mitad a lo largo. **5.** Saque el relleno y póngalo en el tazón. **6.** Condimente con el polvo de ajo, la sal y la pimienta. **7.** Agregue una cucharada de jugo de limón. **8.** Pique un poco de perejil y agréguelo al tazón. **9.** Mezcle todo. **10.** Sirva en los trozos de pan árabe.

Cómo presentarles nuevas recetas a los niños

Para mantener el interés añada recetas nuevas para que las preparen por su cuenta o en grupo. Sin embargo, mantenga a mano las conocidas dado que a los niños les encanta repetir sus recetas preferidas.

Al seleccionar las recetas, tenga en cuenta:

- las edades y niveles de desarrollo de los niños (¿pueden usar los despepitadores, ralladores, peladores, etc.?)

- los electrodomésticos que tiene y la cantidad de supervisión que puede programar

- los intereses infantiles y otras actividades en clase (¿una receta se puede vincular a un proyecto?)

- las opciones de alimentos sanos que desee inculcarles a los niños

- la pertinencia cultural para los orígenes de las familias, los gustos, y los estilos culinarios regionales y locales

- el costo (un método económico es usar frutas y vegetales propios de cada temporada)

Aun cuando es más desafiante, trate de encontrar recetas que impliquen cocinar desde el principio. Manipular los ingredientes ofrece una experiencia mucho más satisfactoria: los niños pueden aprender acerca de los alimentos mientras se cocinan y no simplemente enfocarse en el producto final. Al igual que el proceso artístico, la acción de cocinar es lo más importante.

Las familias de los niños son una buena fuente de nuevas recetas. Al invitar a las familias a compartir recetas, usted fomenta la conexión entre el hogar y la escuela, y brinda oportunidades de tener experiencias multiculturales.

Si desea una receta específica para una comida específica pero no puede encontrar una apropiada para usar en el salón de clase, consulte la oficina de extensión del Departamento de Agricultura, donde le darán algunas ideas. Sus economistas del hogar son una magnífica fuente de recursos de recetas y sugerencias para mantenerse libre de peligro. También podrá encontrar en Internet muchos sitios dedicados a cocinar con los niños.

También existen maravillosos libros de cocina para cocinar con los niños que ofrecen maravillosas ideas y sugerencias.

Al invitar a las familias a compartir recetas, usted fomenta la conexión entre el hogar y la escuela.

Preguntas frecuentes acerca de las actividades culinarias

¿Puedo usar la cocina del centro educativo como mi área de actividades culinarias?

Nosotros no recomendamos esta opción. En primer lugar, usted debe verificar si la reglamentación sobre la salud permite que los niños estén en la cocina. Suponiendo que se permita, debe considerar cuáles serían los beneficios y cuáles las desventajas. Lo positivo es que los niños tendrían acceso a los electrodomésticos. Lo negativo es que ésta no es un área que los niños puedan usar por su cuenta. Además del aspecto de la seguridad, el mesón y los tamaños de los espacios para trabajar no son adecuados para que los usen los niños. Si usted elige realizar actividades culinarias en la cocina, necesitará un adulto presente en todo momento, y como los niños no pueden cocinar por su cuenta, lo más probable es que la actividad se convierta en una demostración de cocina del adulto, no en la actividad participativa propuesta para esta área de actividades.

¿Está bien que los niños hagan pasteles y otros dulces para las ocasiones especiales?

Aunque los dulces ocasionales no son perjudiciales, no recomendamos asociar las celebraciones al consumo de dulce. Esta asociación es como usar los alimentos como premio, una práctica con la cual la mayoría está de acuerdo en que no es una buena estrategia para modificar comportamientos ni una práctica alimenticia sana. Por lo tanto, trate de pensar en una manera más sana de comer algo especial en las celebraciones.

¿Y si los niños desean cocinar lo mismo todas las veces?

No se preocupe. En primer lugar, sabemos que los niños se sienten bien haciendo algo que conocen. Al igual que le piden leer el mismo libro de cuentos o cantar la misma canción una y otra vez, disfrutan preparando la misma receta día tras día. La repetición les ayuda a reforzar el aprendizaje. En segundo lugar, los niños atraviesan etapas en las que desean comer lo mismo todos los días. Es corriente que un niño pequeño desee comer todos los días pan con mantequilla de maní y mermelada o queso. Aún así, si cree que un niño no está utilizando sus destrezas tanto como podría, puede presentarle otras recetas. Comience usando ingredientes del agrado del niño.

¿Y si los niños desean elaborar sus propias recetas?

¡Maravilloso! Ciertamente usted deseará estimular a los niños para que sean creativos en el área de actividades culinarias y en todo lugar. Responda como si un niño le estuviera contando una historia que usted desea escribir. Escriba los ingredientes que use el niño y los procedimientos que siga. Al terminar, revise lo que hizo. ¿Hay algo que se deba modificar la próxima vez? Después, junto con el niño, elaboren un cuadro y tarjetas para la receta nueva. Infórmeles a todos los niños que en el área de actividades culinarias hay una nueva receta disponible para todos de queso y pepino. ¡Es posible que en su clase haya un futuro chef profesional!

CARTA A LAS FAMILIAS ACERCA DE LAS ACTIVIDADES CULINARIAS

Apreciadas familias:

Cocinar es una parte importante de nuestro currículo. Cuando los pequeños cocinan, tienen la oportunidad de aprender sobre la nutrición, de ser creativos y de preparar sus propias meriendas nutritivas. Cocinar les enseña además una diversidad de destrezas académicas. Si los niños aprenden a seguir a las instrucciones en recetas ilustradas, ellos adquieren destrezas necesarias para leer y escribir.

Cuando los niños cocinan, nosotros aprendemos muchísimo sobre lo que ellos están haciendo. Como son científicos por naturaleza, observan lo que le ocurre a la harina al añadirle agua y predicen hasta qué altura debemos llenar un molde para que no se riegue la mezcla.

Cuando preparamos los alimentos especiales de cada famillia, sus niños aprenden a apreciar las culturas de cada uno de los participantes en nuestra clase. Quizá ustedes tengan algunas recetas predilectas que les gustaría compartir con nosotros. Por favor, déjennos saberlas en cualquier momento. Además, nos gustaría que vengan y nos visiten al área de cocinar y le presenten al grupo los alimentos preferidos de sus pequeños.

Cocinar es una parte muy especial de nuestro programa. Al cocinar, los niños pueden hacer algo que también hacen los adultos. Los niños pretenden ser adultos que preparan alimentos en el área de juego imaginario. Ellos leen libros y cantan canciones relacionadas con los alimentos, pero al cocinar, los niños realmente pueden comportarse como los adultos.

Qué se puede hacer en el hogar

Debido a que cocinar ya hace parte de la vida de su hogar, piensen en cómo involucrar a sus pequeños. Incluirlos puede requerir un tiempo adicional y puede producir un poco más de desorden del que resultaría si cocinaran solos. Pero también tiene grandes recompensas. Por el mero hecho de ayudarles, sus pequeños estarán adquiriendo destrezas de lecto-escritura, matemáticas y ciencia. Además, cocinar fomenta hábitos alimenticios saludables para el resto de la vida. Si los niños ayudan a preparar los alimentos, ellos tienden a comer mucho mejor.

Inicien a sus niños en tareas sencillas como mezclar masa, exprimir limones, añadir especias o armar albóndigas. Comenten lo que están haciendo mientras cocinan. Ustedes podrían hacerles preguntas como las siguientes:

> *¿Que le sucedió a la mantequilla cuando la colocamos en el horno microondas?*
>
> *¿Cómo podemos llenar de harina esta taza?*
>
> *Exprimimos todo el jugo de ese limón. Apretémoslo más para ver qué sucede.*

Lo hermoso de cocinar con los niños es que ellos se divierten y adquieren destrezas, y al mismo tiempo ustedes realizan las táreas domesticas. ¿Habrá algo mejor que eso?

En este capítulo

Las computadoras

Cómo refuerzan el desarrollo infantil

El área de las computadoras es un lugar donde los niños pueden divertirse al tiempo que exploran muchas de las emocionantes cosas que hacen las computadoras. Los niños las usan para investigar sus preguntas, resolver problemas y explorar y manipular objetos en una pantalla. Este trabajo fortalece el desarrollo en todas las áreas.

El desarrollo socioemocional. Las computadoras son una de las maneras como los niños demuestran direccionalidad propia y autonomía. Al mismo tiempo, les ofrecen la oportunidad de trabajar con otros niños para solucionar problemas a medida que maniobran juntos a través de un programa. Para algunos, convertirse en "expertos" en las computadoras les permite asumir un valioso rol de liderazgo en el salón que, de lo contrario, no tendrían.

El desarrollo físico. Los niños fortalecen sus destrezas motrices finas a medida que usan el teclado, colocan un disco en la unidad de CD-ROM y manejan el cursor con el movimiento del ratón. De hecho, toda acción en la computadora involucra el desarrollo motriz fino y la coordinación ojo-mano.

El desarrollo cognoscitivo. Las computadoras contribuyen al desarrollo intelectual infantil y constituyen el puente entre el pensamiento concreto y el abstracto. A medida que los niños exploran la causa y el efecto, crean patrones, solucionan problemas y descubren soluciones, aprenden a hacer en una pantalla lo que ya han dominado mediante la experiencia directa. Su creatividad también florece a medida que crean obras artísticas, organizan los objetos en formas únicas y experimentan con la graficación.

El desarrollo lingüístico. A medida que los niños aprenden a identificar y a usar los términos relacionados con las computadoras como *ícono, cursor* o *CD-ROM*, adquieren un vocabulario técnico. Con la práctica comienzan a identificar las letras del alfabeto en el teclado y en los programas, y al usar distintos programas pueden leer y resaltar el texto hablado y conectar lo dicho con lo escrito.

Conexión entre el juego con las computadoras y los objetivos del Currículo

A medida que se familiarice con las diversas maneras como se pueden usar con eficacia las computadoras en su salón, se multiplicarán las oportunidades del aprendizaje infantil. Su conocimiento de las metas y objetivos de *El Currículo Creativo* le ayudará a pensar en la mejor manera de reforzar el desarrollo. En el cuadro a continuación, le ofrecemos ejemplos de lo que podrían hacer los niños, indicador de su progreso en varios objetivos seleccionados.

Objetivos seleccionados del Currículo	Qué podría hacer un niño en el área de las computadoras
Desarrollo socioemocional	
4. Defiende sus derechos	Le dice a un compañero con quien está sentado frente a la computadora: "Estoy trabajando en este programa. Si quieres, jugamos juntos, pero no quiero cambiar de programa".
5. Demuestra direccionalidad propia e independencia	Navega a través de un programa y utiliza los íconos de imágenes como guía.
7. Respeta y cuida el entorno de la clase y los materiales	Antes de marcharse del área de las computadoras verifica que los CD estén en sus estuches.
9. Sigue las reglas de la clase	Después de comer la merienda, se lava las manos antes de utilizar la computadora.
10. Juega con otros niños sin problema	Cuando una niña le pregunta a un amigo si puede trabajar con él en la computadora, él responde: "Puedes manejar el ratón porque tu silla está más cerca".
12. Comparte y respeta los derechos de los demás	Permite que el niño sentado con ella en la computadora termine de copiar un dibujo antes de pedir su turno para hacer lo mismo.
Desarrollo físico	
19. Controla los músculos pequeños de la mano	Utiliza el ratón manual o el digital para hacer mover el cursor en la pantalla.
20. Coordina los movimientos ojo-mano	Mueve el cursor hasta la imagen de una caja y pulsa el ratón para abrir la caja.
21. Utiliza instrumentos para escribir y dibujar	Usa la herramienta del pincel en un programa de dibujo para hacer un autoretrato.

Objetivos seleccionados del Currículo	Qué podría hacer un niño en el área de las computadoras
Desarrollo cognoscitivo	
22. Observa con curiosidad los objetos y acontecimientos	Mira una mariposa que emerge de un capullo en una página en Internet seleccionada por la maestra.
24. Es persistente en lo que emprende	Le pide ayuda al maestro para que le ayude a ubicar el programa que estaba usando antes porque aún no ha terminado.
25. Explora la relación causa-efecto	Comenta que al pulsar el tubo de pintura, cambia el color de las líneas en la pantalla.
27. Clasifica objetos	Al usar una pantalla digital coloca todos los huevos rojos en una canasta roja, los azules en una canasta azul y los amarillos en una canasta amarilla.
33. Usa la correspondencia uno a uno	Al utilizar un programa con las partes del cuerpo mezcladas, encuentra una cabeza, un torso y un par de piernas para cada persona.
34. Usa los números y cuenta	Toca cada objeto en un programa de cacería, para asegurarse de que se vea en la pantalla la cantidad adecuada de objetos.
37. Inventa e interpreta representaciones	Usa un programa de dibujo para construir un aeropuerto como el que construyó con los bloques.
Desarrollo lingüístico	
40. Comprende y sigue instrucciones orales	Responde al comando hablado de la computadora de pulsar el objeto más grande.
42. Hace preguntas	Le pregunta a la maestra cómo agrandar las imágenes en la pantalla.
43. Participa activamente en conversaciones	Debate con un amigo la mejor manera de salir del laberinto en la pantalla.
46. Conoce el alfabeto	Escribe la letra *D* varias veces y dice:"Ves? Esta es la *D*, de Derek".
47. Utiliza las destrezas lectoras emergentes para entender lo escrito	Pulsa el ícono con la palabra *EXIT* para salir del programa.

Cómo crear un entorno para usar las computadoras

Las experiencias exitosas con las computadoras dependen de cómo se integren las mismas en el salón de clase. La manera como organice el área, los programas que use y los sitios en Internet que ponga a disposición de los niños influyen en el éxito o el fracaso de las experiencias y en la manera como ellos usan las computadoras.

Obviamente, la ubicación de los tomacorrientes, las líneas telefónicas y la conexión al Internet incide en la ubicación de las computadoras.

Si puede, ubique el área de las computadoras al lado o en el área de la biblioteca. La mayor parte de lo que hacen los niños con las computadoras —solucionar problemas, comunicarse y obtener información— son tareas que realizan de manera natural en el área de biblioteca. Si tiene computadoras adicionales, trate de ubicar una en el área de los juguetes y juegos, donde los niños puedan usar programas de diseños y de clasificación para reforzar las actividades realizadas con los rompecabezas, los juguetes y los juegos. O considere ubicarla en el área de los descubrimientos, donde pueden usarla para encontrar respuestas a las preguntas relacionadas con sus exploraciones o explorar imágenes que les ayuden a comprender lo que estén viendo.

Los niños deben sentarse a más de 18 pulgadas de la pantalla y el monitor se debe inclinar según se requiera para que NO tengan que mirar hacia arriba.

El teclado está a la altura de los codos de los niños.

Los programas están organizados y rotulados con ilustraciones y palabras.

Cómo organizar el área de las computadoras	Materiales sugeridos
Ubicación: Cerca o como parte del área de biblioteca Cerca de los tomacorrientes eléctricos y de otras conexiones necesarias, con los cables colocados fuera del alcance de los niños Buena iluminación que no produzca reflejo en las pantallas de las computadoras **Coloque:** Una mesa de tamaño infantil (o un soporte para la computadora) Atornille el cable de multitomas y cortapicos en la parte inferior de la mesa de la computadora. Conecte todo el equipo (parlantes, impresora, etc.) en el cable de multitomas para que sea fácil encender y apagar todo a la vez. Coloque tornillos en la parte inferior o en el fondo de la mesa para mantener los cables unidos. Use alambre revestido de plástico para amarrar los cables y mantenerlos alejados de los pies de los niños. Dos sillas por cada computadora	Una o más computadoras y una impresora, colocadas contra una pared o una contra la otra Una impresora (idealmente de color) Equipo adaptable para los niños con necesidades especiales Programas almacenados en las computadoras o al alcance de los niños Papel para imprimir Discos en blanco rotulados con el nombre de cada niño Accesorios adicionales para las computadoras como parlantes, un escáner, una cámara digital o un microscopio computarizado

Selección de los materiales

Existen muchas opciones tanto de computadoras como de los programas que se pueden usar. En ocasiones, tener tantas opciones puede ser algo abrumador. Por eso, para ayudarle a comenzar le ofrecemos el mejor consejo que encontramos. Además, podrá consultar los sitios recomendados en Internet, así como a colegas conocedores y especialistas.

La selección del equipo (Hardware)

Este es el aparato mismo. En la página anterior se muestra un aparato que funciona bien en un ambiente de preescolar.

Al seleccionar una computadora para su salón de clase, piense en una que tenga suficiente espacio en el disco duro (el lugar en la computadora donde se almacena la mayoría de programas e información) y suficiente memoria para poder utilizar los programas que vienen en CD-ROM y almacenar imágenes digitales. Las especificaciones mejoran constantemente, lo que hace que los estándares en el campo sean cada día superiores.

Equipo adicional para las computadoras

El ratón: El ratón es un aparato manual anexo que pasa instrucciones a la computadora. Para muchos niños pequeños es más fácil manejar un ratón que las letras de un teclado. Una alternativa al ratón tradicional es un ratón óptico que les ofrece a los niños mejor control, elimina el uso de la almohadilla y no acumula suciedad.

Los teclados adaptados: Equipo especial que les ayuda a los niños a maniobrar y a manejar el teclado antes de que puedan reconocer y leer las letras.

La unidad para discos flexibles: Los discos flexibles se utilizan para almacenar información como las muestras de escritura de los niños y documentos. Actualmente, las aplicaciones vienen en discos compactos y las computadoras usan cada vez más los CD para almacenar enormes cantidades de datos que no caben en los discos flexibles. Dada su poca capacidad de almacenamiento, los discos flexibles se usan cada vez menos.

La unidad de CD-ROM: Casi todas las computadoras tienen una bandeja para insertar los programas que vienen en los CD o los DVD (discos videodigitales que se parecen a los CD, pero almacenan mucha más información). Los CD y los DVD pueden almacenar grandes cantidades de datos.

El módem: Hay distintas maneras de conectarse al Internet. Un módem es una conexión entre una computadora y las demás computadoras que hacen uso del Internet. Los módems usan conexiones por vía telefónica, por cable o por fibra óptica. Algunos salones de clase cuentan con conexiones directas a alta velocidad mediante módems por cable o DSL (líneas de subscripción digital) para las redes escolares.

Las redes: Una red es un grupo de computadoras conectadas por cable, líneas telefónicas o señales inalámbricas.

Accesorios para la lista de deseos: Si cuenta con los recursos, usted deseará invertir en unos cuantos mecanismos alternativos como el ratón digital o de bola (*trackball*), más fácil de manejar para algunos niños que el ratón corriente. Un escáner, un zip-drive (para tener gran capacidad de almacenamiento) o una grabadora de CDs para almacenar archivos grandes como fotos o el trabajo de los niños escaneado, realzará las capacidades de su computadora. Otros accesorios que deseará investigar incluyen los microscopios computarizados, las cámaras digitales, las grabadoras y los teclados musicales.

He aquí unas cuantas consideraciones adicionales para escoger una computadora adecuada:

Disponibilidad de las aplicaciones: No todos los programas se pueden usar en todas las computadoras. En general, los programas de educación infantil han sido desarrollados para ser usados en dos tipos de computadoras: las PC o las MAC.

Reparabilidad: Si algo se daña, usted no deseará tener que enviar la computadora a reparación por varias semanas para luego descubrir que necesita partes ya obsoletas. Además, deseará saber si la máquina se puede reparar en la escuela o en una tienda de reparación local o si se debe enviar por correo.

La selección de programas

La mayoría de los programas que usted usará vienen incorporados en la computadora. Además, ya hay cientos de programas que se comercializan como apropiados para preescolares. Pero tenga cuidado, sólo un 20 por ciento de los programas en el mercado son realmente adecuados al nivel de desarrollo infantil (Haughland y Wright, 1997). Aunque algunas aplicaciones les ofrecen a los niños opciones y experiencias emocionantes, otras son meras versiones diluidas de programas diseñados para niños en edad escolar o una versión eléctronica de planillas de trabajo. Las gráficas y el sonido no son suficientes para que un programa sea adecuado. A medida que comience a examinar los programas para computadoras, piense primero en cómo interactuarán los niños con ellos. A continuación, un especialista describe un programa para computadoras, basándose en un continuo de participación del niño (Bowman, 1997). El siguiente diagrama ilustra este continuo. Los materiales en las columnas dos, tres y cuatro permiten que el niño incremente el grado de participación.

> Sólo un 20 por ciento de los programas en el mercado son realmente adecuados al nivel de desarrollo infantil.

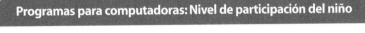

Programas para computadoras: Nivel de participación del niño

CERRADO → ABIERTO

El niño no tiene control sobre lo que ocurre. Sólo hay una respuesta adecuada.	El niño tiene cierto control sobre lo que ocurre. Las opciones son limitadas y determinadas por otros.	El contenido es determinado por otros. El niño usa la información como quiere.	El niño dirige la computadora para presentar lo que piensa.
Planillas eléctronicas	Cuentos y tableros de cuentos interactivos	Información pedida por el usuario: diccionario, enciclopedias e Internet	Programas de procesamiento de palabras
Repetición y práctica	Simulacros		Programas gráficos (dibujo y pintura)

Lista de Verificación de *El Currículo Creativo* para seleccionar programas de computadoras adecuados al nivel de desarrollo infantil

☐ El programa tiene un contenido para la edad y expectativas para el nivel de destreza de los niños. El niño puede experimentar el éxito y sentirse capaz utilizándolo.

☐ El niño puede utilizar y ajustar los controles de manera independiente sin la asistencia del adulto.

☐ El programa hace uso de la motivación interna, no de los premios, y opera a un ritmo, con lo cual los niños no tienen que esperar por largo tiempo para que el programa descargue las graficas o para que la información aparezca.

☐ El programa ofrece opciones que el niño puede controlar.

☐ El contenido tiene sentido, es interesante y puede expandirse. El programa permíte distintos usos e involucra a los niños en la exploración y las actividades de resolver problemas.

☐ El niño puede determinar el ritmo del movimiento a través del programa y salir en cualquier momento.

☐ El niño y/o el maestro puede determinar el nivel de dificultad.

☐ Las respuestas utilizan graficas y sonido que tienen sentido y pueden ser individualizadas.

☐ Las instrucciones son claras y sencillas y no dependen de la habilidad de leer.

☐ El programa apela a una diversidad de estilos de aprendizaje e inteligencias múltiples.

☐ El maestro puede rastrear la historia del niño utilizando el programa.

☐ El contenido y las respuestas están libres de prejuicios y de violencia.

☐ El programa es accesible a todos los niños, incluidos aquellos con necesidades especiales y los aprendices de inglés como segunda lengua.

☐ El programa ofrece un buen producto por su costo.

En lugar de tener un inventario grande de programas para computadoras, como sería el caso por ejemplo de los libros, le recomendamos limitar las opciones de los niños a no más de 10-12 buenos programas. Los niños tienden a aprovechar más la experiencia cuando aprenden a explorar en profundidad las opciones de un programa, en lugar de saltar de uno a otro. Además, a medida que adquieren destrezas, aprenden a usar un programa de distintas maneras o a un nivel más avanzado. Los siguientes son unos cuantos recursos recomendados para seleccionar programas adecuados:

Limite las opciones de los niños a no más de 10-12 buenos programas.

- *Children's Software Revue:* www.childrensoftware.com. Esta revista ofrece revisiones de educadores y familias de más de 5.300 programas para niños de cero a 16 años.

- *Developmental Software and Web Site Awards:* www.childrenandcomputers.com/developmentalawards/ developmental_awards.htm Con el auspicio de K.I.D.S. & Computers, anualmente se otorgan premios a los programas y sitios en la red adecuados para niños pequeños.

- *Technology and Learning Magazine Software Reviews:* www.techlearning.com Esta base de datos, mantenida por los editores de la revista en línea, *Technology and Learning*, contiene revisiones de más de 1.300 programas para computadoras.

Cómo guardar los programas

Los niños necesitan poder acceder a los programas con independencia. En muchos centros educativos y escuelas se almacenan en la pantalla de la computadora. Algunos además les permiten a los maestros crear una pantalla personalizada para cada niño con acceso a programas específicos. Esto evita que accedan a los archivos importantes.

Aunque la computadora de su salón esté configurada para permitir que los niños accedan a los programas directamente habrá ocasiones en las cuales los niños necesitarán usar un CD para un programa particular. Esto significa que debe idear un sistema de almacenamiento. Como los CD deben ser manejados con cuidado, se deben guardar en estuches o en cajas para los mismos. Los letreros ilustrados en los estuches y en los CD mismos les ayudarán a identificar el que deseen usar.

Algunos programas les permiten a los maestros crear una pantalla personalizada para cada niño.

La selección de sitios adecuados en la red

Internet, con su infinita cantidad de recursos, ha alterado la manera como los maestros, familias y niños tratan la educación. Incluso los niños en edad preescolar pueden aprovechar su gran riqueza. Su vastedad, no obstante, es a la vez su mayor ventaja y desventaja. La cantidad de sitios hace que parezca inmanejable. Además, la calidad de los sitios en la red también varía enormemente. Muchísimos sitios no son ni apropiados ni deseables para niños pequeños.

Nuestra sugerencia es que con Internet, al igual que con los programas infantiles para computadoras, los niños necesitan que usted los oriente a sitios provechosos para ellos. Muchos de los sitios para maestros y padres de preescolares mantienen registros de los sitios aprobados o galardonados. Estas listas son actualizadas con frecuencia y las nuevas reemplazan a las anteriores.

La mayoría de sitios en Internet orientados a los maestros incluyen enlaces a otros recursos en la red que han sido categorizados por temas. Algunos tienen bases de datos de estos enlaces. Diríjase a ellos directamente para revisarlos.

Ya que los niños preescolares no deben usar Internet sin su orientación, revise con anteriordad los sitios que desee que ellos usen. Para evaluar los programas puede usar muchos de los elementos incluidos en la lista de verificación (p. 492). Además, busque los sitios que no tengan propaganda publicitaria.

Una manera eficaz de usar Internet es para exhibir el trabajo de los niños. Internet ofrece oportunidades de aprendizaje que los niños nunca se habrían imaginado. Una maestra afirma que cuando un niño en su clase escaneó la foto de una abeja que estaban estudiando, recibieron comentarios de un entomólogo (un experto en insectos), de que la foto era realmente de una avispa. En un correo eléctronico dirigido a los niños, el especialista les explicó cómo diferenciar las abejas de las avispas. Esos niños no sólo perciben ahora los insectos desde una perspectiva totalmente distinta sino que comprenden las posibilidades que les ofrece Internet como una herramienta de investigación.

Muchos de los sitios para maestros y padres de preescolares mantienen registros de los sitios aprobados o galardonados.

Es probable que la manera más eficaz de publicar el trabajo infantil sea creando su propio sitio en el Internet. Usted podrá hacerlo para su grupo o como parte del portal de su escuela o centro educativo. Si su programa hace parte del sistema escolar público, lo más probable es que su distrito o institución anfitriona tenga su propio servidor (una computadora especial designada para alojar páginas en la red). Otra alternativa es crear su propio sitio utilizando programas para elaborar sitios en el Internet. Para diseñar un sitio no se necesita dominar programas en lenguajes complicados ni contratar especialistas. Usted puede ser su propio diseñador.

Cómo adaptar las computadoras para los niños con necesidades especiales

Debido a que las computadoras se pueden usar para presentar porciones pequeñas de información en una secuencia planeada y ofrecer repetición, instrucción individualizada y respuestas inmediatas, las mismas son ideales para muchos niños con necesidades especiales. Varios estudios de niños con retrasos del desarrollo muestran que ellos disfrutan y aprenden mediante las experiencias con las computadoras. Es más, los preescolares con problemas relacionados con la atención, responden a las computadoras de la misma forma que los niños sin problemas. Ambos grupos de niños pueden involucrarse felizmente en las actividades con las computadoras por 15 minutos o más.

Para los niños con retrasos leves del desarrollo, el tipo de discapacidad más común entre los niños pequeños, no tiene que alterar su manera de trabajar en el área de las computadoras. El beneficio de la computadora es la capacidad de responder a los ritmos individuales. Los niños con retrasos del desarrollo pueden recibir la repetición y el refuerzo que necesitan, simplemente utilizando el programa como lo haría cualquier otro usuario. Considere conformar parejas para que un niño con retrasos del desarrollo trabaje con otro niño que no los tenga. El niño más hábil podrá animar y estimular la confianza del otro niño. Ambos resultarán enriquecidos con el tiempo compartido frente a una computadora.

Para los niños que tengan impedimentos físicos o relacionados con la visión, existen innovadores mecanismos adaptables que se pueden añadir a las computadoras para hacerlas más accesibles. En el cuadro a continuación se presentan algunos mecanismos adaptables, la discapacidad que atienden e información sobre lo que hacen.

El beneficio de la computadora es la capacidad de responder a los ritmos individuales de los niños.

Mecanismos adaptables para las computadoras

Mecanismo	Problema atendido	Qué hace el mecanismo
Pantalla grande	Impedimento visual	Agranda todo lo que aparece en la pantalla
Programas de lupas	Impedimento visual	Agranda las imágenes en la pantalla
Sintetizador de voz	Discapacidad visual severa/ceguera	Si se combina con parlantes, se puede usar para leer texto en la pantalla
Sistema de reconocimiento de voz	Discapacidades físicas (problemas de destreza manual)	Acepta intrucciones orales
Señalador de cabeza y vara bucal	Discapacidades físicas (problemas de destreza manual)	Ofrece una alternativa para los niños que pueden controlar la cabeza
Protectores de teclas	Discapacidades físicas (problemas de destreza manual)	Previene que el usuario presione las teclas equivocadas
Teclado ampliado	Discapacidades físicas (problemas de destreza manual)	Proporciona más espacio para las teclas y puede ubicarse en un lugar accesible
Ratón controlado con la cabeza	Discapacidades físicas (problemas de destreza manual)	El ratón es controlado con movimientos de la cabeza

Esta lista es una muestra del gran desarrollo alcanzado en este campo. Si desea utilizar estos mecanismos adaptables en su clase o tiene intéres en saber cómo incluir a niños con discapacidades hay muchos recursos y organizaciones donde podrá obtener información. También se puede consultar su biblioteca pública, establecer contactos con otros profesionales en educación infantil o buscar en Internet.

Qué aprenden los niños usando las computadoras

El área de las computadoras ofrece diversas oportunidades de integrar el aprendizaje en todas las áreas de contenidos. (Se pueden usar programas en inglés, si no existen en español).

Lecto-escritura

Expanda **el vocabulario y el desarrollo del lenguaje infantil**, presentándoles programas que tengan palabras ilustradas, escritas y la palabra hablada. Un programa como la serie *Let's Explore...* (Humongous Entertainment) identifica verbalmente un objeto cuando el niño lo pulsa.

Ayude a los niños a adquirir **conciencia fonológica** con programas interactivos que jueguen con el lenguaje. *Bailey's Book House* (Edmark/Riverdeep) les ayuda a los niños a inventar rimas graciosas.

Incremente **la comprensión de los libros**, exponiendo a los niños a libros electrónicos. Después de escuchar el cuento de Janell Cannon, *Stellaluna*, se puede explorar la versión electrónica producida por The Learning Company.

Refuerce **el conocimiento de lo escrito**, anotando sus respuestas en un programa de procesamiento de palabras y lectura. Algunos ofrecen pistas para que los niños lean las palabras.

Ofrézcales a los niños práctica para que aprendan sobre **las letras y las palabras** con un programa que empareja las ilustraciones con la letra inicial.

Estimule **el gozo con la lecto-escritura**, permitiendo que los niños exploren los libros de cuentos eléctronicos.

Matemáticas

Enseñe **conceptos númericos** con programas como *Millie´s Math House* (Edmark/Riverdeep) con el cual se pueden crear monstruos, añadiendo la cantidad adecuada de partes del cuerpo.

Permita que los niños descrubran **patrones y relaciones** por medio de un programa como *Stuart Little, His Adventures in Numberland* (SuperMentor.com).

Fomente la comprensión infantil de **la medición**, usando programas como *Richard's Scarry´s Best Math Program Ever* (Simon & Schuster Interactive).

Ciencia

Los niños aprenden sobre **la ciencia física**, explorando cómo funcionan las cosas. Un programa como *KidDesk* (Edmark/Riverdeep) los hace explorar un reloj, una máquina contestadora y un calendario.

Los niños comienzan a aprender en la computadora sobre **la ciencia de la vida,** usando sitios para aprender sobre las plantas y los animales. El Zoológico Nacional (www.si.edu/natzoo) presenta muchos de los habitantes del zoológico. Algunos zoológicos y acuarios tienen cámaras que permiten ver a los animales en vivo.

Los programas que les piden reportar el clima del día, les ayudan a aprender sobre **la tierra y el entorno** visitando sitios dedicados al clima.

Estudios sociales

Los niños aprenden sobre **las personas y como viven,** usando el correo electrónico para comunicarse con estudiantes alrededor del mundo. Los niños pueden dictarle las preguntas para sus corresponsales.

Para que comprendan el concepto de la historia —**las personas y el pasado**— pídales que traigan fotos de cuando eran bebés. Las mismas pueden ser escaneadas y exhibidas en un programa de diapositivas en PowerPoint, para complementar fotos actuales de los niños.

Artes

Introduzca a los niños a los conceptos básicos de la música (melodía y ritmo), permitiéndoles experimentar con un juguete como *Jumbo Music Block* (Neurosmith).

Utilice la computadora como un medio para que experimenten con el color, la forma y el diseño. Ellos pueden usar las herramientas disponibles en un programa de artes gráficas como *KID PIX Deluxe 3* (The Learning Company) para crear artes visuales.

Tecnología

Los niños adquieren **conciencia de la tecnología** cuando se incluyen computadoras en su vida diaria en la clase.

Los niños aprenden **las operaciones y conceptos básicos** de la tecnología, cuando usted les muestra cómo usar las computadoras. La literatura infantil como *Patrick's Dinosaurs on the Internet* (Carol Carrick) les permite indagar cómo funciona esta tecnología.

Anime a los niños a intentar usar **las herramientas tecnológicas** como computadoras, impresoras, CD-ROM y cámaras digitales.

La función del maestro

La manera como usted le sirva de apoyo al uso que hacen los niños de las computadoras influirá para que sus experiencias sean exitosas o frustrantes y para que usen las computadoras en forma apropiada o no. Su función es ayudarles a aprender a usarlas como herramientas con las cuales pueden resolver problemas, investigar, ser creativos y divertirse.

En general, la mejor manera de introducir a los niños a las computadoras es en grupos pequeños. Siéntese con los niños frente a un monitor y explíqueles cómo funciona la computadora. Al hablar de las partes y cómo funcionan, anímelos a explorar la computadora con su orientación. Usted podrá hacer comentarios sobre lo que hagan. Una vez que manejen lo básico, podrán trabajar juntos en un programa de exploración como *Fisher-Price Dream Doll House* (Knowledge Adventure), diseñado especialmente para familiarizar a los niños con el uso de las computadoras y sus aplicaciones. A medida que los niños trabajen con el programa, usted podrá comentar sobre:

> Una vez que los niños manejen lo básico, podrán trabajar juntos en programas de exploración.

- la manera de agarrar un disco por los bordes e insertarlo en la unidad para discos

- la ubicación de las teclas necesarias para operar el programa

- cómo mueve un ratón los objetos en la pantalla o señala los objetos

- qué ocurre cuando un niño pulsa los íconos, accesorios y personas

- cómo avanzar por el programa, yendo de un cuarto a otro

- los sonidos que indican que la impresora está funcionando

- cómo salir del programa

Cómo observar y responder en forma individualizada

Para reforzar el aprendizaje en el área de las computadoras, dedique tiempo a observar a cada niño. Lo más probable es que vea una amplia gama de destrezas, que dependen de si un niño las ha usado antes.

Cómo usan los niños las computadoras

Al igual que con el resto del aprendizaje, los niños usan las computadoras en forma progresiva. Las etapas presentadas aquí se basan en las descritas por Haugland y Wright (1997).

Los niños usan
las computadoras en
forma progresiva.

En la primera etapa —**la investigación**— los niños exploran la computadora por su cuenta, con un adulto o con compañeros. Exploran las imágenes y los sonidos y sienten la computadora. Ven lo que ocurre en la pantalla cuando se enciende y se apaga. Escuchan el motor y ven cómo titila la luz. Perciben cómo se siente presionar una tecla y pulsar el ratón y aprenden cómo colocar un CD en la unidad para discos. Además descubren que lo que hacen con el equipo, afecta lo que ocurre en la pantalla.

En la siguiente etapa —**la participación**— los niños son creativos, sus interacciones tienen propósitos definidos y buscan respuestas a preguntas como las siguientes: ¿Qué ocurre cuando pulso el ícono de una casa? ¿Qué ocurre cuando pulso el ratón? ¿Qué ocurre si pulso la tecla Enter/Return? Ellos ven que cada acción tiene un efecto.

La participación da paso a **la confianza en sí mismos**. Los niños comienzan a usar la computadora para realizar tareas. Buscan un programa de dibujo para ilustrar un cuento o usan el escáner y exhiben una foto de una construcción con bloques hecha recientemente.

La última etapa —**la creatividad y el pensamiento original**— es la meta a largo plazo del uso que hacen los niños de las computadoras. En preescolar, los maestros y los niños trabajan juntos para buscar respuestas a preguntas, escanear fotos o reforzar la lecto-escritura. Así, comienzan a ver las computadoras como emocionantes herramientas de aprendizaje.

Cómo responderle a cada niño

Al observar la manera como usan los niños las computadoras, piense en cómo podría enriquecer sus experiencias. Note si un niño:

- usa la computadora en forma independiente o si depende de la ayuda de un adulto

- persevera al usar un programa

- muestra iniciativa al usar la computadora o depende de los demás para tener ideas

- imprime su trabajo, si es aplicable

Con base en sus observaciones, planee cómo atender las necesidades de cada niño. Si mantiene presentes los objetivos de *El Currículo Creativo*, podrá observar qué hace un niño y considerar cuáles objetivos son pertinentes. Al pensar acerca de sus observaciones, podrá planear interacciones y experiencias que le ayuden al niño a avanzar a la siguiente etapa del *Continuo del desarrollo*. El cuadro a continuación, le ofrece ejemplos de cómo podría hacerlo.

Observación	Reflexión	Respuesta
Al trabajar en la computadora, Crystal llama a Leo y le dice: "Mira, hice un dibujo del camión que trajiste hoy a la escuela. Voy a manejarlo fuera de la pantalla".	Crystal usa la computadora para representar un objeto real y lo nombra. *(Objetivo 21, Utiliza instrumentos para escribir y dibujar; y 37, Inventa e interpreta representaciones)* ¿Cómo puedo estimular a Crystal para que haga representaciones más elaboradas usando la computadora?	Muéstrele a Crystal cómo usar las distintas herramientas de los programas de dibujo para que pueda continuar experimentando con el arte en la computadora. Anímela a escribir e ilustrar en la computadora cuentos que ella pueda dramatizar después.
Alexa se sienta en una silla vacia al lado de Kate, quien está usando un programa. Alexa mira la pantalla por unos segundos y luego pregunta: "¿Puedo agarrar el ratón?" "Bueno", dice Kate, y le entrega el ratón.	Alexa y Kate interactúan bien, participan en el trabajo en grupo y comparten cuando alguien lo solicita. *(Objetivo 10, Juega con otros niños sin problema; y 12, Comparte y respeta los derechos de los demás)* ¿Cómo puedo fortalecer estas destrezas sociales?	Comente cómo trabajan las niñas juntas. Diga por ejemplo: "Compartiste el ratón y las dos pudieron permanecer jugando en la computadora esta mañana". Haga que las niñas trabajen en pareja en otras tareas.
Mario coloca un CD de animales en la computadora y pulsa la imagen de un mono, haciendo que el programa diga "mono". El anuncia: "*Mono* empieza con la misma letra que Mario, con la *M*".	Mario nota que las palabras comienzan en la misma forma y reconoce las letras por su nombre. *(Objetivo 38, Escucha y diferencia los sonidos del lenguaje; y 46, Conoce el alfabeto)* ¿Cómo puedo fortalecer su interés en las letras?	Involúcrelo en la conversación. Dígale por ejemplo: "¿Qué animales comienzan con la misma letra que *mono* y Mario?" Sugiérale imprimir la foto y colocarla en el libro del alfabeto que está haciendo con recortes de revistas y catálogos.
Susie agarra del área de los descubrimientos una hoja de árbol y la coloca bajo el microscopio computarizado. Ella exclama con gran emoción: ¡Esas cosas blancas son insectos!".	Susie se interesa por la naturaleza y quiere aprender más. *(Objetivo 22, Observa con curiosidad los objetos y acontecimientos).* Ella sabe cómo usar el microscopio computarizado para buscar respuestas a sus preguntas. *(Objetivo 26, Aplica el conocimiento o la experiencia en nuevos contextos).* ¿Cómo puedo involucrar a otros niños y expandir los descubrimientos de Susie?	Involucre a Susie en la conversación y permítale saber que valora sus observaciones. "¡Qué maravilloso descubrimiento! ¿Cómo supiste que esos puntos blancos eran insectos? ¿Qué viste a través del microscopio?". Invite a otros en la clase a acercarse al microscopio para que miren. Coloque una canasta con otros objetos coleccionables cerca al microscopio para animar a los niños a observarlos y a notar las semejanzas y diferencias.

La interacción con los niños en el área de las computadoras

Sus interacciones con los niños mientras ellos usan las computadoras constituyen oportunidades de aprender. Usted es quien realmente crea la tónica para que realmente aprendan a usar la computadora como una herramienta con la cual pueden resolver problemas e investigar o para que la consideren sólo algo con qué jugar. Las interacciones pensadas con cuidado expanden las sólo mentes infantiles y el aprendizaje.

Cómo hablar con los niños acerca de las computadoras

Una de las maneras importantes de estimular el uso de las computadoras es hablando con los niños acerca de sus experiencias. Esto les ayuda a reflexionar sobre lo que hacen y porqué lo hacen. Como primer paso, describa lo que vea hacer a un niño. Por ejemplo, haciendo comentarios sobre:

las interacciones con la computadora: Cuando presionaste la tecla Enter, *cambió la pantalla. O cuando pulsaste el ratón se encendió la luz de la casita de muñecas.*

el uso de la computadora: Colocaste bien el CD la primera vez que lo intentaste.

las reacciones a la información: Veo que descubriste cómo lograr que las estrellas salgan del sombrero.

las interacciones sociales: Que buena idea tuviste, trabajar juntos para hacer una tarjeta de agradecimiento.

los logros: Esta agrupación de animales de la granja es muy interesante; imprimamos una copia para verla más de cerca.

Comente lo que hagan los niños y hágales preguntas.

Sus descripciones de lo que los niños hagan, les permiten saber que usted se interesa por lo que hacen. Al animarlos a usar las computadoras con libertad, usted les permite controlar su aprendizaje.

Después de escucharle describir lo que han hecho, adquieren confianza en su capacidad para usar las computadoras. Anímelos a traducir sus acciones en palabras, haciéndoles preguntas como las siguientes:

¿Cómo decidieron Carlos y tú con cuál programa trabajarían?

¿Cómo descubriste qué hacer?

¿Qué parte del programa fue la más divertida?

¿Qué imprimiste?

Estas preguntas les ayudan a los niños a ver que sus experiencias con las computadoras son valiosas para usted. Enfóquese en preguntas abiertas que refuercen las destrezas de pensamiento analítico.

Observación: *¿Qué crees que va a ocurrir cuando coloques el CD-ROM?*

Causa y efecto: *¿Qué ocurre en la pantalla cuando presionas la tecla* Enter?

Comparación: *¿Cuáles programas te permiten cambiar los colores?*

Solución de problemas: *¿Cómo regresas del castillo al salón de juego?*

Aplicación: *En el otro programa pulsábamos la imagen de la casa si queríamos regresar al principio del programa. ¿Qué debemos pulsar aquí para regresar al menú principal?*

Predicción: *¿Qué crees que ocurrirá si presiono la tecla* Escape?

Mediante sus observaciones y conversaciones con los niños, usted puede estimular el aprendizaje de cada uno de ellos en el área de las computadoras.

Preguntas frecuentes acerca de las computadoras

¿Las computadoras realmente hacen parte de los salones de preescolar?

Algunos educadores del campo de la educación infantil creen que las computadoras no son adecuadas al nivel de desarrollo de los niños más pequeños. Estos maestros prefieren que los niños construyan con los bloques, exploren los juguetes manipulables y se involucren en actividades artísticas y en el juego imaginario. Sienten temor de que los niños trabajen solos en las computadoras y, en consecuencia, se aislen y no adquieran destrezas sociales. Les preocupan los problemas de salud y la disminución de la imaginación, la creatividad y el crecimiento intelectual (Cordes y Miller, 2000).

Estas son preocupaciones válidas. Sin embargo, creemos que el uso adecuado de las computadoras no provoca estas consecuencias. La investigación ha demostrado que si se usan en forma adecuada, las computadoras les ofrecen a los niños oportunidades de aprender. Susan Haugland (2000) afirma que los niños de 3 a 4 años que usan las computadoras como parte de su aprendizaje, exhiben logros significativos en términos de inteligencia, destrezas no verbales, conocimiento estructural, memoria a largo plazo, habilidad manual, destrezas verbales, solución de problemas, pensamiento abstracto y destrezas conceptuales cuando se les compara con otros niños que no las han usado.

El área de las computadoras puede ser un lugar bastante social. Varios estudios han mostrado que los niños que trabajan con una computadora conversan hasta nueve veces más que los niños que arman rompecabezas juntos. Es más, el 95 por ciento de estas conversaciones se relacionan con las tareas desempeñadas (Clements y Swaminathan, 1995).

Estamos completamente de acuerdo con los educadores que dicen que la pregunta que se debe hacer no es, "¿Debo usar computadoras en el salón de preescolar?" sino mas bien, "¿Cómo puedo aprovechar el uso de las computadoras en el salón de preescolar para que los niños alcancen niveles de desempeño superiores?" (Fouts, 2000).

Estoy dispuesta a organizar un área de computadoras. Sin embargo, desconfío de mis propias capacidades. ¿Qué puedo hacer para realizar un buen trabajo en ésta área?

Las computadoras son nuevas para muchos maestros. Aunque tenga una en su casa es posible que no sepa cúal sea la mejor manera de usar esta tecnología para ayudar a que los niños aprendan. Tal como lo afirma un especialista: "Una escuela puede tener los equipos más avanzados, los programas mejor diseñados y acceso al Internet en cada computadora. Pero las diferencias en términos del aprendizaje de los estudiantes no tendrán lugar, a menos que... los maestros sepan cómo usar la tecnología en forma efectiva con los niños" (Totter, 1999).

Lo primero que se debe hacer es capacitarse. Esperamos que su escuela o centro educativo le brinde apoyo. Busque capacitación en instituciones en su condado o estado, en un programa de educación continuada o incluso en línea.

Muchos maestros forman grupos de estudio o programas de asesoramiento. Los usuarios mas experimentados les ayudan a los más novatos ofreciéndoles orientación, validación y "dándoles una mano". Para obtener asistencia técnica y asesoría, también puede participar en grupos de usuarios y listservs. La listserv ofrecida por el comité tecnólogico de la Asociación Nacional de Educación Infantil está dirigida a maestros de niños pequeños. Puede inscribirse en http://www.techandyoungchildren.org/listserv.html.

¿Cuánto tiempo deben pasar los niños frente a la computadora?

Pasar demasiado tiempo frente a las computadoras (varias horas al día) puede ocasionar problemas por la repetividad de los movimientos, tensión visual y obesidad infantil, a causa del estilo de vida sedentario. Sin embargo, con todo lo demás que ocurre en su salón de clase diariamente, donde se incluye suficiente tiempo para el juego al aire libre y actividades con música y movimiento, es poco probable que los preescolares pasen demasiado tiempo frente a las computadoras como para desarrollar alguno de estos problemas de salud.

Trate el área de las computadoras como cualquier otra de las áreas de interés. Los niños necesitan tiempo para explorar, reflexionar sobre sus acciones, sentirse estimulados y suficientemente capaces, para avanzar al siguiente nivel, pero lograrlo requiere tiempo e interés. Los niños que pasan bastante tiempo en esta área lo hacen porque tienen experiencias exitosas y se sienten a gusto, rodeados de lo que ya conocen bien. Algunos se destacan y se sienten satisfechos pudiendo ayudar a sus compañeros a aprender a usar una computadora. Esta es una función que refuerza la autoestima de un niño y que usted deseará nutrir.

Sin embargo, si cree que un niño pasa más tiempo en el área de las computadoras que en otras y excluye otras actividades, lo mejor será limitar el tiempo en esta área. Básese en su propio criterio. Si un niño está pulsando un ratón sin propósito alguno, intervenga.

Los padres de familia me dicen que sus niños saben más de las computadoras que ellos. ¿Cómo puedo involucrar a los familiares para que ellos también adquieran destrezas?

Muchos programas patrocinan eventos para que las familias aprendan a manejar las computadoras y se les invita a participar con los niños y aprender sobre la tecnología. Probablemente no haya un mejor entorno para los niños que sentarse frente a una computadora al lado de sus padres y explorar juntos cómo funcionan el equipo, los programas e Internet. Recurrir a los preescolares como instructores es una magnífica manera de enseñar a los adultos que se sienten ansiosos con las computadoras.

CARTA A LAS FAMILIAS ACERCA DE LAS COMPUTADORAS

Apreciadas familias:

En nuestro programa, nos encanta usar las computadoras como herramientas para el aprendizaje de los niños. Cuando ellos las utilizan aprenden, entre otras cosas, lo siguiente:

- a sentirse cómodos con la tecnología
- destrezas iniciales de lectura y escritura
- destrezas matemáticas y conceptos como contar y relaciones numéricas
- a expresarse en formas creativas
- a resolver problemas y a comenzar a investigar

Nosotros animamos a los niños a trabajar con las computadoras en parejas o en grupos pequeños. Esto les ayuda a aprender de ellos mismos y a la vez adquieren destrezas sociales. Mientras los niños trabajan con las computadoras, les hacemos preguntas que les ayuden a pensar sobre lo que están haciendo. Por ejemplo:

> *"¿Por qué escogiste trabajar con este programa?".*
>
> *"¿Cómo podemos usar la computadora para enviarle una copia de tu dibujo a tus abuelos?".*
>
> *"¿Qué quieres hacer con lo que imprimimos hoy?".*

Al trabajar así con los niños, no sólo estimulamos su crecimiento y desarrollo sino que también los preparamos para un futuro en que necesitarán trabajar con las computadoras.

Qué se puede hacer en el hogar

Ustedes pueden tener o no una computadora en su hogar. Lo cierto es que no es necesario tener una para que sus pequeños puedan beneficiarse del área de las computadoras de nuestro programa. Pero si tienen una computadora en su hogar y les gustaría saber que podrían hacer con sus niños, por favor pregúntennos. Nos complacerá ofrecerles ayuda, incluso para juzgar si los programas y portales en Internet son apropiados para ser utilizados con niños pequeños. Contamos con buena información sobre este tema que nos encantará compartir con ustedes.

Además, es probable que les interese visitar nuestro programa para observar a los niños usando las computadoras. En caso de que deseen trabajar como voluntarios con los pequeños en el área de las computadoras, nos encantará contar con su ayuda. Es posible que ustedes mismos disfruten aprendiendo algo más sobre las computadoras.

En este capítulo

El juego al aire libre

Cómo refuerza el desarrollo infantil

El juego al aire libre es esencial para la salud y el bienestar infantil. El sentido de tranquilidad y placer al respirar aire fresco, sentir el calor del sol y ver, por ejemplo, una mariposa que vuela de flor en flor es algo imposible de medir. Lo evidente es cuánto disfrutan los niños corriendo, saltanto, trepando y jugando al aire libre. El tiempo que pasan jugando al aire libre es tan importante para su aprendizaje como el tiempo que pasan dentro del salón de clase. A los maestros, el juego en el exterior les ofrece muchas maneras de enriquecer el currículo y de fortalecer el desarrollo infantil.

El desarrollo socioemocional. Los niños experimentan el sentido de logro y mayor capacidad pasando tiempo al aire libre y enfrascándose en actividades con propósitos definidos. Se puede notar el sentido de orgullo que siente un niño que logra treparse a un columpio sin ayuda, lanzar y atrapar una pelota y atravesar con éxito un camino con obstáculos. Las destrezas sociales aumentan a medida que los niños comparten equipo como triciclos y palas, trabajan juntos para construir un túnel en el cajón de arena y siguen las reglas de seguridad.

El desarrollo físico. Muchos informes sugieren que el número de niños con sobrepeso aumenta diariamente. Un factor que agrava el problema es que los niños no realizan suficiente actividad motriz gruesa, esencial para el desarrollo sano. Parte del problema es que en muchos lugares no es seguro para los niños jugar en el exterior y pasan demasiado tiempo viendo televisión. Por eso tan importante aprovechar al máximo el tiempo al aire libre mientras los niños están en la escuela. Las destrezas motrices gruesas se fortalecen corriendo, saltando, brincando en un pie, deslizándose y escalando. Estas actividades les permiten tomar riesgos y poner a prueba nuevas destrezas. Además usan sus destrezas motrices finas al recoger insectos y verter arena a través de un embudo.

El desarrollo cognoscitivo. El espacio exterior es un laboratorio natural para la exploración científica mientras los niños observan y exploran la naturaleza directamente. Ellos descubren y estudian insectos y mariposas, plantan semillas y observan cómo crecen los vegetales, observan cómo cambian las hojas de color, prueban la nieve, palpan la corteza de un árbol, escuchan el sonido de los grillos y huelen el aire después de la lluvia. Cuentan las semillas que plantan y los pétalos de una flor; notan los patrones en los cuerpos de las orugas y las mariposas; y resuelven problemas como hacer que la arena o el agua corra a través de una canal de plástico para la lluvia.

El desarrollo lingüístico. Los niños expanden el vocabulario aprendiendo los nombres de insectos y plantas y usando las palabras para describir las características: *rápido, brillante, duro, colorido, rayado, pegajoso, cosquilloso*. Aprenden a leer las señales del tráfico y a usar guías de campo para identificar las hojas, aves y arañas encontradas.

Conexión entre el juego al aire libre y los objetivos del Currículo

Prácticamente todos los objetivos de *El Currículo Creativo* se pueden atender durante el juego al aire libre. Sus observaciones le permitirán identificar en qué punto del *Continuo del desarrollo* se encuentra cada niño y así definir el progreso de ese niño y los próximos pasos a seguir. El cuadro a continuación presenta una muestra de objetivos y lo que un niño puede hacer, indicador de su progreso para alcanzar cada uno de ellos.

Objetivos seleccionados del Currículo	¿Qué podría hacer un niño en el área de juego al aire libre?
Desarrollo socioemocional	
1. Demuestra capacidad para adaptarse a situaciones nuevas	En una salida a caminar por el bosque le dice a la maestra: "Yo nunca había estado en un lugar así. ¡Es maravilloso!".
3. Reconoce sus propios sentimientos y los maneja en formas apropiadas	Le dice a la maestra: "No me gusta estar tan alto ¿Me ayuda a bajar?".
4. Defiende sus derechos	Cuando otro niño agarra la regadera que tenía dice: "Yo la estaba usando".
9. Sigue las reglas de la clase	Dice: "Estás muy cerca a los columpios; muévete o te van a golpear".
10. Juega con otros niños sin problema	Invita a un compañero a trabajar con ella para conectar los tubos y conectores de plástico.
Desarrollo físico	
14. Demuestra capacidades locomotoras básicas (corre, salta, brinca, galopa)	Salta en dos pies por el patio de juego y luego galopa de regreso en una carrera de relevos organizada por la maestra.
15. Mantiene el equilibrio al moverse	Después de armar un puente con tablas y cajas, lo atraviesa con los brazos extendidos.
17. Pedalea y conduce un triciclo (u otro vehículo de ruedas)	Se sube en el triciclo y lo maneja sorteando los obstáculos que coloca la maestra.
18. Demuestra tener destreza para lanzar, patear y atrapar	Participa en un juego de patear pelotas.
19. Controla los músculos pequeños de la mano	Lava la ropa de las muñecas y la cuelga en una cuerda usando ganchos.
20. Coordina los movimientos ojo-mano	Cucharea arena y la vierte en una botella.

Objetivos seleccionados del Currículo	¿Qué podría hacer un niño en el área de juego al aire libre?
Desarrollo cognoscitivo	
22. Observa con curiosidad los objetos y acontecimientos	Descubre un hormiguero, corre a buscar una lupa y le dice a un compañero "¡Ven a ver lo que encontré!".
23. Maneja los problemas con flexibilidad	Cuando se le derrumba una y otra vez el castillo de arena le añade agua a la arena para hacerla más consistente.
25. Explora la relación causa-efecto	Ve cómo flotan las burbujas con el viento y dice: "Explotan al tocar algo seco pero no cuando está mojado".
26. Aplica el conocimiento o la experiencia en nuevos contextos	Anuncia: "Ayer las lombrices comieron lechuga. Apuesto a que también les gusta la espinaca".
30. Reconoce patrones y puede repetirlos	Ve mariposas y corre a buscar la guía de campo para comparar los distintos patrones en sus alas.
32. Reconoce las posiciones en el espacio	Le dice a un amigo: "Tú corres por encima del túnel y yo lo atravieso, y nos encontramos al final".
34. Usa los números y cuenta	Anuncia: "Voy a ver cuántas veces puedo saltar con los dos pies juntos sin parar: 1,2,3,4,5,6. Lo hice seis veces".
Desarrollo lingüístico	
38. Escucha y diferencia los sonidos del lenguaje	Dice: "Escuchen las abejas. Hacen: z-z-z-z-z".
39. Se expresa utilizando palabras y oraciones largas	Le dice a la maestra: "Estoy sudando porque corrí muy rápido".
42. Hace preguntas	Pregunta: "¿Qué pasó con el hombre de nieve que hicimos ayer?".
43. Participa activamente en conversaciones	Comenta con otro niño cómo usar la tubería y los conectores de plástico para construir un túnel para el agua.
47. Utiliza las destrezas lectoras emergentes para entender lo escrito	Toma la señal de Pare y dice: "Aquí dice PARE. Tienes que parar cuando veas esta señal".

Cómo crear y usar el entorno al aire libre

Probablemente ningún otro aspecto del entorno de la educación infantil varíe tanto de un programa a otro como la disposición y apariencia del área exterior. Algunos programas cuentan con entornos naturales con abundante pasto, árboles, plantas y equipo de juego diseñado especialmente para preescolares. En otros en cambio sólo hay asfalto y muy poco equipo. No importa la clase de entorno al aire libre que tenga, usted puede crear un ambiente dónde los niños realmente disfruten su tiempo en el exterior.

En esta sección describimos los espacios y equipo básicos para el juego al aire libre y maneras como usted puede aprovechar al máximo lo que tiene. Le ofrecemos sugerencias para realizar el espacio con materiales movibles y usar los lugares en el vecindario y la comunidad. También atendemos las cuestiones relativas a la seguridad.

Los espacios y equipo básicos para el juego al aire libre

La mejor manera de comenzar la planeación de su espacio exterior es haciendo un inventario del espacio y el equipo existente. Idealmente debe haber suficiente espacio para que todos los niños puedan usarlo al mismo tiempo (p. ej., 80-100 pies cuadrados por niño). Lo ideal es un lugar seguro, protegido del tráfico de la calle, libre de basura, sin cables eléctricos ni equipo peligroso. Evalúe si el espacio que tiene incluye lo siguiente:

Cómo evaluar su espacio exterior

Compruebe si su espacio tiene:

- visibilidad total de todos los niños

- acceso fácil desde y hacia el interior y los baños

- una fuente de agua y una llave para conectar una manguera

- equipo adecuado para la edad para trepar, columpiarse y armar

- un cobertizo

- materiales suaves como aserrín, arena fina o corteza debajo de los columpios, deslizadores y escaladores

- áreas soleadas y sombreadas

- un área pavimentada o con una superficie dura para montar en triciclos, patinar, dibujar con tiza o para los juegos

- un área cubierta para usar cuando llueve

- lugares para estar solo o con uno o dos amigos (cajas, tiendas, un bote de remos viejo, llantas de tractor, un columpio de corredor para dos o tres personas, colchones o mantas para leer, jugar con muñecos o hacer picnics)

- espacios abiertos con hierba para caminar, rodar, correr, patear, lanzar y atrapar pelotas.

- un área para excavar

Un espacio exterior acogedor les ofrece a los niños una variedad de opciones claras para tener distintas clases de experiencias y desafíos.

Una vez que haya hecho el inventario de lo que tiene, considere qué necesita agregar. Un espacio exterior acogedor les ofrece a los niños una variedad de opciones claras para tener distintas clases de experiencias y desafíos. Nosostros le recomendamos crear espacios para:

- el juego con arena y agua
- los juguetes de ruedas
- sembrar un jardín
- cuidar seres vivos
- juegos, construir y el juego imaginario

La clave para que funcionen estas distintas áreas es definir cada espacio, crear patrones fáciles de seguir para el tráfico y equipar bien las áreas. Con unas áreas claramente delimitadas y materiales interesantes se pueden minimizar los accidentes y maximizar el aprendizaje y la diversión.

El juego con arena y agua

La arena y el agua son materiales ideales para usar al aire libre donde el desorden no es un problema. Una buena área de arena es lo suficientemente grande para que varios niños puedan jugar sin sentirse estrechos. Si usted no tiene un cajón de arena puede sacar del salón la mesa para el juego de arena o usar recipientes. Si es posible, ubique el área de arena cerca a una fuente de agua como los grifos o los dispensadores de agua para que los niños puedan experimentar tanto con la arena seca como mojada y explorar las propiedades del agua. Si no cuenta con una fuente de agua al aire libre, use baldes, jarras o botellas apretables para transportar el agua y ofrezca el juego con agua en recipientes o piscinas inflables.

Muchos objetos pueden destacar el excavar, verter, construir y el juego dramático con arena y agua.

He aquí unas cuantas sugerencias de objetos para agregar que destacan el excavar, verter, construir y el juego dramático con arena y agua.

- baldes con agarraderas
- canales de plástico para la lluvia
- palas, cucharas y cucharones de todos los tamaños
- embudos y coladores
- sartenes, ollas y moldes
- cucharas y tazas para medir
- moldes para hacer panecillos
- jarras de plástico

- bombas y molinos de arena o agua
- carretas pequeñas
- camiones, autos, carros de bomberos y trenes
- personas y animales de plástico
- palitos de colombinas
- cajas de cartón pequeñas y bloques de plástico
- objetos naturales como conchas marinas, ramas, piedras u hojas

Si cuenta con un área de arena, no pierda de vista los asuntos relativos a la higiene. Utilice únicamente arena de juego esterilizada. No olvide que los gatos y otros animales la usarán si no se protege el área. Este problema de salud se puede prevenir utilizando una cubierta de plástico y asegurándola con ganchos al cajón de arena cuando no la esté utilizando.

Un sendero para los juguetes de ruedas

El exterior es el lugar perfecto para utilizar los triciclos, patinetas, ruedas grandes y carretas. Estos juguetes de ruedas fortalecen los músculos grandes y al mismo tiempo el equilibrio y la coordinación.

Estos juguetes de ruedas fortalecen los músculos grandes y al mismo tiempo el equilibrio y la coordinación.

El área para usar los juguetes de ruedas debe tener una superficie dura. Halar y empujar los juguetes de ruedas y las habilidades como pedalear, mantener el equilibrio, arrancar y detenerse se dominan con mayor facilidad en una superficie dura. Asegúrese de proporcionar cascos protectores para los niños.

Usted puede destacar el uso de esta área añadiendo señales, tiza, flechas direccionales y conos de color naranja para controlar el tráfico. Las canastas de juego pueden extender las actvidades y transformar un juguete de ruedas en una ambulancia, un camión de bomberos o un camión del correo. Asimismo, usted puede introducir materiales que inspiren a los niños a crear una gasolinera.

Cómo crear un jardín o una huerta al aire libre

Si tiene espacio podrá hacer un jardín de flores o una huerta de vegetales para que los niños lo disfruten. Trate de ubicar el área de jardinería alejada de las áreas más activas y fuera de la vía de tráfico o de juego. Si el espacio es limitado y sólo tiene espacio asfaltado, plante su jardín en recipientes: un carro de ruedas, un remolque, una llanta de tractor o macetas grandes. La ventaja de usar un carrito de ruedas es que se puede controlar cuánto sol recibe el jardín o moverlo para abrir espacio para un juego.

Plantar, cuidar y cosechar una huerta es un proyecto continuo que involucra a los niños en la planeación y distribución de espacio, la selección de semillas y plantas, sembrarlas, regarlas y cuidarlas a medida que crecen. Las semillas crecerán si la tierra es fértil y si reciben suficiente sol y agua. Cuidar un jardín es a la vez algo agradable y educativo que enseña paciencia y perseverancia.

Los materiales sugeridos para el área del jardín incluyen:

- varias palas, rastrillos y azadones con agarraderas cortas
- guantes de jardinería para niños
- una carreta
- semillas o plantas

- bolsas de tierra
- regaderas y una manguera
- cuerda para demarcar las hileras y bajalenguas para hacer señales

Lo último que usted deseará será plantar un jardín con los niños y que crezcan pocas plantas, pero con un poco de cuidado podrá prevenir esta decepción. En primer lugar, escoja las plantas con cuidado. Si vive en una zona de temperaturas frías plante petunias, pensamientos, repollo, brócoli, arvejas, cebolla y papas. Las plantas que se dan bien en climas cálidos incluyen ocra, maní, tomates y girasoles (si un niño es alérgico al maní, evite plantarlo). Si su área para cultivar es principalmente sombreada, añádale color con plantas de flores. Los jardines también atraen insectos y aves. Por eso, antes de plantar, le recomendamos averiguar qué plantas atraen, por ejemplo, a las mariposas y ruiseñores (Clemens, 1996).

Aunque sepa poco de plantas, usted podrá tener éxito ofreciéndoles a los niños una experiencia de jardinería. Busque orientación del personal que trabaje en un vivero cercano o en la oficina de extensión del departamento de agricultura más cercana a usted. También podrá visitar sitios en Internet que ofrecen información sobre jardinería.

Cuidar un jardín es a la vez algo agradable y educativo que enseña paciencia y perseverancia.

Escoja las plantas con cuidado.

El cuidado de los seres vivos

El espacio exterior puede ser el lugar perfecto para observar y cuidar seres vivos. Algunas mascotas pueden vivir al aire libre e incluso en la mayoría de entornos urbanos hay insectos, aves y ardillas.

Tener mascotas es brindarles a los niños la oportunidad de cuidar de los animales y de responsabilizarse por ellos. Además pueden observar el crecimiento, los cambios y los hábitos de los animales. Pueden aprender sobre el nacimiento, los distintos estilos de vida y, en ocasiones, sobre la muerte. Incluso los niños más pequeños pueden aprender a cuidar de las mascotas. Sin embargo, necesitarán orientación para aprender a manejar, sostener y acariciar los animales sin hacerles daño.

Los conejos y los conejillos de indias son mascotas corrientes en los programas de educación infantil. Tenga cautela con las mascotas más exóticas como las lagartijas y serpientes, ya que pueden transmitir salmonela, y con las aves pues son un problema para los niños que sufren de asma. Verifique los requisitos de licencias antes de llevar mascotas a su salón de clase. También se debe consultar por anticipado a los administradores, juntas directivas y agentes de arrendamiento para garantizar que no haya problemas.

Tener mascotas es brindarles a los niños la oportunidad de cuidar de los animales y de responsabilizarse por ellos.

Las jaulas para las mascotas deben ser suficientemente grandes para que puedan moverse sin herirse y deben ser limpiadas con frecuencia. La ubicación de la jaula es importante porque si permanecen afuera durante la noche, los animales deben estar protegidos del clima y de otros animales. En algunos casos, lo mejor será entrar las mascotas en la noche. Mantenga presente que se pueden enfermar si se les dan alimentos que no son parte de sus dietas. Los tarros de comida para alimentos les ayudan a los niños a aprender qué pueden comer sus mascotas.

Aunque las lombrices no sean consideradas "mascotas" los niños pueden aprender a cuidarlas y observarlas, si usted organiza un criadero (vea las páginas 194-197, donde describimos un estudio de lombrices). Una manera sencilla de crear un espacio para las lombrices es colocar alambre alrededor de una pila de abono donde pueden vivir y ser observadas con facilidad. Si únicamente tiene superficies duras en el exterior, un acuario grande y viejo servirá perfectamente como vivienda para las lombrices. En cualquier caso, los niños podrán alimentarlas con restos de frutas y vegetales y ver directamente cómo los transforman en tierra fértil.

En muchos ambientes, la naturaleza proporciona todo lo que necesitará en el exterior. Usted podrá usar lo que hay allí y atraer a otros seres vivos a su patio de juego. Por ejemplo, he aquí lo que podría hacer para atraer a las aves a su área de juego al aire libre:

- Cuelgue alimentadores para las aves y, si es posible, algunos cerca de la ventana del salón de clase para que los niños puedan observarlos de cerca, desde adentro y afuera. Manténgalos aprovisionados con alimento para aves.

- Coloque casas para los pájaros.

- Cree un baño para los pájaros volteando una matera grande y colocando encima un recipiente para el agua.

- Plante arbustos que atraigan a las aves (los que producen frutillas).

- Coloque materiales que los pájaros puedan usar para construir sus nidos: ramas, cuerdas, cintas.

Una vez que las aves comiencen a llegar al área de juego, los niños podrán observarlas y aprender sobre ellas. Verán cuáles de los materiales que sacaron forman parte del nido de un pájaro. Si les proporciona ilustraciones y manuales de aves, los niños podrán identificar los que se acercan y aprender sobre ellos. Más adelante en el salón de clase podrán aprender sobre las aves en Internet.

En muchos ambientes, la naturaleza proporciona todo lo que usted necesitará en el exterior.

Los niños también pueden usar en el exterior las herramientas proporcionadas para las investigaciones en el área de los descubrimientos y explorar la naturaleza: lupas, binoculares, varas para medir, tablillas con sujetapapeles, papel y herramientas de escritura para documentar los descubrimientos. Las bolsas de plástico que se sellan son de gran utilidad para guardar las colecciones.

Los espacios abiertos para jugar, construir y para el juego imaginario

Reserve parte del espacio al aire libre donde los niños puedan correr y divertirse. Idealmente, el área debe tener una zona verde con árboles que proporcionen sombra. Sin embargo, si lo único que tienen es asfalto y carpas para sombra, aún así, podrá proporcionarles una diversidad de experiencias emocionantes y estimulantes.

Convierta un área abierta en un lugar de construcción o en una vía con obstáculos.

Mantenga afuera pelotas de todos los tamaños. En ocasiones, usted querrá organizar juegos en grupo como patear una pelota, saltar la cuerda, "Luz roja, luz verde", "Enano, gigante", "Estatua" o "Rayuela". Otras veces, prepare solución para hacer burbujas para que los niños las produzcan al aire libre y las vean flotar en el viento. Si les proporciona a varios niños un paracaídas de juguete y les pide agarrarlo de distintas partes, podrán hacerlo flotar y subir y bajar con movimientos amplios de sus brazos. Los niños pueden hacer volar cometas en los días que haya viento, pintar en caballetes, dibujar con tiza o saltar en los aros. También pueden sacar los instrumentos musicales y hacer un desfile. Para enriquecer la actividad usen bufandas y cintas y una grabadora, ya que los niños pueden moverse con libertad. Una de las ventajas de este espacio es que sus usos son ilimitados.

Usted también puede convertir un área abierta en un lugar de construcción o en una vía con obstáculos (Griffin and Rinn, 1998). Reúna materiales poco costosos para ofrecerles a los niños aventuras y la oportunidad de fortalecer no sólo sus destrezas motrices gruesas sino la confianza en sí mismos en los espacios abiertos.

- Una manera de construir túneles sin gastar mucho dinero es cortando el fondo de basureros de plástico. Para crear el túnel utilice cinta adhesiva gruesa y pegue varios tarros.

- Las tablas, las cajas de cartón o las cajas de leche les ofrecen a los niños la oportunidad de armar sus propias construcciones y de hacer caminos con obstáculos. Proporcióneles trozos de alfombras o retazos para suavizar el lugar y añadir distintas texturas.

- Los rollos para cables de 4.5 pies de diámetro se pueden conseguir en las compañías de televisión o teléfono. Se pueden usar con tablones y con llantas para los proyectos de construcción o simplemente como mesas para los proyectos artísticos o como lugares para separar colecciones de objetos.

- Una piscina de plástico se puede llenar de pelotas y —en los días cálidos— de agua.

- Las cajas de cartón grandes se pueden usar para hacer laberintos y las cajas sencillas se pueden transformar en un autobús escolar o en un cohete para el juego imaginario.

- La tubería y los conectores de plástico de las ferreterías pueden servir para los proyectos de construcción y los experimentos científicos con la arena y el agua.

Una vez que comience a pensar en el uso creativo de los materiales, se sorprenderá con la cantidad de objetos desechables con que podrá transformar el área de juego al aire libre y deleitar a los niños.

Muchas actividades del interior pueden realizarse en el exterior donde proporcionan distintas clases de experiencias.

Materiales del interior que pueden llevarse al aire libre

Muchas actividades del interior pueden realizarse en el exterior donde proporcionan distintas clases de experiencias. Tres ejemplos son la música y el movimiento, el arte y los materiales de la biblioteca.

Las actividades con **música y movimiento** al aire libre se enriquecen con el mayor espacio y la posibilidad de niveles de volumen más altos que dentro del salón. Saque una grabadora y anime a los niños a bailar en el pasto o sobre las superficies duras. Saquen instrumentos musicales y armen una orquesta y marchen alrededor. Las cintas, telas y bufandas aumentan la diversión.

Las actividades artísticas son divertidas, desordenadas, amplias e imginativas y pueden tener lugar al aire libre. El espacio amplio, las distintas texturas y objetos, y la facilidad para limpiar contribuyen al éxito de estas actividades. Pintar también es una actividad bastante popular en el exterior. Para pintar en los caballetes puede pegar el papel en el cobertizo o usar ganchos para pegarlo en una cerca. (Consulte el capítulo sobre el arte para ver la descripción de los caballetes colgantes diseñados para las cercas). Las mesas y el suelo también son superficies adecuadas e interesantes para trabajar sobre papel. Pintar al aire libre debe involucrar una diversidad de pinceles y papeles. Durante los días cálidos, los niños pueden hacer impresiones de sus pies y sus dedos sobre papel de carnicería. (Mezcle la pintura con jabón líquido para que sea fácil de quitar). Pintar con los dedos también puede ser una experiencia que se amplía al aire libre ya que los niños no tienen que preocuparse por el desorden o los regueros. En otras ocasiones, saquen papel para dibujar, lápices, marcadores y crayolas para una actividad tranquila o tiza gruesa de color para dibujar sobre la acera o dibujar los contornos de las sombras.

Los accesorios para el juego imaginario pueden llevarse al aire libre para estimular el juego de los niños. Un simple gorro de bomberos puede inspirar a un niño a montarse en su triciclo y pretender apresurarse para llegar a tiempo de extinguir un incendio. Los niños que quieran comer al aire libre pueden sacar platos, ollas, utensilios y una toalla. Una manta colgada de una cuerda o de una estructura de juego se puede convertir en un fuerte o en un cohete.

Los libros también se pueden disfrutar al aire libre y son especialmente atractivos en la sombra durante los días cálidos. Seleccione libros que se relacionen con el juego y el aprendizaje en el exterior. Cuando la jardinería sea una actividad pueden leer cuentos sobre los niños que plantan un jardín. Si han coleccionado conchas marinas en una ida reciente a la playa pueden leer un cuento sobre el viaje de un niño al mar.

Las herramientas para las investigaciones como las lupas, los instrumentos para medir, los prismas, los atrapasol y los binoculares les ayudan a los niños a explorar el exterior. Saque guías de campo y revistas sobre la naturaleza para que puedan identificar sus descubrimientos. Mantenga suministros de escritura y papel para que puedan hacer señales y registrar información y sus observaciones.

Las canastas de juego

De la misma manera que usted proporciona cajas de accesorios para enriquecer el juego imaginario, reúna y almacene materiales del exterior en "canastas de juego" (Odoy & Foster, 1997). Estas cajas sirven para almacenar y transportar elementos que conectan las actividades y los materiales con un tema. Las canastas plásticas resistentes, las cajas de madera con agarraderas o las canastas para la ropa pueden servir como canastas de juego. He aquí algunas ideas para las canastas de juego que podrá crear con materiales fáciles de obtener:

La canasta de campamento: una carpa, madera, platos de metal, cobijas

La canasta de lavandería: cuerda, ganchos para colgar ropa, jabón líquido, recipientes

La canasta de construcción: tubería de PVC y conectores de todos los tamaños incluyendo tubería transparente para que los niños puedan observar el agua y la arena fluyendo

La canasta de pintura: baldes, brochas grandes, gorros de pintor

La canasta de excavación: palas, embudos, cucharones, moldes, rastrillos

La canasta de jardinería: regaderas, rastrillos y azadones pequeños, guantes de jardinería para niños, bajalenguas para hacer señales, semillas

La canasta de carpintería: trozos de madera, martillos, clavos, taladro, papel de lija, pegante, carretes y clavijas. Los niños pueden martillar los clavos en un tronco de árbol caído o pueden sacar de vez en cuando el banco de carpintería.

El equipo movible y los materiales que aumentan el espacio al aire libre se deben almacenar en forma conveniente. Si no tiene que preocuparse por el vandalismo, un área cubierta para el equipo como los triciclos y los remolques, así como para los materiales puede ser suficiente. De lo contrario, necesitará un lugar donde pueda almacenar y mantener los materiales y el equipo con llave cuando no estén en uso. Los otros materiales se pueden almacenar adentro y sacarse en remolques, canastos o bolsas grandes de lavandería.

Las estructuras de un campo de juego

A la mayoría de los niños les encanta jugar en las estructuras grandes. Especialmente en las que pueden treparse, deslizarse, columpiarse, saltar y colgarse. El equipo de juego que se puede disfrutar sin peligro incluye:

- vigas de equilibrio y una estructura de troncos
- deslizadores
- rampas
- escaleras
- plataformas

- puentes colgantes
- escaladores y columpios de llantas
- columpios
- túneles
- mecedores de resorte

El equipo de juego debe ser estimulante e invitar a los niños a usarlo, pero no ser tan desafiante como para ocasionar peligro. No pierda de vista las cuestiones relativas a la seguridad pues son de vital importancia cuando se trata de hacer uso de las estructuras de juego al aire libre.

La prevención de accidentes en el equipo de juego

Los niños pequeños por naturaleza tienden a experimentar y se sienten deseosos de explorar las distintas maneras en que el equipo de juego los puede divertir y emocionar. Aunque con frecuencia se refieren a este equipo como lo más divertido, es allí precisamente donde ocurre la mayoría de accidentes. Por lo tanto, para proporcionarles seguridad a los niños, usted debe considerar los factores del desarrollo además de la capacidad física mientras usan el equipo de juego en el exterior. Algunos de los factores del desarrollo incluyen los siguientes:

El campo de juego es donde ocurre la mayoría de los accidentes.

- **Tendencia a enfocarse en un solo aspecto de una situación.** Al intentar escalar hasta el tope de una estructura, un niño no percibe el peligro que puede crear para otro si lo empuja para poder pasar.

- **Dificultad para calcular las distancias.** Los pequeños estiman incorrectamente la altura de una pieza del equipo y se hieren al saltar.

- **No le prestan atención a lo que ocurre a su alrededor.** Los preescolares no notan los columpios que se mecen cerca o a otro niño que baja por el delizador en dirección a ellos.

- **No perciben la ropa suelta.** Los niños no reconocen que las chaquetas sueltas o las camisas, pantalones, cuerdas de las capuchas o bufandas pueden ser atrapadas en el equipo.

Estos factores pueden provocar situaciones peligrosas para los preescolares. Por tal razón, la supervisión cuidadosa de los adultos es esencial —incluyendo recordatorios de los principales peligros y reglas para jugar sin peligro— con el fin de prevenir los accidentes. Además, la mayoría de estados tienen leyes y reglamentos para otorgar licencias que definen los requisitos mínimos de un espacio de juego al aire libre, incluyendo el número requerido de pies cuadrados, acceso al área de juego, materiales de amortiguación, cercas, reglamentos para la seguridad básica y especificaciones relativas al equipo de juego.

Las superficies de protección

Dado que la mayoría de accidentes relacionados con el equipo de juego implican caer a la superficie que está debajo del mismo, es esencial colocar material de protección. El asfalto y el pasto o la tierra no ofrecen protección adecuada contra las caídas. Las superficies que absorben los impactos pueden minimizar tanto la frecuencia como la severidad de las heridas. Los mejores materiales son la pajilla de madera, la arena y la gravilla. Estos materiales deben instalarse a una profundidad por lo menos de seis pulgadas, rastrillarse y nivelarse periódicamente.

Los mejores materiales que absorben los impactos son la pajilla de madera, la arena y la gravilla.

Cómo mantener seguros los columpios y deslizadores

Los columpios y deslizadores son un lugar común de accidentes entre los niños menores de seis años.

Los deslizadores se mantienen seguros si cumplen con los siguientes criterios:

- Las plataformas son lo suficientemente grandes para que quepan varios niños.

- Los pasamanos están ubicados en formas que les permiten a los niños apoyarse y moverse, ponerse de pie y sentarse.

- Los bordes de los deslizadores tienen una altura por lo menos de cuatro pulgadas.

- La parte baja del deslizador está ubicada en forma paralela al piso para reducir la velocidad y facilitar la transición de deslizarse a ponerse de pie.

- La salida del deslizador está ubicada en una sección del campo de juego libre de congestión.

- Los deslizadores de metal están ubicados en un área sombreada (ya que pueden calentarse demasiado; los adultos deben revisar que no estén muy calientes antes de que los niños los usen).

Para los columpios, mantenga presente lo siguiente:

- Los asientos de los columpios son de materiales flexibles y livianos como caucho, tela o plástico para minimizar la severidad de cualquier golpe.

- Los columpios para los niños más pequeños les permiten apoyarse en los lados y están libres de peligros como quedar atrapados o ser estrangulados (los asientos que semejan baldes son una buena opción).

- Los ganchos en forma de "S" utilizados para sostener los columpios están bien ajustados para que no atrapen la ropa de los niños.

- Las estructuras que sostienen los columpios están ubicadas aparte del otro equipo y actividades.

- Los columpios de llantas están separados de los columpios convencionales.

- Se evitan los columpios en formas de animales, los columpios de lazos, las barras de trapecios y los columpios con aros para hacer ejercicio.

Cómo inspeccionar y mantener el equipo de juego

La inspección y el mantenimiento regular previenen los accidentes. Pregúntese lo siguiente diariamente:

- ¿El área está libre de basura, vidrio y desperdicios?

- ¿Algo está dañado (como equipo roto, partes faltantes) causados por el uso o el vandalismo?

- ¿Hay algún deterioro en el equipo como óxido, astillas o fisuras?

- ¿El equipo tiene superficie protectora adecuada y el suelo ha sido cubierto para amortiguar los golpes?

- ¿Hay algún tipo de peligro (p. ej., bordes afilados, protuberancias, puntas afiladas, peligros para que se enrede la ropa como ganchos en "S" abiertos)?

- ¿Hay obstáculos o piedras grandes o raíces que puedan hacer tropezar a los niños?

- ¿El equipo es seguro? ¿Las conexiones, cubiertas o mecanismos de cierre están en buen estado? ¿Las partes movibles como los mecanismos de colgar los columpios están gastados?

Además de las inspecciones generales frecuentes se deben realizar inspecciones periódicas más detalladas. Use una lista de verificación de la seguridad para cubrir todos los aspectos relativos a la seguridad en el campo de juego.

Use una lista de verificación de la seguridad para cerciorarse de cubrir todos los aspectos relativos a la seguridad en el campo de juego.

El uso de parques públicos

Si su área al aire libre no incluye estructuras de juego, busque parques públicos y campos de juego accesibles y seguros a donde puedan ir caminando. Evalúe si este campo de juego es apropiado para los niños:

- ¿Está bien mantenido? ¿El equipo está en buen estado? ¿El terreno está libre de basura y desperdicios?

- ¿El equipo es adecuado para las destrezas de los niños?

- ¿Hay suficientes adultos para supervisar a los niños en todo momento?

- ¿Hay mesas para realizar actividades tranquilas como leer o dibujar?

- ¿Hay un dispensador de agua?

- ¿El campo de juego tiene límites definidos claramente para que los niños sepan dónde pueden jugar y dónde no?

Consideraciones especiales

Los maestros deben mantener presentes ciertas consideraciones especiales cuando lleven a los niños a jugar al aire libre. Una de ellas es el clima. Otra es cualquier necesidad especial como las alergias o alguna discapacidad que pueda limitar el acceso de los pequeños al juego en el exterior.

Consideraciones climáticas

En muchos lugares el entorno exterior es afectado por el clima. Aunque los niños necesitan salir todos los días, no deben ser expuestos a ningún peligro. Las condiciones peligrosas incluyen las tormentas eléctricas, las situaciones de alertas climáticas, el calor o el frío intensos y los alertas relativos a la calidad del aire.

Adapte su horario para darle cabida a los cambios climáticos. Por ejemplo, durante el primer día de primavera o después de la primera nevada extienda el tiempo de juego al aire libre. Por el contrario, durante un día frío y con demasiado viento, reduzca el tiempo de juego en el exterior. Para tomar estas decisiones mantenga presente que a menudo son los adultos quienes consideran las condiciones climáticas molestas, no los niños. Si el clima no ofrece peligro, los niños deben pasar tiempo al aire libre.

Cuando la temperatura sea inferior al punto de congelación, tome precauciones. Si tiene estructuras metálicas en su campo de juego, la lengua de los niños puede adherirse a las estructuras metálicas congeladas y un reflejo natural como tratar de desprenderse puede causar una dolorosa herida. Enséñeles a los niños que, en caso de que se les pegue la lengua al equipo, no deben tratar de desprenderse y moverse sino gritar para pedir ayuda. Mantenga agua tibia al alcance (p. ej., en termos) para remojar la lengua con el fin de despegarla.

En las zonas del país donde los inviernos son severos, algunas de las actividades sugeridas no se pueden llevar a cabo rutinariamente. Sin embargo, pueden salir por períodos de tiempo más cortos para proporcionarles a los niños aire fresco y un lugar para usar sus músculos grandes. Un tiempo, aunque sea corto, para correr al aire libre es vigorizante.

En las zonas donde las temperaturas llegan a ser demasiado altas, se debe asegurar de que los niños estén protegidos del sol y que no se deshidranten. Los niños deben usar sombrero, crema antisolar y beber abundante agua. Revise que el equipo de metal, como los deslizadores, no estén demasiado caliente antes de que los usen. Si no cuenta con sombra natural, puede crear zonas sombreadas usando sombrillas grandes y toldos, y programando su tiempo de juego al aire libre cuando el sol no esté en su punto máximo (antes de las 10 a.m. y después de las 3 p.m.).

Las condiciones peligrosas incluyen las tormentas eléctricas, las situaciones de alertas climáticas, el calor o el frío intensos y los alertas relativos a la calidad del aire.

Un tiempo, aunque sea corto, para correr al aire libre es vigorizante.

Las alergias a las picaduras de insectos

Lo más probable es que en su programa haya niños alérgicos a las picaduras de ciertos insectos como las abejas o avispas. Estas alergias pueden ser peligrosas a menos que usted esté preparado para manejarlas. Tenga al alcance y ponga en práctica procedimientos para manejar este tipo de emergencia. Mantenga un botiquín disponible para tratar al niño y verifique que todos los adultos sepan cómo usarlo.

Las adaptaciones para los niños con necesidades especiales

Al igual que todos los niños, a los niños con necesidades especiales los beneficia pasar tiempo al aire libre. No obstante, el exterior puede ser abrumador e incluso atemorizante para un niño que se sienta inseguro de cómo desplazarse sin peligro en un espacio abierto.

Por ejemplo, un niño con una discapacidad visual necesitará ser orientado a la ubicación de las distintas estructuras de juego. Permita que el niño toque el equipo a medida que le describe sus características y lo orienta en sus primeros intentos. Permanezca cerca para supervisar y enseñarles a los demás niños cómo ayudar a quienes tengan impedimentos visuales. A un niño con problemas auditivos, indíquele los posibles peligros como los otros niños que corren en triciclos. Recuérdele al niño mirar en todas las direcciones antes de cruzar corriendo. Para los niños que tengan discapacidades físicas, determine si es apropiado consultarle a expertos y a la familia del niño acerca de las adaptaciones especiales mediante las cuales se puedan atender las necesidades individuales de los pequeños. He aquí unos cuantos ejemplos:

- En los columpios, use asientos en forma de balde con cinturones de seguridad.

- Construya rampas sobre las superficies con desniveles o sobre las inclinaciones para los niños que usen sillas de ruedas o que tengan poco equilibrio.

- Use pasamanos y rieles en el equipo de escalar y en las estructuras.

- Ofrezca el juego de arena y agua, el arte y otras actividades sobre una mesa para que los niños en sillas de ruedas puedan participar con los demás.

- Coloque correas en los pedales de los juguetes de ruedas.

Consulte el *Handbook for Public Playground Safety* publicado por la Comisión para la Seguridad de Productos al Consumidor (www.cpsc.gov o 800-638-2772). Cuando los niños están seguros, pueden aprender.

El exterior puede ser abrumador e incluso atemorizante para un niño que se sienta inseguro de cómo desplazarse sin peligro en un espacio abierto.

Qué aprenden los niños al aire libre

Cuando se piensa en el tiempo de juego al aire libre, uno no se enfoca necesariamente en su valor para enseñar contenidos académicos. No obstante, existen muchas maneras de conectar los contenidos, la enseñanza y el aprendizaje al aire libre. A medida que se familiarice con cada uno de los componentes de la lecto-escritura, las matemáticas, las ciencias, los estudios sociales, las artes y la tecnología podrá encontrar maneras de reforzar el aprendizaje infantil en el espacio exterior.

Lecto-escritura

Expanda **el vocabulario y el lenguaje,** haciendo preguntas y animando a los niños a describir lo que vean. Use diversos adjetivos cuando observe a los niños: *pegajoso, colorido, brillante, áspero, puntiagudo,* etc.

Fomente la comprensión de **los libros y otros textos** y el aprecio por **la lecto-escritura como una fuente de gozo,** incluyendo libros informativos como guías de seres vivos. Los niños podrán utilizarlas para encontrar ilustraciones de lo que descubran al aire libre. Lean cuentos como *Carlota y las semillas de girasol* (James Mayhew), *Las semillas* (Patricia Whitehouse), *Clic clac muu: vacas escritoras* (Doreen Cronin), o *La Sorpresa de Nandi* (Eileen Browne).

Enséñeles a los niños rimas para saltar la cuerda y juegos de aplaudir para fomentar **la conciencia fonológica.** Sintonícelos con los sonidos y lo que vean a su alrededor: cómo suena la bocina de un auto a diferencia de la bocina de un camión o de un autobús; e identifiquen los sonidos de los animales: grillos, aves, mosquitos, ranas y perros.

Enséñeles a los niños sobre **lo escrito y las letras y palabras,** proporcionándoles señales del tráfico para los juguetes de ruedas. Proporcióneles tablillas con sujetapapeles para que registren sus observaciones, cartón para hacer letreros con el fin de identificar las plantas en el jardín o papel para dejarle un mensaje al celador.

Matemáticas

Fomente **la solución de problemas,** orientando a los niños a encontrar soluciones para los problemas que surjan (p. ej., ¿qué podemos hacer para que las pelotas no caigan al otro lado de la cerca?).

Enseñe **conceptos numéricos,** hablando con los niños sobre cuántas semillas plantar y ayúdeles a marcar cuántos días faltan para que germinen. Use juegos de contar y numéricos como "Las escondidas", "Rayuela" o "Los elefantes". Refuerce la correspondencia uno a uno, pidiéndoles a los niños jugar en parejas un juego como "Uno, dos, tres pescas".

Anime a los niños a explorar **los patrones y relaciones**, notando los patrones en las orugas, las flores y las hojas. Sugiera hacer un diseño con hojas o conchas marinas que hayan coleccionado. Jueguen a seguir al líder y haga que los niños reproduzcan un patrón de movimiento como saltar, saltar, aplaudir, saltar, saltar, aplaudir.

Haga énfasis en los conceptos sobre **la geometría y las relaciones espaciales**, saliendo a caminar para descubrir triángulos y rectángulos en el entorno. Proporcione recipientes para usar en los proyectos de construcción. Cuando los niños estén trepando, use palabras que describan su ubicación en el espacio (p. ej., *debajo, encima, adentro, al lado*).

Exponga a los niños a **la recolección, organización y representación de datos**, pidiéndoles clasificar los objetos que encuentren en el exterior y hacer un gráfico para comparar los objetos que hayan reunido.

Nutra el interés infantil en **la medición y la graficación**, incluyendo cuerda y varas para que puedan medir las plantas en el jardín o la distancia entre las distintas estructuras en el exterior.

Ciencia

Oriente el desarrollo de **las destrezas de procesamiento**, planteando preguntas como: ¿Qué ocurriría si...? ¿Cómo podrías averiguarlo? ¿Qué aprendiste? Anime a los niños a ser buenos observadores, mostrándoles que a usted le interesa descubrir lo que les espera diariamente en el exterior.

Exponga los niños a los conceptos de **la ciencia física**, ofreciéndoles pelotas, rampas, tubos, molinos de agua, embudos y tamices, así como interesándose en cómo usan ellos estos materiales. Organice mesas o piscinas plásticas para que los niños puedan explorar las propiedades del agua.

Anime a los niños a explorar **la ciencia de la vida**, colocando alimentadores para aves y manteniéndolos durante el invierno; mantenga las mascotas en el exterior siempre que sea posible y enseñe a los niños a cuidarlas; muestre interés por todas las formas de vida del exterior. Reúna orugas y estudie su ciclo de vida. Consiga un estetoscopio para que los niños puedan escuchar su ritmo cardíaco después de correr.

Fomente la comprensión de **la tierra y el entorno**, aprendiendo sobre los árboles y las plantas en su área exterior y plantando un jardín con los niños. Exploren las sombras: qué las produce, cómo se mueven y de qué tamaño son. Anime a los niños a coleccionar toda clase de rocas y a compararlas. Examinen tierra de distintos lugares; midan los charcos después de llover y vean qué les ocurre; reúnan basura y reciclen. Estudien las estaciones y los cambios que ocurren en cada una de ellas.

Estudios sociales

Estimule a los niños a aprender sobre **los espacios y la geografía**, hablando sobre las distancias cuando salgan a caminar (p. ej., ¿qué queda más lejos, el parque o la oficina de correos?) y proporcionando papel y marcadores para que los niños puedan dibujar su campo de juegos.

Explore los conceptos relacionados con **las personas y cómo viven** cuando salgan a caminar. Identifique las tiendas en su vecindario y las diferentes clases de viviendas o visiten un lugar en construcción.

Haga concientes a los niños de **las personas y el entorno**, haciendo un paseo a un río cercano, a un lago o al océano para ver como usan las personas el agua en el entorno e informarse sobre la contaminación. Planee un proyecto para recoger basura alrededor de la escuela.

Artes

Fomente el desarrollo de **la danza** y **la música**, estimulando los niños a usar sus cuerpos libremente en el espacio exterior. Lleven la música al aire libre para que puedan bailar y moverse al son de distintos ritmos. Anime los niños a moverse como distintos animales.

Nutra **las artes visuales**, proporcionando pintura, crayolas, tiza de colores y otros materiales artísticos para utilizarlos al aire libre. Estimule a los niños a observar con cuidado y a dibujar lo que vean: las nubes, las orugas, una flor.

Tecnología

Aumente **el reconocimiento de las personas y la tecnología**, hablando sobre las distintas herramientas y máquinas que vean y usen en el exterior (p. ej., camiones de basura, grúas, líneas telefónicas, tubos, lupas, cámaras).

Proporcione **herramientas tecnólogicas** para que las usen en el exterior, como binoculares, microscopios, termómetros, lupas y una cámara digital si tienen computadoras en su salón de clase.

A partir de esta lista de muestra, notará que el entorno exterior realmente expande las oportunidades de aprendizaje de los niños. En la siguiente sección expandimos estas sugerencias y describimos en más detalle la función del maestro.

La función del maestro

En el exterior, los maestros deben supervisar en todo momento e involucrarse si es necesario detener comportamientos peligrosos y prevenir accidentes. De igual importancia, es el gozo de compartir los descubrimientos infantiles por las maravillas de la naturaleza y la emoción de ayudarles a adquirir nuevas destrezas que les sirvan por el resto de la vida. Muchos momentos propicios para la enseñanza surgen durante el tiempo de juego en el exterior. Los maestros de *El Currículo Creativo* aprovechan al máximo el tiempo que pasan al aire libre con los niños para alcanzar las metas y los objetivos del aprendizaje. Usted comienza observando qué hacen los niños para poder individualizar sus respuestas, tal como lo hace en todos los aspectos de la aplicación del currículo.

Cómo observar y responder en forma individualizada

Observar a los niños en el exterior le permitirá ver cómo utilizan las destrezas en este entorno particular. Usted podrá ver destrezas que desconocía, descubrir aspectos de la personalidad que no había visto antes y reconocer valentía o temores inesperados.

Como en el exterior ocurren muchas actividades al mismo tiempo es fácil mirar a los niños sin observar realmente qué está ocurriendo. Para observarlos con un propósito definido se necesita un esfuerzo adicional. Saber qué desea ver cuando los observe en el espacio exterior le servirá para enfocar sus observaciones.

Cómo exploran los niños el espacio exterior

Los cuatro tipos de juego identificados por Sara Smilansky y comentados anteriormente (páginas 11-13) son un marco útil para pensar en cómo usan los niños el espacio de juego al aire libre.

En el juego funcional los niños usan todos los sentidos para aprender acerca de los objetos y seres del entorno exterior: cómo se sienten, cómo se ven, cómo huelen, cómo suenan y, a veces, hasta cómo saben. Absorben imágenes y sonidos a su alrededor, manipulan objetos y descubren sus usos. Se hacen preguntas como las siguientes: ¿Qué puedo hacer con esto? ¿Qué ocurrirá? ¿Cómo funciona? Estas preguntas abiertas los conducen a experimentar y a intentar toda clase de posibilidades. Un niño puede agregarle agua a la arena para ver qué le ocurre o voltear un balde lleno de arena para formar una torre. Proporcionar nuevos materiales y darles tiempo para explorar puede dar lugar a infinitos descubrimientos al aire libre.

El juego constructivo surge cuando los niños saben qué materiales tienen a su disposición y comienzan a usarlos para construir o crear algo nuevo. En el cajón de arena arman un castillo con un pozo o con un túnel o crean un barco pirata usando tablones y canastas firmes.

El juego dramático adquiere una nueva forma en el exterior donde los niños tienen más libertad, equipo y un ambiente completamente nuevo. Por ejemplo, hacen pasteles y hamburguesas con arena mojada y sirven café usando arena seca. Las cajas de accesorios para jugar a la granja o al campamento también se pueden llevar al cajón de arena para estimular el juego imaginario. Incluso sin accesorios, los niños pueden hacer de cuenta que son bomberos o que conducen una ambulancia en sus triciclos, que son alpinistas en los escaladores o que son pintores utilizando baldes de agua y brochas.

Los juegos con reglas son ideales para jugar al aire libre donde hay suficiente espacio. Los maestros pueden organizar y enseñarles juegos como "Escondite" o "Luz roja/luz verde".

Cómo responderle a cada niño

Note cómo manejan los distintos niños el espacio exterior. Algunos lo hacen con gran entusiasmo y literalmente se lanzan al aprendizaje activo, otros en cambio vacilan y se sienten un poco intimidados por el espacio abierto y lo impredecible del entorno exterior. A pesar de las diferencias, a todos los niños les beneficia su apoyo y estímulo para aprovechar al máximo el juego en exterior, aprender y progresar. Para saber cómo usa un niño el espacio exterior, note si el niño:

- prefiere algunas áreas de juego y equipo y no otras

- acepta nuevos desafíos y asume riesgos con cuidado

- observa eventos con curiosidad y se interesa por hacer descubrimientos

- cada vez es más diestro en las actividades que requieren el uso de los músculos grandes, como trepar, columpiarse y jugar con pelotas

- disfruta participando en los juegos en grupo

Observar a los niños le brindará la información necesaria para determinar cómo responder mejor y expandir el aprendizaje. Las observaciones que reúna por un período de tiempo le permitirán evaluar el progreso del niño con respecto a las metas y objetivos de *El Currículo Creativo*. Al rastrear el progreso de un niño en el *Continuo del desarrollo*, podrá identificar qué destrezas domina el niño y cuáles necesitan ser fortalecidas. El cuadro a continuación le ofrece ejemplos de cómo puede usar sus observaciones y responderle a cada niño.

Note cómo manejan los distintos niños el espacio exterior.

Observación	Reflexión	Respuesta
Setsuko está de pie junto a la maestra y observa a los demás niños que juegan.	Setsuko parece interesada en lo que están haciendo los niños. *(Objetivo 22, Observa con curiosidad los objetos y acontecimientos)* El patio de juego puede resultarle abrumador. *(Objetivo 1, Demuestra capacidad para adaptarse a situaciones nuevas)* ¿Cómo puedo hacer que participe en una actividad en la que se sienta segura?	Hable con ella sobre lo que le esté ocurriendo. Pregúntele: "¿Qué te parece más divertido?" Ubíquela con otro niño en otra actividad "segura" como el juego con arena o agua, pintar con agua o jugar en los columpios.
Kate le dice a Sonya: "Mira la oruga que encontré. Se está comiendo nuestra planta de tomate, así como la que vimos ayer."	Kate es observadora y se interesa en las cosas a su alrededor. *(Objetivo 22, Observa con curiosidad los objetos y acontecimientos)* Recuerda experiencias previas y puede describirlas. *(Objetivo 26, Aplica el conocimiento o la experiencia en nuevos contextos; y 39, Se expresa utilizando palabras y oraciones largas)* ¿Cómo puedo expandir su interés en las orugas?	Hágale preguntas: "¿Cómo supiste que se estaba comiendo la planta de tomate? ¿Es la misma clase de oruga que viste ayer? ¿Cómo lo sabes?" Saque algunos libros y guías de campo sobre las orugas. Sugiera: "Busquemos el nombre de esta oruga y qué mas le gusta comer".
Durante un juego de patear la pelota, Leo se retira cada vez que la pelota viene en su dirección.	Leo parece dispuesto a participar en el juego pero no sabe cómo hacerlo. *(Objetivo 18, Demuestra tener destreza para lanzar, patear y atrapar)* Puede temer resultar herido. *(Objetivo 6, Asume la responsabilidad de su propio bienestar)* ¿Sabe cómo patear una pelota? ¿Comprende las reglas del juego?	Participe en el juego y asegúrese de que todos sepan las reglas. Tranquilícelo: "Esa pelota es suave y no va a herirte". Más adelante, sugiera un juego sencillo de patear una pelota contra una cerca. Muéstrele como hacerlo e invite a otro niño a participar en el juego.
Zack choca su triciclo contra otros conductores y pasa demasiado cerca a los niños que están jugando cerca.	El comportamiento de Zack es peligroso y debe ser detenido. *(Objetivo 9, Sigue las reglas de la clase)* ¿Está chocando el triciclo a propósito? *(Objetivo 32, Reconoce las posiciones en el espacio; y 3, Reconoce sus propios sentimientos y los maneja en formas apropiadas)* ¿Le he explicado con claridad las reglas para usar los triciclos?	Detenga el comportamiento peligroso: "Detente. Estás conduciendo muy rápido y me temo que alguien va a resultar herido". Hágale preguntas: "¿Qué pasa? ¿Por qué estas conduciendo tan rápido?" Déle un mensaje claro: "Podrás conducir si lo haces en forma segura. De lo contrario, voy a tener que suspender tu licencia de conducir por el día de hoy".

La interacción con los niños al aire libre

Usted desempeña una función vital en el exterior. Su atención a lo que están haciendo los niños les anima a intentar cosas nuevas y a sentirse orgulloso por sus logros. El entorno exterior les proporciona un ambiente natural para que aprendan apreciar la naturaleza y adquieran sentido de responsabilidad para cuidar su entorno. Incluso si su espacio es menos que ideal, puede llevarlos a caminar o hacer salidas que expandan su mundo. Los mensajes importantes que los niños necesitan aprender acerca del entorno no ocurren de manera automática; es necesario que usted los haga ocurrir.

Cómo animar a los niños a explorar y arriesgarse sin peligro

El tiempo al aire libre puede ser un poco atemorizante para algunos niños que no están muy seguros de qué hacer en los espacios tan abiertos, con las desafiantes estructuras de juego y con otros niños que están felices de estar activos y haciendo ruido en el exterior. Dichos niños necesitarán de su ayuda y de su estímulo. Algunos desean sentir su mano en la cintura a medida que escalan hasta el tope del deslizador o que usted los espere al final para atraparlos. Otros sólo desean saber que está cerca. Puede preguntar: "¿Qué quieres que haga para que te sientas seguro?". Trepar un peldaño más en el gimnasio puede ser un logro tan grande para un niño como para otro es trepar hasta el tope.

En ciertos casos, una situación se torna demasiado desafiante para un niño, quien se puede atemorizar repentinamente y solicitar ayuda para descender del equipo. Esta clase de incidente puede ser una oportunidad para estimular al niño a solucionar un problema o simplemente para ofrecerle ayuda. Usted puede usarla para solucionar el problema, reconociendo que la situación es atemorizante y, luego, proporcionándole al niño una manera de manejarla. "Yo sé que es un poco asustador estar tan alto. ¿Crees que hay alguna manera de bajar que no te asuste tanto?". Si determina que el niño está realmente asustado, éste no es un buen momento para resolver problemas; sólo ayúdelo a descender. A medida que observe a los pequeños en el exterior tendrá una imagen más clara de qué desafíos está listo cada niño a afrontar y podrá determinar la cantidad adecuada de estímulo que necesita para intentar algo nuevo.

Los niños con frecuencia buscan el estímulo de sus maestros. "¡Míreme!" o "¡Mire lo que soy capaz de hacer!" son frases que se escuchan a menudo en el campo de juego. Algunos niños solicitan constante reconocimiento. Para ellos, trate de decir: "Escalaste hasta el tope del deslizador sin ayuda. ¿Cómo te sientes por eso?" o "Apuesto a que te sientes muy orgulloso". En la medida de lo posible, permita que los niños experimenten su propio sentido de capacidad sin que tengan que depender del elogio del maestro.

El tiempo al aire libre puede ser un poco atemorizante para algunos niños.

En la medida de lo posible, permita que los niños experimenten su propio sentido de capacidad sin que tengan que depender del elogio del maestro.

Un caso en el que usted siempre debe intervenir es cuando la seguridad de los niños está en peligro. Si un niño está de pie demasiado cerca a los columpios o está usando las herramientas de carpintería en forma peligrosa, se debe intervenir inmediatamente.

Cuando intervenga por razones de seguridad, asegúrese de ofrecerles instrucciones claras y específicas. Si usted dice: "¡Cuidado con el martillo!", no le dira qué está haciendo incorrectamente; sólo estará interrumpiendo su concentración. Si el niño está martillando con el extremo equivocado, podría decirle: "Zack, dále vuelta al martillo y martilla con el lado plano". Si no obtiene ninguna respuesta, muéstrele qué quiere decir. De manera similar, llamar el nombre de una niña que está de pie frente al deslizador pues otro niño está a punto de deslizarse y golperarla, no tendrá mucho efecto. Ella seguirá de pie en el mismo lugar y volteará a mirarle a usted, pero no necesariamente se moverá. Sin embargo, lo más probable es que se mueva, si usted dice: "Sonia, quítate de ahí. Tyrone se va a deslizar". Después del incidente podrá recordarle a Sonia las reglas del juego seguro y lo que habría podido ocurrir.

Ofrézcales instrucciones claras y específicas por razones de seguridad.

Cómo nutrir el aprecio infantil por el entorno natural

Uno de los grandes beneficios de llevar los niños al exterior, es la oportunidad de nutrir su aprecio por el entorno natural. Usted no tiene que ser especialista en naturaleza para inspirar el aprecio por el mundo y el deseo de descubrir lo que hay a su alrededor. Incluso el entorno más urbano ofrece elementos para estudiar y disfrutar. Además, como ya lo mencionamos, usted puede traer la naturaleza al entorno que le sea dado.

Hoy en día, mucho más que antes, es vital incluir alguna forma de educación ambiental en todos los programas de educación infantil. Los niños tienen cada vez menos oportunidades de ser expuestos a la naturaleza de manera directa. Muchos no han experimentado nunca el gozo de caminar a través de un bosque, rodar por un cerro, buscar vida en un charco de agua, meter las manos en el lodo o levantar piedras para descubrir insectos. Si deseamos que los niños se conviertan en personas que cuidan y preservan el medio ambiente, debemos comenzar a cultivar el aprecio por la naturaleza a temprana edad.

Los maestros son modelos para los niños, especialmente en cuanto a apreciar la naturaleza se refiere. Usted podrá nutrir el interés infantil en ella demostrándoles su propia emoción y curiosidad. Enfóquese en divertirse con los niños cuando estén al aire libre y comparta su entusiamo por hacer descubrimientos.

Suponga, por ejemplo, que unos niños descubren varios insectos en el exterior y se sienten fascinados observándolos. Si les demuestra interés y les hace preguntas abiertas, usted hará que los niños observen, predigan y formulen conclusiones: las destrezas de procesamiento analítico que usan los científicos para hacer descubrimientos. He aquí algunas sugerencias:

Dime qué ves.

¿En qué se diferencian?

¿Qué crees que están haciendo?

¿Cómo se mueven?

¿Qué crees que les gusta comer?

¿Cómo podemos averiguar qué son?

De muchas formas, el espacio exterior ofrece el currículo inicial pues nunca se sabe qué esperar si se está en sintonía con la naturaleza.

Las caminadas y salidas

Una manera de ayudar a los niños a fortalecer sus destrezas de observación y aumentar su conocimiento del espacio exterior es saliendo a caminar y visitando lugares donde puedan observar la naturaleza y el mundo a su alrededor. Estas salidas a caminar y visitas serán más interesantes si enfoca la atención de los niños en algo en particular. Una vez más, usted podrá modular su propio interés y curiosidad acerca de lo que encuentre. También, podría llamar estas salidas, "Vamos a descubrir" y cada vez enfocarse en algo distinto. Por ejemplo, vamos a descubrir:

si hay señales de la primavera (o del otoño)

qué clase de nidos construyen los pájaros

cuántas clases de hojas y semillas podemos encontrar

qué clases de camiones están siendo usados en la construcción

cuánta basura hay alrededor de nuestro vecindario dónde se coloca la basura

por qué las sombras cambian de tamaño

Salgan a caminar y visiten lugares donde puedan observar la naturaleza y el mundo a su alrededor.

Planear por anticipado, hará que las caminadas sean experiencias de aprendizaje mucho más interesantes. Algunos de los suplementos que pueden llevar para enriquecer la experiencia son:

- lupas
- binoculares
- bolsas, cartones, jarras u otros recipientes para recolectar objetos
- cinta para medir y reglas
- una cámara de fotos o de video
- una grabadora
- una tablilla con sujetapapeles, papel y lápices
- guías de campo

Lleve al salón los objetos coleccionados en las salidas y exhíbalos para examinarlos más detalladamente.

Pueden llevar al salón los objetos coleccionados en las salidas y exhibirlos para examinarlos más detalladamente. Destine tiempo a hablar con los niños sobre lo que vieron, mirar libros y explorar el Internet con el fin de identificar lo que hayan coleccionado y hacer dibujos. Hagan un libro de la clase con fotos que hayan tomado los niños y escriba lo que digan sobre cada una.

Algunas salidas y caminadas, requieren una planeación más extensa pero pueden ser oportunidades maravillosas para llevar a los niños a lugares que, de lo contrario, nunca habrían visto. Los viajes al entorno exterior, donde los niños pueden explorar y aprender acerca de la naturaleza, son especialmente importantes para aquellos que viven en ciudades grandes. Infórmese sobre los parques, jardines comunitarios, el jardín botánico, un santuario para aves, un sendero en un bosque o arroyos donde pueda llevar a los niños sin peligro para que aprendan y disfruten de la naturaleza.

Preguntas frecuentes acerca del juego al aire libre

¿Cuánto tiempo debo pasar al aire libre cada día?

La respuesta a esta pregunta depende de la cantidad de tiempo que los niños pasen en el programa diariamente, la proximidad de su área exterior y las condiciones climáticas. Si el área exterior está ubicada al lado de su salón de clase y está protegida, los niños pueden salir cada vez que lo deseen y un adulto pueda supervisar su juego.

En los programas que duran todo el día, se pueden tener dos períodos de juego al aire libre; uno en la mañana y uno en la tarde, de 40-60 minutos cada uno. Cuando el clima lo permita pueden pasar afuera la mayor parte del día y realizar las actividades del salón, incluso comer.

Algunos maestros limitan el tiempo al aire libre cuando hace demasiado frío pero, con frecuencia, son los adultos quienes sienten el frío, no los niños. Si los pequeños usan abrigos calientes, gorros, guantes y botas (en los días húmedos) estarán bien al aire libre. Cerciórece de tener capas adicionales en la escuela para que usted también pueda vestirse adecuadamente. Por el contrario, si el clima está demasiado caliente, usted y los niños necesitarán protección. En cada área del país, los maestros deben prestarle atención a distintas cuestiones: consulte sus periódicos locales, el canal del clima o Internet, para saber si hay alertas sobre la contaminación del aire, los niveles de rayos ultravioleta, el conteo de polen y las condiciones previstas. Consulte también las sugerencias ofrecidas en este capítulo donde mencionamos los aspectos de la seguridad.

¿Cómo podemos estudiar la naturaleza, si no tenemos nada distinto al asfalto y estructuras de juego metálicas?

Para eso es necesario ser creativo. A lo largo de este capítulo le hemos ofrecido diversas sugerencias: jardines en recipientes, alimentadores para aves, criaderos de lombrices en un acuario viejo, jaulas para mascotas y llevar al exterior los materiales de juego del interior. Aproveche los parques y jardines que estén a poca distancia de su programa y salga a caminar con los niños para descubrir qué hay en el vecindario. Organice salidas donde los niños puedan explorar los entornos naturales con libertad.

¿Se debe compartir el patio de juego con niños más grandes?

Compartir un patio de juego con otros niños es algo razonable. Para ello debe tratar de organizar un horario con los grupos de niños más grandes para que ustedes puedan usarlo cuando ellos no estén allí. Si este arreglo no es posible, tal vez pueda organizar un sistema de turnos para usar el equipo. También puede enseñarles a los niños en cuáles estructuras no deben jugar, si cree que no son apropiadas para preescolares.

CARTA A LAS FAMILIAS ACERCA DEL JUEGO AL AIRE LIBRE

Apreciadas familias:

El ejercicio y el aire fresco son importantes para la salud y el bienestar de sus hijos. Nosotros llevamos a los niños al aire libre diariamente y hablamos sobre lo que ven, oyen, tocan y sienten para que aprendan a reconocer los cambios del clima, las estaciones, el crecimiento de las plantas y los animales.

Al jugar al aire libre sus niños podrán:

- notar y apreciar los cambios de la naturaleza
- descubrir cómo se forman charcos después de llover y desaparecen al salir el sol
- seguir las sombras
- usar su cuerpo con mayor habilidad

Nosotros animamos a los niños a maravillarse con lo que ven, haciéndoles preguntas como:

¿Qué notaste?

¿Adónde crees que van?

¿En qué se parecen o se diferencian?

Qué se puede hacer en el hogar

Traten de pasar tiempo al aire libre con sus pequeños todos los días, excepto cuando el clima sea extremo. Observen qué notan ellos y demuéstrenles que a ustedes también les interesa. A los niños les encanta coleccionar objetos y jugar con ellos, seleccionarlos y crear patrones. Lleven un recipiente o una bolsa de plástico cuando salgan para que sus pequeños puedan reunir tesoros en su paseo como semillas, hojas o piedrecillas y llévenlos a la casa para examinarlos. Además, ustedes podrían planear actividades especiales al aire libre. Las siguientes son unas cuantas ideas:

- Lleven crayolas y papel para que puedan pintar lo que vean.
- Lleven un balde de agua y pinceles gruesos o brochas para que puedan pintar la acera o una cerca.
- Lleven tiza de colores pues es perfecta para el arte en las aceras.
- Jueguen a atrapar pelotas de todos los tamaños.
- Lleven lo necesario para hacer burbujas: solución y armazones de distintas formas.

Dediquen tiempo todos los días para ir al aire libre con sus pequeños, explorar, hacer descubrimientos y apreciar la naturaleza.

parte 2
referencias

Bowman, B. T. (1997). Equity and young children as learners. In A. S. Robinson (Ed.), *Proceedings of the families, technology and education conference*, October 30–November 1, 1997. Champaign, IL: ERIC-EECE. Retrieved March 26, 2002, from http://ericeece.org/pubs/books/fte/ftepro.html

Bredekamp, S., & Rosegrant, T. (Eds.). (1992). *Reaching potentials: Appropriate curriculum and assessment for young children* (Vol. 1). Washington, D.C.: National Association for the Education of Young Children.

Clemens, J. B. (1996). Gardening with children. *Young Children, 51*(4), 22-27.

Clements, D. H., & Swaminathan, S. (1995). Technology and school change: New lamps for old? *Childhood Education, 71*, 275–281.

Cordes, C., & Miller, E. (Eds.). (2000). *Fool's gold: A critical look at computers in childhood*. College Park, MD: Alliance for Childhood.

Epstein, A. S. (2001). Thinking about art. Encouraging art appreciation in early childhood settings. *Young Children, 56*(3), 38–43.

Fouts, J. T. (February 2000). *Research on computers and education: Past, present and future*. Seattle, WA: Bill and Melinda Gates Foundation.

Griffin, C., & Rinn, B. (1998). Enhancing outdoor play with an obstacle course. *Young Children, 53*(3), 18–23.

Haugland, S. W. (2000). *Computers and young children* (No. EDO-PS-004). Champaign, IL: ERIC Clearinghouse on Elementary and Early Childhood Education. ERIC Document Reproduction Service No. ED438926.

Haugland, S. W., & Wright, J. L. (1997). *Young children and technology: A world of discovery*. Boston: Allyn and Bacon.

Odoy, H.A.D., & Foster, S. H. (1997). Creating play crates for the outdoor classroom. *Young Children, 52*(6), 12–16.

Schickedanz, J. A. (1999). *Much more than the ABCs: The early stages of reading and writing*. Washington, DC: National Association for the Education of Young Children.

Smilansky, S. (1990). Socio-dramatic play: Its relevance to behavior and achievement in school. In E. Klugman & S. Smilansky (Eds.), *Children's play and learning: Perspectives and policy implications* (pp. 18–42). New York: Teachers College Press.

Smilansky, S., Hagan, J., & Lewis, H. (1988). *Clay in the classroom: Helping children develop cognitive and affective skills for learning*. New York: P. Lang.

Smilansky, S., & Shefatya, L. (1990). *Facilitating play: A medium for promoting cognitive, socio-emotional, and academic development in young children*. Gaithersburg, MD: Psychosocial & Educational Publications.

Totter, A. (1999, September 23). Preparing teachers for the digital age. *Education Week*, pp. 37-42.

TRUCE Steering Committee. *TRUCE toy action guide 2001–2002*. West Somerville, MA: TRUCE (Teachers Resisting Unhealthy Children's Entertainment). Retrieved March 26, 2002 from *http://www.truceteachers.org/TRUCE/toyguide01.pdf*

U.S. Consumer Product Safety Commission (CPSC). (1997, with subsequent updates). *Handbook for public playground safety* (Publication No. 325). Washington, DC: Author. Available from www.cpsc.gov

U.S. Maternal and Child Health Bureau. (1997). *Stepping stones to using Caring for our children: National health and safety performance standards: Guidelines for out-of-home child care programs—Protecting children from harm*. Denver, CO: National Resource Center for Health and Safety in Child Care. Retrieved March 22, 2002, from http://nrc.uchsc.edu

Whitehurst, G. J. (1992). *How to read to your preschooler*. Retrieved March 26, 2002, from http://www.whitehurst.sbs.sunysb.edu/pubs/ctread.htm

Windsor, C. B. (1996). Blocks as a material for learning through play. In E. S. Hirsch (Ed.), *The block book* (3rd ed.). Washington, DC: National Association for the Education of Young Children.

Apéndice

Parcelador semanal

Planeación de cambios al entorno

Semana: _____

Maestro: _____

Estudio/proyecto: _____

Asistente: _____

		"Cosas por hacer"
Bloques	Juego imaginario	Juguetes y juegos
Arte	Biblioteca	Descubrimientos
Juego con arena y agua	Música y movimiento	Actividades culinarias
Computadoras	Juego al aire libre	Participación de la familia/comunidad

Teaching Strategies®

Planeación grupal

	Lunes	Martes	Miércoles	Jueves	Viernes
Hora en grupo (canciones, cuentos, conversaciones, etc.)					
Hora de cuentos					
Hora en grupos pequeños					
Actividades especiales (salidas, eventos especiales, etc.)					

Notas *(recordatorios, cambios, niños que serán observados)*

546

Parcelador semanal

Planeación de cambios al entorno

Semana: 5-9 de mayo

Estudio/proyecto: Lombrices (semana 3)

Maestro: Srta. Tory

Asistente: Sr. Alvarez

"Cosas por hacer"

- Obtener permisos para hacer una visita al campo
- Consultar al Sr. Fox en el criadero de lombrices
- Pedir a la bibliotecaria libros sobre lombrices

Bloques

Añada rampas y arcos

Juego imaginario

Ofrezca accesorios (cajas, etc.) que los niños puedan usar para recrear un criadero de lombrices

Juguetes y juegos

Use tarjetas de juegos de lotería que muestren alimentos para un nuevo juego llamado "¿Puedo convertir esto en abono?".

Arte

Añada alambre, cortadores, limpiapipas, cartón, cajas, tierra, arcilla, plastilina y una foto de una lombriz

Biblioteca

Añada libros informativos y cuentos sobre lombrices

Descubrimientos

Tenga sujetapapeles disponibles para que los niños puedan escribir sus observaciones de las lombrices

Añada lupas

Juego con arena y agua

Añada diversos coladores y tamices

Música y movimiento

Añada bolsas de dormir para que los niños puedan arrastrarse como las lombrices

Actividades culinarias

Hagan ensalada de frutas; pelen zanahorias (agregue las cáscaras al recipiente del abono)

Computadoras

Añada un programa de computadoras sobre formas y figuras

Juego al aire libre

Ofrezca herramientas de jardinería para preparar el área en que sembrarán vegetales y agregue abono producido por lombrices

Participación de la familia/comunidad

Pedir a padres voluntarios trabajar con los niños para construir al aire libre el área de observación de lombrices

Planeación grupal

	Lunes	**Martes**	**Miércoles**	**Jueves**	**Viernes**
Hora en grupo (canciones, cuentos, conversaciones, etc.)	Moverse como una lombriz al son de la canción "Glow Worm" ("Gusanito, gusanito. . .")	Conversar sobre la salida al campo mañana; escribir las preguntas de los niños	Prepararse para la visita al campo	Conversar sobre la salida al campo; ¿encontramos respuestas a nuestras preguntas?	Conversar sobre qué necesitamos para mejorar nuestro criadero de lombrices
Hora de cuentos (Consulte en la biblioteca para usar libros apropiados en español.)	*La lombriz de tierra*	*La oruga muy hambrienta*	*¿Eres tú mi mamá?*	*Un lazo a la luna*	*Babosa*
Hora en grupos pequeños	Juego de clasificación de animales (nos ayudará *La mamá de Ben*)	Observar una lombriz y una oruga; escribir en qué se parecen y en qué se diferencian		Comparar los ejemplos de tierra traídos por los niños y el abono producido	Trabajar con el grupo en la construcción al aire libre del área de observación de lombrices
Actividades especiales (salidas, eventos especiales, etc.)	Pedirle a la Sra. Johnson (la maestra de ciencias) que nos muestre cómo usar y cuidar el microscopio que nos va a prestar	Enseñarles a los niños a usar cámaras desechables	Visitar el criadero de lombrices Tomar fotos, llevar tablillas sujetapapeles	Escribir una carta de agradecimiento al Sr. Fox; invitar a los niños a hacer dibujos para incluirlos	

Notas *(recordatorios, cambios, niños que serán observados)*

Observar a Tasheen, Ben y Carlos para ver sus destrezas de hacer patrones y organizar objetos en serie

Observar a Juwan, Setsuko y Tyrone para saber si siguen instrucciones, y si oyen y diferencian los sonidos en las palabras

Síntesis de las metas y objetivos de *El Currículo Creativo*

DESARROLLO SOCIOEMOCIONAL

El sentido de sí mismo
1. Demuestra capacidad para adaptarse a situaciones nuevas
2. Demuestra una confianza apropiada en los adultos
3. Reconoce sus propios sentimientos y los maneja en formas apropiadas
4. Defiende sus derechos

La responsabilidad por sí mismo y los demás
5. Demuestra direccionalidad propia e independencia
6. Asume la responsabilidad de su propio bienestar
7. Respeta y cuida el entorno de la clase y los materiales
8. Sigue las rutinas de la clase
9. Sigue las reglas de la clase

El comportamiento prosocial
10. Juega con otros niños sin problema
11. Reconoce los sentimientos de los demás y reacciona apropiadamente
12. Comparte y respeta los derechos de los demás
13. Utiliza las destrezas de pensamiento para resolver conflictos

DESARROLLO FÍSICO

La motricidad gruesa
14. Demuestra capacidades locomotoras básicas (corre, salta, brinca, galopa)
15. Mantiene el equilibrio al moverse
16. Asciende y desciende
17. Pedalea y conduce un triciclo (u otro vehículo de ruedas)
18. Demuestra tener destreza para lanzar, patear y atrapar

La motricidad fina
19. Controla los músculos pequeños de la mano
20. Coordina los movimientos ojo-mano
21. Utiliza instrumentos para escribir y dibujar

DESARROLLO COGNOSCITIVO

El aprendizaje y la solución de problemas
22. Observa con curiosidad los objetos y acontecimientos
23. Maneja los problemas con flexibilidad
24. Es persistente en lo que emprende
25. Explora la relación causa-efecto
26. Aplica el conocimiento o la experiencia en nuevos contextos

El pensamiento lógico
27. Clasifica objetos
28. Compara/mide
29. Organiza objetos en serie
30. Reconoce patrones y puede repetirlos
31. Reconoce conceptos temporales y secuencias
32. Reconoce las posiciones en el espacio
33. Usa la correspondencia uno a uno
34. Usa los números y cuenta

La representación y el pensamiento simbólico
35. Representa roles y situaciones
36. Juega con objetos simbólicamente
37. Inventa e interpreta representaciones

DESARROLLO LINGÜÍSTICO

Escuchar y hablar
38. Escucha y diferencia los sonidos del lenguaje
39. Se expresa utilizando palabras y oraciones largas
40. Comprende y sigue instrucciones orales
41. Responde preguntas
42. Hace preguntas
43. Participa activamente en conversaciones

Leer y escribir
44. Disfruta y valora la lectura
45. Comprende el propósito de lo escrito
46. Conoce el alfabeto
47. Utiliza las destrezas lectoras emergentes para entender lo escrito
48. Comprende e interpreta el significado de los libros y otros textos
49. Comprende el propósito de la escritura
50. Escribe letras y palabras

Índice analítico

A

abuelos, 227

accesorios, *Véase* materiales y equipo

actividades culinarias, 457-483
- aprendizaje de contenidos, 467-469
- aprendizaje de técnicas básicas, 470-471
- área del salón para las, 66-67, 460-466
- Carta a las familias, 483
- cómo observar y responder en forma individualizada, 470-472
- conexión con los objetivos del Currículo, 458-460
- cómo exhibir el equipo y los utensilios de cocina, 463-464
- cuestiones de salud y seguridad, 464-466
- función del maestro, 470-482
- interacción con los niños, 473-481
- materiales y equipo para las, 461-463
- preguntas frecuentes, 481-482
- uso de recetas en las, 470, 474-481
- uso y almacenamiento de cuchillos, 461, 463,464,479

actividades de medición, 141-142, 145

actividades en la mañana, 97

actividades en la tarde, 97

actividad física, 5, *Véase* desarrollo físico
- inteligencia corporal/kinestésica y la, 11
- juegos con reglas y, 13

adversidad y capacidad de superación, 14-15

agresión física, 122, *Véase* comportamiento perturbador

alergias y condiciones de salud de los niños, 93, 466, 479, 527

alfabeto, 133, 137, 178, 391, *Véase* letras y palabras

almacenamiento en el salón, 73-74
- área de biblioteca, 372-373
- bloques y accesorios, 257-258
- CDs, 493
- equipo de cocina, 463-464
- instrumentos musicales, 440
- materiales artísticos, 341

- materiales de juego al aire libre, 521
- programas para computadoras (*software*), 493

aprendices auditivos, 34

aprendices de inglés como segunda lengua, (SLL), 42-45
- adaptación de la enseñanza para incluir a los, 185-187
- ampliación del vocabulario y el lenguaje de los, 131
- conciencia fonológica de los, 132
- diseño del salón para ayudar a los, 82
- letreros en inglés y lenguas de los hogares de los, 70, 82, 186, 312
- selección de libros para los, 370

aprendices kinestésicos, 35

aprendices visuales, 34

aprendizaje, métodos de, 177-202
- dirigido por el maestro, 178-179
- iniciado por el niño, 177-178
- conversar con los niños sobre lo que hacen, 181
- hacerles preguntas, 181-182
- interactuar, *Véase* interacción con los niños

anotaciones
- durante las observaciones, 170, 171-176, 204, 407
- para ubicar al niño en el Continuo del desarrollo, 208-209

arcilla y materiales para moldear, 335-337

área de cocina, *Véase* actividades culinarias

área de descubrimientos, 393-413
- aprendizaje de contenidos, 403-405
- área del salón, 66-67, 396-402
- Carta a las familias, 413
- cómo observar y responder en forma individualizada, 406-408
- computadoras, 488
- conexión con los objetivos del Currículo, 394-395
- etapas del aprendizaje, 406
- función del maestro, 406-412
- herramientas en el, 396, 397, 518
- interacción con los niños, 409-411
- materiales, 396-402
- preguntas frecuentes, 412

áreas de interés, *Véase* área específica (p.ej., bloques; juego imaginario/dramático)
- cuadro para explorar contenidos en las, 192-193
- espacio en el salón para las, 66-71
- tableros de planeación en las, 91-92

arte (visual), 158, 159, 325-361
- apreciación del, 355-356
- aprendizaje de contenidos, 343-345
- área del salón, 66-67, 328-342
- Carta a las familias, 361
- cómo observar y responder en forma individualizada, 347-350
- conexión con los objetivos del Currículo, 326-327
- cuestiones de seguridad, 351-352
- función del maestro, 346-360
- interacción con los niños, 351-357
- materiales, 330-341, 359
- preguntas frecuentes, 358-360

artes, 156-159
- actividades culinarias, oportunidades de aprendizaje, 469
- área de arena y agua, oportunidades de aprendizaje, 424
- área del arte, 158,159, 325-361, *Véase* arte (visual)
- área de biblioteca, oportunidades de aprendizaje, 376
- área de descubrimientos, oportunidades de aprendizaje, 405
- baile, 156, 159, *Véase* música y movimiento
- conexión entre los contenidos de las artes, la enseñanza y el aprendizaje, 159
- contenidos en las áreas de interés, 192-193
- drama, 157-158, 159.*Véase* juego imaginario/dramático
- juego al aire libre, oportunidades de aprendizaje, 530
- juego con bloques, oportunidades de aprendizaje, 261
- juguetes y juegos, oportunidades de aprendizaje, 314

Las autoras

Diane Trister Dodge

Diane Trister Dodge, M.S., fundadora y presidente de Teaching Strategies Inc., es una conocida vocera y autora de numerosos libros para maestros, administradores y padres de familia. Ha trabajado en Head Start, en programas de cuidado y educación infantil y en programas de las escuelas públicas como maestra y capacitadora, y ha dirigido proyectos nacionales sobre educación a temprana edad. Se desempeñó en la junta directiva de la Asociación Nacional de Educación Infantil (1990–1994) y del Center for the Child Care Workforce (1995–2002). En la actualidad asiste a diversas juntas de organizaciones locales y nacionales que sirven a niños pequeños y sus familias.

Laura J. Colker

Laura J. Colker, Ed.D., es autora y coautora de numerosos artículos, monografías y libros para maestros, encargados del cuidado infantil, administradores, padres de familia y niños. Se desempeña como editora invitada de la revista *Young Children* y como consultora de los programas de kindergarten y Sure Start, programas de Education Activity del departamento de defensa. La Dra. Colker conduce talleres de capacitación y enseña cursos sobre desarrollo infantil en varios países.

Cate Heroman

Cate Heroman, M.Ed., dirige las iniciativas para preescolar y kindergarten de Teaching Strategies, Inc., y es coautora de varios libros sobre currículo y evaluación. Fue la principal desarrolladora del sistema de evaluación interactivo de Teaching Strategies: *CreativeCurriculum.net*, enlazado al *Continuo del desarrollo de El Currículo Creativo*. Además de contar con experiencia como maestra de preescolar y kindergarten, es una experimentada capacitadora que se desempeñó como administradora de educación infantil y primaria en el departamento de educación de Louisiana.

Formato para adquirir libros y videos

Por favor escriba en letra legible.

Adquiéralos de 4 maneras

Por teléfono
800-637-3652
En el área de Washington, DC
301-634-0818
8:30 a.m.–7:00 p.m. (Hora del Este)

Por fax
301-634-0826
Las 24 horas

En línea
www.TeachingStrategies.com
Las 24 horas

Por correo
Teaching Strategies, Inc.
P.O. Box 42243
Washington, DC 20015

Enviar a:

NOMBRE

ORGANIZACION

DIRECCION

CIUDAD	ESTADO	ZIP

TELEFONO	FAX

E-MAIL

Enviar cobro a:

NOMBRE

ORGANIZACION

DIRECCION

CIUDAD	ESTADO	ZIP

TELEFONO	FAX

Número de cuenta: (Si lo sabe)

Orden de compra:

ITEM #	CANTIDAD	DESCRIPCION	PRECIO INDIVIDUAL	TOTAL
			$	$
			$	$
			$	$
			$	$
			$	$
			$	$
			$	$
			$	$
			$	$
			$	$

Por favor llame para saber sobre los descuentos a pedidos múltiples.

Método de pago

Todo pedido debe ir acompañado de pago, número de pedido o información de tarjeta de crédito. Los usuarios con una historia crediticia establecida son bienvenidos a usar el número de la orden de compra (P.O. number).
Quienes compren por primera vez deben incluir el pago inicial con la orden de compra.

❏ Cheque (pagadero a Teaching Strategies)   ❏ Money order

❏ Orden de compra (debe incluir copia del número)   ❏ Visa   ❏ MasterCard

❏ American Express   ❏ Discover

TARJETA DE CREDITO O NUMERO DE ORDEN DE COMPRA   VENCIMIENTO

FIRMA DEL USUARIO DE LA TARJETA

❏ Sí. Deseo recibir ocasionalmente mensajes electrónicos sobre los nuevos productos y ofertas especiales de Teaching Strategies. Entiendo que TSI no compartirá ni venderá mi dirección electrónica a ningún otro individuo, compañía u organización.

SUBTOTAL	$
SALES TAX Residentes de CA, DC, IL, MD, NC: agregar impuesto a las ventas	$

ENVIOS
USA: Hasta $60.00 (menos $5.00)
Más de $60.00 (-10%).
Internacional/Territorios de USA: $20.00 (Primer libro)
+ $7.00 por cada libro adicional.
Entrega urgente: Llame para costos de envío.
Método: ❏ 2 días ❏ 3 días ❏ Día siguiente ❏ Internacional

	$
total	$

Garantía: Teaching Strategies le garantiza su satisfacción. Si usted no está satisfecho con lo que ha recibido, devuelva los artículos sellados y antes de 30 días a partir de la fecha de compra para recibir la devolución de su dinero, excluyendo los costos de manejo y envío. Sin embargo, no se aceptan devoluciones de video/DVD y software. Teaching Strategies no es responsable por artículos devueltos que se pierdan o sean enviados a otro lugar. Precios sujetos a cambios sin previo aviso.

Agradecemos su compra.